"十二五"普通高等教育本科国家级规划教材

西方文化史

（第三版）

HISTORY OF WESTERN CULTURE

徐新 主编

图书在版编目(CIP)数据

西方文化史/徐新主编. —3版. —北京：北京大学出版社，2020.8
（大学外国文化通识教育丛书）

ISBN 978-7-301-31391-6

Ⅰ.①西… Ⅱ.①徐… Ⅲ.①西方文化–文化史 Ⅳ.①K500.3

中国版本图书馆CIP数据核字（2020）第109788号

书　　　　名	西方文化史（第三版） XIFANG WENHUASHI（DI-SAN BAN）
著作责任者	徐　新　主编
责 任 编 辑	张　冰　朱丽娜
标 准 书 号	ISBN 978-7-301-31391-6
出 版 发 行	北京大学出版社
地　　　　址	北京市海淀区成府路205号　100871
网　　　　址	http://www.pup.cn　新浪微博：@北京大学出版社
电 子 邮 箱	编辑部 pupwaiwen@pup.cn　总编室 zpup@pup.cn
电　　　　话	邮购部 010-62752015　发行部 010-62750672　编辑部 010-62759634
印 刷 者	北京溢漾印刷有限公司
经 销 者	新华书店 730毫米×980毫米　16开本　30.75印张　580千字 2002年8月第1版　2007年2月第2版 2020年8月第3版　2025年2月第7次印刷（总第30次印刷）
定　　　　价	88.00元

未经许可，不得以任何方式复制或抄袭本书之部分或全部内容。
版权所有，侵权必究
举报电话：010-62752024　电子邮箱：fd@pup.cn
图书如有印装质量问题，请与出版部联系，电话：010-62756370

参与编写者

主要撰稿人：徐　新
其他参与者：王　莹　刘成富　纪达夫　徐娅囡
　　　　　　杨金才　张　琦　王守仁　江宁康

大学外国文化通识教育丛书
Foreign Culture Series for University General Education
编审委员会

主　任
　　许智宏

委　员（按姓氏音序排列）
　　程朝翔　刘利民　石　坚
　　宿久高　王守仁　许　钧
　　严绍璗　杨言洪　张　冲

执行主编
　　程朝翔

"大学外国文化通识教育丛书"序言

我们的时代是一个国际化、信息化、数字化的时代,也是一个多种文化和谐相处或者激烈冲突的时代。

我们的时代,技术进步神速。通过互联网,我们可以接触到大量的"数字信息",包括电子邮件和网页,也包括大量的可供下载的数码产品,例如电子书、音乐、电影等。在20世纪70年代,互联网才刚刚出现;到了20世纪90年代初,互联网就已经得到广泛使用。到了21世纪初,全世界已经有约占全球人口6%的人在使用互联网。在技术飞速发展的同时,人们受益于这种进步的情况却大相径庭:有的国家和人群获益良多,有的则受益甚少。人们发明了"数字鸿沟"(digital divide)这一术语来形容这一将贫与富、优势与弱势分隔开来的巨大差别。

我们的时代,各种信息铺天盖地,对于适当信息的有效掌握就意味着效率和竞争力。互联网是一个相当重要的信息来源,大量的一般性的教育、科技、政治、社会信息都可以从互联网获取。但是,互联网上的资料大部分都是英文的;同时,全世界的纸质出版物也大部分都是英文的。英文已经成为一门国际语言;同时,英文似乎也不再仅仅是一种工具,而是一种能力,即接触到世界上数量最为庞大的那一部分信息的能力。

在我们这个高度国际化的"地球村"里,只要能够通过计算机上网(只要有网络信号覆盖,无线上网也已经易如反掌),就可以了解地球上任何一个角落里发生的事情。我们既可以通过官方的网站得到官方的信息,也可以通过博客、聊天室之类的手段,得到非常个人化的信息。在数字信息的世界里,似乎已经没有国界,大家都是世界的居民。在这样的一个世界里,"世界"走到了我们面前,我们也作为"世界"的一部分走到了世界的各个地方。

中国最早的大学是为了应对世界的挑战而建立的。1862年,在北京大学的前身京师大学堂成立的36年之前,清政府建立了后来亦并入京师大学堂的

"京师同文馆"。恭亲王奕䜣等人在建立京师同文馆的奏折上说:"臣等伏思欲悉各国情景,必先谙其言语文字,方不受人欺蒙。各国均以重资聘请中国人讲解文义而中国迄无熟悉外国语言文字之人,恐无以悉其底蕴。"学习他国语言文字,目的在于维护自身的安全。因此,当时所开设的语言仅有英、法、俄三门,后来又增加了德、日两门,皆是有可能危及自身身份的语言。而在北京大学最初建立科系时,14个科系中就有4个外语系,即英、法、德、俄,可见外语在当时的地位。

今天,中国的大学同样面临着世界的挑战。在"全球化"的进程中,不仅某些产品成为全球品牌,某些价值观念也迅速普及。"文化"的表现形式逐渐趋同。在这种情况下,大学教育不仅应该使学生了解强势的英语文化以及其他的西方文化,也应该使学生了解世界文化的多元性和丰富性。多元文化的通识教育应该使学生了解中华文明在世界文化体系中的相对地位,并且理解、包容其他民族的文化,成为胸襟开阔,能够化解"文明的冲突",努力促进文化和谐的世界公民。

就大学这一较小的环境而言,"全球化"的评价标准也使我们必须了解强势文化、多元文化和自身文化这三者之间的相互关系。目前,所谓"世界一流大学"大多是西方大学,而我们评价自己的教育质量也往往参照"世界一流大学"的标准。中国的大学教育要想了解这一等级森严的评价体系对于自身的价值,并建立起独具特色的中国大学文化,首先就必须了解所谓"世界一流大学"背后的各种文化。这种了解有助于中国大学教育的自身定位。

本套"大学外国文化通识教育丛书"的编审者都是大学的管理者、外国语言文化方面的专家;组织编写这套丛书的目的是从当今大学教育的结构着眼,为学生的文化养成提供一个重要方面的必不可少的材料。当然,丛书的读者也不限于在校学生,希望也能为社会上具有大学或者大学以上水平的读者,提供一些了解外国文化的读本。丛书的体例不拘一格,既可以做大学通识课的教材,也可以做课外读物。丛书不求达到直接的实用目的,但求给人以文化上的些微滋润和启迪。

2007年4月25日

第三版出版说明

屈指一算,摆放在您面前的《西方文化史》出版已经有了近20个年头。毫无疑问,该书的问世是改革开放的产物,是当时高校课程教育改革的需要。20世纪90年代末,基于自身在国外留学进修生活的感受,同时在中国以前所未有的勇气接近西方国家,大踏步走向世界的进程鼓舞下,我们一群在当时南京大学外国语学院执教多年的中青年教师决定对开设了数十年的外国语学院核心课程"欧洲文学史"进行实质性的改革,以更加宽泛的"西方文明"课程取而代之。改革后的课程显然受到同学们的欢迎,为此编写的《西方文化史》一书就是那一改革的直接产物。书在出版后得到不少兄弟院校的好评,成为许多高校外国文化通识教育的教学用书。据北京大学出版社2019年的统计,该书已经先后印刷了21次,平均每年加印一次。这足以反映本书在国内高校的使用情况和受欢迎程度。不仅如此,《西方文化史》还先后被教育部评为"普通高等教育'十一五'国家级规划教材"和"'十二五'普通高等教育本科国家级规划教材"。对于众多高校师生以及社会上广大读者的抬爱,以及教育部给予的荣誉,我们深感荣幸。

不过,作为高校的通识课教材,《西方文化史》一书的体量应该说有点超大,总字数超过60万字。2019年,北京大学出版社根据使用者的反馈意见和市场调查,致函我们,希望能够对《西方文化史》一书进行第三次修订,使之更加精炼,并能够减轻学习的负担。函件确定的原则是"只删不增",删减式修订由此展开。

目前完成的《西方文化史》"瘦身"主要体现在两个方面:一是删除个别章节和对若干论述进行提炼和压缩;二是删除原书中半数左右的插图,特别是人物的头像。我们认为在互联网时代,使用者可以很容易地从网上获得更为清晰和完满的视觉图片。经过修改的书稿应该说达到了出版社的要求。

最后,希望借此番修订机会,对学习了解西方文化意义一事说上几句。目前,我们处在一个大变革的时代之中,西方社会作为引领世界潮流三百年的社会在进入21世纪后发生了深刻的变化,正在逐步丧失领导地位。特别是在过去的5年中,西方社会的老牌领头羊英国逆欧洲大融合之潮流而动,不仅举行了脱欧的全民公决,而且完成了脱欧的法律程序。这对成立刚刚十余年的欧盟不啻是沉重一击。而在过去一百年间引领西方世界的美国,自特朗普上台以来,一直不停地以退出方式与世界各种机构脱钩。民粹(民族)主义的抬头使得去全球化的趋势愈演愈烈。在此变局中,"难道还有学习西方文化的必要吗?"成为许多人心中的疑虑。然而,我国倡导的"人类命运共同体"观念,以及"一带一路"所确立的全球化发展倡议,则表明我们追求世界大同的目标没有变,中国走向世界的决心和格局没有变。因此,全面、深入了解西方社会和它的文化内涵仍然是我们的任务之一。

　　过去是社会走到今天的根基,现在是塑造未来社会的基础。不了解西方文化的过去就不能很好地把握西方社会的现在;不能很好地把握西方文化的现在就无法预测西方社会的未来。我们由衷希望第三版的《西方文化史》一书,在青年一代学习和了解西方社会方面发挥积极的作用,助力于人类命运共同体的构建。

庚子年四月识于金陵结网新轩

修订版前言

一转眼,《西方文化史》(由《西方文化史》及《西方文化史续编》组成)一书已经出版有 4 个年头了。据不完全统计,该书自出版以来已经为二十余所高校所使用,先后 6 次印刷,印数超过 2 万,使得编撰本书的初衷得以实现。此外,该书还先后获得江苏省教育厅 2003 年高等学校优秀课程群奖和 2004 年第四届南京大学哲学社会科学优秀成果奖二等奖。

2005 年教育部发出通知,要求从事大学教材编撰和出版工作的学者和出版社积极申报教育部设立的普通高等教育"十一五"国家级教材规划项目。我们在众多读者的鼓励下,提交了自己的申请报告,目的是通过申报,进一步修改已经获得好评的书,使之更加完善,更加适合教学,为高校的教育改革和文化素质课程作出应有的贡献。

令人高兴的是,2006 年,我们的申报经专家审定,被教育部批准列入这一国家级规划教材项目。下达的项目批准书要求我们认真做好修改工作,进一步完善内容。

我们在申报时曾作出这样的承诺,如果申报成功将对"西方文化史"项目做如下的修订:

将目前分两册出的书合并为一册,对 19 世纪前的部分主要作叙述和用词方面的修订,对 19 世纪以来的部分作结构上的调整,进一步充实内容,增加二战以来西方社会出现的新动向和新发展。总修订比例在 25% 左右。

根据这一承诺,我们在接到批准通知书后,对《西方文化史》进行了认真的修订。目前展现在读者面前的就是修订的成果。为了便于读者了解修订版的不同,这里有必要对修订过程的具体思考作一说明。

最明显的修订是将原先分两册出的书合并为一册,以避免一些读者和学校在阅读或者使用了《西方文化史》却买不到《西方文化史续编》的烦恼,实现部分读者在来信中所希望的"一册在手,完整的西方文化史在握"的想法。

当然,最为重要的是修订版对本书后半部的结构和内容作了较大的变动和补充,并由本人统一对原有的内容进行取舍和补充,使之在风格上与前半部统一。读者将会察觉,除了少数章节(徐新、王莹和江宁康撰写)外,绝大多数的章节均重新编写。这样,除避免了由不同人士分头撰写可能出现的内容多有重复的弊端外,内容更加简洁明了。需要特别说明的是,尽管在修订过程中增加了有关章节和补充了若干内容,但是,对原有内容还是采取了凡是合适的尽量采用的做法,分散在不同章节中,因此,《西方文化史续编》的其他撰写者王莹、刘成富、纪达夫、徐娅因、杨金才、张琦、王守仁、江宁康等仍应被视为本书的"隐形"撰写成员,并在此对他们对《西方文化史》一书的贡献表示感谢。

同时,修订版放弃了《西方文化史续编》按国别在独立章节分述各国文化的方式,而是按主题集中阐述,便于使用者(主要指教师)根据自己的教学实际选择内容和确定重点,而读者则可以全面了解同一时期的文化现象在不同国家的反映。

正如本人在初版前言中所说:呈现在读者面前的这本小书仅仅是从一个角度,一个中国学者的个人角度,描述了西方文化的出现、历程、内容和影响。尽管在撰写中一再斟酌推敲,但一管之见在所难免,因此,恳切希望并欢迎广大读者和学者不吝批评指正,以便日后再作修正。

最后,借此机会衷心感谢教育部评审组对本书的厚爱,使得我们有了一个对其进行进一步修订的机会;同时,还要感谢南京大学和北京大学出版社对本书修订工作的大力支持。

徐 新
丁亥年元月识于金陵结网新轩

前 言

欢迎使用新编《西方文化史》一书。

本书系统介绍西方文化。把西方文化的内容放在一本书中讲述,其原因十分简单,那就是:我们这个世界上存在着一个西方文化,在地球的西方众多国度的文化中存在着一种一致性。虽然那些地区在历史、地理、环境方面差别巨大,但这个文化最初的来源几乎完全相同的事实,都根据同样的原则向前发展,并产生几乎基本一致的相似结果,表明它的实实在在的存在。因此,对西方文化作为一个发展的整体来进行叙述显然是合理的,因为它的确代表着人类的一种文化样式。

需要说明的是,本书所指的"文化"是一种"大文化"概念,即广义上的文化,包括哲学、思想、艺术、文学、音乐等领域,甚至社会生活和科学领域,因此,在本书中"西方文化"一词的内涵可以说基本等同"西方文明"。不仅如此,在实际撰写中,为了行文的便利,我们还是较多地使用了"西方文明"一词,希望读者能够明察。

当然,我们在梳理西方文化过程中还是可以清楚地看到,尽管西方文化的一致性是十分的明显,但在另一方面,它的多样性却又是十分的惊人。西方是一个不同寻常的社会,是经过数千年的发展整合形成的,它的复杂性和多彩性是它的一个重要特征。因此,在探寻西方文化的历史时,在对它的起源,它的形成,它的发展,它的面貌特征进行概述时,我们便无法在一个地区或个别国家得到答案的全貌,只能在不同的地区和国度的不同历史时期中寻找我们需要阐述的内容。这样,在实际描述过程中,在涉及不同时期或不同主题时,以不同地区和国家为主要对象也就不可避免。

西方文化中的西方,从地域上讲,主要指欧洲,18世纪以来开始包括北美洲的美国和加拿大。从内容上讲,其源头主要由希腊的理性和艺术、希伯来的宗教、罗马的法律组成,其流变则是由中世纪文化、文艺复兴、宗教改革、科学革命、启蒙运动、工业革命、美国独立战争、法国大革命、现代哲学思潮、现代主义、后现代……共同汇合而成的。而这一切构成了西方文化的源和流。

在本书的前言部分,说明一下本书的一些特点似乎是必要的。

首先,本书是作为高等院校教科书,特别是为提高大学生综合素质来撰写的,以尽可能全面和扼要的方式介绍和评价西方文化的主要内容是基本宗旨。因此,在内容安排上,与大多数论述或介绍文化史的书籍往往都不包括历史内容的做法不同,本书刻意在每一章,特别是文艺复兴以前的章节中,包含了对相关历史的梳理和扼要叙述。因为,我们认为对于中国人来说,缺少对西方历史的了解就很难把握对西方文化的理解,因为文化毕竟是历史的产物。我们希望本书所包含的历史内容不仅能够为读者提供必要的历史和背景知识,而且能够帮助读者把握文化的内涵。因此,应该说,对历史的叙述是本书的一个有机组成部分,如果把它看成是本书的一个特色我们亦会感到高兴。

其次,我们认为对文化史的学习是为了了解西方的文化是如何达到今天这一状况的,最终目的是为了借鉴西方有过的经验。这样,关注西方社会在文化、思想、制度、艺术、文学、科学、技术等方面所取得的成就对我们来说显得尤为重要。因此,我们在实际撰写中特别注意凸现贯穿其中的文化成就。那些在历史上推动西方文明进程的思想、运动和成就,特别是对人类社会进步产生深远影响的思想、运动和成就,得到了较多的提及和论述。更为重要的是,我们在对文化史的有关方面进行叙述时,特别注意对其中的积极意义进行了较深的挖掘和较多的阐述。我们这样做倒不是因为西方文化中不包括消极和值得批判之因素(老实说,若是把那些消极的和值得批判的东西放在一起,我们这本书的篇幅是不够的),而是在那方面过多着笔对我们实在没有多大的益处。我们认为学习西方文化主要不是为了寻找其中的短处和对之进行口诛笔伐,而更多的是为了了解和借鉴它的长处。

再次,本书以一定的篇幅对艺术进行了介绍,并附加了众多的图片。我们认为艺术是文化的一个重要方面和组成部分,而一切艺术都是社会的,艺术反映了艺术家与他那个时代的关系,讲述生活的意义。艺术实际上是在给生活塑形。事实上,在文化发展史上,艺术所起的作用是巨大的,对于西方文化而言恐怕更是如此。正因为如此,亚里士多德说过这样的话:"艺术是一种高于经验的知识。"西方的历史表明,艺术对于西方文明进程的影响是巨大的,无论是古希腊的建筑、雕塑,还是文艺复兴时代的绘画,无论是巴洛克风格,还是现代主义艺术,都极大影响和改变了西方人对世界的认识和观念。除了视觉艺术外,听觉艺术(如音乐)、文学艺术(如诗歌、戏剧、小说)等概莫能外。我们衷心希望读者能从中受益。

最后,西方文化的产生和发展不是孤立的,是在人类其他文化影响下,在与人类其他文化的碰撞和交流中逐渐形成和发展起来的。长期以来,在一般的观念中,古希腊和古罗马被视为西方文明之源,目前大多数论及西方文明和文化的书均以此作为开端就是这一观念的很好说明。其实这是一种认识上的偏差,是19世纪以来流行的欧洲文化中心论造成的一种偏见。人类文明史的研究和越来越多的考古学成果表明,西方文明与其说是源于希腊的克里特岛,不如说是源于古代近东地区,特别是两河流域。事实上,西方文化的产生是古典文明和古代中东地区文明共同作用的结果。而古代中东地区文明的历史要早于古希腊和古罗马上千年。正因为如此,本书把古代中东地区文明,特别是两河流域文明、古埃及文明,以及希伯来文明作为开篇,视为本书的开端,其意义即在于此。

鉴于国内在西方人名的译法上不尽相同,为了便于读者了解和进一步阅读,对书中涉及的主要人物,包括思想家、艺术家、文学家、政治家等,我们提供了他们名字的英文拼写。使用英文拼写主要是基于英文的通用性,以及可操作性,否则我们就必须面对诸如古苏美尔、古埃及、古希腊等绝大多数人所不太熟悉的语言。

本书的撰写首先得益于全国高校中实施的"985"工程,旨在提高学生综合素质。该工程的实施极大地推动了各高校研究和教学改革的步伐。本书于2000年以"欧洲文化"为题正式在南京大学"985"工程的"课程建设"分目中立项并得到研究经费上的支持。该项目的目标是在原有主要讲授欧洲文学课程的基础上引入西方文化内容,其中包括思想(如哲学思想、文艺思潮、文艺理论等)、历史、社会形态、影响社会发展的科学成就、与文学密切关联和相互影响的艺术等,使课程能够较为完整地展示西方文明的内容和发展历程。这是一项以文化史改造传统文学史课程的尝试。作为高校一门基础课,以内容较为宽泛的西方文化代替内容相对狭窄的欧洲文学无疑将扩大学生的视野,有助于青年同学对我们这个世界,特别是对西方发达世界的了解,有助于文化素质的提高和复合型人才的培养。

该项目所要实现的成果包括编写教材两册(上、下册),供一学年使用。上册从文明初始至启蒙运动,下册从美国独立革命至20世纪末。尽管本人是该项目的负责人,但项目的设计是成员组集体的结晶。原计划本书由项目组成员共同撰写,但由于各成员手头原有任务需要时间完成,上册的撰写便由本人单独进行,不过,本书的下册则由项目组的其他成员共同完成。

尽管这是一本面向21世纪高校文化素质基础课的教材,但同时也是一部具有新意的西方文化史的读本,完全适合大学生、研究生以外的广大读者,尤其是西方文化爱好者阅读和使用。相信使用了本书的读者会感受到本书带来的知识、思想和愉悦。

对于西方文化,本人素怀浓厚的兴趣,与其说是自幼好奇心强所致,不如说是我们这一代中国知识分子所具有的一种特殊使命感之驱使。中国谚语"他山之石,可以攻玉"所包含的哲理可以说是本人长期以来一直关注西方文化的根本动因。当然,本人对西方文化的关注不仅仅停留在兴趣上,自1977年在南京大学任教以来,研究课题就一直与西方文化紧密相关,西方文化的相关方面是本人长期研究的对象。1990年起,本人开始为南京大学外语系的研究生开设"西方文明""犹太文化与西方文明"等课程。20世纪90年代后期,本人还应邀在美国有关大学讲授过"世界文化史"和"世界人文遗产"等课程。此外,在过去的15年中,本人有幸在欧洲、非洲和美洲地区的近20个国家进行讲学、研究、游历、造访,目睹人类文明,特别是西方文明留下的宝贵遗产。所见所闻、所思所想良多。应该说,凡此种种都为本书的编写奠定了一定的基础。

需要特别指出的是,像这类的书总是站在他人的肩膀上完成的,本书的大多数思想和观点自然来源于他者。本人在过去20多年对西方文学、历史、文化、哲学、宗教、社会、艺术、民族等方面的学习和了解,以及在教学和研究过程中获得的一切相关知识都对本书的撰写产生影响。在实际撰写过程中,本人重读和查阅了本人收藏的和图书馆中的相关书籍和文章。尽管本人借用的部分在书中的脚注和本书末列出的参考书目中有所交代,但那只是其中的一部分,更多的(如某一具体观点或某一具体论述)却因为种种原因没有办法列出和具体标明。本人希望那些看到本书采用其学术成果的作者不会因为没有具体提及他们的名字而感到不悦,他们应该为他们的学术观点和研究成果为本书采用而感到高兴。本人亦希望借此机会向所有从事西方文化研究和与他人分享其研究成果的中外学者同人致敬和表示谢忱。

当然,这样说并非是要彻底推卸自己在本书撰写过程中应承担的责任。本人对书中所有内容材料的选择、观点的罗列和相关分析评论负责。应该说,本书在某种程度上反映和折射出本人在西方文化研究课题上长期思考的许多结晶。

  西方文化经历了一个漫长的历史发展过程,但我们有理由相信现在还绝不是它的终结,因为,它仍显示出自身拥有的巨大的生命力。人们,特别是中国学者,对它的认识才刚刚开始,要真正认识和深刻了解它的实质和丰富的内涵还有很长的路要走。呈现在读者面前的这本小书仅仅是从一个角度,一个中国学者的个人角度,描述它的出现、历程、内容和影响。尽管在撰写中一再斟酌推敲,但一管之见在所难免,恳切希望并欢迎广大读者和专家学者不吝批评指正,以便再版时修正。

  最后,本人还要特别感谢北京大学出版社和本书的责任编辑张冰女士对本书出版的支持,没有他们的支持本书是无论如何也不会以现在这个形式呈现在读者面前。

徐　新
壬午年五月识于金陵结网轩

目　录

第一章　人类文明的曙光，西方文化的先声 …………………… (1)
　第一节　两河流域文明：人类文明的摇篮 ………………… (2)
　第二节　古埃及文明：绵延持久 …………………………… (18)
　第三节　近东文明对西方文明的影响 ……………………… (26)

第二章　希伯来文明：信仰生活的构筑者 …………………… (27)
　第一节　走进历史：卓尔不群 ……………………………… (28)
　第二节　文明成就：化成天下 ……………………………… (35)

第三章　希腊文明：对人类自身的探索 ……………………… (53)
　第一节　由海洋孕育的民族 ………………………………… (54)
　第二节　典范之作　万世师表 ……………………………… (62)
　第三节　希腊文明的理性 …………………………………… (71)

第四章　罗马文明：伟大的借鉴 ……………………………… (82)
　第一节　不断进取的民族 …………………………………… (82)
　第二节　在借鉴与弘扬之间 ………………………………… (88)
　第三节　基督教的兴起 ……………………………………… (100)

第五章　中世纪：造就欧洲社会和民族的时代 ……………… (108)
　第一节　千年的进程 ………………………………………… (109)
　第二节　统一欧洲的力量 …………………………………… (118)
　第三节　对西方文化的塑造 ………………………………… (122)
　第四节　拜占庭文明 ………………………………………… (137)

第六章　文艺复兴：高扬人和人性的时代 …………………… (142)
　第一节　文艺复兴运动 ……………………………………… (143)
　第二节　意大利的作用与艺术的复兴 ……………………… (149)
　第三节　文艺复兴在欧洲其他地区的传播 ………………… (161)
　第四节　地理大发现 ………………………………………… (169)

第七章　宗教改革：对权威的挑战 ……………………………………………(174)
第一节　运动背景 ……………………………………………………(175)
第二节　路德改革的出现及其意义 …………………………………(176)
第三节　宗教改革运动在欧洲其他地区 ……………………………(183)
第四节　罗马教廷的改革 ……………………………………………(186)
第五节　宗教改革运动的遗产 ………………………………………(188)

第八章　巴洛克：文艺的新样式 …………………………………………(190)
第一节　巴洛克 ………………………………………………………(190)
第二节　洛可可 ………………………………………………………(205)
第三节　古典主义 ……………………………………………………(209)

第九章　科学革命、专制主义与议会制：实验的时代 …………………(220)
第一节　科学革命 ……………………………………………………(221)
第二节　社会制度的实验 ……………………………………………(229)

第十章　启蒙运动：欧洲理性时代的到来 ………………………………(242)
第一节　运动和背景 …………………………………………………(242)
第二节　启蒙运动在各国 ……………………………………………(247)
第三节　启蒙文学 ……………………………………………………(262)
第四节　启蒙运动的遗产 ……………………………………………(268)

第十一章　将西方送入现代的革命 ………………………………………(271)
第一节　美国革命 ……………………………………………………(272)
第二节　法国大革命 …………………………………………………(282)
第三节　工业革命 ……………………………………………………(297)

第十二章　民族主义的胜利 ………………………………………………(309)
第一节　不平静的法国 ………………………………………………(310)
第二节　统一德国的出现 ……………………………………………(311)
第三节　俄国的崛起 …………………………………………………(314)
第四节　欧洲列国 ……………………………………………………(316)

第十三章　从浪漫到现实 …………………………………………………(318)
第一节　浪漫主义 ……………………………………………………(318)
第二节　现实主义 ……………………………………………………(335)

第十四章　美国因素——西方的新伙伴 …………………………………(356)
第一节　西进运动 ……………………………………………………(357)
第二节　南北战争 ……………………………………………………(359)

第三节　移民社会 …… (360)
　　第四节　走向世界 …… (361)
　　第五节　霸主地位 …… (363)
第十五章　哲学的新繁荣 …… (366)
　　第一节　19世纪的哲学 …… (366)
　　第二节　现代哲学思想 …… (373)
第十六章　现代主义大潮 …… (381)
　　第一节　现代主义出现的背景 …… (381)
　　第二节　现代主义流派 …… (388)
第十七章　实验的时代　多彩的文学 …… (398)
　　第一节　英国文学 …… (401)
　　第二节　美国文学 …… (412)
　　第三节　法国文学 …… (422)
　　第四节　德语文学 …… (431)
　　第五节　俄罗斯文学 …… (436)
第十八章　从大冲突到大融合 …… (441)
　　第一节　暴力冲突 …… (441)
　　第二节　东西对立 …… (444)
　　第三节　走向融合 …… (446)
　　第四节　科学与技术 …… (448)
第十九章　当代西方文化思潮：在批判中探索 …… (452)
　　第一节　自我反思 …… (453)
　　第二节　新左派与后现代 …… (458)
　　第三节　西方价值观的再思考 …… (461)
　　第四节　新世纪的挑战 …… (464)
主要参考书目 …… (467)

第一章

人类文明的曙光,西方文化的先声

位于地中海东南之滨的西亚北非地区是人类文明最早出现的地方。如果从埃及起画一条通过今日的巴勒斯坦和叙利亚,然后沿着幼发拉底河和底格里斯河到达波斯湾的线,这整条线就形成了一个清晰的弯月,史称"肥沃的新月"。肥沃的新月地区在上古时期孕育出了一连串的灿烂文明,其中尤以两河流域文明和埃及

肥沃的新月:两河流域与埃及地理位置

文明最为著名。作为人类文明的曙光,它们的出现对人类文明,特别是本书所要论及的西方文化①进程的影响是巨大而深远的。

第一节 两河流域文明:人类文明的摇篮

位于现代中东地区的两河流域,史书通常根据希腊人的称呼冠之为"美索不达米亚"②,指的是幼发拉底河(The Eupharates)和底格里斯河(The Tigris)流经的区域。其历史范围有狭义和广义之分:狭义的两河流域主要指幼发拉底河和底格里斯河之间的地域,北到巴格达,南至以巴比伦城命名的巴比伦尼亚。而广义的两河流域则包括今天的叙利亚,伊朗的部分地区以及整个伊拉克。幼发拉底河和底格里斯河作为两河流域文明之母都发源于亚美尼亚高原,最后又一同注入波斯湾。两河的上游基本是山岭和高原,下游则是巨大的冲积平原。

按自然地理位置划分,两河流域大体上可分为三个区域,最北部的区域包括现代伊拉克东北部的陶鲁斯与札格罗斯山麓。该地区发现了最早的定居证据,这里有隐蔽性的山谷,丰富的水源、牧草、猎物、野生谷物使之成为史前人类理想的定居点。不过,这里的冬天是严酷的,而且谷地间或隔山间的交流很困难。中间区域包括陶鲁斯山麓以南、希特—萨玛腊一线以北的幼发拉底河和底格里斯河之间的高原以及底格里斯河以东的平原。这一地区有多种自然资源,但远不及山麓地区丰富。肥沃的冲积区的面积有限。最南部的区域由两河之间平坦的冲积平原构成,是古代两河流域文明的摇篮和中心地区。它包括平原南部的古代苏美尔王国和北部的阿卡德王国的所在地。这里地势平坦(从巴格达到波斯湾入海口的落差仅为10米),其南端是广阔的沼泽和苇塘地带,土地肥沃。传说认为这里就是人间"伊甸园"的所在地。

今天两河流域的大部分地区呈荒野状态,土壤干裂而坚硬,黄褐色的沙砾地和泛白色的盐碱地延绵数百里,毫无特色可言,酷热、洪水、风暴、扬沙、干旱是其气候特征。看到这一切,人们已很难想象这片荒地为什么曾被视为富足、舒适的处女地。只有散落其间、由古代城镇废墟形成的一个个山岗土丘(当地人称之为"台尔"[Tell])③似乎在向人们诉说这里曾经有过的繁荣和辉煌。然而,5000多年前,人

---

① 相对而言,以中华文明为核心的东方文化受其影响较少。
② 即 Mesopotamia,古希腊语,意为河流之间地带。
③ 指上部扁平,向下倾斜成梯形体的山堆。系不同时代人类生活遗址所堆积起来的人造"山堆",与平原上天然隆起的山岗有本质的不同,是两河流域早期文明的见证。因此,考古学家称每一个"台尔"都是一本没有文字的史书。

类文明的曙光的的确确是在这片土地上升起的。

两河流域有什么特殊之处导致人类的文明在这里首先出现呢？在探索人类文明起因的诸理论中,"地理气候决定论"似乎在解释两河流域文明的兴起方面颇具说服力。

从自然环境看,两河流域并无多少优越的条件,事实上,不但没有多少优越性,完全可以用"不利"或"险恶"来形容。位于北纬30度线以北的位置表明其地处干旱炎热地带,夏天的气温平均在摄氏30度以上,最高达摄氏50度,农作物很难生长。除了炎热,这里还很少降雨,绝大部分地区的年降雨量在250—200毫米以下,而且一年中有连续8个月几乎滴雨不下。尽管有幼发拉底河和底格里斯河贯穿其中,但两河与埃及的尼罗河不同,尼罗河上游有大湖调节,每年泛滥水量比较稳定,泛滥周期也有规律可寻,涨水期通常在每年的6月至11月,对农作物生长十分有利。而幼发拉底河和底格里斯河的泛滥量则不可预测,上游的雨雪一多就会造成洪水泛滥,缺雨少雪则意味着干旱。此外,两河的河水上涨期在每年的4月至6月,从农作物对水的需求角度出发,不是十分有利的,因为对冬季作物而言,水来得太晚,可对夏季作物而言,水又来得太早。因此尽管土地肥沃,但要进行任何形式的农业生产,只能依靠人工灌溉体系。

众所周知,有效的人工灌溉体系属于大型系统工程,不仅需要群体的通力合作,更需要精心规划和强有力的组织领导。因此,生活在这里的人们为了生计不得不组织起来与险恶、不利的自然环境进行斗争。在这场斗争中,不但群体间的合作得到有效的开展,而且还导致社会分工、职业专门化和新型社会组织形态（非情缘或部落形态）的出现。各种研究表明,两河流域的文明是由人工灌溉工程培育出来的。已有的考古资料也证明,最初在两河流域出现的新型社会组织形式——城邦,就是为了适应,至少是部分地适应在广阔区域内协调排水、灌溉、水渠维护等农业生活必不可少的工程的需要产生的。城邦在两河流域的出现为一种以城市为中心的社会生活形态的形成铺平了道路。

两河流域不仅自然环境条件差,天然资源也十分贫乏,南部地区,除了黏土、芦苇和椰枣等外,金属矿产资源奇缺,就连建筑所需的石块和木料也只能从周边地区进口。幸运的是,这一不利因素不但没有阻碍文明前进的脚步,反而推动了文明的发展。因为,资源的紧缺极大地促进了该地区贸易的发展。资料表明该地区与盛产其所缺乏的基本原料,尤其是金属的地区存在着密切的商业往来。用贸易的方式换取所需的物品是生活在这里的人民的一种生活需求,同时也成为一项专门的职业。不过,贸易的开展是以剩余产品为前提的,这就进一步促进了人群间的合作和分工,因为群体间的合作和分工能够生产出更多的剩余产品。贸易作为经济的原动力,它的发展也成了该地区城市生活和文明发展中一个至关重要的因素。

据此,我们看到的是:尽管两河流域的自然环境和地理资源本身并没有像人们想象的那样为人类的生活提供优越的条件,然而正是这一系列"不利"的因素和自然环境的"劣境"在这里导致了人类文明曙光的升起。英国历史学家汤因比曾指出,文明起源的动因往往是人遇到了自然环境或地理环境的挑战。面对挑战,人类必然要采取种种不同的应战措施,文明便随着这些措施产生。"地理环境决定论"在这里找到了"滋生"的土壤,并有力地验证了汤因比提出的所谓"刺激—反应"理论。

历　史

两河流域的新石器时代始于公元前10000年左右。公元前6000年,游牧民族开始在这里聚居,特别是其下游南部地区成为越来越多的游牧民的定居点。游牧民在向农人过渡的过程中,开始建造村舍,开垦荒地。其结果是农业和饲养业出现,并成为一部分人生活的主要方式。公元前4000年至公元前3000年是两河流域由史前时期转向历史时期的开端。生活在两河流域南部地区的居民(首先是苏美尔人),基于生存的需要,在掌握人工灌溉技术和兴建灌溉系统的过程中,逐步组织起来,相继建起了一个又一个城邦,完成从氏族社会到文明社会的过渡。苏美尔城邦群的出现标志着一种崭新的文明样式——都市生活的出现,这对当时的人类社会而言是前所未有的。为此,人们把都市生活的出现视为人类社会的一大跃进,是人类步入文明时代的一项重要标志。

两河流域出土的维纳斯雕像,该艺术品表明文明在该地区的发展

毫无疑问,我们这里所论述的两河流域文明并不是由一个民族一朝一夕创造出来的,而是在众多民族相互吸收、相互继承和相互促进的基础上,经过上千年的漫长历程,从萌芽到发展并最终走向成熟的。这一文明既呈现出多样性,又体现出某些一脉相承的统一性,成为一种文明的标志。尽管如此,单个民族在开创文明过程中的独特贡献还是不可抹杀

的,需要给予特别的关注。在审视两河流域文明的起始阶段时,我们会发现有三个民族在最初 1500 年的历史中发挥了主导作用。他们是苏美尔人、阿卡德人和阿摩利人(亦称巴比伦人)。正是由于他们的存在和贡献,两河流域文明从萌芽发展到辉煌,成为人类文明的摇篮。苏美尔人作为最早创造出城市文明的人,当之无愧地被视为人类文明的开创者。①

苏美尔人

如前所说,迄今的考古研究表明苏美尔人是人类群体中有史料证明最早创造出城市文明的人。他们的生活起始年代一般被认定在公元前 3500 年至公元前 3100 年之间。在这期间,苏美尔人发展农业,建设城邦,开创人类文明,并在艺术、建筑、社会、宗教、文化教育等方面都取得了令人瞩目的成就。在随后苏美尔人占主导地位的 900 年间,两河流域并没有统一的政权出现,社会主要由众多独立的城邦构成。历史资料表明,苏美尔时代的晚期已是一个高度城市化的社会,有数百个城邦出现在两河流域南部的平原上,当时城市人口的比例要高于以后的其他任何一个时期。人们在苏美尔时代,第一次看到了社会和政治结构方面的变化,甚至看到有历史意义的特殊事件——单个的人开始从其环境中凸现出来。苏美尔人创造出的社会具有(在当时条件下的)公正、稳定、繁荣和多彩的文明特征。其社会生活样式成为后人憧憬的目标。它所留下的丰富文明遗产为该地区的所有民族,无论是友邦还是仇敌,吸纳和继承。苏美尔最有创见的国王是在乌尔第一王朝(约公元前 2700 年)当政的吉尔伽美什。他因其不凡的生平和业绩成为著名的《吉尔伽美什史诗》中的主人公和不朽的英雄。不过,由苏美尔人开创的两河流域的文明史并未以直线方式发展,而是先后有若干个城邦国家在不同时期轮换统治着这一地区。除此之外,一些其他民族也同时生活在这一地区。

阿卡德人

两河流域地区的这一散合局面一直持续到公元前 2350 年,由苏美尔人为主导的时代终为阿卡德王朝所取代。阿卡德王朝(约公元前 2350 年至前 2000 年)的出现是两河流域历史的转折年代,是统一帝国时代开始兴起的年代。一个使用塞姆

---

① 著名史学家撒母尔·克莱默(S. N. Kramer)称苏美尔为人类历史的开始。其一部影响深远的论著的书名就叫《历史始于苏美尔》。

阿卡德王头像

语的阿卡德人首先以征战的方式建立起自己的帝国。在随后的年代,两河流域成为群雄争起、帝国纷争的地区。尽管阿卡德人在政治上取得主宰地位,但由于在文化上远远逊色于苏美尔人,阿卡德人在征服了苏美尔人的同时,也心甘情愿地接受了苏美尔人的文化和生活方式。苏美尔人创造的文明因此在阿卡德人手中得到继承和弘扬。譬如,阿卡德人对苏美尔人创造的楔形文字符号的采用不仅为自身的语言找到了书写形式,而且还扩大了楔形文字的影响。此外,到了乌尔第三王朝(约公元前2113—约前2006年)称雄时,苏美尔文化再度受到重视,出现了新的繁荣。阿卡德人国王乌尔纳木颁布的《乌尔纳木法典》是迄今所知人类历史上出现的第一部成文法典,其文明成就可见一斑。

阿摩利人

然而,阿卡德人的乌尔第三王朝在来自两河流域上流的阿摩利人(历史上的闪族血统的游牧部落)和东方的埃兰人的夹击下于公元前2006年前后灭亡。两河流域历史又出现了一个转折点。乌尔第三王朝的覆灭不仅敲响了一个古王朝的丧钟,而且标志着最初开创城市文明的民族——苏美尔人作用的终结。阿摩利人尽管是"外来"民族,但其建立起的古巴比伦王国在约公元前1830年至约公元前1530年一跃成为该地区的主宰。这一时期,两河流域实现了空前的统一,特别是在该王国的第六个国王汉谟拉比当政期间,古巴比伦王国涵盖从波斯湾至地中海的广大区域。汉谟拉比王因此不无自豪地自称是"强大之王,巴比伦之王,阿穆鲁全国之王,苏美尔和阿卡德之王及世界四方之王"。汉谟拉比本人由于其制定的《汉谟拉比法典》更是永垂青史。

至此,在苏美尔人、阿卡德人和阿摩利人的共同努力下,两河流域文明的大厦已经建成,文明的内涵得到了极大的丰富和相对的稳定。随后年代的历史尽管多彩纷呈,群雄崛起,但均为这一文明的延续。在众多政权更迭过程中,亚述帝国和新巴比伦王国是值得一书的两个朝代。

亚述帝国

公元前10世纪末,在两河流域存在了近千年的亚述王国开始崛起,经过数百年的连续征战、掠夺、扩张,确立了其霸主地位,其领土范围不仅包括整个两河流域,还北达乌拉尔图,西达地中海沿岸诸国,西南达埃及。亚述帝国是依靠强大的军事力量建立起来的,当亚述人最终把大片土地踏在脚下成为两河流域的主宰时,他们的实力已消耗殆尽,在不到10年的时间内(公元前614年至公元前605年)被米底人和迦勒底人的南北夹击所击败而永远销声匿迹。不过,亚述帝国以其征战,将两河流域与其周边地区更加紧密地联系在一起,在客观上进一步促进了地区的交流和文明的传播。

新巴比伦王国

在击败亚述帝国战争中建功的迦勒底人乘胜建立了新巴比伦王国,亦称迦勒底王国,把两河流域置于自己的统治之下。新巴比伦王国在尼布甲尼撒二世统治期间进入全盛时期,公元前586年灭亡了居住在巴勒斯坦地区的犹大王国[①],将犹大王和数万上层犹太人掳至巴比伦,制造出著名的"巴比伦之囚"历史事件。其都城巴比伦城成为当时两河流域重要的经济和文化中心。相传城中所建造的高达25米的"空中花园"被誉为古代世界七大奇迹之一。在新巴比伦时代,商业活动极大繁荣,商队的足迹几乎达到当时已知的世界各地。当地生产的谷物、枣子、油类、皮革、陶器由驴子或其他牲畜组成的商队运输到周边地区,换回的是巴比伦所缺少的金、银、铜、石头、木料、盐等货物以及奴隶。这类商业活动从成千上万块泥版中得到证实。然而,新巴比伦王国的强盛却注定是短命的,大约公元前539年,当波斯王居鲁士二世挥兵进驻巴比伦尼亚地区时,巴比伦城不战而降,新巴比伦王国就此灭亡。

[①] 犹大王国是在所罗门王逝世后,由犹大支派和便雅明支派组成的王国,具体参见第二章有关部分。但国内不少书籍,包括一些参考书,将犹大王国误写成"犹太王国",而"犹太"一词是出现在第二圣殿后期,最先由希腊人使用。特此说明。

波斯人

波斯人的征服是两河流域文明史上的历史性转折点,尽管波斯的征服并没有在该地区造成大规模的破坏,却标志着两河流域文明的终结。两河流域开始进入了由外族和另一种文明样式统治的漫长历史,随着希腊人取代波斯人,罗马人取代希腊人,曾经创造出人类历史上最早灿烂文明的诸民族(犹太民族除外),在外族的长期统治下和外来文化的有力侵蚀下逐步丧失了自己固有的文化和传统,并最终销声匿迹,一个伟大的文明终于无可挽回地被历史所埋葬。①

赫梯人

在结束两河流域上古时期历史之前,唯一需要补充的一段历史是赫梯人在两河流域出现的插曲。这不仅仅是因为赫梯人是最后灭亡古巴比伦帝国的人(他们于公元前1595年从北方发动闪电般进攻,一举捣毁巴比伦帝国的都城,消灭了古巴比伦帝国的最后残余),也不仅仅是因为他们在公元前1450年至公元前1300年将自己帝国的统治扩展"到了大河即幼发拉底河"(《圣经·约书亚记》第1章4节),还在于他们与两河流域文明的直接接触,对两河流域文明的吸收,以及对两河流域文明在后来成为欧洲文明发源地古希腊地区的传播上所发挥的作用。作为古代印欧人的一支,赫梯人最初活动在小亚半岛一带。公元前1600年开始崛起,成为地区强国。在随后的数百年中,赫梯诸王用战争、联盟和条约等方式,逐渐扩展其领土,终于在公元前1400年前后壮大成古代近东最为强大的帝国之一。赫梯人是印欧人中较早和最直接接触两河流域文明的民族。他们在与两河流域文明接触过程中大量吸收和借鉴两河流域文明的众多成就,如,他们学会并借用了楔形文字,以此加速发展自己的文化。他们在吸收、借鉴的基础上往往还有所创新。如他们对马拉战车进行的改进就是一例。由苏美尔人最早发明和使用的车轮是木制实心轮,赫梯人变其为轮辐式,安装了这种新型车轮的马车行驶速度大大加快。赫梯人以此装备骑兵,极大提高了军队的战斗力。赫梯人经过一系列的征战,于公元前1450年建立起自己的帝国,并在随后的200年中走向文化辉煌。种种史料证明,赫梯人有可能是最早将两河流域文明带至欧洲地区的一个民族。

---

① 两河流域文明自公元以来,逐渐为世人淡忘。在伊斯兰教兴起后更是无人知晓。只是到了19世纪中叶才因考古而重新被人们发现并逐步呈现在世人面前。

两河流域的文明成就

两河流域文明作为人类文明的最早代表,其成就是巨大的。在一系列可歌可泣的文明成就中,文字、宗教、文学、法律、科学、艺术等显然最为引人注目和影响深远。

文字

成千上万在两河流域出土的刻有成文文字符号的泥版表明两河流域人民(具体指苏美尔人)早在公元前3000年就创造出了一种文字系统。文字的发明和使用开创了人类文明的新纪元,人类从没有记录历史的朦胧年代过渡到有史可据的较为光明的年代。因此,文字成了人类步入文明的一个最为重要的标志。尽管文字是在语言的基础上发展起来的,但文字的发明和使用打破了语言的时空限制,使得人们不再仅仅依靠记忆,用口头的形式进行面对面的交流和信息知识的传递。通过文字,人的经验、知识和思想就不再因个体的记忆衰退或死亡而散失,而是具有了永久性,知识和经验由此可以得到保存、积累和传递。鉴于此,我们将文字的发明称为两河流域文明最重要的一项文化成就显然是恰如其分的。

由苏美尔人发明的文字被广泛地称作"楔形文字",因为当时的文字是由用芦苇做成的带有三角形笔尖的笔在泥版上刻画出的符号,外形酷似楔子。[①] 英国人是最初使用这一名称称呼苏美尔文字的,因此,该词的英文为(cuneiform),由楔子(cuneus)加形状(form)组成。苏美尔文字与世界上其他文字一样,最初也是由象形符号演变而来的。早期的实物证明苏美尔文最早也是图形文字,由一系列平面图画组成。一个图画构成一个符号,代表一个词,其意义与所画的物质基本一致或相近。如用波浪线表示水,用动物的头像代表该动物,画一岩石表示铁石心肠的情感。不过,苏美尔文字既不像汉文字那样基本全由表意字组成,而是由表意和表音符号混合组成;也不同于古埃及象形文字是仔细刻画或精心绘制的图形,而是一些图示性的、线条式的图形,象征性地表现符号所代表的实物。经过几百年的演变,最早出现的图形最终完全失去其象形特征,成为表音符号。

[①] 需要指出的是,最初的苏美尔文字是刻在石头上的,但两河流域的石头很少,泥版成为最普遍的书写材料。人们在给这一文字定名时主要根据发现的泥版上的文字形状。

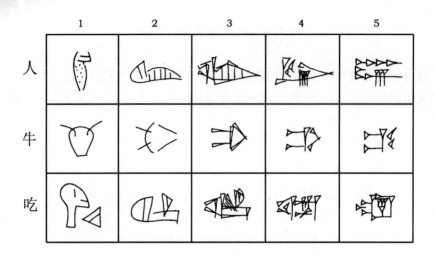

苏美尔楔形文字(约公元前 3000—约前 1000)
第 1 栏是表示人,牛,吃(由嘴和碗共同表示)的图形文字;
第 2 栏是图形转了 90 度,苏美尔人使用的最早书写形式;
第 3、4 栏显示书写形式在约公元前 2500 年至约前 1800 年间的变化;
第 5 栏 是亚述人对苏美尔楔形文字的借用。

  苏美尔人创造的楔形文字,后由阿卡德人继承和发扬光大。在该文字出现后的 2000 年左右的时间内,它一直是两河流域唯一的书写文字体系,无论是阿摩利人、亚述人,还是西亚的埃兰人,叙利亚的乌加里特人,生活在亚美尼亚山区的乌拉尔图人,波斯人都曾先后使用过楔形文字。以至于到了公元前 500 年前后,它成为西亚大部分地区通用的商业交往媒介。在巴比伦人的手中,楔形文字得到了简化,640 个基本字组成全部词语。亚述楔形文字只用 570 个基本字,晚期向音节文字发展。从阿拉米人到波斯人,楔形文字基本成为字母文字,只用 41 个楔形符号。只是到了公元 1 世纪,由于两河流域文明的失落,楔形文字才最终失去其作用,为人们所遗忘。

  由于苏美尔人在发明楔形文字时大量使用的书写材料是泥版,泥版经过火烤或是太阳烘干,坚硬如石,能够长期保存,这使得大量反映苏美尔社会生活的文字材料得到了最好的保存。

  楔形文字的出现不只是一般所说的是人类迈进文明的文字标志,还影响了周边地区的其他文字的出现和发展,特别是影响了埃及文字和腓尼基文字。而腓尼基文字则是世界上公认的拼音文字的开端。楔形文字的发明无疑是两河流域人对

第一章　人类文明的曙光，西方文化的先声

苏美尔人制作的泥版

世界文化最突出的贡献之一，同时也是其自身文明程度的一个重要标志。文字的使用在为自己的灿烂文明存在保留了一份永久记录的同时，也使得它们所创造的人类最早文明得以在世界其他地区传播，为其他民族所了解、吸收和继承，有力推动了人类文明的向前发展。

宗教

两河流域文明的一个重要方面是宗教思想的确立和宗教在人类社会上作用和地位的奠定。有关考古证明，宗教在两河流域文明初始阶段就已发展成为社会中一个最为重要的组成部分。两河流域人民对宗教的特殊认识使其生活中的方方面面都与宗教密不可分。无时无处不在的宗教既是两河流域文明的基础，同时又是文化的动力和创造力的源泉。因此，人们把宗教看成是两河流域人们理解自然、社会及其自身的思想纲领，看成支配、激励一切文化现象和人类行为的力量是很有见地的。①

考察当时的社会生活,人们不难发现,宗教犹如一根强有力的纽带将社会的各个方面连结起来。一切社会活动:无论是政治的、军事的、经济的、法律的、文学的、艺术的,还是个人的,都无一例外地打上了宗教的烙印。可以说两河流域的建筑、绘画、艺术是被宗教热情所激发的,文学和历史描写的是与神有关的活动,就连科学也都渗透着宗教思想,司法及伦理道德更是密切联系着宗教。人们对自然、社会及其自身的理解不仅以宗教为出发点,而且往往以宗教为归属。例如,城邦之间的战争被看成是主宰城邦的神灵之间的冲突所致,而胜利则最终要依靠神的恩赐。人们对宗教作用和地位的重视可见一斑。

尽管苏美尔人、阿卡德人、阿摩利人的宗教之间存在着一些差异,但其基本内涵和观念是一致的,统一构成了近东地区信仰体系的基础。

两河流域宗教的基本观认为:

1. 神是万能的,人是由神创造出来并为其服务的,因此,人处于神的完全控制之下。

2. 神的地位是至高无上的,无权的生灵除了服从神灵、崇拜神灵和侍奉神灵之外别无选择。

在这种宗教观念的支配下,人总是在恐惧和焦虑不安中生活,生活中充满了忧郁和悲观,请求神示(包括占卜)是当时风行的做法,不仅个人的凶祸吉福要通过占卜来寻求神示,即使国王和祭司在作出重大决定前也必须先请求神的启示。

两河流域的宗教具有以下三个重要特征:

一是多神论,认为世上有众多的神祇存在,不同的神祇的作用各不相同,神祇各司其职的观点实际上是在界定神的能力和划分神的势力范围,神与神之间不仅有等级之分还常常相互争斗。依据传统,这些存在的神祇被归为两大类:生活在天空中的神和居住在地上的神。在这两类神中有四位被认为是主神,它们分别是:天神——安努(Anu),风神——恩利尔(Enlil),水神——恩奇(Enki)和母神——宁胡尔萨格(Ninhursag)。

二是拟人性,认为神祇具有和人一样的外貌、品行、个性和弱点。因此,神尽管具有智慧,也会一时糊涂;虽常常保持正直,但也会作恶多端;和人一样,也有七情六欲,甚至也会死亡(指下地狱)。社会的纷争和不和通常被认为是由神祇引起的。

三是泛神论,认为自然界和宇宙中处处都存在着神祇。不仅自然现象和自然力受到崇拜,就连动植物和自然物体等也都在崇拜之列。这些特征导致偶像崇拜

---

① 郑殿华、李保华:《走进巴比伦文明》,民主与建设出版社,2001年,第108页。

之风盛行,各个城邦、群体和个人都有自己的神灵和据此制成的各种神像。

两河流域出土的各种神像

由于相信敬神、安抚神和侍奉神会带来平安、福祉、庇护,乃至青睐,修建神庙和侍奉神灵成为人们日常生活中的一项重要活动。为了表现神的威严和高大,神庙往往建造在高大的平台上。典型的苏美尔神庙规模庞大,兴建工作十分繁重。建成这样一个神庙往往需要1500名劳力每人每天不停地工作10小时,累积要干5年。不过,考古学家认为这种工程主要由志愿者轮流完成,因为,在志愿者看来这是对庇护他们终身神灵的奉献。与建造神庙相应的是祭祀活动。它包括公共祭祀和个人祭祀两种。公共祭祀由祭司在神庙中主持进行,重要仪式有献祭、焚香、供奉、祈祷和唱圣歌等。个人祭祀主要在家中进行,供奉神像和祈祷是主要形式。个人祭祀活动导致了个人宗教的出现。对神的祷告是这一现象的主要标志。宗教的无所不在还使得两河流域人民生活中几乎所有的节日和庆典都与宗教仪式紧密相连,因此,对于那里的人们而言,节日既是世俗的又是宗教的,两者密不可分。

神庙作为进行宗教活动的主要场所,是社会上令人敬畏的地方,也是社会中最早出现的有势力的机构。不仅如此,由于宗教的作用和影响力,侍奉神明、主持祭祀活动的祭司逐渐形成一个特殊的阶层。他们往往具有政治权力,掌握大量资产,并可世代相袭,成为当时社会上权势显赫的三大上流阶层之一。

两河流域宗教思想的存在导致巫术和占卜体系的建立。巫术,特别是占卜,被看成是寻求神启的最佳方式。占卜可以预知凶吉祸福,巫术成为治病的最好方式,是当时人们普遍接受的思想。占卜的方式多种多样,最常见的是"梦占"。求卜者睡在神庙里,希望在睡梦中得到神的启示。一般认为梦见狗羊鹿为凶兆,梦见狮狐鱼为吉兆。"肝脏占"是另一种流行的占卜术,由专业祭司查看献祭动物的肝脏来解释神旨。天文学的开展使得巴比伦人认为占星术是一门最有价值的学问,认为天上的星宿决定和预示着人事的进程。巴比伦宫廷设有专职的占星术官员,负责观察天象并作出解释,为国王采取行动寻找依据。巴比伦的占星术还根据人的出生时辰和星宿的位置预言此人的性格和一生的命运。巴比伦人在公元前1000年就画出了算命天宫图。两河流域的宗教在日常生活所占位置和个人宗教的出现对研究宗教发展史具有特别的意义,因为个人对神的祈求及宗教内省行为是日后西方社会主导宗教(犹太—基督教)传统的两个基本特征。

文学

对于文明而言文学成就历来是一个主要评判标志。由于具有成熟的文字,两河流域的文学不仅丰富多彩,而且成就辉煌,无论是神话、传说、史诗、诗歌、爱情歌都达到了很高的水准。

在众多的文学作品中,流传下来且令当代人感触最深的无疑是以《吉尔迦美什》为代表的史诗。《吉尔迦美什史诗》起源于苏美尔时代,经历代传诵,最终成文于公元前2000多年前,是世界上迄今已发现史诗中最古老的一部。《吉尔迦美什史诗》描写的是一位人类英雄在一个受到不可避免自然法则支配的世界上的冒险经历和追求的故事。故事的主人公吉尔迦美什是一位真实的历史人物——公元前2600年苏美尔时代的一位国王。为了城市的安全,国王吉尔迦美什强征民众修建城墙和神庙,其暴虐性格令臣民难以忍受。无奈的臣民只好向神灵哭诉。神灵造一野人恩奇都与之抗衡。谁知在经过一番厮杀后,他和巨人恩奇都竟成为密友。两人后来一道为民清除了许多祸害,建立了许多功勋。神灵为了惩罚吉尔迦美什,使恩奇都染病身亡,吉尔迦美什不服神灵,为使密友起死回生,历尽千辛万苦觅得复生仙草,孰料一时疏忽,仙草却被受到神灵指使的蛇吞食,最终徒劳无功而返,命运仍不可战胜。

《吉尔伽美什史诗》一经发现就被视为两河流域文学的最高成就。从其内容的丰富性和涵盖面来看,《吉尔伽美什史诗》显然不是出自一人之手,而是集体智慧的结晶,是在口头文学的基础上逐渐发展定型的。它的内容汇集了两河流域长期流传的神话传说的精华,反映了当时的社会生活和人的思想。流传下来的最完整版本为公元前7世纪亚述王亚述巴尼拨的尼尼微图书馆编定的。全诗由7部分组成,共有3500余行,用楔形文字分别刻在12块泥版上。

除了史诗外,其他形式的文学也都内容丰富,形式优美,如爱情诗、寓言、祈祷词、哲理文等。所有这些文学作品是两河流域人民上古时期生活和社会的象形反映。作为上古时期人类文学的杰出代表,其影响深远。如《吉尔伽美什史诗》中大洪水的故事为犹太人所吸收,成为《圣经》中挪亚方舟神话的原型。从时间上看,《吉尔伽美什史诗》比欧洲著名的《荷马史诗》要早 1000 多年。事实证明,《吉尔伽美什史诗》及两河流域其他文学作品的流传不仅影响了西亚各民族文学,而且也对古希腊罗马文学产生过重要影响。

法律

两河流域文明的另一重要内容是它的法律部分。法律的出现和社会对其权威性的认可是文明社会的一项重要标志和确保社会稳定的一大要素。据英国学者萨格斯统计,在迄今所发现的楔形文献中,有关法律方面的内容在苏美尔文献中占 95% 左右①,足见法律在当时社会上的重要性。

考古资料说明,法律在两河流域人们的日常生活中占有十分重要的地位。例如,没有文书记录(即不通过法律),任何形式的财产买卖和转让都是无效的。伪造和更改文书被视为违法,一定会受到法律的惩罚。新国王加冕后的第一件事就是颁布新法律。法律的神圣性为社会所确认。社会对法律的重视还反映在两河流域的"立约观"上,用"约"的形式约束和规范人们的生活和社会活动为所有人接受。这一观念对后来犹太民族"契约观"的确立显然起到了重要影响。法律的制定和广泛的运用对于保证社会稳定,维护现存的社会秩序和生产关系是十分必要的。

法律在社会生活中的重要作用,使得法典的制定和颁布成为两河流域生活中不可或缺的部分。乌尔第三王朝国王乌尔纳木颁布的《乌尔纳木法典》是迄今发现的第一部成文法典,它的颁布开创了两河流域成文法之先河,对

《汉谟拉比法典石碑》

---

① H. W. F. Saggs, *The Greatness That Was Babylon*, Sidgwick & Jackson, 1962, p. 196.

这一地区法律体系的形成和制定起到了典范的作用。不仅如此,它的问世"在世界法律史上有着不可低估的意义,它是人类第一次以文字形式颁布的法律,并且有意识地显示出法律自身的尊严"。① 在一系列发掘出的法典中,《汉谟拉比法典》无疑是最为著名的。《汉谟拉比法典》由古巴比伦王国第六王汉谟拉比颁布,法典全文用楔形文字刻在高2.25米,上周长1.65米,底周长1.9米的黑色玄武岩石柱上(由三块组成)。除了浮雕画面、前言和咒语外,有法律条文282则。法律条文涉及的范围包括宗教、经济、社会、家庭、民事、政治等。② 该法典被认为是现存人类历史上最早的有条理的法律文集。

两河流域法典结构完整,颁布的法典多由前言、正文和结语组成。法律条文一般以具体案例为出发点,作出惩罚标准,而不是作出抽象的规范。多数法律条文与经济活动有关,力求经济方面的公正是其一个重要特点。法典保留神裁法的内容,使之与社会的宗教信仰保持一致。尽管法律表现出等级制,对不同出身和不同阶级的人有不同的法律规定,但仍具有当时条件下的公正性,如"恃强不凌弱"的思想在众多法律条款上有所体现。"以眼还眼,以牙还牙"原则和罚金原则并存说明人们对法律适用原则的不同思考。法律为因果法,以"如果……,则……"的假设因果关系制定出具体法律条文,符合违法受罚的观念并具体规定出可依执行的处罚尺度。

科学

两河流域的生产活动推动科学的发展,一系列科学成就相继出现。两河流域文明中最值得一提的科学发明当属车轮的发明和使用。苏美尔人以把数块厚木板拼成圆形,再用饰扣将其固定在一起的方法制造出最早的车轮,然后把它安装在交通和运输工具上,从而发明了有轮的车。车轮的发明无疑与两河流域的大规模水利建设和商业活动有关。带轮交通工具的出现扩大了人的活动范围,而有轮运输工具的使用则大大提高了生产效率。

---

① 郑殿华、李保华:《走进巴比伦文明》,民主与建设出版社,2001年,第62页。
② 有人将这282则法律条文具体划分为:关于神判的规定(第1—5条),关于盗窃动产和奴隶的规定(第6—25条),关于田园房屋等各种不动产的占有、继承、转让、租赁、抵押等方面的权利和义务的规定(第26—88条),关于借贷、经商和所谓的债权等方面的规定(第89—126条),关于婚姻、家庭的规定(第127—194条),关于伤害不同地位之人予以处罚的规定(第195—214条),关于报酬和责任的规定(第215—240条),关于租用工具、牧畜和雇工的规定(第241—277条),关于赎还奴隶的规定(第278—282条)。详见于殿利、郑殿华:《巴比伦古文化探研》,江西人民出版社,1998年,第198、199页。

天文学显然达到了相当高的水平。其重要标志是太阴历的制定。苏美尔天文学家首先以月亮为参照体系,制定出了表识年月周期的太阴历,从而找到了确定周而复始农作周期的可靠途径。以12次月亮的盈亏为一年,并以设置闰月的办法补足与太阳历相差天数的做法使其太阴历成为古代人类最佳计年方式。而其计算月球运行的方法被视为"古代科学最辉煌的成就之一"。犹太历和伊斯兰历法都借鉴了苏美尔人制定的太阴历。

古巴比伦时期,天文学家对天文的观测已具有相当科学性,已知最早的天文准确记录是关于金星出没的记录,时间为公元前2000多年前。此外,巴比伦的天文学家已经将恒星和五大行星区分开来,观测出太阳在恒星背景上的视运行轨道——黄道,并按方位划分了肉眼可见的十二个星座,绘成黄道十二宫图。据公元前6世纪的文献记载,巴比伦天文学家已经能够事先计算出太阳和月亮的相对位置,也就是说他们能够预测日食和月食了。

新巴比伦人根据月相的变化,确立了星期的概念。他们把1月分为4周,每周定为7天,每天由一星神掌管,即日、月、火、水、木、金、土。周(即7天一星期)的出现是开创性的。今天每周7天习俗经过犹太人的加工和传递已为全世界人们所接受,成为人类安排日常生活的一种最便捷方式和人们生活中不可缺少的时间计量方法。

除了计日,古巴比伦人发明了"十二进制"的计时法,即把一天分为两个12小时的做法。这一计时方法成为现代生活通用的计时法。"六十进制"的发明为有关圆和时间的计算提供了便利,苏美尔人据此把一小时分为60分钟,把一分钟又分为60秒,这一做法现已成为当今世人统一使用的读时标准。

另外,两河流域的人们在数学、几何学、医学、化学等方面的众多成就也是无人能望其项背的。苏美尔人还是最早创办学校,最早设立图书馆,最早发明了真正的拱形结构、梁托拱顶和穹隆顶的民族。

艺术

城市的诞生与发展导致了一系列艺术的发展,而艺术又随着国家的形成和帝国的建立而变得日益丰富。两河流域的艺术成就主要体现在建筑和雕刻艺术方面。建筑艺术则表现在寺塔、王宫和城市的建造上。苏美尔人创造出的多级寺塔是最具特色的祭祀建筑典范。寺塔用生砖(未经烧制的土坯)筑成,塔身由一层层的台基组成,顶部是一个神庙。建于乌尔第三王朝的乌尔寺塔最为壮观。塔由四层组成,各层表面依次以黑、红、青、白色砖块砌成,分别代表阴间、人间、天堂和太阳。层与层之间由台阶相连,各级塔门均为拱门。而巴别通天塔可能是寺塔中最为壮观的代表。根据希罗多德的记载,巴别通天塔有一实心的主塔,约 201 米见方,共有 8 层。外缘有螺旋线通道,绕塔而上,直达塔顶。一般认为《圣经》中所说的通天塔很可能指的就是该塔。巴比伦城是古代世界最伟大的城市之一,而史传"空中花园"更是被视为古代世界七大奇迹之一。

两河流域地区乌尔神庙

在雕刻方面,浮雕作品众多,动物形象最具艺术性,如腾跃的马、展翅的鹰、困斗的狮,无一不形象生动,栩栩如生。浮雕的艺术表现达到了一定的水准,如《汉谟拉比法典》的玄武岩石柱浮雕所刻画的太阳神沙玛什的威严与汉谟拉比王的谦恭形成有力的对比,刚劲朴实的风格使得整个画面充满了宗教的虔诚和严肃。由于两河流域缺少山石,很难制作出像埃及那样的大型雕刻,艺术家更多的是在贵重小巧的材料上从事雕刻创作。圆柱印章是这类雕刻中最具代表性的作品。所谓圆柱印章就是在圆柱形石块的表面刻以阴文图案,在胶泥上滚转以留下印记的一种印章。这类雕刻内容丰富,画面精致,是两河流域特有的艺术品。

第二节 古埃及文明:绵延持久

与两河流域毗邻的另一大河流域——尼罗河流域是古埃及文明的摇篮。发源于东非高原的尼罗河由阿斯旺进入埃及,并自南向北贯穿埃及全境,在流经了 1350 公里后注入地中海。尼罗河在埃及境内变得平稳下来,形成一个平底河谷,在注入地中海前,呈扇形展开,形成三角洲。这样,尼罗河把埃及天然地分成南北两大部分:被称为上埃及的南部河谷地带和被叫做下埃及的北部三角洲。南部河谷的两侧山峦起伏,由石灰石和花岗石构成峭壁,山峦之外是浩瀚无垠的沙漠。北部三角洲为沼泽地带,冲积土层厚达 15—23 米,是尼罗河流域最肥沃的土壤。埃及气候干旱,雨量稀少。就是三角洲地区每年也仅有 30 来天的雨季。然而,水量充沛的尼罗河以及每年有规则的定期泛滥则弥补了雨水不足之憾,尼罗河河水不仅养育着两岸的居民,而且孕育出了光辉灿烂的古埃及文明。希腊哲学家希罗多德据此把埃及形容为是"尼罗河的馈赠"。

由于埃及人民的生存和繁荣都与尼罗河息息相关(埃及人口的 95% 集中生活在占埃及国土面积不足 5% 的尼罗河沿岸),尼罗河不仅成为埃及人心目中的神圣之物,而且主宰和规范了埃及人的生活和思维方式。尼罗河有规则的定期泛滥和为来年带来的丰收期盼,给予生活在那里的人们一种稳定和乐观感。尼罗河的特殊地理环境:东西两侧一面是杳无人烟的利比亚沙漠,另一面是难以逾越的红海和阿拉伯沙漠,使得埃及与外部世界相对隔绝,不易遭受外族的侵扰,埃及人社会和生活由此呈现出安宁、稳定和同一的特征。较之两河流域文明的动荡和紧张,埃及文明更多的是以恒久和宁静著称。

历　史

埃及历史源远流长,从某种意义上说,古埃及文明几乎是与两河流域文明同时出现、齐头并进的一种文明。埃及人约在公元前 3100 年前后走出史前历史的阴影,步入文明阶段。生活在上埃及的美尼斯首先崛起,建立了埃及历史上的第一个王朝,开创了以法老[①]为君主的专制制度。数百年的发展,上下埃及逐渐形成一个统一的国家。此后,尽管朝代不断更迭,以法老为君主的国家形态却以不变的方式进行着卓有成效的统治。埃及所处的与外界隔绝和不受外族侵扰的自然环境,不仅为生活的稳定创造了条件,而且也为政治的稳定创造了条件。古埃及的历史由此呈单一稳定状,建立的王朝按序列世代相传,很少间断。作为一个国家,古埃及在国家形态出现后约 2500 年的漫长时期中始终保持着国家的大一统。这在古代诸文明中实为仅见。

古埃及的历史大致可以分为:早王朝时代,古王国时代,中王国时代,新王国时代和后王朝时代,前后共建立过 31 个王朝。古王国时代,埃及进入了约 500 年的和平和相对繁荣时期。政治走向成熟,文学活动开始出现,金字塔的建造进入鼎盛时期。众多屹立在尼罗河畔的巨形金字塔从一个方面见证着它的兴旺发达。公元前 1750 年,埃及受到外族喜克索斯人的入侵。但约在 200 年的时间内,入侵者

[①] 埃及人并不把自己的统治者称作"法老"。"法老"一词来自《圣经》,后成为通用。

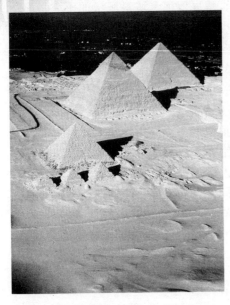

埃及金字塔(公元前2500年前后)

被全部赶出埃及。在随后建立起的第18王朝,埃及人利用从入侵者那里学来的使用马拉的战车和弓箭袋的方法,开始大规模对外征战,其势力达及迦南、叙利亚等地,成为近东地区的一个强大帝国(史称埃及帝国),埃及历史最繁荣昌盛的时代终于到来。然而,由于王权与僧侣之间的争斗,埃及人建立起的帝国在第20王朝结束时瓦解,埃及的帝国地位开始受到挑战。从后王朝时代的第27王朝开始,埃及先后受到利比亚人、亚述人、波斯人、希腊人、罗马人的侵扰,埃及人逐渐丧失其独立和固有的文化特征,到公元4世纪中叶,埃及已经成为当时世界上主要的基督教国家,古埃及历史宣告结束。公元639年,随着伊斯兰教的出现和阿拉伯人对埃及的征服,埃及逐渐成为伊斯兰教文化圈的成员,古老的埃及文明被彻底埋葬,成为人类历史的一个"失落"文明。

文明成就

古埃及人开创的文明以其久远的历史成为一种"一下子站到了人类文明前沿"的文明。作为一种古老文明,古埃及在其存在的3000多年历史中所取得的文明成就是无与伦比和光辉灿烂的。它在文字、文学、宗教、科学、艺术等方面的文明成就完全可以与两河流域的文明成就一样比肩而立,在人类文明史上具有崇高的地位。

文字和文学

埃及人早在公元前3500年就开始有了文字。与世界上其他古老文字一样,埃及文字是由图画发展起来的象形文字。公元前3100年前后,埃及文字发展成具有独特风格的文字体系,不仅有了完整的表意符号,而且创造出了表音方式。这样,埃及象形文字便具有两种基本特征:既表意又表音,符号可用于写同音异义词。该文字在形成初期仅有少数符号,后逐步发展,到公元前500年时增至数千个。由

埃及象形文字

于埃及文字最早起源于绘画,文字的具像特征十分明显,文字大多由人、走兽、飞禽、植物和各种物品的具体形象组成,呈绚丽多彩状。埃及文字保存下来的多为雕刻在石头、金属上的碑文和铭文,以及书写在墙壁、麻布和纸草上的文献。埃及人在公元前2000年前创造出了由24个子音符号构成的单音节符号,这些符号后来成为拼音文字的先声。

罗塞达石碑

象形文字在出现后一直为埃及人所使用,其历史长达近3000年。只是到了公元前4世纪,由于希腊人和罗马人对埃及的统治和文化入侵,希腊文成为通用语言,埃及的象形文字才逐渐遭到淘汰,最终沦为一种无人知晓的"死的"文字①。不过,新的考古发现证明埃及的象形文字直到公元4世纪仍被人们使用,在菲莱岛上发现的写于公元394年的铭文就是最好的证明。

除了象形文字外,古埃及人还使用另外两种文字。它们分别是主要由祭司阶层使用的僧侣文和世俗生活中使用的世俗文。尽管它们都源于象形文

---

① 1822年,法国学者商博良释读《罗塞达石碑》成功,为世人重新识别埃及象形文字奠定了基础。从此,埃及象形文字不再为人们所不识。

字,但在书写上只能从右到左,而不像象形文字那样既可以从右到左,也可以从左到右。

埃及人早期的书写工具主要是刻刀和石头,有关文书被刻写在神庙和宫殿的墙壁上或墓葬的墙上,这对文献的保存极为有利。

文字的出现和广泛运用极大地推动了文学的发展。古代埃及文学在文字出现后由口头文学向书面文学发展,体裁繁多、内容丰富、语言优美、影响深远是古埃及文学的重要特征。其神话文学包含了宇宙的创造、人类的起源等丰富内容。传记文学、教谕文学开创了这类文学体裁的先河。智慧文学显示了埃及人的智慧和人生哲学。诗歌创作内容多样,抒情诗多与日常生活有关,而赞美诗则主要为歌颂神灵和法老而作。《太阳神颂歌》和《尼罗河颂歌》是保存较为完整的赞美诗。古埃及文学的价值首先在于为人们了解和研究古埃及文明提供了宝贵资料,其次还在于对希伯来文学、古希腊文学和阿拉伯文学产生了直接影响,再次它还是人类最古老的文学遗产的优秀样本。

宗教

埃及的宗教起源于原始社会的图腾崇拜。与两河流域一样,宗教在古代埃及社会生活中发挥着主导作用,无论是政治、经济、法律、文学、艺术,还是人们的日常生活都与宗教紧密相连。从自然崇拜到多神体系是埃及宗教信仰的基本发展历程。古埃及有名有姓的神多达几千个,而且有性别之分。最早的神多具有动物形象,以鸟兽和爬虫来代表,如鹰、豺、鳄鱼等。稍后,自然现象成为人们崇拜的对象。王朝时代埃及的神由动物形象过渡为拟人阶段,人身兽头或人身鸟头形象十分流行。埃及宗教中的神祇没有固定的神谱体系,其地位高低与政治有关,与统治者的偏爱有关,不同地区人当政,其地区的保护神的地位就相对得到提升。鉴于古埃及人对太阳的崇拜,太阳神受到全埃及人的崇拜,被奉为全国最高神。但是,由于复杂的神祇关系和不同时期的不同解释,埃及宗教始终没有形成一个统一完整的体系。

法老阿蒙霍捷普四世在位时,埃及曾进行过一次宗教改革的尝试,传统神祇的名字被统统从公共纪念物上铲除,一个以太阳神为寓意的"阿吞神"被奉为仅存的神。根据这一思想,"阿吞神"不再具有人或动物的形态,而是被想象成能赋予生命、温暖的太阳光束,被视为是万物的缔造者,全宇宙的神,而不仅仅是埃及的神。这无疑是一神思想的最初提出。但是,由于埃及社会传统势力的巨大影响,这一宗教改革注定是短命的昙花一现。当法老阿蒙霍捷普四世一寿终正寝,他所提出的一神思想随即遭到抛弃,埃及的宗教崇拜一切照旧。

埃及宗教观主要包括:

1. 相信世界是由神创造的,尽管对创世的解释多种多样。

2. 相信代表神的意志的"玛阿特"的存在和法老就是玛阿特的化身。玛阿特作为神的意志,代表着"秩序""真理""公正"和"正义",人必须按玛阿特行事。而把法老看成是玛阿特化身的观念使得法老成为人神一体的君主。反对法老就是违反玛阿特,也就是违背神的意志,这使得法老的地位不可动摇。

3. 相信神对社会的保护作用,保护神的观念十分流行,不同地区、人群往往都有自己的保护神。

4. 信仰来世,相信人死后生命继续存在的观念十分流行,死亡被看成是生命从一个世界转移到另一个世界。出于死后永生的信念,墓葬和对遗体的处理成为生活中最重要的事务,厚葬成为习俗,特别是对于法老和贵族而言。金字塔是这一习俗的集中体现。为了使灵魂能够同肉体会合和防止肉体被毁,埃及人精心发明了制作木乃伊的方法,并使之成为葬礼的最重要部分。人的遗体因而得到完美的处理和保存。

5. 相信死者要经过冥世之主奥西里斯的法庭审判,后期的埃及宗教在这一观念影响下朝着越来越讲究礼仪和相信魔力的方向发展,迷信和魔法大行其道。为了能顺利通过冥主奥西里斯法庭的审判和获得拥有永恒来世的判决,符咒、表白书一类的东西成为人们追逐的宗教用品。

古埃及人的宗教信仰有个人和官方之分。官方的宗教崇拜以祭祀为主,按规定每天在神庙中进行。尽管所有神庙的最高祭司都是法老本人担任,但每日的祭祀主要由祭司进行。只有在主要宗教节日到时,法老才会亲自主持祭祀仪式。官方宗教的祭祀特点和众多神庙的存在造就了一个庞大的祭司阶层。掌管神庙的祭司因其神庙的地位具有相应的地位和权力。普通民众对官方的宗教崇拜很少参与。个人宗教崇拜主要由民众自己进行,多与其日常生活和农业生产有关。由于文献对此记载较少,具体情况恕不详述。

科学

在埃及人的一系列科学成就中,对世界文明影响最为杰出的无疑是它的天文学和几何学成就。早在公元前3000年,埃及人根据尼罗河定期泛滥和天狼星的运行周期制定出人类历史上最早的太阳历。根据埃及人发明的太阳历,一年被分为12个月,每月30天,为了与地球围绕太阳公转一周的差距,在年末增加5天作为节日。埃及人发明的记日系统是人类所知的以365日为一年的第一个历法。尽管这一记日系统与地球围绕太阳公转一周的实际用时存在一定的误差(1/4天),然而这是古代最佳的历法。公元前1世纪,埃及的太阳历传入罗马,经过罗马人改进,成为西方社会的通用历法(儒略历)。尽管当今世界上通用的公历源于1582年罗马教皇格里高利十三世确定的体系,若追其源头仍然是埃及人所制定的太阳历。

埃及人根据实际生活需要最早发展出了几何学,用于对土地面积的测量和计算。他们还找到了计算三角形面积和金字塔、圆柱体、半球体体积的方法,最早把圆分成360度,并首先注意到所有圆的圆周率都一样,以及推算出圆周率的值为3.1605。

埃及人早在公元前3000年就已经使用纸草作为书写材料。纸草的发明是当时书写材料的一大创新,它与传统书写材料(如石头、泥版、黏土、骨头、皮革等)相比具有很多优点:轻、便宜、易造、可折叠、便于运输和携带等。在它出现后的4000年中,一直是最受欢迎的书写材料。纸草保存的文献多达几十万份,涉及文字十几种,成为人们了解古代文明,特别是古埃及文明的重要文献来源。

木乃伊的制作和独树一帜的埃及医学表明古埃及人对人体和疾病的了解,流传下的医学纸草文献成为埃及医学和药学对人类医学宝库的一份珍贵遗产,无论是古希腊、西欧、乃至阿拉伯医学都直接受到它的影响。

埃及第18王朝图坦卡蒙法老的金棺,内装木乃伊

此外,玻璃和陶器上釉都是古埃及人的发明。它的制陶术影响了地中海各地的陶器风格,直到今天仍为人所仿效。埃及人远在希腊人之前就使用了柱廊,在罗马人之前发明了拱门。

艺术

古埃及人在建筑、雕刻和绘画等造型艺术方面的成就举世公认。埃及艺术是一种以永恒为目的的艺术。它的一切创作都有一个以崇拜死者为核心的宗教目的。在众多艺术门类中,最为著名的是它的建筑艺术,以用作古埃及统治者陵墓的金字塔为

第一章　人类文明的曙光，西方文化的先声

代表的建筑艺术是人类艺术史上的瑰宝。大约建于4600年前的胡夫金字塔占地面积达52900平方米，塔高146.5米，底面呈正方形，塔身由大小不一的230万块石头叠成，平均每块石头重达2.5吨，最重的竟重达160吨。希腊人在列举世界七大奇迹时毫不犹豫把它放在了首位。神庙则是埃及建筑艺术的又一光辉体现。在众多神庙中，位于底比斯古城北部的卡尔纳克神庙最为庄严宏伟。其主殿占地面积达5000平方米，由134根圆柱所支撑。其中最高的12根高达21米，直径为3.6米，需六七人才能合抱。柱头呈盛开纸草花状，可供百人站立，柱身则布满象形文字和各种浮雕。其庄严宏伟感令人叹为观止。这一建筑风格对后来的古希腊建筑的影响是显而易见的。

古埃及的雕刻艺术主要集中在雕像方面。不少雕像体积巨大，采用千吨以上的石块作为原料十分普遍，充分显示出艺术家处理巨形石块的惊人能力。在塑像的制作方面，无论是人像，还是动物、神像都有一定的程式和造型法则。如，人像造型严格遵循头侧身正的表现手法：立像一脚向，双手紧握，双臂下垂。坐像皆取正襟危坐式，上身端正，两腿并拢，两手按膝，或一手按胸，或交叉在胸前。神情端庄，呈静止状态，充满理想化和神化气息。

人像

在第18王朝法老图坦卡蒙陵墓中出土的大批精美艺术品是古埃及艺术的一种集中体现，总共3000余件艺术品，几乎每一件都令人叹为观止。

与对待生活一样，埃及人艺术追求的是"宁静"与"恒定"，把丰富多彩的内容限定在有限的规则与模式之中，保持艺术的"一以贯之"性，实现"永恒"是埃及艺术的基本要求。鉴于此，古埃及的艺术风格自第一王朝的美尼斯时期定下的格局，在随后的几千年中几乎很少有过变化，具体体现了古埃及人对"恒在美"的永恒追求。

古埃及文明是人类历史上出现过的最古老和最伟大的文明之一，其历史的悠久和连续性是任何其他文明都无法比拟的。世界其他地区的古代文化很少能像埃及文化那样完整无缺地维系3000年之久。崇尚稳健,注重传统,不思巨变是古埃及文明的重要特征。尽管最先是由于希腊—罗马人的入侵和文化浸润,最终由于伊斯兰教在7世纪的兴起和影响,古老而悠久的埃及文明遭到彻底的抛弃[①],它的存在被岁月湮没,为世人长期遗忘,但是它的光辉成就和具有特色的文明样式无疑是人类历史上的宝贵遗产。它对古典文明,特别是对古代希腊文明的发展所产生的影响是巨大而深远的。

第三节　近东文明对西方文明的影响

　　西方文明对以两河流域文明和古埃及文明为代表的古代近东文明的借鉴是广泛的。书写艺术无疑是最突出的一例。由苏美尔人创造的楔形文字字体首先在埃及的形象文字中体现出来,稍后,导致单音节符号的出现,然后通过腓尼基人简化为字母,而腓尼基字母则是西方最早文字希腊字母和拉丁字母之基础和来源。在技术方面,无论是建筑学、测量学、城建学,还是军事技术(包括青铜和铁制武器的制造)、制陶术的发展,雕刻艺术都是从两河流域和埃及传入的。在科学方面,大到天文学、数学、几何学、修辞学,小到具体的对时间的测量,历法的制定,都是由两河流域和埃及的文明开创先河的。就连贸易的艺术,钱币的使用,以法组织和规范社会的观念,外交手段的运用,以及国际条约的签订都由两河流域和埃及人首创。

　　除此之外,两河流域文明和埃及文明中对与人和人类社会直接有关的两大根本问题:人与他人之间的关系以及人与超自然力(神灵或非人所理解或控制的力量)之间的关系的种种思考更是为西方文明所借鉴。

---

① 埃及在伊斯兰教出现后于公元642年被纳入伊斯兰文明的范畴,其固有的文明特征基本消失。

第二章

希伯来文明：信仰生活的构筑者

在两河领域文明和尼罗河领域文明进入其高潮时，有一个被称为"希伯来"①的民族突然"闯"入古代中东历史。这个民族的出现很可能是历史的一个偶然事件，对于古代中东这块有众多民族来来往往、匆匆一过的地区而言，实在是算不了什么。在它进入历史的最初2000年，它所生活的地区群雄崛起，帝国争霸不断，希伯来民族因其人数少，力量薄，从来没能称霸一方。不仅如此，除了在一个很短的时期内建立过自己的家园，享受过主权民族的生活外，在其漫长的历史中，它一直是强权的凌辱对象，是其他民族的迫害对象。对于这样一个"弱小"的民族，若不是因为其对民族理想的执着，对信仰的固守，对自身文化的不断营造，若不是因为其坚信言词的力量远胜于刀剑的力量，以其文化和思想上的成就在世界文明领域发出其巨大且影响深远的声音，让世人深切感受到它的存在，在上古时期就创造出光辉灿烂文明并对世界文明，特别是西方文明的进程产生巨大影响，且以"一以贯之"之势一直延续到今天，那么，人们在论及西方文明时或许根本就不会提及它，最多也只能是一笔带过。

然而，自希伯来民族走进历史以来，其创造的独特文明逐步发展成为西方文明的一个源头文化，对西方社会和生活的影响是巨

---

① 希伯来是犹太民族的最早称谓，在《圣经》时代，犹太民族主要被称为"以色列"或"以色列人"，其来源主要根据后来的犹太民族都是第三代族长雅各的后代，而雅各曾被神给了一个"以色列"的名。到了第二圣殿后期，非犹太社会开始称他们为"犹太人"。本章主要涉及犹太民族的早期文明，故仍从传统术语"希伯来文明"，其内涵与通用的术语"犹太文化"基本相同，只是年代限于公元2世纪以前。特此说明。

大和深刻的。从纵向看,希伯来文明在2000年前的世纪之初孕育出了基督教,在中世纪,藉着基督教的传播把犹太民族的一神思想传至整个欧洲,到了14、15世纪,又为欧洲文艺复兴的出现起到了中介作用,当近代来临时,又为资本主义的到来,特别是现代金融业的发展发挥了不可替代的作用。从横向看,希伯来文明藉着犹太民族在世界各地的散居以及基督教、伊斯兰教的广泛传播,对当代世界各民族的文化都产生过巨大影响,尽管其影响有直接的,也有间接的,但没有受其影响的文化几乎不存在。更为重要的是,古代中东地区那些曾经创造过辉煌的民族竟无一例外地成为历史上的匆匆过客,连同他们所创造的文明一道被历史长期湮没,唯有希伯来民族作为一个"不变"的民族留存下来,并以自己的文化信仰上的成就在随后近1500年的历史中保留了人类社会对古代中东文明的部分记忆,成为人们所常说的"中东文明的集大成者"。在这个意义上说,古代中东的文明是通过希伯来民族的文化为近代广大西方人所最先了解的。

由于希伯来文明不同于近东其他文明,并没有随着古代历史的结束而中止,而是在随后岁月继续发扬光大,其文明包容的内容自然要广泛得多。不过,限于本书的范围,本章叙述的内容主要是希伯来文明的古代部分,时间下限大致在公元2世纪。

第一节 走进历史:卓尔不群

从民族起源一般意义上来说,希伯来人显然是两河流域古代诸民族的一员,被希伯来人称之为族长的亚伯拉罕就出生在两河流域古代文明中心地带的一个名为吾珥(Ur)的苏美尔城市。"……他们出了迦勒底人的吾珥",记录着希伯来民族早期历史的《圣经》关于希伯来人的出处如是说。从种族起源上看,犹太民族无疑是起源于今日阿拉伯半岛的闪族①的一个组成部分,是闪族语系的一支。

由于史料的匮缺,希伯来人与其他民族一样,其早期的历史是朦胧不清的。据他们自己的传说记载,大约在公元前1800年前后,希伯来人在族长亚伯拉罕的带领下,离开两河流域,前往被视为"应许之地"(The Promised Land)②的古迦南地,即今日所通称的巴勒斯坦地区③。希伯来人的称谓中的"希伯来"一词的含义为"自河(指幼发拉底河和底格里斯河)那边过来的人",形象地说明了他们身份。如果仔细研究一下该地区的民族迁徙史,人们便会发现,在上古时代,这里的居民每

---

① 亦称为"闪米特人"。除希伯来人外,闪族人还包括巴比伦人、迦南人、阿拉米人等。
② 应许之地最早是一种学用语,意指上帝允诺给予犹太民族作为家园的土地。后包含希望之邦之意。
③ 巴勒斯坦称谓最早由希腊罗马人使用,犹太民族传统上被称为"以色列地"。

隔千年左右都要周期性地向外迁移一次。史学家希提对这一迁徙作过一个十分形象的比喻:"就像一个大蓄水池一样,池里的水太满的时候,难免要溢出池外的。"① 希伯来人很可能就是这大蓄水池中溢出的水的一部分。不过,有些犹太学者对于希伯来人离开祖先生活了世世代代的家园一事则作出了另一种不同的解释:为了与两河流域盛行的偶像崇拜决裂,追求一种全新的信仰。② 这一解释倒是在某种程度上更加真实地反映了希伯来人把信仰作为生活最高目标的特征。

与其他曾经在这一地区生活过的许多民族相比,犹太民族的出现显然相对较晚(约在两河流域文明出现的1500年之后)。在他们进入历史之前,由诸如苏美尔人、阿卡德人和阿摩利人(亦称古巴比伦人)创造的文明早已发展到了辉煌。根据有关史料推算,犹太人进入历史的年代当是汉谟拉比时代,那是古巴比伦王国的"黄金时期"。出现在这样一个高度发展的文明地区和氛围中,犹太民族显然受益匪浅,犹太文明一开始就具有高度文化性的特征很可能与此有着直接的联系。

迦南地是连接埃及和西亚的纽带,古代世界最重要的商路从这里经过。同时,它还是古代文明的交汇之地,古老的各种文明在这里留下烙印和影响。这一地理特征对来到这里生活的希伯来人的文明产生了重要影响。

希伯来人迁徙路线图

来到古迦南地的希伯来人在那里生活了三代人(亚伯拉罕、以撒、雅各分别被视为三代人的族长)的时间,史称"族长时期"。后因饥荒,希伯来人不得不寄居邻近的

---

① 希提:《阿拉伯通史》(上册),马坚译,商务印书馆,1979年,第11、12页。
② 参见埃班:《犹太史》,阎瑞松译,中国社会科学出版社,1986年,第8页。

古埃及。由于最初受到埃及法老的善待,他们在埃及生活了约400年的时间。很可能是在法老拉美西斯二世时期(约公元前1304—公元前1237),希伯来人在埃及受到不公正的对待,开始沦为奴隶。当时埃及统治者采取的民族排斥和迫害政策使希伯来人面临民族灭亡的危险。为了摆脱奴役,获得自由,希伯来人在一个名叫"摩西"(Moses)的希伯来伟人的带领下逃离埃及,返回"应许之地"——古迦南地。据信在返回途中,希伯来人在西奈半岛的旷野中游荡了近40年。其间,希伯来人的民族意识得到了加强,以一神思想为基础的犹太教开始出现并得到了确立。相传摩西在西奈山从上帝手中接受"十诫"法版的故事表达的就是这一思想。

希伯来人离开埃及、返回上帝的"应许之地"——古迦南地标志着希伯来民族历史的新阶段,同时其历史也进入了一个有史可据的年代。重新进入古迦南的最初200年为希伯来人历史上的"士师时代",一群被称为士师的人在组成希伯来民族的12个支派(即组成希伯来民族的部落)中起着组织、领导和调解社会矛盾的作用。士师权力的局限和不稳定决定了他们无法改变各支派各自为政的分散局面。各希伯来支派不仅各行其是,有时还相互间发生冲突。后出于有效抗击来犯的非利士等外族的需要,分为12个支派的希伯来人开始意识到统一王权对于民族存亡的重要,产生了希望有一个民族王的想法,德高望重的士师撒母耳根据民意挑选出了希伯来历史上的第一位国王——扫罗(Saul,约公元前1040年起在位)。这样"士师制"便过渡到了"君主制"。

耶路撒冷城中的大卫塔

扫罗王的出现标志着希伯来民族统一的开端。扫罗一生征战,最后战死疆场。希伯来人在著名的大卫王(David,在位时间约公元前1020—前970)时代完成对异族的征战，建立了以耶路撒冷为首都的统一王国。王国的疆域大大超出了古迦南地：东北到幼发拉底河，东南至亚喀巴湾，西南抵埃及边界，开创了希伯来历史最辉煌的篇章。耶路撒冷从此成为希伯来人心中永恒的都城。大卫王亦被视为希伯来历史上最伟大的君主。

大卫王死后，其子所罗门王（Solomon，在位时间约公元前968—公元前928）继位。他于公元前956年前后在耶路撒冷兴建了犹太教的圣殿。圣殿在耶路撒冷的建造和启用是希伯来民族历史上的一个极其重要的事件。圣殿成为希伯来人的祭祀中心，所有对上帝的献祭仪式都在圣殿举行，希伯来人的宗教信仰和民族意识因此得到了增强。从该圣殿的建成到它的毁灭在希伯来民族的历史上被称为"第一圣殿时期"。作为希伯来统一王国京城的耶路撒冷由此成为希伯来民族心目中的宗教中心，"圣城"的地位从此确立。不仅如此，该圣殿后来在希伯来人面临一系列民族灭绝危险时还成为鼓舞人心的一种象征。所罗门王功勋卓著，除了建造圣殿外，还开辟了商路并开发了自然资源，在国内大兴土木。通过订立条约和联姻，所罗门王巩固了与周边民族的关系，古希伯来统一王国成为该地区一个繁荣的国家。所罗门王本人还因其智慧被视为古代国王智慧的典范。

公元前928年，所罗门王去世，希伯来人内部的不和和对权力的争夺使希伯来统一王国一分为二。由12个支派中的10个支派组成了北方王国，史称"以色列王国"，定都撒马利亚。由其余2支派（犹大支派和便雅明支派）组成了南方王国，史称"犹大王国"，仍以耶路撒冷为都。公元前722年，在近东地区崛起称霸的亚述帝国挥戈南下，北方的以色列王国无法抵御亚述的强大军队的进攻，被一举消灭。由于亚述统治者执行一种将被征服民族分散到本民族居住地以外地区的政策，组成以色列王国的10个支派的希伯来人在亡国后被分散流放到亚述各地，久而久之被当地人同化，从此不知去向，成为历史上著名的"丢失的10支派"之谜。

犹大王国因国小地偏，强大的征服者对其没有多大兴趣，从而侥幸躲过了亚述人的洗劫，但内忧外患并没有结束，国内信仰混乱，民心不一。在约西亚王时代，犹大王国进行了一场"申命运动"，清除异教影响，净化民族信仰，确立一神教思想的独尊地位。这一改革尽管最终没有能够挽救犹大逃脱亡国的命运，却对犹太民族的民族信仰的加强和民族的留存起到了积极作用。

当历史到了公元前6世纪，又一个帝国——新巴比伦决意在该地区称霸时，犹大王国①的灭亡也就在所难免。公元前597年，新巴比伦王尼布甲尼撒二世率军攻破耶路撒冷，虏走犹大王约雅敬，立西底家为傀儡国王。10年后，犹大王国试图反

---

① 由于希伯来文明主要是通过组成犹大王国的两支派保存和发展，希伯来人据此亦被外族称为"犹太人"，本文在以下部分就使用"犹太人"代替希伯来人。

叛新巴比伦，尼布甲尼撒二世再次率军前来征讨。公元前586年，在新巴比伦的强大进攻面前，犹大王国无力对抗而遭受灭顶之灾，京城耶路撒冷连同圣殿一起被毁。犹太民族历史上的"第一圣殿时期"就此结束。

失国的犹大王连同上万名犹太上层人士和学者被征服者掳至千里之外的巴比伦，过着囚房般的生活，史称"巴比伦囚房"。"巴比伦囚房"时期尽管只持续了半个世纪，但在犹太人历史上却占有十分重要地位。这一历史经历对于犹太人民族凝聚力的加强，对于犹太教的进一步发展，乃至"犹太回乡观"①的根植都具有重要影响。

第二圣殿复原模型（局部）

公元前538年，在西亚地区崛起的波斯帝国出人意料地迅速征服了新巴比伦，获胜的波斯王居鲁士大帝以少有的宽容政策善待在巴比伦过着屈辱生活的犹太人，不仅允许犹太人重返自己的家园，而且同意他们重建圣殿。当圣殿于公元前516年建成后，犹太人的历史便进入了"第二圣殿时期"。

尽管在随后的200多年中，犹太人的家园一直是在波斯帝国的统治之下，犹太人只是凭借波斯的宽容生存，但从总体看，波斯并没有过多地干涉犹太人的日常事务，只派驻一位波斯官员负责保证该地区的安全并监督税收，内部事务全部由犹太人自己管理。在经过最初的内部整肃，消除外邦人影响后，犹太人社会平静，生活稳定，犹太民族得到休养生息，传统文化得到巩固和加强。政治体制上，君主制没有能够得到恢复，主持圣殿祭祀的祭司阶层显然掌握着主要权力。

然而，到了公元前333年前后，马其顿王亚历山大大帝的东征打破了那里的平静，犹太人生活的家园和近东其他地区一道旋即成为希腊帝国（希腊帝国在亚力山大死后分裂，犹太人的家园先后为盘踞在埃及的托勒密王朝和以叙利亚为中心的塞琉古王朝管辖）的一部分。席卷地中海地区的希腊化运动在犹太人的家园也声势浩大，马其顿和希腊的移民在这里建立了近30座设有希腊式祭坛、竞技场和剧院的新兴城市。希腊式生活方式导致了对犹太人的传统生活方式的冲击和宗教信

---

① 即犹太民族的复国思想。19世纪末在犹太民族中兴起的犹太复国主义运动的思想与此有关。

第二章　希伯来文明：信仰生活的构筑者

仰的迫害,使决意固守自身文化的犹太人不得不进行捍卫民族文化的斗争。这场斗争随着安条克四世对犹太教的禁令和对犹太民族的迫害而加剧,犹太民族在忍无可忍的情况下,于公元前165年举行了史称的"玛喀比起义"。起义获得了胜利,塞琉古王朝的统治者不得不作出一定的让步,允许犹太人按照其民族的传统方式生活,犹太民族获得了相当的自主自治权,在自己的故土上建立起了具有半独立性质的哈斯蒙尼王朝。

由于玛喀比起义从一开始就不是一场政治运动,也不是民族独立战争,而是一场捍卫信仰和传统文化的斗争,是一种有意识地抵制异质文化之举,显然可以说是一次文明的冲突,因此,起义获得胜利的意义不仅仅在政治上,在犹太人获得了自主自治权上,更为重要的是,它是犹太民族捍卫自身信仰的胜利,是犹太人创造并坚持的一神信仰思想对希腊人所推行的多神偶像崇拜的胜利。正是这一胜利使得犹太人开创的一神信仰得以留存。

玛喀比起义完全可以视为是犹太民族文化自觉的一种表现,是犹太民族把自己创造的文化看成如同生命一般珍贵的东西,需要用血来捍卫的一种表示。历史表明,这同一时期基本上是中东众多民族消亡的年代,是中东诸民族创造的辉煌灿烂的上古文明丢失的年代。正是由于犹太人对自己文化的固守和捍卫,以犹太教为核心的犹太文化不仅得到了保存,成为中东地区唯一留存下来的一种文明样式,而且还得到发展,犹太教在玛喀比起义胜利后成为一种对外传教的宗教,许多生活在中东地区的土著民族纷纷皈依犹太教一事就是最好的说明。后来成为犹太人王的希律实际上就是来自以土买人皈依家庭,犹太教的影响可见一斑。

不过,异族的统治和希腊化影响还是使得犹太人的生活主体犹太教发生了纠纷和分裂,撒都该派、法利赛派、艾赛尼派、奋锐党人等不同派别出现,一个被称作耶稣的犹太人也有自己的活动派别。

当罗马帝国取代希腊成为世界霸主后,犹太人开始生活在罗马人的统治下。希律时期,罗马当局的暴虐和对犹太教的亵渎,以及希律王朝对罗马人的言听计从和暴行的纵容,迫使犹太人多次举行反对罗马人的起义①。公元66年由于罗马巡抚对圣殿财物的抢掠导致一场大规模的起义爆发。这是犹太人反对罗马统治的最大规模的起义,史称"第一次犹太战争"。起义迅速在以色列地全境展开。起初,起义者击败了罗马雇佣军,控制了耶路撒冷。面对犹太人的起义,身在罗马的帝国皇帝尼禄意识到问题的严重性,派韦斯巴芗大将率领罗马军团前往镇压。在强大的罗马军队面前,犹太起义节节败退。以色列北部地区首先被从北方开进的罗马军队占领。公元70年,犹太人当时的政治中心耶路撒冷终于被罗马军队攻破,战死

---

① 史称犹太战争。

者数以万计。破城的罗马人放火焚毁了犹太人的第二圣殿。第二圣殿时期到此结束。近千名犹太将士及其家人在耶路撒冷失陷后,退守死海西岸的马塞达要塞,在那里坚守了三年时间,最后,在寡不敌众的情况下进行集体自杀,全部壮烈牺牲。由于马塞达抵抗是犹太历史上少有的一次抵抗,再加上惨烈的结局,马塞达的英勇抵抗成为犹太民族"宁死不愿成为奴隶"英雄气概的象征,一件值得在犹太史上大书特书的事件,历来为人们所崇敬。马塞达的沦陷标志着第一次犹太战争的结束和犹太人的彻底失败。

尽管犹太人于公元132年在巴尔·科赫巴领导下曾再度起义,反抗罗马人的统治,但终因力量悬殊,起义在公元135年失败。罗马统治者为了防止犹太人再进行反抗,宣布禁止犹太人在圣地圣城居住。至此,犹太人完全失去了在自己家园生活的权利,向外流散过程加剧。从总体上说,犹太民族在自己家园生活的历史就此结束,犹太民族的古代历史部分也到此结束,犹太民族的历史进入了长达1800年的"大流散时期"①。

马塞达要塞,反抗罗马暴政的犹太人曾在此困守3年,公元73年集体殉难,以表达"宁可为自由而死,不为奴隶而生"的决心

---

① 犹太人把在以色列故土以外的生活称之为 Diaspora,即"流散或散居"之意。

第二节 文明成就：化成天下

犹太民族是一个以其思想和文化上的成就跻身世界文明的民族，其文明成就自然集中表现在新思想的创立和文化的营造方面。

宗 教

希伯来文明的核心是被称为"犹太教"的部分。用西方流行的解释"犹太教"就是宗教，然而对于希伯来民族而言，犹太教既是一种对上帝的信仰，是一整套伦理道德规范，更是一种生活方式，一种希伯来人自古以来就一直遵循的生活方式。尽管如此，犹太教还是一个有着基本信仰、明确教义，拥有宗教典籍和有组织形态的宗教。其基本思想主要包括一神论、契约观、末世论等。

一神论

"一神论"思想是犹太民族的独特创造，也是犹太教的本质。犹太教认为宇宙间只存在一个神，一个唯一的神，一个独一无二的神，除此而外，没有其他的神存在。据此，犹太教在一开始就彻底否定了当时近东地区到处流行的多神论，反对崇拜多神和崇拜偶像。在犹太教中，这个唯一的神被称为 YHWH[①]。犹太教中最重要的祈祷词《示码》："以色列啊，你要听！雅赫维我们的上帝是唯一的主。"（《申命记》，第6章4节）明确无误地表达了这一思想。犹太教的礼拜仪式和犹太教教徒的日常祈祷都要诵读这一祈祷词，以时时刻刻重申自己的一神信仰。

Hebrew lettering, meaning "Hear O Israel."

希伯来文祈祷词《示码》的起语："以色列啊，你要听！"

---

① 根据犹太教传统解释，该词只有书写形式，没有发音，在诵读时被"阿东乃"所代替。目前通译为"雅赫维"，即人们一般所说的"上帝"。基督教在这一词中插入元音，使之成为可以诵读之词。目前汉语通译为"耶和华"。

根据犹太教的教义,这个唯一的神的本质和特性也是独特的。尽管犹太教认为人对上帝的认识是极其有限的,对上帝的无知远远大于对上帝的已知,但就已知部分而言,上帝的本质和特征主要可以归结为以下几个方面:

1. 超验性:上帝超越宇宙而存在,是一种最高的超自然的精神实体,是无形的、不可见、不可摸、无法描述的;

2. 永恒性:上帝自有永有,不受任何物质形式、存在和表现的约束;

3. 全能性:上帝是无所不在、无处不在、无所不知、无所不能的;上帝是造物主,创造并主宰宇宙万物;

4. 上帝是立法者和执法者,不仅创造了宇宙的法则,而且制定了人类的道德律法,并负责执行;

5. 仁慈性:上帝是仁慈的牧者,通过一切途径关怀人,帮助人,引导人。

犹太人的一神论是彻底的,它通过承认上帝的上述本质和特征否定所有其他神祇的神圣性,从而达到上帝的唯一性、绝对性和终极性。

犹太教提出的一神论是人类最早的系统一神教。从历史的和发展的角度出发去审视犹太人的宗教信仰,人们不得不承认它的出现是人类文明史上的一种创新和进步。这种创新和进步主要表现在代表着犹太人信仰精髓的一神论上。古代犹太人生活的时代是一个以多神教为准绳的时代,世界由众神掌管,每个神祇都有自己的势力范围。世界因而呈现一种无序、分散、对立状态。加之每个民族,每个部落,甚至每个家庭,都有各自的神。民族、部落和个人只能被动依照自己的神的旨意和伦理道德各行其是,社会因缺少统一的伦理道德标准而失去应有的秩序。犹太民族就是在这样的背景下创造性地提出一神论的观念。在犹太民族的眼里,犹太教所认为存在的神不仅是唯一的神,而且是一个全知全能、自有永有、创造了宇宙万物并主宰着这个宇宙的神。一神思想的提出在当时无疑是一项划时代的成就,可以被视为是人类思想的一种独特的跃进。倘若承认世界是由一位神祇所创,产生于一个缜密的创世计划,那么,世界就不再是一个无序的、对立分散的世界,而是一个有序的、和谐统一的世界,认识和了解这个世界就成为可能。在这个世界里,人类可以更好、更容易地找到自己的位置和用武之地。与古代近东其他宗教相比,一神论赋予世界以目的和意义,使得世界从沉迷中醒悟,被认为是一场革命。这一革命把他们与该地区存在了上千年的宗教思想彻底决裂。宗教在希伯来人的手中成为推进人类思想进程的力量。

根据一神论思想,神不仅创造了自然界和自然界的秩序,而且创造了人应当遵守的伦理道德以及与伦理道德相应的社会秩序。这样一来社会便具有了统一的评判善恶的标准,人们有可能区分什么是真正的对和什么是真正的错,从而使建立起一个公正的社会成为可能。

犹太教的一神论还铲除了古代宗教中无法回避的"巫术"和"魔法"的温床,使得四处流行的巫术和魔法第一次在一个文明样式中没有任何藏身之处。

顾晓鸣对犹太人的一神信仰体系作过这样的评述:无偶像的上帝崇拜事实上是把上帝类同于某种绝对的理念,因此,在一定条件下,这种崇拜有可能导致无神论。而这种形式的上帝,造成了神的唯一性和个人与之直接沟通的可能性,从而降低了神职人员的绝对权威,在特定的历史条件下,可能促使其形成一种自由主义的气氛。以上帝神谕为形式的教义,赋予教徒一种命定论的观念,生活和历史的这种命定论,是理性的一种虚妄的形式,但当近代理性主义兴起之时,它有可能成为一种事实上的理性主义。……绝对的宿命论者反过来往往具备矢志不渝、充分发挥主观能动性的文化素质。① 也许这是一个恪守信仰的民族能产生如此众多的科学家和个性强烈的创造型人物的文化机制。

契约观

除了一神思想外,契约观是犹太教中又一个极为重要的神学观念。它与一神论紧密相关,不可分割。"契约观"认为:犹太人和上帝之间的关系不再是一种内在的、无可奈何的"血缘"关系,而是通过一种外在的、经过思考的"约"的形式确定的关系,是通过犹太民族选择了上帝,上帝选择了犹太民族这样一种"双向选择"而确定下来的关系。《圣经》中对犹太人与上帝立约的事多有记载。如,上帝对犹太族长亚伯拉罕说:"我与你立约,你要做多国的父。……我要与你世世代代的后裔竖立我的约,作永远的约,是要作你和你的后裔的神。我要将你现在的寄居的地,就是迦南全地,赐给你和你的后裔,永远为业。"(《创世记》第17章)上帝与亚伯拉罕立约的标志是割礼。后来,割礼成为犹太人与上帝立约的固定标志。据此,犹太教规定每一个犹太男子②都要行割礼,以确立其与上帝"订立契约"的关系,皈依犹太教的男子也不例外。

犹太教中这一独特的阐述神人关系思想的提出表明"神"与"人"之间的关系在犹太人看来已不再是一种无可奈何的关系,而是一种互利互助、互有义务的双向选择关系。由于神人之间的关系以"约"的形式维系,不仅人对神有践约的义务,神对人也承担了相应的义务。以"立约"方式确定人与神的关系表明犹太人不再把人神

---

① 参见顾晓鸣:《犹太——充满"悖论"的文化》,浙江人民出版社,1990年,第15页。
② 传统的犹太教认为,宗教的义务由男子承担,故与上帝立约也由男子进行。

之间的关系看成是一种传统的宿命安排,而是一种互动关系。既然关系是通过"立约"来确定的,人作为立约的一方,便可以选择立,也可以选择不立。从这一意义上说,契约观赋予了人在与神的关系上以选择的自由。这种自由选择的关系在人类思想史上第一次给神人关系赋予了全新的色彩,打破了长期以来将人放在被动地位的宿命观。在这种新型关系中,不是人对神单方面的、无限的尽忠尽职,而是强调神、人之间的交感互通,从而激发双方的主体能动性。此外,通过立约的方式确立人与神的关系,一下子将人神关系纳入了"法制"的轨道,因为,既立了约,就必须践约,就必须用约中的条款约束自身。不仅人应如此,神也应如此(如果我们在这里用统治者,或国家机器,来替代神的位置,这种立约关系则可视为"现代民主体制"的雏形)。

尽管犹太人的契约观涉及的是信仰问题,但是,相信神对人有义务和责任,人就获得了某种精神慰藉和信心。犹太人的这一思想经过数千年的传播对世界的进程产生了难以估量的影响,它的一神思想早已是当今人类一个主要信仰体系,而它的契约观更是早已超出人类的信仰范围,成为现代政治和社会生活的一个主要思想基础。近代政治学家和许多启蒙思想家都曾在这一问题上有所论述。

犹太教中的"契约观"的存在使得犹太民族产生了"应许之地"(The Promised Land)和"上帝的子民"(The Chosen People)[①]等观念。而这些观念的存在又进一步扩大了犹太教的内涵和外延。

末世论

犹太教的末世论与弥赛亚救世的思想是相辅相成的。犹太教认为,在上帝的安排下,一个完美的世界将在末日到来之际实现。完美世界的含义为:正义得到声张并取得完全的胜利,整个人类都将获得和平,各民族之间不再有纷争,世间万物都将和睦共处。"将刀打成犁头,把枪打成镰刀。这国不举刀攻击那国,人们也不再学习战事。"《以赛亚书》所描绘的和平景象成为人类追求和平的一种象征。对于末世的期望是犹太历史观的一种反映:认为历史是有意义有目的地朝着一个既定方向发展的过程。这种期望对于整个犹太民族而言意味着上帝王国的出现和上帝的统治,对于犹太个人来说则意味着最终的拯救、复活和不朽。

[①] 汉语对此有不同的译法,如"上帝的选民""神选民族"等。

死海古卷中发现的《以赛亚书》全文,书于羊皮纸上

由于犹太教宣扬的末世论主要强调犹太民族的最终命运,与末世论相关的"弥赛亚救世"思想因此产生。犹太教认为:在末日到来时由上帝派遣的弥赛亚会降临,把犹太人从流亡和苦难中拯救出来,让他们返回家园以色列地,重建自己的王国,并开创弥赛亚纪元,建立起符合上帝旨意的国度,使犹太人永享和平、友爱和公义。不过,犹太教的弥赛亚救世思想并没有止于犹太民族,而是达及全人类。犹太教认为凡愿意接受上帝和上帝教诲的,都将进入上帝的国度。对此,犹太教先知弥迦预言道:

在末世的日子里
圣殿坐落的山岗要耸立于群山之上,
高举过于万岭。
万民都要流归此山;
必有众国前往,说
来吧,我们一起登上帝的山,
一起去以色列上帝的圣殿。
上帝必将他的道教给我们,
我们将按上帝指引路行。
因为上帝的训诲必出于锡安,

上帝的言语必出于耶路撒冷。
他必在众民中施行审判，
为远方的列强断定是非，
他们要将刀打成犁头，
把枪打成镰刀。
这国不举刀进攻那国，
人们也不再学习战事。
人人都要坐在自己的葡萄树下
和无花果树下，
没有人会使他们感到恐惧。
这是上帝——万军之统帅亲口允诺说。

(《弥迦书》，第4章1—4节)

尽管末世论是构筑在神学理论上，必须通过上帝的干预方能实现，但这一思想的提出还是给了人们一种对公正、和平和繁荣社会理想的憧憬，以及对在世界范围内建立理想的社会秩序未来的向往和奋斗。这一思想在直接导致基督教出现的同时，还在后来的发展中成为自文艺复兴以来在欧洲出现的人类大同思想的先声。

犹太教典籍

犹太教之所以能够成为一种有着明确教义和一整套基本信仰的宗教，主要是它拥有自己"固定、不变"的宗教典籍，具体而严格地对基本教义和信仰作出了界定。犹太教最重要的典籍是《圣经》。犹太教的《圣经》内容自公元90年正典以来一直以"一以贯之"之势保持至今。

犹太教的《圣经》由三部分组成：《托拉》(5卷)、《先知书》(8卷)、《圣录》(11卷)。犹太教的《圣经》主要由希伯来文写成，故亦有《希伯来圣经》之称，以区别后来出现的基督教《圣经》。《圣经》的希伯来文名由上述三部分名称的第一个字母组成，发音为"塔纳赫"(Tanach)。

在《圣经》的三个组成部分中，《托拉》(The Torah，亦称《摩西五经》或《律法书》)最为重要和神圣。传统的犹太教视其直接来自上帝，构成《希伯来圣经》的核心和主体。其内容由《创世记》《出埃及记》《利未记》《民数记》和《申命记》这五卷书组成。《托拉》的正典在公元前444年①即已完成。犹太教的所有教义、信条、思想均直接从中产生。在犹太教看来,《托拉》的含义如同宇宙一样广大深邃。根据犹太教的传统,《托拉》作为犹太教的用品,其内容须由文士手工抄录在羊皮纸上,然后做成经卷,在犹太会堂约柜中存放。

除《圣经》外,犹太教的典籍还包括《塔木德》(The Talmud)②等。

古《托拉》经卷,书于羊皮纸上,置于《托拉》盒中

犹太教的组织

犹太教作为一种有组织的宗教,早期的崇拜是犹太教组织的重要内容和主要活动形式。崇拜把犹太人组织在了一起。最早的崇拜仪式是祭礼,人们将各种牺牲献祭给上帝,以表示对上帝的崇敬。圣殿被毁前,祭礼主要在圣殿中进行。除了每日的晨祭和晚祭外,还有6种为特殊目的举行的专门祭礼:幡祭、素祭、平安祭、赎罪祭、赎愆祭、摇祭。人们通过献祭实现与上帝的沟通和表达对上帝的敬畏等。圣殿中的祭礼由祭司主持。祭司遂成为犹太民族中一个特殊阶层。根据犹太教传统,祭司必须由来自利未支派的人担任。

最初由于圣殿被毁和囚居巴比伦,犹太人再也无法在圣殿祈祷和敬献祭品,他们所信仰的宗教也无法通过传统的组织传递,失去了其传统的实体性表现形式。针对这一情况,先知耶利米提出:人们不论在什么地方,即使远离圣殿,也可以通过自己的专心祈祷接近上帝。这一解释,对于圣殿祭祀中心的神学传统来说显然是一个创造性的突破,而对于被掳之民的现实处境来说,更具有实质性的意义。在先知以西结的指导下,巴比伦的犹太人开始在安息日和其他犹太人节日到来时聚集在一起,或是祈祷,或是学习,或是回忆以色列曾有过的荣耀,或是讨论生活中出现的新问题。渐渐地聚集场所固定下来,成为人们定期前来举行集体祈祷和表达

---

① 一说于公元前400年正典。
② 《塔木德》由《密西拿》(Mishnah)和《革马拉》(Gemara)组成。其中《密西拿》编撰完成于公元200年。《塔木德》有两种版本。《耶路撒冷塔木德》完成于公元400年,主要由生活在巴勒斯坦的犹太圣贤编撰。《巴比伦塔木德》完成于公元500年,主要由生活在巴比伦的犹太圣贤编撰。《巴比伦塔木德》因涵盖面广而成为人们较多使用的版本。

犹太会堂内景

信仰的地方,其宗教上的作用相当于圣殿。这种民众集体祈祷场所就是人们后来所说的犹太会堂(synagogue)的最初形式。以会堂代替圣殿,以在会堂的聚会代替去圣殿的崇拜,以无形言辞的祈祷代替有形物质的献祭是犹太教抽象化的一种表现,也是犹太教的一种创举。这种集体聚会形式和崇拜方式,在第二圣殿被毁和犹太人的献祭活动和祭司制度完全中止后,逐渐发展成为犹太教正规的崇拜形式,即犹太社团的会堂崇拜。犹太会堂也就成为犹太教的基本组织形式。

需要指出的是,犹太会堂并不是一般意义上犹太圣殿的替代物。圣殿是以其位置和建筑为其中心的,主要功能是向上帝祭祀和宗教崇拜。祭祀活动和宗教崇拜有其严格的礼仪程序和规定,必须由祭司主持和在圣殿内举行。而犹太会堂可以在任何地点、任何场所,因为它不是以外在的建筑为中心,而是以组成它的人为中心的,即一般所说的犹太会众(congregation)。组成一个犹太会堂和进行集体祈祷的唯一准则是必须有至少 10 名年满 13 岁的犹太男子①,如不达到这一法定人数就不能组成犹太会堂和进行集体祈祷。犹太会堂的主要作用是祈祷、学习和管理(一种会众的自我管理模式,在犹太民族大流散期间,它成为犹太人之间联系的基本组织形态和自治模式)。

更为重要的是通过犹太会堂和祈祷,犹太民族不再与任何特殊形式的祭司、圣殿和国家捆绑在一起了。他们可以生活在世界的任何地方并与上帝直接交流,无需通过任何中介。原先是僵化刻板的犹太人的宗教现在变成了一种可携带的物品,既具有伸缩性又是无形的,确保了处于流散状态的犹太人的生存。犹太会堂因此成为各地犹太人的宗教活动中心。这一具有祈祷功能和维系民族信仰作用的犹太会堂后来成为基督教的教堂和伊斯兰教的清真寺的原型。

自第二圣殿被毁后,犹太教中的祭司阶层不复存在。由于犹太教中不存在早

---

① 在希伯来语中这一规定称为 minyan(法定人数之意)。目前,犹太教对于这一规定的执行已有所不同,如犹太教改革派认为女子也可以参加记数。

期基督教中的教阶阶层,犹太教没有统一的中央领导机构。犹太拉比尽管被视为犹太教的精神领袖,但其职责主要是主持犹太会堂的正常宗教活动、礼拜仪式,布道,解释犹太教具体信条的含义以及传授犹太教知识等。早期的拉比并不取薪,只是作为一种义务兼职,后因实际需要成为专职人士,但拉比不是犹太会堂的行政领袖,犹太会堂的行政事务通常由会众选出的人担任。犹太会众是犹太教的基本组织。

律　　法

律法思想是两河流域文明的重要遗产之一。犹太教在一神论基础上将历史的终极意义定位在遵从律法的日常生活上,这导致律法和律法思想存在,因为,犹太教并不满足于肯定上帝的存在或确认这一信仰所倡导的道德准则,而是进一步要求它的信徒在个人的行为和社会活动中切切实实履行它的道德准则。因此,犹太教的思想和教义从某种意义上来说是通过遵守律法体现出的。对于犹太教而言,检验一个人是否守教主要不是看他是否"信",而是看其是否遵守律法,是否依据这些律法"行",也就是说一个人守教与否要在自己的行为上体现出来。根据这样的传统,人们把犹太教说成是"因行称义",以有别于宣扬"因信称义"的基督教。

犹太学者塞尔茨认为:"律法是一种自愿接受宗教义务的制度,这些宗教义务把民众束为一体,遵奉律法与否决定着其将来的福祸。"[①]由于犹太人的同一性并不取决于共同的地域或任何特定的政治结构,而是共同拥有的律法,律法对于犹太教而言其地位是可以想象的。

犹太教的律法数量众多。其核心是《摩西十诫》。犹太圣贤后根据《托拉》有关内容,梳理出律法613条,俗称犹太教的"613条诫命"。其中包括"训诫"(即以"要"起始的、必须执行的诫命)248条和"禁诫"(即以"不可"起始的、不得去做的诫命)365条。除此之外,还有大量根据这613条诫命衍生出的规定、法令等,成为律法内容的重要补充。

毫无疑问,犹太人的律法源于两河流域的法典思想和社会传统,但是,犹太教把律法的来源说成是上帝,这样就赋予了律法以至高无上的地位,成为人们必须遵照执行的准则。如,摩西十诫表达的是"绝对法"思想,而不是《汉谟拉比法典》式的"因果法"[②]思想。绝对法不是一种假设,而是一种命令,其含义是无条

---

① 塞尔茨:《犹太的思想》,赵立行、冯玮译,上海三联书店,1994年,第74页。
② 因果法建筑在假设上,即"如果……则……",具有因果关系。

件的,必须遵循的,要求人们无条件遵守。此外,犹太教律法的条款比巴比伦人的《汉谟拉比法典》的有关规定要更为利他和公正。如,人的神圣性不可侵犯,坚持在法律上人人平等,子女不必为父亲的罪过承担责任,法官在任何情况下均不得接受馈赠等。

由于《托拉》中提到的这些律法的界定并不很准确和详尽,加上时代和社会的变迁对律法的内涵和外延有进一步的要求,因此对律法内容的不断挖掘、探讨和补充成为犹太律法思想的一个重要组成部分,也是犹太教活动的重要组成。在犹太民族流散时期,研读律法和探讨律法的真正含义成为犹太教的一项主要活动。此外,律法思想的存在和对律法的遵守使犹太民族成为一个守法的民族。

在众多的犹太律法中,有关守安息日和犹太饮食法的律法具有特殊的含义,是千百年来规范犹太人生活和区别犹太人和非犹太人的基本和重要的律法。

守安息日

安息日是一周的第七天。犹太教认为安息日是圣日,一个休息的日子。"摩西十诫"中的第四诫规定犹太人必须守安息日:"要谨守安息日为圣日。你有六日可以工作;第七日是单独归我的安息日。这一日,无论是你、你的儿女、奴婢、牲畜,或侨居的外族人,都不可工作,因为上帝在六日内造天、地、海和其中的万物,第七日便安息了。所以上帝赐福安息日,定为圣日。"

根据犹太教的教义,安息日制度是同下面这样一些观念联系在一起的:

安息日烛台

1. 与上帝创世联系在一起。上帝创世是在六天内完成的,第七天上帝休息了;

2. 与神圣的观念联系在一起。"你们要圣洁,因为我你们的上帝是圣洁的……要守我的安息日。"

3. 安息日是上帝与以色列人立的约,所以犹太人要世世代代守安息日为永远的约。

安息日的社会意义在于所有人,包括仆人和外邦人,都不再工作。在安息日,主人和仆人的区分消失,代表了平等的观念。安息日最主要的特征是"休息(即不工作)",包括不从事任何劳作、不做生意、不购物、不生火、不旅行、不写字等(《塔木德》中明文规定有39种工作不可做)。守教的犹太人认为遵守安息日的诫命甚至比生命还要重要。在过去的2000年中,守安息日成为犹太民族存在的一种象征。遵守安息日和保存犹太民族这两者之间有不可分的紧密关系，故有"与其说犹太人守住了安息日，不如说是安息日保住了犹太人"之说。

犹太饮食法

犹太教认为大自然中的万物不都是供人类食用的，事实上，只有很少的一部分才供人类食用。① 因此，产生了饮食禁忌方面的律法。犹太教根据《圣经》中将动物分成"洁净"和"不洁净"的观点对犹太人的饮食作出了只有被认为是"洁净"的动物方可食用的规定。犹太教认为"洁净"的动物主要是分蹄同时会反刍的走兽，如牛、羊、鹿等；大多数鸟类，如鸡、鹅、火鸡等；有鳞有鳍的鱼类。而"不洁净"的动物主要是分蹄不反刍的，如猪等；或反刍不分蹄的，如马、兔等；无鳞无鳍的水产类，如带鱼、鳝、虾、贝等；少数鹰类的飞禽、猛兽、爬行动物等。自行死亡的动物也被称为"不洁净"。"洁净"的动物还必须是无病、无疾、非畸形。此外，犹太教对屠宰动物的方式也有一定的规定，如宰杀方式不当，即使是"洁净"的动物，其肉也被认为是"不洁净"的而不可食用。这样的宰杀方式被称为"礼仪屠宰"。犹太教还禁止吃动物的血，禁止把肉类食品与乳类食品混食。犹太教把符合犹太饮食法的食品称之为"可食"（kosher）。

尽管犹太饮食法的存在在客观上将犹太人和非犹太人在饮食上隔离了开来，使得犹太人无法与非犹太人同桌共餐，有碍于社会交往，但从今天的食品卫生法、动物保护主义和环境保护主义立场出发，犹太人在两千多年前形成的特殊的饮食法显然是具有积极意义的，一些非犹太人机构正在积极研究犹太人的饮食法，希望从中得到有益的启示。

对于守教的犹太人而言，在日常生活中守安息日和遵守犹太饮食法成为其最基本的生活习俗。今天，对与它们有关的律法的遵守不仅是区分犹太人和非犹太人的最明显标志，也是区分守教的犹太人和不守教的犹太人的最突出标志。

犹太教作为人类社会最早出现的一神教，对世界上其他一神信仰宗教的产生具有直接和决定性的影响。例如，基督教最早只是犹太教的一个教派，伊斯兰教的一神思想也是直接借用于犹太教。犹太教不仅以自己的一神思想影响着其他信仰一神的宗教，其宗教的若干教义、习俗、礼仪、组织等都透过其一神信仰对其他一神信仰的宗教产生重要影响，成为一神信仰的共同遗产。

---

① 有些犹太拉比认为只有不到5%的动物是供人食用的。

《圣经》

古代犹太民族在文化方面的最伟大的成就无疑是《圣经》的编撰和流传。《圣经》作为记录着犹太人信仰体系的书不仅被犹太人视为其对世界的最重要的贡献,而且被世人公认是人类有史以来最伟大的一部书籍,是希伯来文明伟大成就的高峰和代表。人类学家把它看成是反映人类早期生活和思想的"文化母本",是日后发展起来的犹太文化的种子,是研究古代近东不可或缺的资料来源,是世界文明的一个源泉。其影响之广、之深几乎遍及世界文化,特别是西方文化的方方面面,从宗教信仰、伦理思想,到文化科学、文学艺术,概莫能外。鲁迅先生曾评论《圣经》说:"虽多涉信仰教诫,而文章以幽邃庄严胜,教宗文术,此其源泉,灌溉人心,迄今兹未艾。"[①]不少对《圣经》进行过深入细致研究的学者都把它看成是"一部属于全人类的书"。的确,《圣经》不仅是犹太人的宗教典籍,是犹太人生活和思想的百科全书,犹太人的历史、社会、文学无一不包括其中,它还是人类文化的最宝贵遗产之一。现代以色列国成立时的《独立宣言》就庄严地指出:"犹太民族撰写了《圣经》,并把它奉献给了世界。"若撇开《圣经》中的宗教成分,或拨开人为的"神学"帷幕,《圣经》便无疑可被视为是一本专注于人类道德状况的书。无论是它列出的"十诫"或提到的"613条诫命",还是它宣扬的"公正"和"正义"思想,其终极的目的无不可以被看成是为了提高人的道德水准。犹太教作为一种"伦理一神教"所具有的道德教化作用亦表现于此。难怪西方有人把《圣经》说成是"我们道德教育的宝库"。而它对人类社会公正和正义的关注使人们发出"《圣经》对未来的最大梦想和希望是建立一个致力于全人类之正义与和平的和睦的世界"的赞叹。

《圣经》的影响是多方面的,其中对西方文学的影响尤为无与伦比。无论是文艺复兴时期,还是现当代的文学都受到它的直接影响。像意大利大诗人但丁的《神曲》,英国著名诗人弥尔顿的《失乐园》、小说家班扬的《天路历程》、德国诗人歌德的《浮士德》等都直接借用了《圣经》的情节或体裁。在莎士比亚的戏剧作品中,至少有25部,共80余处引用了《圣经》的内容。《圣经》对艺术、音乐、美术的影响同样巨大。中世纪出现的绘画,文艺复兴时期的大量艺术作品,大多都从《圣经》中获得灵感和汲取主题。直接反映《圣经》故事的作品也比比皆是。

对《圣经》的翻译历来被视为是重要的文化活动。公元前3世纪在埃及的亚历山大里亚城进行的《圣经》希腊文本的翻译就是这样一种文化活动。所谓《七十士

---

① 鲁迅:《摩罗诗力说》,《鲁迅全集》第1卷,人民文学出版社,1982年,第64页。

子译本》的出现使《圣经》成为西方文化主要传统之一,是基督教思想在西方得以流传的物质基础。在西方近代历史上,无论是英语,还是德语、法语语言的现代化和规范化都是通过翻译《圣经》取得的,如英语钦定本《圣经》起到了规范现代英语的作用;德语是通过路德翻译的《圣经》步入现代并为全体德意志人所接受的,足见《圣经》影响力之巨大。

基督教使用的《圣经》是在全盘接受了犹太教的《圣经》基础上[①],增加了被基督教称之为《新约》的部分,继承下的犹太教《圣经》被称为《旧约》。伊斯兰教的《古兰经》中也有相当内容直接来自或借用《圣经》。

文　学

希伯来文学不仅是希伯来文明中的一个重要组成部分,而且也是希伯来文明的一项最伟大成就。古典希伯来文学又称为《圣经》文学,以《圣经》为主,包括《次经》《伪经》《死海古卷》等。它最早出现于公元前11世纪,公元2世纪前后编撰完成,是古代世界流传最广、影响最为深远的一种文学,也是人类历史上最优秀、最宏大的一份文学遗产。

《圣经》是希伯来文学中最重要的一部文学作品集。从体裁上讲,《托拉》部分主要为神话传说和史诗。神话富于想象,传说动人心弦,史诗气势磅礴。《先知书》部分构成了希伯来文学中的奇葩——先知文学。作品以激扬的文字,或发出悲愤的呐喊,大声呼喊民族危亡在即;或表现出如火的激情,抨击现实,呼唤改革。《圣录》部分代表《圣经》文学的巅峰。《诗篇》集抒情诗之大成,情真意切。《雅歌》作为"歌中之歌"优美细腻,热情奔放。《箴言》《约伯记》《传道书》构成智慧文学,启迪心智。《路得记》和《以斯帖记》构思精巧,开创希伯来小说先河。《但以理书》以冷静思考和象征手法成为启示文学。

《次经》《伪经》和《死海古卷》受到希腊思想影响,内容丰富,形象反映了纪元前后犹太人的历史、生活、思想。

希伯来文学的一个重要特征是文学主题宗教化,所有文学作品都镶嵌在犹太教的神学框架内,借助作品反映犹太民族的宗教思想和进行神学说教是希伯来文学编撰者的唯一目的和指导思想。

然而,无论是在艺术手法还是在内容上,希伯来文学都是中东上古文学的集大

[①] 基督教目前使用的《圣经》有天主教和新教版本。它们在内容上或内容的安排上与犹太教的《圣经》有所不同。

成者,在继承、消化、吸收四邻民族文学的基础上,成为一种崭新的文学样式,成为古典世界最幽邃庄严而富于魅力的文学。希伯来文学藉助基督教的传播成为西方文学获得灵感和汲取主题的主要源泉,其产生的影响难以估量。

先知和先知思想

希伯来文明中的一个独特组成部分是先知和先知思想。先知是希伯来文明发展过程中产生的一个特殊群体,他们一直被视为希伯来思想的代表人物。犹太教的传统认为他们是一些替神向人说话的人、神的代言人,实质上他们是当时社会的批评家、政治改革的倡导者和民族的精神导师。狭义的先知指的是公元前8世纪至公元前5世纪这段时间被称为"正典先知"①的人。这一时期是希伯来民族内忧外患的时期,民族的盛世已经过去,国势渐微,国内政治分裂,社会贫富悬殊,道德沦丧,社会风气日下;国外强邻压境,亚述、新巴比伦和波斯先后入侵称霸,圣殿被毁,国家灭亡,人民沦为囚虏。先知正是在这种严酷的政治和社会背景下登上历史舞台的。他们以上帝代言人的身份宣告神谕和预言。其所诏示的内容大多是对腐败现实的针砭,对统治者的鞭挞和对民众的教诲和警告。他们在激烈批判现实的时刻,引导人民走向传统;在无情的谴责自己民族的过程中唤起人们为民族命运而奋斗的决心。亡国前,他们为国家的危亡而担忧,为民族的惊醒而呐喊;亡国后,为国家的沦丧而哀泣,为民族的复兴而呼号。他们以国家的兴衰为己任,以民族的兴亡为目标,以笔为刀枪发表对时局的看法,以火一般的语言表达改革社会的热情,以象征的异象说明未来的必然趋势和理想世界的美景。

著名的正典先知包括早期的阿摩司、何西阿、以赛亚、弥迦等;中期的西番雅、那鸿、哈巴谷、耶利米、以西结等;后期的俄巴底亚、第二以赛亚、哈该、撒迦利亚、约珥、玛拉基等。先知以坚持正义、刚直不阿、嫉恶如仇的大无畏精神,坚定地说出合乎道义的预言和话语,成为一个时代的代表。先知重新界定了希伯来人与上帝的关系,改变了希伯来人的罪恶与信仰概念。正是通过先知,"希伯来文化为西方知识分子提供了精神上的超越性,即对现实的不完满世界产生一种不懈的改善欲望,产生一种永恒的批判,怀抱一种终极的关切,这也就是所谓知识分子的'抗议精神'"。②通过先知的嘴巴,犹太民族的思想得到"最简洁、最有力"③的表达。希伯

---

① 指《圣经》中有专门篇章记载其思想的先知。
② 参见顾晓鸣:《犹太——充满"悖论"的文化》,浙江人民出版社,1990年,第256页。
③ 埃班:《犹太史》,阎瑞松译,中国社会科学出版社,1986年,第48页。

来文明史上,先知的出现在发展了希伯来民族的政治、宗教、社会、伦理学说,提出了一系列公平、公正、公义、慈爱、怜悯等概念的同时,促进了社会的公正和政治的清明,净化了犹太民族的心灵,提升了犹太民族的思想境界。先知因超越偶然事件,不受历史事件的约束,其思想具有永恒的力量。尽管先知的时代早已过去,但先知和先知思想已经成为世界文明史上的一份最为宝贵的遗产。

线性直进的历史观

犹太民族的独特性不仅表现在民族认知上,而且表现在其历史观的形成上。在犹太民族诞生与发展的中东地区生活着众多民族。其中不少民族是人类早期文明的创造者,如苏美尔人、埃及人、巴比伦人等等。但千百年来,这些民族的思想深为"轮回规律"观念影响和束缚,把历史看成是与一年四季一样的现象,周而复始,循环不已。在他们看来,人类的生活规律不过是一种重复,今人只是在重复旧人的生活,未来只是一种对过去的重复。这种认为历史受轮回规律无情支配的历史观不仅使得生活变得单调且无意义,而且充满深沉的忧郁和悲观。犹太民族由于其独特的经历,其历史与世界上所有其他民族的历史不同,不是在一个相对稳定的地域空间展开的,而是在犹太民族不断流动中形成的。再加上犹太教的末世论和弥赛亚救世思想,从而形成了一种"线性直进历史观",以前所未有的观念审视人类历史,创造性地提出了历史是一种线性直进过程的观点。依据这一历史观,生活的规律不再是重复而是前进,人类社会的黄金时代不是在过去而是在未来。这一观点的提出一下子将人类对自身社会黄金时代的认识从无可奈何的过去置于充满希望的未来,从而彻底打破了古代世界广泛流行的历史循环论的悲观主义色彩,使人类充满了对人类未来和世界未来的无限憧憬和希望,使人生变得更加有意义。犹太史学家埃班把这种直进的历史观看成是"犹太人遗产中的最重要部分",并认为,"它把历史解释成一个内容丰富的、不断向前发展的运动。这个运动将随着救世主的降临而告终——与以前的宗教相比,这是一种真正革命思想。从前,没有哪个民族把人类命运想象成完全不同于自然界的循环,想象成不受生老病死这个无情规律制约的过程;人类可以摆脱强制的、即天命的奴仆身分,人类是一种理性的、敢于冒险去进行选择的生物。"[1]

---

[1] 埃班:《犹太史》,阎瑞松译,中国社会科学出版社,1986年,第106页。

浓缩现代意识的人文主义文明

希伯来文明的另一个重要特征是它的一系列思想具有强烈的现代意识和前卫性,这是犹太民族的思想和观念为世界文明所接纳和吸收的重要前提,也是犹太文明得以流传的重要原因。

在希伯来文明体系中,浓缩现代意识的人文主义思想占有重要的地位,而在这当中尤以其主张社会公正和公义的思想最为突出。

犹太人深知人类社会不可能做到绝对地平等,社会中总是有贫富差别的存在,总有穷人和需要救助的人。自古以来犹太人就把如何对待社会救助看成是衡量一个社会公正的标志之一,把对这些人的关心和保护作为全社会的义务是社会公正之所在。犹太民族不仅仅把对穷人的救助视为一种施舍,还更多地看成是社会的义务,特别是富人的义务。同样,穷人要求得到救助之举也不被看成是一种乞讨,而是一种权利。据此,犹太民族中流行一种"富人的义务,穷人的权利"的说法。不仅如此,犹太人在实施对穷人的救助时还从人文主义出发考虑到对被救助人尊严的维护,不使他们因接受舍施而失去做人的尊严,从而一蹶不振。早在《圣经》时代犹太律法就有规定:收割庄稼时要为那些不幸的人留下一部分。例如,农人在收割时不得收割自己庄稼地四角的庄稼,收割时掉落的谷穗也不可以捡。这些田角地的庄稼应留给穷人或逃难来的外乡人去收割,掉落的谷穗应留给穷人或逃难来的外乡人去捡,以便他们也能够有些粮食可吃。需要粮食的人不必经过任何人的许可便可去收割或捡这些庄稼。请注意,农人(土地所有者)在这里将这些田角粮食留给穷人去收割并不被视为是一种施舍之举,而是在实行一项义务。他必须这样做,因为从律法上说这些庄稼属于上帝。这就好比犹太人的什一捐,即每个人都必须将自己收入的十分之一交给上帝一样。而对于穷人或逃难来的外乡人来说,这一律法使得他们根本就用不着低三下四拿自己的尊严去换得这些粮食,尽管去收割,去捡便可,因为穷人有得到社会救助的权利。耶路撒冷圣殿内就设有一无窗的漆黑房间,起名为"公义间"。它既可让富有的人在无人察觉的情况下留下自己的捐赠,也可让穷人在无人知晓的情况下取得他们所需之物。不留名的捐赠得到提倡,穷人的尊严得到保护。由于这一思想的存在,慈善捐助行为在犹太人中十分盛行,乃至没有一个犹太社团没有救济穷人的基金,无论是孤儿寡母,还是无家可归者都会得到救助。在犹太民族的公义思想中,人们看到的是现今社会中一系列公益组织和社会保障制度的雏形。

此外,在犹太人的安息日制度中人们看到了人的"休息的权利"。世界各国人民今天所实行的无论是"星期日"还是"周末"休息日制都直接来源于犹太人的安息日思想。在犹太民族上帝造人的神话中,人们有了一个看待人类和生命的统一标准。人作为神的创造物不再有贵贱高低之分,而是"生来平等"。世界各民族由于来自同一个祖先(亚当和夏娃)而不再有优劣之分。同样,既然生命被看成是神的赐予,那生命就是神圣的,就应该得到珍视,就应该受到保护,生命的权利也就应当得到尊重和维护。在犹太思想中,人的生命,如同个性一样,它的存在就是目的,是神圣不可侵犯的。在任何情况下,人都不应被贬为工业制度或政治制度机器上的"齿轮"或"螺丝钉"。圣化生命,圣化生活,追求生命的幸福、美满和完善成为一种敬神的标准和人生的一大目标。在这一思想的指导下,人类用不着再消极、悲观地对待人生和生活,完全可以用积极、乐观的态度去生活。这样的思想实际上已经是现代人人生观的基础。

哲　　学

希伯来文明在哲学上的成就主要体现在神学思考上,并无自身的哲学体系,甚至思想。不过,生活在亚历山大里亚的犹太哲学家斐洛(Philo of Alexandria,约公元前20—公元50)在哲学领域取得的成就还是值得一书的。斐洛是一位希腊化的犹太哲学家,是第一位对《托拉》进行哲学阐述并卓有成效的学者。他采用隐喻式的叙述手法,将犹太律法的内在含义转化为一系列抽象哲学概念,为犹太教信仰注入一种新的活力,使之在新形势下能延续和光大,同时有意识地将希腊哲学融入希伯来传统,致力阐发犹太教神学思想,进而把犹太教的神秘主义成分理论化、体系化。斐洛第一个指出上帝的存在的可知性与上帝本质的不可知性是有区别的,将犹太神学与柏拉图的理念说调和起来。他认为理念就是上帝的永恒思想,为此引进了希腊哲学的"逻各斯"(logos)概念。他将宇宙看成为一个为逻各斯所控制的巨大连锁,并把逻各斯解释为上帝和人联系的"中介"。他认为逻各斯作为一种"神圣的智慧",具有全知全能的品格,是和上帝的意志一致的,同时它又代表上帝所具有的"仁慈"和"公正"这两种品格和能力,故逻各斯的活动便成了上帝自身业绩的表现。他以此证明上帝与人之间的联系不是直接的,而是通过逻各斯为中介来保持和发展的。这样,上帝的独立存在和绝对尊严得到了保持。另一方面,上帝通过逻各斯的作用使自己创造的过程具体化和合理化。这一思想实际上为后来形成的基督教奠定了基础,斐洛亦被视为"基督教之父"。

尽管犹太学者直到文艺复兴时期才开始注意到斐洛及其哲学思想,但基督教却在斐洛时代就受到其思想的影响。使徒保罗的作品(反映在《保罗书信》和《希伯来书》中)不论在思想上还是在语言上都与斐洛极为相似,这表明斐洛思想对基督教的巨大影响。他的不少著作早在4、5世纪就被译成拉丁文,可见基督教对他的重视和敬重。

在上古时期,犹太民族是一个没有留下什么辉煌建筑、高大纪念碑、精美艺术品或重要科学发明的民族。在政治上,犹太民族几乎也是个无足轻重的民族。然而,它所创立的文明却在塑造西方文明的特征方面发挥了极其重要的作用。希伯来文明的信仰体系不仅直接为基督教和伊斯兰教所吸收和继承,而且传遍全世界。希伯来文明藉助由其孕育的基督教成为西方文明两大主要源泉之一。自中世纪以降,犹太—基督文化与希腊—罗马文化富有成果的交流和碰撞在塑造和丰富西方人文主义传统方面起到了决定性的作用。希伯来文明也就当仁不让地成为西方文明之源。

此乃"观乎人文,以化成天下"。

第三章

希腊文明：对人类自身的探索

　　尽管以两河流域、古埃及文明以及希伯来文明为代表的近东文明向人类提供了文明的最初成功样式，并对西方文明的出现产生了实质性的影响，但是，古希腊人创造的文明依旧是西方人能够从中感觉到自我的最初源头。把现代西方人与古希腊人联结在一起的是希腊人对人类自身的认识，希腊人是第一个把人置于宇宙中心的民族。近东文明关心的焦点总是聚焦在神祇和似神的统治者身上，认为只有他们才是世界的主宰，值得关注，而很少关注人类自身的奋斗和人在世界上的作用。然而，希腊人却不同，他们不再把人视为神祇一时心血来潮创造出来并玩弄于股掌之中的微不足道的对象，也不是帝王可以随便摆布的奴隶。希腊人逐渐意识到社会问题实际上是人类自身引起的，而且只有人类才能解决。在希腊人看来，人在这个世界上起着某种极其重要的作用，人不仅在某种程度上掌握着自己的命运，而且对自身的行为负有道德上的责任。这样对于人所生活的世界而言，人可谓是世界万物中最了不起的物体。在这一思想的影响下，到公元前5世纪希腊哲学家普罗泰戈拉终于庄严地呼喊出了"人是万物的尺度"这一具有划时代意义的口号。

　　新的思维方式、新的世界人生观使得希腊人能够在所有的创造性领域驰骋，在几百年塑造自身文明的过程中，他们所达到的高度在一些人看来至今尚无人能够企及。希腊诗歌、文学、雕塑、艺术以其精湛和高雅成为后世作品的楷模和评判准则。西方近代文明的一切胚胎：政治制度、哲学思想、文艺样式、民主观念可以说均孕育于古希腊文明。西方人从希腊人那里继承了政治模式和具体实施办法,对人的行为的看法,哲学严谨性的追求,科学探究的方法,审美批判标准等。简言之,希腊人以人为本的思想和在文化上取得的成就为西方文明奠定了基础。正是在这个意义上,古希腊文明成了西方文明的一个最重要源头。

第一节　由海洋孕育的民族

首先需要指出的是,这里所说的古希腊并不是一个统一的国家,因为,当时不仅并不存在统一的国家,而且人们也没有统一国家的概念。因此,古希腊指的是一个文化地理概念,所有使用古希腊语的民族都包括在内。这样古希腊历史主要是指使用希腊语民族所创造的历史。

古希腊文明史的最初发源地是爱琴海一带以及邻近的希腊半岛。那是一个由众多礁石、岛屿、半岛、海湾、港口组成的区域。根据文明出现的地理位置,这一时期被称作"爱琴文明"的时期(约公元前2000年至公元前1100年)。作为地中海的一部分,爱琴海地区与地中海沿岸,特别是近东地区联系紧密,最早受到两河流域文明和古埃及文明的影响。该地区在公元前3000年至公元前2000年发生过民族大迁徙,是一个多民族共同居住的地方。我们今天所说的希腊人并不是最早在爱琴海地区创造出文明的人。在希腊人之前,已有两个生活在那里的民族先后创造出两个样式鲜明的文明:米诺斯文明和迈锡尼文明。这两个文明尽管没能够得到延续,为历史所湮没[①],但还是或多或少地在随后发展起来的、被称为"希腊文明"的文明身上留下了自己的印记,成为描述希腊文明的最初对象。

米诺斯文明

位于爱琴海最南端的克里特岛以其特殊的位置成为"爱琴文明"的发祥地。克里特岛是爱琴海的第一大岛,东西长约250千米、南北宽约12千米至60千米,其形状宛如一条锚在地中海上的大船,横亘在希腊与北非之间。隔海相望,它的东面是孕育出人类最早文明的两河流域,南面是伟大而古老的埃及,小亚细亚则与之海湾相邻,地理上的优势使其成为希腊,乃至欧洲最先受到近东文明影响的地区。那里的气候温和湿润,植被茂盛,拥有数个良港。早在公元前2000多年前,克里特岛就成为地中海地区最为活跃的商路汇合之地,生活在克里特岛上的居民在与埃

[①] 长期以来,米诺斯和迈锡尼文明一直被认为是一种虚构或传说,直到19世纪末施里曼等人的考古发掘研究才证实它们的历史存在。

及、赫梯、两河流域诸民族接触和贸易过程中,受到他们文明的影响,学会了文字和新的生活方式,从而带来文明生活的初始。

在克里特岛诞生的文明史称米诺斯①文明。记录和反映这一文明的是一种类似埃及象形文字、被称为"线性文字 A"的文字。遗憾的是,人们至今无法解读这一文字,这使得我们对其文明的了解受到极大限制。但不管怎么说,考古发现仍以明白无误的方式表明公元前 3000 年就已存在的米诺斯文明在公元前 2000 年前后已开始步入繁荣,并在公元前 1700 年至公元前 1500 年期间达到鼎盛。米诺斯的繁荣从人们发现的形象而生动的壁画、精美的黄金装饰品和华丽的服饰得到印证。米诺斯文明的最大特征是它的社会以王权为中心,王宫建筑群成为米诺斯社会的核心,大小城市无一不是围绕王宫而建,从而形成了一个以王宫为中心的城市文化圈。在众多王宫中,克诺索斯王宫的规模最为宏大。据考古测量,该王宫占地达 25000 平方米,相当于英国的白金汉宫,真可谓规模宏大。

米诺斯王宫之一

米诺斯文明作为一种海洋文明(这一点可以从其艺术中清楚地看出,它的陶器多以海洋中的动植物为装饰,壁画中海豚和鱼类也是常见的内容,海洋对文化的影响是巨大的),跨海贸易是经济发展的最大动力,其产品销往希腊大陆各地。通过

---

① 希腊传说中第一位统治克里特岛的国王名。

贸易米诺斯文明对希腊大陆文明的发展起到过重要的推动作用。自由和平可以说是米诺斯文明的重要特征，这反映在构成米诺斯文明的诸城市都没有城墙围护，人们自由往来，显然在克里特岛上生活的人们能够和睦相处。而考古发现从未找到凶器这一现象，似乎进一步佐证了克里特岛上的人民是热爱和平的。

迈锡尼文明

米诺斯文明的繁荣大约维持了两个多世纪，很可能是由于附近的火山爆发或其他形式的天灾人祸，米诺斯文明突然遭到毁灭性的破坏而开始衰落。来自希腊大陆的迈锡尼人趁机入侵克里特岛，成为该岛和爱琴海地区的主宰。迈锡尼人被视为讲最早形式希腊语的印欧语系的一个民族。他们在与米诺斯人的交往中开创了迈锡尼文明。公元前15世纪至14世纪迈锡尼文明发展到巅峰。其影响北达中希腊的底比斯，南到伯罗奔尼撒的南端，爱琴海中的基克拉底斯群岛，小亚细亚，以及埃及和意大利等地区。由迈锡尼人创造的文明通常被视为青铜文化。

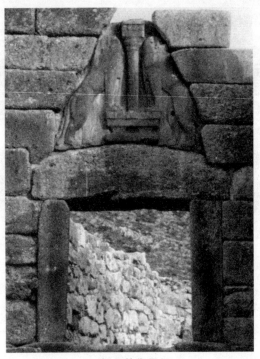

迈锡尼的狮子门

迈锡尼王国的社会制度类似东方君主制,社会仍然以王宫为中心,王宫同时具有宗教、政治、军事、行政和经济的作用。与具有分散、流动特征的米诺斯文明不同的是,迈锡尼文明更多地表现为集中和专制,在迈锡尼王宫行政机构的每一个级别上都有一种个人效忠的关系把显贵与国王联系在一起,他们不是为国家服务的官吏,而是国王的臣仆,他们的职责是在国王委以重任的地方显示国王所体现的那种绝对统治权。"线性文字B"所提供的资料清楚地说明了这一点。迈锡尼社会等级极为森严,完全实行军事化,其赫赫声威在荷马史诗《伊利亚特》中多有描绘。迈锡尼时代的希腊人以战争为乐,出于战争的需要,城市多建起了坚固的城墙,著名的迈锡尼的阿加门侬王城堡的狮子门是有力的见证。战争导致迈锡尼社会武士阶层的出现。武士的存在为考古发现所证实。荷马笔下的战车显然为当时武士所用。不过,导致迈锡尼文明灭亡的直接原因也是战争——一场由荷马所描述的企图征服特洛伊人的战争。迈锡尼虽在十年之后摧毁了特洛伊城,却为战争所累,国力下降,入侵者乘虚而入,在公元前12世纪前后,迈锡尼文明遭到了毁灭。来自希腊北部的拥有铁制武器的野蛮民族——多利安人成为该地区的主宰。

黑 暗 时 代

迈锡尼文明在公元前12世纪的销声匿迹使得地中海地区的文明一下子退回到令人难以承受的原始状态。多利安人的不开化和落后使得希腊与东方的交往中断了好几个世纪。海域不再是通途,反而成了障碍。被孤立的希腊大陆闭关自守,重新回到一种单纯的农业经济形态中。文字和文化均消失。整个王宫体制都崩溃了,而且再也没有复兴。希腊历史进入了"黑暗时代"[①],并一直持续至约公元前800年。[②]

客观上说,米诺斯文明和迈锡尼文明对后世影响甚微,特别是在文明被毁后更是鲜为人知。然而,这两个文明的重要性不能根据它们对后世的影响力加以评估,作为欧洲最早出现的文明,其存在本身就是十分有意义的。此外,其文明特征在某种程度上预示了后来欧洲的一些价值观和成就。

迈锡尼文明的灭亡导致迈锡尼宫廷经济和君主制的崩溃。后来的历史表明,迈锡尼文明的消亡对于希腊而言也许并非坏事。许多学者指出:正是迈锡尼文明的彻底消亡才使得希腊人有可能一举丢掉了压在其他古老民族身上的沉重历史包

---

① 一些史书亦把这一时期称为"荷马时代"。
② 人们对这一时期希腊文化是否真正进入黑暗时代有不同的看法。我们之所以使用这一词语极有可能是我们对这一时代的希腊文化了解甚少所致。

袱,走上了一条完全不同于东方民族的发展道路。

由于文字和文化的消失,人们对"黑暗时代"的情况知之甚少,唯一较多记录和描绘这一时期历史和社会的是荷马史诗。的确,希腊在"黑暗时代"出现了文明倒退现象,贸易商业中断,人口锐减,城市生活基本不复存在。不过,在政治上,还是出现了某些变化和发展,尽管王权还在延续,但与迈锡尼时代的君主制相比,黑暗时代的王权已经变得脆弱和不稳定,普通民众的地位开始有所上升。具体表现在捐税的消失和人民大会的出现。迈锡尼时代,劳动者缺乏独立性,许多人处在宫廷的支配之下,不得不把自己收入的一部分作为租税上交宫廷。而到了荷马时代,劳动者大多摆脱了宫廷的控制,自食其力,成为独立的小生产者,并出现了普通民众有可能对国家的体制和管理方法提出自己看法的公民大会制度。而王权的软弱,社会独立生产者阶层的出现,公民大会制度的萌芽则预示着希腊文明的新的发展方向。

古 风 时 期

从公元前800年到公元前500年是希腊历史上的"古风时期"。希腊人的称谓开始成为该地区人们的通用称谓。传统上的"希腊"历史开始。随着黑暗时代的结束,贸易开始恢复,城市重新出现,文明又获得了活力。在经济上,希腊大陆重新与东方建立了贸易联系,贸易促进了生产的发展和人口的增长。到了公元前7世纪末,希腊各城邦的经济几乎完全变成了外向型,其中最显著的标志是海上贸易成为经济主导。贸易区向西一直扩展到非洲和西班牙,向东一直扩展到黑海。希腊本土经济的发展和土地资源的相对贫乏曾导致一场大规模的海外扩张。有人把这一扩张看成是欧洲殖民历史的开端,不过,事实上,这是一种为减轻原居住地人口压力的外迁。最初建立的是农业性质的殖民地,目的是为了养活母邦的人民。很多殖民地后来变成了商业基地,能在本地和希腊各地交流产品。殖民地通常是按照母邦的模式建立起的新的城邦,具有独立和自治特征,没有隶属的宗主关系。寻找土地,寻找粮食,寻找矿产金属成为希腊海外扩展的三大动力。希腊人沿着爱琴海沿岸扩张,在意大利和西西里,在伊比利亚半岛,在马赛利亚等地建立了自己的殖民地。希腊人的这一扩张性"殖民"运动在某种程度上勾勒出最早在荷马史诗中描写过的"希腊"人的特征:好奇心强、喜欢冒险、敢闯敢干、不屈不挠、不畏惧未知世界、善于应付挑战。扩张的结果使商业和手工业从农业中彻底分离出来,并成为主导性行业,城市人口进一步攀升。

在政治上,尽管奴隶制①依然存在,但一种新型的政治社会组织形态——具有民主性质的城邦制成为现实。希腊的城邦是一个具有特殊含义的词汇,具有"公民团体"的意味,在众多情况下指独立行使"主权"的城市国家。它的范围一般不大,以一个城池和周围农业区域构成,平均人口在万人上下,故有"小国寡民"之称。不过,与世界其他地区出现过的城邦不同,希腊城邦包含"公民集体行使最高统治权"的含义。因此,希腊城邦制的实质是:公民成为国家的主人,通过公民大会、议事会和担任公职直接参与国家的管理。

在希腊各城邦中,最大的两个城邦斯巴达和雅典的发展道路最具代表性和独特性。它们的存在和影响使得古希腊的历史主要围绕它们展开。

斯巴达城邦国

从某种意义上说,斯巴达的历史是城邦政治演进的一大例外,它没有沿着其他希腊城邦所走的古希腊式的民主制道路,而是实行了一种被称为"专制"式的统治,由双国王和贵族元老议事会统治。由于黩武精神主导着斯巴达人的社会生活,斯巴达人的男子完全脱离生产,唯一的职责是习武和打仗。由于实行的是军事共产主义和高度军事化的生活,王国内没有市场交易和文化生活,人的自由、创造性和个性受到极大窒息。尽管如此,斯巴达的政治仍不同于东方式的王权专制,它的公民大会的地位有所加强,特别是5位由民选产生的监察官有权随军监督国王。社会不再像迈锡尼王国那样形成一个以国王为塔尖的金字塔,所有人在经过一系列军事训练后都可以拥有一份田产,从而上升到相互平等的地位。在生活上,斯巴达人不分贵贱,一律实行公餐制。公民大体上都能意识到自己是斯巴达城邦的一员,有着共同的利害关系,至少在名义上,他们相互之间是平等的。此外,国王要比一般公民承担更多的义务负担,经济也并不富裕。因此,人们尽管把斯巴达说成是实行专制的国家,但应当说那是一种相对于其他城邦的民主制而言,难怪斯巴达人自称是一个"平等人的公社"。

斯巴达的经济制度是建立在土地公有基础上的自给自足的农业经济,生产主要由奴隶进行。闭塞保守和发展缓慢是社会特征,斯巴达在希腊城邦中可以算是一个较为落后的社会,但是,斯巴达因军队遵纪守法、勇敢坚毅、战斗力强,加上公民素有质朴奉公的献身精神,故能长期在该地区称雄。

---

① 一般来说,此时的奴隶主要是外邦人,特别是在战争中被俘获的人,城邦中同族的人基本被视为公民。

雅典城邦国

雅典被众口一词视为希腊民主制的典范。早在公元前11世纪雅典就废黜了王政,一种以王宫为中心的社会生活形态被彻底废除,取消了那个在秘密宫殿中不受限制和控制地行使最高权力的神王,代之以终身执行官。公元前8世纪后又取消了终身制,代之以10年一届的执政期。公元前682年,又改为一年一届,并使执政的人数增加为多人,从而形成一种集体行使权力的政体。在雅典出现的新形式的政体具有两个鲜明的特征:任期限制和责任制,将权力与责任联系起来。由于这一具有民主雏形的政体仅限于贵族内部,引起了广大平民的不满,社会矛盾激化。公元前594年,梭伦执政,推行政治改革,使雅典在通向民主制的道路上迈出了一大步。到克里斯提尼改革,雅典的民主共和制得到最终的确立。几乎所有的国家机构都对全体公民开放。最高权力机关公民大会由全体公民组成。议事会由500人组成,为行使责权而分为10个主席团,轮流当值。

尽管以雅典为代表的城邦民主制仍然基于奴隶制的存在,占相当大人口比例的奴隶不被视为公民而没有任何权利,大部分生产活动由奴隶们承担,奴隶显然是社会受压迫的一个阶层,但从政治本质上看,应该说城邦制实行的仍是一个以公民权概念为核心的政治制度,"主权在民"和"人人平等"是它的政体原则,起码在提法和形式上是这样。公民大会成为最重要的权力机构,一切重大问题必须由公民集体决定。公民享有广泛的民主平等权。正如伯里克利所说:文明的制度之所以被称为民主政治,是因为政权在公民手中,解决私人争执的时候,每个人在法律上都是平等的。无论如何,雅典城邦制是希腊人的伟大创举,不仅开创了人类历史上民主体制的先河,更重要的是提出了"主权在民"和"公民平等"这类具有普遍意义的思想。应该说,当这类思想一旦普及开来并为社会普遍接受,对文明进程的影响将是巨大的,西方社会在文艺复兴后的发展就是最好的说明。

雅典所推行的一系列带有首创性的政治改革使其摆脱了长期内争的困扰,经济实力和政治影响均得到加强,很快发展成希腊地区的一大强邦。

公元前6世纪后半叶,在东方称霸的波斯帝国实行不断西进的扩张政策。到公元前492年,以波斯军队开始侵犯希腊本土为标志,一场决定希腊命运的"希波战争"爆发。雅典和斯巴达以及希腊地区的其他城邦为了生存联合起来,经过数十年的战争,终于在公元前449年挫败了波斯的进攻势头,迫使波斯以签订和约的形式结束战争。这是一场弱小势力战胜强大势力的战争。希波战争造成的结果是双重的:一方面是波斯帝国由强转衰,再也无力威胁西方(相对于位于东方的波斯而言);另一方面是希腊的崛起,以希腊为源头的西方开始成为人类文明的一个重要代表模式。此外,对波斯帝国战争的胜利极大地增强了希腊人的信心,希腊迈入了其历史的鼎盛时期——古典时期。

古 典 时 期

在古典时期,希腊的主要城邦的经济均进入繁荣时期,社会财富和人口都得到了大幅增长。雅典的民主制在伯里克利时代发展到顶点,公民不仅一律平等,而且都享有决定国家体制和管理国家的权利。其中最突出一例是,除将军外,几乎全部公职人员都通过抽签产生。雅典的民主政体直接造成了文化、艺术、哲学、思想的普遍繁荣。以雅典为代表的希腊人的生活方式成为主流。

然而,雅典在实行对内民主的同时,对外实行的却是海上霸权扩张政策。这直接导致了波及整个希腊世界、长达27年的伯罗奔尼撒战争的爆发。战争的结果是公元前4世纪希腊城邦危机的出现。这时地处希腊东北边陲的马其顿在腓力王的领导下崛起,乘希腊城邦混战之机,以武力介入希腊政治。慑于其武力,在公元前337年召开的科林斯会议上,希腊各城邦(除斯巴达外)均承认马其顿的主宰地位,这标志着希腊古典时期的结束。希腊历史旋即进入希腊化时期。

希 腊 化 时 期

马其顿尽管在政治上成为希腊地区的主宰,但马其顿人,特别是亚历山大大帝对希腊文化的崇敬,使得希腊文明在希腊人被征服后得以继续存在和发展,不仅如此,还随着亚历山大的东征传播至所有被征服地,希腊文明的影响进一步扩大。

亚历山大的东征始于公元前334年。东征的首要目标是历史上曾经侵犯过希腊的波斯,以彻底消除其威胁,同时为希腊打开东方市场。在随后的10年中,亚历山大以武力建立起了一个空前庞大的,地跨欧、亚、非三大洲的帝国,其势力范围西起希腊,东到印度河流域,北抵中亚,南及埃及。亚历山大建立起的帝国几乎囊括了当时人类的主要文明,除了自身的希腊文明外,还包括两河流域文明、波斯文明、埃及文明、希伯来文明和印度文明(部分)。人类历史上第一次出现了如此众多文明的直接交流和融

亚历山大头像

合。然而,亚历山大大帝于公元前323年突然病逝,帝国群龙无首,内部对权力的争斗使帝国随即瓦解并一分为三。它们是:扎根欧洲的安提柯王国、盘踞埃及的托勒密王国和立足西亚的塞琉古王国。尽管统一的希腊帝国不复存在,但希腊文化却发挥着维系亚历山大征服地区人民的作用。史学家将这一时期称之为"希腊化时期"。

在希腊化时期,帝国的范围内产生了一个共同市场,有力地促进了生产和贸易。同时形成了一个以希腊语言、艺术和知识为主,兼包含波斯文化因素的共同文化圈。在这一时期希腊文化得到了最广泛的传播和弘扬。在亚历山大远征期间,希腊士兵驻守的众多要塞发展成希腊式的城市,在随后的200年间,有大约200多个城市在希腊帝国各地建立起来,其中许多城市的人口在10万人之上,埃及的亚历山大里亚城更是发展迅速,拥有近50万人口。城市的建立大大地促进了经济发展,而且将希腊文化和生活方式直接介绍给当地人民,极大地扩大了希腊文明对世界的影响。其中在埃及沿海港口建立的亚历山大里亚城最为典型。它逐渐发展成为希腊化时期一个最为著名的文化中心。该市的文化活动十分活跃,其图书馆的藏书多达50万册,是古代世界最大的图书馆。众多的学者云集该城市,有力地推动了文化研究的开展。亚历山大的继承者更是沿袭其推行希腊文化的政策,如在西亚地区统治的塞琉古王朝在包括今日阿富汗在内的广大地区建立希腊式城市。这些城市的建立意味着希腊文化在东方的传播。目前在这些地区保存下来的众多露天剧场遗址是当时希腊文化最好的一种见证。希腊语在这一时期成为世界性语言,影响世界的《圣经》的希腊文本就是在这一时期出现的。

与此同时,在希腊化时期,有着悠久历史的东方文明受到前所未有的巨大冲击,众多的古代文明,如两河流域文明、埃及文明等,由于缺乏有效的文化防卫机制,在希腊文化的有力冲击下逐渐失去活力,进而成为失落的文明,成为人类文明史上的最大遗憾。

希腊化时期政治权力三足鼎立局面一直持续至公元前2世纪,在崛起的罗马人征服面前结束。当历史进入罗马帝国时代,古希腊的历史也就画上了句号。

第二节　典范之作　万世师表

古希腊文明是西方文明最重要和最直接的渊源,在上千年的发展过程中其成就是巨大的和多方面的。"言必称希腊"形象地说明了希腊对后世的影响。具体了解其文明成就是人们了解希腊文明内容的一个重要方面。

希腊文字、文学

希腊文字

文字的重要性,我们在第一章中已有论述。尽管迈锡尼文明有过自己的文字,但希腊文字在书写上却几乎与迈锡尼的线性文字B没有任何联系。当希腊人在公元前750年前后创造出新的文字时,借用的是近东地区腓尼基文字的书写字母。希腊人对于这一借鉴显然是自觉的。如在希腊文中代表"字母"古词的字面含义就是"腓尼基的东西"。尽管希腊人从腓尼基人那里借用了文字的字母,但他们并没有全盘照搬腓尼基人的文字,而是对之进行了彻底的改造,使之成为一种完全不同的语言。在借鉴过程中,希腊人首先对腓尼基字母进行了改进,增加了一些字母,删除了部分字母,不过,最重要的改进是创新出了代表元音的字母(腓尼基字母是辅音字母体系,不使用元音字母)。这一创新使文字更加精确、易读。因此,从语系上说,腓尼基属于闪含语系,而希腊人这时创造出的语言则属于印欧语系。希腊文字的这一字母体系的确立在为希腊文的发展奠定基础的同时,也成为欧洲所有文字字母系统之源。希腊文字被创造出后,其作用随着希腊人影响的扩大而扩大,在亚历山大东征之后,成为世界性语言,其世界语的地位只是在拉丁语崛起后才被取代。文字的出现对希腊文明而言影响是深远和巨大的。日后的希腊文明主要由此载体传承。

文学

古希腊文学历史悠久,由《伊里亚特》和《奥德赛》组成的《荷马史诗》是希腊文学的先声。《伊里亚特》以历史上出现过的特洛伊战争为背景,主要描写主人公阿基琉斯的愤怒和息怒对战事的影响。《奥德赛》描述了木马计的设计者奥德赛在特洛伊战争后海上十年流浪以及返乡后与妻子团聚的故事。相传《伊里亚特》和《奥德赛》史诗由盲人诗人荷马所作,故称为"荷马史诗"。《荷马史诗》最早为口头吟诵形式,到公元前7世纪才开始有文字版本流传。

《荷马史诗》篇章宏大,每部史诗均由24卷组成,各长万余行。同时史诗结构紧凑,描写简洁,每部作品均不写故事的全过程,而是只截取其中一段来表现全部。作品立意深远,形象而深刻地反映了希腊黑暗时代前的社会生活和人的精神面貌。《荷马史诗》一经形成便成为希腊文学中流传最广的作品,其意义和影响都是深远的。

对于希腊人来说,《荷马史诗》的存在除了它所具有的巨大文学意义外,更主要的是希腊文化的象征与希腊精神和希腊民族的象征。史诗所代表的文化是希腊文化的最初表现形式;史诗所描绘的生活方式成为希腊人所追求和采取的生活方式;史诗所反映的人物的精神成了希腊民族所崇尚的精神。人们完全可以说,希腊文化的独特性始于荷马史诗。此外,《荷马史诗》是古典时期希腊民众教育和文化的基础,而且到了罗马帝国时代和基督教传播时期又成为仁爱教育的支柱,所以流传广,影响深,不仅仅是希腊团结与英雄主义的象征,而且是希腊民族从中汲取伦理道德和觅得人生行为准则的久远源泉。

荷马头像

虽然《荷马史诗》影响深远,然而,古希腊文学的最高成就却应该说是它的戏剧。戏剧作为古希腊人最早创造出的一种文艺样式,起源于希腊社会流行的酒神祭祀,是希腊宗教活动的一部分。尽管它是以一种舞台表演艺术形式出现的,但古希腊的戏剧绝不仅仅是为了娱乐,还具有净化人的心灵的教化作用。希腊戏剧包括悲剧和喜剧两种。

悲剧大多取材于神话和历史上的人物,剧中人多是半人半神的英雄。希腊悲剧比其他艺术形式更加突出地关注有关人的处境这方面的哲学问题,如人为什么一定要受苦?为什么公义如此难以捉摸?亚里士多德由此认为悲剧主题严肃,能够调动起人们"怜悯和恐惧"的情感。尽管如此,希腊悲剧所要表现的仍然是主人公的英雄行为,其形象高大雄伟,气势壮烈磅礴,具有永恒的艺术魅力和道德教化作用。伟大的悲剧家埃斯库罗斯(Aeschylus,约公元前525—前456)的《被缚的普罗米修斯》,索福克勒斯(Sophocles,约公元前496—前406)的《俄狄浦斯王》,欧里庇得斯(Euripides,约公元前485—前406)的《美狄亚》等都具有震撼心灵的艺术效果,是希腊悲剧的优秀代表。

相比之下,希腊喜剧主要取材于现实生活,早年的多为政治讽刺剧,对人们普遍关心的重大政治社会问题进行抨击,稍后对宗教、哲学、文学进行讽刺,采用夸张手法以产生戏剧效果。希腊喜剧最能表现文学家的非凡智慧和优美风格。最著名的喜剧作家是阿里斯托芬(Aristophanes,约公元前446—前385),他的喜剧《巴比伦人》和《骑士》等作为佳作,受到人们的广泛喜爱。

古希腊在文学方面的其他杰出成就还包括它的抒情诗、寓言故事等。它的寓言故事特别值得一提,许多流传下来的寓言作品相传是由一位名叫伊索的奴隶创作的。这类故事后来收集成册,统一定名为《伊索寓言》。伊索寓言内容短小精悍,描写形象生动,寓意深长,是希腊人智慧的结晶。像《狼和小羊》《农夫和蛇》等寓言已成为全世界人民世代相传的永恒作品。

希腊化时期,文学尽管在艺术性和原创性方面与古典时期有一定的差距,但还是产生了不少优秀作家和作品。其中特别是戏剧和田园诗取得较高的成就。剧作家米南德(Menandros,约公元前343—前291)是雅典城邦的著名喜剧诗人。他从阿里斯托芬那里继承了许多东西,但他不是一位政治讽刺作家,而是一位专注浪漫爱情体裁的喜剧作家,他的作品主要描写爱情的痛苦和欢乐,以及与爱情相关的密谋和引诱,最后以得团圆结束,深为观众所喜爱。

田园诗体裁是这一时期的创新。出生在西西里岛的忒奥克里托斯(Theokritos,约公元前310年—前250年)是这一文学体裁的首创者。他的田园诗以描写浪漫的牧羊人、仙女生活为主,热情讴歌沐浴在阳光下乡间幽谷迷人的风韵和理想化的田园生活,对后世诗人和艺术家产生巨大影响。

希腊宗教、艺术

宗教

从严格的宗教意义出发,古希腊宗教的"宗教性"显然较为脆弱,对社会的影响也相对较弱,是希腊文明诸样式中唯一没有在日后西方文明中发挥影响力的信仰,连希腊人也在随后的历史阶段将其摒弃。但古希腊的宗教仍然不失其独特之处,它的存在直接影响到罗马人宗教的内容和走向。

希腊宗教的信仰基础可以说与希腊神话密切相关。在发展过程中,希腊宗教与希腊神话成为不可分割的统一体,特别是在早期,宗教和神话形成了你中有我、我中有你、相辅相成的局面,以致人们无法弄清到底是先有神话还是先有宗教。希腊神话的来源主要为:荷马史诗,赫西奥德的《神谱》,以及其他文献作品。希腊宗教的来源也主要由这三方面组成。

古希腊宗教基本上可以被视为是一种万物有灵的多神教,拥有众多诸如天神、海神、智慧神、爱神、山神之类的神祇。和其他多神信仰宗教的民族一样,希腊早期的宗教没有统一的体系,不同的人在不同的时期信仰不同的神祇,对神祇有着不同的解释,后经荷马史诗的系统和权威修订,形成了一个为后世希腊人普遍接受的说法。根据《神谱》，居住在奥林匹亚山的 12 位主神被认为是世界的主宰。这 12 主神分别是：众神之父宙斯（雷电之神），宙斯之妻赫拉（天空之神），海神波塞东，智慧神雅典娜，太阳神阿波罗，月神阿蒂密斯，爱与美之神阿芙罗狄忒，战神阿瑞斯，火神赫斐斯特，商旅神赫尔墨斯，农神狄墨特尔，灶神赫斯提亚。

受多神观的影响，古希腊各城邦，家族，和个人都有自己的保护神。各地建有神殿，事前前往神殿求取神谕是流行的习俗。此外，古希腊人还认为人间祸福由神祇掌握，若要避凶趋福，取悦于神是关键，故祭祀习俗广为流行，祭神成为取悦于神祇的重要手段和方式，为此，希腊人每四年一次举行祭祀宙斯的盛大活动。祭祀活动包括体育竞赛和音乐文艺表演。许多庆典节日也包括悦神的内容。早期希腊宗教的礼拜虽主要由献祭构成，但是祭品的作用不是用来赎罪，而是主要为了取悦神祇以赐福于人。

古希腊宗教神人化倾向严重，早期希腊宗教中的神与其说是神，不如说是神化的人。譬如，它们具有人的体魄、人的弱点、人的需求。它们彼此频繁地争吵、打斗，自由地混杂在凡人之中，有的还与人间女子生儿育女。若是把它们与近东宗教中那些遥不可及、无所不能的神祇相比，简直是大相径庭。它们不同于人类的唯一之处恐怕只是它们能长生不老这一点。古希腊宗教的这种神人化倾向既可被视为是希腊文化中以人为本的人文主义思想的一种体现，同时也进一步促进了希腊文化中以人为本的人文主义思想的发展。

希腊宗教的另一个特点是它的世俗性。如果对比一下近东宗教，这一特征则更为明显。在古希腊，根本不存在近东式的神圣宗教崇拜，也没有任何一部诸如《圣经》一类用来指导人的行为准则的宗教经典。希腊宗教从来缺乏独立的组织，不存在一个控制社会和人们日常生活的祭司阶层，宗教始终处于世俗政权的控制之下。例如，希腊的祭司大多由俗人担任，而且由城邦政府指定。相应的正统宗教思想也未曾有过，即便是对神谕的解释也更多地取决于公民的意志。

到了古典时期，民众对奥林匹亚神祇的态度更是发生了很大的变化，公共祭祀越来越多地趋同于民间庆典。雅典卫城神庙中供奉的神像和各种代表神的雕刻更多地被人们视为艺术品而不是神的存在。随着神祇的作用越来越形式化，神像越来越艺术化，宗教的神秘性逐渐消退，开始丧失其在公民生活中的存在价值。此外，人们政治权利的扩大也使人对宗教的依赖减少，对神祇的怀疑和不信任感越来越强。

由于希腊理性思想的强化和影响，宗教的弱式化过程不可避免，它的存在完全不能与影响和主宰社会生活的所有方面的近东宗教同日而语。到了希腊化时期，它的影响主要是在文学和艺术领域留存，众多文艺创作的主题和内容都与宗教联系紧密。因此,希腊宗教(包括神话)的最大遗产是对希腊艺术和文学的巨大影响以及对西方文艺的长远影响。

希腊宗教虽然对罗马宗教产生过一定的影响,特别是它的神话体系,但是由于自身神性思想的先天不足没有能够流传下来。在基督教出现和成为西方社会的信仰主体后,希腊宗教逐渐为人们所忘却,成为历史。

尽管如此,希腊宗教(包括神话)的重要性对于西方文化、艺术和感情而言是极其重要的,否认它的价值和意义无异于否认西方文化本身,特别是文学、艺术诸方面的成就。若没有希腊宗教(包括神话)的丰富遗产,文艺复兴时期及现代的文学和艺术将会变得无比贫乏。

艺术

毫无疑问,希腊艺术的诞生是从好几个占据地中海东部盆地、相互对抗的文明中汲取营养的结果。尽管人们有理由把希腊艺术之起源追溯到米诺斯和迈锡尼时代,但是,一般说来作为希腊艺术的真正开端,特别是作为具有延续性的开端,还是始于公元前9世纪(即艺术史所称的几何时期)。希腊艺术在公元前5世纪达到鼎盛,成为程式,一直延续到希腊为罗马所取代的公元前31年。

艺术陶器

黑暗时代行将结束之际的公元前9世纪,希腊陶器的生产出现了飞跃,作为陶器组成部分的装饰首开艺术之先河,以几何图案为主体的装饰丰富无比,故该时期被冠以几何时期。但是到了公元前7世纪,古希腊陶器艺术家几乎毫无例外地集中表现人的形象。在带色的陶器上,只有中心人物的周围才可能出现具有含义的装饰成分。希腊陶器作为希腊古代主要艺术之一,其造型与装饰的内在美和对希腊绘画艺术发展的推动作用是不容忽视的。

古希腊艺术的精华部分自然是在雕塑方面,表现裸体年轻男子和着衣年轻女子是当时一切希腊雕像创作的出发点。古风时期的雕刻艺术显然是深受埃及雕像的影响,男像采取了庄严呆板的姿势,女像也都是僵直地裹在简单的衣裙中。不过,到公元前6世纪,希腊雕塑家已开始走出埃及艺术的束缚,作品具有了生活的气息,人体美得到展现。公元前5世纪是希腊雕塑的黄金时代,雕刻臻于完美,名

女性石雕

家名作辈出。无论是奥林匹亚宙斯神庙间板浮雕,还是帕提侬神庙上菲狄亚斯的作品都是艺术佳作代表。在个体雕塑中,米隆的《掷铁饼者》生动地表现了掷铁饼者在投掷前用力的一瞬间的形态美,作品静中寓动,双臂的弓形与身体的曲线完美无缺地结合在了一起。波里克利特的《持矛者》展现了人体结构在运动中的和谐,人物体态均匀,坚实有力。普拉西特列斯的《科尼多斯的阿芙洛狄忒》通过对美神阿芙洛狄忒脱衣入浴情景的刻画把女性的温柔、妩媚和雍容表露无遗。这些雕塑作品在人物造型方面达到了无与伦比的地步,成为万世楷模。

第三章　希腊文明：对人类自身的探索

《掷铁饼者》

《持矛者》

《科尼多斯的阿芙洛狄忒》

群像《拉奥孔》

《米洛斯的维纳斯》

希腊化时期的雕塑中最负盛名的作品非《米洛斯的维纳斯》莫属。雕塑品于1820年被发现,把人物神情的高雅、体态的优美、青春的活力完美地结合在了一起。群像《拉奥孔》则以各人物传神的表情成为文艺复兴和近代西欧艺术创作的楷模。

希腊的艺术成就还反映在建筑上。雅典卫城的建筑群可以算是古典时代希腊建筑艺术的光辉典范。卫城建筑在山岗之上,由山门、胜利女神庙、帕提侬神庙等建筑物组成。多利亚式和爱奥尼亚式圆柱的巧妙使用使得卫城庄重、质朴、宏伟。卫城建筑群以表现均衡、对称与和谐为主的艺术风格成为西方建筑的审美重要评判标准。

到了古典时代,希腊艺术核心是对完美和理想形式的追求,无论是在神庙的建造上,还是在塑像的雕刻上都是如此。公元前438年,雕塑家腓迪阿斯完成了镶饰着黄金和象牙的雅典娜神像雕塑是这一追求的表现。

古希腊的绘画艺术应该说与建筑和雕塑一样辉煌,遗憾的是早期的绘画作品几乎没有保存下来,人们只能

雅典卫城复原模型

通过文学作品中的描写去间接体会。稍后的绘画作品部分因火山爆发的结果得到保存,被火山掩埋的庞贝城的壁画把希腊化时期的绘画艺术反映得淋漓尽致,三度空间的表现手法给人以从未有过的逼真感。

希腊艺术的最重要特征应该说是它的人文主义象征、对人的赞美和对人性的高扬。尽管多数艺术品展现的是希腊神话中的神,但这并不能掩盖其人文主义本质,因为希腊人认为神衹是为了人的利益而存在的,在赞美它们时,也就赞美了人自己。希腊艺术的这一特征与希腊人的人文主义思想显然是一致的。希腊艺术这一人文主义象征还具体表现在艺术家在自己作品上签名一事上。这一做法在其他古代文明中是很少见到的。事实上,早在古风时代,希腊的雕塑家就开始将自己的名字刻在作品上。一些陶器制作人也在自己的产品上留下名字。这显然是对自身存在价值的肯定,是人对自我的一种弘扬,重视个人价值的人文主义思想在此可见一斑。

希腊艺术的影响最初局限在爱琴海地区,后逐渐扩大到地中海周围,在希腊化时代,随着亚历山大的征服,其影响扩展到希腊帝国的全境,甚至远至印度。世界美术史上著名的犍陀罗艺术就是希腊艺术与印度艺术结合的产物。印度的佛教原本是没有偶像的,自希腊艺术传入后开始有了偶像。印度佛像造型,特别是其面部和发式,直接受到希腊雕塑艺术的影响。

尽管希腊艺术在罗马的征服之下逐步被罗马艺术取代,但其影响深远,事实上,从米开朗基罗到罗丹,一切雕塑家和建筑师都从希腊艺术中获得了灵感。

第三节 希腊文明的理性

希腊文明的一大重要特征是理性思想的出现。需要指出的是,希腊理性不仅仅是希腊文明的一大重要特征,更应被看成是希腊文明的一项最重要成就,是希腊人对西方文明和世界文明进程的一个极其重要的贡献。

希腊理性的产生与希腊城邦的存在有着直接的关联。希腊城邦的诞生不仅带来了一系列经济和政治的变化,也意味着思维方式的变化,意味着打开了一片完全不同的思想视野。一种被称为"理性"的思想逐渐为希腊人开创和接受,并成为思考的基础。从根本上说,希腊文明理性的出现是希腊文明走向伟大的标志。

对自然的研究

公元前 6 世纪初,希腊出现了一批被称为"智者"的人,他们创立了一种新的思维方式，把自然当作对象，进行了非功利性的系统考察和总体描述，对世界的起源、构造、组织以及各种天气现象作出了新的解释，这些解释完全摆脱了古代创世神话和神谱的传统，各种神祇的伟大形象都被抹去，不再有超自然的神灵，除了自然什么也没有。这批智者便是希腊最早出现的哲学家和科学家，希腊哲学①和科学由此诞生。希腊哲学家在对自然界各种现象进行探寻和作出解释时，摈弃了上古文明中流行的那种认为自然是由独断专行的神所操纵、受盲目的偶然性所支配等思想，而是试图从人的立场提出论证，作出合乎逻辑的解释，而不是像其他文明那样把这些现象都归结为神或超自然的力量。他们希望用已知的事物，而不是用另一种未知事物，来解释未知事物。这一认识实际上标志着科学思维的开端。由于他们的努力和取得的成就，人们对世界的认识从此不同于以往。

　　希腊人这种以自然界为对象，探讨世界本原的研究被后人视为自然哲学②。这一研究最早由生活在希腊的米利都城邦的学者开启，故有"米利都学派"之称。米利都是小亚细亚沿海的一个城邦，其独特的地理位置使其与近东文明的联系密切，所受到的影响也就不言而喻。"米利都学派"对发生在他们周围的自然现象感到兴趣。在他们的眼中，自然是神奇的、不断变化的：泥土成就了植物，植物又成就了动物，动物最后还原成泥土。因此，他们开始提出一系列与这一现象有关的问题：宇宙（或世界）由什么东西组成？什么是世界上最根本的东西？应该说，提出这类问题本身的重要性已经远远超过他们找到的答案，因为随着人类对宇宙了解的增加，答案是不断变化的。

　　"米利都学派"出现的重要性在于，它是第一个假定整个宇宙是自然形成的，有可能通过理性的探讨，用普通知识对其进行解释的一群人。在"米利都学派"面前，神话和宗教为世界和宇宙形成所编造的一切形形色色的故事都失去了其真实性和存在的意义。

　　泰勒斯（Thales，约公元前636—前546）是开创这一学派的第一人。相传他因经商到过埃及和巴比伦，受到近东文明的熏陶，其天文知识曾使他成功预测到发生在公元前585年的日食。他最早提出了世界本原来源于一种物质的哲学命题。他依照对自然的观察：物质在太阳的作用下散发出水汽，水汽又在空中凝聚成水珠而形成降雨，从而认为水是万物的本原，一切生于水还于水，大地浮于水上。他作出的"万物由水组成"的论断尽管在今天看来似乎并不高明，也不确切，但在当时却

---

　① "哲学"（philosophy）一词最早出自古希腊语，其含义为"爱智慧"，是关于事物起源及原理的一种知识。

　② 古希腊人所说的自然哲学实际上与现代人们所说的科学等同。自然哲学实质上是一种科学研究。

无疑是一种人类认知方式的飞跃。它突破了古代世界普遍认为世界由神创造的传统思想，代之以建立在观察基础之上的理性思考。这样泰勒斯便被认为是历史上第一个用自然本身来解释自然的人。根据自己的认识提出自己的理论是人对自身能力的一种肯定和高扬，也是人真正试图认识世界的开始。

泰勒斯的思想还是对希腊哲学的一种贡献。由于他的理论没有实验的基础，主要是观察和理性思维的结果，理性思维成为古希腊哲学的一个最重要特征。

继泰勒斯之后，阿那克西曼德（Anaximander，约公元前610—前545）提出了世界的本原不可能是任何诸如水火之类的可见物质，而是某种"不生不灭"的东西。他称之为"无限"。这个不可察觉的物质处于分离成诸如热与冷、干与湿等对立性质之前阶段，因而体现了一切现象的最初的统一。他的学生阿那克西美尼（Anaximenes，？—公元前526）则提出了宇宙的原始物质是"埃尔"（气）之说。阿那克西美尼认为物质之所以有不同的形态是气的收缩和扩散的结果。气稀薄时便形成火，凝聚时就依次形成风、蒸汽、水、土和石。

尽管在今天看来他们对世界本原的看法并不确切，但是他们提出的这一系列命题的实质是：不管世界万物性质如何不同，变化如何各异，其本原同一，并最后复归本原。从认识论来看，这是人们开始从现实世界的千差万别的事物中寻求其共性的一次努力，标志着人类认识史上的一大飞跃。他们作为最早在对世界起源进行解释过程中摆脱有史以来希腊宗教神话的束缚，取而代之以纯粹理性思维的希腊人，其历史贡献无论怎么赞誉都不为过。在他们手中，希腊理性显然进入了一个新的阶段。

由米利都学派开创的、在个人理性思维的基础上得出各自对自然解释的做法还造成西方学术界把独立思想看成是检验学术成就的传统。从阿那克西美尼对自然本原的不同解释中，人们可以看到他把个人的思想和认识放在首位。对我们而言，阿那克西美尼提出不同于自己老师的理论的价值不在于他的理论是否比他的前辈的理论要高明一些，而是在于那一理论是他个人独立思考的结果。正是他勇于提出不同观点这样的传统形成了西方学术界提倡和鼓励的独立思考和创新的风气。

在米利都学派之后，希腊哲学发生了一场向形而上的转变。哲学不再仅仅为物质世界的问题所占据，而是将注意力转向存在的性质、真理的意义等问题。毕达哥拉斯提出代表万物的本原不是物质的实体而是抽象的原则。他把这一原则解释成"数"，一切都由数组成。在"数字化"时代到来的今天，人们不得不折服其思想的伟大。据认为毕达哥拉斯的这一哲学观点与他的音乐爱好有关。他通过观察发现，乐音的高度与琴弦的长度有关，琴弦长度减少一半，乐音就增高一倍，他由此领悟出数的作用。他和他的门徒还提出了"对立统一"的观点，区分精神与物质，协调与不协调,善与恶之间的差别。

毕达哥拉斯学派的观点激化了有关宇宙本质的争论,巴曼尼德斯认为稳定和恒久是万物的真正本质,而变化和差异只不过是感官上的错觉。赫拉克利特则提出了与之针锋相对的观点,他认为恒久是错觉,而变化才是唯一的真实。他指出宇宙万物是永远流动变化的,由此,"人不能两次踏进同一条河流之中""太阳每天都是新的"。赫拉克利特的这些观点使其成为辩证法哲学的奠基人。他还认为世界万物之中存在普遍规律,他称其为"逻各斯"(logos)。德谟克利特因提出原子理论而成为杰出的唯物主义哲学家。他认为宇宙的基本要素是数量无限、不能毁灭和不可再分的原子。原子因排列方式的不同组成万物(包括灵魂)。他还精确指出:原子之间存在着空间,而空间的存在是物质多样性、量变、质变的前提。

对社会与人的研究

当雅典在公元前5世纪达到其黄金时期时,希腊文化由传统思想统治转变到自由批评,希腊的哲学研究对象从自然领域转向社会和人。政治、道德、人性成为哲学家关注的重点。自然哲学为伦理哲学所取代。哲学的这一变化与当时社会的变化有密切的关系。首先,随着生产的发展,自然科学的研究开始日渐繁荣,从而带动了伦理哲学的研究。其次,工商业的发展所造成的民主力量的上升,促进了批评辩论风气的形成。当伦理哲学研究日渐流行,一系列卓越的伦理哲学家,如苏格拉底、柏拉图和亚里士多德等,就陆续出现在希腊的历史上。哲学上的这一变化还标志着"希腊理性"时代的真正到来。

毫无疑问,这里所讲的希腊理性不是在人与物的关系中形成的,而是在人与人的关系中形成的,是以人为本思想的产物。它的发展不是得力于那些对世界发生作用的"技术",而是得力于那些对他人发生作用的"技术",这些"技术"的共同手段就是"话语"——用语言表达的一种技术(或艺术)。人们可以看到,在公元前5世纪雅典城邦民主制度之下,演说和辩论在政治生活和社会生活中起着越来越重要的作用。个人在社会和政治上的影响在很大程度上取决于个人的演说技巧。这样,话语突然具有了一种仿佛能压倒其他一切权力手段的特殊优势。因为,所有那些原来在专制制度下由国王一人就可以解决的、或者在神权统治下宗教权威解决的、属于最高领导权范围的涉及全体人利益的问题,在民主政治里,都要首先提交给话语艺术,通过一系列诸如专题讨论、争论、辩论、听证这样的话语表达来解决。这一过程要求说话者(讨论的双方)像面对法官那样面对听众,通过针锋相对的辩论、有力的证据、符合证明和证伪的模式、表达的艺术,最后由听众以举手表决的方式在辩论双方提出的论点之间作出选择。一切观点、议案、决议、决定都必须通过论证的方法来证明自己的正确性。这是一种真正由人民作出的选择。这一选择是对双方话语的说服力的评估，确认演说中一方对另一方的胜利。正因对话语权的如此重视，对辩论作用如此强调，言论及言论自由的重要性才一直为西方社会所崇尚和珍视。

由此可见，希腊理性首先是在政治方面得到表达、建立和形成的。在希腊人那里，社会体验成为实证思考的对象。希腊理性的目的是以实证的、反思的、系统的方式影响人，而不是改造自然。法国学者韦尔南因此指出：希腊发明的"理性"不是普遍意义上理性，而是"一种以语言为工具、可以用来制约人而不是用来改造自然的理性，一种政治的理性，即亚里士多德所说的人是政治的动物这个意义上的政治的理性。"①希腊理性的出现在希腊人中培育了将思想作为一种见之于世的理性认识成果的"自由思想"风气。在希腊人看来，思考是人的特权，他们在发挥自己的理性的同时，也就是在行使自己的公民权。在自由思想风气的影响下，人可以对任何问题进行自由思考并把自己的思考表达出来。希腊这种自由思想之风无疑是对人性的最大尊重。正是在这一意义上，把希腊人的理性看成是希腊对西方文明的最伟大贡献之一是恰如其分的。

当然，希腊理性是伴随希腊哲人的出现而出现的，是与希腊哲人相辅相成的。希腊哲人的出现和他们在哲学上所取得的成就是希腊文明走向高峰的重要标志。

希腊哲人

苏格拉底（Socrates，约公元前470—前399）不是雅典人中的第一位伦理哲学家，却是第一位给西方哲学的发展以划时代影响的哲人。他出身寒门，年轻时便与哲学思考为伍，常常因思考而陷入一种"走火入魔"状态。他一生最关心的问题是人的道德和善。他认为人放弃对人类自身的研究而去专注研究自然是不守本分，劝人不要过分追求身外之物，应着意去改造自己的灵魂，成

苏格拉底像

---

① 以上观点参见让-皮埃尔·韦尔南：《希腊思想的起源》，秦海鹰译，生活·读书·新知三联书店，1996年。

为道德完善、情操高尚的人,不断追求智慧和真理的人。"将欲立人,先求立己。"苏格拉底以自己的言行确立了自己在历史中的地位。他倡导了独特的思辨方法,他认为知识的获得应当通过对见解进行交流与分析,对定义进行提出和对之进行检验。苏格拉底在哲学上的最大贡献是他把哲学的研究对象从自然本原转向对人类自身的探讨,从而把哲学的任务理解为认识人类自身。他看到了人类的一个根本特点:人是有思想的动物,人的任何活动都有很强的目的性,并能给自然以巨大的影响。

苏格拉底关注的中心问题是如何完善一个人的品行,如何达到最完美的道德境界。他认为,当一个人自觉把理性当成唯一支配和指导自己的行为准则时就是达到个人品行的完善。他要求人的一切信仰和行为都要服从于理性。

苏格拉底以哲学的思辨成就于世,所谓"苏格拉底式的辩证法"是对其思辨思想的一种归纳。然而,他的不幸也来自于他的哲学思辨。公元前399年,他被不能容忍他的社会判处死刑。尽管他完全有可能逃过这一劫,但他却以哲人的坦然面对这一判决,像希腊悲剧中的英雄那样走向死亡。

柏拉图(Plato,约公元前427—前347)是继苏格拉底之后的伟大哲学家。他出身贵族,是苏格拉底的朋友和弟子。有人认为他献身哲学是由于苏格拉底之死,因为他曾说过,他要在自己的余生(苏格拉底死后)纠正对苏格拉底的错误判决,宣讲苏格拉底的哲学思想。他于40岁时在雅典城外的一片小树林中创办了古希腊第一座学院,教学和著书成为他的主要工作。他一生著述宏富,仅流传下来的著作就达36部。苏格拉底的不少思想都是在他的著作中保存下来的。

柏拉图最著名的学说是理念论。他认为在人们感觉到的现象世界的后面存在着一个理念世界,一个比日常体验到的世界更高级的世界。它是现实世界的原型,是抽象的、自有永有的、独立于现实世界而存在的。与现象世界相比,理念世界具有不变性、永恒性和绝对性,是完善、理想的,是鉴别真、善、美的真正标准。理念是原型,现实世界只不过是它的摹本。世界有三种存在方式:理念、形式和感觉。

柏拉图的这一理念论在政治学上的运用主要集中在他的代表作《理想国》中。他认为理想的国家应有三个阶层:居统治地位的应由哲学家担任。他们拥有真正的知识,能够有效地管理国家;军人是第二阶层,主要职责是保卫国家,维护社会秩序;第三阶层由社会生产者组成,他们从事物质生产,保障社会需求。在他看来,只要三个阶层的人各尽其责,各安其位,国家便可以长治久安,繁荣富强。柏拉图的《理想国》一书不仅反映了他自己的人生最高理想,同时也代表了古希腊哲学家的治学愿望:哲学家应为政治家,政治家应为哲学家。

亚里士多德(Aristotle,公元前384—前322)是继柏拉图之后的又一位伟大的希腊哲人。他 17 岁进入柏拉图创办的学院，师从柏拉图，后成为学院的教师。公元前 343 年，他由于在学术上取得的成就，受马其顿王腓力大帝的聘请，成为年轻时代的亚历山大的家庭教师。应该说正是由于他的教育和影响，使得亚历山大成为一个醉心于希腊文化的人，一个以推广希腊文化为己任的人。考虑到亚历山大本人在传播和弘扬希腊文化过程中的实际贡献，亚里士多德对于希腊文明而言，其功德无论怎样评价也不为过。数年后，亚里士多德从马其顿返回自己的国家，公元前 335 年在雅典开办自己的学院，授课著述，直至逝世。

亚里士多德是古希腊各门学科知识的集大成者，其博学多才在他留下的 150 种之多的著作中充分得到反映。这些著作几乎涉及古代学术领域的所有方面。尽管他师从柏拉图，但对柏拉图的哲学思想批评多于继承。他的名言"吾爱吾师，吾更爱真理"反映了他的师道观。在哲学上，他批判了柏拉图的理念论。他认为概念不能先于个别事物而存在，只能是个别事物的抽象，一般只有依据个别才能存在。为此，他提出了客观世界是第一性的观点。他认为客观世界是先于人的感觉、独立于人的感觉的真实存在，人的感觉和理念都是第二位的，

亚里士多德像

只是客观世界的某种反映。因此，他十分重视具象的、客观的物质存在，尊重通过感观获得的知识。他的这一思想具有明显的经验主义倾向。

在希腊自由思辨的时代，亚里士多德不仅确立了说理的技巧，还确立了论证的规则。他提出的演绎法推理和三段论形式的论证法都对后人产生了影响。

亚里士多德的出现标志着希腊思想发展中的一大转折。作为一个自然科学家和逻辑学家，他一改过去的主观的甚至是神秘的哲学思辨思想，坚持人必须研究客观世界，要求对客观世界进行冷静的科学分析。亚里士多德的思想对西方文化的根本倾向以至于内容均产生了重大影响。他的思想体系成为中世纪基督教和伊斯兰教经院哲学的支柱。其思想于中世纪末在欧洲的流行直接推动了文艺复兴的出现。

希腊哲人在确立理性思想（哲学）的同时，也确立了西方的美学（即文艺批评，

或文艺理论)。这样,希腊哲学时代的哲学家同时也是美学家,他们提出的一系列审美观成为西方评判文艺的最初标准。

史学

古希腊在文化方面的所有建树都具有原创性,在历史学研究方面亦不例外。因此,在讲述希腊文化成就时,若不提及希腊史学,那将是不完全的。西方史学自古希腊始,它的创立与古希腊两位杰出史学家希罗多德和修昔底德的出现是分不开的。

希罗多德(Herodotos,约公元前484—前425)出生在希腊一城邦,对历史事件感兴趣,游历甚广,曾先后到过波斯、埃及、叙利亚、意大利等地。希罗多德的著名历史著作《历史》(即《希腊波斯战争史》)被认为是西方最早的一部真正的历史著作,他本人因此被称为"历史之父",在西方史学史上开创了以记叙体记载历史的先河。该书对希腊波斯之间的战争进行了详细记载。他本人曾说过他写历史的目的是为了保存人类的功业,使之不被湮没。为写《历史》,他曾到各地调查,他的不少记述为后来的考古发现所证实。他所创立的以史事为中心的叙史方式成为后来西方传统史学的正统体裁。

修昔底德(Thucydides,约公元前460—前400)出生在雅典,自幼受到良好教育,雅典文化对其有较大影响。他曾在希腊军中当过将军,亲身经历伯罗奔尼撒战争,被革职流放后开始收集有关战争的资料。修昔底德所著的《伯罗奔尼撒战争史》是一部以翔实可靠的第一手材料记述重要历史事件的历史书籍。在写史的过程中,他把历史的真实放在第一位,以批判分析的态度对史料加以取舍,在记叙历史的过程中,努力探寻历史的发展规律,揭示历史事件之间的因果关系。在他的历史书籍中没有了征兆应验的记载,也没有神对人间事务的干预的描述,有的是经济因素对历史进程的影响。尽管自己是雅典人,但在修史时他却能以客观精神描述敌对双方,力图避免个人感情掺杂其中。修昔底德是一个真正意义上的史学家,希罗多德的史书缺乏一个完整的体系,主要是由众多传说、故事拼合而成,而修昔底德从一开始就有一个完整的计划,把政治、经济、社会因素有机联系在一起,强调导致战争的复杂历史原因。此外,修昔底德在历史事件叙述过程中严格遵守史学家的直笔,既不轻信传闻材料,也不因个人的好恶而歪曲事实。他很少出面对历史事件下结论,而是让读者从他的记叙中自行作出判断。应该说修昔底德实践了修史应该记录事情的真相和对历史事件作出解释的崇高目标。

在希罗多德和修昔底德之后,希腊还出现了其他一些著名史学家如色诺芬

(Xenophon,约公元前430—前354),他所著的《希腊史》和《远征记》具有很高的史料价值。希腊史学确立了以理性为基础的历史批判方法。自希罗多德开始,古希腊史学便运用历史批判方法对史料的真伪进行考证和区分,比较不同记载的异同,从而使历史学发生了具有决定意义的变化。所谓"以史为镜可以知得失"的思想得到了表达。希腊历史学家在实践过程中奠定了西方史学的基石。

科　学

古希腊科学在古风时期已达到成熟。米利都学派的智者同时也是最早的科学家,尽管他们对自然界的研究不是为了解决生产或生活实践中的具体问题,而是纯理性式的研究,但智者对自然奥秘和本质探究的本身就是人类科学的伟大成就。

在希腊化时期由于东西方科学的直接交流,科学成就卓著。在天文学方面,亚历斯塔克(Aristarchus,约公元前310—前230)在公元前3世纪就提出了日心说。他认为太阳是宇宙的中心,地球和行星在围绕太阳旋转。不仅如此,地球和行星在公转的同时还进行自转。他甚至断言地球的体积小于太阳的体积。遗憾的是,当时的社会和人由于受认识水平的限制,未能接受他的科学观点。担任过亚历山大里亚图书馆馆长的埃拉托色尼斯(Eratoshenes,约公元前276—前194)首次用计算的方法算出地球的周长和直径,其算出的直径与今天科学测定值间的误差仅100千米。他还绘制出当时的世界地图,认为一直向西航行能够达到印度。公元2世纪生活在埃及亚历山大里亚的托勒密(Ptolemy,活动时期公元2世纪)创立了地心说,提出了自己的天体运动的数学模式。他所著的《天文学》长达13卷,是对希腊天文学成果的综合和科学分类。

在数学方面,欧几里得(Euclid,约公元前330—前275)创立了几何学。他的13卷本《几何原本》对当时已知的几何成就进行了系统整理,按照严密的演绎逻辑,建立了一个完整的几何学体系。该书一经问世便成为西方几何学的标准教科书,被人们使用了两千多年。没有任何一部科学著作能具有如此之长的生命力。阿基米德(Archimedes of Syracuse,约公元前287—前212)是另一位伟大的科学家。他在面积、体积和柱体计算方面的成就,对圆周率的确定等把希腊数学水平提高到了一个新的高度。而以其名字命名的阿基米德定律开创了流体静力学。他提出的杠杆原理在机械上得到广泛运用。"给我一个支点,我可以撬起地球"表现了阿基米德对杠杆巨大作用的认可,也是希腊科学家对于科学的信心。

在医学方面,希波克拉底(Hippecrates,约公元前460—前377)被称为"医学之父",传世医书多达 60 卷。希腊医学在解剖学和疾病诊断方面也都取得了成就。

娱　　乐

对人的重视和对世俗生活的追求使得希腊人成为最早把娱乐看成是生活的一个组成部分的人群。对于希腊人来说,没有娱乐的生活是不值得去过的。观赏戏剧是全体雅典人的事。为此,希腊各城邦都建有剧场,为了便于观赏,剧场多利用山坡营造成半圆形。许多剧场至少可容纳一两万人,部分大剧场能容纳 5—10 万人,足见希腊人观赏风气之盛。

希腊剧场

进行体育运动,观看运动竞赛是希腊娱乐生活中不可或缺的部分。著名的奥林匹克运动会就是希腊人首创的。它始于公元前 776 年,是最早的定期运动会。古代奥运会规模宏大,每次举办都吸引全希腊最优秀的运动员和最富有的贵族参加,并成为民众娱乐的一种方式。为了确保奥运会的顺利进行,希腊人之间甚至签订了一项神圣和约,规定在奥运会期间休战,各交战邦必须保证运动员和观众通过自己管辖的地区。即使是在波斯入侵之时,奥运会也按时举行,对体育运动的热爱之情可见一斑。

希腊人的这一系列娱乐方式和把娱乐视为生活的组成部分的观念充分反映了希腊人的现世观和对生活质量的重视。对于现代人而言,希腊人这一创见的意义是显而易见,也是十分重要的。

作为西方文明源头之一的希腊文明一经出现就表现出了极高的原创性和人文主义倾向。希腊人所创造的文明,特别是以雅典为代表的希腊文明,其基础建立在自由、理性、乐观、世俗、人文等人类最为崇尚的理想之上,因而具有人类文明的崇高性和元典精神。它的存在不仅对西方文明的内容和走向产生的影响是巨大且具决定性的,而且成为烛照后世的伟大文明遗产,其具有的价值已经超越时空,是每一代人和每一个民族在任何历史阶段都可以一次又一次进行挖掘并从中获得宝贵启迪的伟大文明。

西方论者云:"希腊人的文化是第一个以知识第一——自由探究精神至上为基础的文化。没有任何主题,他们不敢去研究;没有任何问题,他们认为超出理性范围。对于一个以前从未认识到的范围,理智高于信仰,逻辑和科学高于迷信。"[1]这样的评论表明希腊文明所具有的开创精神。

"它[希腊]创造了这样一个精神与智慧的世界,以至今天我们的心灵与思维不同于一般。那时候所创造的艺术作品,所产生的思想观念,直到现代都没有被人们超越,达到他们水平的例子也寥寥无几。西方世界中所有的艺术和思维意识都有他们的烙印。"[2]英国诗人雪莱所喊出的"我们都是希腊人"所要表达的内容实际上已经明白无误地表明希腊在当今人们心目中的地位。

---

[1] 菲利普·李·拉尔夫等:《世界文明史》,赵丰等译,商务印书馆,1998年,第263页。
[2] 伊迪斯·汉弥尔顿:《希腊方式》,徐齐平译,浙江人民出版社,1988年,第1页。

第四章

罗马文明：伟大的借鉴

罗马文明，这个在古典文明中出现相对较晚的文明，并没有因为它的迟到而失去其光辉，相反，它以自己的厚实、伟大和创造性与古希腊文明一道成为欧洲文明乃至西方文明的共同源头。罗马和希腊这两个地理相邻的地区，其文明有着不可分割的内在联系和延续性。最初的罗马文明在很大程度上受到希腊文明的影响，在后来的发展过程中其文化领域更是较多地借鉴了希腊文化的样式。当罗马强大到足以在政治上取代希腊时，在文化上却为光辉灿烂的希腊文明所折服。善于吸收他人文明成果的罗马人在逐渐成为地中海地区主人的同时，毫不犹豫地将希腊文明借鉴到手并继承了下来，不仅如此，还在自己的手中把希腊文明发扬光大，使希腊人开创的伟大文明不但没有被历史湮没，而且变得更加丰富多彩。"光荣属于希腊，伟大属于罗马！"正是希腊和罗马的联手，西方文明才以稳健的身姿傲立世界古典文明之林。罗马人的伟大和过人之处也在这里得到完美的展示。

第一节　不断进取的民族

位于欧洲南部的意大利半岛像一只穿着皮靴的脚从欧洲大陆伸入地中海，它与古希腊可以说既相连又相望，古罗马就在这里开始了自己的历史进程。意大利半岛的地理特征对罗马历史的影响很大。它虽然三面临海，海岸线漫长，但海岸平直，可用作良港的港湾不多，航海业和跨海贸易并不发达。但半岛上的土地肥沃，加上温和的气候,充沛的雨水,农业一直是人们生计的主要方式。由于半岛缺乏天然屏障,容易受到外族袭扰,武装保卫是最好的拒敌方式。因此尚武成为定居在这里的人们的生活方式。

考古发现表明,早在公元前 21 世纪就有属于印欧语系的部落从东北越过阿尔卑斯山进入意大利半岛创造了意大利的青铜文化和铁器文化,这些部落的人后来即被统称为意大利人。不过,其中一个居住在中部拉丁姆平原、被称作"拉丁人"的部落由于靠近罗马文明的最初聚集地,加之人数较多,逐渐成为古罗马城居民的主体,被认为是后来罗马人的祖先。该部落创造的文化——"拉丁文化"也就成了罗马文化的同义语。

公元前 8—前 6 世纪是意大利半岛的殖民时期,首先到来的是埃特鲁里亚人。他们很可能来自小亚细亚地区,在公元前 8 世纪前后进入亚努河和第伯河之间的地区落户,把村落联盟变成城市,从而开创了意大利半岛的城市文明。与此同时,来自意大利东面的希腊人也在意大利半岛南部和西西里岛建立起了许多殖民城邦。埃特鲁里亚人对于罗马文明的重要性并不在于他们自身,因为他们后来为罗马人所吞并而不复存在,而在于他们对希腊文明的接受和传递作用。他们在与希腊人经商过程中学到了不少希腊文化方面的东西,如希腊的甲胄、战术、绘画、雕刻等。不过,最为重要的恐怕是他们借用了希腊字母创造出的埃特鲁里亚文字。这是他们对罗马文明的一项伟大的贡献,后来成为罗马文字的拉丁文字母就是直接出自埃特鲁里亚文的字母。希腊文化就这样经过他们的手传递给了罗马人。当然,埃特鲁里亚人对罗马的贡献远非仅限于此,他们的建筑方式(包括穹架和拱门结构)、农业和手工业技术等均影响着罗马人。

古代罗马的历史由传说开始,相传罗马城是在公元前 753 年[①]由两个被一只母狼哺养大的孪生兄弟所建。建城后曾有 7 位"王"先后当朝,统治罗马,故将这一时期称之为王政时期。当时罗马有氏族 300,共同组成被称为"罗马公民公社"的共同体。农业是最主要的生产和生活方式。商业和贸易显然很不重要,社会没有货币[②],只有货物交换。王政时期罗马实行所谓"军事民主",由军事首领勒克斯(Rex,含义为"王")、元老院和公民大会共同治理。王权主要在行政、军事、宗教和司法方面行使职能,而立法权由元老院和公民大会掌握。王政时期末由第六王塞尔维乌斯进行的社会改革促使罗马社会发生重要变化。改革主要废除以个人血缘关系为基础的古代社会制度,取而代之的是以地区划分和财产差别为基础的国家制度。公元前 509 年爆发的罗马人起义推翻了王权统治。罗马历史上的王政时期

---

① 最新的考古发现证明罗马城的始建年代与此十分接近。
② 后期有作为交换的铜块出现。

就此结束,罗马作为国家的历史在这以后开始。

罗马城象征——母狼雕像,孪生兄弟像部分为文艺复兴时期增加

作为国家的罗马史通常分为两个时期:共和国时期和帝国时期。

共和国时期

公元前509年建立罗马共和国是罗马史上一件重大事件。共和国的建立标志着传统的王权观念遭到了摒弃,并在随后几百年中一直被排除在了罗马政治体制之外。共和国的政体是共和制,它显然基于分权的民主制原则之上。政体由三部分组成:掌管最高军事和民事权的执政官,每届执政官为两名,任期仅为一年;具有议会性质权力的公民大会,由各阶层人士组成;掌握国家最高权力和决策权的元老院,由贵族垄断,卸任执行官和上层平民亦可进入。在组成程序上是:公民代表组成公民大会,公民大会选出拥有行政权的执政官,执政官任命负责对外政策和财务的元老院组成人员。这使得政体各组成部分实行相互监督制成为可能。尽管如此,罗马社会并不是平等的,罗马共和国的实质是贵族共和国,国家的绝大部分权力由贵族控制,平民权力是极其有限的,更不用说广大的奴隶了。当然,平民并没有因此放弃抗争,以求改善他们的政治、经济和社会地位,拒绝服兵役、威胁退出共和国和扬言建立自己的政府是常用的办法。经过若干年的抗争,罗马平民的地位有了一定改善和提高,政府设立了保护民众权利和利益的保民官,以纠正行政长官的不当行为。平民有了了解自己的法律权利。平民可以进入权力机构并成为政府官员,包括执政官在内。最终,法律规定不论元老院是否批准,公民大会颁布的法案对国家具有约束力。平民的这一系列胜利的意义尽管不容夸张,但在促进罗马

共和国民主制发展方面还是发挥了作用,使得国家机构不断完善和国家制度日趋民主,国家的社会基础有所巩固,共和国的实力加强了。

最初建立起来的罗马共和国只是一个第伯河畔的弹丸小国,是意大利半岛上众多国家中的一员。经过最初的谨小慎微后,罗马人开始了向外扩张的历史。公元前4世纪是罗马执行扩张政策的开始,经过上百年的不断战争,在公元前270年左右,罗马人基本征服意大利全境。在对待被征服的民族问题上罗马人表现出了统治天才。他们通常不采用其他民族对被征服民族进行残酷压迫的政策,而是允许被征服者保留大部分的土地,并按照他们自己的法律和习俗管理本地事务。同时,在被征服的地区建立一些罗马殖民地或自治区,把一部分土地分给前来定居的罗马公民。殖民地的建立不仅为罗马增长的人口提供土地,而且保证了在被征服地区有效忠于罗马的公民社区,罗马的统治因此也有了保障。这一政策使得国家能够有效地统治被征服地区和被征服的人民,国家也开始日渐强盛起来。

强盛起来的罗马在统一了意大利后并没有停止自己扩张的步伐,而是朝着帝国扩张的道路迈进。从公元前264年到公元前146年,罗马人通过三次布匿战争,击垮当时地中海西部霸主迦太基,将自己的势力范围扩展到了西班牙和北非。与此同时,罗马人先后发动对马其顿、塞琉古和对托勒密的战争。罗马人的胜利标志着希腊化时代的终结。在凯撒的指挥下罗马完成了对高卢的征服,将今天比利时、莱茵河以西的德意志以及法兰西等地区归在自己的旗下。历史学家将公元前27年定为胜利的罗马人进入了帝国时代的时间。这时的罗马不仅将当年亚历山大征服的地区归于自己手中,还将帝国的版图扩大到西起英格兰北部,东至亚美尼亚山区、叙利亚沙漠和幼发拉底河上游,南达撒哈拉,北到莱茵河、多瑙河一带。地中海成了它的"内陆湖"。帝国所辖的人口达7000万。

强大的罗马军队是罗马人巩固政权和对外扩张的基础。与当时的强国迦太基和希腊军队不同的是,罗马军队是由罗马人自己组成,而不是利用雇佣军。为自己打仗使得罗马军队有较高的战斗力。根据罗马法令,所有的罗马男子都要服役。此外,罗马军队以训练有素,组织严密,纪律严明著称。罗马人使用的军团作战法成为罗马人所向披靡的法宝。

在罗马共和国的后期,国内的政治生活无法适应罗马的急剧扩张,对外扩张在给国家越来越多权力、财富、奴隶的同时,也使得身居高位的人,特别是政治野心家和屡建功勋的将军对权力的欲望越来越强烈。由于不间断的战争,元老院掌管的外交和军事的权力越发重要,相对而言,公民大会和平民保民官的作用黯然无光,民主制成为元老院操纵权力和政治强人上台的工具,罗马政治陷入一片混乱。公元前1世纪前后,奴隶大起义(包括斯巴达克领导的起义)造成的社会动荡导致以争夺统治权为主要目的的内战爆发,军队的将领,包括庞培(Gnaeus Pompeius Magnus,公元前106—前48)和凯撒(Gaius Julius Caesar,公元前100—前44)先后获得执掌国家的权力,但又均先后死于为权力的争夺战。最后,另一位罗马将军屋大维(Gaius Octavius,公元前63—公元14)的出现平息了罗马的权力之争,屋大维本人也因此获得了绝对的权力,统治罗马达43年之久,这在罗马史上还是第一次。

帝国时期

公元前27年被史学家视为是罗马进入帝国时期的开端,因为在这一年屋大维成为罗马历史上第一位皇帝,获得了奥古斯都(Augustus,意为"庄严、伟大、神圣")的尊号,成为当时罗马唯一的全权统治者。屋大维的胜利开始了罗马历史上的一个新时期。罗马政体从共和制转变为元首制,执行官成为元首,成为长期掌握实权的国家主宰和驾驭整个帝国的最高统治者。尽管共和制在表面上仍留存,但元老院已经成为国家最高权力机构的一种象征,公民大会则更是名存实亡。从政体的实质出发,罗马实行的是希腊式王权的政体。在元首制下,皇帝的个人专制权力得到不断加强,不过,与此同时,中央集权的官僚体系得以确立和稳定运转,为罗马这一世界性国家的运行提供了政治保障。

从屋大维至马可·奥勒留统治时期(公元前27—公元180)是罗马帝国最辉煌的时期,帝国的面积近350万平方千米,边界线约1万千米,估计人口7000万。整个帝国处于一种升平状态,各行省可以自行制定和实施自己的法律,史称"罗马和平"(Pax Romana)。

在这二百年的罗马和平时期,帝国的政治相对稳定,社会经济空前繁荣。地中海出现从未有过的平静,海战成为过去,船队可以自由航行其中,帝国内交通四通八达,水陆商道畅通无阻,丝绸之路把罗马与最遥远的东方帝国(中国)联系在了一起。农业稳定,手工业发展迅速,商业和商品交换极为发达。经济的繁荣带动城市化,原先的城市进一步发展,许多新兴城市在帝国若干地方出现,许多现代的大都市如伦敦、维也纳、里昂等最初都是在这一时期出现。文化艺术也得到空前繁荣。

罗马人的政治天才和创造性在这一时期得到了最好的展示,他们的创造性首先表现在超越了当时地中海盛行了近千年的城邦制——"小国寡民"的政治体制,创立了一个能够将地中海地区不同国家和民族融合为一体的世界性国家。希腊人希望做到但实际上并没有能够做到的事情在罗马人手中成为现实。

不过,从公元3世纪起,强盛了近两个世纪的罗马帝国开始陷入严重的危机之中。这场危机首先从政治开始,公元180年去世的奥勒留没有像他的前辈那样把帝位留给贤才而是留给了自己腐败无能的儿子康茂德。康茂德的暴虐统治导致公元192年其在宫中被杀。由于他身后没有明确的继承人,在各行省驻扎的军队自立皇帝,争夺帝位的内战开始打响。尽管塞维鲁斯将军胜出,却开启了行省军队可以随意干预帝国政治的先例。此后,一旦机会来临,任何有野心的将军都会试图夺权。这样,罗马境内军事叛乱和政变不断。仅在公元238年一年内,就有四人先后登基,四人先后被杀。从公元253年至268年的15年间,在罗马帝国称帝的人竟达30人之多,史称"三十僭主"时期,政局动荡可见一斑。

长期的混乱政局给帝国的经济造成的后果是灾难性的。农业萎缩、贸易萧条、财政枯竭,加上野心家为了夺权不惜以金钱收买士兵人心。"让士兵发财,其他皆可不顾"的信条使得普通民众生活苦不堪言,迫使起义不断。再次是外族入侵又日趋严重。帝国北部的蛮族和东面的波斯乘机加紧入侵,公元3世纪中叶,就已经有北方的蛮族日耳曼人南下至今日意大利边境,为后来彻底消灭罗马埋下了隐患和伏笔。

公元284年,遭受内乱之灾的帝国出现了暂时的转机,近卫军长官戴克里先(Diocretianus,公元284—305在位)继位,帝国出现了统一。为了加强中央权力,戴克里先对罗马政体进行改制,废除元首称号,改用君主称号。这样,帝国长期实行的元首制形式下的共和制被彻底废弃,取而代之的是君主专制。戴克里先自称君主,以神自居,实行东方君主礼仪,头带王冠,身着皇袍,臣民晋见行跪拜吻袍礼。这一君主专制在君士坦丁时期得到了进一步加强,同姓分封和要求各级官员效忠于君主被视为是进行有效政治治理的措施。公元313年,秘密皈依基督教的君士坦丁颁布《米兰敕令》,对自公元初就在罗马帝国境内兴起的基督教实行宽容政策,尽管他这样做有可能是为君权神授的君主制思想寻求理论支撑,但对于罗马文明来说恐怕意义非同寻常。关于这一点,我们将在论及罗马宗教一节再作详述。

公元330年,君士坦丁把帝国的首都迁至古希腊城市拜占庭,易拜占庭名为"君士坦丁堡"作为实行帝制的新罗马的象征。君主专制最终在罗马帝国确立。但君士坦丁死时并没有解决继承问题,帝位争夺战长达16年。公元379年,狄奥多西一世夺取王位,却在死前把帝国分给两个儿子,致使帝国在公元395年一分为二,出现了东、西两个罗马。东罗马仍以君士坦丁堡为京城,西罗马则使用早先的罗马城为首都。东、西两个罗马分庭抗礼。原本就国势已颓的帝国,经过分裂后更是江河日下,政权严重削弱。内忧外患的罗马帝国从此失去昔日的丰采,气息奄奄。早已压境的蛮族更是不断起事,日耳曼人、匈奴人频繁袭击。早在公元410

年,西哥特人就曾攻陷罗马城。曾经横跨三大洲的罗马帝国这时的疆域已缩在意大利半岛之内,皇帝也已是形同虚设。公元476年,日耳曼雇佣军将军干脆废黜罗马末代皇帝。罗马帝国亡①。欧洲历史开始步入中世纪。

第二节 在借鉴与弘扬之间

罗马文明自出现以来绵延一千余年。罗马,这个最初只是在意大利中部立足的小邦,凭借着自己的统治天才和不断进取的精神,在数百年的时间内建立起了古代世界史上一个跨越欧、亚、非三大洲的帝国,并在随后四百多年的时间内维系帝国的存在。在这期间,罗马人取得的文明成就是巨大的,对古典文明和欧洲文明的进程产生了举足轻重的影响。

罗马政治、法律

政治

罗马人无疑是一个以政治见长的民族,他们长期实行的政治制度为共和制提供了一个在古代史上最为有效的范例。罗马的政治从王政转变为共和国家开始。罗马人对王权的废除实际上是对个人专权、终身居位和世袭制古代传统政治的否决,这一思想无论是在古代还是在现代都是有积极意义的,体现了罗马人具有民主性质的政治思想。罗马确立的共和制政体显然基于分权的民主制原则之上。我们在前面已经指出,罗马政体具体由执政官、公民大会和元老院三部分组成。在组成程序上是:公民代表组成公民大会,公民大会选出拥有行政权的执政官,执政官任命负责对外政策和财务的元老院组成人员。在此基础上建立的罗马共和制形成了一种具有相互钳制又相互配合的制度,使得政体各组成部分实行相互监督制成为可能。在共和政体下,政府逐步建立起的行政官僚体系具有现代政府的职能,如它所设立的行政长官、保民官、财务官、监察官、司法官等具有各自的职责,有效地管理着帝国事务。希腊史学家波利比乌斯对罗马的政治管理体系作了这样的评论:"没有一件必须做的事会被忽视,因为大家都热心地想办法来应付当前的需要;没有一件已经决定的事会不立即付诸实行,不论在公私各方面人们都通力合作,以求

---

① 这里所说的罗马帝国仅指西罗马。关于东罗马的历史留待下一章交代。

完成他们所致力于的工作。因此,这种特殊形式的政体具有不可抗拒的力量,它所决心追求的任何目的都可以实现。"①尽管波利比乌斯的评论不无溢美之嫌,但它确实有助于我们认识罗马政治制度的一些合理之处。考虑到在古代世界,罗马是走完从城邦到帝国这一发展模式的国家这一事实,它所实行的政治管理体系更具有实际的意义。

罗马共和政体的形成是罗马国家历史发展的产物,正如西塞罗所指出的:"并非由一人的才智,而是由众人的才智创立的,它也不是通过一个世代,而是经过许多世代和数百年之久才建立起来的。"②它是经历了一系列不断调整补充,才做到在这样的政体中"行政长官有足够的权威,显要公民的意见有足够的影响,人民有足够的自由"。③ 西方史学家对此有较高的赞誉:"在其他地方和更早的时期,特别是在雅典和其他希腊城邦,固然也有闻名的共和国,但是没有一个像罗马这样能成功地获得和治理如此广阔的地域。近代共和国所受的罗马传统的影响是很大的。就是'共和国'和'自由'这些词也是从拉丁语得来的。在选任官吏上,近代民主的政府沿用的是罗马的选举方法,而不是雅典常用的那种抽签选定的方法。同样的,近代各国的参议院使我们回想起了罗马。18世纪美国和法国制定宪法的人们主要是从罗马人那里获得共和政体的观念和范例的。"④

把昔日的战败者团结在自己身边,甚至给予他们以公民资格,是罗马人的政治组成部分和成功的秘诀之一。罗马帝国还是世界上第一个赋予生活在其境内的各民族以平等公民身份的国家。尽管这一做法是出于经济税收等方面的考虑,但这在古代史上无疑是一个创举,显示了罗马政治的成熟性。

罗马政治的成就还表现在对城市制度的变革上。在罗马人的统治下,城市制度改变了性质,它不再是一个政治机构和主权实体,不再像希腊城邦那样具有立法权、征税权、决定战争或和平的权力,而变成了一个只有纯粹行政管理权的机构和实体。城邦制变成了一种行政方式。这可以说是罗马帝国遗留给西方现代社会的城市制度遗产。

因此,无论罗马的政体如何被世人评说,但它无疑超越了希腊人创造的城邦制狭隘的政治框架和希腊人城邦意识的局限性,将地中海世界融为一体,实现政治上和法律上的世界主义的理想。将一个由不同国家组成一体的世界性国家维系了400年之久,其本身就非同寻常。尽管在罗马后期,共和制遭到废弃,国家走上了

---

① Polybius, *The Histories*, Oxford University Press, 2005, p.18.
② 西塞罗:《论共和国》,上海人民出版社,2006年,第2章,第2节。
③ 同上书,第2章,第41节。
④ 海斯等:《世界史》(上册),中央民族学院研究室译,生活·读书·新知三联书店,1974年,第268、269页。

个人军事独裁制,但罗马人的共和制实践的意义和影响是不受其影响的。

当然,对于罗马政治而言,它的另一不可或缺方面是它的法律体系,是罗马的法律体系支撑着罗马的政治体系。

法律

罗马人不仅长以武力征服天下,而且还善于以法律治理天下。罗马人在长期的社会实践中逐步构建了自己独具特色的法律体系,成为古代最伟大的法律制定者。罗马法因而成为世界古代法律中内容最丰富,体系最完善,影响最广泛的法律,是古罗马留给人类文明的一份最宝贵遗产。①

罗马法的形成和演变应该说是罗马社会不断发展和变化的结果,是罗马人法制思想,特别是罗马平民要求法律平等争斗的结果。在王政时期,罗马只有习惯法而无成文法,社会按约定俗成的习惯处理人与人之间出现的矛盾和冲突,调整社会关系。对习惯法的解释权主要集中在王和贵族手中。罗马共和国建立后,王权政体被废除,使得人们开始从不同角度思考解决社会中人与人之间的关系。民主政体的出现使得平民有可能提出自己的权利问题。为了平息平民对贵族垄断立法权和任意解释习惯法做法的不满,罗马共和国在公元前450年左右制定和颁布了罗马历史上的第一部成文法典——《十二铜表法》。该法之所以被冠以此名,是因为公布的法律条文是刻在12块立在罗马广场的铜表上。法律公开,法律条文明确的思想由此得到初步确立。该法典的制定主要是基于罗马的习惯法,法律条文涉及诉讼程序、债权、所有权、家长权、继承权、宗教法和对犯罪和惩罚的量用规定等。尽管这些规定主要是维护贵族利益,如禁止平民与贵族通婚,债务人可以被奴役等,但贵族的专横还是受到限制,贵族无法对法律进行垄断和任意解释。更为重要的是该法律的出台标志着罗马人对法制的重视。从此,制定法律成为罗马人社会生活,特别是政治生活中的一个重要组成部分。

在《十二铜表法》颁布之后,又有一系列法律被制定出来。如公元前445年允许平民与贵族通婚的法案;公元前367年肯定平民出任执行官权力的法案;公元前326年废除债务奴役制的法案;以及公元前287年确认平民大会的决议对全体公民具有的法律效力的法案。至此,在罗马共和国内,平民与贵族在法律上的差别不

---

① 目前人们所说的罗马法不仅指罗马共和国和罗马帝国期间制定的法律,而且还包括东罗马拜占庭查士丁尼在位时编撰的《查士丁尼法典》,时间总跨度前后长达1000余年。有关《查士丁尼法典》我们将留待讲述拜占庭时介绍。

复存在。这在当时的世界是绝无仅有的。

这些法律由于适用范围仅限于罗马公民(非公民以及居住在罗马的外邦人不受这些法律的保护),而被通称为"公民法"(又称市民法)。

尽管罗马的公民法存在许多缺点和不足,如条文简单、表述含糊、注重形式、程序繁琐、适用法律主体范围小等,但一系列公民法的制定和颁布还是表明罗马社会对公平和正义的追求,对平民权利的保护和利益的维护。

公元前3世纪后,随着罗马疆域的不断扩大,有越来越多的非罗马人生活在罗马的疆域内,与此同时,罗马交通发达,商贸交易频繁,社会经济关系日益复杂,原有的法律显然无法应付新的问题和变化,为了适应帝国体制变化的需要人们开始根据不同的社会情况制定新的法律,以用来调整罗马公民和外邦人之间以及外邦人与外邦人之间民事和商务方面的法律关系。这样的法律被称为"万民法",以有别于早期的公民法。万民法的制定与公民法的制定方式不尽相同,万民法主要是由最高裁判官根据实际需要颁布的案例形成的法律以及罗马法学家对法律作出的解释和罗马后期皇帝的敕令构成。这些法律规定的出现常常是基于长期的司法实践并考虑和参照了其他民族的习俗和法律规定,因而摆脱了公民法的形式主义和狭隘民族性的缺点,具有普遍适用性。万民法不再仅适用于罗马人,而是通用帝国的所有民族,为"万民共有"的法律。尽管在一个时期罗马存在适用于不同主体的公民法和万民法这两个法律体系,但随着帝国在公元212年给予所有生活在其境内的人民以罗马公民权,两个法律体系的差别也就基本不复存在。

从法律的角度出发,罗马法是一种私法体系,主要对人法、物法和诉讼法进行了一系列的法律规范。而所有的法律条文是以人所具有的自然权利以及这些自然权利的不可剥夺性的思想为基础制定的,体现了私有制和商品交换本质的法律关系问题。罗马法经过千年的发展,对私法方面的财产占有和自由民之间的人法、物法和诉讼法规定得十分详细,为后人提供了现成的法律文本。罗马法的制定和法律系统的不断完善不仅表明罗马人是崇尚法治的民族,而且体现了罗马人的变通务实的精神。

罗马法体系完整、法理精深、内涵丰富,它的出现是人类法学史上的一件重大事件。它所确立的一些基本原则,如建立在自然法基础上的人人平等的法律观念,契约自由和私有权不可侵犯等观念是具有划时代意义的,并且为近代社会所继承和接受。罗马法不仅在古代发挥了作用,也不仅对西方社会产生了影响,而且对后来的时代,对全世界都产生影响。譬如,在中世纪,罗马法成为维系欧洲社会的三大法律支柱之一。到了近现代,当民主制对法制提出更高要求时,西欧不少国家都出现了采用罗马法的热潮。著名的《拿破仑法典》不但受到罗马法的直接影响,其部分条文还直接来自罗马法。就连中国的现代立法也受到它的影响。

此外,罗马法所基于的人人平等,人人都有其自然权利等法理思想对近现代英法新兴资产阶级思想家均有不同程度的启迪和影响。从这一意义上说,罗马人以其法理思想为近现代资产阶级革命作出了应有的贡献。

罗马文字、文学

文字

罗马人与其他古代民族一样也是文字的创造者。尽管罗马人的文字出现较晚,却十分有特色。罗马人的文字被称为"拉丁文",约于公元前6世纪形成并开始为人们使用。拉丁文的字母(亦称"罗马字母")由受到腓尼基字母和希腊字母影响的埃特鲁里亚文字母发展而来,最早的拉丁文文献可追溯至公元前6世纪的铭文。最初拉丁文有字母21个,中世纪增加至26个。罗马人创造的拉丁字母由于形体简单清楚,易于读认书写而流传很广,是世界各种文字系统中使用最为广泛的字母体系。稍后,它成为日耳曼诸语言的共同文字字母。就连当代中国的汉语拼音方案采用的也是拉丁字母,此外,中国一些少数民族的文字也借用了拉丁字母作为本民族的书写方式。

拉丁文最初为罗马人使用,随着罗马的扩张,而传播到西欧和南欧大部地区,在罗马帝国时代便成为国际性通用语言。罗马帝国崩溃后分化为意大利语、法语、西班牙语、葡萄牙语等。中世纪后期,由于西欧各国语言的发展,拉丁文逐渐退出了人们的日常生活,仅仅作为一种书面语言被留存。然而拉丁语的价值并没有因此而丧失,由于它的稳定性、中立性和准确性,拉丁语成为世界上的学术用语,如现代医药学和生物学就以拉丁语为重要语言工具,医学界国际交流的处方均以拉丁文为基准,众多的药典中的药品均注明拉丁名称。许多国际条约的文本也使用拉丁文文本。此外,自然科学和社会科学的术语也大量来自拉丁语,为世人所通用。不仅如此,拉丁文一直是天主教祈祷用语,传统的天主教教堂的礼拜仪式也使用拉丁文,今天也不例外。

文学

早期的罗马文学主要是口传的歌谣、谚语和故事,流传下来的不多。真正意义上的文学在公元前3世纪开始出现,流传的文学作品无论是诗歌还是戏剧均以翻译和模仿希腊文学居多,显然是处于借鉴阶段。普劳图斯(Plautus,约公元前254—前184)和泰伦斯(Terence,约公元前195—前159)创作的喜剧是这一时期的优秀代表。

罗马共和国后期是罗马文学的一个发展高峰时期。其特点是文学与历史、哲学相互糅合,一部史书通常就是一部优美的散文作品,一部哲学著作同时也是一部优秀的诗作。散文和诗歌是文学创作的主要成就。在这方面西塞罗(Marcus Tullius Cicero,公元前106—前43)是一位伟大的文化人。他知识渊博,文史哲皆通。作为古罗马的著名演说家,他的演说辞文字优美、句法严谨、行文流畅、音韵和谐、雄辩透彻,对罗马演说艺术和散文的发展有很大影响。他的文体一直被视为拉丁文学的典范。罗马大将凯撒是另一位有成就的文化人。尽管是罗马的军事家和政治家,凯撒在文学方面也颇有建树,是一位名垂青史的散文家和历史学家。他的《高卢战记》和《内战记》既是著名的历史著作,也是优秀的文学读本,备受拉丁文学爱好者的喜爱。此外,在诗歌创作方面,卡图鲁斯(Catullus,约公元前84—前54)和卢克莱修(Lucretius,约公元前99—前55)是享有盛名的两位诗人。卡图鲁斯的抒情诗委婉动听,情感炽烈,对近代诗歌产生一定影响。卢克莱修则以哲理诗见长,其《物性论》是古典时期流传下来的唯一一部完整哲学长诗。

罗马进入帝国时期后,由于政治稳定,经济繁荣,罗马文学的黄金时期终于到来,文坛涌现出了一批有才华的诗人,维吉尔(Virgil,公元前70—前19)、贺拉斯(Horace,公元前65—前8)和奥维德(Ovid,公元前43—公元17)是其中的杰出代表。

维吉尔的代表作《埃涅阿斯纪》是一部长达12卷的史诗,以罗马神话传说为素材,以荷马史诗为范本,以罗马民族传统和生活为基调,追述罗马人创业的艰辛和取得的辉煌成就,是一部爱国史诗。与《荷马史诗》相比,维吉尔的史诗尽管在诗的质朴和自然方面有所不足,却以精练、严肃、委婉、抒情成为文人诗的典范。维吉尔本人被公认是继荷马之后希腊罗马文学中最重要的史诗诗人。贺拉斯以创作抒情诗见长,他的代表作《颂歌》以恬静、淡泊、富于生活哲理而享有盛名。同时,贺拉斯还是一位有重大影响的文艺理论家,对文学创作进行了理论上的阐述和归纳。奥维德的《变形记》是一部极富想象力的作品。作者以高超的艺术手法将来源于流行的希腊罗马神话故事重新叙述,变形的手法给人们熟悉的故事赋予了新意。作品在受到民众欢迎的同时,对后世作家也产生了影响。在这三位诗人之后,史学家塔西佗(Tacitus,约公元55—120)的著作为罗马文学增添了新的光彩。他的史学著作具有极高的史料价值和文学价值。

罗马文学的最后一个高峰是基督教文学的出现,《圣经》的"新约"部分是它的结晶。在《圣经·新约》文学中,路加是最优秀的新约文学作家。他所作的《路加福音》和《使徒行传》是两部不朽的杰作,可视为早期基督教的史诗文学。《圣经·新约》对西方文学的影响可以说与《希伯来圣经》的影响一样巨大。不仅中世纪的教会文学主要是在新约文学的基础上发展的,而且文艺复兴以来的西方作家无一不受到它的影响。

罗马艺术、建筑

艺术

罗马艺术是在借鉴希腊艺术的基础上发展起来的,尽管如此,罗马艺术仍具有自己的特色。与希腊艺术富于想象不同,罗马艺术长于写实和叙事。在最具艺术性的雕刻方面,希腊雕刻非常注重理想化的成分,追求艺术上的完美,而罗马雕刻,特别是人物肖像雕刻,侧重表现个性和对真实人物的再现,在揭示人物的个性和表现人物丰富的内心世界方面超过了希腊雕塑。罗马艺术的成就首先表现在雕刻方面,特别是肖像雕刻艺术。肖像雕刻的形式多样,有全身像、胸像、头像、单人像、群像等。不仅有表现帝王贵族的,也有表现普通市民的。

《奥古斯都立像》

第四章　罗马文明：伟大的借鉴

　　《奥古斯都立像》是古罗马宫廷肖像的范例。雕刻以艺术的手法表现了罗马历史上的第一位皇帝屋大维的帝王形象。在雕像中奥古斯都左手握权杖,右手高高举起,右足向前,给人一种行进的动感,仿佛是在指挥罗马大军。铠甲上雕刻的花纹象征罗马对世界的统治。而右腿边的小爱神在衬托奥古斯都高大形象的同时,暗示这位罗马统帅同时也是一位仁爱之君。

　　《卡拉卡拉像》是一尊人物胸像,对人物个性的刻画尤为鲜明。作品有力抓住历史人物卡拉卡拉的性格特征,通过对人物突然左转回视时神态的刻画,把人物的内心世界,包括他的警觉、阴险狡诈和傲视一切的性格表达得非常充分,使作品具有一种逼人的力量。

《马可·奥勒留骑马像》

　　《马可·奥勒留骑马像》是古罗马流传下来的唯一一尊青铜骑马像。雕像充分显示了骑在马背上的罗马皇帝奥勒留的英姿和威严。文艺复兴时制作的骑马像大多数都以其为蓝本,它的艺术影响力可见一斑。

　　《图拉真纪功柱》是罗马浮雕艺术的代表作品。它建于公元114年,是为了歌颂图拉真的功勋而建。柱高38米,由圆形大理石构成。柱身由连环式浮雕组成,体现了罗马的雕刻艺术水平。浮雕的总长度为 200 米左右，雕刻出的人物有近 2500 人。艺术家以雕刻的方式刻画了图拉真与达西亚人作战的情景，多瑙河的流水、罗马军队和达西亚人的争斗场面表现得栩栩如生，无论是构思还是雕刻技艺都达到空前高度。

《图拉真纪功柱》细部

除了雕刻艺术外，罗马的绘画艺术也达到一个相当水准，与雕刻艺术一样，绘画艺术以世俗性为主，通常反映生活的一个片断，具有浓厚的生活气息。庞贝古城保存下来的壁画是它的一个代表。

罗马艺术的另一不可忽视的成就是罗马人对希腊艺术品的复制和仿制，许多希腊艺术珍品，包括米隆等人的作品，正是通过罗马人的精美复制才留存下来为世人所知晓。

罗马帝国末期，在基督教思想的影响下，罗马艺术偏离了希腊罗马固有的传统，取而代之的是浸透着象征主义的圣像艺术。这一艺术形式在中世纪成为西方艺术的主体。

第四章　罗马文明：伟大的借鉴

> 建筑技术

　　罗马人是古典时期最伟大的工程师和建筑师，建筑设计和工程技术达到了前所未有的水平，成为罗马文明成就的一个重要方面。罗马时期的建筑种类繁多，有道路、剧场、神庙、广场、凯旋门、纪念柱、引水道、浴室等。

　　在道路建筑方面，无人能与罗马人相媲美。公元前 2 世纪初，罗马人就修筑了 4 条从罗马向外延伸的大道，通向意大利的四面八方。据统计，至公元 2 世纪时，帝国境内有硬面道路 372 条，总长度达 8 万千米。除了干道外，有无数支线通往帝国各行省。西方谚语"条条大道通罗马"是对罗马人道路建设规模化和网络化的实际写照。

　　罗马公路的特点是平直，路基坚实，桥涵设施齐，路面呈拱形，材料多为火山灰混凝土，并构成交通运输网络。良好的罗马道路系统不仅为罗马的征服和统治创造了条件，同时为后来的欧洲民族大迁徙和基督教的传播提供了便利，至今欧洲的一些交通线还以此为基础。罗马道路作为世界上规模最为宏伟的古代交通运输网，是人类道路建筑史上的伟大丰碑。

罗马万神殿外景

　　罗马人在工程建筑技艺方面尽管大量吸收了其他民族的长处，但也不乏自身的创造。如在空间创造方面，罗马人在建筑中使用拱与柱式相结合的方式增加建筑空间层次。建于公元 118—128 年间的哈德良万神殿反映了罗马人的创新能力。

万神殿的门廊正面由 8 根科林斯式的柱子支撑,正殿是带有罗马式穹顶的圆形大厅,其直径与高度均为 43 米。穹顶从内部空间的半截处开始升起,穹顶中分五行排列着 145 个小藻井,它们的大小按照数学上的计算规律递减,把人们的目光向上吸引。穹顶中央是一个直径为约 9 米的巨型眼窗,人们抬头就能见到蔚蓝的天空。在眼窗射入的光线映照下,正殿显得宏伟壮观。在建筑史上,如此跨度的穹顶是首次采用,它在技术上的创新和结构上的完美使其成为古代穹顶建筑的典范。此外,罗马人与希腊人不同,他们建造的万神殿不是为了从外部观看,而是为了创造一个内部环境,信徒在殿内聚会,通过与外部世界的隔绝来和上天的神秘心灵相通。这一内部空间的建筑理念稍后为基督教所采用,成为中世纪早期基督教教堂的基本构造模式。

　　剧场是罗马建筑的一个重要类型。由于使用了新型建筑材料,罗马人兴建的剧场不再像希腊时代那样大多建在山坡上,而是建在平地上,看台由半圆形发展成为椭圆形,观众席由多层结构组成。其中最著名和最具代表性的是建于公元 80 年至 100 年间的巨人竞技场(Colosseum),该竞技场是希腊柱式与罗马拱券建筑技术相结合的典范。它是一个椭圆形的建筑物,长 188 米,宽 155 米,外墙总高 48.5 米,相当于 12 层的高楼,共分四层,中央舞台周长达 524 米,环形阶梯组成的多层看台可容纳观众五万人。初期可以灌水成湖,表演海战场面。整个建筑以火山灰混凝土和砖石建成,宏伟无比,至今仍耸立在罗马城中,是罗马建筑艺术的奇迹。

罗马巨人竞技场

第四章 罗马文明：伟大的借鉴

凯旋门和纪念柱是罗马建筑的创新形式，是罗马统治者炫耀自己战功的纪念性建筑，装饰性是凯旋门建造的主要特征。凯旋门一般为方形立面，拱门结构（通常不是一个就是三个拱门组成），支墩和顶部上有装饰性的檐口，拱门两侧墙面通常刻有浮雕和铭文，装饰极为华丽。著名的凯旋门有建于公元81年的提图斯凯旋门和建于公元312年的君士坦丁凯旋门等。

君士坦丁凯旋门

竖立在罗马城中心的图拉真纪念柱可以说是罗马纪念柱建筑的代表和丰碑。整个纪念柱高35米多，柱身由白色大理石砌成，装饰有大型浮雕，雕刻带的长度超过200米。无论是它的建筑艺术，还是装饰艺术都达到了完美无缺的程度。

引水道的建造也反映了罗马的建筑技艺。它与凯旋门的作用完全不同，是一种地地道道的实用型工程，因此，引水道朴实无华，常常穿山越谷，没有任何装饰。建于公元1世纪的加尔河上的著名引水道渡槽高约50米，由三层拱券摞叠在一起，完全由石料砌成，设计合理，结构协调，如横空出世，巍伟壮观，体现了罗马人的高超设计和建造水平。

广场是城市的中心，广场建设是罗马建筑风格的总体体现，广场往往由一系列建筑群共同组成。在罗马帝国时期，广场是罗马举行宗教仪式和世俗活动的场所。"罗马广场"是罗马人建造的最重要的广场，由一系列宏伟的神庙和纪念建筑物组

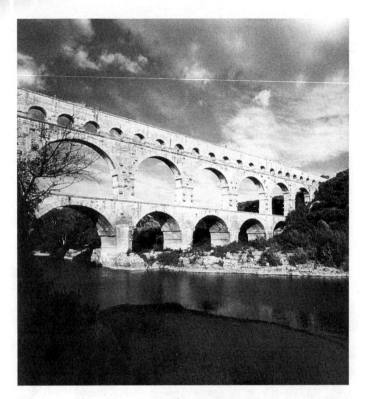

加尔河上引水道

成。现存古建筑有 5 座神庙，两座凯旋门，还有元老院、监狱以及大排水道等。

罗马人在建筑技术方面的一大成就是混凝土的发明。他们利用意大利常见的火山灰加石块调和成建筑用混凝土。混凝土的使用使得建筑的牢固度增加，导致建筑设计上的革命。罗马时代兴建的若干大型建筑物正是借助此发明才成为可能。

第三节　基督教的兴起

罗 马 宗 教

罗马宗教在共和国出现之前主要是自然崇拜和祖先崇拜，无庙宇和祭司。万物有灵的原始信仰使得神灵众多，不过，流行的神灵多与农作物有关，如葡萄之灵、五谷之灵、树木之灵等。信徒重视崇拜礼仪和丧葬礼仪，以及热衷占卜。

罗马共和国时期，受到希腊宗教思想影响，罗马宗教以多神思想和偶像崇拜为主，宗教基本特征大体与希腊宗教特征同。希腊神话是罗马宗教神砥的主要来源，不少希腊的神砥成为罗马神砥或与罗马固有的神砥对应结合在一起，有的只是名称上或司职工的变化。多神论的思想使得罗马人认为每一物体，每一现象都有自己的神；每一个人和每一个成长过程都有不同的保护神，因此罗马宗教中神砥众多，名号极其纷杂。社会流行的占卜和请示神谕说明了神砥在罗马人心目中的地位。罗马宗教后期出现建造宏伟神殿和制作神灵偶像的倾向。罗马万神殿中供奉各种神砥的偶像就是这一倾向的最好说明。

罗马宗教的崇拜仪式分家庭祭祀和公众祭祀。家庭祭祀由家长主持，各家供奉自家选定的神像。公众祭祀由地方官主持。最重要的仪式是献祭。战时要由军队指挥官主持特别献祭仪式。战争胜利后，要由皇帝率领军队前往神殿，献上最好的战利品。

罗马宗教的世俗性和神砥的人性化使之很难为当时的人们提供一种信仰上的需要，在异质宗教——基督教兴起和传播开来以后，更是失去了它的吸引力和作用。公元4世纪末，当基督教被罗马皇帝狄奥多西一世奉为罗马国教后，罗马固有的传统宗教被宣布为"异教"而遭禁止，神庙被关闭，献祭活动遭到完全禁止，终于退出罗马人的信仰领域。存在近千年的罗马宗教思想只在文化典籍和文艺作品中留存。取而代之的是脱胎于犹太教的基督教思想。基督教，这个在罗马帝国时期方才出现的宗教，却在罗马帝国行将就木时发展成为罗马人以及成千上万生活在罗马帝国的其他人民的主要信仰系统。

基 督 教

在罗马帝国初期，一个被后人称为"基督"（字面意义为"救世"）的宗教便开始出现，尽管在出现当初它只是犹太教的一个分支，一个很小的教派，被视作"异端"，是"邪教"，受到罗马统治者的残酷镇压和迫害，信徒被指控犯有"憎恶和仇恨人类罪"被罗马当局处决。信教的人常常因举行宗教聚会和圣餐礼而受到歧视和迫害。特别是在公元249年至260年和公元303年至305年间，罗马帝国发生过数次全国性迫害基督教徒事件，致使许多基督教教堂被捣毁，《圣经》被焚，教徒被施以酷刑，但凭借信徒对信仰的执着和教义对广大民众的吸引力，基督教还是在罗马帝国境内得到迅猛发展。到公元4世纪，基督教的影响显然已势不可挡，帝国内信奉基督教的人数已达 600 万,包括罗马皇帝和许多上层人士都被其吸引,纷纷皈依其下。基督教事实上已经成为当时人们的主要信仰。公元 313 年,罗马帝国皇帝君士坦丁一世与李锡尼乌斯在米兰会晤,发表了著名的《米兰敕令》,宣布对基督教采取宽容政策,从而使基督教在罗马帝国有了合法地位,基督教从此得到了长足发展。公元 392 年,狄奥多西一世又颁布法令宣布基督教为国教,同时禁止罗马国内其他一切宗教,遂使基督教成为唯一合法的宗教,基督教作为罗马国教的地位从此确立。

基督教的出现无疑是罗马帝国时期一个最重要的事件。如果考虑到日后罗马帝国的覆灭,罗马文明火种的留存和传播全部落在了基督教的肩上,基督教出现的意义则尤为重大。事实上,在中世纪的欧洲,正是由于基督教的存在和努力,欧洲日耳曼人逐步由野蛮步入文明,基督教为欧洲大陆文明的最终形成和发展作出的贡献自然是功不可没。

基督教出现的背景

基督教最初出现在罗马帝国统治下的犹太人故土——巴勒斯坦。它的出现从某种意义上说是罗马统治者对犹太人和犹太教压迫的结果。我们在第二章说过,异族的统治和希腊化使得犹太人的生活主体犹太教发生了分裂,撒都该派、法利赛派、艾赛尼派、奋锐党人等不同派别出现,同时出现的还有数以万计的小的宗教团体。对于后来的基督教而言,艾赛尼派的出现似乎显得尤为重要,因为研究表明原始基督教的一些信徒与艾赛尼派的"库姆兰社团"极为相似。基督教很可能直接脱胎于犹太教的艾赛尼派。

艾赛尼派被认为是犹太教中的"虔诚派"。他们退出大的社会团体,组成自己的神圣团体,反对主宰圣殿一切事务的祭司。这些人是清心寡欲的普通民众,一面劳动一面虔诚地研读圣书,相信无可变更的命运和灵魂不朽。他们组成患难相助的共同生活社团,严守犹太教教义教规,秉公行义,曾积极参加反对罗马人统治和压迫的斗争,寄希望于救世主弥赛亚,盼望其能早日来临以拯救人民。《新约》中提到的在约旦河一带活动的施洗约翰很有可能就是艾赛尼派思想的实践者。

在思想上,犹太教启示派的末世论在这一时期得到较大的发展和流行,客观上为基督教思想的形成创造了条件。根据犹太教的观点,当犹太人遵从上帝的意志时,得到的是和平与繁荣,当违背上帝的意志时,遭受的是上帝用作惩罚的异族的迫害。由于整个世界的历史都在上帝的安排之中,它将在最后的救赎时刻实现其目的和终极意义。犹太人在对这一历史终结的期盼中产生了对救世主弥赛亚的期盼：相信他的到来将解救犹太民族,结束其受难的历史,建立神的王国。末世论的思想使生活在罗马人统治之下的犹太人企望通过上帝的干预而摆脱外邦人的统治,获得伟大的拯救,盼望随着犹太民族的重新独立,出现一个正义和平与繁荣昌盛的黄金时代。这样,犹太民众对弥赛亚的期盼为基督教出现提供了深刻的社会和理论基础。耶稣的门徒把耶稣说成是弥赛亚①也就十分自然了。

还应该说这一时期深入的希腊化运动对于基督教,特别是基督教思想的出现产生了影响。在这一过程中犹太哲学家斐洛的思想显然起到了重要作用。如第二章指出的那样,斐洛通过引进希腊哲学"逻各斯"的概念,解决关于超验之神的内在意义。上帝是人所无法直接企及的,而基督却像斐洛的逻各斯那样是上帝能够为人所企及的那一面。上帝通过逻各斯(亦可用"基督"来代替)的作用使自己创造的过程具体化和合理化。这一思想实际上为后来形成的基督教奠定了基础,斐洛亦被视为"基督教之父"。在基督教脱离犹太教过程中发挥重要作用的使徒保罗不论在思想上还是在语言上都与斐洛极为相似,表明斐洛思想对基督教的巨大影响。

耶稣基督

基督教的最初出现与一个名叫耶稣基督②的人是分不开的。按照基督教经典的说法,耶稣(Jesus of Nazareth,约公元前 6—公元 30)被视为是基督教的创立者。不过,耶稣本人在世时基督教作为一个独立教会尚未出现。耶稣的生平也说明了这一点。耶稣出生在巴勒斯坦一个普通犹太人家庭。父亲是个木匠。耶稣的犹太名为约书亚(Joshua③)。其母米利暗(Miriam④)在犹地亚小镇伯利恒生下了他。耶稣后来在拿撒勒小镇长大,故有"拿撒勒的耶稣"之称。关于耶稣的早年生活人们知道的不多。他显然接受过良好的犹太教教育,对犹太教有深入的了解,但他无疑是一位善于独立思考的人。耶稣 30 岁时在约旦河由约翰施洗,并开始传教,号召人们"忏悔",宣告天国即将来临。生前有大门徒 12 人,都是犹太人,因散播不同教义与传统犹太教发生冲突,并遭到犹太上层人士嫉妒,其反叛思想和做法被罗马派驻巴勒斯坦的统治者视为危险表现,对之恨之入骨。公元 30 年因在耶路撒冷散

---

① 12 门徒之一的彼得就对耶稣说:"你就是弥赛亚。"(参见《马太福音》,第 16 章 16 节)。
② 耶稣基督的英文拼写为"Jesus Christ",Christ 在希腊语中为 Messiah(即弥赛亚)。耶稣基督亦为"Jesus the Messiah"(即救世主耶稣)。
③ Joshua 由希腊文转至英文拼写成了 Jesus。
④ 该名由希腊文转至英文拼写成了 Mary,即人们通常说的"玛利亚"。

播不合潮流的言论和过激行为受到迫害,以"谋反罗马罪"被罗马派驻巴勒斯坦总督彼拉多钉死在十字架上。耶稣死后三天,他的一些门徒称其复活并出现在他们中间,并在几天后升天,但不久会再临人间。这一说法成为耶稣死而复活的传闻。有关耶稣复活的说法正好与耶稣的教义吻合,而死后复生的故事暗合了人们对不朽生命的期待,使得人们开始相信耶稣就是他们期待已久的救世主(弥赛亚)。在耶稣死后的10多年,他的门徒继续追随他的思想,建立了以耶路撒冷为中心的最早的教会,教会成员均为犹太人,入会的非犹太人实际上也皈依犹太教,因为教会的成员均遵守犹太教教规,并参加犹太教在耶路撒冷圣殿的崇拜。不过,耶稣的门徒坚信耶稣就是弥赛亚,虽然遭到杀害,但已复活,升天,不久会再临人间。有关耶稣活动和思想的记载主要是后来编撰的《新约·福音书》。

这里需要指出的是,这一出身于普通犹太人家庭、被称为"耶稣基督"(即救世主)的犹太人恐怕做梦也不会想到要在犹太民族宗教之外创立一种新的宗教,并成为该宗教的"主"。尽管他具有新思想,却一生笃信犹太教,全心全意地献身于充满启示的犹太教。然而,在他死后,他却被封为"救世主",一个全新宗教——"基督教"的创始人。尽管这很不可思议,然而历史常常就是如此。不过,同样需要指出的是,也许耶稣这个人作为救世主弥赛亚的出现是偶然的,但是,应该看到,这位犹太人所代表的来源于犹太教的救世(即基督)宗教的出现却又是必然的。

基督教经典

基督教的正式经典亦称为《圣经》,通常指犹太教的《圣经》(在基督教中被称之为《旧约全书》)外加《新约全书》部分。早期基督教借用的犹太教《圣经》系依据公元前3世纪中叶托勒密二世的旨意,在埃及亚历山大里亚城翻译出来的《圣经》希腊文版本①。由于当时犹太教《圣经》的内容尚未正式确定②,故希腊文的《圣经》包括一些后来被称为《圣经后典》的部分。不仅如此,基督教使用的《旧约全书》内容的分类上和各卷次安排的顺序上也不同于犹太教。不过,这一传统仅为天主教继承,基督教的新教按照其创始人马丁·路德的传统,其《旧约全书》部分在内容上同于犹太教的《圣经》。

---

① 据传希腊文《圣经》由72位犹太学者在埃及亚历山大图书馆共同翻译,史称《七十子译本》(Septuagint)。其内容多达50卷。

② 犹太教《圣经》的内容于公元90年正式确定。在确定过程中,相当一部分经卷没有被收入,那些没有收入的部分被后人称为《圣经后典》。

因此，从总体上说，基督教正式经典不同于犹太教正式典籍的主要是它的《新约》部分。《新约》(共27卷,260章)最初用希腊文写成,按其组成可分为福音书(4卷)、使徒行传(1卷)、使徒书信(21卷)、启示录(1卷)四个部分。据考《新约》全书写于公元50年至125年之间,其内容在公元330年得到正式确认,《新约》的正典工作由此完成。

基督教神学思想

罗马帝国时期是基督教神学思想初始时期,在这期间逐渐发展起来的神学思想对后来基督教神学理论具有决定性的影响。有三位基督教圣人对这一时期基督教神学思想的形成贡献良多。哲罗姆(Jerome,约公元340—420)是第一位有重要贡献的基督教圣人。他认为《圣经》中的许多内容不能按字面理解,而应从寓意出发。他提出最完美的基督徒是严格的苦行者,他的这一思想成为基督教的隐修制度的基础。不过,哲罗姆的最主要贡献是把《圣经》由希伯来文和希腊文译成了拉丁文①,此译本后称通俗拉丁文本,长期以来一直为罗马天主教所使用。

安布罗斯(Ambrose,约公元340—397)是另一位有贡献的基督教神学家。他同时是一位极有影响的基督教高层人士,在担任米兰大主教期间,其影响在罗马帝国西部地区甚至超过教皇。安布罗斯运用新柏拉图派哲学解释《圣经》的寓意,提出人类行为的始末均应以尊崇上帝和探求上帝为出发点,而不是只顾个人或出于调整社会的兴趣。他的神学思想中最具独创性部分是他提出的天恩思想。他指出,上帝之所以帮助这一部分基督教徒而不帮助另一部分基督教徒完全是出于天恩。这一思想后来由奥古斯丁进一步发扬光大,成为恩宠论。安布罗斯具有的道德优势感使其与罗马皇帝狄奥多西发生正面冲突,他斥责狄奥多西对无辜平民的屠杀,并最终迫使狄奥多西进行公开忏悔,一位神职人士在道德问题上迫使罗马世俗统治者臣服,这是有史以来的第一次。他的这一举动成为一种象征,似可视为成为中世纪罗马教廷挑战王权的先声。

奥古斯丁(Augustine,公元354—430)是罗马帝国期间最重要的神学家,拉丁教父的主要代表。奥古斯丁早年曾信仰摩尼教,公元387年,在安布罗斯的影响下皈依基督教并成为基督教神职人士。奥古斯丁担任神职期间正是罗马严禁异教之际,他不遗余力维护基督教的正统思想,对基督教神学体系作出了系统的阐述。他通过把逻各斯哲学概念与《创世记》思想相结合的方式,建立了神创论,认为上帝从

---

① 哲罗姆的《圣经》拉丁文译本中《旧约全书》部分由希伯来文译出,《新约全书》部分由希腊文译出。

无中创造了世界。他通过对保罗书信中关于原罪和恩宠的论述的梳理,并结合自己转变信仰的体验,提出了基督教的原罪论、恩宠论和预定论,对后来西方正统派神学有深远影响。他还提出了教会论,认为世界上有上帝之城和地上之城,地上之城是暂时的、不完善的、罪恶的、会毁灭的;上帝之城则是永恒的、完善的、美好的。而教会是上帝之城在人世的体现,人只有通过基督教建立起的教会才能得救,获得永生。世俗的国家只有服从教会,为教会服务,才能成为上帝之城的一部分。这样奥古斯丁的教会论实际上是宣扬教权至上论。他的这一思想成为中世纪教廷与王权斗争的思想武器。奥古斯丁的神学思想对中世纪思想产生了难以估量的影响,并成为早期经院哲学的重要组成部分。他的《忏悔录》和《上帝之城》是其神学思想的代表作品。

原始基督教教会

  基督教自出现以来就是一个有组织的宗教,以教会为基层单位。最早的教会于耶稣死后在耶路撒冷建立,教会成员(当时被称为"使徒")过着互通有无的集体生活,彼得和耶稣的弟弟雅各是众使徒的领袖。教会的数量随着使徒的足迹的延伸而增长。公元41年至54年年间,帝国的首都罗马开始有了这样的教会,保罗书信就是写给这一教会的。公元2世纪,基督教已传到地中海东部沿岸各地,出现了"公教会"。从公元2世纪中叶起,各地区的基督教会就逐渐由主教领导。主教、神父(或称长老)、执事三级教职制开始形成。在帝国末期,教会的组织与政府行政机构相仿,设立了四个教区(罗马、亚历山大里亚、安提俄克和耶路撒冷)①,定期召开的主教会议履行对整个教会的领导职能。与此同时,罗马的教会作用开始突显,并逐渐成为基督教教会的主要中心。早期用于对所有主教尊称的"颇普"(pope,原意为"父亲")一词开始专用于罗马的主教,使之成为基督教所有主教之长,即人们现在所说的"教皇"或"教宗"。早期基督教教会的存在对于基督教的传播和发展是至关重要的,为后来基督教在世界范围的扩散奠定了组织基础。基督教教会在中世纪到来之前已经经历了三个发展时期。

  早期,当基督教最早出现时,基督教教会表现为一个具有共同信仰和共同思想情感的单纯团体,共同的情感和宗教信仰把基督教徒联合在了一起。随后出现了一批可被视为教会组织者和传播者的人士,他们包括负责传教的长老、传教士,负责监督的主教,以及负责福利的执事。一个有具体职能的机构建立了起来,尽管其

---

① 后又增加第五教区——君士坦丁堡。

决定权仍在广大信徒手中。第三个时期,出现了一个教士阶层,他们是与广大信徒截然不同的一个团体。他们拥有自己的财富、管辖区和特殊的组织。他们可以被视为一个完整的"社会"或"政府",因为他们拥有一切存在的手段,独立于与它有关的社会,还对那个社会产生影响。在教士与信徒的关系中,教士的统治权几乎是无限制的。教士的权力还来自他们担任自治城市的主要官员这一情况。在罗马各地的地方自治政府中人们都可以看到教士在生气勃勃地工作,为社会做贡献。基督教教会的这一发展状况使其在中世纪的地位有了保障。

应该说,公元392年狄奥多西一世正式宣布基督教为罗马帝国国教之举对于基督教的发展和基督教文化的流行起到了不可估量的作用。基督教成为国教后,教会收到的捐赠被免除捐税,教会人员无须服兵役,主教被赋予了较大的行政权,教会的财力和权限都得到了扩大。在文化方面,基督教的习俗逐渐成为社会习俗,如基督教的守主日(即星期日去教堂祈祷)和其他节日(圣诞节、复活节等)成为帝国的节日得到全社会的遵守。人们的婚丧喜事也开始采用基督教的仪式。久而久之,基督教文化成为帝国的社会文化、民众的生活文化。即便在帝国灭亡后,其在民众中的影响还生生不息,流传永远。

总之,基督教作为一个面对全人类而不是仅仅面对一个具有独特历史和文化的希伯来民族的世界性宗教,它的出现使得以基督救世论代替《托拉》的本体论成为可能。基督教思想作为一种超越了民族与历史局限的上帝救赎的启示,鼓舞着早期基督徒走出耶路撒冷,向外邦人传教,使最早由犹太人提出的一神思想为更多的人所了解和接受,与此同时,随着罗马帝国的灭亡,基督教的存在对欧洲文明的延续又有了更深远的意义。

第五章

中世纪：造就欧洲社会和民族的时代

随着公元476年西罗马帝国的覆灭，西方社会进入了中世纪。对于中世纪的年限，特别是它的终止年代，不同的人有不同的界定。首先使用"中世纪"一词的是文艺复兴时期的人文主义者，以指代是从西罗马帝国灭亡到文艺复兴兴起中间的那几个世纪。一般认为到15世纪时中世纪结束，长度大约为1000年。长期以来，中世纪在许多人眼中是"黑暗"的代名词，故中世纪又被称为欧洲的"黑暗时代"。的确，相对于希腊—罗马式的文明和文化而言，中世纪的社会是一种倒退，尚未步入文明的日耳曼[①]蛮族的胜利使达到相当高度的希腊—罗马文明中的城市生活遭到了毁灭性的打击，无论是社会的物质生活水准，还是人们的精神生活水准都下降到了一个极其低下的水平，文明出现了倒退。其次，基督教教会在中世纪的统治地位使得自希腊文明以来形成的理性思想遭到扼杀，人们的精神生活为宗教思想所笼罩，宗教所具有的阴暗面和对人的思想的束缚使社会进步缓慢。在这个意义上，中世纪的确是西方文明的一种"倒退"。

不过，如仅以此评判和反映中世纪又是不公正和不客观的。对于以西欧为主体的西方社会而言，中世纪应该被看成是一个极其重要的社会发展阶段，是欧洲大陆历史的真正起始，因为在中世纪到来之前，欧洲大陆（除了南部的地中海地区）处于一种未开化阶段，被称为欧洲大陆的文明于中世纪逐渐在那里兴起，并成为欧

---

① 本书所使用的"日耳曼"指的是日耳曼语系各个民族和部族的总称，包括属于北欧和中欧的印度日耳曼语系的各部族。

洲人生活的主导形式。

不仅如此,还应该看到中世纪对于古典文明而言,不仅有破坏,更有继承和发展。对于日耳曼等中北欧诸民族而言,中世纪则是他们步入文明的重要时代。在中世纪开始时,这些还是未进入文明行列的蛮族,到了中世纪结束前,却已成为一个拥有较高文明水准的民族,成为推动西方文明进程的中坚力量。此外,欧洲大陆也是在中世纪得到了长足发展,从原始农耕状态发展到城市文明,从部落散居到近代国家雏形的形成。生活在其中的人民开始逐步形成自己的——被称为"欧罗巴"①的独特文化特征。西欧各国的疆域和民族格局也是在中世纪得到大致划分。更为重要的是,被今人称为"西方文明"的文明终显其雏形,希腊—罗马传统、犹太—基督教传统和日耳曼传统经过近千年中世纪的整合终于形成了一种为西方人所集体认同的文明样式——西方文明。

中世纪还取得了古典时期所未曾有过的成就:大学、银行、议会制度、哥特式艺术和市民文学无不产生于中世纪。当然,最为重要的是中世纪为欧洲文艺复兴的到来奠定了坚实的基础。文艺复兴的产生不能脱离中世纪在各个领域内所取得的成就。没有经历中世纪,很难想象文艺复兴时代的人们会那样钟情于古希腊罗马文明,会要一心一意复兴"旧时"文明。总而言之,中世纪是西方文明的一个承上启下的时代,一个造就欧洲社会和民族的时代。

第一节　千年的进程

从公元3世纪起,欧洲就发生了民族大迁徙,即历史学家所说的"蛮族的入侵"。除了来自亚洲匈奴的侵扰外,生活在中北欧的日耳曼等民族不断进犯罗马帝国的势力范围,先后侵占了相当于近代德国、法国、英国和部分东欧的区域,并终于在公元476年彻底终止了罗马帝国的存在。对于史学家来说,罗马帝国的消亡成为西方进入中世纪的标志。

中世纪的欧洲在日耳曼等民族征服了罗马之后的最初两三百年中一直处于动荡和迁徙状态。一方面日耳曼等北欧民族仍要对付来自亚洲的匈奴游牧民的追逼,争斗不断;另一方面,日耳曼民族各部之间也不断地互相追逐争斗。日耳曼民族和各外族为了争夺土地不断发动战争,它们拥有的疆域在不断变动之中。在这过程中,相继出现过一批蛮族国家,然而,其中只有法兰克人和盎格鲁-撒克逊

---

①　欧洲在英语中的拼写为Europe,又称"欧罗巴"。

人建立的国家长存,其他国家都是昙花一现。各部落争斗的结果导致封建割据的局面在西欧形成,并在随后几百年中发展成为西欧社会的主要政治格局。动荡、无序、落后是中世纪早期的主要特征。罗马时代建造的交通大通道很少为人们使用,呈现年久失修和被遗弃状态;商业活动急剧萎缩,贸易的规模和方式都发生了很大的变化,小规模的以货易货的原始交换取代了货币交易。代表人类文明的城市生活基本消失,罗马时代残存的一些城市成为文明丧失、被人遗弃的空壳,除了作为军事据点和战乱时的避难所外,只有基督教的教会和主教生活在其中。在这段时期,文化生活十分低下,原有的文学艺术生活基本停止。普通民众根本没有受教育的机会,大多数贵族、领主也都是文盲,就连号称崇尚文化的查理大帝本人也不能提笔作文。

最早在中世纪欧洲政治上留名的是被称为法兰克王国的加洛林王朝,公元751年法兰克(矮子)丕平在教皇的支持下继位,建立了这一王朝。丕平作为报答,两次出兵意大利,使罗马教廷获得一块归其统治的土地,史称"丕平献土"。

公元800年是中世纪史上的一个重要年代,法兰克王查理大帝从教皇手中接过了皇冠,这一极具象征性的动作表明基督教在西欧社会占据的统治地位,以及西方第一次在罗马帝国垮台之后统一在同一个政权的权威之下。然而,查理大帝死后,他的三个孙子各霸一方,分庭抗礼,形成了后来的法国、德国、意大利三国的疆域,欧洲再次分裂。公元962年,欧洲出现了德意志的神圣罗马帝国。在教皇格里高利七世及其继承者时期,教皇向一切世俗统治者挑战,基督教教会的权力通过教会法达到了极限。

教皇为查理大帝加冕图

中世纪最初几百年西欧(当时的东欧尚在未开化之中)的社会结构除了国王和主教外,主要由两个阶层组成:贵族(又称封建领主)和农奴。庄园制似可视为欧洲封建制度——领主制——的一种社会经济形态。庄园的土地往往分成两部分,一部分属于领主,另一部分分配给农奴(一般不止一人)。属于领主的部分由农奴"义务"耕种,因此,领主与在庄园上耕种的农奴是一种主奴依附关系,领主是庄园的主人,农奴隶属领主。欧洲的农奴在现代意义上无疑是不自由的。他们不得离开土地,必须定期为领主从事无偿劳动,必须缴纳各种侮辱性的税赋,并要受到领主自己设立的法庭管辖。不过,他们又不同于罗马时代的奴隶,他们拥有自己的一块地(通常是领主提供),自己耕种来养活自己。领主与农奴的关系一旦建立,农奴就固定在自己所属的庄园的土地上。尽管如此,农奴不同于奴隶,每个人都有一定的人身权和财产权,在生产和管理方面也都有发言权。庄园作为一个自给自足的经济单位,生产所需要的一切,除了农业生产外,设有自己的面包房、店铺、作坊和教堂,人员很少流动。鉴于此,在中世纪,欧洲的大部分民众一生从未离开过家乡或领主势力范围的地区,闭塞和对外界一无所知是一种十分正常的现象。

中世纪庄园图

从8世纪到11世纪,是欧洲封建制度形成的年代。封建制造就了欧洲的贵族阶层。贵族阶层的存在对于欧洲日后出现的君主制具有一定的制约作用,西方政治中的议会制就是从这样的制约斗争中产生的。这一时期封建制度下的欧洲经济几乎完全建立在自给自足的庄园农业和非常有限的地方贸易基础上。农业生产方式十分落后,如在1050年前,农民连锄头也没有,基本上只能赤手空拳与自然搏斗,生产力低下也就十分自然。

中世纪的欧洲是建造城堡的年代,城堡的出现既是封建制的必然产物,也是中世纪公共权力危机和社会无序的一种反映,外族的袭击和暴民的动乱导致建造城堡之风盛行。教会势力和地方封建领主是城堡建造的发起人,即使在外敌入侵威胁消失后,建造城堡之风仍然持续,以确保自己的势力范围不受侵犯。成千上万的庄园和星罗棋布的城堡是中世纪欧洲封建割据和各自为政的标志。

由十字军建造的中世纪城堡

公元1000年前后,西欧屡遭维京人、匈牙利人等入侵的危险终于被排除了。这时,基督教也已经基本完成对整个西欧的皈依,成为西欧唯一的具有权威影响力的宗教(此时的西班牙除外)。社会开始朝着稳定方向发展。欧洲文明的重心由地中海转移到了莱茵河河谷和北大西洋沿岸,自英格兰南部到乌拉尔山脉欧洲北部的冲积平原成为最适合经济发展的地区,一场被称为欧洲"第一次农业革命"的变化在这里开始。从重犁、水磨、马拉犁到各种铁器农具的使用极大地促进了农业生产,欧洲人第一次可以依赖稳定的食物供应生活。欧洲社会终于到了可以告别落后的时代,中世纪的转折点旋即到来。

重犁的使用

十字军运动

11世纪末出现的十字军运动是西欧历史的一个重要转折点,欧洲开始摆脱中世纪早期的社会停滞和封闭状态。尽管十字军运动的直接目的是为了将圣地——基督教诞生地——耶路撒冷从异教徒——伊斯兰教徒手中夺回,是一种宗教间的血腥屠杀,然而,与这场运动的宗教本性背道而驰的是,它导致了世俗主义的兴起,成为欧洲人的一场精神复苏运动。与后来出现的商业复苏和城市复苏一样,十字军运动是西欧人活力不断增强和自信心提高的一种表现。

十字军东征运动的出现有着深刻的社会背景,而不仅仅是由于耶路撒冷归来的朝圣者的叙述和隐士彼得的鼓吹所引起的。首先,十字军运动是4个世纪以来基督教与伊斯兰教之间争斗的继续和高峰。自7世纪伊斯兰教在西亚出现以来,基督教一直在与伊斯兰教的扩张进行斗争。尽管由于拜占庭的存在,伊斯兰教没有对基督教的欧洲形成直接的威胁,但是伊斯兰教在西班牙的胜利还是表明伊斯兰教的威胁始终存在。因此遏制伊斯兰的进攻势头,把伊斯兰教逐出欧洲一直是基督教教会的一个目标。在十字军运动之前,基督教社会由于自身的软弱一直是伊斯兰教进攻的受害者,处于守势,现在日渐强盛的基督教终于有了对对手进行反击的机会。于是,当西方朝圣者去圣城耶路撒冷的道路被阻,拜占庭遣使求救时,教皇乌尔班二世认为这是一个发动攻势的大好机会,号召所有基督教信徒共同参加东征,进行圣战,以便从穆斯林手中夺回圣地。教皇还宣布凡参加东征者可完全免罪。由于参加者佩戴象征基督教的十字,故名"十字军"。十字军于1099年7月夺取了耶路撒冷,并在那里建立了"耶路撒冷拉丁王国",成为这次十字军东征胜利的一个标志。

十字军攻打圣城耶路撒冷

欧洲在5世纪至11世纪之间,除了宗教生活的大一统外,未能建立起任何具有普遍性、为所有欧洲人接受的东西。封建割据使得一切都是局部的、地方性的。国家、生活和思想都局限在狭小的天地里,人的思想和活动都要求超越这种限制。尽管早期日耳曼民族所崇尚的游荡生活在封建制度确立后已经成为往事,但对这种生活所带来的刺激和惊险的爱好依然存在。撇开宗教因素,欧洲广大民众对十字军运动的热情犹如对一种更为开阔、变化的新生活的向往,其中既有对往昔自由自在的蛮族生活的回忆,也包含对广阔未来的憧憬成分。同时,它还反映了基督教的扩张精神。到11世纪,西欧社会的基督化过程实际上已经完成,对于基督教徒而言,拓展基督教世界的疆域,开拓新的世界是一种生命追求。十字军东征正好为欧洲民众提供了这样一个机会。

正因为如此,十字军运动的一个最主要特征是它的广泛性。它把整个欧洲都调动了起来,有 10 万人(这在当时是一个很大的数字)自愿投入这一运动,加入十字军行列的人几乎来自西欧所有地区和所有阶层,固有"人民的十字军"之称。可以说,这是第一次全欧洲性的运动。在此之前,欧洲的民众从未被同一情感所激动,或为同一项事业而行动。

尽管历史表明十字军运动本身是一场残酷的血腥战争,开创了欧洲历史上对不同信仰的人们进行公开、大规模杀戮的时代。成千上万民众死在东征的途中,成千上万穆斯林遭到屠杀,圣城遭到破坏。对于犹太人而言,十字军运动更是一场前所未有的灾难,数以万计生活在欧洲社会的犹太人因信仰的不同而遭到杀害,无数财产遭损失,犹太人从此生活在一个恐惧且无任何保障的社会之中,然而,十字军运动还是包含一系列积极成果的[①],特别是对于未来的欧洲社会生活变化而言。

第一,十字军运动打通了东西方之间自中世纪以来的长期隔绝封闭状态。在这以前,西方的基督教社会和东方的伊斯兰教社会基本是隔绝的,彼此间鲜有往来。十字军运动之后,西方人开始走出过去的闭关自守,东西方开始了人员和货物的交流和交往。其中最显著的一个标志是,在第一次十字军东征之后,东西方之间贸易的大规模开展,预示着欧洲新的发展时期的到来。

第二,十字军运动向基督教世界展示了一个更为广阔和多彩的世界。世界不再是单元的,生活也不再是乏味的。参加十字军运动的战士在东征的过程中目睹了一个新奇的、千姿百态的、不同于自己所生活的社会。欧洲人猛然发现自己的身边还有两种其他样式的文明存在,一个是拜占庭文明,另一个是伊斯兰文明。它们不仅与自己的文明样式有所不同,而且表现得更为丰富、进步、多彩。人们见到众多的异域事物和他乡习俗,这不但使他们眼界大开,而且对他们造成思想上的冲击并提高了他们的境界。西欧人固有的世界观开始发生变化,社会生活的许多方面都出现了新的气象。从众多当时反映十字军运动的文字记载可以清楚地看出东方民族和文化的冲击。

第三,十字军运动开创了一种向外拓展和冒险的精神,这一精神正是欧洲人走出封闭,开拓进取所必须的。事实证明,十字军运动是西欧从封闭到开放的转折,从僵滞到活跃的开始。欧洲对外的大门一旦打开,就再也没有关闭过,从此,西方开始奉行积极主动的"走出去"对外交往的政策。从某种意义上说,后来的地理大发现和西方人在世界范围内的征服活动是十字军开创的这一精神的延续和发展。

第四,十字军使得欧洲人重新发现了亚洲。两地的交流丰富活跃起来。交流

[①] 需要特别指出的是,这里指的主要是第一次十字军运动。以后的十字军运动已经不再具有这样的积极成果。

的结果不仅使得文化物质丰富,如各种产自亚洲的物产被介绍到欧洲,而且新的技术和科学开始传入欧洲。如中国的四大发明、印度的阿拉伯数字、阿拉伯文化等被介绍到欧洲,并在社会生活中得到运用,推动了欧洲文明的发展进程。

第五,十字军运动对欧洲封建制度的衰落和君主权力的加强起到了积极推动作用。许多封建领主在这一运动中丧生,农奴流失,财产损失,大大减少了小封地、小领地、小领主的数量,出现了大采邑和大的封建实体。人的流动给地方主义造成了冲击,十字军运动前的"普遍的地方性"的趋势已经终止,地方性开始逐步让位于国家性,王权的影响力开始有所上升,这在中世纪的欧洲还是第一次。

第六,以宗教信仰的名义和影响发动的十字军运动,结果却使社会朝着开始背离宗教思想的方向发展。欧洲人由对它的迷信和盲从转向怀疑,人们开始从更广阔的角度看待宗教。在这之后欧洲异端思想的不断出现不能不说与此无关。这大概是发动十字军运动的基督教会所始料不及的。

犹太史学家大卫·鲁达夫斯基作出了这样的观察:

十字军东征缩小了几个世界的隔阂。从此以后,西欧居民之间,以及他们与拜占庭帝国的基督教同胞之间的联系日益紧密。基督徒和近东的穆斯林也开始了更为频繁的交流。在宏伟壮丽的拜占庭,伊斯兰文明的迷人魅力展现在欧洲人面前。他们为君士坦丁堡的夺目光彩惊叹不已,他们自己落后的乡村和城市则相形见绌。伊斯兰在艺术、医学、哲学和科学方面的成就也使他们眼花缭乱、目不暇接。对于这种优美雅致、精雕细琢和奢侈豪华的东方生活,他们更是羡慕不已。当回到自己家园的时候,他们从东方带回的不仅是新物品,也带回了新思想;而这一切使他们再也不能安于现状。①

总而言之,十字军运动对西方人的思想和社会所产生的影响是巨大的。"它使欧洲社会脱离了一条非常狭窄的小路而踏上一条康庄大道,它开始了一个把欧洲社会各种因素转变成具有现代文明特征的政府和人民的过程。"②

中世纪的盛期

中世纪在 12 世纪进入了被称为"美丽的中世纪"的新时代。欧洲社会经过几百年缓慢的积攒终于爆发出快速发展的势头,中世纪的盛期也就随之到来。盛期特征之一是城市复兴步伐加快,古罗马时期建立起来的城市,如罗马、比萨、佛罗伦

---

① 大卫·鲁达夫斯基:《近现代犹太宗教运动》,傅有德等译,山东大学出版社,1996 年,第 20—21 页。
② 基佐:《欧洲文明史》,程洪逵译,商务印书馆,2005 年,第 146 页。

萨、马赛、里昂、美因兹、伦敦、约克等相继恢复了中心城市的地位,一大批新兴城镇也如雨后春笋般在各地出现。欧洲城市化进程以前所未有的速度发展。越来越多的人被吸引到城市来生活,欧洲社会的人员流动加剧。城市管理机构——市议会和市议员制度在13世纪建立起来。一个新兴的市民阶层开始形成,当资本主义出现后,工人阶级和城市无产者均产生于市民阶层。城镇生活还造成社会分工的加剧,出现了为满足城市生活、生产需要的各种行业、店铺、作坊乃至休闲场所,手工业者的队伍扩大,行会组织出现。这时,城市在经济方面发挥的作用已远远超过古代。城市的重要性也开始日渐显现,它不仅发展成为建筑业、制造业、服务业、商业和贸易的中心,也成为政治、文化和社会民主的中心。正如论者云:新兴的城镇是中世纪发展至关紧要的发动机……它们提供市场、生产产品,从而使整个经济体系繁荣起来。①

中世纪城镇的商业街

特征之二是商业开始复兴,一个以经商为主的群体形成,并逐渐取得较高的社会地位,这导致商业的进一步发展。商业的大发展一方面是为了养活急剧增长的城市人口,另一方面也是为了获得更多的利润。中世纪商业复兴从一开始就具有开放性和国际性。意大利的商人会远上法兰德斯,而英国的商人会到威尼斯。最先发展起来的商业借助十字军运动开通的朝圣道路,建立了新的海上通道,促进了

---

① 拉尔夫等:《世界文明史》(下卷),赵丰等译,商务印书馆,1999年,第563页。

东西方贸易的开展。意大利北部城市如威尼斯等尤其在这一商业活动中受益巨大。在相当长的一个时期,意大利都在与东方的贸易中占据重要的地位,并确认其在海上的霸权。以赢利为主的商业活动代替了补充性的简单交换。凡是有市场的货物都在交易之列。商业促进了经济的快速发展和社会的繁荣。意大利的繁荣和随后的文艺复兴也由此开始。

中世纪盛期还是欧洲人流动的开始,朝圣、经商、求学,甚至游历都是造成人员流动的原因。欧洲人不仅在欧洲境内游历,而且开始走出欧洲。欧洲与亚洲的交往也有所上升。有关游历的记载不断在社会上流传,开始影响到人们对世界的看法。例如,意大利人马可·波罗在东方的神奇经历和在13世纪发表的游记进一步刺激了欧洲人的想象。法国学者阿贝尔·雷米萨认为是马可·波罗的东方经历激发了哥伦布从西路航海到东方的壮志,从而发现了新大陆。

中世纪在14世纪进入了它的末期,快速发展的欧洲在发展过程中遭到各种灾难的困扰。首先,人口的过快增长造成经济负担,频繁出现的饥荒使人民疲弱不堪。而在1347至1351年间肆虐泛滥的腺鼠疫(通称黑死病)的大流行,夺去了欧洲近三分之一人的性命,酿成中世纪欧洲历史上的一场最大的悲剧,并造成经济的崩溃。上层社会的无情压迫使得反叛和农民起义接连不断,叛乱和战争使民不聊生,赋税沉重,法国的雅克雷起义和英国的农民起义都对社会造成巨大冲击。1337年,欧洲爆发了英法之间长达百年的战争。在困难时期,原本在欧洲社会具有权威的基督教教会不仅没有能够发挥道德和政治领导作用,相反它本身也陷入了一场严重的机构危机。所谓"阿维尼翁之囚"[①]事件实质上是教会的分裂。1378年,当老教皇去世后,红衣主教团在几个月时间内选出了两位教皇:乌尔班六世和克雷芒七世,造成了教会大分裂。分裂局面一直持续到1417年的康斯坦茨宗教会议,尽管教会分裂局面暂时结束,但教会的权威再也不如从前,教皇的威信更是大大降低,成为世俗君主可利用的工具,欧洲教权统治向王权统治转移的过程从此开始。与此同时,教会内部还出现了要求改革的呼声,英格兰的约翰·威克里夫(John Wycliffe,约1330—1384)和布拉格的约翰·胡司(Jan Hus,约1375—1415)分别领导了两地要求改革的"异端"运动,表达了信徒对教会行政体系的不满和抗议。欧洲显然陷入了一场空前的危机。中世纪走到此时已是遍体鳞伤。不过,常言道:"病树前头万木春。"在危机四起的中世纪的前面是升起的文艺复兴的新曙光。

在结束对中世纪欧洲历史的叙述之前,有必要提及欧洲东部一个名为罗斯的

---

① 指1309年教皇将教廷所在地迁至法国南部的阿维尼翁一事,此后70年教廷一直设在那里。

国家(即后来的俄罗斯)。从罗斯的最初出现看,它显然是西欧的一个组成部分。10世纪前后,来自瑞典的维京人在基辅地区建立了一个公国。尽管在随后的几代人中他们的语言为斯拉夫人所同化,但他们建立的国家在1200年仍是欧洲共同体的一员。1200年后,由于蒙古人的入侵和占领、莫斯科大公国作为一个统一势力的崛起、罗马教廷在波兰的胜利以及拜占庭的灭亡等原因,信奉东正教的罗斯与西方疏远,逐步发展成为一个东方国家。俄罗斯作为一个帝国的出现是在中世纪末期伊凡三世(通称伊凡大帝)时代(1462—1505年在位),伊凡大帝通过自己的征战吞并了莫斯科和波兰之间的所有独立公国,并将毗邻其西部边界的白俄罗斯和乌克兰地区控制在自己的手中,尽管俄罗斯的真正强大是在19世纪,但一个大国的雏形已经开始出现在欧洲的版图上。伊凡大帝在建立帝国的过程中,以拜占庭风格建造了克里姆林宫王宫,选择"沙皇"(Tsar,或Czar,有Caesar"凯撒"之意)作为自己的称号,并使得俄罗斯沿着东方式的政治专制方向发展,这一切使得俄罗斯在某种程度上游离于西方文明体系之外。但是无论如何,俄罗斯作为一个欧洲国家,一个在现代史上举足轻重的强国,对西方文明的现代进程和历史还是具有巨大影响的。

第二节 统一欧洲的力量

中世纪的基督教教会

　　基督教及其教会在中世纪居统治地位的事实是毋庸置疑的。无论是政治、社会、思想还是文化领域都由基督教思想主导。以罗马教廷为首的基督教教会作为基督教的有形机构主宰着中世纪的所有方面。基督教及其教会在中世纪欧洲的这一地位是基督教发展历史的必然。

　　首先,在罗马帝国尚存的4世纪末和5世纪初,基督教教会就已经不再是一种单纯的个人的信仰,它已是一种有着完善组织的机构。它有自己的"政府",管理自身的事务,有一批不同等级的教士,随时随地准备去执行各种使命。它有财政收入,有独立行动的手段,有一个社会团体所需的聚会地点,即各行省的、全国的和全教会的会议,还有就社会事务共同讨论的习惯。因此,这时的教会既是宗教机构,又是世俗政权管理机关。教皇所在地梵蒂冈既是宗教圣地,也是世俗国家,有教皇国之称。总之,基督教发展到这一阶段,已不仅是一种宗教,还是一个教会团体,一个有着很大影响力、号召力、组织能力和管理能力的团体。人们不难想象,如果基督教像早期那样仅仅是一种信仰、一种思想感情、一种个人信念,它肯定会在罗马帝国解体和蛮族入侵之际没落。正是教会团体以其机构、人员与力量有力地抵抗了帝国的内部崩溃和蛮族影响,征服了蛮族而成为罗马世界与蛮族世界之间的纽带、媒介和文明的原则。

我们已经了解到,基督教的基本教义在罗马帝国后期已经基本确定,进入中世纪后更是形成了一个较为完整的思想体系。正因为如此,基督教教会在罗马帝国覆灭后不仅继续留存,而且还得到了发展。早在欧洲封建化过程之前,基督教便已深入社会,成为罗马帝国消亡后,中世纪欧洲社会实际存在的唯一具有权威和影响力的势力。

此外,随着基督教传教和皈依活动的进一步展开,日耳曼蛮族开始为基督教吸引,公元496年法兰克3000名士兵集体皈依基督教开创了基督教教会与蛮族结盟的先河,在接下来500年的时间内,基督教及其教会的影响日益扩大,不仅将整个欧洲基督教化,而且通过在不同时期与不同世俗统治者争夺权力,获得政治权力,实行宗教权和政治权合一的教皇统治,终于成为中世纪欧洲社会的主宰。

从人文主义观点出发,基督教及其教会在中世纪欧洲的统治的确是一种不幸,神权思想甚嚣尘上,人性受到压抑,思想受到禁锢,社会愚昧无知停滞不前,文学艺术活动受到限制,特别是中世纪后期异端审判庭的存在和罪恶更是反映了教会的黑暗和愚昧的一面。

然而,基督教及其教会在中世纪欧洲的存在并非只有消极的一面,事实上,它对中世纪欧洲的正面积极贡献与负面消极危害一样巨大。正确认识基督教及其教会在中世纪的作用对于把握西方文明的精髓有着重要意义。

客观地说,在古代文明被毁之后,是基督教实际负起了(严格地说也只有基督教才能负起)在欧洲"从头做起"①的重新建设文化的任务。

首先,没有基督教及其教会的存在和影响,中世纪的欧洲就很可能是一盘散沙,事实上,正是由于基督教教会的存在,才使政治上纷乱的欧洲有了一种无形的凝聚力。欧洲,特别是西欧在中世纪逐步趋同发展,形成文化上的同一性,这主要得益于基督教的影响。

---

① 恩格斯说过这样的话:"中世纪是从粗野的原始状态发展而来的……它把古代文明、古代哲学、政治和法律一扫而光,以便一切都从头做起。……它从没落了的古代世界承受下来的唯一事物就是基督教和一些残破不全而且失掉文明的城市。"参见《德国农民战争》,《马克思恩格斯全集》第7卷,人民出版社,1959年,第400页。

其次,在规范人的思想、伦理、道德方面,基督教思想是当时无可替代的权威。基督教思想在开化日耳曼民族的过程中作用巨大。种种资料表明,日耳曼民族的开化和文明生活的开始是在基督教的教导下逐步形成的。在教会的教导下,具有教化意义的耶稣的箴言不但必须应用于每个人的个人生活方面,而且也必须应用于社会公共生活方面,成为共同的社会道德规范。西方人的思想和伦理准则的最终形成是离不开基督教思想的。例如,基督教在把人与上帝联系起来时,在宣布"上帝创造人类"时,给每一个人的命运带来个人的价值。不过,与古典人文主义不同的是,基督教不认为个人的价值来源于个人的推理能力以及根据理性标准塑造自己的个性和一生的准则,而是来源于天国的救赎,灵魂得救被看作是人的最大幸福。至今,这一观点仍旧为西方人所坚持。

再次,基督教教会有意无意地保留了古典文化,并成为中世纪欧洲文化的传播者。当日耳曼人打败罗马帝国后,基督教教会是唯一认识希腊罗马文明价值的机构,收集、保存古典文明的珍贵手稿是当时教会的一项工作。例如,在修道院的缮写室,修道士除了抄写宗教书籍外,还抄录大量古典作家的作品。此外,在中世纪早期,所有的学校都是教会和修道院创办的。教会把从古典希腊罗马的世俗教育承袭下来的学科称为七艺,用来为宣扬教会的思想服务。通过对文化的传播,教会在促进日耳曼文化和罗马文化交融过程中发挥主导作用。基督教教会不仅在保存和传播古典文明上发挥了积极作用,还推动了人类学术活动的发展,被视为哲学一大组成部分的经院哲学就是基督教教会开启和取得成就的。

最后,尽管教会的主要作用是规定和指导人们的宗教生活,但在中世纪,特别是最初的500年,欧洲社会缺乏政府管理和有效为社会提供服务的机构,人们生活中的许多需求通常由教会承担。例如,由于没有任何福利机构,教会成为社会上实际存在的唯一慈善组织。属于慈善福利方面的事业基本上由教会承担。欧洲社会最早出现的医院、孤寡收容所、盲人之家、精神病院等均为教会所办。各地修建的修道院都设有一个特别的职位——赈济员,专门负责教会的慈善事务,为老弱贫病提供尽可能的帮助。由于没有客栈,修道院成为接待过往旅客的主要场所,为陌生人和旅客提供免费食宿。由于没有公立学校,教育完全由教会进行。人的婚丧嫁娶活动基本由教会办理。教会法庭不但处理涉及教士的一切案件,而且也处理信徒的婚姻、对遗嘱的争执等案件。这一切使得教会成为欧洲社会上的一个实际重要行政机构。加之,基督教信仰是中世纪联结各国社会、巩固家庭生活、维系整个西欧公共生活的主要力量和权威,教会对于欧洲的存在和发展是不可或缺的。

日耳曼人的特征

日耳曼人作为西方世界的主体民族,其特征对西方文明发展的走向是至关重要的。当罗马帝国被征服时,欧洲的征服者几乎完全属于同一个种族——日耳曼人(除少数斯拉夫族外)。他们几乎完全处于同样的文明发展阶段。根据公元前1世纪罗马凯撒大帝写成的《高卢战记》记载,当时的日耳曼人的全部生活是狩猎和战争,对农耕并不关心,显然处于原始氏族阶段。尽管到日耳曼人征服罗马时早已步出氏族阶段,但尚属于未开化民族。这时的日耳曼人具有主要蛮族所特有的一种情操:个人独立的情操,一种除满足自己以外没有任何其他动机,不惜冒一切危险而表现出对自由的热爱。

日耳曼人因此培养出了一种对个人自由和独立感到快乐的特征。这种快乐是"在世事和人生的种种机遇中,生气勃勃地、自由地享受人生的那种快乐,有活动而无须劳作的那种快乐,对充满不可靠性、不平等性和危险的冒险事业的爱好"[①]。

这显然是一种热爱自由的情操。对生活在有秩序、有道德约束社会里的人来说,他们是很难体会到日耳曼人这一情操的。对独立和自由的热爱,无论其中包含多少野蛮和残忍的成分,总是一种可贵的道德情操。西方文明所包含的这种情操无疑是通过日耳曼蛮族被引进的。因为,古典文明中所说的自由,无论是在近东文明,还是在古希腊—罗马文明,主要指的是政治上的自由,公民的自由。在那种文明中生活的人不是为自己的个人自由而奋斗,而是为他作为公民的自由而斗争。他意识到自己属于某一团体,他决心效忠于这一团体,并在必要时准备把自己的一切奉献给这个团体。日耳曼人尽管经过基督教的熏陶,在道德伦理上与基督教教义融为一体,但作为一个在欧洲土生土长的民族,其固有的传统依然在起着潜移默化的作用。西方人后来与这个世界舞台上的其他人群相比,具有更为乐观、更富有活力、更愿意进行尝试和冒险的精神很可能就是来源于此。

骑 士 制 度

骑士制度是中世纪西欧造就出的一种特殊现象,它的存在对近代欧洲人的精神和价值取向产生一定影响,是西方文明的一个插曲。骑士制度源于西欧的采邑制和封军封臣制,最早出现在法兰克王国时代。骑士既是封臣也是战士,主要职业

[①] 基佐:《欧洲文明史》,程洪逵译,商务印书馆,2005年,第37页。

是进行军事训练和打仗。最早的骑士是职业骑兵,在领主军队中服役并从领主那里获得采邑。后来"骑士"成为一种称号。早年的骑士主要听从领主召唤,或是打仗、远征,或是护卫城堡、领地。显然,骑士制度是为了领主的利益而存在的。他们在战争、狩猎等方面受到封建领主的训练。通常骑士拥有地产和农奴,但其本人则又隶属于领主。12世纪前后,西欧骑士制度发展到了鼎盛期,骑士的地位和尊严都有所加强。到13世纪中叶,骑士爵位与封建制之间的关系发生了变化,骑士失去了军事意义而成为礼仪阶层。

骑士制度在中世纪造就了一种所谓"骑士精神",以效忠主人、勇敢顽强、注重荣誉、保护弱者、护卫基督教、尊崇女性等为特征。尽管骑士制度在中世纪末不复存在,但骑士制度所造就的骑士精神对西方近现代的绅士风度的出现是有一定影响的,西方社会对女子的态度也多与其有关。

第三节　对西方文化的塑造

中世纪是一个历史悠久的时代,一千年的漫长岁月使得欧洲社会发生了缓慢却仍旧可视为巨大的变化。在这一发展过程中,中世纪文明取得的成就尽管还不能用伟大来形容,却是卓著的。日后发展起来的西方文明的许多方面是在中世纪,特别是在11—14世纪文明成就的基础上建立起来的。

中世纪语言、文学

语言

中世纪是欧洲各国民族语言(特别是书面语言)的形成时期。中世纪开始时欧洲日耳曼人尚没有自己的文字,罗马的拉丁语(亦称为罗曼语)便成了欧洲的通用语言,是神父、主教、医生、律师、教师、作家以及有教养和身份的绅士的日常用语。宗教、医学、法律、教育、外交、文学等领域使用的文字都是拉丁文。古典文学也是以拉丁文流传到中世纪的。如维吉尔等人的诗、哲罗姆翻译的《圣经》通俗本等都使用拉丁文。

不过,在南欧,拉丁语在使用过程中在不同地区发生了各种变异,逐步演变成中世纪的法语、意大利语、西班牙语、葡萄牙语等地方语言。西北欧出现了日耳曼语（亦称为条顿语）的各种地方语：德语、丹麦语、挪威语、瑞典语、荷兰语等。英语则是拉丁语与日耳曼语混合的产物。在中东欧，则形成了斯拉夫语的不同分支：俄语、波兰语、捷克语、南斯拉夫语等。所有这些语言共同构成了印欧语系的主要部分。当然，所有上面提及的各国语言同时包含众多的方言。相对于拉丁语，这些语言均被视为是土语、不成熟的语言，仅在普通人的日常生活中得到使用。拉丁字母成为西方众多语言的共同拼写字母也与中世纪的发展紧密关联。中世纪盛期以来，这些"土语"得到较大发展，在中世纪结束前后走向规范化，成为取代拉丁语的各国民族语言。在这期间，民族文学的发展是民族语言规范化的主要动力。

文学

宗教在中世纪社会占据的主导地位使得中世纪的文学以教会文学为主体成为自然。文学的作者以基督教的教士居多。教会文学的宗旨单一且明确：普及宗教教义和教化民众道德。由于当时的教育和印刷术尚未普及，文学成了民众了解《圣经》有关内容的最主要途径。教会倡导的文学作品的内容几乎全部来源于《圣经》，严格讲，是对《圣经》有关内容的演绎，缺乏真正意义上的艺术性。作品按形式可分为两大类：叙事和戏剧。叙事作品包括《圣经》故事、福音故事、圣徒行传、祷告文、颂歌、圣者言行录等。戏剧有神秘剧、奇迹剧和行会剧之分。神秘剧和奇迹剧都属于礼拜剧范畴，起源于教堂的弥撒仪式，最早在基督教教堂中上演，讲述与耶稣和圣徒有关的故事。行会剧由走出教堂的礼拜剧演变而来，虽然行会剧不再由教会组织，而是由各业行会组织演出，内容仍以宗教为主，不过，行会剧是中世纪最早把戏剧搬上街头的，成为民众娱乐的一种文学样式，对稍后出现的戏剧产生了一定影响。

除了宗教文学外，中世纪文学还包含一系列其他样式的文学。英雄史诗是其中之一，在中世纪文学中占有一定地位。这是一种具有《荷马史诗》风格且汲取了圣徒传中情感的民间说唱艺术形式的诗歌。早期具有代表性的作品是英国的《贝奥武甫》。该史诗主要反映盎格鲁-撒克逊人移居不列颠前在欧洲大陆的生活，作品以历史和神话结合的方式描写了尚处于部落阶段时的蛮族英雄人物，具有欧洲民族的原始美和粗犷美。《贝奥武甫》的重要性在于它不仅是最早的古英语诗歌典范作品，而且还描绘了早期英格兰人及其祖先的社会生活。而法国的英雄史诗《罗兰之歌》是以历史人物和民间传说为依据谱写下的一曲法兰西抵御外侮的英雄故事。史诗反映了当时社会要求法兰西统一，建立一个封建等级制君主国家的愿望。

这首长达4002行的史诗为11世纪末或12世纪初的作品,包括291节,用罗曼语的方言写成,历来被视为是欧洲中世纪流传下来英雄史诗的最优秀代表。此外,西班牙的《熙德之歌》和德意志的《尼伯龙根之歌》都是当时最为流行的英雄史诗的佳作。值得指出的是,英雄史诗大多用各国方言写成,往往被视为欧洲各国民族文学的开端。

除了英雄史诗外,中世纪民间世俗文学也呈现出一定的繁荣局面。这些文学形式包括传奇体叙事诗、抒情民谣等。民谣起源于12世纪前后,流传下来的主要是由18世纪文学家搜集、整理的部分。传奇叙事诗主要反映骑士的生活和思想,通常被看成是"骑士文学",这样,骑士文学实际上成为中世纪民间世俗文学的主体。骑士文学由欧洲存在的骑士制度造就,主要包括游吟诗和骑士传奇。游吟诗的特点是歌颂骑士之爱,一种不同于宫廷社会的爱情观。它一反过去所宣扬的女子对男子的献身和屈从的爱情传统,突出男子对女子的献身和屈从。在骑士文学中,男子只能博取爱情,而女子才具有爱情的决定权。诗歌的浪漫主义情调浓厚。如流行于法国南部普罗旺斯的《破晓歌》抒写骑士与贵夫人的浪漫爱情,是骑士抒情诗歌的佳作。德国的《菩提树下》和《爱纳伊特》则是浪漫爱情与民族感情相结合的抒情诗歌。骑士传奇则主要通过虚构手法描写骑士的冒险生活和柏拉图式的精神之爱情故事。骑士传奇可分为三大系统:以凯尔特亚瑟王为主的传奇,以反映查理大帝和他的骑士事迹为中心内容的法兰西传奇,以及以亚历山大事迹和特洛伊战争为中心的古代传奇。其中亚瑟王和他的圆桌骑士传奇在西欧最为流行。骑士文学以其浪漫主义基调成为欧洲文艺复兴前的一种主要世俗文学样式。骑士文学除了故事引人入胜外,还开始注意人物的内心活动,可以说是西方长篇小说的雏形。

中世纪的市民文学是伴随着欧洲城市复兴而产生的一种文学样式,也是中世纪文学的一个有机组成部分。市民文学是在民间文学的基础上发展起来的,与宗教文学不同,它所描绘的主体是新兴城市的市民和他们的生活,作品的主题多与普通市民的实际生活贴近。市民文学体裁不一,其功能主要是娱乐民众,因此作品往往主题鲜明,诙谐幽默,内容丰富活泼。其中法国的市民文学作品最具代表性。像《驴的遗嘱》《农民医生》《修士丹尼斯》等都是脍炙人口的作品。广泛流传的以《列那狐传奇》为代表的列那狐系列故事被视为中世纪市民文学的代表,它们是在东方寓言和民间动物故事的基础上发展起来的,尽管故事主人公都是动物,但思想内容与社会生活紧密相关,体现了市民文学所具有的讽刺性和喜剧性。长篇故事诗《玫瑰传奇》是市民文学中的力作,除了爱情外,涉及许多社会问题,被认为是欧洲最早反映出人文主义思想萌芽的一部作品。市民文学还包括城市剧等。市民文学对后世文学有一定影响,如16世纪的拉伯雷的小说《巨人传》、17世纪莫里哀的《屈打成医》等,无论是内容还是表现形式都是市民文学影响的结果。

中世纪文学的最高成就无疑属于意大利诗人但丁(Dante Alighieri,1265—1321),他因其文学成就被视为与莎士比亚、歌德齐名的西方文学史上的三大天才巨匠之一。但丁出生在一个贵族家庭,早年曾积极参加家乡佛罗伦萨的政治活动,当时佛罗伦萨具有的浓厚的文学艺术气氛对但丁的创作产生很大影响,培养了他对文学的兴趣。

长篇史诗《神曲》是但丁的代表作,用意大利的押韵韵文写成,描述了诗人在地狱、炼狱和天堂的历程。但丁于1308年便着手《神曲》的创作,直到1318年才最终全部完成。《神曲》立意深远,气势恢宏,想象丰富,寓意深刻。整个作品由《地狱》《炼狱》和《天国》三个部分组成,共14233行,每部均为33章,加上序曲共有100章。在游历过程中,作者表达了自己对政治、伦理、社会、生活、人生的看法,以完美的艺术形式对其生活在其中的中世纪作了完整的总结,并对未来进行了展望。

《神曲》用当时意大利的民族语言写成,而不是通行的文学用语拉丁文,这一做法不仅对于解决意大利的文学用语问题和促进意大利民族语言的统一作出了巨大贡献,而且对于欧洲文学脱离其拉丁起源向表现新时代文化的方向发展有着决定性影响。

继但丁之后,意大利还出现了彼特拉克(Francesco Petrarch,1303—1374)和薄伽丘(Giovanni Boccaccio,1313—1375)一类伟大的文学家。作为人文主义者,他们的思想和作品流露出的自然主义风格给文学创作带来了新风。彼特拉克以诗歌创作享誉文坛,他的诗歌集《歌集》汇集了366篇诗歌,其中主要歌颂了现实人生的爱情、幸福和快乐,著名的"十四行诗"是作者的创新,对欧洲近代诗歌的创作产生了重大影响。薄伽丘的《十日谈》是一部划时代的作品,是西方第一部用散文体方言创作的文学书籍。书中的100个故事共同构成了一幅反映当时市民阶层及社会生活的画卷。尽管这些故事的内容和情节是从更早的作品中借鉴的,但作者的人文主义倾向,富有生气和诙谐的叙事风格使整部作品闪烁着人文主义的光彩和文学情趣,对西方文学的发展方向给予重大影响。薄伽丘本人自然成为欧洲现实主义小说的先驱。

在英国,乔叟(Geoffrey Chaucer,约1340—1400)的出现标志着伟大的英国文学传统的开端。他出生于市民家庭,早年出使意大利,受到意大利的人文主义思想和文学的影响。他的创作具有主题、体裁、风格多样性的特征,代表作诗体

《坎特伯雷故事集》被认为是英国文学的经典。与薄伽丘的《十日谈》相似,《坎特伯雷故事集》也是一部框架式故事集,24个由不同人物讲述的故事生动地反映了英国各阶层的生活、情操、思想和价值观。作者利用故事集前的总引向读者展示了一幅当时英国社会的"人间喜剧",真实地反映出14世纪英国的社会现实。

这些文学家的出现实际上向人们预示了文艺复兴的曙光已经在欧洲升起,他们尽管生活在中世纪,却被称为文艺复兴运动的先驱。

神学和哲学

中世纪是西方文明史上的信仰时代,是西方神学思想大发展的时期。基督教神学思想在教会确立的一系列基督教教义和信条中得到表达和阐述。格里高利一世(Gregory I,约540—604)是继奥古斯丁之后又一位基督教神学家,也是中世纪第一位重要神学家。

格里高利一世的神学思想以教会论为核心,但对奥古斯丁的预定论有所保留,认为人的得救既靠上帝的恩典,也靠自己的善功,而履行教会的圣事是最主要的善功。基于这一思想,他强调苦行和炼狱,认为人只有经过炼狱的净化后,才能进入天堂。中世纪盛行的修道思想与此有直接的关系。

此外,格里高利一世还是一位政治家,公元590年被选为教皇后,大力整顿教会组织,严肃教规,推行修道院制度,厉行教士独身制,强调修士的苦修和绝对服从,创建了一个以西方价值为取向的教廷。格里高利一世是欧洲进入中世纪后的第一个有重要影响的教皇,其思想和一系列做法对基督教神学思想的发展有深远影响,享有"中世纪教皇之父"的盛誉。

中世纪不存在纯粹意义上的哲学,中世纪的哲学是以神学为前提,以论证神学观念为出发点的,故有哲学是神学的奴婢之说。它所要探求的是上帝是否存在,上帝是否可以为人所理解,从而引申出宇宙、存在、一般、个别等哲学概念。中世纪盛行的哲学是经院哲学。经院哲学既指一种教学和研究方法,也指一种世界观。经院哲学在12世纪出现,13世纪是经院哲学的黄金时期。经院哲学通过自己的努力把基督教教义变成了无所不包的哲学体系,可以说代表着中世纪文明的精神实质。

经院哲学产生的背景是希腊哲学(具体说是亚里士多德哲学)的重新发现和阿拉伯哲学的传入。经院哲学围绕两大对立的命题:信仰和理性、唯名论和实在论展开争论。

经院哲学试图使信仰与理性协调一致,认为人通过经验和推理方式获得的知识与天启传授的知识是相辅相成的。信仰和理性是两个不同的手段和途径,探求的是同一真理。经院哲学实际上是希腊哲学和阿拉伯哲学与基督教信仰碰撞的结果。

最早为经院哲学研究方法铺平道路的是法国神学家阿贝拉尔(Pierre Abelard,1079—1142)。阿贝拉尔毕生从事神学教学和研究,是一位在逻辑和哲学方面极富才华的学者。在伦理方面,他主张动机论,强调主观动机的重要性,认为违背道德良心的行为就是犯罪。在罪与救赎问题上,他否认传统的原罪说,认为原罪并不带有原过,亚当传给后代的只是对罪的惩罚或后果。在信仰与理性的关系上,主张信仰应建立在理性的基础上。阿贝拉尔的《是与否》一书辑录了早期基督教神父对150个神学问题的正反两方面的论述,试图通过对这些论述的理性思考论证这些神学问题的是非曲直。他的这一做法后来成为经院哲学研究的传统方法。阿贝拉尔的研究方法由其门生隆巴尔德继承,在《教父名言录》一书中,隆巴尔德把所有涉及神学的根本性问题都按照重要性列出,每个问题都附有从《圣经》和基督教权威中引证的出正反两方面的答案,然后是对每一个问题发表的意见。

托玛斯·阿奎那(Thomas Aquinas,约1225—1274)是中世纪经院哲学的集大成者。他出身望族世家,从小受到良好的神学教育。先后在那不勒斯大学和巴黎大学学习过。作为多明我会的一名修士,阿奎那终生坚持信仰可由理性加以护卫这一原则。阿奎那在思想上受到亚里士多德学说的影响,用亚里士多德的哲学思想系统、全面地阐述了基督教信仰,希望以此将基督教的信仰建立在最坚实的基础上。阿奎那的《神学大全》是经院哲学的代表作,对所有神学问题都以哲学方法进行了探讨,形成了独具一格的、以其名字命名的托玛斯主义。阿奎那承认神学和哲学的区别,但认为上帝给了人类认识真理的两个途径:理性和信仰。尽管启示真理需通过启示才能认识,但对于上帝和灵魂的存在还是可以通过理性来认识的。自13世纪下半叶以来,他的思想在中世纪欧洲思想领域占有统治地位,对文艺复兴思想的出现作出了自己的贡献。

议 会 制 度

中世纪是西方议会制雏形出现的时期。议会制度的出现是西方封建贵族和君主之间政治斗争的结果。英国是欧洲第一个建立起议会的国家。议会在英国政治生活中的出现应该说既有偶然性,也有必然性。历史上,英国是欧洲第一个迈向君主制的国家,从亨利一世起,英国君主的权力就涵盖法律,王室法庭负责全国的司法事务。亨利二世设立了大陪审团制度。随着陪审团制度的广泛推广,越来越多的人直接参与王室政府的实际运转过程。但英国自作为一个君权国家出现以来,一直没有一个强大的贵族或诸侯能单独采用武装形式与君主抗衡,贵族和大领主只得联合起来共同斗争。而这种斗争的成果之一是英国《大宪章》(Magna Carta)的签署。1215年,为了维护自身的传统权利,英国贵族联合部分主教和中产阶级人士迫使亨利二世的儿子约翰王签署了一份被后世称为《大宪章》的文件。《大宪章》的签署可以说是议会制在英国确立的基础。严格地说《大宪章》并不是一部权利法案,也不是自由宪章,它在当时不过是关于贵族特权的记录,一份规定了君臣之间权利义务关系的历史文件,如未经王国地方全体会议(即贵族议事会)的同意,国王不得擅自征收任何兵税;未经与其地位相同者和法律审判,国王不得惩罚任何人;除非国王和臣民一致同意,否则君主个人无权制定任何法律;不得凭借某种没有确凿可信证据的指控使任何人受审;任何自由民都不受逮捕、监禁、没收财产等。然而,《大宪章》的签署仍具有极为重要的历史意义,其重要性主要体现在它所确定的有限政府的原则和国王要接受法律约束的思想,为西方社会17世纪出现的真正的议会制奠定了思想和法律基础。难怪亨廷顿将其视为"西方文明的本质"①。

在《大宪章》签署一代人后,英国召开了历史上第一次国会,英国政治体制中出现了一个由封建贵族、教士、市民等共同组成的新型议会(即下议院的雏形)。1295年,在爱德华一世的提议下,议会成为政府的一个独立部门,他本人主持召开了"模范议会"。虽然议会日后成为专制王权的一个制约力量,但在当时基本上是君王的一个可利用的统治工具,为国王扩大征税等事务服务。

法国出现的三级会议是议会制在中世纪出现的又一个例子。法王腓力四世为了抗衡教皇权威和解决一些社会问题,在法国建立"三级会议",由高级教士、贵族和上层市民代表组成。

尽管议会在中世纪的出现具有偶然性,如论者所说是"国王的财库枯竭,不知如何摆脱困境;人民的苦难深重,没有良策解脱。于是人民和国王在走投无路时采取这最后的一招。"②其作用根本无法与今日议会相提并论,但我们绝不可低估议会制雏形出现的积极意义,议会在不同时期一直是抗议政治奴役的场所,是维护限制君王权思想的场所,是进行政治斗争的场所。更为重要的是,议会制成为一种政

---

① 亨廷顿:《文明的冲突与世界秩序的重建》,周琪等译,新华出版社,2002年,第45页。
② 基佐:《欧洲文明史》,程洪逵译,商务印书馆,2005年,第172页。

治制度的样式,一旦时机成熟,将会发挥无法替代的重要作用。17 世纪以来的西方文明史已经证明了这一点。

教 育

罗马时代的世俗教育机构随着罗马帝国的灭亡而荡然无存。在中世纪初期,社会上能够断文识字的主要是传经讲道、研读《圣经》的教会人士,保存和传递文化知识的任务自然落在了基督教教会的身上。由于查理大帝的大力提倡,教会开始承担在欧洲开展教育的任务,如所有的主教都在他们管辖的教区和大教堂设立学校,开办班级,教人读书写字,传授宗教知识和宗教思想。每个修道院也都有自己的学校,对入院的人进行识字、读经和写字方面的基本教育。不过,这时的学校主要以培训教士为主,以传授教义和阅读祈祷文为基本任务。世俗教育在中世纪盛期才开始得到发展,学生进入学校学习主要不再是为了成为教士或能够诵读祈祷文,一些来自上层家庭的学生开始把识文断字看成是一个人的社会地位的标志。世俗教育的出现使得教育逐步摆脱了教会的控制和主宰。除了阅读外,写作和计算方面的教育也受到重视。教育发展的速度在一些城市和地区是惊人的。如到 1340 年,佛罗伦萨人口中有 40% 的人能够阅读。英格兰在 15 世纪识字率也达到 40%。

大学的创办

随着初级教育和扫盲逐步得到普及(主要是上层社会),以及社会发展的需要,创办大学成为中世纪教育活动的主要方面。城市和商业发展迅速的意大利出现了最早的世俗大学——萨勒诺大学和博洛尼亚大学。1170 年,法国的巴黎大学创办,很快成为最著名的大学和公认的欧洲知识学术生活中心。13 世纪以来,牛津大学、剑桥大学、那不勒斯大学、布拉格大学、维也纳大学、海德堡大学、科隆大学等一大批著名大学先后在西欧各地建立起来并得到社会认可。没有一所中世纪的大学是按照事先制定好的计划创办的,它们都是社会实际需要的自然产物。中世纪的大学完全实行自治,或是学生自我管理,或是教师自行管理,不受任何他人管辖。在大学,学生不再以神学为主,而要学习七艺,即文法、修辞、逻辑、算术、几何、天文和音乐。学习研究拉丁文法、修辞学和掌握逻辑原理也逐渐成为必需。自然科学知识、古典知识和伊斯兰文化都成为学习对象。学完大学,一部分大学生毕业后进入更高一级研究学院——神学院、法学院或医学院学习。到中世纪末,欧洲大学已

中世纪出现的大学教育

发展成为担负文化使命的重要机构,新兴市民阶层的知识分子在其中发挥着重大作用。

需要指出的是,尽管在古代就有传授知识和培养人才的高级学校,但那些学校往往没有固定的课程设置,没有教学梯队,也不授予学位。中世纪在欧洲出现的大学无疑是人类教育史上的一种创举,经过一段时间的发展,大学终于成为传播科学文化知识,开展学术研究,培养社会人才的主要场所。正是由于大学的出现,西方在世界科学文化上的主导地位才得到了确定。

艺　术

中世纪艺术主要是基督教艺术,除了早期的艺术是对希腊和罗马艺术的修正外,中世纪基督教艺术具有原创性和自身的特色。中世纪的艺术在总体上是服务于宗教的,如在莫依萨克圣彼埃尔修道院大门门楣上雕刻出的《启示录》的幻见便是把人民置于对永恒惩罚的恐惧之中。

中世纪在艺术上最大的成就集中在教堂建筑上。教堂作为基督教信徒的生活中心，建造教堂成为一个地区所有人的事务，人们以极大的热情和崇敬投入教堂的建造。教堂的样式往往成为那个时代杰出和不朽的一种表现，各地不断建造起的教堂使得教堂建筑艺术成为艺术活动的中心舞台。在风格上，建筑艺术的发展主要体现在欧洲各国的大教堂建筑造型上。5世纪以后教堂建筑出现了新的形式，采用了中心穹隆形式，在高大的穹顶之下，教堂显得更高、采光更好、内部空间更大。6世纪初拜占庭在君士坦丁堡兴建的索菲亚大教堂采用的就是这一样式，由于建造上的尽善尽美使得索菲亚大教堂一经建成就成为中世纪教堂建筑的杰出代表。8世纪后，拜占庭教堂建筑由长方形发展为希腊式十字架形（十字架的四臂等长）。11世纪以来，罗马式和哥特式逐渐成为中世纪教堂建筑的两大艺术形式。

教堂建筑的艺术不仅表现在建筑本身，而且还体现在它的内部装饰上，雕刻、绘画均具有特色，彩色镶嵌技艺得到较好的运用。意大利拉温那圣维塔里八角教堂内保存的两幅表现查士丁尼大帝和西奥朵拉皇后虔诚宗教信仰的巨型镶嵌画是拜占庭镶嵌画艺术的代表。

卡尔特大教堂中的雕刻柱（12 世纪）

所有画中人物呈修长体态，动作保持平稳庄重，以显示他们与凡人不同。这种修长的身体、细小的手足，大眼弯眉成为拜占庭艺术中程式化的形象。精美的彩色镶嵌工艺造成威严而辉煌的效果。此外，圣坛、十字架、金银器的精美制作，大门上的巨大圆形窗，用彩色玻璃嵌出的窗格和图案等都是艺术表现的地方。

罗马式艺术

罗马式艺术是中世纪艺术形式的创新。尽管它在绘画、音乐和文学中均有表现,但在建筑和雕刻方面却是最有特色的。罗马式艺术在建筑和雕刻上体现出一种宏伟的观念和强有力的技艺,风格在思想情感上多以抽象含混为主。在建筑上的罗马式艺术主要表现在教堂的建造上,教堂通常建成拉丁十字架形式,有一座有纵深感的长方形中殿,两间短的耳堂以及一半圆形的后殿。其特征是在窗、门和拱廊上广泛采用罗马式半圆形拱顶,以一种桶状拱顶和交叉拱顶作为内部支撑。比萨大教堂(与之连接的比萨斜塔使之闻名遐迩)是罗马式教堂建筑艺术的典型代表。

而罗马式艺术在雕刻方面体现在人像艺术、柱头浮雕和教堂大门缘饰上。人像比古典的人体雕塑传统在风格上相对自由,存有日耳曼几何形的遗风,以抽象的线条为主,从变形和风格化中产生形象的感染力。

罗马式艺术在11世纪下半叶进入成熟期,12世纪达到鼎盛,但随后便为12世纪中叶出现的哥特式艺术所取代。

哥特式艺术

哥特式艺术是中世纪两大创新艺术之一。它由罗马式艺术演变而来,但具有自身的特征,无论是形式还是内容都比罗马式艺术要丰富复杂。

哥特式艺术风格在教堂建筑上表现得最为突出。其主要特征是有尖角的拱门、肋形拱顶和飞拱。它们构成一个完整的体系,使建筑物的重量分布在有垂直轴的骨架结构上。通过向上延伸的方式,有控制地采用高大、细长的尖角窗或造型挺秀的小尖塔、尖角窗和小尖塔的排列三五成群,造成一种向上升华和高耸入云的视觉效果。著名的哥特式教堂有法国沙特大教堂、巴黎圣母院、意大利米兰大教堂、圣马可山大教堂、德国科隆大教堂等。

巴黎圣母院

圣马可山大教堂

随着哥特式艺术在教堂建筑上的发展,一些相关的艺术形式如雕刻、壁画、版画、彩色玻璃、镶嵌图案等也逐渐繁荣起来,自然主义在13世纪对艺术的影响是巨大的。哥特式风格的雕刻家比罗马式风格的艺术家更为注意按照植物、动物和人的实际形象进行创作。人物雕像逐渐变得更合乎自然比例,面部表情也更为真实。为文艺复兴时代的艺术发展奠定了基础。

绘画

中世纪的绘画艺术是在基督教的影响下产生的。宗教几乎是绘画艺术所要反映的唯一主题:基督的一生、圣母玛利亚的事迹、圣徒的故事,以及与《旧约》有关的内容。与希腊罗马绘画相比,中世纪宗教绘画的程式化和概念化是显而易见的,画中的人物没有动态,没有表情,有的是空虚、绝望、冷酷,或基督教认为的圣洁。

非宗教题材的绘画在中世纪后期终于得到了长足发展,结出了累累硕果。13世纪的意大利艺术家开始摆脱中世纪宗教绘画艺术传统束缚,寻找新的表现形式。在

《圣母玛利亚》

绘画的材料上,他们首先尝试在木板或帆布上绘画。这些画最早用的是水胶颜料(由颜料与水、天然树胶或蛋白调和而成),后采用北欧的油彩作画法。新的材料和画法为艺术的发展提供了机会。现在艺术家不仅可以在教堂的墙壁和天花板上作画,而且可以在木板和帆布上作画。画架画逐渐成为时尚。西方的第一批肖像画开始出现。作于1360年前后的法国国王《好人约翰》画像是现存最早的一幅肖像画。

在这期间最具创造力和最为重要的画家是佛罗伦萨人乔托(Giotto,约1267—1337年)。乔托以写实的形象和想象力打破了中世纪僵化的艺术程式,他的《圣方济各》装饰壁画采用叙事性构图,强调不同人物的内心感情。作为一位自然主义者,乔托笔下的人物和动物更接近自然,行为举止也合乎情理。他是第一位认识到用纯粹的三维空间构图的艺术家,开创了用光线的明暗变化来表现人物的方法,具有人文主义倾向。乔托的作品表明他已经是新时代的艺术家。

佛兰德派画家是北欧产生的伟大艺术家。胡·凡·艾克和扬·凡·艾克兄弟共同创作的祭坛圣画《敬拜上帝羔羊》是中世纪著名作品。他们用绚丽的色彩和强烈的现实主义风格作画。

凡·艾克兄弟《敬拜上帝羔羊》

音乐

中世纪是欧洲复调音乐和音乐记谱法发明的时代。长期以来,欧洲音乐一直是主调音乐。这是一种没有任何协奏伴奏,一次只出现一种主旋律的音乐。10世纪时,西方就开始用两个声部或更多相互独立的声部同时演奏的尝试。最重大的突破发生在1170年前后,巴黎大教堂的唱诗班尝试用两种不同旋律交织成两种声音唱弥撒曲。这是对位法的首次运用。在随后的发展中,复调音乐开始诞生。在复调音乐中,各声部是独立的,在节奏上虽互不依靠,但又互相补充,音乐的表现力开始得到了充分展示。复调音乐的出现遂成为中世纪在音乐领域的一大发明。

11世纪,一个本笃会修士圭多(Guido of Arezzo,约990—1050)首先创造了西方音乐记谱的方法——五线记谱法。圭多用四条线标出3度音程的机构,再用字母表示谱号。音符标在线上以及线与线之间的空隙之处,从而明确了音高之间的固定关系。记谱法的出现使得人们学习曲调不用他人口授,演奏的人不必再依靠记忆演奏,而且能够演唱和演奏更为复杂的音乐,使一个地方的音乐能够不受时间和地域的限制流传开去并保存下来。

西方音乐后来取得的成就和享誉世界的欧洲古典音乐无一不是得益于中世纪在音乐领域取得的成就。

银　行

银行业的出现是中世纪的一种创造。欧洲最初的银行是从借贷业和货币经济发展起来的。尽管借贷是生产和社会生活的一种需要,无论是国家、教会,还是贵族或民众都有需要借贷的时候,但由于基督教反对借贷取利的做法,借贷业在当时的欧洲被视为是一种"肮脏"不正当的行业,教会明令禁止基督徒从事借贷业,因此长期以来,欧洲的借贷业主要由生活在欧洲的非基督徒——犹太人承担。故欧洲犹太人有"高利贷者"的称呼。中世纪盛期以后,由于货币经济的发展和对资金需要的增长,教会不允许基督徒借贷的禁令已很少被执行,基督徒纷纷涉及借贷业。钱庄——银行的雏形开始在各国出现。

中世纪银行业的真正发展与欧洲贸易的发展是紧密相连的。由于货币经济的规模化,传统的以现金支付的手段已不能适应需要,贸易的发展促使支付手段发生变化,现代银行业的主要经营方式——汇兑、信贷开始得到应用。13世纪中叶以后,银行业在欧洲一些地区已得到普遍发展,包括分行在内的新的经营方式得到确立,如著名的梅迪奇银行的分行分布在意大利各城市以及伦敦、布鲁日等地。一些银行甚至允许其客户彼此转让存款,勿需任何资金易手。14世纪,欧洲出现了一种新的支付方式——银行汇票,也就是使用证券。一个人通过证券,要求另外一个人在确定的地点和规定的时间内向证券上指明的第三者支付一定数额的钱款,货币的类别也在证券上特别注明。这样在异地的买主只要把所需的货款付给卖主在本地的代理,或认可的事务所,他便可以得到一张付款凭证——汇票,然后把汇票和订货单一道寄给卖主。卖主只要在作为支付手段的汇票上背书,就可以得到相应的货款。这样就无须携带资金或运送资金。考虑到资金结算上的时间差,收取一定利息成为一种固定做法。很快这被证明是一项十分有利可图的行业,能够带来可观的收入,经营这一业务的银行业发展迅速。佛罗伦萨、米兰、威尼斯、罗马成为欧洲最早的金融市场。而当时布鲁日被认为是北欧的银行业中心。

科学发明和发现

  中世纪在科学上也不是一无成就,特别是中世纪盛期以来,科学的发明、发现和科学技术的运用还是取得了实质性的进展。十字军运动后从中国传至欧洲的四大发明在 14 世纪前后得到广泛运用。不断爆发的战争使得火药制作技术被运用到了新式武器的发明上。火炮、火枪等杀伤力巨大的火器先后被发明出来。火炮在 1330 年前后开始在战争中使用,成为当时最具杀伤力的武器。到了 15 世纪,火炮的性能大大提高,使得战争的攻防方式发生了革命性的变化。火炮的使用还为西方殖民主义者提供了扩张的手段,配备火炮的欧洲战船成为世界各大洋水域的主宰。而滑膛枪的发明使得步兵结束了身着厚重铠甲的历史,欧洲骑士的优势也彻底消失。

  罗盘在 1300 年已被广泛用到欧洲航海上,配备有磁罗盘的船只可以驶入大西洋腹地,有力地推动了欧洲航海业的发展。造船、地图绘制和航海设施都随之得到改善。至 1500 年,欧洲人已经航海绕过了非洲的好望角,到达印度,发现了西印度群岛、巴西等。

  造纸术和活字印刷术的使用不仅使得书籍制作成本下降,极大地推动了教育的普及和人们文化程度的提高及语言的规范,更重要的是使新思想和新科学的传播更为迅速和广泛,为欧洲新时代的到来奠定了基础。

  与人的日常生活息息相关的科学发明在中世纪也时有所闻。如烟囱和壁炉都是中世纪的发明,它们的应用改善了人们的生活质量,个人可以有自己的私生活了。眼镜于 13 世纪末被发明出来,人们不必再为近视或远视发愁。14 世纪,人们发明了机械钟,并迅速普及开来,运用到人们的日常生活中去。机械钟的发明意义重大,首先,它改变了人们对时间的概念并培养了守时的习惯。时钟被发明之前,人们的时间概念只是一种大概,只能以观测太阳估计,时间往往是一种生活中的"变量",一年四季,多有不同。准时的概念并不存在,也无法做到。时钟出现后,人们可以准确地掌握时间,合理地安排时间,守时成为西方人的一种习俗。应该说,西方人今天的"时间就是金钱"的观念与机械钟的发明不无关系。此外,时钟作为一种在日常生活中广泛使用的小型机械,有力地促进了西方人对复杂机械的兴趣和关注。

第四节 拜占庭文明

在论及中世纪西方文化的同时,有必要认识和了解位于亚欧大陆交汇处的拜占庭文明。尽管拜占庭在发展过程中走的是一条不同于西欧的道路,更多地受到多重文化,特别是东方文明的影响,更多地融合了东方文明的成果,但其文明的根基仍然是古代的希腊—罗马文明,信仰来源也主要是犹太—基督传统,它所创造的文明样式在总体上应该说仍然属于西方文明的范畴,并以自己的方式对西方文明的发展进程给予影响。

中世纪的拜占庭帝国

从严格意义上说,北方日耳曼蛮族对罗马帝国的入侵并没有使罗马帝国"全部"灭亡,因为自公元395年后,罗马帝国便分裂为东、西两个罗马帝国,日耳曼蛮族消灭的只是西罗马帝国。东罗马帝国因成功地抵御了日耳曼蛮族的进攻而得以留存。历史上,东罗马帝国在西罗马帝国灭亡后又被称作"拜占庭帝国"。从年代上说,拜占庭帝国在后罗马时代的存在长达近千年,直到1453年其都城君士坦丁堡落入土耳其奥斯曼人之手,拜占庭帝国才算寿终正寝,可以说是一个历史悠久的帝国。

拜占庭帝国在查士丁尼一世在位期间(527—565)出现了第一次繁荣。公元533年至公元534年,查士丁尼胸怀恢复罗马帝国的壮志,统兵征战,首先把汪达尔人赶出北非,夺回了原属罗马帝国的北非。从公元535年至公元554年,查士丁尼又彻底打败了东哥特人,把整个意大利置于拜占庭帝国的统治之下。他还远征西班牙,使拜占庭帝国的版图大为扩展。这时的拜占庭不但在军事上取得成功,在文化上也多有建树,是当时基督教世界文化的最高代表。查士丁尼主持编撰的一系列法典对于保存和发展罗马法起到了极其重要的作用。近代西欧及俄罗斯等国在制定宪法和法令时都曾参考过拜占庭编撰的法典,可见其影响之深远。

公元7—8世纪拜占庭经历了历史上一个内忧外患时期。外族的不断侵犯,特别是阿拉伯倭马亚王朝的攻打对拜占庭构成巨大的威胁。后由于君士坦丁四世等政权的顽强抵抗,拜占庭抗击住了阿拉伯的进犯。随后的马其顿王朝时期(9—10世纪)是拜占庭历史的黄金时代,拜占庭文化走向成熟,崇尚教育、崇尚学问的风气一时盛行。帝国的强大和繁荣使首都君士坦丁堡成为当时地中海世界最为繁华的国际性大都市。拜占庭的影响远及罗斯(即日后的俄罗斯),东正教后来成为俄罗斯的国教。

然而,1025年后,拜占庭帝国进入了持续的衰退时期,内部权力争夺不断,国力大减,在大部分时间内都是周边强权的蹂躏对象,帝国统治的疆域日渐缩小,直至最后消亡。

拜占庭文明成就

拜占庭自与西罗马分道扬镳以来,因其地理位置和与东方的密切联系和交流,在文明发展上走上了一条独立发展的道路,与后来发展起来的欧洲文明相比,拜占庭的文明具有相当独特性。

在政治上,拜占庭不仅承袭了原罗马帝国的专制体制,而且实行了比较彻底的王权专制,据于王位的皇帝将一切都纳入自己的控制之下,连宗教也不例外。因此,拜占庭的政治制度完全是东方式的君主神权制,集世俗和宗教权于一人。在政治治理方面,拜占庭不仅全盘继承了罗马法,而且还不断完善之,公元529年编撰完成的《查士丁尼法典》是罗马法的最完善版本。拜占庭对罗马法的完善不是一种仿效,而是根据基督教的伦理、日耳曼的习惯法和当时社会的需要而进行的一种修正。拜占庭对罗马法这一完善意义十分重大,不仅保存了罗马法,恢复了罗马法的权威,而且确立了西方社会的"法来源于权"的法理思想。反映拜占庭法律最高成就的《民法大全》成为未来若干世纪中西方法律的基础,近代西欧、俄罗斯、拉丁美洲等国在制定宪法和法令时都曾参考过它,足见其影响之深远。

在文化上,古希腊的固有文化传统,如古希腊的哲学、科学、数学、文学等在拜占庭均得到了较好的保存,特别是希腊语的地位得到了恢复。到了7世纪,希腊语不仅取代拉丁语而成为拜占庭帝国官方和学校教育用语,而且成为文学创作、宗教礼拜和民众的日常用语。众多用希腊语写成的希腊典籍,如柏拉图、亚里士多德、荷马等人的作品首先是在拜占庭被有意识地收集和保存,这使得这些哲人的思想流传成为可能。拜占庭由于地处东、西方文明的交汇点,加之民族众多,东、西方文化交融,特别是东方化倾向十分明显。这使得拜占庭创造的文学、艺术、建筑、音乐无不打上东方民族的烙印。

在宗教上,尽管它与罗马教廷信奉的基督教来源同一,但又表现出差异。从基督教中首先分离出的东正教①的思想在早期主要由拜占庭得到固守和传播。位于君士坦丁堡的普世牧首区具有东正教权威。斯拉夫及其他国家和地区的东正教教派主要是通过拜占庭帝国对教义的传播而建立的。拜占庭帝国灭亡后,原君士坦丁堡的普世牧首的权威不复存在,各地教会自主。在教义上,东正教只信奉从公元325年至787年间召开的七次主教公会会议通过的决议和认可的信条;在救赎问题上强调"道成肉身",而不是救赎论,把个人的善行努力视为能否获得恩典的重要原因;在"三一论"确立后,重视对圣母的崇拜。在礼拜和圣事方面特别注重讲道和弥撒。拜占庭帝国在公元717年至867年间出现的破坏圣像运动可被视为基督教历史上的第一次宗教改革:通过攻击膜拜圣母、圣徒画像的偶像崇拜,反对修道院的禁欲生活,通过谴责宗教仪式中的迷信现象向教会发起进攻。

拜占庭对自己实行的宗教一向以"正教"自称②,在传统上,应该说它更多地保存了原始基督教的特征和早期教会的一系列思想和做法。东正教在组织上没有统一的教廷,而是依附于国家形成教区。东正教教会一向以自己民族的语言为礼拜用语,而不像天主教教会统一使用拉丁语。东正教在实用历法方面也保存着不同于天主教的做法。③

拜占庭帝国存在的历史意义

拜占庭文明的存在对于西方文明而言是一个插曲,但又是一个十分重要的插曲。它的存在对西方文明的发展和丰富起到了十分积极的作用。

在文化领域,拜占庭是古希腊文明的保存者,特别是在罗马帝国被日耳曼蛮族消灭后,如果没有拜占庭保存下来的大量古希腊著作,大多数古希腊哲学家连同他们的思想极有可能被历史所湮没而不为世人所知。拜占庭是一个十分重视教育的帝国,它的上层人士通常不但具有读写能力,而且还研读古希腊著作和文字,与当时西欧的一些王公贵族不读书、没有文化修养形成鲜明对照。正因如此,古典文化遗产由于拜占庭人的不断辗转传抄,在拜占庭得到了最完美的保存。意大利文艺复兴之前出现过一个搜寻古典希腊文献运动,人们在拜占庭获得了大量保存完好的希腊典籍。大批拜占庭学者在拜占庭灭亡前携带大量古典作品来到意大利,为

---

① 许多学者把基督教正式分裂为西方的罗马天主教(Catholic)和东方的希腊东正教(Orthodox)的年代定为1054年。但这两个教派的相对独立自东、西罗马分裂即开始。

② 东正教的英文拼写为Orthodox,意为正统,故东正教亦可译为"希腊正教"。

③ 如复活节和圣诞节在日期上有所不同。

意大利人文主义者了解古典文明的内容提供了动力和物质基础。从这一意义上说,拜占庭为文艺复兴的到来作出了自己的贡献。拜占庭的文化成就还为近代希腊文化的形成和发展奠定了基础。

在政治上,自7世纪到11世纪拜占庭帝国的存在起到了保护西方不受伊斯兰扩张影响的屏障的作用。伊斯兰教在7—8世纪的征服所向披靡,西亚北非大片地区很快成为伊斯兰教的领地,连欧洲的西班牙也很快成为处于扩张状态下伊斯兰教的囊中物,原先信仰基督教的人不是被迫逃亡,就是改宗,成为一个信奉伊斯兰教的国家。但是伊斯兰教的扩张在拜占庭面前遭到坚决抵抗。公元674—680年,伊斯兰军在7年时间内曾不断攻打君士坦丁堡,拜占庭坚决抵抗。利奥三世利用"希腊火"为武器,使前来攻打的阿拉伯舰队全军覆灭,致使伊斯兰教的势力始终没有能够延伸到除西班牙外的欧洲大陆。若没有拜占庭这一"天然"屏障的存在和顽强抵抗,人们很难想象当时缺乏统一武力的欧洲基督教社会会遭受到什么样的下场。拜占庭故有"基督教世界的东方前哨"之称。

拜占庭的存在使得基督教的一个主要教派——东正教得以发展和留存。东正教的思想主要是在拜占庭时代确立并传播出去的。拜占庭对东欧斯拉夫民族的影响是巨大的,正如天主教在西欧的传播导致了日耳曼民族的开化,拜占庭东正教文化在斯拉夫民族中的广泛传播使得斯拉夫民族开始步入文明,斯拉夫人是在东正教的影响下放弃了原先的多神崇拜而全面接受了一神教的教义。拜占庭所固守的东正教的教义、组织形式、礼拜仪式、政教合一的政治体制均对斯拉夫人及其社会产生了重要影响。就连斯拉夫字母也是根据希腊字母创造出来的,在这个意义上说,正是拜占庭的影响才使得斯拉夫书面语言的出现成为可能。今日东正教文化圈的存在就是拜占庭影响的最好证明。

在文化艺术方面,拜占庭的文化艺术在很长一段时期一直是中世纪欧洲文化艺术的最高形式,如6世纪初在君士坦丁堡兴建的索菲亚大教堂就是拜占庭文化的光辉一例。教堂建筑宽敞高大、气魄雄伟,中间巨大圆顶的直径达107英尺,最高处距地面约180英尺,稳定地搁在4个拱形门上,圆顶周边开有众多的窗户,乍看上去圆顶好像没有任何支柱,仿佛悬浮在半空中一般。拜占庭艺术对西欧影响深远,如威尼斯的圣马可大教堂几乎是全盘照搬拜占庭风格建成。拜占庭文化艺术成果一般通过意大利传到欧洲其他国家。8世纪,查理大帝仿效拜占庭皇宫的样式建立了自己的辉煌宫殿。拜占庭艺术的五彩缤纷、富丽堂皇在拜占庭人的彩色镶嵌艺术中得到很好的反映。意大利拉温那圣维塔里八角教堂内保存的两幅巨型镶嵌画是拜占庭镶嵌画艺术的代表。欧洲出现的罗马式建筑艺术和哥特式建筑艺术均受到拜占庭的影响,如代表哥特式教堂特征的彩色玻璃镶嵌工艺就首先出自拜占庭。著名的拜占庭作家狄奥方的编年史在很早就被翻译成了拉丁文,对西欧编年史的写作形式有直接的影响。西方文艺复兴的一些伟大艺术家如埃尔格雷科等,其画法在不同程度上都受到拜占庭艺术的影响和启迪。

索菲亚大教堂外景,周围4尖柱为后加

第六章

文艺复兴：高扬人和人性的时代

15世纪至17世纪，是欧洲社会的转型时期，是中世纪向近现代过渡的时期，是欧洲社会经历的迄今为止变革最为重大的历史时期。尽管变革是一种渐进的过程，但是在西方文明史上还没有哪一个时期的变化如此巨大，涉及的范围如此广泛，造成的影响如此深远。在这期间，中世纪的一切，包括它的制度、宗教、经济、思想、社会、文学、艺术等均遭到挑战，它所确立的权威和标准受到蔑视。旧有的思想观念和社会形态解体，一种全新的、具有现代精神的思想观念和社会形态形成。在这以后欧洲可以说便步入了近现代。这一变革发生在所有领域。在政治领域，封建割据为中央集权所取代，现代概念的国家终呈雏形；在经济领域，资本主义生产关系逐渐确立，商业贸易和工业得到快速发展，中世纪的封建生产方式遭到淘汰；在宗教领域，罗马教廷的大一统被彻底打破，宗教的无上权威不再，教士丧失了对人们思想的控制和教育的垄断，就连信奉天主教的国家，世俗王权也被放在了教廷教会之上；在思想领域，神学让位于科学，现世主义取代对来世天国的憧憬，经院哲学受到人文主义的挑战；在社会领域，新兴市民阶层和资产阶级成为社会的上升力量，人们的社会地位不再是一成不变，而是更多地取决于个人的奋斗和成功；在文化艺术领域，人文学科成为教育的主要内容，对人、人性和人的生活的描写和颂扬成为文学的主旋律，民族语言成为文学用语，艺术则更多是对古典艺术的赞赏和模仿，成为对美（特别是人体美）的追求和个人时尚的表现形式。

欧洲社会的这一切变革都与一场被称为"文艺复兴"的运动紧密相连，严格地说，是文艺复兴运动成就了这所有的变革。文艺复兴运动也就成了这一时期的象征。

第一节　文艺复兴运动

运动的兴起

文艺复兴是欧洲在中世纪末就开始初露端倪的一种运动。从字面看,"文艺复兴"(Renaissance)指的是希腊罗马古典文艺的再生,不过,它实际包含的范围和内容要深远得多。"文艺复兴"一词最早由意大利艺术史家瓦萨里在1550年首先使用。由于瓦萨里是艺术史家,词的原意指的是"艺术再生"(sua rinascita)。不过,后来的人们使用该词时,其内涵和外延都发生了变化,更多的是指"古典文化学术再生",即包括精神、思想、文学、艺术在内的所有文化领域。文艺复兴的思想家和艺术家在重新"发现"古代希腊罗马人创造的"古典文化"(包括精神、思想、文学、艺术等)时,受到巨大鼓舞和启发,相比中世纪形成的精神、思想、文学、艺术,古典文化所具有的人文精神和思想更能够让他们感到振奋和给他们以信心。他们仿佛从中看到了前进的方向,努力使这些由古代希腊罗马创造的精神、思想、文学、艺术获得再生并赋予其以新的含义,为自己所生活的时代服务,便成为文艺复兴思想家和艺术家的一种追求和使命,形成一种"运动"。当然,随着运动的发展,文艺复兴的范围和任务也在逐步扩大,终于成为欧洲历史上涉及几乎所有领域的一场运动。而在更广的意义上,"文艺复兴"一词还同时指代一个时期,代表欧洲社会由中世纪向近现代过渡的整个时期。

作为文化和思想运动[①],文艺复兴有一个产生、发展和繁荣的过程。它不是一场革命,不具有革命的突变特征,而是一个渐进的过程,一个范围逐渐扩大的运动。在不同国家和不同年代,文艺复兴有不同表现形式和侧重点,不同时期的史学家和学者根据不同的标准和角度对文艺复兴运动有不同的界定(包括它的起始和内容)。本书采用通用观点,认为它发轫于14世纪的意大利北部的城市国家,在15世纪后期和16世纪逐步向北部传播,如德国和法国等。16世纪中期到17世纪初开始在西班牙和英国等国家盛行,特别是在莎士比亚的戏剧中达到它的顶峰。而

---

① 本章所论及的重点。

1642年英国清教革命通过议会封闭了伦敦剧场,标志文艺复兴运动在西欧的结束。①

　　文艺复兴运动的兴起无疑是与当时欧洲生产关系的变革以及社会的发展联系在一起的。欧洲社会的这一变革和发展的基础自中世纪盛期以来已经存在,14世纪起,欧洲生产关系的进一步变革以及社会的进一步发展为文艺复兴运动的到来奠定了坚实的经济和社会基础。这在文艺复兴的发源地意大利表现得尤为充分(关于这一点我们在下面将详述)。尽管如此,文艺复兴运动的最初起因应该说与欧洲古典学派的出现关系更加密切和直接,因为在开始阶段,它毕竟是打着复兴古典文化的旗帜进行的。

　　古典学派是一群对古代希腊—罗马文化着迷的文人学士。在崇尚古典思想的影响下,他们孜孜不倦地开展对拉丁文献的搜寻和研究(后扩展到古希腊和希伯来文献)。不可否认古典学派对古典文化的学习首先是从古典文学入手的,不过,古典学派推崇的不仅仅是古典文学家如荷马和维吉尔的作品,而且对整个古代希腊罗马社会,包括它们的制度、思想、哲学、艺术都怀有仰慕之情。古典学派的努力是卓有成效的,如1423年,仅一名意大利学者在去君士坦丁堡和近东地区搜寻古典文献后就带回了238册古代手抄本著作。在他们的不懈努力下,多数希腊罗马经典著作,包括柏拉图、索福克勒斯、修昔底德的作品第一次为人们所认识。古典学派的努力使得古希腊罗马文化的光辉重新为人们了解和认识,其结果不仅开辟了古希腊—罗马研究的新领域,而且极大地推动了文艺复兴的开展。

　　文艺复兴对古典文化的兴趣以及有意要使古典文化得到"复兴"的决心与古希腊罗马文化的特质有关。古希腊罗马文化从本质上说是一种以人为本的博大融合文化:它的哲学(和科学)表达了人的理智;它的文学、艺术(包括建筑艺术)表现了人的创造力;它的法律肯定了人的财产私有性质;它的生活反映了人对幸福和快乐的追求。这样,古希腊罗马文化实际上几乎成了文艺复兴运动的思想库。

　　正因为如此,在文艺复兴运动兴起之初,几乎所有投入运动的人可以说都是古典文化的爱好者、学生或研修者,人们都希望通过对古典文化的学习和接触挖掘到"新"的思想,对古典文化的学习也就成为文艺复兴出现的最初标志。对古典文化的学习导致了"人文学"的出现,即一种重视对哲学、历史、文法、语言、文学的学习。文艺复兴的核心思想——人文主义在这一学习过程中产生和发展,为文艺复兴运动的发展确定了方向。不过,尽管文艺复兴强调对希腊罗马古典文化的学习、研究,努力使古典艺术得到"再生",但绝不是要回到古代社会,更多的是为了汲取灵

---

① 文艺复兴在东欧的传播相对要晚得多,已经超出了这里提及的时间段,故没有在本章中涉及。

感,"古为今用",是借用古希腊罗马时代"现成"的、闪耀着人性气息的理性思想表达他们的政治见解和抱负,摆脱封建主义的桎梏和中世纪基督教神学思想的束缚,"从而建立起适应社会发展的新的思想文化体系"。①

文艺复兴的出现还与欧洲科学的发展和地理大发现联系在一起。中世纪末,欧洲近代科学开始起步,对自然现象进行直接观察是这一时期科学活动的特点,无论是天文学,还是解剖学上取得的成就都是如此。通过观察,权威原则逐步被个人经验所取代,这实际上预示着现代实验科学时代的到来。② 而地理大发现则极大地改变了人对世界的传统观念,人们的视野扩大,思想已经无法囿于中世纪的束缚,寻找思想领域的"新世界"成为文艺复兴人们的一个生活目标。

此外,文艺复兴运动在欧洲的传播和蓬勃开展与印刷术的推广和书籍的普及密切相关。活字印刷术自传入欧洲后在14世纪得到改进和推广,印刷术的广泛应用不仅使得书籍的制作发生了革命性的变化,成批量的印刷导致书籍的成本下降和普及,古典作品的传播速度加快,而且使得文艺复兴所要宣扬的思想不胫而走。人们很难想象没有现代印刷术的普及,文艺复兴会在整个欧洲社会全面展开。

人文精神的发扬

人文主义

如前所说,文艺复兴最初是在复活古典文化旗帜下开展的一场文化运动,人文主义(Humanism)是其指导思想。众所周知,文艺复兴就实质而言显然是一次新兴市民阶层和资产阶级思想解放和要求自我意识的运动。作为建立在对古希腊和古罗马文学研究基础上的一项教育纲领,人文主义包含的是一种以人为本的理性思想,关注的主要是人和人性,包括人的尊严、人的价值、人的才能的展示,而不是神和信仰,正好与处于上升时期市民阶层和新兴资产阶级的追求和要求不谋而合,因此,人文主义思想的提出和形成也就自然成为文艺复兴运动出现的主要标志。

文艺复兴时期人文主义的目标是通过宣扬人的卓越,鼓吹人性的价值,宣扬人天生平等,肯定现世生活,肯定人有追求财富和个人幸福的权利,要求多方面发展个人才智,提倡冒险精神,把人从宗教的束缚中解放出来,为新兴资产阶级登上历史舞台服务,实现资产阶级所希望提倡的世界观和价值观。

---

① 刘文龙等主编:《世界文化史》(近代卷),浙江人民出版社,1999年,第31页。

② 有关科学上的成就,本书将在第九章作更多的评说。

人文主义首先是在反对中世纪神的权威和对人以及人性的重新定义过程中发展起来的。在长达千年的中世纪,教会把上帝视为一切思想的核心,神一直是人们颂扬的唯一对象,神的权威是至高无上的。神的权威,加上基督教的原罪思想、禁欲主义、对来世的强调等观念无一不使人和人性受到极大的压抑,人的价值和创造作用受到蔑视。在这些思想的影响下,人一出生就已经成为罪人,肉体被视为罪恶的王国。人的一生与赎罪联系在一起,作为上帝奴婢的人,处处得小心谨慎,只能被动消极地生活,对幸福和现世生活的任何追求都可能遭到谴责,社会因此失去了活力,陷入停滞状态。重新定义人和人性是关系到社会能否顺利走出神权统治的关键。

人文主义者针对教会对人的轻视,大张旗鼓地宣扬人的尊贵和卓越之处。有"人文主义奠基者"之称的意大利人文主义者彼特拉克是第一个对人作出高度赞扬的作家。在他看来,人是世界最宝贵的生命体,应该受到头等重视。他笔下的人被描写成有血有肉且充满激情的个体。更有一些人文主义者把人视为尘世的上帝,是自然界的主宰。人的伟大和卓越在莎士比亚的笔下更是得到了最崇高的颂扬:"人是多么了不起的一件作品!理智是多么高贵!力量是多么无穷!行动多么像天使!洞察多么像天神!宇宙的精华!万物的灵长!"(《哈姆雷特》)自罗马灭亡以来,人在西方思想史上第一次受到如此重视和颂扬。

在此基础上,人文主义者对人性、人的尊严、人的作用进行了广泛的论述。如意大利人文主义者曼内蒂为了抨击教皇英诺森三世所著的《论人的渺小和对尘世的蔑视》,撰写了《论人的尊严与卓越》,赞扬人性、人的卓越能力,以及人在改造世界方面的作用。人的自我创造、人的自由意志等一系列强调以人为中心的思想也纷纷被提了出来。神的作用、神的权威在人文主义思想中隐退到了一个次要的位置。讴歌人的价值、人的尊严和人的力量成为文艺复兴时期人文主义者的共同目标。

人的地位一旦提高了,中世纪所宣扬的人生是苦难、是罪恶的思想,禁欲和强调来世的思想,都开始受到抨击,人文主义者用强调人间幸福,追求幸福是人的天性作为对中世纪禁欲思想的回应,以一种全新的人生观武装人的头脑。

人文主义对人和人性的强调自然而然提出了对人的美德和知识培养的问题。由于人文主义者呼吁实现人的全面发展和培养完整的人,同时认为教育和对人文知识的学习是培养人的美德和增加人的知识的最佳途径,因此,人文主义在教育层面上与"人文学"[①]联系了起来。文艺复兴之后,人文学便成为西方社会教育体系

---

① 指人文科学,包括文学、语言、历史、哲学、政治等社会学科。

中的最主要内容,直到今天人文学科仍然是西方高等教育的重要组成部分。

个人主义

个人主义(individualism)①是文艺复兴时期产生的一个概念,是人文主义的一个重要组成部分和基本内容。由于文艺复兴时期人文主义者所说的人不仅是指人的全体,而更多的是指人的个体,因此,对个体的重视自然成为人文主义关心的一个焦点和核心。个人主义观念的提出实际上是"人本位"思想的另一种表述。这里,特别需要指出的是,人文主义者在文艺复兴时期提出个人主义的观念首先是出于推翻中世纪确立的"神本位"思想的实际需要,他们希望通过"人本位"思想的提出与"神本位"思想对抗,以唤起人们对人的价值和尊严的认识。

个人主义的产生是当时社会生产关系发生变化的产物。市场上的竞争教会了新兴资产阶级和富有的市民阶层如何去表现他们的个性,展示他们的个人才干,实现他们的远大抱负并享受财富带来的美好生活。个人的自由、个人的意志、个人的喜好成为他们思考问题和进行选择的主要出发点。

个人主义作为一种政治和社会哲学,强调的并不是一般意义上的自私自利,而是高度重视个人自由和个人意志,广泛强调自我支配和不受外来约束的个人。这样,个人主义实际上创立了一个能够和资本主义经济制度相适应的道德观念。对于在意大利文艺复兴运动中形成的个人主义伦理观而言,最重要的是:社会应该让个人有最大限度的自由和责任去选择他的目标和达到这个目标的手段,并且付诸行动。对于当时在市场竞争中出现的新兴资产阶级(包括市民阶层中的精英分子)而言,这样的道德观念实在是太重要了。有了这一点,他们就可以摆脱贵族和教会的束缚,大胆表现他们的个性,展示他们的才干和实现他们的抱负。此外,个人主义的出现成为一种美德使得对幸福的追求、对荣誉的追求、对权威的反对、对现世生活的向往有了理论基础,对人和人性的高扬成为可能。

文艺复兴的发展表明,对个人主义思想的强调和弘扬增强了人②的内在信心和进取精神,难怪文艺复兴时期的人看上去比任何其他时期的人都显得更有信心和进取精神。

个人主义还为人人平等的思想进一步的提出奠定了基础。中世纪的社会是建

---

① 这里所说的个人主义是一个外来概念,应该说译为"个体主义"更加确切,由于目前的汉译已成为约定俗成,故仍从之。

② 严格说,文艺复兴所说的人主要指文化人,即市民中的精英和成功的有产者,普通民众在当时尚未成为社会关注的群体,特别是就思想而言。

立在封建等级制度基础上的,封建的贵族出身高贵论事实上否认了人的平等。人文主义以个人主义思想为武器宣扬人天生平等。薄伽丘这样宣称:"我们人类的骨肉都是用同样的物质造成的,我们的灵魂都是天主赐给的,具备着同样的机能、同样的效用、同样的德行。我们人类向来是天生一律平等的……"①

尽管文艺复兴运动中出现的个人主义强调个体,但绝不意味置个人应尽的社会义务和全体人民的利益于不顾。相反,它要求个人为社会服务,为社会作贡献,过一种积极、诚实的社会生活。正因为如此,文艺复兴运动中的人文主义者几乎都是个人主义观念的支持者和提倡者。

文艺复兴以后,以为个人提供一个能充分展示其才干和实现其抱负的环境,确保个性的发展和个人的权利为核心的个人主义逐渐发展成西方文明价值体系中的一个重要内容,成为我们今天理解西方文明的一把钥匙。亨廷顿在论说西方文明要素时把个人主义视为四大要素之一,认为它在本质上决定了西方社会的特征,是西方社会视为"最重要的价值"②。

世俗主义

人文主义的另一个显著特点是与现实生活的紧密结合,提出了比较系统的世俗主义(secularism)③主张,通过对现世生活,而不是死后生活的强调,赋予人世间的生活以一种积极的意义。

众所周知,中世纪基督教教会一直宣扬,人间不是幸福,人只有抑制自己的情欲和欢乐,忏悔人生罪过,走完痛苦的人生历程,进入天国,才能获得永恒的幸福,把对人在天国获得拯救视为人存在的唯一追求。而世俗主义反对把人生看成是痛苦的历程,认为人应该首先享受现世生活,然后再考虑身后的事,并把追求人间的幸福视为人之天性。

在世俗主义思想的影响下,中世纪流行的禁欲主义遭到抨击和遗弃。如出于对禁欲主义的反动,薄伽丘干脆把男女之间的情欲作为爱情来歌颂。意大利佛罗伦萨银行家梅迪奇甚至把享乐主义作为现世生活的表现。他在一首诗中写道:"多么美妙的青春啊!/然而只是一瞬间。/让我们唱吧!笑吧!/祝要求幸福的人幸福,/不要期待明天!"号召人们享受现世的生活。

---

① 薄伽丘:《十日谈》,方平、王科一译,上海译文出版社,1981年,第267、268页。
② 亨廷顿:《文明的冲突与世界秩序的重建》,周琪等译,新华出版社,2002年,第62—63、360页。
③ 亦可称之为现世主义。

强调现世生活的充裕、美好是世俗主义的追求。鉴于世俗主义把幸福看成是人的最高目的,而要实现幸福的目的,必须发挥人的主观能动性,所谓主观能动性,就是给自己、给社会带来利益,不能对世界持消极旁观的态度。这样,世俗主义促进了积极的处世哲学的产生。

世俗主义的出现还使得人们重新评估财富的价值。当时的人们从实际生活中认识到:只有拥有丰厚的物质财富才能带给人以优越的生活和社会尊严。为了能够过上幸福的生活,人们不再把发财与信仰割裂开来。祈祷自己快快发财,成为文艺复兴时期许多人的共同愿望。意大利商人达蒂尼在自己的账本中这样写道:"为了上帝,为了利润。"人文主义者布拉乔利尼甚至提出:"金钱是国家的力量所在,赚钱应视为国家的基础和根本。"

世俗主义在意大利文艺复兴运动中的地位尤为突出,可以说是该运动的中心思想之一。意大利人文主义者,无论是文学家,还是艺术家,都是快乐生活和人间美的歌颂者和追求者。

受世俗主义的影响,文艺复兴时期的文化与中世纪文化相比具有更多的世俗取向。

第二节 意大利的作用与艺术的复兴

文艺复兴在意大利的兴起

文艺复兴最初在欧洲最南端的意大利发轫有着深刻而独特的历史背景。首先,意大利是中世纪盛期欧洲城市生活和商业活动复苏最早的地区,大行其道的商品经济和日渐繁荣的海上贸易使得资本主义生产关系得以确立。这在意大利北部的独立城市共和国国家,如佛罗伦萨、米兰、威尼斯表现得尤为突出。以资本为主要财产的实业家、商人和银行家成为支配城市政治和社会生活的主要力量。商业化的城市还通过在原材料、流通领域,以及价格上的垄断剥削和统治农村,使封建势力受到很大的冲击。事实上,意大利在中世纪形成的封建主义由于城市的发展而基本被摧毁。意大利成为资本主义的最早诞生地。在经济上成功的实业家、商人和银行家(可以说这些人已经属于新兴资产阶级)对社会和文化生活提出了自己的、不同于过去的新要求,用手中的钱丰富和美化自己的生活成为他们的生活追求。城市生活还造就了新兴市民阶层,他们思想活跃,自由化倾向严重,希望能够摆脱旧思想的束缚。资本主义生产关系还改变了人的生活方式,使人的价值观产生变化:人由消极被动变成积极主动,财富、自由、民主、幸福成为社会的追求和人文主义歌颂的内容。最为重要的是资本主义在经济上的成功为文艺复兴的到来奠定了坚实的物质基础。如佛罗伦萨银行家梅迪奇(Cosimo de Medici,1389—1464)利用积攒起来的巨额财富创建专门从事古希腊研究的柏拉图学园,赞助和奖励艺术创作,收留从拜占庭逃到意大利的希腊学者,使佛罗伦萨成为意大利文艺复兴时期的文化艺术中心,有力地促进了文艺复兴运动的开展。

意大利的特殊地理位置和地理条件也是造成文艺复兴首先在意大利兴起的一个重要因素。作为古罗马文明的发源地和统治中心,与欧洲任何其他地区相比,意大利与古典过去的联系要密切得多。古罗马文明的遗传和遗迹在意大利半岛到处都是,随处可见。幸存下来的大型纪念性建筑时时提醒人们古罗马曾经有过的辉煌。生活在那里的人们与古典文化有割不断的联系。古典文化,特别是古罗马文化的影响时时存在。14世纪由于毗邻的拜占庭的衰亡,大批拜占庭优秀学者来到意大利,他们带来了不少古代文化的成果,进一步增进了意大利人对古典文明的了解和偏爱。但丁把古罗马诗人维吉尔看作是古典文明的化身,彼得拉克认为古罗马是孕育意大利人的母亲也就十分自然了。这一切造成了欧洲古典学派首先在意大利出现的事实。

文艺复兴运动在意大利的出现主要体现在思想、文学和艺术领域的一些令人振奋的趋势上。而这些趋势代表着一种完全不同于中世纪的文化思潮,预示着欧洲社会未来的发展方向,使欧洲走上了一条最终摆脱宗教神权思想控制的道路。

文艺复兴运动在意大利一般分为三个阶段:早期(约1350—1494),盛期(约1495—1520)和后期(1520—1600)。

人文主义思想家

人文主义作为文艺复兴的指导思想是意大利文艺复兴出现的主要标志。如前所说,人文主义的出现和传播极大地推动了文艺复兴运动的发展。人文主义对人生目的的重新解释,对人的尊严的颂扬,成为意大利文艺复兴的宝贵遗产。而人文主义思想的出现与意大利在文艺复兴时期涌现出一大批杰出的人文主义思想家是分不开的。他们通过著书立说为人文主义思想的最初提出和发展作出了重要贡献。其中在思想方面的佼佼者有:

布鲁尼(Leonardo Bruni,1370—1444)是一位重新确立以人的活动为历史主体的人文主义史学家。早年作为政治活动家,他将人文主义的思想与学术研究和积极保卫共和制度结合起来。在《佛罗伦萨城市颂》书中,他高度赞扬佛罗伦萨的共和制度和文化成就。他把佛罗伦萨的繁荣归功于商人、政治家、文化艺术家,而不是教会和神学家。他所著的《佛罗伦萨人民史》从古罗马一直写到当代,以人文主义和共和主义的观点论述历史事件,把佛罗伦萨的历史写成该市人民继承和发扬古罗马传统,在政治、经济、文化等领域不断取得成就的历史,打破了中世纪史学家把历史看作是以神意为主要内容的传统,开创了近代史学之风。

阿尔伯蒂(Leon B. Alberti,1404—1472)认为人是自然界的一部分,具有学习和积极行动的天赋,能够与命运抗争并战胜命运。他主张人应该为了声望和荣誉而追求财富,认为商业与信贷活动是正当的,从中获取利润是合理和重要的。他的著作如《论家族》等典型地反映了人文主义者的人生观和世界观。作为一名艺术理论家,他提出的一系列涉及绘画、建筑方面的理论对艺术的发展起到了积极影响。

瓦拉(Lorenzo Valla,1407—1457)是文艺复兴时期一位影响深远的思想家和人文主义语言学家。他以自己丰富厚实的语言功底发现历史上流传的"君士坦丁赠礼"①实际上是一份伪造的文件。他的这一发现动摇了罗马教皇对西欧实行统治的法律根据,对教会的权威和合法性无疑是一个最为重大的打击。他还以自己的语言和历史知识对希腊文本《圣经·新约》进行评注,对传统文本的内容进行了"拨乱反正",为欧洲人文主义者日后进一步研究圣经及教会文献开辟了道路。

皮科(Giovanni Pico Della Mirandola,1463—1494)是文艺复兴时期的哲学家,以渊博的学识和独特的思想独树一帜。他在《900 论题》中指出,真理是在人的不断思考中发展的,过去的思想家尽管有错误,但都对真理作出了一份贡献。他的著名论作《关于人的尊严的讲演》是意大利文艺复兴时期对人的尊严和人具有的无止境创造力思想的最完美和最有力的论述。他还认为人具有脱离宇宙等级,完全按自己的意志和选择决定自己命运的能力。他的思想是人文主义关于人的论述的进一步发展,在欧洲思想文化界产生了深远的影响。

马基雅维利(Niccolo Machiavelli,1469—1527)是文艺复兴时期的政治理论家,近代政治科学的先驱人物。他的《君主论》对政治和权力的实质做了客观实际描述。他是第一位把政治与宗教和道德问题分开的思想家。他提出政治是一门专门的学问与艺术,只能源于政治斗争和政治生活的历史与现实,而不应与宗教、道

---

① "君士坦丁赠礼"是基督教教会在 8 世纪开始提及的一份历史文件。欧洲基督教教会声称该文件制定于 4 世纪,是由罗马皇帝君士坦丁签订的。根据该文件上的条款规定,君士坦丁把西欧赠送给了教皇,并确认教皇对西欧的治理权。长期以来,该文件一直被视为是证明基督教教会有权对西欧进行统治的重要文件。瓦拉经对文件使用的拉丁语进行研究后,发现文件使用的是 8 世纪的拉丁文。这一研究表明文件与君士坦丁无关,是一份伪件。

德混为一谈。君主(统治者)是因政治目的而存在的,其统治手段只能是为夺取或保持权力服务,为了达到这一目的可以"不择手段"。在他的政治学中,"目的总是证明手段正确"。尽管后人对马基雅维利的思想有不同的评述,但他在当时提出这一思想时是从人文主义的观点和立场出发,用人的,而不是神的眼光审视和描述政治权力的,应该说是一种历史进步。马基雅维利以自己的思想为近代政治学奠定了基础。

文学领域是最早拉开意大利文艺复兴运动帷幕的地方。正因为如此,属于中世纪的但丁被视为人文主义文学的先驱,彼特拉克和薄伽丘更被认为是早期人文主义文学的杰出代表。文艺复兴运动起自文学领域有其内在的原因。由于古典文学深深植根世俗人文思想之中,复兴古典文学的结果不仅仅造成对古典文学的研究和挖掘,而且导致一种世俗精神的出现,反过来,世俗精神的出现使得人们开始用一种全新的角度去看待古典文学以及对它的复兴。从这一意义出发,我们完全可以说,文艺复兴时期人们对古典文学的热情在很大程度上是由世俗精神的出现煽动起来的。正是在这一意义上,文学家彼特拉克被理所当然地视为文艺复兴时期人文主义思想家的"第一人"。他和其他文学家用文学的方式表达人文主义思想,推动了文艺复兴运动的开展。对于当时的意大利文艺复兴人士而言,文学是人文主义的表达形式,人文主义是文学的具体特征。

艺术的复兴

虽然意大利文艺复兴运动在思想和文学方面取得了伟大的成就,但其最直观、最形象、最持久的成就无疑是在艺术领域(包括建筑、雕塑、绘画)。文艺复兴在这一领域表现出与中世纪最彻底的决裂,人文主义思想在这里得到了有力的弘扬。

建筑

首先表现出与中世纪决裂的是建筑艺术。在古典主义影响下,古代罗马建筑艺术风格开始重新受到人们的喜爱,哥特式的建筑风格由于与中世纪神学观念联系在一起而遭受冷落和抛弃。例如,古罗马建筑中的柱廊与圆顶技术再次受到重视和运用,并取代哥特式的尖拱顶和扶墙。罗马建筑以线条优美和简朴而著称,并与坚固性完美地结合在一起。意大利文艺复兴的建筑几乎无一不由直线条构成,半圆形的拱门,高耸的穹隆顶,厚实的墙壁,体现了世俗主义思想。如果比较一下

第六章　文艺复兴：高扬人和人性的时代

13 世纪为法国国王建造的圣礼拜堂和 15 世纪为佛罗伦萨银行家建造的帕齐礼拜堂，人们可以看到两座都是用于家庭祈祷目的的建筑几乎没有任何相似之处。哥特式建筑风格向文艺复兴式建筑风格的过渡在这里得到了见证。代表文艺复兴时期的建筑艺术在大教堂建造中被体现出来，以耳堂和中殿组成平面十字形状，强调和谐与对称。佛罗伦萨大教堂是这一风格的杰出代表，其穹隆顶是对罗马万神殿的绝妙继承。稍后，改建的罗马圣彼得大教堂也采用了这一风格。圣彼得大教堂实际上是由一批杰出的文艺复兴建筑艺术大师，如布拉曼特、拉斐尔、米开朗基罗、贝尼尼等共同设计建造完成的，成为文艺复兴建筑风格的又一代表。法国的卢浮宫则是文艺复兴建筑风格在西欧的重要体现。文艺复兴建筑风格在民居方面也有所体现。

文艺复兴式帕齐礼拜堂内景

佛罗伦萨大教堂

布鲁内莱斯基(Filippo Brunelleschi,约 1377—1447)是这一时期开创文艺复兴建筑风格的最伟大的建筑师,佛罗伦萨大教堂的穹隆顶就是由他完成的。他曾多次去罗马访问,为的是从古罗马建筑中汲取营养和灵感。他所设计建造的帕齐礼拜堂是他建筑理念的完美体现,在平面和立面设计上采用数学模数和几何公式,但在空间处理上更为复杂精致。他开创的清晰、宁静、优雅、和谐的建筑风格在该建筑上得到充分展现,成为代表文艺复兴初期建筑风格的经典之作。布鲁内莱斯基设计的儿童医院把古希腊的柱廊与古罗马的拱券完美地结合在一起,使之成为文艺复兴建筑艺术上一种最具特色的风格。

帕齐礼拜堂外观

人文主义思想家阿尔伯蒂同时也是这一时期享有盛名的建筑大师。布鲁内莱斯基的建筑理念在他那里得到了实践。他建造了鲁切来宫。曼图尼的圣安德雷斯教堂则是他设计建造的最优秀作品。

雕塑

雕塑在中世纪基本上沦为建筑附属品,作为对建筑艺术的一种补充。进入文艺复兴时期后,雕塑重新成为一门独立的艺术。在人文主义思想的影响下,雕塑更多的是为世俗生活服务,表现人体美成为文艺复兴雕塑艺术的一个重要追求。

意大利文艺复兴时期涌现出的第一位雕塑大师是多那太罗(Donatello,原名 Donato di Niccolo Bardi,约 1386—1466)。他曾陪同布鲁内莱斯基去罗马造访,对古典艺术十分钟情。在雕塑艺术上他是一位开创性人物,是把一种富有活力的个人主义印记引入雕塑的艺术家,为雕塑艺术的发展指明了方向。在他的雕塑中,人们可以看到宗教和世俗精神的统一,严格地说,主要是用宗教上的人物表达世俗理想。在他雕刻的青铜雕塑《大卫》中,人们可以看出那是一尊极具个性特征的作品。雕塑表现出的现实主义是前所未有的。大卫是出自宗教的人物,作品讲述的是犹太民族的英雄大卫战胜敌人歌利亚的故事,但多那太罗却把他用裸体表现出来。在该雕塑中,身材纤细的大卫给人的印象与其说是英雄气概,不如说是美和愉悦,表明了雕塑家的审美趣味,而这正是文艺复兴艺术的发展方向。多那太罗完成的《加塔梅拉塔像》是自古罗马以来西方雕塑方面的第一尊不朽的骑马者塑像,成为

第六章 文艺复兴：高扬人和人性的时代

文艺复兴时期最富有朝气的一件艺术品。

意大利文艺复兴时期最伟大的雕塑家是米开朗基罗（Buonarroti Michelangelo, 1475—1564）。米开朗基罗自幼热爱艺术。他的雕塑创作体现了理想主义精神和在艺术上追求完美和人文主义的思想。米开朗基罗雕塑作品的典范是《大卫》和《摩西》。雕塑的题材均来自《圣经》。《大卫》是他的早期作品，一尊高5.5米、具有希腊风格的裸体大理石雕像，刻画的是古代以色列大卫王在使用"投石器"杀死巨人歌利亚前一刹那时的形象。尽管作品表现的人物与多那太罗的《大卫》一样，但与多那太罗不同的是，米开朗基罗意在表现大卫的英勇和意志。了解该作品创作背景的人可以很容易察觉作品具有的积极象征意义。米开朗基罗是借用《圣经》故事中的人物，以完美的青年男性人体表达了当时佛罗伦萨公民保卫共和政体，保卫自由，反抗贵族专权和

多那太罗的雕塑《大卫》

外来侵略的意志和决心。难怪雕塑一经完成就被佛罗伦萨人民视为市民英雄的象征。

《摩西》是米开朗基罗的晚年雕塑作品，被认为是"近代雕塑的最高成就"。摩西是古代犹太人的领袖，向犹太人传授上帝律法的人。在欧洲，摩西一直被视为是刚正不阿的法权象征。作品表现的是坐在椅中的摩西得知民众中有人践踏《十诫》、崇拜异教偶像一事时的愤怒神态。只见他头部左转，怒视远方，右手捋须，左脚右移做出即将起立的准备，表现了一位刚正不阿、大义凛然的完美圣人形象。雕塑由于细节的真实（如青筋突起的双手）充满了生气和力量。米开朗基罗为了使静止的雕像给观赏者一种动感，从不同的距离和角度观看都能理解作品的主题，在雕刻过程中十分重视人体动势的变化转折，并有意引导观赏者对雕塑作180度半圆巡视，从人物的动作变化逐渐发现形象本身饱含着的极为丰富的内在情感。可以说，米开朗基罗那无与伦比的艺术手法和表现力在《摩西》上得到了最完美的体现，完全可以与古希腊雕塑《拉奥孔》媲美。

绘 画

在各种艺术中,绘画是意大利文艺复兴艺术成就最为辉煌的领域。意大利的重要城市共和国佛罗伦萨、罗马和威尼斯都有自成一体的画派。不过,最负盛名的是佛罗伦萨画派。佛罗伦萨由于是当时意大利的政治和文化中心,云集了意大利最著名的艺术家,成为文艺复兴时期意大利绘画艺术中心也就十分自然。在人文主义影响下,佛罗伦萨画派的艺术家开创了近代欧洲的绘画艺术。

早在1300年,欧洲绘画由于乔托的出现已经发生了实质性的变化,中世纪宗教绘画艺术的传统已开始遭到摈弃。尽管绘画的题材仍然是宗教的,但已经注入了人的情感,艺术家用从现实生活中汲取生动的人物形象来取代中世纪宗教绘画中概念化形象,表现艺术家对现实生活的认识、理解和评价。可以说,在乔托的绘画中,"中世纪艺术从精神到方法都已被抛弃了"。①

15世纪初期人们对透视法的了解和掌握,对色彩、光和影效果的探索,使绘画具有三维空间感。而油画画种的引入使得画家对画面进行精雕细琢和修改成为可能。意大利文艺复兴绘画在这一基础上开始。

文艺复兴时期在佛罗伦萨出现的第一位著名画家是马萨乔(Masaccio,原名 Tom-maso Guidi,1401—1428)。尽管这位27岁便英年早逝的画家留下的作品不多,但其影响达百年之久。马萨乔是第一位通过绘画表达文艺复兴人文主义思想的艺术家。他在绘画中运用了"效法自然"的方法。在他的《三位一体》中,耶稣的形象如同雕塑一般突出于带有建筑的壮观的背景之上。人物与衣着的和谐表明画家使用了人体模特。在《逐出伊甸园》中,他成功地画出了亚当和夏娃被逐出伊甸园时所具有的羞辱和负罪感,赋予画中人以丰富的人的情感。

继承马萨乔的是波提切利(Sandro Botticelli,1445—1510)。波提切利青年时代曾与

《三位一体》

---

① 参见《大英百科全书》,1964年伦敦版"文艺复兴"条。

达·芬奇一道学习过艺术。波提切利柔美秀逸的风格使他成为佛罗伦萨画派早期的代表人物。《春》是波提切利的代表作之一，画中一系列优美的女性形象仿佛为文艺复兴运动送来了一阵春风。波提切利的另一重要代表作《维纳斯的诞生》是一部取材古典神话而非宗教故事的作品，描绘了美神维纳斯诞生时的情景。这在当时不能不说是一种突破。它的直接来源是意大利诗歌《吉奥斯特纳》中关于维纳斯诞生的一段描写。诗中这样描写道：维纳斯从爱琴海中生出，风神把她送到岸边，时辰女神在天地万众的欢呼声中迎接了她，为她披上天空明星装饰的锦衣，鲜花盛开在她走过的路边。然而，波提切利作品中画的是一个完全裸露的维纳斯（是欧洲艺术史上第一幅真正意义上的女裸体画），一个一出生就是尽善尽美的女神。位于画面中央的是维纳斯，只见她亭亭玉立在贝壳之上，美丽动人，左边是吹送的风神，右边是迎候的时辰女神。作品反映了意大利人文主义的审美情趣。

波提切利的《维纳斯的诞生》

意大利文艺复兴时期涌现出的最伟大艺术家自然是达·芬奇（Leonardo da Vinci，1452—1519）。达·芬奇生于佛罗伦萨附近的一个小镇，自幼表现出艺术天才，并受到良好的训练。不过，达·芬奇，这位文艺复兴时期的"巨人"，不仅是伟大的画家，同时也是伟大的科学家、发明家、雕塑家、建筑师、工程师。他的多方面杰出才能使其成为文艺复兴时代名副其实的一个文化巨人。

达·芬奇基于人文主义思想，认为在自然的创造物中，人是最完美的创造物。因而，他十分注意研究人。对人的研究包括人体的整体美和外形美，人体的比例和解剖,从人的姿势、动作、手势和面部表情到内心活动。达·芬奇对人和人性的研究和理解在《最后的晚餐》中得到充分的表现。该画是为米兰圣玛利亚教堂画的一幅壁画,取材于《圣经》中犹大出卖耶稣的记载:在耶稣与其 12 个门徒共进的最后一次晚餐上,耶稣突然对他的门徒说:"我实实在在地告诉你们,你们中间有一个人要出卖我。"达·芬奇以这句话为契机,形象生动地表现了 12 个门徒在听到这话时的表情和反应。该画被认为是对人类心理反应的研究之作。达·芬奇卓越的构图艺术也得到最完美的展示。

达·芬奇的《蒙娜丽莎》

在达·芬奇的所有绘画作品中,最为人们称道是他创作的《蒙娜丽莎》。那是一幅以真人模特为对象而创作出的肖像画,艺术家用了三年的时间才最终完成。在这幅作品中,他把刻画人物的性格和表现人物的内心世界放在突出位置,成功地创造出一幅向人们展示出少妇的神秘内心世界,令人产生无穷遐想的绘画作品。一种空间流畅而轻快的风格在这里开创。达·芬奇的高尚人格和人文主义思想在该画中也得到了充分的表达。

达·芬奇在绘画理论上确立了艺术和现实的关系。他指出自然是艺术的源泉,绘画是自然的模仿者,艺术家要以自然为师。他的这一思想为文艺复兴时期造型艺术的现实主义奠定了基础。达·芬奇的出现标志着意大利文艺复兴盛期的到来。

作为雕塑大师的米开朗基罗同样也是一位绘画大师。他的绘画代表作是绘在梵蒂冈西斯廷教堂拱顶上的组画《创世纪》。《创世纪》组画气势磅礴,由 40 余幅画组成,全长 40 米,宽 14 米。其中《亚当的创造》表现的是"人的觉醒"和对获得力量的渴望,成为组画中最引人注目的一幅。在这幅画中,第一个人被创造出来了,健美的身体虽似饱含青春的生命,但却无法站立起来,等待造物主给他以力量。上帝在天使的簇拥下飞驶而来,他那饱含力量的手正伸向亚当,手指即将相接的瞬间仿佛力量的电花就要迸发,人将因此获得解放,成为一个真正意义上的人。人文主义思想在这里得到最好的体现和表达。

第六章 文艺复兴：高扬人和人性的时代

画家拉斐尔(Raphael Sanzio,1483—1520)是与达·芬奇和米开朗基罗一道被称为文艺复兴盛期艺术三杰中的一位。他的大型壁画《雅典学派》是一幅反映文艺复兴人文主义者仰慕古典文化大师的鸿篇巨制。画家利用丰富的想象力，把不同历史时期的文人学者、哲学家、科学家、政治家放在同一幅画中，从苏格拉底、柏拉图、亚里士多德到亚历山大、普洛丁诺斯、托勒密，甚至拉斐尔的同代人以及他本人。拉斐尔以高超的艺术手法把众多的人物和谐地组合在一起，使人物与背景成为一体，画面的透视运用造成空间感和分明的多层次感，观赏者有身临其境之感。

拉斐尔的《雅典学派》

他的名作《西斯廷圣母》代表画家的人文精神、艺术构思、文化修养和完美的技巧。怀抱圣婴的圣母体态优美，着装简朴，俨然让人感到是一位人间的慈母。作品具有极高的感染力和持久的美感。拉斐尔的风格代表了文艺复兴人们的最高尚审美情趣。

威尼斯画派是意大利绘画艺术领域的又一重要派别，被人们视为艺术上最有特色的画派，以色彩均匀和光线效果佳为人们所称颂。威尼斯画派的艺术反映了人文主义思想对艺术家的影响。画家倾向于表现人的欢乐、激情和对美的追求。提香(Titian,约1490—1576)是该画派的最伟大代表。他的画表现出人文主义思想对他的影响,个人主义、自由主义和享乐主义在他的作品中均有反映。人们可以从他的《乌尔宾诺的维纳斯》中看出画家对生活和欢乐的热爱。而他对人体的偏爱使得他画出的女性裸体画成为人们最为欣赏的主题。如果说人文主义在佛罗伦萨和罗马画派中体现在争取人的尊严和解放上,在威尼斯画派中则体现在追求现世的幸福和欢乐上。

提香的《乌尔宾诺的维纳斯》

意大利在绘画上的成就影响深远,近现代艺术家无一不受到其熏陶和影响。这一时期众多的艺术家及其作品组成当今西方艺术博物馆最重要的收藏,文艺对社会的影响和巨大作用在日后传播至欧洲其他地区的文艺复兴运动中得到了最充分的展示。

不过,意大利的文艺复兴运动没有能够在16世纪后持续下去,欧洲强国法国和西班牙对它的侵略是造成它夭折的政治原因,欧洲经济中心由地中海转移至大西洋是它夭折的经济原因,而罗马教廷设立的宗教裁判所势力的猖獗则是它夭折的社会原因。尽管如此,在意大利兴起的文艺复兴运动的思想在这时已经传播到欧洲其他地区,由意大利人点燃的文艺复兴运动之火在欧洲大陆形成了不可阻挡的燎原之势。

第三节　文艺复兴在欧洲其他地区的传播

文艺复兴自在意大利出现以来就以不同的方式影响和传播至欧洲其他地区，受其影响，意大利以北国家不断有学者南下来到意大利学习。不过，在16世纪以前，意大利的文艺复兴基本是对个人和在小范围内产生影响。1500年以后，由于欧洲社会自身发展的加快，思想文化交流增多，人们对发生在意大利的一切深感兴趣，文艺复兴思想的传播和影响越来越广泛，终于在随后的100年中成为意大利以外欧洲国家的主要运动。由于欧洲其他地区的社会、历史、政治、经济、文化均有别于意大利，因此，当文艺复兴在这些地区和国家出现时，运动的形式、内容、方式均有所不同。在总体上，北方国家的人文主义者不同于意大利的人文主义者主要从希腊—罗马古典主义中寻找开展运动的思想武器，而是主要从原始基督教中寻找开展运动的思想武器，这样具有强烈世俗特征的文艺复兴运动在北方更多地表现在对宗教的思考和基督教人文主义上面。把握这一点对于我们理解北方开展的文艺复兴运动是十分重要的。下面我们将对文艺复兴运动在意大利以外有代表性地区和国家的情况进行分述。

在 法 国

法国是继意大利之后文艺复兴得到开展的地区。14世纪末，意大利文艺复兴时期的诗人彼特拉克的作品和思想就已经传到法国并产生影响，但是，由于法国当时的社会条件还不成熟，文艺复兴运动直到16世纪才在法国真正开展。法国在弗朗索瓦一世（1515—1547年在位）发动的对意大利的多次战争中获得大批意大利文艺复兴时期的艺术品和书籍，这使法国人大开眼界，对文艺复兴运动有了感性了解，促进了人文主义思想的传播。1530年，在弗朗索瓦一世的倡导下，法兰西公学院①建立。这标志着法国文艺复兴运动的开始。一批文人学者汇集在一起，开展对古典语言和希腊—罗马古典文化的研究。在法兰西公学院建立过程中发挥重要作用的毕代（Guillaume Bude，1467—1540）等是最早出现的人文主义者。

让·傅丹（Jean Bodin，1530—1596）是法国文艺复兴运动出现的人文主义著名法学家。他关于国家主权、专制君主的理论不仅指出了国家主权的原则，而且

---

① 法兰西公学院是法国成立的历史最悠久的学术机构。

指出了统治者权限的内容。傅丹的法学思想基本上摆脱了中世纪神学的影响，用古希腊以来的法学理论解释国家主权观念，反映了新兴资产阶级对政治权力的观念和要求。作为系统论述国家主权理论的第一人，他的思想成为西方政治学的基础。

法国文艺复兴的另一个主要方面是加尔文领导的宗教改革运动。本书在下一章对此有较多的论述。下面要介绍的主要是法国文艺复兴运动在文学领域的成果。

拉伯雷(Francois Rabelais,约 1494—1553)是法国文艺复兴时期最重要的文学家和人文主义者。他在青年时代进入修道院当修士，在这期间受人文主义思想吸引，潜心研读古希腊—罗马作品，成为一名人文主义者。他的长篇小说《巨人传》是其人文主义思想的集中表现。《巨人传》篇幅巨大(共 5 部)，用了 20 年才全部写成出版。小说继承《列那狐故事》的传统风格，以 16 世纪法国社会生活为背景，描写了两个巨人——国王卡冈都亚和他的儿子的神奇事迹，是一部政治性很强的讽刺作品。在《巨人传》中，作者在批判封建主义和讽刺教会的同时，以饱满的热情歌颂了新兴资产阶级的进取精神和锐不可当的力量，抒发了人文主义的理想。拉伯雷创造出了一个由中世纪经院教育培养出的"巨人"形象，希望以此启发人们摆脱中世纪经院教育的束缚，从窒息的中世纪精神枷锁中解放出来，成为新时代"全知全能的人"。拉伯雷因此成为资产阶级的代言人。《巨人传》出版后受到大众的欢迎，被视为欧洲文艺复兴时期的一部杰作，法国长篇小说的发端。但是由于作品具有的人文主义思想，几乎每一部出版后都被教会视为禁书。拉伯雷的现实主义讽刺艺术对后来欧洲的文学家有不同程度的积极影响。

16 世纪法国人文主义文学的另一个重要领域是诗歌。著名七星诗社(由七位贵族出身的著名诗人组成的团体)在诗歌语言改革和诗歌理论上均有重要建树。他们通过发表《保卫和发扬法兰西语言》宣言书，积极倡导使用法兰西民族语言，对法语的统一和民族诗歌的形成作出了贡献。

蒙田(Michel Montaigne,1533—1592)是法国文艺复兴后期的重要思想家和作家。他的《随笔集》是其人文主义思想的代表。蒙田认为人天性就热爱生活，追求幸福和快乐是爱生活的具体表现，值得赞扬。他所提出的"只有怀疑才能判断和论定"是对当时社会流行的盲目信仰的有力抨击，可以说是笛卡尔"怀疑一切"思想的先声。他的人性论、对理性的崇尚，以及经验的思想都是人文主义的反映。

在 德 国①

文艺复兴时期的德国是一个封建统治下的农业国家,人口的80%生活在农村。政治上分裂,统一王权尚未形成,皇帝与封建领主以及城市贵族相互牵制。罗马教廷的影响巨大,宗教和政治常常牵连在一起。罗马教廷、神圣罗马帝国、封建诸侯对人民实行多重压迫。与意大利不同的是,资本主义因素仅在个别城市出现,尚未出现作为一股社会力量的新兴资产阶级。德国的文艺复兴运动就是在这一背景下展开的。受意大利文艺复兴思想的影响,德国的文艺复兴运动自15世纪末逐步开展。②德国的文艺复兴运动首先是在研究古代语言学领域开始,人文主义者关心的主要是流传到他们手中的基督教教义是否有诈,教义经典忠实原文,对语言和译文的研究成为重点。正因如此,德国重要的人文主义者都同时是语言学家,这与意大利著名人文主义者基本是文学家适成对照。此外,德国文艺复兴的人文主义思想主要是在德国各大学的学者中间传布,希望摆脱中世纪蒙昧主义和经院哲学的束缚是他们的共同要求。

德国人文主义者的先驱是伊拉斯摩斯(Desiderius Erasmus,1466—1536)。此人原籍尼德兰,在欧洲许多国家访问和生活过,晚年居住生活在巴塞尔,传统上被认为属于德国人文主义者范畴。他学识渊博,具有鲜明的反封建和反教会的倾向。他的思想对英国的思想教育产生过深远影响。伊拉斯摩斯所作的《愚人颂》是一部著名的反宗教蒙昧主义的讽刺作品。作者从人文主义立场出发,通过"愚人"的自白,揭露教会和僧侣的虚伪愚昧,讽刺迷信,肯定现世生活。他指出若铲除愚昧和轻信,宗教便无法存在下去。伊拉斯摩斯的另一项重要成就是他编撰的《圣经·新约》希腊版文。这是他经过10年的认真研究,在对照各种流传版本后确定的,纠正了流传本中不计其数的错误,为人们正确理解《圣经》,为后人正确研究《圣经》提供了一个权威版本。这对中世纪教会和教士随意解释《圣经》和基督预言的做法不啻是当头一棒,是有史以来《圣经》研究中里程碑式的贡献。

罗伊希林(Johann Reuchlin,1455—1522)是德国另一位人文主义者。他对古代语言有很深的造诣,特别偏爱希伯来文。他通过比较希伯来文的《圣经》,发现欧洲流传的其他文本的《圣经》有不少错误,因此希望展开对希伯来文和犹太人的经典《塔木德》进行研究。可是,当时德国反犹主义倾向严重,教会和社会对犹太人的

---

① 包括尼德兰地区。
② 文艺复兴在德国的表现主要是宗教方面,导致"宗教改革"运动的出现,我们将在下一章专门论述。

典籍有很大的偏见,科隆发生了反对和抵制犹太人书籍的事。科隆大学的经院派神学家和德意志宗教法庭庭长主张完全销毁德国境内的犹太人的书籍,而罗伊希林坚决反对,认为那是对知识的践踏,是一种愚昧做法。可罗伊希林却受到指责,被视为基督教的叛逆和不信神的人,并最终被教皇迫害致死。

不过,罗伊希林的观点得到德国人文主义者,包括伊拉斯摩斯的支持。为了反击这一愚昧做法,罗伊希林把自己支持者写来的信编撰出版了《蒙昧者书简》。书的内容主要是对罗伊希林反对者的讽刺,嘲讽那些人的无知和愚昧,不少书简文笔犀利、讽刺性强,代表了德国人文主义者反教会和愚昧的思想。

冯·胡登(Ulrich von Hutten,1488—1523)是德国具有人文主义思想的政治家。年轻在欧洲游历时便受到人文主义思想影响,后成为伊拉斯摩斯的学生。他思想激进,在反对罗马教廷的宗教改革运动中主张把路德的反教廷言论变为行动。冯·胡登是第二部《蒙昧者书简》的主要撰稿人。这是一本声援罗伊希林的书。书中的不少信是作者故意用糟糕的拉丁文写成的,伪称是科隆大学反对罗伊希林的经院哲学家所撰,以反讽的手法揭露那些以荒谬宗教教条和炫耀无用学识的人。冯·胡登的激进人文主义思想由此得到传播,他那尖刻而辛辣的语言使该书成为欧洲文学史上最辛辣的讽刺作品之一。

德国的文艺复兴运动在造型艺术方面也取得了成果。丢勒(Albrecht Durer,1471—1528)是德国文艺复兴时期涌现的最著名艺术家。他在青年时代就曾访问过意大利,意大利的艺术给他以很大的影响。丢勒是一位有创见的版画大师,他把文艺复兴时期的科学成果透视法和人体解剖知识用于版画设计,在吸收意大利艺术风格的同时又保持德国的传统。在思想上,他更多地受到伊拉斯摩斯的基督教人文主义思想的影响。他的著名组合版画《启示录》充分显示了他的创作技巧、想象力以及基督教人文主义思想。

荷尔拜因(Hans Holbein,1497—1543)是德国另一位有影响的人文主义艺术家。荷尔拜因擅长肖像画,因其卓越的绘画风格被英王任命为英国宫廷画家。他为著名人文主义者伊拉斯摩斯作的肖像画是他的代表作品。在该画中,荷尔拜因成功塑造了与伊拉斯摩斯性格和思想完全吻合的艺术形象,使伊拉斯摩斯作为一名学者所具有的包括专注、坚定、沉着、智慧的独特内在气质得到了完美的体现,《伊拉斯摩斯》成为欧洲艺术史上最著名的肖像画之一。

尼德兰地区在16世纪产生的最伟大的画家是老勃鲁盖尔(Pieter Bruegel the Elder,1525—1569)。他以擅长表现乡村景色和生活著称,故有"农民勃鲁盖尔"之雅号。他的画风粗犷朴素,有意识的夸张变形,已具有现代艺术的某些特征。他的《农民婚宴》《婚礼舞会》形象地记录了当时农民的民风民俗。

在 西 班 牙

西班牙在15世纪末基本实现国家的统一,16世纪初其国王查理一世当选为神圣罗马帝国的皇帝,加上在地理大发现中获得的大量财富,一时国力强大,称霸欧洲。国内资本主义工商业也得到发展。在意大利兴起的文艺复兴运动开始传播到西班牙。西班牙出现了批评宗教偏见的文章和介绍古典文学的作品,但是,由于宗教势力的强大,特别是宗教裁判所的存在,文艺复兴运动发展缓慢,直到16世纪后半叶文艺复兴才得到较为广泛的传播。在人文主义的影响下,西班牙文学开始进入自己的"黄金时期",在小说和戏剧创作上成就卓著。流浪汉小说是西班牙在这一时期的创造。以下层人物的眼光去观察并讽刺一些社会现象是流浪汉小说的最大特征。西班牙最早出现的流浪汉小说是佚名作品《小癞子》。作品通过对流浪汉小癞子由贫苦的孩童成为狡猾骗子手过程的叙述,揭露了封建社会僧侣教士的道德败坏和社会的腐朽黑暗。

西班牙文艺复兴时期涌现出的最伟大文学家是塞万提斯(Miguel de Cervantes Saavedra,1547—1616)。他早年生活坎坷,因得罪教会和权贵数次入狱。《堂吉诃德》是他的代表作,属于流浪汉小说范畴。塞万提斯出于自己的反封建思想创作了这部作品和堂吉诃德这一人物形象。主人公堂吉诃德是一个满脑子幻想的游侠,他动机善良,却由于一味蛮干,往往事与愿违。通过堂吉诃德的言行,人们可以感受到作品所包含的争取个人自由和个性解放的人文主义思想。《堂吉诃德》是欧洲出现较早的一部长篇小说,不论在反映现实的深度和广度上,还是在人物塑造方面,它都比以前的小说向前迈进了一大步。作品不仅显示了作者具有极其丰富的创造力、想象力和幽默感,而且表现了作者对现实的本质、人生意义的洞察力和较高的人文主义境界。

西班牙的戏剧也在这一时期得到较大的发展,成为最受民众欢迎的流行文化活动。在涌现出的众多剧作家中,维加(Lope Felix de Vega Carpio,1562—1634年)最为著名。他出生在一个农民家庭。据说一生写过1800部剧本,仅流传下来的就超过400部,真可谓创作奇才。维加认为戏剧的首要任务应是反映现实,因此他的戏剧具有明显的现实主义倾向。在文艺复兴运动的影响下,人文主义成为维加戏剧要传达的主要思想。

《羊泉村》是维加的代表作,取材于历史上发生的一次农民起义。羊泉村的百姓不堪封建领主的暴行举行起义,处死了领主。面对国王派来调查的法官,全村人异口同声称是集体所为,连十来岁的儿童也如此说,最后国王只好宣布免予追究。

作品通过对封建贵族暴行的反抗,揭示人民对封建制度的痛恨和反封建的斗争。

维加创作的喜剧具有浪漫主义成分,情节曲折紧凑,结局出人意料。维加的戏剧自成一体,在当时的西班牙不仅十分流行,而且享有很高的声誉,被视为西班牙民族戏剧的代表,对后来欧洲的戏剧,特别是文艺复兴时期英国的戏剧产生了积极影响。

在 英 国

文艺复兴的人文主义思想于 14 世纪就开始在英国初显,其标志之一是乔叟在文坛上的出现。意大利的人文主义思想对乔叟的创作影响很大,通过乔叟的作品,人文主义思想在英国得到最初的传播。托马斯·莫尔(Thomas More,1478—1535)是继乔叟之后英国出现的一位有影响的人文主义者。莫尔担任过英国下议院的议长和最高法官,但后因为反对圈地运动和国王专权而被斩首。他所创作的对话体小说《乌托邦》是其人文主义思想的集中体现。在他笔下那个被称为"乌托邦"的理想社会里,没有私有制,没有人剥削人的现象,没有专制暴政,没有宗教迷信和宗教狂热,人人劳动,产品丰富,按需分配,社会和谐。他的作品对后来出现的描写理想社会的文学具有很大影响。

不过,文艺复兴真正开始在英国盛行是 16 世纪的事。首先,以大西洋为中心的经济活动,战胜西班牙的无敌舰队后获得的海上霸权,进一步刺激了英国工商业的发展和海外掠夺,使得英国的资本主义得到了快速发展。英国发生的圈地运动表明资本主义已经深入乡村。"玫瑰战争"后英国的封建领主势力被大大削弱,统一王权制度得到确立,政治获得平稳发展的时机。其次,从 50 年代开始,古代希腊罗马的作品和当代其他国家的著作大量翻译成英语,在推动英语文学发展的同时,使人文主义思想在英国迅速传播。诗人斯宾塞(Edmund Spenser,1552—1599)的长诗《仙后》通过对女王的歌颂,宣扬新兴资产阶级应具备的品质。作为散文家的培根以论说的方式表达人文主义思想和唯物主义观点,对社会的影响极大。

随着伊丽莎白女王时代的到来,英国社会政治更是相对稳定,经济发展迅速,文化繁荣。特别是伦敦,文化生活异常丰富,犹如当年的佛罗伦萨,尤其是戏剧艺术得到很大发展。英国的剧作家从希腊罗马人那里获得创作动力,开创了新的悲剧和喜剧创作之风。悲剧和喜剧如同在古希腊,再次成为大众文化生活的组成部分。一时间,剧场如雨后春笋般在伦敦出现。纯粹商业性剧团的出现造就了一大批职业剧作家和职业演员,并培养了一批买票看戏的观众。

舞台戏剧的再次流行反映了人文主义思想对社会的影响和古典文化观的复

兴。自中世纪以来,舞台戏剧,特别是世俗题材的戏剧就一直遭到基督教的谴责。基督教神学家指责剧院是不道德场所,是唆使人堕落的地方,古典戏剧被封杀。尽管中世纪后期出现了戏剧,但主要是为了宣扬基督教价值观,很少在人物、语言、情节方面下功夫。在文艺复兴思想的影响下,16世纪的英国舞台彻底抛弃了中世纪的观念,戏剧作为娱乐和启迪心智的功能得以恢复。戏剧的流行使得戏剧成为联系广大民众、传播人文主义思想的重要媒介。在伊丽莎白女王时代,英国涌现了一大批才华横溢的剧作家,他们中的不少人都受过大学教育,具有较高的古典文化修养,受到人文主义思想的熏陶,特别是一批所谓"大学才子"派剧作家,他们的人文主义倾向很重,作品艺术性高,对英国戏剧繁荣作出了重要贡献。基德(Thomas Kyd,1557—1595)和马洛(Christopher Marlowe,1564—1593)是其中的佼佼者。基德的杰作《西班牙悲剧》是一部以西班牙宫廷阴谋为背景,通过复仇的故事反映宫廷的倾轧。基德的作品情节生动感人,主要人物性格鲜明。马洛的剧作《帖木儿》反映新兴资产阶级在征服世界过程中表现出的进取精神;《马尔他岛的犹太人》表现资产阶级对财富追求的无止境欲望。《浮士德博士的悲剧》则肯定知识的绝对力量。马洛的最大贡献是创造出了与希腊戏剧的英雄性格相辅相成的巨人性格,与文艺复兴这个巨人时代的精神是相仿的。他们的创造方法和作品对莎士比亚的戏剧创作有很大的影响。

当然,这一时期英国涌现出的最伟大戏剧家当是莎士比亚。莎士比亚(William Shakespeare,1564—1616)是英国文艺复兴的巨匠,也是欧洲文艺复兴运动中涌现出的一位最伟大的巨人。他出生在英格兰的一个富裕市民家庭,从小就对戏剧感兴趣。13岁辍学经商,20岁前后来到伦敦谋生,先后在剧场干过杂活,同时开始写诗。英国当时的戏剧艺术繁荣局面对莎士比亚影响巨大,1590年前后,他加入了剧团,当过演员,后转入编剧,并成为剧团股东。

莎士比亚的创作是在文艺复兴运动影响下开始的,但他的创作同时又是对文艺复兴运动的巨大推动。作为欧洲文艺复兴时期少数几个最杰出的文学家,他从人文主义观点出发,对处于封建和资本主义交替历史时期的英国社会作了广泛而深刻的分析和描述,反映了人民的愿望和要求,在刻画人和人物精神风貌方面代表了人文主义思想。他一生硕果累累,留下了37部剧作,外加154首十四行诗和两部长诗。以歌颂友谊和爱情为主的十四行诗具有新兴资产阶级肯定生活、要求个性解放的人文主义思想。

莎士比亚艺术的成就主要是在戏剧创作方面。他的戏剧包括历史剧、喜剧、悲剧和传奇剧。尽管绝大部分戏剧是利用现成材料改编而成,但是,莎士比亚在改编过程中,融入了自己的人文主义思想,使戏剧成为传播文艺复兴思想的舞台,这样莎士比亚以自己的创作把英国文艺复兴运动推向了高潮。

莎士比亚的早期创作以历史剧为主。剧本反映了英国新兴资产阶级的要求。当时的君主是统一民族国家的象征,拥护王权是结束封建贵族混战,保护国家不受外来侵犯,促进资本主义经济发展的可靠保证。历史剧虽然写的是英国过去的历史,但反映的却是文艺复兴时期英国社会和民众关心的问题。在这一意义上,莎士比亚的历史剧体现了文艺复兴的思想。《亨利四世》作为莎士比亚最具代表性的历史剧,写出了封建制度没落的趋势。

莎士比亚笔下的喜剧不同于古希腊喜剧,主要不是讽刺社会现实,而更多的是表现人文主义思想。歌颂爱情和友谊,宣扬个性解放、婚姻自由和个人争取幸福的权利是他的喜剧所要传递的主要思想。如在《皆大欢喜》中作者描写了一个理想且令人向往的人与人的和谐关系。

莎士比亚作品中最具代表性的是其创作的悲剧。与著名的希腊悲剧一样,他的悲剧同样具有巨大的震撼力,极大地撞击着人们的心灵。无论是《哈姆雷特》《李尔王》,还是《奥赛罗》《麦克白》都是伟大的作品。在这些作品中,莎士比亚创造了一系列令人难忘、极具个性的艺术形象。通过舞台表演[1],人物的复杂性格、精神、思想得到了最充分的展示。尽管剧中的主人公都是悲剧性的人物,但是莎士比亚却通过对表现在他们身上复杂性格的生动刻画,把真实的人性展现给世人,从中揭示人的尊严、价值和力量,使作品具有永恒的魅力。与此同时,莎士比亚以自己对人和世界的看法拓深了人们对于文艺复兴时期人文主义理想与精神的了解。

英国戏剧由于莎士比亚的出现成为英国文艺复兴时期所有文学形式中最为辉煌的一种,代表了英国乃至整个欧洲文艺复兴时期文学创作的最高成就。莎士比亚本人则以其人文主义思想被视为欧洲文艺复兴时期文学方面成就最高的文学家。

文艺复兴作为欧洲文明史上在政治、经济、自然科学、思想领域、文学艺术等几乎所有领域都引起变革的运动,其影响是巨大的。文艺复兴的欧洲人在历史上首次意识到他们已身处一个完全不同的时代,深切感受到他们是生活在一个全新的时代。而文艺复兴带给人们的积极世界观使得人们对生活感到欢欣鼓舞并充满信心。正如生活在那个时代的人所说:"现在,每一位有思考能力的人都要感谢上帝挑选他们生活在这一新的时代,一个充满希望和前途的时代,它业已为过去上千年间世上可比拟的众多拥有高贵心灵的人而欢欣鼓舞。"[2]

---

[1] 莎士比亚所有的剧目都是为商业剧团的舞台演出而作,只是在他死后,其剧本才收集出版,成为"文学",在读者中流传。

[2] 转引自拉尔夫等:《世界文明史》,赵丰等译,商务印书馆,1999年,第809页。

第四节　地理大发现

文艺复兴时代也是地理大发现的时代。尽管文艺复兴对欧洲社会的影响是巨大的，塑造了欧洲的近现代文明，但是地理大发现对于欧洲社会的影响同样巨大，不仅如此，从某种意义上说可能对欧洲社会生活最终走出中世纪更为直接。由于地理大发现，欧洲的经济开始发生本质上的变化，以地中海为中心的经济活动被以大西洋为中心的经济活动所取代。更为重要的是，由于地理大发现，欧洲走向扩张殖民的道路，欧洲人几乎是在不到一代人的时间内走出了地理上的封闭，航行在世界各大洋，在对非洲和亚洲进行大规模掠夺的同时，把整个西半球控制在自己的股掌之中。欧洲文明进程从此不再仅限于欧洲，欧洲人从此不再用地中海—大陆观念看待欧洲，而是更多地把欧洲与世界联系在了一起。

促成地理大发现的动机和原因是多方面的，但最主要的显然是经济动机。自十字军运动以来，东方拥有的难以置信的财富、丝绸、宝石，特别是名贵香料（包括丁香、胡椒、肉桂、姜等），一直为欧洲人所向往，成为对欧洲人的一大诱惑。由于古代形成的通商大道——丝绸之路因中亚地区的动荡在此时已基本废弃，由于任何由海路达到原产地的人都会发财，寻找去东方的最佳途径促进了欧洲的远洋航海活动。当时的任何地理发现都能在经济利益上体现出来的事实极大地吸引更多的人和国家加入远洋航海的行列。经济利益的驱使还与欧洲寻求海外市场有关，特别是在英国、荷兰、法国加入后更是如此。

此外，中世纪的地理观和各种有关海岛神话的存在，形成了激励欧洲人去探险和寻宝的独特文化氛围。中世纪的地理观认为世界由一系列"海洋群岛"所环绕，而当时人们所知的只有十余座。未知的岛屿和流传的海岛神话结合在一起对有冒险欲望的人来说无疑具有极大的吸引力，如"失落之岛""金岛""银岛"等一直刺激着欧洲航海人，连哥伦布在航海时也曾试图寻找"失落之岛"。希望通过航海探险找到金银财宝而一夜暴富的大有人在。

再则，宗教是一个不可忽视的动机，是地理大发现过程中的精神力量。在航海探险活动中，有不少次横渡大西洋的壮举都贯穿一种传教精神。地理大发现被看成是传播基督教的最有力手段，包括哥伦布在内的航海家都把自己的航海使命与传教联系在一起是这一动机的最好说明。当然，这与当时的宗教影响和教会在社会上的作用分不开。最能代表这一精神的是方济各会修士。

毫无疑问，航海技术的发展和提高，造船技术的发展为远洋航行提供了必不可少的有利条件。中世纪结束前,阿拉伯人的航海技术就已经传到了欧洲,对天体的观测法开始在航海上运用。航海星盘和日晷也于15世纪为西班牙和葡萄牙海员所使用。三桅帆船和改进的拉丁帆的出现使得船体更加坚固和易于操纵。这一切使得远洋航海成为可能。

从某种意义上说,地理大发现应该被视为欧洲新兴资产阶级积极进取精神的一个结果,表现了资产阶级勇于冒险和追求财富的思想。严格说,阿拉伯人、印度人和中国人都是早于欧洲人的远洋航海家,上千年来阿拉伯水手一直航行在印度洋上,中国明代著名航海家郑和曾率领当时世界上最庞大的远洋船队七下西洋,先于欧洲人抵达非洲的东海岸。然而,就勇于冒险和对财富的不懈追求而言,就把航行当作一种事业而言,他们均无法与这一时期的欧洲人相比。很可能,这是这些亚洲民族没有把自己的远洋航海活动持续下去和进一步扩大的一个最主要原因。而在资产阶级积极进取的人文主义思想的影响下,欧洲人开始了有规模和持续不断的远洋航海活动,其结果导致地理大发现和对世界的扩张。

地理大发现的过程

生活在欧洲西南端伊比利亚半岛的葡萄牙人和西班牙人在欧洲远洋航海事业上走在最前面。葡萄牙作为一个大西洋国家早在14世纪后半叶就在大西洋的一些群岛建立了自己的殖民地。15世纪,由于非洲黄金和奴隶的诱惑,葡萄牙人转而在西非沿海地区进行航海冒险。葡萄牙航海大业的发展与葡萄牙亲王亨利(1394—1460)对航海的钟情和组织领导是分不开的。亨利是把航海作为一种事业进行开发的人,为了航海事业的成功,他不仅网罗有经验的航海人才,而且开办独特的"航海学校",一方面培养航海人才,另一方面改进造船技术和航海仪器。他还向船队灌输一种使命感,鼓励他们不畏艰难,勇于远征。在他的领导下,葡萄牙人在沿非洲西海岸远洋过程中越航越远,他们的航海经历往往表现出一种英雄主义气概。自然,他们对非洲的发现也一个接着一个。一个新的非洲呈现在葡萄牙人的面前:物产丰富,居民天真。葡萄牙人因此获得了大量黄金、象牙、胡椒,以及奴隶。当航海与经济利益紧密联系在一起时,对航海事业的促进和发展是巨大的。1487年,葡萄牙人终于航行到了非洲最南端,意外发现了好望角。1497年,葡萄牙著名航海家达·伽马率领船队绕过好望角,找到了抵达亚洲的新航线。虽然达·伽马领导的船队在两年后回归故里时损失了半数船只和三分之一人员,但带回的物品在价值上远远超过其损失(被认为是远征费用的 60 倍①)。这极大地鼓舞了人们从事远洋航海的决心和信心。1500 年,葡萄牙人在印度西海岸建立了自己的第一个商业据点,并开辟了欧洲到印度洋的定期商船航线。此后,葡萄牙人继续东行,到达东南亚、中国、日本,并于 1553 年取得了在中国澳门的居住权,1887 年占领澳门。葡萄牙人的海上冒险取得了前所未有的成功。

西班牙在远洋航海方面也成就卓著和贡献良多。1492 年,在西班牙王室的资助下,著名航海家哥伦布率领船队开始横渡大西洋的壮举,尽管出发时的目标是为了找到到达亚洲的新航线,却于无意中驶抵并发现了美洲大陆。② 后来,他又三次在大西洋上往返于欧洲和美洲之间。1519 年至 1521 年间,西班牙冒险家控制了蒙特祖马的墨西哥帝国。1519 年,为西班牙效力的著名航海家麦哲伦领导的船队进行了人类历史上第一次环球航行,尽管麦哲伦本人途中在菲律宾毙命,但他船队中的一艘船在环绕地球航行了一圈后,于 1522 年成功返回欧洲,完成了这一伟大的环球航行的壮举。

葡萄牙人和西班牙人的这一系列航海活动在导致地理大发现、使人们更为清楚地了解地球海洋与陆地的分布情况并可以更为精确确定地球的形状与体积的同时,把欧、美、非、亚四大洲连接了起来,世界在这一过程中终于第一次成为一体。

地理大发现的意义

地理大发现对欧洲文明进程的影响是巨大的。首先,它彻底结束了欧洲的孤立状态。与十字军运动相比,地理大发现导致的与外界的接触是主动的、广泛的、持久的。欧洲人在地理大发现中"闯入大西洋和印度洋公海,把欧洲的旗帜插遍了全世界,从而结束了欧洲上千年的在地理上自给自足、不受外界影响的状态"。③ 孤立状态的结束是欧洲走向扩张和殖民之路的开始,欧洲文化开始在全世界范围传播,欧洲人自己的思维也开始带有全球性。

其次,它对欧洲人的世界观以及欧洲自然科学的发展产生了积极的影响,远洋航海活动大大地丰富了欧洲人的地理知识,揭示了欧洲人在当时尚不知晓的许多新现象和事物,使他们对世界有了新的认识与理解,长期在欧洲占据主导地位的托

---

① 海斯等:《世界史》,中央民族学院研究室译,生活·读书·新知三联书店,1975 年,第 626 页。
② 资料表明北欧维金人在 10 世纪就曾抵达美洲大陆,遗憾的是维金人的这一成就长期以来一直不为世人所知,也没有导致对新大陆的利用和开发。
③ 转引自拉尔夫等:《世界文明史》,赵丰等译,商务印书馆,1999 年,第 803 页。

勒密地理观被打破。新的世界地图被绘制出来。欧洲人走出欧洲看到了许多前所未闻的植物和动物品种，促进了生物科学的发展。欧洲人在地理大发现后开始建立植物园和动物园，采集植物标本，对动植物进行分类的研究随之开始。17世纪以来，由于欧洲文化的发展，学术活动的增强，大学和学院对科学兴趣的增加，远洋航海中的科学因素日益重要，对世界各大洋的科学勘察活动增多，使得人们对地球有了更进一步的认识和了解。欧洲生物科学的所有成就，包括19世纪达尔文进化论的提出都与之联系在一起。

再次，地理大发现导致外来物种和产品对欧洲的输入。外来物种和产品在很大程度上改变了欧洲人的生活。农业由于新品种的引进发生了巨大变化，从美洲引进的玉米、马铃薯、西红柿等农作物在欧洲得到最广泛推广，玉米和马铃薯由于高产不仅很快成为许多欧洲人，特别是普通民众的重要食品，而且减少了欧洲出现饥荒的频率，促进了人口的增长。烟草的传入也对欧洲人的生活习惯产生了重大影响。哥伦布发现新大陆之后，烟草在欧洲开始种植和吸用，最初被认为有治疗功效，但很快成为一种习惯和时尚，并由欧洲人传播到世界各地。从美洲输入的巧克力、从亚洲输入的茶以及咖啡改变了欧洲人的饮食和生活习惯。咖啡馆、茶室、巧克力店逐渐成为人们社交和聚集的场所，造成了欧洲人文化生活方式的变化。

地理大发现对于欧洲人的思想影响也是巨大的。世界其他地区的思想文化为欧洲文化带来了积极因素。如欧洲出现的乌托邦思想，无论是反映在莫尔的《乌托邦》中，还是反映在培根的《新大西岛》里，应该说都受到印第安人财富平均分配思想的影响。

地理大发现促进了欧洲人在海外的探险、征服、殖民和贸易等活动，这些活动在客观上打破了自然地理对世界的分割和隔绝，促进了世界范围内的物质、文化交流，对近现代人类文明的发展，对世界格局的演变均产生了巨大冲击作用。

地理大发现还导致了前所未有的移民热，成千上万的欧洲人向美洲移民。最先是西班牙人和葡萄牙人为了美好的生活纷纷涌向中美洲和南美洲，后来是欧洲其他地区的人涌向北美洲。其结果是欧洲文明被移植到了美洲大陆，西方社会和文化开始走出欧洲的范围，逐渐扩大到了大西洋的彼岸。

地理大发现还使得欧洲经济力量的重心由意大利和地中海永久地移至大西洋，造成欧洲的强大和繁荣。尽管当时的航海"大国"西班牙和葡萄牙的强大和繁荣昙花一现，然而，其他欧洲国家，如英国、荷兰和法国，在扩张思想的影响下，纷纷加入扩张者的行列，成为欧洲扩张和殖民的中坚。征服、殖民和贸易等活动给欧洲的新兴资本主义注入了巨大的活力，欧洲的强大和繁荣走上了一条康庄大道。

地理大发现的最大负面结果应该说是殖民地的大量出现,使欧洲以外地区人民和传统文化遭受很多破坏和掠夺:葡萄牙于 15 世纪和 16 世纪初在非洲、印度;西班牙 16 世纪在拉丁美洲;17 世纪以来法国、荷兰和英国在北美、东西印度洋群岛和印度。这些西欧列强统治和奴役了世界的大部分地区。其中,西班牙人在南美洲的征服规模巨大,速度快捷,手段残忍,在不到一百年的时间内,这个国家就几乎霸占了整个中、南美洲。随后,欧洲的其他国家如英国、法国、荷兰等也在美洲进行殖民掠夺和征服。欧洲对新大陆的征服和掠夺改变了那里的一切,原有的土著民族和文明,如著名的玛雅人和玛雅文明、印加民族和印加文明,遭到了灭顶之灾,印第安民族和印第安文明尽管没有完全被毁灭,但其所遭受的损失和破坏是巨大的。与此同时,大量的非洲黑人被运至美洲为奴,成为欧洲移民奴役和剥削的对象。这一人类文明中的丑恶现象直到 20 世纪才逐渐被消灭,然而造成的种族问题至今仍然存在。非洲在这一过程中除在资源上遭到大量掠夺外(如黄金、象牙等),人口也损失严重,有大量人被运至美洲为奴和有成千上万人遭到屠杀。亚洲也成为其掠夺的对象,印度、东南亚国家、中国均遭受到不同程度的侵害,但由于亚洲国家的文明根深蒂固和力量强大,其文明没有遭受到类似美洲的破坏。

尽管地理大发现对世界其他地区是一种不幸,但对于西方文明的发展而言无疑是极为有利的。马克思和恩格斯对此论述道:"美洲的发现、绕过非洲的航行,给新兴的资产阶级开辟了新天地。东印度和中国的市场、美洲的殖民化、对殖民地的贸易、交换手段和一般商品的增加,使商业、航海业和工业空前高涨,因而使正在崩溃的封建社会内部的革命因素迅速发展。"①新兴资产阶级在这期间得到了原始积累,贸易、殖民、奴役为欧洲带来巨额财富。欧洲资产阶级在这一过程中变得日益强大起来。对于欧洲文明而言,更为重要的恐怕还在于,欧洲人的文化在这一过程中被根植到美洲地区,逐渐取代美洲原有的文明样式,成为该地区的文化主体。尽管南美洲最终形成一种混合文化——拉美文化,北美洲文化则基本是欧洲文化的翻版,使得欧洲文化在整体上扩展到欧洲以外的地区。人们所说的西方文明从此开始出现。如果考虑到 19 世纪和 20 世纪北美对于西方文明发展的意义,那么,地理大发现对于西方文明而言,其重要性则是无论如何评说也不会过高的。

---

① 《马克思恩格斯选集》第 1 卷,人民出版社,1995 年,第 273 页。

第七章

宗教改革：对权威的挑战

16世纪欧洲社会的最重要事件是宗教改革运动的出现，这是继文艺复兴运动以来的又一场影响西方历史进程的运动。它首先从德国开始，继而影响到西欧许多国家和地区。从某种意义上来说，宗教改革运动作为文艺复兴运动的继续，在与中世纪作彻底决裂的同时，成为一场涉及人的思想的运动。文艺复兴所宣扬的以人为本的思想虽然不是对中世纪以来在西方社会占据主导地位的基督教的直接否定，但在客观上，却起着瓦解中世纪以神为中心、以罗马教廷为主宰的神权统治的作用。宗教改革运动的出现则是自文艺复兴以来第一场直接针对宗教的运动，是一场对统治西欧1000年的宗教权威的挑战运动。运动的结果是摧毁了西方社会宗教的大一统局面，直接导致了西方基督教体系自东西罗马分裂以来的再次分裂，一个被称为"新教"（Protestanism，抗议宗[①]）的基督教新的教派脱离罗马教廷，成为自立门庭的宗教。在西欧社会占统治地位一千多年的思想体系遭到了前所未有的冲击。神圣罗马教廷，这个有着千年辉煌的基督教教会的中心枢纽的权威遭到了极大的挑战，数以百万计的民众不再服从教会的权威。中世纪欧洲一体的主要象征——宗教一统不再。正是在这意义上，宗教改革被视为是与中世纪作彻底决裂的一场运动。宗教改革运动之后，西欧的基督教再也不具有昔日的权威，国家摆脱了宗教权威的羁绊，基督教对社会的影响开始在实质性上走向衰退。

[①] 我国的新教各教会习惯自称为"基督教"或"耶稣教"，而不称为"新教"。

第七章　宗教改革：对权威的挑战

第一节　运动背景

宗教改革运动是在 15 世纪后期西欧社会的经济与政治结构均开始发生变化的背景下发生的。首先，中世纪形成的封建制度在城市化和资本主义思想的冲击下正在分崩离析，新兴资产阶级开始登上历史舞台，民族意识开始觉醒，不少新兴的民族国家逐步确立了具有中央集权性质的王权统治。新的王权对包括宗教权在内的权力具有占有欲，教会国家化的倾向开始出现。其次，长期在欧洲社会占据统治地位的教会自身暴露出了许多问题，教皇的谬误日渐明显。教会内部开始出现了要求变革的声音，罗马教廷的权威受到了挑战，以威克里夫和胡司为代表的神学家从本民族利益出发，提出了教会民族化的主张。他们的主张在不同程度上影响人们对占据欧洲垄断地位罗马教廷的看法。再次，长期积攒起的大量财产导致教会腐化堕落和不正之风严重。腐败的教阶制产生了一大批腐败的教职人员，居于统治高位的教会和主教越来越多地呈现出腐败堕落特征，特别是一些教会内的高级教士违背福音精神，沉湎于世俗行乐生活。为了维持教廷的庞大日常开支和高级教士的奢侈生活，教会设立名目繁多的税收，甚至不惜出售神职和买卖圣物，以从信徒身上搜刮钱财，引起教徒的强烈不满。最后，文艺复兴思想的影响。人文主义者通过办学和印行《圣经》和古教父著作等基督教书籍，使广大教徒第一次直接接触信仰的原始内容和对原始基督教有了了解，少数思想家开始意识到教阶制、经院哲学的弊端，出现了向传统观念开战的倾向。更有一批人文主义者大胆揭露包括教皇、主教在内的教会的腐败、虚伪、贪婪和无知，倡导教会改革，以铲除腐败，纯洁信仰。

宗教改革运动最早在德国[①]出现并不是偶然的，16 世纪的德国虽然有"神圣罗马帝国"之称，但真正的中央集权从来没有在德国建立起来，历史上的帝国皇帝因受制于教皇，王权流于形式，德国境内的各路诸侯势力日益强大，14 世纪颁布的《黄金诏书》确认了德意志诸侯对中央集权的制约，使得封建割据大行其道。到 16 世纪，全德国有七大选侯（有权选举德国皇帝的诸侯），几十个大诸侯，二百多个小诸侯，以及上千个骑士领地。分裂的德国使得罗马教廷有机可乘，特别是在敛取钱财方面，德国故有"教皇的奶牛"之称。随着德国新兴市民阶层的出现和长期植根

---

① 现代意义上的德国出现于 19 世纪，这里所使用的"德国"一词主要是它的地理概念，而非国家概念，亦可以与"德意志"等同。特此说明。

在日耳曼民族心灵深处的民族意识的增强,要求改革教会,实行教会民族化的呼声日渐高涨。各路诸侯不管出于什么样的原因都希望得到绝对的政治主权,起码是在自己的领地内。这在客观上为宗教改革在德国的首先掀起并能持续下去奠定了社会基础。哲学家黑格尔就此指出:"那种古老的、彻底保存在日耳曼民族的内在性,终于要从它的正直和简单的内心里完成这种革命。"① 不过,除了上述总体背景外,1517年教皇利奥十世把美因兹大主教职位卖给勃兰登堡的亚尔贝特是一个更直接的因素。为了帮助亚尔贝特偿付买职位欠下的债,以及筹资修建罗马圣彼得大教堂,利奥十世派人在德国兜售赎罪券,导致后来发生的一切。

宗教改革与文艺复兴一样也从过去的历史中找寻到进行变革的灵感和思想。与文艺复兴从希腊—罗马古典文明中找到新文艺可以借鉴的样式不同,宗教改革的领袖是从基督教之母——犹太教和原始基督教的早期思想中找到进行改革所需要的武器的。

第二节 路德改革的出现及其意义

宗 教 改 革

宗教改革运动所涉及的实际上是基督教历史上的一个最根本的问题:有罪的人类怎样才能获得救赎?在一个灾难肆虐的世界中,对于被认为丧失了原始天赋的恩典的基督教徒而言,获得救赎是每个人最为关心的,也是终身祈求实现的目标。

尽管使徒保罗在基督教形成之初就提出"义人必因信得生"②,说明信仰是救赎的关键,但长期以来在中世纪社会上流行的和实际上起作用的答案却是:除了信仰之外,教会在人的救赎问题上起着决定性的作用,唯有通过教会人才能获得救赎。根据这一理论,教士的中介作用,即外在的因素就变得十分重要,教皇和教会在救赎过程中的作用由此确立。中世纪以来,基督教教会为了加强对信徒和社会的控制,进一步提出了上帝不与有罪之人直接交往,唯有通过教会人才能获得救赎的理论。根据这一理论,人若要获得救赎,就必须服从教皇的权威,遵守教会的教规,听从教士的施唤,凭借种种圣事。为此,教会建立了一套机构和礼仪,圣礼由圣

---

① 黑格尔:《历史哲学》,王造时译,生活·读书·新知三联书店,1956年,第461页。
② 《新约·罗马书》,第1章17节。

奥古斯丁的三种发展成七种：洗礼、坚振礼、圣餐礼、告解、神品礼、婚配、终傅。相应的教会法规、司法机构、税收制度以及森严的教阶制均建立起来。到了中世纪后期，人的外在善功被视为救赎之本，罗马教廷和教会已不仅是一个宗教信仰机构，而且发展成为一个对信徒和社会具有极大行政管理权的部门，收敛钱财成了他们的一项主要职责。不以信仰，仅以人的外在善功为救赎之本不可避免造成普遍的道德崩溃。要求信徒用金钱赎罪成为中世纪末教会的最大腐败行为。

马丁·路德

宗教改革运动由德国基督教修士马丁·路德（Martin Luther，1483—1546）掀起。路德并非出生在宗教世家，而是出生于一个普通德国家庭。其父是个殷实的业主，原本希望路德能够成为律师，继承自己的产业。但进入大学后的路德对神学感兴趣，于1505年违背父命进入修道院成为修士，从此走上了神学之路。1508年进入维滕贝格大学，先任讲师，后成为神学教授。与许多人文主义者一样，路德对原始基督教感兴趣，主讲保罗和奥古斯丁的神学思想。通过研究和授课教育，路德自己的神学思想受到保罗的思想和奥古斯丁预定论思想的影响，认为人的救赎完全依赖于上帝的恩典，而非其他，因而逐渐形成了路德宗教改革的中心思想——"因信称义"，也就是说一个人的得救全在于信仰。路德逐渐认识到，灵魂获得救赎完全是信徒个人的事。只要心存信仰，人的救赎就无

马丁·路德像

需教士的中介，也不必求助教皇和教会，不必求助圣礼仪式，不必求助善功，而是直接向自己的良知呼吁。只要坚信上帝和热爱上帝便可以获得救赎。很显然，路德与罗马教廷和教会之争的种子在其思想成长过程中已经播下。

值得一提的是，路德的这一"人的救赎无须教士的中介"思想在很大程度上受到犹太教思想的影响。年轻时的路德和许多德国人文主义者一样，对《希伯来圣经》①表现出极大的兴趣，几乎无一例外学习和研究过《圣经》原文——希伯来文，从中了解《圣经》的真正含义和揭露罗马教廷篡改原文、愚弄人民的可耻行为。犹

---

① 犹太人使用的《圣经》。

太教中信徒与上帝之间的交流并不需要任何中介的做法直接触动了路德。他为此曾向基督教界指出，上帝没有把给犹太人的恩宠同样地给予其他民族。上帝只给犹太人以启示。1523 年，德国出现了印有"耶稣基督生来就是一个犹太人"的路德传单。① 被教皇革出教门的路德亲自根据希伯来文和希腊文翻译出德文版的《圣经》②，在促进宗教改革深入发展的同时，为德国民众直接了解《圣经》内容提供了最好的普及读本。他的德文版《圣经》因此被视为是对德国文化的一项重要贡献。

赎罪券——运动的导火线

路德掀起的宗教改革运动的直接导火线是罗马教廷 1517 年在德国推行的赎罪券。

发售赎罪券是中世纪以来教廷弥补财政亏空的通常做法。为了使赎罪券有销路和市场，教皇和教会不惜大肆制造出赎罪券功效的神话和理论。13 世纪以来流传的所谓"善功圣库"理论就是其中之一。该理论指出，基督为世人救赎的功德，圣母玛丽亚以及圣徒所行的善功都被储存在天国的一个巨大的宝库中。这就是"善功圣库"。教皇可以从中取出这些功德和善功，以赎罪券的形式分赐给需要它的信徒，使他们的罪过得到赦免。赎罪券的效用不仅达及生者，而且对免除炼狱中的灵魂应受的惩罚同样有效。为此，1476 年教皇西克斯图斯宣布，为了使已故有罪的信徒在炼狱少受痛苦，生者可以通过购买赎罪券的方式为其赎罪。根据这一理论，人根本无须行善和遵守道德规范，只要有钱，便可以得到上帝的赦免。赎罪券导致道德堕落和教会腐败的弊端是显而易见的。尽管如此，由于赎罪券涉及教皇的权力和利益，在路德之前尚无人敢于公开置疑。

1517 年推销的赎罪券名为修建罗马的圣彼得大教堂，事实上是美因兹大主教借此圈钱，以偿还其为了获得大主教职位而进行行贿所欠下的债务。但路德当时并不了解这一肮脏交易。他只是得知一个大力推销赎罪券的多明我会托钵僧蓄意在民众中散布：不必进行苦修，只要买赎罪券的钱一投入钱箱，人及其身处炼狱亲人的罪过顷刻就会化为乌有，天堂的大门就会对他们敞开。路德对赎罪券的出售者深恶痛绝，认为他们这种对赎罪券功效的宣传不仅是在搜刮人民的钱财，有损人的道德，而且与他多年在课堂上宣讲的信念相抵触。作为一位宗教理性主义者，一

---

① 参见埃班：《犹太史》，阎瑞松译，中国社会科学出版社，1986 年，第 218 页。
② 新教使用的《圣经》中的《旧约》部分与犹太教《圣经》内容相同，而天主教使用的《旧约》部分则不同于犹太教《圣经》内容。我国流行的《圣经》版本，如"合和本"，是根据新教确定的版本翻译的，尽管天主教《圣经》版本也实际存在。这是我们在使用时应该注意的。

位严肃而认真的神学家,他把自己在这一问题上的思考和想法写了下来,题为《关于赎罪券效能的辩论》,即著名的《九十五条论纲》,并于 1517 年 10 月 31 日作为"小字报"把论纲贴在维滕贝格大学的教堂门上,以向师生公开亮出他在这一问题上的观点。

论纲的主要论点围绕对赎罪券效能的批判:

1. 赎罪券只能是对教规法惩罚的宽恕;教会只可以赦免教会施加的惩罚,不能赦免上帝施加的惩罚;神的惩罚只有上帝才能赦免;
2. 赎罪券永远不能赦免罪过,教皇本人亦无力做到这一点;
3. 赎罪券不可能达及炼狱中的灵魂;
4. 真正悔悟的基督徒无需赎罪券便可以得到上帝的宽恕;
5. 真正意义上的"善功圣库"应是上帝的恩典等。

路德的本意是希望以此开展对赎罪券效能的神学辩论,在基督教教会的作用和个人虔诚之间找到一个平衡点,而不是举起反对教皇的大旗。然而,路德的这一观点和做法显然道出了对罗马教廷和赎罪券不满的德国人的心声,他的论纲内容以空前的速度传播开去,在社会上造成很大影响,并最终导致宗教改革运动在德国乃至欧洲的展开。路德的这一举动也就自然被视为宗教改革运动的开端。

运动的发展

从实质上说,路德在赎罪券问题上与教廷之争在于是否承认教皇在教会事务中具有绝对至高无上的权力。在罗马教廷看来,攻击赎罪券就是攻击教皇的权力,而教皇代表罗马教会,罗马教会实际上是全世界的教会,反对教皇就是反对整个教会。教廷和教会对路德的这一做法十分不满,召其去罗马受审,但路德在德国有许多支持者和同情者,包括众多有地位的诸侯,在萨克森选侯的周旋下,路德与教皇的代表在奥格斯堡进行了公开辩论。在辩论中路德不仅不愿放弃自己的观点,反而进一步指出教皇并非上帝的代表,宗教会议的决议也可能是错误的,以此否认了教皇和宗教会议的权威。在 1519 年的莱比锡的辩论中,路德声称自己赞同威克利夫和胡司的神学思想,认为只有《圣经》才具有最高权力,而教皇和自己的会议只有当其行动和法令与《圣经》相一致时,人们才有必要服从。

路德的这些思想触怒了该赎罪券的始作俑者教皇利奥十世,1520 年 6 月 15 日教皇颁布了一道题为《斥马丁·路德谕》的敕令,对路德进行恫吓:要求焚毁路德的著作,并警告路德不要执迷不悟。同时令其在 2 个月内到罗马作公开忏悔,否则,将开除他的教籍。路德显然是一个意志坚强的人,他并没有因为教皇的恫吓而退缩,相反教皇的所作所为反而使其增强了反对教廷的斗志。他当众焚烧了教皇定其有罪的敕令,并连续发表了《致德意志民族的基督教贵族书》《教会的巴比伦之囚》和《基督徒的自由》三个小册子,进一步阐明他的宗教改革思想和政治主张。路德的思想在德国思想界和民众中引起强烈共鸣,人们争相阅读路德的文章,年轻的德国人文主义者毫无例外地聚集在他的周围,德国诸侯中的多数也赞同路德的思想。路德无疑已经成为德国人心目中的英雄。1521年1月3日,对路德恼羞成怒的教皇利奥十世终于公布破门令,宣布开除路德的教籍。路德及其追随者与罗马教廷彻底决裂。由于路德改革思想在德国已造成的影响和在德国民众中的高支持率,被开除教籍的路德不仅本人受到德国诸侯的保护,没有遭受异端审判庭的迫害,而且其宗教思想在德国诸侯的领地也得到贯彻和实施。1525年,路德倡导的改革教会首先在萨克森公国内建立起来,新教会取消了主教制度,标志一个全新的教派的出现。到1530年前后,德意志的许多诸侯领地都皈依了新教。

路德与其支持者,图中有
萨克森公国选侯

1529年,德皇查理五世支持罗马教廷,压制德意志内的宗教改革,但受到德国支持路德思想的各路诸侯的集体抗议。后来,凡主张宗教改革的教派都被称为"Protestanism"(抗议宗,即"新教"),以区别于罗马教廷把持的天主教。德国出现了支持宗教改革和反对宗教改革的斗争。1555年,无法在政治上压服其反对派的查理五世终于选择与路德宗诸侯和解,签订了《奥格斯堡和约》,和约确定了"教随国定"的原则,诸侯有权决定其臣民的宗教信仰,新教的合法地位终于在德国得到了确认。路德倡导的宗教改革运动至此可以说在德国已经完成。与此同时,路德的宗教改革思想迅速波及西欧各国,造成了新的运动在西欧的全面展开。路德的新教组织形态也开始越出德国疆界,传播到了丹麦、挪威、瑞典等北欧国家。

路德改革思想及其意义

"因信称义"是路德改革思想的中心内容,也是路德改革的思想"武器"。路德基于这一思想把灵魂获得救赎视为来自上帝的恩典,认为只要心存信仰,只要坚信上帝和热爱上帝,就会得到这一恩典,从而把教皇和教会在人的救赎问题上的作用(即教会长期宣扬的"教会之外无拯救"思想)排除在外。这样,"因信称义"的思想便成了路德反击罗马教廷权威的有力思想武器。

"因信称义"的思想强调的是信仰的作用,只要有信仰就可以与上帝沟通和获得上帝的恩典。这一思想在16世纪还具有有利于培养资产阶级个人主义和个性解放的作用,因为,个人通过虔诚信仰便可获得灵魂救赎的思想实际上具有把人从教会繁琐礼仪的束缚中解脱出来,给人一种精神上自由的作用。文艺复兴以来资产阶级反封建的主要政治口号是强调人的价值、人的尊严和人的权利,路德强调信仰的作用,实际上,就是尊重人格的独立和自由。当信仰成为一个人自愿的事时,是任何人无权干涉和强迫的,一个人的信仰是自由的,那么这个人也自然就是自由的。对于新兴资产阶级来说没有任何东西比自由更为重要的了。自由发展、自由竞争、自由选择都与自由联系在了一起。当时欧洲几乎所有资本主义发展较快的国家都选择支持新教,说明了它对资本主义的积极作用。

路德通过对原始教义的研究认识到当代教会的教阶制、神职人员世俗化、经院哲学的繁琐争论等都背离了基督教的最初本意。真正的基督教应该是所有归于上帝的人都为圣。路德为此提出了"人人皆僧侣"的思想。他指出信仰使人人具有平等的权利、禀赋和荣誉。无论什么人,只要受过洗,都可以担任教士、主教或教皇,人人可以学习和解释《圣经》。"人人皆僧侣"的思想是摧毁中世纪以教皇为首的教阶制度的有力武器,使人们摆脱了对教士的莫名恐惧,对个人和个性的高扬成为激励人们从事改革的推动力。在新教教会建立的地方神职人员和一般信徒之间的差别不是被取消就是大为淡化,以教士为中介的告解制遭到人们的摒弃。

路德的宗教改革之本意在于纯洁教会,恢复原始基督教的教义,其做法之一是把《圣经》直接交到民众手中。长期以来罗马教廷坚持把《圣经》的解释权攥在自己手中,认为信徒无权阅读、解释《圣经》,也无权决定自己的信仰,只有教皇和宗教大会有权决定人们的信仰。把持对《圣经》的占有权和解释权是中世纪基督教得以把持对信仰的垄断和教会存在的保证,也是中世纪基督教的突出特征。教皇格里高利一世就曾说过,"无知是笃信宗教的力量源泉"。路德推行改革的一个重要思考是如何把《圣经》直接交到民众手中,让民众通过亲自阅读,了解《圣经》的原本教义,以便拒绝罗马教廷解释《圣经》的特权,以《圣经》的权威取代教皇和教会的权威,摆脱罗马教廷作出的种种决议和法规的约束。用德国民众使用和能够看懂的语言翻译《圣经》是他得到的答案。他在与罗马教廷决裂后潜心进行《圣经》的翻译。他的德文译本出版后既实现了还宗教于民众的目标,还找到维系全体德意志民族的最佳工具[1],增强了德意志民族的民族意识、民族感情,使德意志民族开始走向逐渐统一的道路。

更为重要的是,人们一旦开始拥有自己的《圣经》,一旦开始了对于基督教中历史的成分和非本质之物的批判,尽管这一批判的初衷可能仅仅是为了发扬《圣经》本身的权威,这种批判就不会中止下来,直到对《圣经》,这个基督教的最后权威的批判。尽管这一任务最后是由18世纪的启蒙主义者来完成的,但是路德宗教改革作为这一批判的开端,其意义无论怎样评价也不会过高。

需要指出的是:路德上述宗教改革思想在很大程度上受到了犹太教的启发,犹太教中不存在教阶制,没有救赎中介等做法都对路德以影响。他在改革中的若干做法可以明显看出这一点。他在翻译《圣经》过程中涉及《旧约》部分使用的是《希伯来圣经》文本这一事实可以说是犹太教对他影响的最有力证据。正因如此,新教使用的《圣经》不同于天主教的《圣经》文本。犹太文化对于西方文化发展的影响在宗教改革运动中可以再见一斑。

新教教会和国家主权

路德提倡改革的另一重要思想是"君权神授"。尽管这一思想并非路德所创,是古代文明维护王权统治的法宝,然而,由于欧洲社会发展的独特道路,欧洲的民族主义思想发展迟缓,加之圣奥古斯丁提出的"神权论"的影响,欧洲社会长期以来流行神权高于世俗权,教会高于国家的观念。其结果是君权通常被认为是从属于教权的一种权力。路德提出的"君权神授"思想是针对中世纪的"神权论"的,认为神授的君权是一种完全独立于教权的统治权,具有改革教会乃至钳制教皇的权力。路德这一推崇世俗君权,反对教廷控制的思想具有民族主义的国家学说的成分。在新教教会出现的地区和国家,教会不再拥有对国家的控制权,主权为世俗权所

---

[1] 在路德《圣经》译本流行之前,德意志各地语言迥异,彼此间难以交流。路德通过自己的《圣经》翻译,实际上为整个德意志民族提供了一个共同交流载体,路德所使用的德语也就自然成为德意志民族的标准语言。

有。对于已经出现资本主义萌芽、民族主义意识觉醒的西欧而言,路德的这一思想加速了人们希望摆脱罗马教廷控制和建立民族独立教会的倾向。尽管路德的这一思想并没有导致德意志中央集权的出现和国家的统一(当时的德国尚不具备统一的基础),但却对德意志以外国家的中央集权的出现产生了重要影响。

宗教改革运动对德国哲学的影响

近代德国哲学形成的因素尽管很多,如资本主义生产关系的形成和发展、新大陆的发现、自然科学革命等,但路德掀起的宗教改革运动无疑是它的一个最直接的精神渊源。这不在于新教中的神学论证,而是在于新教中所提倡的个人理性思考精神,在于新教形成初期所具有的那种怀疑、批判的精神。正是这种精神使得新教与德国近代哲学之间有着不可割断的联系。正如恩格斯所指出的:"这种批判是德国的产物,如果没有德国的新教,这种批判是不可能的。"[①]路德对罗马教廷权威的挑战可以说揭开了德国近代思想革命的序幕,无论是德国的启蒙主义者莱辛、席勒、歌德,还是近代德国哲学家康德、费希特、黑格尔、费尔巴哈,都继承了新教的批判精神。如果考虑到德国的思想史事实上就是一部批判精神史,路德改革思想在这部思想史上的地位和作用是可以想象的。

第三节 宗教改革运动在欧洲其他地区

由路德掀起的宗教改革运动很快传播到德意志以外的地区,特别是英国、瑞士和北欧地区。不同地区出现的改革活动,无论自上而下,还是自下而上,无论是较为保守,还是更为激进,都成为 16 世纪宗教改革运动的有机组成部分,使路德在德国进行的改革真正成为席卷整个西欧的一场运动。

宗教改革在英国

16 世纪的英国完全不同于当时的德国,英国作为一个统一的国家,王权的势力已经很大,资本主义生产关系已经很好地建立起来,民族意识也不断增强。早在 14 世纪威克利夫时代,英国就出现过要求教会民族化的呼声。不过,最终在英国

---

① 《马克思恩格斯全集》第 18 卷,人民出版社,1964 年,第 654 页。

出现的宗教改革应该说还是一场完全不同的改革,尽管它受到路德思想的影响是显而易见的。英国的宗教改革从一开始就是一种出于政治考虑、自上而下展开的改革。改革始于亨利八世在位期间(1509—1547)。导致亨利八世决意实行宗教改革的直接原因是教皇迟迟不批准他因没有男性继承人而提出的离婚请求。教皇出于自身的考虑,迟迟不予答复。1533年,对教皇的拖延感到愤怒的亨利八世公开宣布与教皇决裂,并要求英格兰教会也断绝与罗马教廷的关系。次年,在他的授意下,英国国会通过了著名的《至尊法案》,规定英王是英国教会的最高主宰,拥有召开宗教会议、决定教义和任命教职等权力,教会原交给罗马教廷的贡金一律转而上缴英王。这样一来英国教会便成了脱离罗马教廷的独立教会。由英王一手导演的改革结出的主要是政治上的成果——教会必须接受世俗国家权力的控制。与罗马教廷切断联系的英国教会信奉的仍是罗马天主教,其教义、组织形式和礼仪均没有重要变动。不仅如此,到了玛丽时期(1553—1558)英国还出现了试图恢复与罗马教廷联系和迫害新教教徒的事件,罗马教廷的影响大有卷土重来之势。1558年,信奉新教的伊丽莎白一世登基后这一局面才得到改变,路德和加尔文的新教思想部分受到采纳。1571年,英国国会通过的《三十九条信纲》被宣布为英国圣公会的官方教义,英国国教——安立甘宗最终确立,至此,教会的民族化在英国彻底完成。

尽管如此,英国的宗教改革作为一种自上而下的运动,进行得很不彻底,改革后的教会仍保留了大量天主教传统,致使越来越多的信徒为加尔文宗所吸引。这些新教教徒要求清除英国国教中的天主教成分,以纯洁教会,造成了英国历史上的著名"清教运动"。当那些具有"清教"思想的英国清教徒因受到迫害而抛弃自己的祖国,远涉重洋来到大西洋彼岸——美洲大陆生活时,新教的思想也随之被带到了新大陆,在那里生根、发芽,并最终孕育了带有浓厚清教意识的"美利坚"思想,使"美利坚"日后成为世界上最大的一个新教地区。

宗教改革在瑞士

16世纪的瑞士是一个以自治市为单位的地区,既不受国王的统治也不受诸侯的主宰,城市公民可以自行决定自己在宗教上的选择。这使得宗教改革得以以一种独特的方式开展。

茨温利宗

茨温利宗是瑞士最早出现的根据新教教义组成的教会,由瑞士人乌尔德利希·茨温利(Huldrych Zwingli,1484—1531)在苏黎世创立。茨温利是从一个人文主义者转变成教士的。成为教士的茨温利赞同和支持路德的思想,在路德的影响下开始自己的宗教改革事业。他抨击苏黎世的传统教会,建立起了脱离罗马教廷的新教教会。他的《六十七条论纲》是其改革思想的集中反映。他宣称《圣经》是唯一的权威,否认罗马教皇的权威,否认赎罪券的功效,主张废除教士独身制和繁琐礼仪等,并在他所领导的教会中切实贯彻执行一系列改革思想。他的改革思想使其成为瑞士东北各州教会进行宗教改革的领导者。他所领导的宗教改革被称为"茨温利宗"。遗憾的是,1531年,他在与瑞士其他州持天主教思想派别的作战中阵亡。其开创的茨温利宗后来为加尔文宗所融合。

加尔文宗

加尔文宗是宗教改革运动中涌现出的另一重要教派,由法国人约翰·加尔文(John Calvin,1509—1564)创立。年轻时代的加尔文深受基督教人文主义影响,在研究神学的过程中为路德的新教思想所吸引,开始参加巴黎的新教教会,然而,在天主教势力占主导地位的法国,改信新教的加尔文因宣扬路德思想被指控为宗教异端而受到迫害,不得不流亡瑞士。在瑞士,加尔文开始了他的宗教改革生涯。1536年,他发表了《基督教原理》一书,从严格的神学学说入手系统阐述了自己的宗教改革思想。该书的系统性、严谨性和逻辑性使其成为有关新教基本信条的最具权威的神学著作,他本人也因此被视为宗教改革运动的又一位旗手。1541年,加尔文受到日内瓦宗教改革人士的邀请,直接领导了该地区的宗教改革运动,从而确立了以其名字命名的新教教派——加尔文宗[①]。加尔文不仅在理论上构建自己的思想,而且在生活中实践自己的思想。在他的领导下,日内瓦成为一个神权共和国。国家由选举出来的长老治理,人们的生活受到道德伦理的严格规范。加尔文倡导其教会恢复犹太人的安息日规定,严禁人们从事任何与世俗事务有关的行为。一切带有罗马教廷习俗的礼仪都遭到摒弃。日内瓦由此被视为"彻底的新教的灯塔"。1555年后,加尔文把主要精力放在向其他国家传播新教教义上,为新教的迅速传播作出了巨大贡献。

加尔文神学思想的核心是"预定论"。所谓"预定论"的思想最早由圣奥古斯丁提出。加尔文经过自己的思考认同奥古斯丁的预定论,认为一个人是否能得到救赎不在于任何其他原因,而是由上帝的永恒判决决定的。上帝出于人所无法理解

---

① 亦称为"归正宗"。

的密意在人被创造出来之前就预先确定哪一些人将获得永生,哪一些人将受到永久惩罚。鉴于此,一个人是否获得救赎,不在于进行忏悔,做善功,或行圣事,而完全取决于上帝的预定,因为世人是无法改变神意的。很显然,与路德提出保罗的"因信称义"目的如出一辙,加尔文在这时重新提出奥古斯丁的"预定论",是试图以此来彻底否定教皇和教会在救赎问题上的任何作用和权威的。

根据加尔文的"预定论",尽管上帝预先决定了被救赎的人,但每一个基督教徒都可以通过自己在现世的奋斗和成功来证明自己是被上帝选中给予救赎的人,因为加尔文把个人事业的成功解释成是个人能够获得上帝救赎的可靠表现,是上帝预先决定给予救赎的神意的证明。这样一个人的成功便成了将获得上帝救赎的主要标志。这样,加尔文便实际上是站在了新兴资产阶级的立场上给予"预定论"以符合资产阶级思想的解释。

此外,加尔文还认为,不仅一个人是否拥有财富是一种上帝的安排,而且人的经营才能也是上帝的恩赐。在他看来人们经商办企业,发家致富,积蓄资产,放贷取利同担任教会职务一样神圣,均可视为受命于上帝。这样一来,世俗职业和个人奋斗便被赋予了神圣的意义,人们再也用不着在个人财富上遮遮掩掩,在才能上遮遮掩掩。发家光荣,致富光荣,加尔文的这一思想显然是符合当时新兴资产阶级发展需要的,在一定程度上促进了资本主义的繁荣。

不仅如此,加尔文并不认为由于人的行为无法改变上帝的决定,就应对生活采取消极态度,相反,他大力提倡善行。他认为好的基督徒应该把自己设想为是上帝的选民(即上帝确定将获得永生的人),凭着对上帝的永恒信心,按《圣经》要求行事,在生活中有所成就,以彰显上帝的荣耀,圣化上帝的英名。

很显然,加尔文宗的教义与组织形式比路德教派更能适应资本主义发展的要求,因而在西欧传播得更为广泛,法国、英国、荷兰等国都出现了大量的加尔文宗信徒。加尔文宗在法国称为"胡格诺派",在英国称为"清教"。在荷兰,信仰加尔文宗的信徒以宗教改革为旗帜,与西班牙腓力二世进行了大无畏的斗争,在反对罗马教廷的同时反对西班牙的统治,终于在1581年在尼德兰地区的北部建立了荷兰共和国。这是欧洲历史上出现的第一个由新教教徒创立的资产阶级共和国,它无疑是宗教改革运动的一项最为积极的成果。

第四节 罗马教廷的改革

宗教改革运动的出现和发展还导致一个意想不到的结果,迫使其对立面——

第七章　宗教改革：对权威的挑战

罗马教廷(天主教)开展了一场自身的改革运动①,尽管这一改革是一场为了更好反击新教而开展的内部改革运动,但改革运动对欧洲历史的影响并不亚于新教的改革影响。对于罗马教廷来说,改革的目的是捍卫和确立天主教教义,清除教会内部的弊端和腐化堕落现象,以重振教纲和影响力。天主教的改革思想和精神集中反映在 1545 年至 1563 年断断续续召开的特兰托宗教会议上,1563 年通过的《特兰托会议信纲》成为改革的指导思想。天主教在这次会议后,通过一系列具体措施,结束了天主教内部的教义之争,教义变得更加明确,教会得到纯洁,教士行为得到约束和规范,修会活动活跃,天主教地位得到加强,传教区域扩大。

最值得一提的是经历了改革的天主教的传教活动。由于宗教改革运动,天主教在欧洲大陆的势力范围受到冲击,不断脱离出去成为新教的国家日益增多,积极寻求发展的天主教在改革中大力拓展了海外传教活动。成千的天主教传教士出于对信仰的热爱,以甘心贫困、纯洁和服从的精神在亚洲、非洲和美洲进行不懈的传教活动。其中由西班牙人罗耀拉 1543 年在巴黎创建的"耶稣会"的活动最为引人注目。由于耶稣会士经过严格挑选和训练,纪律严明,素质较高,形成了一股政治势力,有力地遏制了新教在欧洲的进一步扩散。天主教在法国、比利时、南欧和东欧大部分地区的地位重新得到巩固。而肩负传教使命的耶稣会士则带着《圣经》和十字架,跟随探险队出现在每一块新发现的地区,使天主教势力达及美洲、亚洲和非洲,扩大了天主教在全世界的影响。

创建耶稣会的西班牙
圣徒罗耀拉

罗马教廷进行的改革对社会也产生了一些积极后果。基于坚信强有力的信仰只能建立在教育的基础上,天主教更加重视教育的作用,创办学校,普及教育,宣传业已为社会认可的科学知识成为教会的一项重要活动,其结果

---

① 对于天主教进行的改革,人们有不同的看法,部分学者认为,在路德的宗教改革之前,天主教的改革就已经开始;但另一部分学者认为,天主教改革的动力是出于对路德宗教改革反击的需要,是一种反击宗教改革的改革(Counter Reformation)。不过,不管人们如何界定天主教的改革,有一点是明白无遗的,这一改革对于天主教日后的发展起到了重要的作用。

是民众的识字率上升和教育水准的提高。由于既强调信仰也强调善行,人们更加关心慈善事业。欧洲信奉天主教的地区出现的日益增多的孤儿院和济贫院就是慈善事业发展的最好证明。天主教的吸引力因此大为加强。天主教没有因为新教的改革运动而失去自身的活力,其主要原因不能不归结于罗马教廷的改革。正如论者说,"如果没有16世纪[天主教]改革家们的英勇的努力,天主教就不会横扫全球并在欧洲像现今这样作为一种强有力的精神力量重现"。[1]

第五节 宗教改革运动的遗产

宗教改革运动尽管出现了众多不同的派别,各派在思想和教义上有所不同,但在总体上,新教运动还是具有其明显的统一特征。在圣事方面,只有圣餐礼和洗礼为多数人认可,其他圣事被降到了次要地位。在崇拜仪式方面,新教反对崇拜圣像和圣物,拒绝天主教的弥撒。崇拜礼仪得到了简化,使用民族语言而不是拉丁语。布道的作用得到重视,布道内容与解释《圣经》、宣传教义、评说社会道德问题结合在了一起,更加贴近民众生活。在崇拜仪式中,信徒集体吟唱赞美诗,直接介入其中。在组织方面,废除了基督教内部的等级制——教阶制,教会实现自我管理。修道院制度和神职人员的独身制遭到废止。宗教改革作为一场宗教运动,其影响主要表现在宗教的改革上,其巨大成果之一是永久性地摧毁了基督教内部的统一,永久性地结束了罗马教廷对西欧各国至高无上的统治。在西方社会具有深远影响力的宗教出现了多样化、多极化的倾向。任何不同思想都可以有自己的位置。

人们在评价宗教改革遗产时,往往注意到宗教改革在摧毁基督教统一的同时还不可避免地导致宗教战争在欧洲的出现。的确,西方社会在宗教改革出现后至17世纪中叶以信仰分为两类:天主教国家和新教国家,它们互相对峙,流血的宗教战争绵延不断,不同教派的信徒相互仇杀使得欧洲文明陷入巨大危机中达百年之久,直至1648年《威斯特伐利亚条约》签订,流血冲突才停止下来。天主教国家和新教国家终于以条约的方式互相承认,宣布和平共处。但是应该看到,正是经历了这一过程,宗教分歧才不再是欧洲国家对外关系和外交政策的主要依据原则。不同信仰的人可以享受同等的宗教和政治权利,以异端为由的宗教迫害逐渐减少,实行宗教宽容和宗教自由成为西方信仰生活的主旋律。宗教因素在西方政治生活中的影响第一次被降到一个次要地位。这不能不视为是宗教改革的一项深远影响的

---

[1] 转引自拉尔夫等:《世界文明史》,赵丰等译,商务印书馆,1999年,第928页。

成果。

由于受人文主义的影响,宗教改革注重人的个性与现世生活。宗教改革是继文艺复兴之后又一场冲击神学对科学和自由思想禁锢的运动,科学、哲学、文学、艺术无一不受其影响并发生了深刻变化。

然而,16世纪的宗教改革又不仅仅是一场反对罗马教廷的运动,它还是一场争取信仰自由的运动。尽管它取得的自由十分有限,宗教思想(尽管是不同类型的)仍然在禁锢着当时的人们,但它体现了一种时代的革命精神,回答了当时政治斗争所提出的各种问题。英国哲学家罗素指出:"为自由的斗争是从宗教问题上开始的,也是在宗教问题上得到一个几乎彻底的胜利。"①佐基认为16世纪出现的宗教改革"是一次人类心灵追求自由的运动,是一次人们要求独立思考和判断迄今欧洲从权威方面接受或不得不接受的事实和思想的运动。这是一次人类心灵争取自治权的尝试,是对精神领域内的绝对权力发起的名副其实的反抗。"②

宗教改革运动还促进了个人主义的发展。在与上帝沟通的问题上,新教教徒寻求个人同上帝的直接交流,从有利于自己的角度去解释《圣经》,并最终建立起了一套能够与资本主义经济制度发展相匹配的道德观念。正是在这一意义上,人们把新教看成是一种有利于资本主义发展的宗教。

不过,在今天看来,更为重要的是,由路德掀起的宗教改革运动的真正价值还不仅仅限于自身,更在于它所预示的历史方向。应该说16世纪出现的宗教改革运动包含着一种未来的力量和希望。自它以降,信仰自由和思想自由的彻底实现便成为西方各国进步人民所为之奋斗不懈的目标。

---

① 罗素:《社会改造原理》,张师竹译,上海人民出版社,1959年,第14页。
② 基佐:《欧洲文明史》,程洪逵译,商务印书馆,2005年,第194、195页。

第八章

巴洛克：文艺的新样式

对于文艺而言，17世纪的欧洲显然又进入了一个新的时代，可以用后文艺复兴时代或后宗教改革时代来形容。把中世纪"逐出"文艺的文艺复兴运动已经成为过去，文艺复兴造成的文学和艺术的样式已经不再具有新意，文艺复兴形成的艺术规范和肃穆开始显得过于程式化和沉闷。宗教改革运动造成的对罗马天主教的冲击正在减弱，而天主教自身开展的反宗教改革运动取得重要进展并在继续深入，为了吸引信徒和给信徒以满足感，艺术的作用受到了重视。世界地理的大发现，欧洲的对外扩张和海外市场的成功开发，使欧洲社会发生了巨大变化，社会上涌现出的巨富新贵使得豪华享受之风盛行，对艺术的需求增长，而社会财富的增加使得这一"需求"成为可能。17世纪还是王权统治在欧洲确立的时代，大权在握的君主希望在国家生活的各个方面展示和表达其权威和伟大。这一切使得社会对文艺（包括建筑、雕刻、绘画、音乐、文学、戏剧等）有了不同于以往的要求。激情、变化、华丽、宏伟、雄壮成为文学艺术的新追求。正是在这一历史背景下诞生了文艺的新样式：巴洛克。

第一节 巴洛克

"巴洛克"（baroque）是一种文艺风格的总称，是18世纪后人们评论文艺复兴以后至启蒙运动期间欧洲出现和流行的一种艺术风格时经常使用的一个词语，最初有贬抑之义，稍后随着人们认识的变化,已不再具有任何贬义。关于 baroque 这一术语的来源,一般认为出自葡萄牙语 barroco 一词,意为"不合常规",最初特指形状怪异的珍珠。在中世纪拉丁文中,其含义为"荒谬的思想"。由于该词在西班牙语中拼写相同,亦有人认为该词来源于西班牙文。它在法语中的拼写为 baroque,在英语中的拼写与法语同。作为形容艺术风格和文艺批评的词汇,"巴洛克"一词首先用在形容造型艺术(建筑、雕刻)上,后逐步用在艺术其他类型上,如绘画、文学等,继而用来形容一种文化现象。

巴洛克艺术风格的出现具有极其复杂的原因。

其中最令人不可思议的是,巴洛克艺术风格的出现与罗马天主教教廷推行的反宗教改革的改革运动直接联系在一起。罗马教廷的改革目的是为了尽可能地夺回被新教占去的空间,尤其是要加强教会在仍然忠于自己的民众和地区中的影响力。

新教运动,无论是路德宗还是加尔文宗,都对罗马天主教廷的豪华奢侈之风进行猛烈的抨击,提倡简约的宗教仪式和毫无装饰的宗教场所,拒绝艺术与宗教的联系。在一些新教国家或地区,还出现了新的"圣像破坏运动",宗教绘画、圣徒塑像和教堂的彩色玻璃窗被捣毁。

而在反新教的斗争中,天主教认识到艺术的巨大感染力。他们认为如果能够利用艺术的视觉作用和艺术所具有的一种能够展示一切可以造成人们惊奇赞叹东西的能力,则有可能达到吸引信徒和举行礼拜仪式的目的。他们甚至把艺术视为一种能够传播信仰的手段和方式。事实上,具有巴洛克艺术风格的建筑和雕塑作品最初在教堂中的出现,在很大程度上是特兰托主教会议对所谓新教的"圣像破坏论"谴责的结果,以此恢复宗教艺术的重要地位。巴洛克作为艺术形式出现在天主教对宗教改革反攻最有力之时,最早出现在教廷所在地罗马的事实表明它与天主教的联系。许多巴洛克风格的艺术品是根据来自教会的订单而创作出来的事实也说明了这一点。自然,通常教会的订单特别要求艺术家表现信仰、圣事和对宗教虔诚、激情的颂扬。

17世纪欧洲流传下来的遗产似乎也表明当时的罗马承担起了继承文化的使命,罗马教廷本身成为一个巨大的艺术中心。罗马教廷决定着手进行著名的圣彼得大教堂的改建就是一例。西方论者对此作出的解释是:"它[巴洛克风格]被赋予了促进集体激情的任务,通过令人眩晕的意义使信徒们得以满足。"[①]欧洲的艺术家和文学家在这一思想的鼓舞下,用自己的才能投入艺术的创新中去。不过,巴洛克艺术在出现后很快割断了与宗教的联系,逐渐发展成为一种民众艺术,并为反宗教思想意识的表达提供视觉形象支持。这大概是教廷始料未及的,不过,历史的

[①] 雅克·德比奇等:《西方艺术史》,徐庆平译,海南出版社,2000年,第230页。

发展通常就是如此。

《长颈圣母像》

其次,巴洛克艺术的出现还是对16世纪一度流行的样式主义①的反对和摈弃。样式主义通常指从1520年至16世纪末在意大利出现的刻意模仿盛期文艺复兴大师而缺少创新的艺术创作。样式主义作为在文艺复兴盛期过后出现的艺术样式,过于强调技巧,过分夸大艺术的某些特征,对样式的强调超过对创造力的强调。尽管样式主义也产生自己的特点,如大块的色彩,拉长的人形,夸张的笔法,却没有激情和新的艺术表现力。帕尔马桑的《长颈圣母像》是这一风格的典型代表。巴洛克艺术的出现正是为了在表达激情和寻找新的艺术表现力方面实现突破。

巴洛克艺术风格的发展应该说与欧洲的地理大发现和天文学的新发现有所联系,扩大的陆地疆界和无限空间的观念对艺术家而言不能不说是一种鼓舞。巴洛克艺术家在此鼓舞下,对文艺的探索超出了先前的界限,向新的领域和风格扩展。

巴洛克艺术风格并没有统一的标准,在不同的国家和不同的艺术领域更是有不同的表现,因此,作品在风格上极为复杂多变,流行方式和表现形式也因地而异。人们甚至作出"意大利巴洛克""法国巴洛克""贵族巴洛克",乃至"新教巴洛克"(指在荷兰和英国出现的巴洛克风格)这类划分。不过,在总体上,它代表了一种对绚丽、激情、宏伟、豪华、运动的热爱,是艺术由严肃到轻松的一种交替。巴洛克风格在其艺术观念中,含有加强形式和视觉效果的因素。它屏弃尺度和规范,逐渐打破内容与形式的平衡。它酷爱曲线和斜线、剧烈的扭转,展示一切可以造成人们惊奇、赞叹的东西。巴洛克风格所产生的戏剧性效果和表现力是强烈和巨大的。

作为西方艺术史上的一个时代,巴洛克时期最早开始于16世纪后期的意大利,17世纪是其在欧洲普遍流行的盛期。不过,它在各国的出现和产生的影响在时间上不尽相同,如在德国直到18世纪才达到盛期。巴洛克的影响巨大,除了对欧洲的影响外,它还由于天主教耶稣会的努力传播到包括东方一部分地区和美洲大陆的大部分地区,特别是西属和葡属美洲,在那里造成影响,并与当地艺术结合生产新的样式。由于这已超出本书涉及的范围,只能按下不表,但其影响之深远还

---

① 该词的英语拼写为mannerism,中文有各种不同的译法,如风格主义、矫饰主义等。

是可窥一斑。

巴洛克作为16世纪末出现的文化现象,其影响逐渐扩大,深入到艺术的各个领域,成为直至1760年左右欧洲文明的一个标志。有的西方论者甚至把它视为法国大革命之前欧洲的"最后一种伟大的风格"[1],足见其意义的伟大。

巴洛克风格艺术的出现还标志着西方进入近现代历史的开端。无论是艺术还是文学都与人们的生活更加贴近。当巴洛克时代结束时,西方已经进入了现代社会。

巴洛克风格的表现

巴洛克艺术首先在建筑中出现,人们通常把16世纪后期建筑家德拉波塔为耶稣会建造的罗马耶稣教堂视为巴洛克艺术的第一个标志。该教堂的外部尽管仍然是罗马式的,但内部装饰已经昭示着巴洛克艺术风格的到来。圣彼得大教堂的改建工程则为巴洛克艺术风格提供了一个最佳展示的机会。随后,巴洛克作为一种艺术风格在建筑、绘画、雕塑、音乐、文学等领域中出现并成为主流。

在意大利

掀起文艺复兴运动的意大利也是巴洛克绘画艺术风格的最初发源地,意大利的艺术创造性地造就出一大批具有巴洛克风格的经典艺术家,形成了所谓"意大利派"。他们的出现和取得的成就极大推动了巴洛克艺术风格在意大利的发展并造成了该艺术风格在欧洲其他地区的传播和流行。

卡拉瓦乔(Michelangelo Caravaggio,1573—1610)是意大利早期巴洛克风格著名的画家。他一生十分不幸,11岁便成为孤儿,生活漂泊不定,过着与社会底层民众有直接接触的生活,然而,这却使他有机会了解普通民众,特别是熟悉社会底层人民的生活方式。青年时代在米兰学艺,表现出艺术家的天赋。尽管他的艺术风格对后世产生巨大影响,可在生前却屡遭抨击和拒绝。倔强的性格更是使其屡屡与他人发生冲突,多次因格斗而触犯法律,遭受打击和迫害,流浪和贫困伴随着他的晚年,37岁时便因疾病而终。

作为艺术家,卡拉瓦乔对艺术创作有自己的独特理解。他对当时流行的模仿古典雕刻作品作画方式十分反感,认为艺术家应该从生活中寻找典型形象。他抛弃了文艺复兴式的理想化艺术形式,从身边生活中寻找艺术表现形式,以自己眼睛

---

[1] 雅克·德比奇等:《西方艺术史》,徐庆平译,海南出版社,2000年,第228页。

看到的人和物进行创作,所表现的大多是日常生活中的人和事物,即便是为教堂作的祭坛画,场景也取自市井,人物也是普通人形象,如在《圣马太与天使》中,这位福音书的作者被画成了一个普通劳动者的形象,坐在普通民居中。他的这一"大胆"写实的做法曾引起轩然大波和不少争议,但他坚持自己的风格。卡拉瓦乔由于其艺术富有生动的写实精神,还被视为是巴洛克时代的"写实主义"杰出代表,对17世纪欧洲各国的写实主义绘画发展有极其深远的影响。

卡拉瓦乔对绘画艺术的最重要贡献之一是光线的运用。在他的绘画作品中,光线成为除线条和色彩以外最重要的构图因素。他创造了特殊的明暗表现手法,运用强光黑影突出画面的主体。为此,他的绘画常常以深黑色为背景,但用一束非自然的强光从上方投射到主要人物身上,并在强光和阴影之间不使用中间色过度。这种表现手法如同探照灯划破黑暗的夜空一样,在画面上造成不同寻常的强烈明暗对比,使画面具有戏剧性效果。正是由于他对光和影的创造性运用,光和影在他之后成为西方绘画艺术中一种强有力的"绘画语言"。他的这一创新手法体现并代表着巴洛克艺术的一种风格。

最能反映和代表卡拉瓦乔创作思想和艺术风格的作品是《圣母升天》。尽管画的主题表现的是在西方人的心目中极受尊敬和崇拜的圣母玛利亚之死,但画家把圣母之死这个宗教题材处理得就像发生在普通百姓人家的一幕悲剧。我们看到的是在一间简朴的农舍里,人们正聚集在一起沉痛地哀悼一位死去的中年妇女。死者躺在一块破旧的板床上,连鞋袜也没有,显然是因为家境贫寒所致。在这幅画中,我们看不出一丁点宗教气息,展现在眼前的完全是一幅底层社会的丧事景象。对宗教题材作如此大胆世俗化处理,在当时可以说是一种"革命",受到教会势力的抨击自然也是在"情理之中"。这幅本来是应教堂订单而作的画遭到被委托人拒收。

在艺术上,该作品无论是构图还是色彩都表现出巴洛克风格。画家对于画中人物外貌和心理的刻画细致入微,显示了不同的性格特征,对情绪的渲染恰到好处,仿佛是真实生活的一个片断。光线的处理完全是"卡拉瓦乔式"的,画家将圣母安置在明亮的视觉中心位置,形成受光部位的高潮。从上面照射下来的光首先使几位使徒头部受光而形成节奏,落在圣母身上的光最后滑向蜷曲在一旁哭泣的抹大拉身躯上。整个画面阴暗对比强烈,突出了哀悼的气氛,增加了真实感,并给视者一种强烈的情感渲染。

卡拉瓦乔还开创了欧洲艺术史上静物画的先河。在欧洲早期绘画中,静物虽然早已出现,但那些物体从来只是人物的陪衬,不具有独立的意义。卡拉瓦乔首先使静物从人物画中独立出来,成为画面的主体。他23岁所作的《水果筐》是欧洲最早的著名静物画。卡拉瓦乔的艺术标志着巴洛克绘画风格的开端,他的影响很快跨越国界,传播到荷兰、西班牙、法国等国。

圣彼得大教堂及广场

17世纪意大利派最伟大的巴洛克风格艺术家无疑是贝尼尼(Gianlorenze Bernini,1598—1680)。他在建筑、雕刻、舞台美术等方面均有卓越的建树,特别是他的雕刻艺术独树一帜,被认为是巴洛克雕刻艺术风格的开拓者和集大成者。他出生在艺术世家,父亲是个出色的雕刻家。他从小就随父学艺。他的卓越艺术天赋使其在23岁时便被任命为罗马宫廷艺术家。1624年,教皇决定改建著名的圣彼得大教堂,贝尼尼被委任为总工程师。这给了他一个绝好的施展才华的机会。他果然不负众望,出色地完成了这一改建任务。教堂前广场的布局和建造体现了典型的巴洛克建筑风格。广场的柱廊被设计成环抱状,象征教会对信徒的迎接和拥抱之手臂。分列成4组的柱廊由284根多利亚式柱子组

圣彼得大教堂内的华盖

成,柱廊之上安放了162座雕像,宏伟壮观。柱与柱之间相互掩映,造成复杂的变化。教堂内部的装饰也是独具匠心,金色的上部和暗淡的下部分别象征"神圣的空间"和"世俗的空间"的宗教观念。大教堂主祭坛上的巨型青铜华盖是雕刻艺术与建筑艺术的结晶,是巴洛克艺术发展史上的一个里程碑作品。它那不断向上扭曲的巨柱是艺术家的创新,成为巴洛克艺术重复使用的题材。圣彼得大教堂的成功改建使贝尼尼声名远扬,法国路易十四亲自邀请他参加罗浮宫的设计。

《大卫》

不过,最能反映贝尼尼艺术才能的是他的雕塑。他的大理石雕刻《大卫》表现的是正将石块投向敌人的瞬间动作。人物身躯强烈扭曲,面部极具表情,巴洛克特有的人物造型风格在这里得到充分地表达。这一具有特色的构思将观者的注意力一下子吸引到这一动作之中,使现实空间与艺术空间成为一体,而这一动感正是巴洛克雕刻艺术风格的核心。如果对照一下米开朗基罗以同样标题命名的《大卫》雕塑作品,人们会不难体验到巴洛克雕刻艺术风格的这一特征。

《阿波罗和达芙妮》是贝尼尼雕刻的第一个群雕作品,表现的是希腊神话中的一个有悲剧色彩的爱情故事:爱神阿波罗爱恋河神的女儿达芙妮,在追逐她的时候,达芙妮祈求神帮助把自己变成一棵桂树。作品中人物追逐奔跑的动态打破了古典雕刻的静止稳定的传统模式。爱神阿波罗和达芙妮之间的微妙关系和内心的澎湃激情均得到了恰如其分的表达。人物流露出的稍瞬即逝的面部表情,优美的线条,肌肤的质感,以及对色彩的运用都已超越了米开朗基罗的传统,标志着西方雕刻艺术新时期的到来。作品本身亦成为巴洛克艺术的一部经典。

最能代表贝尼尼巴洛克风格的雕塑作品是《圣泰瑞莎的恍惚》。这座置放在罗马维多利亚圣母大教堂中的雕像是根据西班牙修女圣泰瑞莎一则日记内容而创作的。这位被认为是全身心献身宗教并被追封为圣徒的伟大修女曾在日记中这样袒露心迹:"啊,我看到了天使醉人的身躯,在天使的手中,那令人神往的金色长箭,正射向我的心房,我感觉他似乎不断地用箭刺穿我的心。我是如此地痛苦,忍不住哀泣起来,而爱情的甜蜜又是那么诱人,以致我宁愿这伟大的痛苦永不止息。"

贝尼尼在作品中表现的正是这种感受。作品中心位置是半倚半坐在云端上的西班牙修女圣泰瑞莎。她穿着宽大、遮挡住整个身躯的法衣,赤着脚。一个顽皮的小天使正向她射出爱情的魔箭。显然小天使的举动在修女圣泰瑞莎的心中造成一种世俗情感与宗教忠贞之间的大冲撞。一个完全献身宗教的人本应该与世俗情爱决裂,不受其"诱惑"。然而,爱情力量的巨大和甜蜜,还是在修女内心产生了冲击,造成了这位著名修女的一时"恍惚"。作品对圣女的这一感受表现得可谓淋漓尽致。只见她的头脑后仰,双目紧闭,微启的双唇流露出的仿佛是她在日记中所说的"痛苦的甜蜜"。

《圣泰瑞莎的恍惚》实际上是一幅用雕刻、绘画和光线共同构成的艺术品,贝尼尼巧妙地使用了各种色彩的云状大理石,托举着人物,给人一种华丽多彩的梦幻感。此外,艺术家还在雕塑的上方安置了一排长短不一的金属棒,通过光的照射,发出闪闪的光芒,修女圣泰瑞莎在金色的光芒中经历着恍惚的感受。人物的动态,手势的戏剧性,表情和光影的不可捉摸性使作品成为一件用造型艺术表达幻觉的无与伦比的作品。

贝尼尼的《圣泰瑞莎的恍惚》

贝尼尼创作的一系列人像雕塑和其他雕塑作品均独具一格。他为罗马公共广场创作的《四河喷泉》雕像豪迈、雄健,象征性地表现了大自然的壮丽。他对艺术的伟大贡献还在于不断创新,在开创了巴洛克雕刻艺术风格之后还不断对之进行充实和提高。他以自己的辉煌成就成为一个时代的代表。他的出现标志着欧洲以意大利艺术风格为主导时代的开始,而他的去世则标志着这一时代的终结。

在佛兰德斯

佛兰德斯画派是意大利以外地区最早受到巴洛克绘画风格影响,同时又对巴洛克风格作出重要贡献的一个画派。鲁本斯(Peter Paul Rubens,1577—1640)是佛兰德斯画坛的杰出代表人物。他的绘画风格是巴洛克艺术风格中具有宏伟、雄浑气势的代表。他14岁开始学画,师从多位画师,后在佛兰德斯著名画家范·文画室学艺4年,满师后便获得大师称号。1600年去意大利学习考察,意大利艺术大师的风格,特别是米开朗基罗的造型、提香的色彩和卡拉瓦乔的激情给他以深刻的印象。1608年返回故乡后,鲁本斯开始了具有自身风格的创作生涯。他创作的具有典型巴洛克风格的大型祭坛画《基督下十字架》确立了他当时欧洲最重要画家的地位。该画描绘基督受难后被人从十字架上抬下的情景。绘画构图使用的是画家不常用的对角线构图艺术手法。人物安排在画面的对角线位置,由于构图的对角线成相反角度运动的聚光,使从十字架上放下来的基督成为画面中心。画面上没有夸张的动作,没有痛苦的哀号,却使人感受到巨大的悲伤和哀痛,体现了画家超凡的表现力。《基督下十字架》几乎集中了巴洛克绘画的所有特点:罕见的布局,强烈的戏剧效果、对角线构图,以及生动的面孔所表达的情感。

鲁本斯的《强劫留西帕斯的女儿》

不过,该画代表的是画家的早期风格,真正能够代表鲁本斯艺术风格的是他根据战争、神话题材创作的作品。在这些绘画中,他特别注重表现运动感,流动的线条,透明的色彩,以及宏大热烈的场面。画面总是充满勃勃生机和洋溢着欢乐的气氛。《强劫留西帕斯的女儿》是这一风格的杰出代表。作品的故事内容来自希腊神话:相传迈锡尼留西帕斯王有两个孪生女儿,如花似玉,美丽动人,为众神之首宙斯与丽达所生的双胞胎兄弟相中。两兄弟共同策马去抢亲。作品描绘了两女子被劫持的瞬间:双胞胎兄弟以迅雷不及掩耳之势将睡梦中的两姐妹拉抱上马的场景。奔腾的骏马、运动的人体构成一幅激动人心的画面。尽管表现的是劫持的场面,但从人物的表情可以看出整个场面没有任何恐怖、残暴之处,相反,两姐妹微惊中仿佛还透着某种惊心的快乐,仿佛她们意识到正在发生什么。在欧洲历史上,抢亲是一种习俗,被认为是获得爱情的美好、健康方式。

作品构思巧妙,反映了巴洛克绘画风格。画家为了表现动感和激情,有意将视平线压低,运动中的人体和骏马组成一个仿佛在滚动的巨轮,看上去好似扭成一团,细看却具有匀称的节奏韵律变化,组成一个变化多端的整体。作品色彩对比强烈,明亮的天空衬托着深暗的骏马,女子洁白的肌肤和男子古铜色的身躯形成鲜明的对照,紫色和橘红色的布巾活跃了画面的气氛。应该说《强劫留西帕斯的女儿》最好地体现了鲁本斯常用的戏剧性和装饰性相结合的艺术手法,人物的动势、明暗的变化、色块的对比、轮廓的线条等都构成一种激动人心的气氛。作品还表现了"鲁本斯式"的裸女形象:丰腴、强健和具有迷人的肉感。

如果可以把奔放的色彩、剧烈的运动、洋溢的激情看成是巴洛克艺术风格的集中体现,那么,鲁本斯无疑是巴洛克绘画艺术的最伟大代表人物。

凡·代克(Anthony Van Dyck,1599—1641)是继鲁本斯之后佛兰德斯画派中最杰出的画家。他曾是鲁本斯的学生和助手,早期的作品接近鲁本斯。他在意大利生活7年,为提香风格所吸引。1632年去英国定居,其绘画深受英国皇家喜爱,成为英国宫廷和贵族的肖像画师,直至逝世。

凡·代克是位多产画家,画过各种不同类型的画,但肖像画最为著名。他善于运用灰色、温暖的色调,在用笔和光线处理上比较粗

《英王查理一世》

放。他的后期肖像画显现出宏伟感和高雅的贵族气概,并具有文学趣味。《英王查理一世》是他肖像画的代表作之一。他的作品对荷兰、德国,特别是英国18世纪肖像画产生很大影响。

在荷兰

17世纪的荷兰已是欧洲历史上出现的第一个资产阶级共和国。资产阶级在政治上的胜利直接促进荷兰资本主义经济的发展、科学文化的繁荣和生活方式的变化。绘画开始作为商品进入市场,促进了可供纪念和装饰欣赏画种如肖像画、风景画、风俗画、静物画等的产生和发展。荷兰画派的贡献在于把巴洛克绘画艺术从神话和宗教题材的狭窄范围内解脱出来,推向更广阔的生活领域和市场,与世俗现实生活更为接近。在绘画技法上,意大利出现的巴洛克风格,特别是卡拉瓦乔的艺术风格,有较大的影响。写实主义和大众化为荷兰画派的主要倾向。

这一时期荷兰画派中最早获得名声的是著名肖像画家和风俗画家哈尔斯(Frans Hals,1581—1666)。他出生在普通毛纺工人家庭,早年就表现出超人的艺术天赋,1610年后成为职业画家。他生活放荡,嗜酒如命,不懂得何为宗教的虔诚,因此,画风豪放、大胆。

哈尔斯一生以画肖像画为主,用手中自由、天才的画笔描绘了生活在荷兰这个新生共和国中形形色色的人物,为历史留下了珍贵的资料。他的肖像画独具风格,

生动描绘出人物各自独特的外貌和个性特征,并开创了普通民众肖像画的先河。《吉卜赛女郎》是他的代表作。画家用饱含激情的笔触,有力地勾勒出一个乐观开朗、热情奔放、充满活力、纯洁高尚的吉卜赛少女形象。该画现已成为世界肖像画中经典作品之一。

当然,荷兰画派中最为著名的艺术家非伦勃朗(Rembrandt van Rijn,1606—1669)莫属。他出生在一个磨房主家庭,酷爱绘画,青年时代为了学画不惜从著名大学退学。他以自己对绘画艺术的不断追求,在肖像画、风俗画、历史画和风景画等领域都取得非凡成就,成为世界绘画史上一位具有极其重要地位和影响的艺术家。

伦勃朗的一生有幸运美满的岁月,也有遭受打击不幸的时候,他以自画像的方式记录了自己的一生。他临终前的一幅自画像表现了自己这个经历坎坷岁月人的内心世界。

伦勃朗的《夜巡》

《夜巡》是伦勃朗绘画中最负盛名的一幅。这是为16名出资军官画的集体肖像画,然而画家却构思出一队军人接到命令正在长官的带领下出发时的情景。画面主体突出,层次丰富,打破了群体肖像传统的平板构图形式,入画的人物也不再是单个人物肖像的简单叠加，把每个人都画得很完整，而是强调画面的情节，并依照情节的需要安排人物的位置。这样，画中人物有明有暗，画家根据画面的实际需要刻画不同人物的面貌和动作，使人物之间的关系紧密地联系起来。画家的这一艺术构思使该画成为一幅具有深刻主题意义的历史画，画面人物的形象和动作展示了荷兰自卫队武装人员的民族自信心和自豪感，足以引起人们对荷兰人民争取自由独立光荣斗争的回忆。然而，这样一幅被后人视为欧洲艺术史上的不朽之作，却在当时遭到攻击，不仅出资人大为不满（所有人都要求在画中占据同等地位），与他打起了官司，而且上流社会对他的风格亦表示了拒绝。其结果是没有人再向他订画，使他的生活陷于困境。不过，画家并没有屈服于社会的压力，去迎合普通人的狭窄趣味，而是坚持自己的风格。他后期的绘画，如《溪中浴女》《犹太新娘》都是极具艺术表现力的作品。伦勃朗还是风景画的大师。他的风景画中充满了浪漫主义的色彩和对生活与自然的挚爱之情。

伦勃朗对绘画艺术发展的贡献是独特的，他的构图、对明暗关系的处理、色彩的运用、光的分布都具有独创性和影响力。

在荷兰画派中，维米尔（Jean Vermeer，1632—1675）是一位独树一帜的风俗画画家。他所创作的《读信的女子》《倒牛奶的女仆》《花边女工》等，把平凡的家庭生活加以诗化，出色地表现了普通市民的宁静生活。而雷斯达尔（Jacob Van Ruisdael，1628—1682）和霍贝玛（Meindert Hobbema，1638—1709）是荷兰画派中的两位杰出风景画画家。雷斯达尔擅长表现自然景观，作品往往构图宏伟，气势磅礴。他的《暴风雨》把暴风雨来临时的海景表现得惊心动魄。霍贝玛则以反映田园景色为主，他的《树间村道》以透视法，通过对一条普通乡村小路的艺术处理，把优雅、宁静的田园风光表现得韵味无穷。

《花边女工》

在西班牙和葡萄牙

西班牙和葡萄牙这两个在伊比利亚半岛的国家尽管实行的是专制主义统治，却在接受巴洛克艺术上毫不犹豫。西班牙建筑之中具有巴洛克风格的顶峰之作是圣雅克·德贡布斯代尔大教堂正立面。在葡萄牙,巴洛克风格首先表现在装饰艺术方面,特别是在金色木雕祭坛和蓝色陶瓷上。在建筑上,克勒利戈斯教堂的椭圆的形状和蓝富无比的正面装饰体现了巴洛克风格。在雕塑方面,巴洛克风格在葡萄牙的达克鲁斯兄弟的《悲痛的圣母》上得到较好的反映。

西班牙的绘画在这期间受到巴洛克风格的较大影响。

格列柯(El Greco,1545—1614),出生在希腊的西班牙画家,是一位跨时代的艺术家。他早年学习拜占庭圣像画,后进入提香画室。回到西班牙后曾为王室绘画,但因画风不符合腓力二世的胃口,离开马德里。格列柯的宗教画数量巨大,表现出样式主义风格,取材于中世纪传说的《奥尔加斯伯爵下葬》为他在画坛赢得名声。晚年的画受到巴洛克艺术风格影响,那些奇异颀长的人物和明亮偏冷的不和谐色彩给人一种超自然的幻境感,并反映出反宗教改革时期西班牙天主教的虔诚与狂热。

委拉斯凯兹(Diego de Silva Velazquez,1599—1660)是这一时期西班牙最著名巴洛克风格画家。1623年为西班牙国王腓力四世画像一举成名,被任命为宫廷画师。他早年的绘画受意大利卡拉瓦乔的影响较深,平民市井生活是他描绘的主要对象,用平凡的题材表现高尚的美。他的《卖水老人》《老厨娘》等是这一风格的典型体现。

他追求真实,反映视觉感受,有写实主义大师之称。《教皇英诺森十世》是他这一追求的真实反映。这是为教皇所作的肖像画。作品以未加任何粉饰的手法真实地再现这位罗马教廷主人的面貌。画中的教皇双眉紧锁、双唇紧闭、目光犀利、坐姿端庄,显赫而威严,表现了他的无上权威和独特个性。连教皇本人在看画时都认为:"太像了。"

《布列塔的投降》是委拉斯凯兹用写实主义手法描绘历史题材的著名作品。作品是根据西班牙人武力镇压企图独立的荷兰城堡布列塔历史事件创作的。西班牙国王令画家以此作画以弘扬西班牙的荣耀。不过,画家却对此作了独特的构思。画面表现的虽然是投降的场面,

《布列塔的投降》

却充满了人文主义思想,没有对战败者给予羞辱,也没有过分渲染战争的血腥。在画面上,我们看到,被攻陷的布列塔守将正在把城堡的钥匙交给西班牙司令官,然而接受投降的西班牙司令官却表现出儒将风度,脸上不仅没有流露出胜利者的狂傲,反而表现出对被征服者的同情,他以宽宏的手势阻止了守将要下跪的打算。只有他身后军容整齐的军队显示出西班牙人的强大和不可战胜。与之形成鲜明对照的是荷兰人的涣散队形和沮丧的情绪。弥漫着硝烟的背景告诉人们战争刚刚结束。委拉斯凯兹的这一艺术手法表明了他所具有的人道主义思想和对和平的期望。

委拉斯凯兹对绘画艺术的发展有独特的贡献,他把写实主义推到了一个新的高度,而他对明暗对比的运用,以鲜明多样的笔触和微妙和谐的色彩,描绘出物象的质感、光线、空间和意境的手法,使19世纪法国印象主义受益良多,委拉斯凯兹因此被视为是印象主义的先驱。

巴洛克音乐

巴洛克音乐指的是巴洛克艺术风格在音乐上的表现。与巴洛克风格的造型艺术和绘画一样,体现巴洛克风格的音乐最早是在17世纪前后的意大利出现的。由于文艺复兴以来产生了新的乐器,大、小调音阶、长、短音阶和多声音乐应运而生,导致音乐语汇扩大,圣乐与非宗教音乐之间,声乐风格与器乐风格之间,以及民族之间的差异日益明显。中世纪和文艺复兴时期形成的音乐风格受到了挑战,意大利音乐出现了改革的势头。古典风格的复调音乐虽然继续风行,但主要集中体现在圣乐上,具有巴洛克风格的"新音乐"则逐渐在非宗教音乐方面得到表现。歌剧、清唱剧和大合唱是声乐领域出现的最主要一些新形式,而奏鸣曲、协奏曲和前奏曲则是器乐曲创新的表现形式。一批卓越的、具有改革思想的作曲家的出现极大地推动了巴洛克风格音乐的出现和流行。歌剧、歌剧音乐、奏鸣曲、协奏曲等突出地表现了巴洛克风格所要求的华丽倾向。不过,与其他形式的巴洛克风格艺术相比,巴洛克风格音乐并没有与古典音乐实现决裂,而是兼蓄并用。

意大利音乐史上最重要的巴洛克风格人物是蒙特威尔第(Claudio Monteverdi,1567—1643)。他自幼爱好音乐,幼年便进入教堂的唱诗班,学习管风琴和提琴,出任过宫廷乐师。他生活的年代适逢意大利音乐的转折时期,文艺复兴形成的复调音乐演唱形式已经不能充分表达情感和满足人们的欣赏需要。音乐出现了改革,新的音乐形式应运而生。而蒙特威尔第作为一个有思想和有创造性的音乐家开始了创新的尝试。

"音乐应该动人"是他音乐创作思想的核心。为此,他认为音乐应该最大限度地去表现人最深刻的情感。而要做到这一点,乐曲要和词意吻合和谐。当他发现合唱队成员相对而唱的形式难以传递内心情感时,便创造出了将音乐与戏剧集合在一起的新的音乐形式——意大利歌剧。1607年,他创作的第一部歌剧《奥菲欧》在罗马上演并获得巨大成功,奠定了他在音乐创作史上的地位。为了使歌剧演唱者传达出比他们单独清唱更为强烈的感染力,蒙特威尔第创作了强劲有力的器乐伴奏曲,以烘托出演唱者的感染力。他因此获得"器乐之父"之称。由于蒙特威尔第创造出的歌剧形式代表了时代精神,在不到一代人的时间内,歌剧在意大利各地普及,成为最受人民喜爱的一种音乐形式。在他的领导下,意大利于1637年建造了欧洲第一座歌剧院。西方论者云:"歌剧有着宏伟的舞台背景,华丽,要求歌唱家、音乐师、戏剧师、舞台设计师充分发挥其才能,因此,它和其他艺术形式一样明确体现了巴洛克艺术风格所强调的庄严、戏剧性与炫示。"[①]今天,由他开创的意大利歌剧已经风靡全球。

成功后的蒙特威尔第对实用音乐理论进行了有益的探索和实践。他根据柏拉图思想将感情分为三大类:爱、战争和宁静,并以不同的音乐节奏和和声加以表现。他的音乐思想和实践成为指导后来音乐家的经典。

意大利器乐传统体现在伟大的巴洛克作曲家和小提琴家科莱利(Arcangelo Corelli,1653—1713)身上。他少年时代热爱小提琴,一生都与小提琴为伍。他创造了自己的小提琴演奏风格和大协奏曲的形式。他创作的乐曲具有浓郁的巴洛克风格。特别是他的小提琴奏鸣曲成为后来发展的典范。其指挥技术亦十分精湛,被认为是组合现代管弦乐队的先行者。

巴赫(Johann Sebastian Bach,1685—1750)是巴洛克时代德国音乐史上涌现出的最伟大作曲家之一,留下各种乐曲500余首。尽管他性格内向,一生没有离开过自己生活的家乡,生前也没有大红大紫过,但却以自己超凡的想象力、广博的知识和不尽的追求,把前人发展起来的主要风格、形式和传统创造性地集合在一起,创作出大量极具个人独特风格的作品,用自己的创作在德国把巴洛克音乐推向高潮。作为一名虔诚的教徒,宗教对他的影响很大,他为圣日礼拜写下了大量的圣咏清唱剧,如《马太受难曲》《约翰受难曲》《马可受难曲》等。他创作的受难曲与亨德尔创作的弥撒曲并称为乐坛双璧。

巴赫还以德国传统风格的音乐为基础,吸收意大利和法国音乐的成分,创作出许多著名的室内乐和管弦乐的作品。《D小调托卡塔与赋格》《勃兰登堡协奏曲》等都是他的代表作。《勃兰登堡协奏曲》运用了12种不同的器乐,采用的是复调对位

---

① 拉尔夫等:《世界文明史》(下卷),赵丰等译,商务印书馆,1999年,第158页。

形式,充分反映了作曲家的音乐才能。

巴赫是18世纪德国音乐的伟大开拓者,为德国音乐在欧洲的崛起奠定了基础。然而他的作品由于具有独特的个性,不易被人接受。在他生前和死后的50年时间内,他和他的音乐作品一直没有引起人们过多的注意,只是到了19世纪,特别是经德国著名音乐家门德尔松的极力推崇,才受到重视。尽管如此,他的成就"体现了一个旧时期音乐发展的终结,他也同时代表了新时代音乐的起点"。①

亨德尔(George Frideric Handel,1685—1759)是巴洛克后期伟大的作曲家,在声乐方面取得较高的成就。他出生在德国,在意大利接受音乐训练,受到意大利巴洛克风格音乐的影响,后来长期定居英国伦敦,并入英国籍,参与英国皇家歌剧院的创建工作。亨德尔创作了大量歌剧、清唱剧和器乐曲。他受意大利那不勒斯乐派歌剧传统的影响,其歌剧作品充满雄健的英雄气概,具有浓烈的巴洛克音乐风格。他创作的清唱剧作品通常取材于圣经故事,如《以色列人在埃及》《犹大马加比》等表现了古代希伯来民族的历史。作品主题鲜明、音乐形象具体、思想内涵丰富,具有世俗音乐的特征。他充分利用华美的乐器手段,鼓号频奏,标志着宗教音乐向世俗音乐的过渡。他所创作的清唱剧《弥赛亚》成为经典之作,其中激动人心的合唱曲"哈利路亚"成为在世界范围内传唱至今的著名唱曲。尽管这些乐曲具有严肃的宗教意味,但同时又体现了在欧洲已经成为燎原之势的启蒙思想。这也是他的音乐受到人们欢迎和喜爱的重要原因之一。在亨德尔之后,欧洲,特别是德国音乐,开始向古典主义过渡。

巴洛克时代对于音乐而言具有特别的意义。在欧洲,这是一个伟大的音乐时代,犹如文艺复兴是艺术的伟大时代一样。巴洛克音乐大师具有欧洲音乐原创者的地位,他们对于音乐的杰出贡献与文艺复兴艺术家对于艺术的贡献相仿佛。无论是巴赫,还是亨德尔,都可以视为音乐领域的达·芬奇或米开朗基罗。走过这一时代的音乐终于成为西方文化中的一个可以与其他艺术如雕塑、建筑、绘画、文学比肩而立的艺术门类,成为人们生活中不可或缺的艺术活动。

第二节　洛可可

路易十四死后18世纪的法国出现了一种被人们称为"洛可可"(rococo)的艺术风格。它形成于路易十五即位后的摄政时期,是对路易十四时代古典主义过分

---

① 杜美:《德国文化史》,北京大学出版社,1990年,第154页。

推崇崇高、伟大、理性艺术风格的不满和厌倦的表现,反映了法国贵族在经历了路易十四压抑时代后在艺术上表现出的新追求。最早出现的洛可可主要是一种精致的装饰艺术风格,用贝壳、草茎、花朵、海浪图案作为装饰,并常用 S 形或漩涡状曲线,色彩清淡柔和,亦称之为"路易十五样式"。洛可可最初在巴黎的宫廷和贵族中间流行,但不久为整个法国采纳,并影响其他艺术领域和法国以外地区,特别是德国和奥地利等国,成为一时的风尚。

rococo 一词来源于法语单词 rocaille,含义原指"螺贝",亦指用贝壳、石子等做成的花园装饰物。作为一种艺术风格,洛可可最初体现在建筑装饰上,初期主要使陈设的家具具有弓形的表面和飘动的彼此相连的线条,在墙壁与天花板的装饰上采用了弯曲线条图案,后来运用在雕刻造型、绘画、工艺等艺术领域,采用想入非非的曲线、类似贝壳的装饰图案。

洛可可风格与巴洛克风格的内在联系是显而易见的。洛可可艺术风格完全可以视为是巴洛克艺术风格在法国的一种演变。有人甚至认为是从巴洛克风格自然演变而来,又不自觉地脱离了巴洛克风格。[①] 譬如,法国出现的洛可可风格的建筑是以曲线美为特色,而不是以法国古典主义所崇尚的水平和垂直美为特色。采用洛可可风格的法国建筑师实际上是以巴洛克取代古典主义原则,从而使法国建筑在风格上与欧洲其他地区保持一致。故洛可可风格有"带有法国口音的巴洛克"之说。[②] 就艺术和建筑风格而言,洛可可完全可以看成是巴洛克时代的最后阶段。正如西方论者云:洛可可风格代表巴洛克风格的最后阶段,是一种风格的终结而不是开端。[③]

洛可可风格在建筑、绘画和装饰工艺方面表现得最为显著。在艺术上,洛可可风格偏于高耸和纤细,造型取涡旋线,一般以不对称代替对称,色彩明快柔淡。与巴洛克风格相比,洛可可风格更加突出曲线的蜿蜒和优雅,着重表现繁丽、纤细、柔美、精致,追求虚构的、浮华享乐的世外桃源境界,比较重视艺术技巧的运用,尤其是在装饰艺术领域,表现出一种强烈的创造性。由于洛可可艺术主要是为贵族和宫廷服务,故有贵族和宫廷艺术之称。在这一意义上,洛可可艺术与其说是一种风格,不如说是一种情趣更为贴切,具有一种为宫廷贵族所喜爱的闲情格调。

洛可可式建筑主要体现在私人公馆、沙龙、客厅的建造上。最能体现洛可可艺

---

① 参见雅克·德比奇等:《西方艺术史》,徐庆平译,海南出版社,2000 年,第 271 页。
② 参见杜美:《德国文化史》,北京大学出版社,1990 年,第 153 页。尽管作者在这里具体指的是建筑风格,应该说可以运用在其他方面。
③ 参见拉尔夫等:《世界文明史》(下卷),赵丰等译,商务印书馆,1999 年,第 153 页。

术风格的建筑是法国巴黎的苏比斯公主沙龙,由建筑师波伏郎设计。椭圆形客厅具有迷人的典雅。轻盈、精美的洛可可风格进入厅室内部后使建筑结构消失在装饰后面,由藤蔓、繁花、海浪图案构成的S形或漩涡状曲线使墙壁与天花板之间的分割消失,落地长窗使得光线可以自由进入,并左右一切,昔日占据重要地位的绘画被置于墙壁与天花板之间一块不确切的空间,以轻松的主题与整个装饰一致。

苏比斯公主沙龙内装饰

洛可可建筑因其轻松、迷人的风格很快就风靡欧洲大陆,维也纳的观景楼、德累斯顿的茨威格露天剧场、西班牙马德里王宫中的卡斯帕里尼沙龙、葡萄牙的法尔波拉大教堂都是其中的典型。

洛可可艺术风格还在生活装饰品,如金银器、家具、地毯等上面得到应用,为这些装饰工艺品的设计带来了一股清风。18世纪的餐具,由于洛可可风格的应用,无论是金属的还是瓷器的,都因为优雅的曲线、精致的造型具有迷人的高雅,成为一种时尚。

不过,洛可可风格在绘画上的表现尤为突出。洛可可风格的绘画注重反映贵族的男女温情脉脉的关系,表现上流社会轻松愉快的享乐生活,画风十分纤细和女性化。巴洛克绘画风格的强烈明暗对比在这里被一种平面的轻快所代替,大块深重色彩也让位典雅、优美的浅色、白、浅绿、粉红和金黄色格外得宠,线条变得更加柔和和动人。

　　法国洛可可绘画的奠基人是华托(Antoine Watteau,1684—1721)。他是法国从巴洛克时代进入洛可可时期的转型艺术家。他的绘画艺术受具有典型巴洛克风格的鲁本斯影响较深。华托的作品突破了路易十四时期古典主义的束缚,画风富于抒情性。不过,他的画色彩亮丽但并不俗艳,优雅而不靡丽,轻快而不轻浮,《发舟西苔岛》是画家风流雅集画的经典。西苔岛的故事来源于希腊神话:相传爱神维纳斯从海上诞生后,风神将她送到了西苔岛,从此,西苔岛便成了爱之岛,是爱神和诗神游乐之所。画面展现的是在一个风景如画的岸边,一群相倚相傍的情侣,正欲登舟前往世外桃源西苔岛去寻乐之前的景象。画中的人物排列富有节奏感,每一个手势、每一种姿态仿佛都在传达某种情感。柔情绰态、轻歌浪漫、绮丽迷人是作品的主调。《发舟西苔岛》是华托作品中登峰造极之作,也是绘画史上的一部经典之作。

华托的《发舟西苔岛》

　　布歇(Francois Boucher,1703—1770)可以说是法国洛可可绘画艺术的典型代表。作品充分表现出洛可可时期法国贵族趣味。他受过正规的艺术教育,艺术生涯一帆风顺,是皇家美术学院院士,担任过院长,并获得首席宫廷画师称号。他是装饰画大师,由他绘制的壁画和挂毯是当时最抢手的工艺品。他所喜爱的绘画主题是神话中的爱情人物和田园风光,如《狄安娜之浴》《牧歌》等。追求感官的享受是他绘画的特色,他毫无保留地把轻佻植入高雅的任性之中。《躺卧的裸女》是他这一画风的代表,画中人物姿态超出了感官享受而趋于赤裸裸的色情。

弗拉戈纳尔(Jean-Honore Fragonard,1732—1806)是另一位表现洛可可风格的画家。他曾在布歇门下接受绘画训练。他的画风轻快、流畅,具有诗意。尽管是夏尔丹的学生,却一直坚持洛可可风格。《秋千》是他的代表作。画中表现的是贵族男女在一个幻想世界玩耍的情景。坐在摇荡秋千上的年轻女子万端风情地把脚上的一只拖鞋踢向空中,而她的情人躺在草地上欣赏着这一动作。洛可可绘画所要表达的有闲贵族寻欢作乐的生活可以说在该画中得到了最集中的表现。

弗拉戈纳尔的《秋千》

第三节 古典主义

当文艺复兴导致文艺复兴艺术在意大利兴起后,法国是第一个追随意大利进行文艺复兴艺术风格探索的国家,然而当巴洛克风格在意大利出现后,法国并没有紧紧跟随,而是有保留地接受,实际上,法国以自己对巴洛克风格的解释开创了一种适合自己国情的艺术形式:古典主义。由于古典主义是在巴洛克风格基础上出现的,西方论者亦将其称为"古典的巴洛克"。[①]

古典主义的出现与法国当时的政治有着密切的联系。17 世纪的法国是欧洲典型的专制主义国家,在经历了 30 年的宗教战争后,曾经一度动摇的王权在路易十三和路易十四时期不仅重新得到巩固,而且变得空前强大。政治上的集中统一,要求拥护、歌颂绝对王权,在思想上提倡"自我克制"和顺从对文艺的风格有着重大影响。在这样的条件下,一种拥护王权,崇尚理性,追求严谨、宏伟的和谐、秩序,以古代作品为规范的文艺思潮产生。法国因此成为古典主义的发源地和倡导国。

[①] See Roy T. Matthews and F. DeWitt Platt: *The Western Humanities*, McGraw-Hill, p.359.

在建筑上，古典主义崇尚水平、垂直、平衡、明亮、理性风格，以此对应巴洛克的曲线、运动、激情的风格。卢浮宫是它的典型代表。贝尼尼因具有的巴洛克风格，其先后设计出的两套方案均遭否决。最后卢浮宫的设计工作还是由法国人取代。洋溢着古典主义风格的卢浮宫的庄重、严谨、统一成为后世新古典主义建筑的楷模。古典主义风格在凡尔赛宫的扩建中得到进一步体现，设计师芒萨尔把宫殿朝花园的一面完全用石头砌成，一切均严格对称，显示节奏统一的古典风格，水平方向感统治着一切。凡尔赛宫的内花园则是一个广阔的、强调透视的、均匀和谐的整体，花草树木、喷泉水面组成一个与建筑互相辉映的整体。凡尔赛宫的建筑以其节律、明亮、和谐、秩序为基础，成为法国古典主义艺术的又一典范。

凡尔赛宫朝花园一侧

不过，应该看到，尽管古典主义是法国艺术风格的主流，但巴洛克风格在法国的存在和影响是毋庸置疑的。17世纪以来法国建造的规模宏大、豪华壮观的宫殿，特别是庭院、室内装饰、家具设计都受到巴洛克风格影响，就连被视为古典主义艺术典范的凡尔赛宫内部也到处呈现巴洛克风格。其中镜子大厅的一面全是窗户，另一面全是镜子，不仅突破了真实与幻觉的界限，而且把里外结合了起来。此外，古典主义作品也时常少不了巴洛克风格所强调的豪华色彩，尽管人们认为那是在理性之下的豪华，而不是激情和奇想的结果。

古典主义一经出现，在绘画、音乐、文学等领域得到强烈的表现。

普桑（Nicolas Poussin，1594—1665）是17世纪古典主义绘画风格的奠基人。青年时代在意大利的游历对他艺术风格的最终形成具有重要影响,在罗马期间,他专注古典文艺理论和拉斐尔的作品,古典艺术的魅力深深打动了他。他在 30 岁后定居罗马的事实表明他对罗马艺术的热爱。在他从事艺术创作时,他力图用古典主义精神克服当时流行的巴洛克浮华画风。他对古典主义的理解和运用使他很快成为罗马著名的古典主义画家。路易十三得知他的情况后特聘请他回国担任宫廷画师。

普桑认为画家的最高职责是用理性描绘"高贵庄严",不是去画实际出现的情形,而是去画应该出现的情形。他提出绘画要追求普遍和典型的东西,认为影响人的心智应重于影响人的感官,因此色彩不宜过于炽烈。在"崇高"思想的影响下,他的画为古典的理性所支配,构图严谨、均衡,人物典雅且端庄。在创作时,他尽量克制自己的热情,不使画的人物为感情所动。他追求画面的完整和构图的统一,人物运动的节奏感和雕塑般的形体美。

《阿尔卡迪亚的牧人》是他的代表作,洋溢着古典主义风格并具有深刻的哲理性。阿尔卡迪亚是古代传说中的一个世外桃源。画面上表现的是:明净的蓝天,和煦的阳光,优美的景色,四个牧人戴着花冠,拿着牧杖,正围着一座石碑在探讨什么,完全是一派宁静优雅的气氛。该作品体现了画家从古希腊罗马艺术中获得的创作思想,构图、造型、光线无一不是依据古典主义绘画理论而安排的。

普桑的《阿尔卡迪亚的牧人》

由于色彩和光线被认为是次要的,普桑在画面上平均安排光亮,就像文艺复兴时期的艺术家一样。他的《四季》是著名的风景画,画风宁静、庄重、富有理性色彩,最能代表古典主义风景画的特征。

勒南兄弟(Le Nain Brothers)是法国涌现出的画家三兄弟,1648年前,三人的创作均以"勒南"署名,许多流传下来的画极有可能是共同创作的。他们的许多作品都是以农民或农民生活为题材,如《农民的午餐》《铁匠》等,画风朴实无华,情感真挚深沉,充分体现了古典主义的审美趣味,为法国古典主义绘画的最终形成作出了特殊的贡献。

进入18世纪后,法国古典主义绘画风格还体现在夏尔丹等画家的作品上。

夏尔丹(Jean-Baptiste-Simeon Chardin,1699—1779)出生在巴黎一个木雕工匠人家,与布歇是同时代人,但他似乎对描写贵族生活和追求华丽享乐的洛可可风格绘画毫无兴趣,而是偏向静物写生和风俗画创作。古典主义风格在他的画中得到较好体现。

夏尔丹作为一位静物画大师,在创作中赋予静物画以深刻的人格特征,并通过对百姓日常接触的物品的描绘,反映市民的生活景象。他的风俗画均取材于平民日常生活,色彩和谐,画风朴实,具有一种真实、平凡、典雅美。《餐前祈祷》《集市归来》等是这方面的代表作。

《餐前祈祷》

古典主义音乐

古典主义音乐是古典主义的一个重要组成部分,是在巴赫和亨德尔之后出现的新的音乐形式,同时也是在巴洛克风格音乐(包括洛可可风格)的基础上发展起来的音乐形式。古典主义音乐与巴洛克风格音乐的最大差别是,巴洛克风格音乐以华丽、热情和具有宫廷贵族气息著称,而古典主义音乐要求"均匀而有节制,淳朴而又纯真",显示均匀、细腻和柔和。其次,古典主义音乐主要是世俗音乐。在这以前,音乐总是与宗教(从主题到内容)紧密相连的。古典主义音乐主要在歌剧、室内乐、管弦乐三个领域发展。古典主义音乐尽管使用了"古典主义"一词,但音乐中的古典主义与古希腊罗马的音乐毫不相干,因为古典音乐并没有留存下来,人们无从借鉴或模仿。18世纪后半叶欧洲流行的音乐之所以被称为古典主义,是因为古典主义流派的作曲家力图模仿古代整齐、简洁和对称原则。如所有古典主义交响乐都由四个乐章组成:奏鸣曲、主题、展开和再现四个部分,从单一题目(或主旋律)出发展示其乐章。

古典主义音乐最重要的代表是维也纳古典乐派,从中涌现出海顿、莫扎特和贝多芬等世界一流音乐大师。他们的音乐作品成为音乐史上的经典。古典主义音乐给人印象最为深刻的创新应该说是交响乐,这一形式的音乐被认为是音乐小说,具有发展成为最喜闻乐见的音乐形式。古典主义音乐的成就是无法仅用语言来表达。古典主义音乐的出现证明人类的想象力和创作性是无与伦比的。

海顿(Franz Joseph Haydn,1732—1809)是维也纳古典乐派代表人物之一,具有"交响乐之父"和"弦乐四重奏之父"之称。他出身贫寒,年幼时曾学习声乐,后因声带受损离开合唱团。青年时代开始尝试作曲,对当时流行的主要音乐风格进行有益的借鉴,从巴洛克风格中吸收了华丽且复杂的音乐语言,从意大利和法国音乐中获得了优雅和欢快的风格,并从德国北部的"敏感性风格"中借鉴了表现手法。他自1759年创作了第一交响曲起,先后创作了交响乐100余部,其中以12部《伦敦交响乐》《告别》《惊愕》等最为著名。他要求交响乐必须具有完美匀称的形式和深刻的哲理内涵,并以自己的实际创作为古典交响乐的风格和样式奠定了基础。他为交响乐冠名开了19世纪标题交响乐的先河。他把弦乐四重奏扩展为4个乐章,丰富了乐曲的表现形式。海顿的作品优美柔和、生动自然,在为维也纳古典主义乐派奠定了基础的同时为其本人赢得了巨大声誉,莫扎特、贝多芬等欧洲伟大音乐家无一不受其影响。他创作的《帝王四重奏》曾被用作奥地利国歌长达一个多世纪。目前的德国国歌用的也是他创作的乐曲。

莫扎特(Wolfgang Amadeus Mozart,1756—1791)是奥地利天才作曲家,维也纳古典乐派的中心人物。他出生在音乐世家,从小在父亲指导下学习音乐,5岁开始作曲和演出,10岁前后已在欧洲享有盛名,被称为"音乐神童"。莫扎特的音乐才能不仅表现在精湛的演奏技巧方面,更表现在他的创作上,在短暂的一生中,共留下600多部作品。他的作品是严格的古典形式与丰富的音乐思想结合的产物。在创作中,他善于汲取他人的经验,对巴赫和亨德尔的作品进行过认真的研究,对海顿的作品有过借鉴。他创作的管弦乐旋律丰富、音调和谐、音色柔和。交响乐作品旋律优美、技巧完美、丰富多彩,降E大调明朗欢快,G小调激荡动人,C大调雄伟壮丽。小夜曲和圆舞曲甜美流畅,深受人们推崇和喜爱。

莫扎特的歌剧创作显示其创作的高度和境界。这方面的代表作有:《后宫诱逃》《费加罗婚礼》《堂璜》《魔笛》等。其中诙谐迷人的《费加罗婚礼》是一部激动人心的歌剧,系根据法国剧作家博马舍的同名剧而创作出来的。莫扎特选择这样一部具有启蒙思想的作品进行创作表明自己对封建专制主义的厌恶和痛恨。不仅如此,作品在艺术上和内容上达到完美的统一。

18世纪的古典主义音乐在总体上说是为贵族创作的,那是因为音乐家的演出和生活离不开贵族的支持和雇佣,贵族是他们的主要听众,贵族的沙龙是他们的主要演出场所。它的发展也离不开贵族。没有贵族的支持很难想象,莫扎特的经历形象说明了这一点。只是到了19世纪,古典音乐才由贵族的沙龙转向城市音乐厅,成为面向大众的艺术形式。

古典主义文学

古典主义文学是古典主义艺术风格在文学上的表现,是提倡向古代学习的结果。

古典主义文学家把古代希腊罗马文学看作是任何时代和任何地方都可以仿效的唯一典范。在唯理论思想影响下,古典主义文学家认为:一切美好事物的法则是永恒不变的,所以,他们在采用古代文学的体裁和题材的同时,根据古典创作法,总结出了一套一成不变的创作规则,并以此规范和评判文学活动。影响最大的是戏剧创作上的"三一律"规则的提出,要求一部剧只能有一个情节,剧情只能发生在同一地点,时间不超过一日(即24小时)。古典主义把这类的规则视为是普遍规律,要求人们共同遵守。

古典主义文学的特征主要表现在:在政治上拥护王权,把国王视为国家的代表,强调国家的利益在个人利益之上,具有贵族化和主要为宫廷贵族服务的倾向;在思想上崇尚理性主义,强调情感应该服从理性和意志,主张自我克制;在风格上提倡向古代学习,要求艺术形式完美,遵守创作规范和准则,使用规范、准确的语言。这一切使得古典主义文学具有伟大、高尚、规范、理性、严谨等特征。

古典主义文学自出现以来,影响深远,在随后的近200年历史中一直在欧洲文坛占据主导地位,直至19世纪浪漫主义的兴起其影响才逐渐消失。

古典主义文学首先在法国出现,并发展成为法国文学的主流与法国当时的政治形势有很大的关系。17世纪的法国,特别是在政治强人路易十三的首相黎世留主政后实行专制主义,为了巩固中央集权,黎世留建立法兰西学院[①],专门研究文化艺术问题,制定文学和语言方面法规,确立文艺的政治导向。古典主义文学样式

---

① 前身是法兰西学术院,目前法兰西学术院已是法兰西学院涵盖的下属机构之一。

由于为他们所肯定,得到迅速发展。加上笛卡尔的理性主义思想在法国的流行,古典主义成为文学的主流,其他文学流派则统统受到排斥。古典主义文学在法国的出现加强了法兰西人的民族观念和责任感,规范了法国语言,推动了民族文化的形成。

在17世纪法国古典主义文学的类别中戏剧创作最为繁荣,遂成为古典主义文学的最高典范,涌现出一批著名的剧作家,其中高乃依、拉辛、莫里哀最享有盛名,他们的创作也成为经典。

高乃依(Pierre Corneille,1606—1684)是创作法国古典主义悲剧的第一人。他出生在法官家庭,职业为律师。自幼喜爱古罗马文学。其故乡卢昂是17世纪法国戏剧创作和演出中心,在环境的影响下,他开始尝试戏剧创作。因其创作才华,一度进入黎世留设立的宫廷5人写作班子,并入选法兰西学院。他一生共创作了30余部剧本,有各种体裁,但主要以悲剧见长。

在戏剧创作中,他最早尝试采用三一律。悲剧《熙德》是他的早期依这一方法创作的作品。故事取材于西班牙戏剧,但却表达了不同的思想内容,作者把剧中的主要人物都投入家族荣誉与爱情、爱情与国家利益一系列剧烈的悲剧冲突之中。主人公罗狄克虽然深爱施曼娜,但为维护家族的荣誉,宁肯牺牲爱情。失去爱情的罗狄克在国家面临入侵时,抑制个人的悲痛,立即履行对国家的义务。最后,施曼娜也决心以民族利益取代个人私怨,与罗狄克结为百年之好。该剧上演后即引起轰动,但也导致激烈辩论。由于作者此时对三一律的理解还不完善,黎世留组织人马对之进行批判。三一律的戏剧创作原则在这一论战中得到进一步确认。

《贺拉斯》《西拿》《波利厄克特》是他随后严格依据三一律创作的三部著名悲剧,与《熙德》一道构成高乃依的"古典主义四部曲",其中仍以《熙德》为世人经久传诵。

高乃依的作品情节大都取自罗马历史。他认为罗马人意志坚强,可供人仿效。他的创作生动地体现和宣扬了古典主义文学的特征。在他的作品中,国家民族利益高于一切的思想占据主导,英雄人物善于自我克制,情感服从理性。他的剧作文字华丽、音律铿锵、推论雄辩、表述对称、气势豪壮。他因此被认为是法国古典主义戏剧的开拓者和大师。

拉辛(Jean Racine,1639—1699)是继高乃依之后又一位伟大的古典主义剧作家,法国古典主义悲

拉辛像

剧创作在其手中臻于完美。他幼年成为孤儿，由祖母养大，学过法律和神学。不过，他在冉森教派学校对希腊文学的学习为日后的文学道路奠定了基础。他因文学成就进入法兰西学院，并取得贵族爵位。

他创作的《昂多马格》被认为是第一部标准的古典主义悲剧。故事取材于希腊剧作家欧里庇得斯的悲剧。主人公昂多马格是荷马史诗中特洛伊英雄赫尔托耳的遗孀。特洛伊城陷落后，昂多马格与儿子成为国王庇吕斯的奴隶。谁知庇吕斯爱上了昂多马格，不惜背信未婚妻爱妙娜，并威逼昂多马格若再不同意嫁给他，他将把赫尔托耳的儿子交给希腊人。昂多马格尽管憎恨庇吕斯，但为了保住赫尔托耳后代，假意屈从，但要庇吕斯先起誓保证赫尔托耳儿子的安全，并打算在婚礼后自刎。爱妙娜得知庇吕斯的背叛后愤怒之下唆使追求自己的昔日情人——希腊使节奥莱斯特刺杀庇吕斯。奥莱斯特以为此举可以获得爱妙娜的爱情，故令自己的士兵刺杀了庇吕斯。谁知，爱妙娜却在庇吕斯尸体旁自杀，这是她爱庇吕斯的最强烈表现。奥莱斯特因未能如愿获得爱情而精神失常。昂多马格和儿子则幸免于难。

作品对如此复杂的故事进行了最简洁的艺术处理，仅从奥莱斯特来到王宫要求庇吕斯交出赫尔托耳的儿子，以绝后患写起，并把随后发生一连串事件在一天中叙述完毕。在艺术上，它体现了以古希腊罗马文学为典范的原则，结构简练集中，单一情节，同一地点和一日时间。他的其他杰出剧作，如《费得尔》《爱丝苔尔》等也均依照三一律创作。由于他驾驭艺术的高超技巧，三一律对他来说显然不是束缚，而是使他的艺术才能得到最充分发挥的形式。

莫里哀像

莫里哀（Moliere，1622—1673）是法国古典主义喜剧大师，他创作的喜剧代表了这一时期欧洲文学的最高水平。他的原姓是波兰克，莫里哀是他的艺名。莫里哀出生在一个拥有"国王侍从"称号的商人家庭，但自幼爱好戏剧，大学毕业后开始从事戏剧演出活动，走遍半个法国。1652年后开始接任剧团领导并从事喜剧创作。他在自己的戏剧受到路易十四的赏识后开始在巴黎定居。

《太太学堂》是一部展现其喜剧天才的剧目，但剧中人玩世不恭的态度曾引起上层人士的批评。

《伪君子》是莫里哀的代表作。这是一出五幕诗体喜剧。剧目通过对宗教骗子答丢夫的揭露讽刺了宗教的伪善。卑鄙无耻之徒答丢夫伪装虔诚骗得富商奥尔恭的信任，成为这一家的座上宾和精神导师。奥尔恭不顾家人的反对要撕毁女儿的婚约，以便让女儿嫁给答丢夫。然而，答丢夫却打起奥尔恭的年轻夫人的主意，数次调情求欢。奥尔恭起先对此事不信。夫人巧施计谋，让自己的丈夫亲眼看见答丢夫的伪善嘴脸。答丢夫见自己的伪装被剥去，竟在政治上陷害奥尔恭，幸亏国王洞察一切，答丢夫的伪善面目被彻底揭露，受到应有的惩罚。奥尔恭幡然醒悟并得到国王的宽恕。

该剧是按照古典主义原则创作出的经典作品，严格遵守"三一律"，剧本情节单一，地点始终没有离开奥尔恭的家，时间在一天之内。但该剧在演出后即遭到教会的激烈反对，多次遭到禁演。然而，作品的内容和艺术魅力使该剧本成为莫里哀的最受观众欢迎的一部戏剧。

莫里哀的其他剧目如《吝啬鬼》《堂璜》等结构严谨，冲突集中，层次分明，讽刺深刻、喜剧性强，为他赢得了巨大声誉。

由于莫里哀创作的戏剧首先是为了演出，而不是为了出版，着眼点是使表演具有感染力和观赏性，故他作品接近观众，笔下的人物通常是用集中、概括、夸张的手法塑造而成，性格突出，特征分明。人物台词生动、有力，体现各自的身份。他的创作把法国的古典主义戏剧推向一个新的高峰，同时为整个欧洲戏剧事业的发展作出了重要贡献。

自然，法国的古典主义文学的成就并不仅限于戏剧，拉·封丹（Jean de La Fontaine，1621—1695）是这一时期著名的寓言作家。他的《寓言诗》可以说是古代寓言故事集，共包含各种寓言239首，在给人以愉悦的同时传播道德和哲理思想，成为欧洲文学宝库中的珍品。

布瓦洛（Nicolas Boileau-Despreaux，1636—1711）是诗人和17世纪伟大的文艺理论家。他的《诗的艺术》是欧洲文艺理论方面的一部重要著作。他以文艺批评为武器，为古典主义鸣锣开道，对诗歌的写作标准作出了自己的规定。他响亮地提出理性应该是所有创作的准绳，要求作品从理性获得价值和光芒。此外，不管写什么题材，崇高还是谐谑，都要永远求良知和音韵密切符合。他还要求作家注意真实，认为只有真才是美，只有美才可爱。同时他要求伟大的诗人要有伟大的心灵。《诗的艺术》一书提出的美学思想（即文艺批评思想）表达明确、有力，并具有高度概括性，受到文学界的重视，被认为是古典主义原则的经典。对当时法国和英国文学坚持古典主义准则起到了积极的影响。

除了法国以外，古典主义文学还在欧洲其他国家，特别是英国，有所表现。

弥尔顿（John Milton，1608—1674）是17世纪英国最重要的作家。青年时代对古希腊罗马文学深感兴趣，进行过认真研究，有较高的拉丁文水准。他生活的年代适逢英国革命的年代,作为一名清教徒,他积极投身反君主的斗争,在担任共和国拉丁文秘书一职前后,以笔作刀枪,撰写过一系列为共和国政体和英国人民革命辩护的文章。如在《致议会书》中为言论自由辩护,认为它是建立在理智和正义之上的共和国制度的必要条件。《为英国人声辩》则为共和体制叫好。王政复辟后,他遭到迫害,但革命立场不变。他的主要文学作品是在他遭受迫害时创作的,具有明显反封建的革命思想。

他的代表作《失乐园》是一部宏伟的史诗,取材于《圣经》,描写人类始祖亚当和夏娃违反上帝的禁令偷吃禁果而被逐出人间乐园——伊甸园的故事。诗中突出描写了魔鬼撒旦对上帝淫威的反抗,被打入地狱的撒旦并没有屈服,想方设法与上帝进行斗争,以此隐喻革命者不会屈服,诗中描写的若干战斗场面使人联想起英国革命年代的战斗情景。

《力士参孙》是一部诗剧,仍然取材于《圣经》故事,以不屈的力士参孙与敌人同归于尽的悲剧表现作者希望把革命进行到底的决心和信念。该悲剧之所以具有感人至深的力量,还因为诗人的身世与参孙的身世相似,双目失明的弥尔顿和英国人民一样在王政的压迫下生活。鼓舞人民是他作品的主调。

在创作上,弥尔顿主张向古人学习,依照希腊罗马的方法和样式进行创作。无论他的长诗,还是诗剧都可以看出古典主义的特征。他的诗歌具有庄严宏伟的气势,是英国古典主义文学中的杰作。

英国的古典主义作家还包括班扬、德莱顿、蒲伯等人。

班扬(John Bunyan,1628—1687)是著名散文作家。作为一名清教徒,他反对国教,被当局囚禁达 12 年之久。在监狱中完成的《天路历程》是他的代表作,也是最享有盛名的作品。作者以寓言方式,通过对一名教徒跋山涉水,克服重重艰险到达天国之城的经历反映了人们的宗教狂热和对社会现象的批判。班扬采用当时的口语进行写作,使作品生动有力,对后来英国小说的发展产生影响。

德莱顿(John Dryden,1631—1700)是诗人、剧作家和文艺批判家。早期以诗歌创作为主,写出的"英雄组诗"受到重视,1668 年被封为桂冠诗人,在宫廷任职。英国内战后,剧院重开,他投入戏剧创作,先后写下了近 30 部各类题材的戏剧。他的戏剧创作受到高乃依影响,并严格遵守古典主义的三一律规则。德莱顿是英国文艺批评的先驱,也是古典主义文论在英国的创立者。《论戏剧诗》是他的著名文艺批评论著,对乔叟以来的英国诗歌和戏剧作出见解精辟的评价,开创了用美学审视文学的时代。由于他对英国文学有很大的影响,文学史家将其生活的年代称之为"德莱顿时代"。

蒲伯(Alexander Pope,1688—1744)是著名的讽刺诗人和文艺批评家。他的成名作《批评论》推崇古典主义,宣扬文学批评家必须具有高雅的趣味,用机智、精辟的语言表达了古罗马贺拉斯和法国布瓦洛的美学思想。他在诗歌创作中模仿罗马诗人,他的讽刺诗歌,如《夺发记》《群愚史诗》等,体现了他的想象力,驾驭语言的能力和讽刺力度。他使用的意象范围广阔,遣词造句精练、犀利。其模仿者不绝。蒲伯在文学上推崇古典主义,在创作上重节制、讲法则,提倡精心雕琢。他本人在诗歌写作上技巧圆熟,特别是其英雄双韵体的运用达到了艺术上的化境境界,是英国诗歌史上的最高成就。

第九章

科学革命、专制主义与议会制:实验的时代

  16世纪欧洲的历史表明,经过文艺复兴的洗礼和遭受宗教改革运动的冲击,属于欧洲旧社会的一切开始瓦解,为欧洲在17世纪的社会变化和文明进步奠定了基础。17世纪的欧洲已经进入其近现代历史范畴,社会的变化和文明的进步基本表现在这三个方面:思想上的自由探索、社会制度方面的实验和科学领域的革命。

  思想的自由探索主要在宗教精神领域进行,经过宗教改革运动,人们的心灵得到进一步解放,精神领域旧有的绝对权力(指欧洲教会拥有的权力)被推翻,尽管从今天的角度看改革还不算彻底,但却是在当时条件下迈出的最大的步子,旧的教会君主制覆灭的丧钟已经敲响,宗教对人的思想的控制已经被打破,这使得人们在精神上进行自由探索成为可能。

  社会制度的实验指的是政治领域,文艺复兴和宗教改革之后,欧洲教会的绝对权威已不复存在,寻找适应新形势的政治组织和社会制度的努力成为必然。进入近现代的西方人对自古以来王朝的更迭不再感兴趣,关注的焦点集中在多样性的政治组织和社会制度的实验上。现代政治学的出现强化了人们在这一问题上的思考和实验。君主制、议会制、专制主义、共和制等的出现就是这一实验努力的具体体现。社会制度方面的变化首先表现在封建的地方主义让位于中央集权上,中央集权制的民族国家逐渐取代中世纪封建割据、诸侯争战的局面,国家的治理权完全掌握在了世俗社会手中,连教会也在国王的控制之下,为现代意义上的纯粹君主制的出现铺平了道路。等到君王要求掌握绝对的权力,要求君权高

于一切,高于君王们曾经宣布应该尊重的法律,便走上了绝对专制主义的道路。要不要对王权进行限制?社会各阶层的人如何参与政治?什么样的政治制度能够更好地填补教会权威解体留下的政治真空,能够适应社会发展的需要和人们对自由的渴望?西欧各国在17世纪剧烈变化和复杂形势下作出了不同的选择和实验,其结果对西方社会政治体制的最终确立自然至关重要。不过,在我们讨论政治制度的变化之前,首先有必要论及17世纪出现的科学革命,因为,这场发生在科学领域(包括自然科学和社会科学领域)的革命,无论是从历史的还是从现今的眼光看,都对西方社会和西方文明产生了巨大影响,极大地推动了人类文明的进程。

第一节 科学革命

17世纪是近代科学兴起的时代,自然科学最早进入人们的视野,成为知识界关注的焦点,并以其独特的方式为西方文明的进程注入了巨大的活力。由于科学自身所具有的价值,依培根所总结的"知识就是力量",科学终于可以以直接的方式推动文明的发展,这在人类历史上,在人类文明史上还是前所未有的。这场被称为"革命"的科学活动在17世纪的欧洲出现绝非偶然。导致科学革命出现的原因主要有三:首先,在意大利率先兴起的文艺复兴运动开创了新的文学和艺术风格,对人和自然的描绘更加贴近真实,这使得人们对自然物体的观察更加细致。其次,宗教改革运动使罗马天主教的大一统被打破,长期以来在欧洲以一个声音说话的基督教教会有了自己的对立面,不同的宗教人开始出现,个人的救赎不再需要通过教士和献祭,无论是宗教的权威还是影响都开始衰退,宗教对社会的束缚急剧减弱,在新教国家还出现了鼓励人们从事科学活动的气氛。文艺复兴和宗教改革运动使人们的思想得到了一定的解放。人开始具有在自然界中寻找真理的信心。最后,欧洲的封建主义和庄园制度由民族国家主义和重商资本主义所代替,资本主义对金钱和利润的追逐使得科学生产和技术受到越来越多的重视。科学知识被视为是人类了解和控制自然的一把钥匙,是促进繁荣的一种途径。科学的作用如此之大,人们对它的到来自然是举双手欢迎。

17世纪出现的科学革命首先是在自然科学与技术方面取得巨大成就,除了天文学和物理学外,医学、生物学、化学等领域也取得若干重要进展,如英国著名医学家威廉·哈维(William Harvey,1578—1657)对血液循环现象的发现,"现代化学之父"罗伯特·波义耳(Robert Boyle,1627—1691)对化学元素、化学反应及化学分析的科学界定;荷兰显微生物学家安东尼·范·雷文虎克(Antonie van Leeuwenhoek，1632—1723)对细菌和微生物的发现和观测等。尽管科学革命推动了社会的发展和人民生活的改善,但更主要的影响应该说是人们对世界的看法发生了变化,从而导致表述世界方法的变化。这一变化自然首先是在天文学和物理学方面。这在当时涉及人们对自然和宇宙的根本认识,即自然科学观。显然,唯有正确的自然科学观的确立,科学才能真正确立其在人类社会中的地位。

要了解17世纪自然科学观的特征,有必要将其与在这之前的自然科学观作一比较。中世纪以来人们对自然界和物质世界的观念除了来自基督教思想外主要来自古希腊哲学家(如亚里士多德)对自然界的认识。例如,亚里士多德认为物体运动是因为物体本身的性质所决定,石头之所以下落是因为石头本身是重的,火苗之所以上升是因为火本身轻的关系。这样重量就成了物体的固有属性。由此,运动被视为是物体固有属性的结果,而不是因为力学和运动定律在自然界起作用的结果。根据亚里士多德的观点,物体下落的速度与物体的重量成正比,越重的物体下落的速度越快。亚里士多德的物理观与其宇宙观是一致的。在他看来,地球作为最重的物体是静止和居于宇宙中心的,太阳、月亮和其他天体都围绕地球旋转。他还认为所有运动物体之所以运动是因为受到另一个运动物体的推动。根据推理,这一观念导致宇宙中有某个最初开创运动的物体存在的观念。中世纪的基督教哲学家争辩说亚里士多德所说的无需推动的运动体就是基督教所说的上帝。这样,亚里士多德的宇宙观便与基督教的神学观结合在了一起。尽管亚里士多德的观点从未在古希腊为人们所普遍接受,但是生活在埃及亚力山大的托勒密却在公元150年发表的一本论述希腊天文学的小册子中以亚里士多德的理论为基础,其中心论点是地心说,即把地球看成是宇宙的中心,其他天体均围绕地球运转。到了中世纪后期,托勒密在这一小册子中表达的观点,由于借用了亚里士多德的宇宙论,成为公认的天文学理论。13世纪,亚里士多德的理论经过托玛斯·阿奎那歪曲性的解释与基督教信仰结合在了一起,上帝最终被视为所有自然现象存在的第一因素。至此,人们所要关注和寻求的仍然是物体为什么运动,尚未涉及物体是如何运动方面的问题。

科学发现和理论

文艺复兴运动的兴起为人们正确认识宇宙开创了一个新的契机。最早打破中世纪宇宙观的是1473年出生在波兰的天文学家哥白尼(Nicolas Copernicus,1473—1543)。年轻时的哥白尼曾在意大利学习,直接受到文艺复兴思想的熏陶,后经过长期研究提出了著名的日心学说,即认为太阳是宇宙的中心,地球绕自转轴自转,并同五大行星一起绕太阳公转,月球则绕地球运转。(当然,哥白尼的体系本身尚很不完善,不能科学地解释现知有关行星运行的一切事实,不过,就当时的科学水平而论,他的体系无疑又是最前沿、最正确的。)

尽管哥白尼确信自己的理论是正确的、符合自然规律,但他同时意识到自己这一理论的革命性,它与当时占主导地位的基督教教义格格不入,如他的日心说明显不同于《圣经》中的有关记载[①],故一直迟迟没有正式发表自己理论,直到他弥留之际,在朋友的劝说下,才同意出版反映他这一重要理论的《天体运行论》。正如哥白尼所担心的,他的著作出版后即遭到教会的猛力抨击,被列为禁书。

哥白尼的天才表现在他对日心说观念不倦追求的能力和多年的精心计算。哥白尼的日心说不但更好地解释了天体各种运动现象,以简单完美的形式吸引了天文学家的注意,而且通过把地球从宇宙中心位置挪开并使其像其他行星一样运动,冲破了中世纪神学教条,动摇了中世纪以来在西方占据统治地位并为教会所倡导的托勒密的地心说。尽管哥白尼的思想在当时只为少数人所知和接受,但通过他的理论,人类第一次认识了太阳系,开始产生一种全新的宇宙观念。显然,这是人类认知的一场革命,他的思想因而引起了一场被称为伟大的"哥白尼革命",为17世纪科学革命的到来奠定了坚实的基础。

在哥白尼之后,意大利天文学家布鲁诺(Giordano Bruno,1548—1600)继承和发展了日心说。布鲁诺不仅支持哥白尼开创性的天文学理论,而且在他的题为《论无限性、宇宙和诸世界》的学术论著中,还发展了哥白尼关于太阳是宇宙中心的观点,提出宇宙是无限的观点。他认为宇宙是由无数星系组成的,太阳系只是无限宇宙中的一个天体系统。作为一名生活在教皇身边的意大利人,布鲁诺所持的科学观点显然动摇了基督教神学体系赖以存在的基础,从而触犯了教会的权威,受到天主教教会设立的宗教裁判所的残酷迫害,最后被处以火刑,成为近代为科学殉身的第一人,当时年仅52岁。

在17世纪初对哥白尼日心说发展作出重要贡献的是德国天文学家开普勒(Johannes Kepler,1571—1630)。他是一位天文学家和占星家,青年时代坚信哥白尼日心说,先后在不同大学讲授天文学、神学和数学。其宇宙和谐思想和数学法则在宇宙中作用的观点受到精于观测和计算的丹麦著名天文学家第谷(Tycho Brahe,1546—1601)的赏识,并于1600年成为第谷的助手。第谷去世后,他幸运地继承了第谷的全部观测资料,在经过系统的理论分析和一系列研究后,提出了著名的行星运动三定律。他的三大行星运动定律进一步发展了哥白尼的日心说,首

[①] 《圣经》记载上帝曾命令太阳静止不动。

次定量揭示了运动速度变化与轨道的关系,证明了行星体系完全可以用数学公式进行描述,从而从数学理论的角度证明和完善了哥白尼的日心说理论。在开普勒之后,唯一遗留下需要科学作出进一步解释的重大问题是:行星为什么会待在自己的轨道上而不飞离开或撞上太阳?

对现代科学思想的发展作出重大贡献的是意大利的伽利略(Galileo Galilei,1564—1642)。这位出生在比萨的数学家、天文学家、物理学家最早推翻亚里士多德关于不同重量的物体下落速度不同的论点。他通过小球滚动实验发现,物体运动并不像前人所认为的是一种匀速运动,而是一种匀加速运动,重物并不比轻物下落得快;外力停止,运动并不停止,惯性原理使得运动继续。关于他曾在比萨斜塔做过重物下落试验的传说是他这一发现的最佳说明。他是最早用望远镜观察天体的天文学家,这是天文学上一件有永久意义的贡献。通过观察,他获得一系列发现:月球表面不规则的起伏;木星拥有自己的卫星;银河由大量恒星集合组成;太阳有黑子和土星有光环等。他用大量的事实支持哥白尼的日心说,证明地球围绕太阳运行,否定地心说。他通过力学研究,从理论上证明等加速运动定律和提出了物体抛物线下落定律。他最早看出数学和物理学结合的作用,将天上的和地上的现象统一到一个理论上来。他倡导科学实验和理论计算相结合的科学研究方法成为现代科学研究的最基本方法。他的学术著作《关于力学和位置运动的两种新科学的对话与数学证明》为经典力学成为一门独立的学科奠定了基础。

伽利略对于哥白尼日心说体系的最大贡献是为哥白尼的理论提供了更多的天文证据,促使该学说为人们所接受,使多数科学家相信哥白尼的主要结论是正确的。

伽利略还是他那一代人中最勇敢无畏的一位科学家。他勇敢地捍卫自己的科学发现,公开地嘲弄自己的政敌,为此,他在1633年遭罗马宗教裁判所的审判并处罚8年软禁和强迫忏悔,其身心遭到严重摧残,此后科学领域再也没有听到他的声音。尽管到了20世纪80年代,罗马天主教教会在社会的强大压力下不得不公开宣布为伽利略平反,承认当年的错误,但是,对伽利略的审判时至今日仍然被视为是宗教与科学、保守与进步、权势与自由探索之间冲突的典型范例。当人们回顾历史时会发现,这一由天主教会一手操纵的可耻审判对科学的摧残,不仅结束了一个伟大科学家的科学生命,而且葬送了意大利和欧洲天主教国家在科学革命中的领导地位,使得意大利文化长期遭受灾难。在此之后,科学越来越成为新教国家和北欧地区的现象也就不足为奇了。思想自由对于科学发展的巨大影响在这一事件上也可见一斑。

17世纪科学革命的顶峰人物当属英国的牛顿(Isaac Newton,1642—1727)。牛顿出生于一个农民家庭,青年时代在笛卡尔思想影响下开始对科学发生兴趣。

早年他学习数学,曾出任剑桥大学数学教授一职。他最早提出光是由运动着的微粒组成的观点,并根据一系列实验否定了自古以来关于白光是单色的观点。在前人成果的基础上,牛顿在近代科学论著《自然哲学的数学原理》中提出了支配天体和地球上物体运动的著名万有引力定律和力学三大定律,从而对一切宏观物体的运动作出了精确的定量描述,奠定了近代物理学的基础。牛顿提出的运动力学四大定律科学地解释了为什么行星会围绕太阳椭圆轨道运行而不是直线运行,为什么地球在围绕太阳作公转和自转时地球表面的物体不会抛落等。牛顿所提出的宇宙模型彻底推翻了托勒密的地心说理论,一劳永逸地完成了由哥白尼开创的天文学革命。在牛顿所描绘的宇宙中,地球和天体的运行得到了统一。不仅如此,牛顿所提出的万有引力的

牛顿像

理论对为什么恒星使得行星待在其轨道上的问题作出了令人满意的解释。在牛顿看来,宇宙犹如一部机器,他发现的定律只不过是对宇宙运行的一种描绘而已。然而,仅这一点已使其成为经典力学的集大成者。由于牛顿是一个对数学所能证明以外的东西不进行玄想的科学家,反对玄学思辨的方法,他被视为是一个"不作玄想的思想家"。在牛顿这一思想的影响下,现代科学家往往不侧重对事物存在起因的研究,而是注重思考事物的特征是什么以及这种特征是如何产生的。

自然科学的新概念和新方法导致科学团体的建立。1660 年英国成立了皇家学会,此后欧洲其他国家纷纷建立各自的科学院。科学和科学研究越来越成为欧洲社会生活中一个不可或缺的方面,欧洲在近现代世界发展史上执牛耳的地位由此而得到确立。

17 世纪在欧洲出现的科学革命尽管极大地推动了以后的科学发展,但其在当时的最大贡献应该说是使人类获得了一种全新的认识自然的观念。人类开始认识到,自然界是由物质组成的,有其自身的规律。这些规律通过观察、思考、实验、归纳可以为人类所认识和掌握。这一观念在为人类认识世界铺平了道路的同时还为人类改造世界奠定了基础。

17 世纪在欧洲出现的科学革命还导致一种全新的科学方法的确立。由于伽利略、牛顿等人的成功,观察和实验成为西方科学的基本方法和特征。到 17 世纪末,任何未经过实验证明和一系列观察的自然规律都不为人们所重视和认可。这

一重观察与实验,对感性材料进行分析归纳的严谨方法成为现代科学家解开宇宙奥秘的最为重要的手段。

科学革命对西方思想的影响

科学革命对西方思想产生了巨大的影响。有相当一批学者和政论家以科学和新知识为武器,决心与过去划清界限,发表了一系列著作,重新界定人在宇宙中的位置、人生的目的,以及对周围世界的认识。其结果直接导致近代哲学的诞生。可以说,在科学革命的影响下,哲学终于从神学中彻底解放出来,逐渐发展成为一门独立的学科。从神学中分离出的近代哲学主要以自然和人类社会为研究对象,重点关注世俗命题,神学开始降至文化的一个次要地位。不仅如此,科学革命还为近代思想领域的机械主义,怀疑主义和时空等观念的出现铺平了道路。

英国政论家培根(Francis Bacon,1561—1626)是受到科学革命影响并在随后的欧洲思想界发挥重要作用的一位思想家。他对科学成就感到欢欣鼓舞,立志要促进科学的发展。培根在年轻时就胸怀大志,决意清除人类认识道路上的种种障碍。他认识到认识与实践之间的密切关系,提出认识是为着实践,认识来源于实践的符合唯物主义的观点,是近代第一个把人生理想由观照转到行动的人。他的思想奠定了科学实践观点和归纳法的基础。

由于重视观察和实验,培根抨击长期统治西方的亚里士多德的偏重演绎法的形式逻辑,不相信未经证明的公理,指出由个别事例上升到一般原则的归纳法更有助于科学发明。因而,他大力提倡归纳法,主张先进行实验,再得出结论,然后再通过不同的实验对结论的正确与否进行测试,从而找到最终的结论。这样就把对事物进行审慎而有条理的观察作为他所推崇的解释自然或研究自然现象的手段。这在当时是有划时代意义的思想。他由于把经验视为认识的来源而成为近代经验论哲学的创立者。他的这一思想集中反映在他的《新工具》一书中。

培根一生大声疾呼提倡新方法,要求人类掌握驾驭自然的手段。他的名言"知识就是力量,要借服从自然去征服自然"表明知识的力量要用在征服自然方面,而征服自然就要服从自然规律。他希望通过科学的新方法认识自然规律,带来创造力的解放,寻找探索能指导行动的原理。他对科学的作用持积极乐观的态度,在他论述理想的著作《新大西岛》中,他不仅描绘了科学主宰一切的理想社会图景,而且用极富影响力的语言表达了他对科学研究的伟大抱负,坚信科学的进步将不可避免地使人类掌握自然。他提出的"知识就是力量"这一响亮口号是对他信念的最好总结。

第九章 科学革命、专制主义与议会制：实验的时代

把感性认识看作知识的基础，信任根据观察和实验的归纳法，以及强调认识的实践功用是培根思想中的两大基本概念，而这两大基本概念为近代科学的发展指出了正确的方向。培根因此被视为"英国唯物主义和整个现代实验科学的始祖"。①

法国哲学家笛卡尔（Rene Descartes，1596—1650）是将哲学思想从传统的经院哲学束缚中解放出来的第一人。作为彻底的二元论者，他明确地将心灵与肉体区分开来，创立了新的形而上学。他十分重视哲学对科学的指导作用。他认为人们可以找到一种实用的哲学，依靠这一哲学，人们能够认识自然界的一切，成为自然界的主人。在哲学方法上，他强调的是演绎法。

英国皇家天文台的观察室

笛卡尔的哲学思想首先反映在他的哲学著作《方法论》中。在该书中，他提出了对待逻辑思维的四个步骤：不接受任何事物的真理性除非是自明的事实；将难解的问题尽可能分为较小和可控部分；解决问题要先易后难，从最简单入手，逐步向最复杂的靠拢；尽可能广泛列举实例，对解决办法要反复论证。

笛卡尔对西方哲学的最重要贡献是怀疑一切的思想和知识的二元理论。笛卡尔声称，除非有坚实的理由加以证明，否则任何东西都不能被认作真理。一切知识都应该像几何学那样具有严格的证明，并按照逻辑被正确地推论出来。笛卡尔的怀疑论旨在破除和拒绝中世纪经院主义的独断论，对被中世纪教会和神学家确定的知识的根据和基础提出质疑，怀疑任何超出直接感觉经验之外的知识的真实性和可靠性，并试图用怀疑的方法去论证宇宙中的绝对存在。

笛卡尔的二元论在强调物质实体的存在的同时又强调精神实体的独立性。他把物质实体的基本属性定为"广延"，把精神实体的基本属性定为"思维"。他认为精神实体为人类所特有，故人的存在以思维为标志。在认识论上，笛卡尔认为认识源于理性，而理性包括人的思维能力和方法。在他看来人的思维基本上是健全的，是获得真理的唯一手段。基于这一认识，他大力提倡理性主义，他企图用思维来证实存在。他的名言"我思，故我在"说明了他的这一思想。他主张一切都要用理性

---

① 《马克思恩格斯全集》第2卷，人民出版社，1957年，第163页。

去判断,理性不能解决的宁可存疑也不能凭信仰代替了事。他的这一理性主义在当时的历史条件下确实具有很大的进步性,因为它动摇了中世纪烦琐哲学的思辨方法和对教会权威的信仰。要求对事物进行科学分析是对事物可知性的肯定。笛卡尔的理性主义由于其严密性和具有的思辨性,再加上他公开提出"怀疑一切"的口号,在相当长的时间里被教会视为异端而受到禁止,一些巴黎大学的教授也发誓不讲授他的"在未获得确切认识前可以怀疑一切的理论"。

笛卡尔提出"怀疑一切"思想的初衷是为了对人们所深信不疑的思想作一个明确清晰的界定。他说过,为了得到一个最清楚和最可靠的思想,作为认识的出发点,首先要清除思想中所有因袭见解,而最佳的清除办法就是怀疑一切。显然,他的怀疑论是他用来证明确定性的一种方法,是为了找到不容置疑真理的一种手段。然而,他这个思想一经提出便产生了意想不到且影响深远的结果。它迫使独断论哲学家为了抵抗怀疑论者的攻击而寻求更加坚实的基础,迫使人们不断地检验以往的知识,敦促思想家提出新的理论以对付怀疑论者所提出的问题,同时还减少了轻率思想的提出。后来的历史表明,他的"怀疑一切"的思想让很多知识分子认为绝对真理是不可能存在的,成为各个时期"自由派"的重要思想武器。

笛卡尔的学说开创了近代哲学的唯理论思潮,他的思想在当代的影响尤其广泛,可以说西方所有的哲学家都是笛卡尔主义者,正如他们都是希腊人一样。此外,笛卡尔的影响绝不仅仅局限于哲学领域,而是扩展至所有文化领域,其中尤以文学艺术受到的影响最为深刻。笛卡尔对理性的推崇确立了理性在文学艺术表现原则中的主导地位,为现代文艺的到来奠定了基础。

荷兰的犹太哲学家斯宾诺莎(Bebdict de Spinoza,1632—1677)是 17 世纪最著名的唯物论者。斯宾诺莎早年学习犹太教经典,然而,在科学思想和笛卡尔等人哲学思想的影响下,开始研究哲学。主要著作包括《笛卡尔的哲学原理》《神学政治论》和《伦理学》。他的哲学思想主要反映在《伦理学》一书中,他是在克服笛卡尔二元论的过程中建立了自己的唯物主义哲学的。他反对笛卡尔存在着两个实体的观点,认为宇宙只有一个实体,即整个自然界,除此之外不可能有其他实体存在。他的世界观理论体系有三个主要环节,即实体、属性、样式。他所说的实体就是统一的、无所不包的整个自然界或物质世界。他认为物质世界是唯一的、无限的、自身以自身为原因。自然界(实体)中的一切事务都互为因果,相互作用。他坚持应该按自然的本来面目了解自然,承认实体是自身的原因,从而把相互作用明显地表现了出来。他认为实体具有无限的属性,人类由于认识能力的局限只能了解把握无限属性中的两种:广延和思维,他们各以不同的方式表现同一实体,而绝不是两个独立的实体。对于样式,他认为自然界中无数个体事物都是由实体派生的,也可以视为实体的变形。实体与样式之间的关系是整体与部分、本质与现象、无限与有限的关系。

在必然性问题上,他承认自然规律的客观性,批判了神学目的,提出"自由是对自然性的认识"的著名思想,朴素地说明了自由与必然的关系。在认识论上,他强调认识自然、获得与自然相一致的知识的重要性。他显然看到感性认识的局限,把感性认识看成是一种不可靠的认识,认为只有理性认识才可靠,因为理性认识是对事物的本质把握。为此,他主张改进理性和求知的方法。

斯宾诺莎哲学最突出的特点是他不仅否定上帝的超然存在,而且否定了上帝的人格、天意天命。他声称,如果说有神的存在,自然实体就是这种神。这实际上已经是自然神论的观点了。因而,他被认为是最早的无神论者,他的思想成为18世纪欧洲启蒙运动的先声。

第二节 社会制度的实验

中世纪西欧的封建政治制度,由于产生于采邑制的层层分封,实际上是一种地方封建主义,大规模的领地犹如一个独立的行政实体,封建领主之间各有各的势力范围。在领地中,封建领主的权威和影响力往往在国王之上,地方主义十分严重,绝大多数的民众生活在封建领地,关注的只是与封建领主的关系和地方事务,对本地区以外的事情,对国家和国王很少了解,也很少关心。再加上罗马教廷所倡导的基督教一统天下思想的影响,人们的"民族"和"国家"观念十分淡薄。然而,自文艺复兴以来,由于世俗权力的加强,宗教权威的下降,西欧各国开始强调王权和民族、国家利益,以民族为主体的国家观念逐渐形成,近代西欧的国家地理概念出现雏形。此外,由于西欧各国民族语言的确立和拉丁语垄断地位的被打破,各国民族意识与民族情感在使用民族语言的过程中逐渐得到加强,人们开始根据语言来识别自己所归属的民族共同体,并产生了一种对代表共同体利益的国家的特殊感情。当地方主义让位于民族国家观念时,就产生了把国家当作一个整体的公共利益加以维护的观念,即"国家利益"观念。

16世纪出现的国家主权论反映了当时社会和人们对国家的现代看法和观点。法国政治思想家、法学家博丹(Jean Bodin,1530—1596)对国家主权作了理论上的精辟论述。他所生活的时代适逢法国宗教改革的内战时期,他目睹了不同教派的争斗给国家和人民带来的危害。对此,他深恶痛绝,极力主张应建立强大的中央集权国家,树立国家的权威。为此,他提出用"主权"代替"神权"的政治理论。他认为主权应是国家的最高权威,是凌驾于公民和臣民之上的最高权力,它不受法律的限制与约束，而且是永恒的。鉴于这一认识，他强调公民秩序对国家的重要性，认为公民秩序是建立在对一个能正确了解公民需要的最高统治者的服从之上。为了避免无政府状态，政府的决定必须从根本上受到尊重。这样的理论和见解显然代表了新兴统治阶级的利益，为日益兴起的欧洲民族国家树立国家权威奠定了理论基础。

近代国家观念的出现和强化呼唤着一种新的、不同于以往的政治体制的出现。如前所说，人们的政治观念发生了很大的变化，经过文艺复兴和宗教改革思想洗礼的人们已不能满足在人类古代历史上流行了数千年的王朝的简单更迭，因为，那只是把不同的"王"送上统治的宝座，而统治的方法和制度并没有什么本质的变化，人们在社会的地位和作用并没有任何改变。人们开始思考政府的本质是什么，统治者与臣民之间的关系是什么，个人在社会中的地位是什么这样一类属于现代政治学范畴的问题。新形势和新情况呼唤新的政体，在本质上不同于过去的政体。这一时代的欧洲在政治上除了一系列政治思想的出现，主要表现在多样性的政治组织和社会制度的实验上，致使君主政体、议会政体、共和政体、专制政体等纷纷登场亮相。

当欧洲从第一波宗教战恢复过来时，一种主权国家的新体制便开始取代统一的信仰基督教国家的旧体制。中央集权式的君主制首先成为西欧主权国家普遍实行的政治制度。欧洲长期以来中央集权式世俗权力的"无力"使得贵族势力和地方特权膨胀，加上教会固有的权力，中央集权一直难以真正形成。因此君主与贵族之间的斗争和地方特权与中央权力之间的斗争常常纠缠在一起，其结果是社会动乱不止。应该说，专制主义对当时的欧洲人是具有吸引力的，因为，它在理论上和事实上都表达了人们的一种愿望：即结束欧洲的混乱状况。法国的宗教战争、德意志的三十年战争、英国的内战均造成社会生活的不安。专制主义者声称只有有力的中央集权才能造成国家的秩序和平息混乱的局面。为了实现这一目标，欧洲的王权设法取得对国家军队的控制权，对国家法律体系的管理权，以及征收和分配税赋的权力。欧洲王权专制经过16世纪的发展，在17世纪达到了高潮。从某种意义上说，绝对专制主义的出现是高度中央集权化的必然结果。尽管西班牙等国在专制主义上走得很远，但法国还是被认为走在了这一制度实验的最前面，并把绝对专制主义推向了极致。

专制主义的法国

法国经过百年战争，在1453年终于战胜了自己的对手英国。1559年，法国又在与西班牙的战争中赢得了胜利，以签订《比利牛斯和约》结束。这时的法国在西

第九章 科学革命、专制主义与议会制：实验的时代

欧的政治地位得到了确认,它的1800万人口在欧洲是首屈一指的,农业自给自足,工商业得到长足发展,资本主义萌芽开始生根。然而在国内政治方面,王权与教会和贵族割据势力的斗争却由来已久且纷争不断,经过数百年之争,到弗朗索瓦一世时期,王权势力才逐渐在政治上占上风,对社会表现出一定的权威。但是,后来宗教战争的爆发,使得权力争夺与宗教分歧犬牙交错,王权的力量呈现出衰落趋势,在京城巴黎的王室在名义上是一国之君,实际上只不过是法国各路诸侯的一员大将罢了,根本无中央集权可言。亨利四世继位后开始了建立专制王权的一系列尝试,中央政府在和地方省府之间的一系列冲突中开始占上风,法国的中央集权得到了切实加强。然而,亨利四世好运不长,在位不久便遭到暗杀而身亡。随后法国进入了路易十三时代。早年由于路易十三年幼,实际权力掌握在太母玛丽手中,后党依势乱政,原来的王公贵族乘机谋反叛乱,法国王权的权威再次遭受严重挑战。不过,在成年的路易十三启用枢机主教黎世留后,法国中央集权制获得了一个千载难逢的新机遇。黎世留是个政治强人,坚信统治者个人绝对权威对国家的重要性。他认为国家的需要与国王的绝对权威是一个问题的两个方面,是有机结合在一起的,谁也离不开谁,树立国王的绝对权威就是国家的第一需要。他在任职期间最大的愿望是在国内加强中央集权化的绝对王权,在欧洲扩大法国的影响力。事实表明,他日后所做的一切都是在实践他的这一政治信念。出任首相的黎世留不愧是政治强人,一朝权在手,便把令来行,他毫不留情地剪除后党,以铁的手腕对付贵族反叛,使其就范,同时坚决打击被视为分裂势力的法国新教教派——胡格诺教派,直至把他们消灭或赶到国外。在政治斗争取得胜利之后,黎世留又在思想文化领域实行一元化治理,凡对建立专制王权不利的思想和文化活动一律遭到禁止。他通过建立法兰西学院的方式牢牢地控制了法国的思想文化领域。文学艺术作品表达的必须是"国王的光荣"(其实质是为国王歌功颂德),文学艺术遵循的标准必须是由学院所规定的古典主义,而学院的根本任务在于表达国王的审美观。法国从此进入了绝对专制时代。尽管黎世留权倾于世,却是一个地地道道的忠臣,服务于国王。他在路易十三驾崩后,尽力辅佐年幼的路易十四。黎世留死后,他的继任人马扎然

"太阳王"路易十四像

首相继续他的铁腕统治风格,先后镇压了两次严重叛乱,把国家的权力牢牢地控制在国王手中。等到首相马扎然去世时,五岁继位的路易十四已经长大成人,决定亲自理政。路易十四显然是一位天生的独裁统治者,在他当政期间,法国的专制统治达到了登峰造极的地步,成为欧洲绝对专制主义的经典范例。

路易十四的专制主义统治的思想来源于他的政治座右铭"朕即国家"。路易十四这样宣称:"只有当全部权力完全集中在唯一的国君手里时,臣民的幸福和安谧才有保障……臣民没有权利,只有义务。"[①]为了把国家的所有权力都独揽在手,他在亲政后,先后撤销了地方的终审法院,整肃了巴黎高等法院,放逐了桀骜不驯的法官,长期不召开三级会议,向各省派出监督官,架空地方贵族,以掌握地方权力。他的这一切动作很快把国家的立法、行政、司法权力统统归到自己的手中。后来,为了更好地控制政府的治理权,他干脆废除了首相职务,要求国家的一切机构对他一人汇报和负责,并保留了任何情况下的最后决定权。

路易十四不愧是一个高明的政治家,其高明统治手腕首先表现在他与法国贵族和地方势力打交道方面。为了防止有影响的地方贵族谋反,剥夺他们在各省的权力,切断他们与地方的联系,他把各地有地位和有影响的王公贵族统统"召进"京城巴黎,授予他们一系列貌似显赫的王室顾问职位和头衔,使这些贵族有一种荣耀感并有一种他们是在为国家服务的幻觉。为了使贵族感到他们在社会上仍然受到尊敬,路易十四安排他们出席各种礼仪庆典、招待会、游行观礼等使人感到荣耀的活动。为了使他们感到生活"充实"和豪华,路易十四还经常在卢浮宫会见或宴请这些贵族,后又下令扩建凡尔赛宫[②],在宫中三日一小宴,五日一大宴地款待在京城的贵族,组织各种规模宏大的舞会、晚会、游艺之类奢侈活动,打发他们的时光,消磨他们的意志。因此,尽管这些贵族失去了权力,但由于并没有失去受人尊敬的地位和生活中的豪华和享受。不仅如此,他们还应其专制君主的"邀请"分享了这一精心制作的宫廷生活,他们一个个生活得心安理得,再也不可能对国王的意旨有任何不满情绪。久而久之,参加国王的宴会和舞会,谒见国王成了王公贵族朝思暮想的政治目标和生活目标。等到为国王歌功颂德成了这些贵族的第二天性时,他

---

① 罗琴斯卡娅:《法国史纲》,刘立勋译,生活·读书·新知三联书店,1962年,第25页。
② 扩建后的凡尔赛宫不仅是一座巨大的宫殿,同时也是一种政治思想的体现。一切均严格对称,体现王家气派,呈现古典主义美。所有的一切,包括它的建筑、绘画、花园、雕刻、装饰,无不意在对王权的神化和对君王荣光的歌颂上。在宫殿东面朝向巴黎的方向上,群臣的府第和行政管理人员的房舍组成一座小城。而在相反的方向上是宫殿的花园、树林和狩猎的场所。这条东西中轴线正好穿过路易十四的寝室,而它又正好位于南北走向的600米巨大宫殿墙面的正中。这样,国王的生活便与日出日落取得一致。这一刻意的设计体现了时代的特征。

们也就成了名副其实的可以享受荣耀的宫廷"囚犯"。

与贵族大多被控制在宫廷中一样,法国文化人也被控制在为王权服务的范围内。路易十四在治理法国文人方面也独具才能。法兰西学院成为其控制法国思想文化的有力工具。通过法兰西学院的机制,对文化名人进行物质诱惑,发放以王国名义赐予的年金,使得文化人对自己感恩戴德,而成为自己的御用工具。不过,路易十四由于掌握着绝对权力,对自己的统治和未来有绝对的信心,他不像欧洲另一位专制者西班牙的腓力二世,为了巩固自己的专制政权,不惜窒息国内一切文化活动,否决所有改革措施,使西班牙成为一潭死水,在欧洲的历史上再也没有产生类似16世纪以前的影响。严格地说,路易十四并没有窒息法国文艺,相反,他积极鼓励并大力开展各种文化艺术活动,资助文化艺术团体,举办文艺沙龙等,使得法国的文化艺术活动在他执政期间相当繁荣,法国古典主义高潮就是最好的证明。当然,这一切都是有标准和前提的。标准是所有的文化艺术活动和学术思想都要统一在这样的准则下:一切要有一个中心标准,一切要有法则,一切要规范化,一切要服从权威。而前提则是歌颂路易十四。在路易十四当政期间,法国的所有文化艺术成就和发展都要归功于被颂为"太阳王"的路易十四,都被视为是路易十四的荣耀和功绩,并且在创作活动中实际上以他的个人好恶褒贬为准绳。法国文化人在路易十四在位期间对他进行的众口一词、肉麻的颂扬从反面说明了他所实行的文化专制统治。尽管路易十四是在法国臣民的一片颂扬声中死去的,但历史还是把他钉在了暴君的耻辱柱上。

客观地说,路易十四确实是一个伟大的行政管理者和勤奋的君主。他开创了一套行之有效的方法把中央权力的意志迅速且确实地贯彻到社会的各个部分中去,并将社会力量,无论是人力或财力,以同样的方式,汇集到中央权力的手中。例如,为了确保税收到位并在自己的完全控制下,他把国家的税收改为由中央直接控制,而不像以往由各地的贵族负责。全国被分为32个区,由一个有千名税收官员组成的机构直接操纵收取,而无须与议会或任何人政治协商税收的事务。为了确保自己的方针政策得到最好的贯彻执行,路易十四事必躬亲。他深知只有勤奋的君主才能在不用首相的情况下有效地管理好国家。他每日长时间地工作,即便是休息外出也不忘过问政务。

在路易十四绝对专制主义的治理下,法国国内的确,至少是他在位期间,出现了新次序,实现了稳定,真可谓是令行禁止,政令畅通。专制主义的长处在路易十四时期表现得十分明显。

在经济上,统治者深知王权的权威取决于他的财富,确保国王的财政来源和开发新的税收是管理者的工作重点。在君主专制下奖励工商业的发展,鼓励生产,发展新产业,促进对外贸易,并且引进了重商主义,资产阶级的地位得到了极大提高,被授予重要的职务。这一切使得法国人的生活方式、主要城市结构和国家面貌都发生很大变化。

在对外政策上,路易十四的战争和外交还为法国赢得了地位和赞誉,其对外进行的殖民扩张政策拓展了法国的疆界,使其成为欧洲霸主。

在文化艺术方面,他所提倡的艺术风格和他的凡尔赛宫更是当时的时尚,惹得欧洲各国国王和贵族竞相仿效。可以这么说,在绝对专制主义下,法国实现了政治、司法和财政的统一,相比于封建割据的局面,无疑是一种历史进步,使法国的国力和在欧洲的地位都得到了加强。

然而,法国的绝对专制主义制度在本质上却是一种失败,特别是从历史的角度出发,为法国日后的发展埋下了巨大的隐患。它由于缺少对权力的有效制约,便不可避免地走向反面。例如,路易十四虽有至今仍令人惊叹的威严和很有活力的外交政策,但他不顾一切地进行扩张,发动一系列旷日持久的战争,例如,为了让自己的孙子做西班牙国王,就整整进行了12年的战争,使得国家的财政空虚,人民的负担加重,把国家引向破产。对于绝大多数法国民众而言,绝对专制主义意味着生活水平的下降和自由思想的丧失,导致人民的普遍不满。事实上,在路易十四统治末期,法国许多地区都有激烈的农民暴动和人民起义发生。在路易十四暴政之下,像笛卡尔这样的伟大哲学家也遭受迫害,不得不避居荷兰。法国的绝对专制主义在路易十四在位期间坚持"一个国王、一个法律、一个信仰"的专制主义信条,对法国宗教信仰自由的限制(主要反映在1685年对"南特敕令"的撤销)和对新教徒的迫害,致使约20万新教徒逃离法国,严重损害法国的经济和民心。

专制主义在文化的控制和实行的审查制度扼杀了人们的思想自由,社会保守风气盛行。此外,绝对专制主义与资产阶级的个性自由的理想是不相容的,对资本主义的发展也是不利的。一个人口众多,在政治上强大、果断、一元化的法国在经济实力上却不及英国就是最好的说明。正因为如此,法国没有能够在欧洲资本主义发展史上留下自己的烙印,在路易十四之后迅速失去了它在欧洲的影响力,并在18世纪末导致法国历史上的最大危机的出现。

在17世纪欧洲产生过如此重要作用的强国怎么会在18世纪一下子变得无足轻重了呢?绝对专制主义或统治者的绝对权力的过错曲折到底在哪里?对于这一现象,人们曾提出过种种看法,法国学者基佐的观点似乎具有精辟独到之处。他说:

在这一事实中,我们发现了绝对权力无可挽救的弱点和分毫不爽的后果。

我不去细讲路易十四政府的错误，它犯下很多。……我愿同意这种说法：没有一个绝对专制的政权受到过它的时代和国民如此充分的赞许，对国家和整个欧洲作出更实在的功绩。然而，就因为这个政府只信奉绝对权力的唯一原则，建立在这唯一基础上，它的衰落旋踵而至也是理所当然的。路易十四统治下的法国所缺少的是独立的、自生自主的，也就是能自发地采取行动和进行抵抗的政治性的社会组织和力量。法国旧时的有名有实的社会组织和制度不复存在，被路易十四彻底摧毁了。他没有建立新的来代替旧的，因为这只能束缚他的手脚，而他是不愿受束缚的。那时候昭著在目的是意志，是中央政府的行动。路易十四的政府是一个伟大的事实，辉煌强大，但却是无本之木。自由社会组织的存在可以保证的不仅是政府的明智，而且是它的寿命。……在路易十四统治下，社会组织既缺乏权力，也没有自由。那时的法国没有一种机制能保证国家抵制不合法理的行动，或能保证政府不受时间无情的作用。于是我们看到这个政府在自取灭亡。①

人们如果考虑到法国政府在18世纪的软弱无能和无所作为，以及在18世纪末爆发的法国大革命和随后的一系列动荡不安，就可以明白绝对专制主义给法国人民带来的灾难。法国绝对专制主义留给人们的最重要遗产或许就在于此。

议 会 制

在法国选择走向绝对专制主义的同时，欧洲其他国家却开始了不同政体的实验。这种实验在英国表现得最为突出并最具代表性。

历史地看，英国取得国家和民族统一的历史比欧洲任何其他主要国家都要早，并在1066年诺曼征服时代已经形成了某种形式的中央集权。和法国一样，英国的君主制也具有专制主义色彩，而且在17世纪初似乎走到了绝对专制主义的边缘。亨利八世和伊丽莎白一世在位时，英国的中央集权得到加强。英国的王权不仅把英格兰教会完全置于国王的控制之下，而且利用所谓的特权法庭，滥用司法权。伊丽莎白一世死后，一个新的王朝，斯图亚特王朝继承了王位。先后担任国王的詹姆士一世和查理一世都是绝对专制主义的崇拜者，他们也曾试图进一步扩大王权，建立类似路易十三和路易十四式的专制王权，然而，后来的发展却表明英国并没有（实际上也不可能，因为斯图亚特王朝时期的英国不具备绝对专制主义所需要的社

---

① 基佐：《欧洲文明史》，程洪逵译，商务印书馆，2005年，第228、229页。

会土壤和政治条件①)走上绝对专制主义的道路,相反走上了一条完全不同的政治道路,开创了被后人视为楷模的新型的国家政权模式——议会制,在政治体制上一劳永逸地彻底废除了政治领域的个人绝对权力。

当然议会制作为一种思想和政体模式并不完全是英国人的发明创造,古希腊就已有过对它的表述,此外,欧洲的荷兰早在1579年尼德兰革命后成立的乌特勒支同盟也是一种议会制政体。该同盟以各省代表组成的三级会议为最高权力机关。1581年同盟决定不承认西班牙腓力二世的统治权,成立联合省共和国。这是欧洲历史上出现的第一个议会制政府,第一个共和体制的国家。议会制在荷兰的出现标志着资产阶级在政治领域的第一场胜利,资本主义经济在荷兰得到了长足而迅速地发展,这使得荷兰这个面积和人口十分有限、在欧洲历史上很不起眼的国家一跃成为当时欧洲经济和科学文化事业最为繁荣的国家,成为当时全球最大的海上霸主和殖民强国。新制度促进了信仰的自由和学术研究的开放,不少欧洲其他国家受到迫害的思想家、哲学家纷纷来到这里避难,其中包括法国的笛卡尔等人。不过,由于荷兰在确立议会制过程的偶然性,政体的权威性,再加上后来政体的变化,使得其政体实验不具有普遍性,影响较小,没有能够引起人们的重视。

因此,议会制在英国的出现和确立仍然是欧洲17世纪最重要的事件之一,是世人最为关注的政治制度的变化。实际情况表明,正是由于英国人在议会制确立过程中的创造性思维和具体做法才使得议会制具有了普遍的意义。不过,议会制在英国的确立并非一蹴而就,而是经历了一系列的实验才最终为人们接受和成为英国政体的现实。

17世纪初,来自苏格兰的詹姆士一世在继承英国王位后试图加强英国的君主专制,大肆宣扬"君权神授"论,以此不容许任何人对自己的权威提出挑战。他在征税问题上与议会领袖发生冲突,不仅撕碎了议会领袖写的抗议书,而且解散了议会。詹姆士一世还在干预商业自由、维护主教制和结束与西班牙旷日持久战争等问题上独断专行,遭到新兴资产阶级、新贵族以及民众的憎恨。其子查理一世继位后不仅没有改善君主与臣民之间的关系,反而在专制的道路上越走越远。他在增加新税问题上与议会发生冲突,为此,他采取向臣民强行借贷的方法获得与法国进

---

① 英国自由传统源远流长,早在1215年,英国贵族就曾联合起来迫使国王约翰签署了著名的《大宪章》。到了16世纪末,英国社会已经存在一系列自由制度和传统,其中包括立法机构认可的自由的基本法规和原则;自由权的先例,可以使自由的要求合法化和得到捍卫;特殊的地方性制度,如陪审制、集会自由权、地方行政和司法独立等;国王和他的权力,特别是国王增税需要国会同意的规定等。

行战争所需的经费。他还不经审判就把持不同政见者投入监狱。为反对查理一世这一暴政,英国议会于 1628 年向国王提交了《权利请愿书》。该请愿书宣称任何未经议会投票决定的税收均为非法,并禁止任意监禁和在和平时期实行军事管制。自负的查理一世不仅没有克制,而是完全抛开议会自行其是,11 年没有召开议会,进行个人独裁统治,这段历史被称为英国历史上的"11 年暴政统治"。结果导致 1640 年的苏格兰起义。苏格兰的起义对英国的完整和英王的权威都是极大的威胁,为了获得必要的经费扑灭苏格兰人的反抗,在财政上陷入困境的查理一世除了召开议会外别无选择。

1640 年"长期议会"①的召开被认为是近代英国革命的起点。长期被剥夺立法权的议会议员的不满情绪终于有了发泄的机会,国王自然是发泄的对象。议会中的资产阶级和新贵族的代表结成联盟,并团结中小业主和人民的力量对以国王为代表的封建势力进行坚决的斗争。议会拒绝国王增加税收的要求,除非国王赋予议会某些基本权力。在此期间,议会不仅处决了国王的首席大臣,而且废除了自亨利八世以来一直充当专制统治工具的特权法庭并采取了一系列其他措施。最为重要的是,议会制定了禁止国王解散议会的法律,规定议会至少每三年召开一次。人们原以为通过议会的斗争,在英国古老的法律(指英国 1215 年制定的《大宪章》)和习惯法的基础上可以合法地克服由于王权独断专行所造成的一切政治弊端,以平静的方式重建一个完全符合民意的政府。然而,查理一世不愿自己的权力受到钳制,竟率领卫队冲入议会,直接导致英国内战爆发,暴力革命终于在英国打响。经过了从 1642 年到 1649 年的对抗和流血,英国在独立派领袖克伦威尔的领导下彻底打败了国王的军队,革命派获得了成功。议会再次开会,投票赞成结束英国的君主制,1649 年 1 月 30 日,根据议会的命令查理一世被公开斩首。王权被废止,英国被宣布为共和国,开始了共和制的实验。

然而,这一新的政体未能延续多久,拥兵自重的克伦威尔在获得国家权力后做起了独裁梦,宣布解散议会,走上了军事独裁的道路,英国短命的共和制就此结束。克伦威尔以"护国公"身份治理着国家,直至他 1658 年谢世。

饱尝了克伦威尔式独裁统治的英国人面对困难重重的财政危机和不断爆发的农民运动,开始迷恋旧的体制。新选出的英国议会于 1660 年宣布查理一世流亡在外的儿子查理二世为国王。英国进入王朝复辟时期。流亡回国的查理二世虽保证不实行专制统治,宣布尊重议会和遵守《权利请愿书》,这在名义上使得英国成为一个有限制的君主制国家,但登上王位的查理二世并没有遵守自己的承诺和满足已

---

① 按照英国有关规定,英国议会议员一般任期三年,但该届议会持续十多年,故有长期议会之称。

有的权力,而是一直在密谋恢复英国的专制统治,英国又开始走上了宪政的斗争。查理二世尽管用尽心计,但他命如纸薄,在目的几乎要达到时于 1685 年一命呜呼。继位的詹姆士二世是查理二世的弟弟,他是狂热的天主教徒,在专制权力争斗之外又增添了宗教问题。为了取得教皇制和君主制的双重胜利,他公开投靠英国人的宿敌——信奉天主教的法国,试图通过法国干预获得绝对专制统治。他的图谋遭到英国议会中代表大地主利益、原先主张君主专制政体的托利党和代表新兴资产阶级的利益、主张限制王权的辉格党的联合反对。再次出现的宪政斗争使得英国仿佛又回到革命前的政治状态。然而,刚刚经历过暴力革命的英国人似乎意识到:暴力斗争虽然给他们带来过自由和解放,但也带来了流血和社会动荡,最后还不免导致复辟。暴力循环这种人类历史上不断出现的争夺权力现象显然是不可能通过暴力克服的,要打破暴力循环必须采用新的方式。在这一新的政治危机面前,政治上成熟的英国人决意要尝试一下新政体的实验。

议会中代表不同利益集团的托利党和辉格党议员在这一问题上开始联合起来,并进行了一场具有历史意义的政治选择。詹姆士二世的女婿、以捍卫欧洲新教思想享有盛名的荷兰奥兰治的威廉亲王被英国议会邀请前来英国,经过一场几乎未流血的战斗,信仰天主教的詹姆士二世不得不放弃王国,逃往法国。这使得议会得以宣布王位"空缺",为威廉亲王和玛丽作为联合统治者登上英国王位扫清了道路。1688 年,英国议会正式宣布威廉亲王为大不列颠国王,史称威廉三世,其妻玛丽为英国女王。在此之前威廉三世已向议会表示宣布接受核心内容为"法律的权力高于国王的权力"的"权利宣言"。英国议会随后还制定了著名的《权利法案》[①],以法律的形式规定:"臣民有权向国王呈上请愿书,为此而引起的监禁和追捕行为皆不合法;在和平时期不经议会同意而在王国内招募与维持军队皆为非法;新教臣民可以拥有与其身份相符的、为法律所许可的武器以自卫;议会议员的选举必须是自由的;任何法院或议会以外的任何地方都不能对议会内部的言论自由、辩论或程序自由设置障碍或提出异议……"

这在制度上和法律上确保了以限制王权为主要目标的议会制的成功。

尽管英国政体的新选择仍保留王位并赋予国王以应有的荣耀,但这一政体的实质是以法律的形式确定了欧洲思想家所鼓吹的权力来源于"人民赞同"的原则。当《权利法案》于 1689 年正式颁布时,英国政体的改制便宣告完成。后来的历史证明英国人的政体实验获得了完全的成功。英国的这一实验在人类历史上还是史无前例的。历史把英国这一种未经流血的政体改变称之为"光荣革命"。

---

① 该法案于 1689 年正式签署颁布。

第九章 科学革命、专制主义与议会制：实验的时代

那么,英国的这场未流血的"光荣革命"到底做了些什么呢？是一个什么具体问题使之具有了如此历史意义？

具体地说是因为英国进行的这一革命是通过议会"缔造"了一个国王,一个不同于传统意义上的国王,一个不仅不能独断专行,而且必须服从议会法律的国王。因为如果不是议会的选择,这个国王是不能取得王位的。因此,在这个意义上说,没有议会就没有国王,国王与议会之间的关系也就明白无疑。议会作为国家唯一的立法机关,它的权力决定国家的一切,议会制也由此而来。在这一新的政体中,不仅专制的王权被消灭,连独立的王权也不存在了。国王拥有的是一种虚位,仅是国家的一种象征,国家的实际权力却为议会掌握。这样一来,个人统治的时代从此在英国结束。在以后的岁月里,实际统治国家的将是议会,因为它在形式上是代表全民族的,因此具有统治权。

当然,英国当时的议会并不是真正的人民代表,议会的议员主要是由贵族和有产者组成或操纵,它维护的主要是资产阶级、大地主、新贵族的地位和经济利益,人民大众的地位和利益受到忽视和损害。但议会毕竟是一个群体,一个代表着不同利益集团的群体,而不是个人,权力掌握在群体手中毕竟不同于掌握在个人手中。这显然是权力机构具有实质性的一种变化。至此,英国完成了从传统王权统治向议会制的转化,政治生活中的个人主观随意性被排除了,国家具有了稳定基础。

英国的这一革命之所以被称为"光荣革命",除了使用了未流血的"和平"手段外,还因为它以极其巧妙的方式改变了政权的性质,建设性地改变了英国的政治制度。从表面看,政权似乎一点没变,国王依旧,英国仍然是一个王国而不是共和国,国王仍然是国家元首,甚至连斯图亚特王朝的族谱都得到了保留(被宣布为英国新君主的是詹姆士二世的女婿和女儿,是王室血统的人)。然而,实际权力结构却彻底发生了变化,国王和议会的权力互换了位置,一个人的专制独裁让位给一群人的共同执政,而这一群执政的人需要经过民主选举程序方能得以进入权力机关,这与世袭和任命是完全不同的两码事。

英国革命是一次在世俗领域内废除绝对权力的尝试,这是自欧洲王权国家政体出现以来政体最具实质性变化的一种实验。它的成功表明,人类社会完全可以建立起一个既正规又自由,其本质是关心各种利益和力量,调和它们之间的关系,使它们生活在一起,共享繁荣的政体。

对于为什么这一体制革命在英国出现并取得完全的成功,人们自有不同的解释。如果我们考察一下英国的社会,便可以看到英国在17世纪的欧洲具有独特性,从来没有一种原则或思想在英国社会取得独霸的优势,没有一种旧因素彻底消

亡,也没有一种新因素彻底胜利,各种力量总是在同时发展,各种利益和要求总是在折衷调和。社会中存在的各种原则和因素,无论是宗教的还是世俗的、贵族的还是君主的、中央的还是地方的、精神的还是政治的都在一起存在、发展。例如,即便是在都铎王朝时代,英国的君主制如日中天时,人们仍可以看到民主的原则、公众的力量在兴起和壮大。社会的多样性、丰富性和复杂性作为西方文明的特征(相比之下,东方文明表现出更多的是单一性、排他性和统一性),在英国表现得尤其明显。可以毫不夸张地说,英国社会从未受一种排他性的原则所支配,总是多种因素相互争斗、相互影响、相互妥协、共处并存。从英国社会的这些特征中,人们或许已经看到"光荣革命"的影子。

在总结光荣革命的成功经验时,英国思想家洛克提出了这样的问题:"从古至今,为患于人类,给人类带来城市破坏、国家人口灭绝以及世界和平被破坏等绝大部分灾祸的最大问题,不在于世界上有没有权力存在,也不在于权力是从什么地方来的,而是谁应当具有权力的问题。"[①]

光荣革命实行的"多数统治"的原则和"人民赞同"的原则在根本上回答了这一"谁应当具有权力的问题"。出于对君主立宪制的偏爱,洛克把由民选的议会掌握最高权力的政府看成是最合适的政府。在国家权力中,立法权由于是国家的最高权力,因此应该由民选的议会掌握。"立法权不仅是国家的最高权力,而且当共同体一旦交给某些人时,它便是神圣的和不可变更的;如果没有经公众所选举和委派的立法机关的批准,任何人的任何命令,无论采取什么形式或以任何权力做后盾,都不能具有法律效力和强制性。"[②]不过,洛克同时指出立法权是"委托权力""只有人民才能通过组成立法机关和指定由谁来行使立法权"。[③]"当人民发现立法行为与他们的委托相抵触时,人民方面仍然享有最高的权力来罢免或更换立法机关。"[④]这是英国人在这场革命中学会的解决政治问题的新原则和新手段。从此改革和渐进成了英国政治发展中的最重要特色。在"光荣革命"之后的300年间,英国再也没有发生过暴力革命和剧烈的社会动荡这一事实应该说是这场革命成功的最有力证明。经历了"光荣革命"的英国,其国力和科学文化很快显示出繁荣的发展势头,率先进行了工业革命,成为西方经济的"发动机",为人类社会步入现代化作出了巨大贡献。

---

① 洛克:《政府论(上篇)》,瞿菊农、叶启芳译,商务印书馆,1982年,第89页。
② 洛克:《政府论(下篇)》,瞿菊农、叶启芳译,商务印书馆,1982年,第81页。
③ 同上书,第87页。
④ 同上书,第90页。

英国的"光荣革命"不但给英国的政治改革和经济发展开辟了道路,而且还具有世界意义。"多数统治"的原则和"人民赞同"的原则得到了确认和确立,从此自由不再是一个抽象的字眼,它有了实实在在的内容:民主。英国人的这一创造性的政治体制一经确立便表现出了强大的生命力,成为其他资产阶级民主制政体的楷模,其内容实质终于在19世纪和20世纪被视为西方民主政体的本质,议会制以其独特的方式成为西方政治生活中的主旋律。

第十章

启蒙运动：欧洲理性时代的到来

17世纪的欧洲在社会、科学和哲学领域取得的骄人成就在18世纪结出了巨大硕果，一场主要由知识分子掀起的思想运动——启蒙运动——在欧洲大陆轰轰烈烈地展开。在西方文明发展史上，启蒙运动可以说是一个极其重要的事件和具有里程碑意义的运动，是欧洲社会继文艺复兴以来的又一次思想革命，由文艺复兴奠定的人文主义传统在这一运动中得到了进一步弘扬与升华。这场以理性为主要特征的运动在一百年左右时间内把西方文明自近代以来所崇尚的自由、平等、民主等思想提高到一个前所未有的高度，成为一种传统，并使之传遍整个西方世界，特别是在社会受过教育民众的层面上得到较为广泛的传播，为西方民主化进程在19世纪的深入发展奠定了坚实的思想和社会基础。在这一百年中，启蒙运动发动的对宗教神学的质疑与批判，对蒙昧状态的揭露与解蔽，对封建专制主义的抨击与鞭挞，对理性、知识的推崇与讴歌成为时代的主旋律。欧洲历史上一个以理性为主要标志的时代终于到来。

第一节 运动和背景

与其他任何运动一样，启蒙运动的出现有着深刻的社会历史原因。从总体上说，它是在欧洲资本主义经济发展、人民不满封建专制主义势力统治的历史条件下，在英国"光荣革命"和科学革命影响下产生的。

首先，1688年英国"光荣革命"的成功和资产阶级登上政治舞台,以及随后英国资本主义工商业的快速发展和英国在世界范围内霸主地位的上升,对欧洲社会产生了巨大影响。越来越多的人民开始意识到封建专制主义的弊端、危害,以及对社会发展的阻碍作用。希望通过对权力来源、权力制衡的思考,对各种政体的比较,找到一种理想的、普遍适用的民主政体导致了启蒙思想的发展。启蒙运动的许多思想家都曾对这一问题有所思考和发表过论述,其结果是封建专制的最终没落和民主政治制度(即资本主义制度)在更大范围内的确立成为不可逆转的历史潮流。可以说,英国资产阶级革命和新兴资本主义生产方式的出现为启蒙运动的兴起奠定了坚实的政治和经济基础。

其次,17世纪后半叶欧洲科学革命取得的一系列伟大成就对启蒙运动的出现和内容具有决定性的影响。科学革命从根本上革新了人的知识与观念,特别是牛顿雄辩地用科学理论解释自然界运动规律的万有引力定律实际上向当时的人们揭示了这样一个真理:整个宇宙是由自然力量而不是非自然力量支配的,是完全可以被人类认识的。传统神学对世界的解释是不科学的、荒谬的和不可信的。不仅如此,科学革命所取得的成就还使人们深信"科学方法"的重要性,认为运用"科学方法"不仅可以研究和解决自然界的问题,而且可以用于研究人类事务和解决人类面临的问题。这样,科学革命的成果在影响启蒙思想家世界观的同时,还成为他们批判旧传统和宣传理性思想的强大力量。科学革命时期确立的新的科学方法成为人们认识自然和世界的武器,对于启蒙思想家而言,近代自然科学的一切成就则成为他们对社会的愚昧和落后进行鞭挞的有力武器。当人们对世界的看法发生变化时,渴望新思想的到来是极其自然的。人们对外部世界及自身认识的进步已经为理性主义的前进铺平了道路。

17世纪的科学革命和与之有密切联系的哲学思想还在欧洲社会中孕育了一种从传统的权威中解放出来的现代意识。当这一意识与笛卡尔提出的"怀疑一切"的思想结合在一起时,就产生了一种怀疑主义思潮,日益增多的思想家和知识分子开始否定古代知识的至尊,拒绝盲目信仰,提倡自由思考。这种意识实际上是当时历史条件下的一种"思想解放",对基督教教义特别具有威胁。法国的培尔(Pierre Bayle,1647—1706)就是这类知识分子早期的一位杰出代表。他出生在法国一个信仰新教的加尔文派家庭。由于法国路易十四对法国国内加尔文派的迫害和镇压,他不得不逃亡荷兰。培尔知识渊博,思想解放,1693年前以教授历史和哲学为主。此后,他失去教职,倾力进行辞典编纂。在科学革命和英国"光荣革命"思想影响下,对宗教和宗教传统提出质疑,进而展开对传统权威的批判。他认为欧洲社会长期流传的对世界的解释是令人难以置信的,是对人的愚弄。培尔具有的启蒙思想主要反映在他编撰的《历史与批判辞典》中。尽管该书表面上是一部辞典,事实上是一部反宗教、反独断、反权威、宣扬怀疑主义、无神论的著作。培尔在对涉及宗教、哲学和历史条目进行解释的过程中对基督教信仰,对当时所有被认为是正统的、未经过理性检验的思想和观念进行了巧妙且淋漓尽致地驳斥,特别是对基督教教会所宣讲的教条提出质疑。很显然,培尔希望通过对宗教和传统权威的批判去认识新的真理。他的观点和他所宣扬的怀疑主义受到教会人士的斥责和反对,被看成是宗教之敌,然而却成为当时人们反对教会和宣扬启蒙思想的有力武器。大多数18世纪的启蒙思想家在吸收了培尔的理论后,放弃追求形而上的知识。

培尔的怀疑主义思想在苏格兰的伟大哲学家休谟(David Hume,1711—1776)那里得到直接的继承。休谟对知识的根据和基础提出质疑,怀疑任何超出直接感觉经验之外的知识。他以牛顿的科学方法为指导,描述心灵是如何获得知识的。他认为知识只包含直观的明显材料而不包括经验以外的任何事物,不存在任何超越经验的关于任何事物的知识。人不可能揭示经验中的必然联系,也不可能揭示经验的任何根本原因;人们对于世界的信念并非根据理性或证据,而仅仅是以习惯为基础。这样,在休谟那里,培尔怀疑主义思想成为启蒙思想家抨击启示宗教和教会独断论的有力武器。大胆怀疑传统世界留下的一切观念与权威,不人云亦云,不随波逐流,不迷信盲从,凡事凭自己思考和用理性衡量成为启蒙思想家的重要特征。正如恩格斯所说,启蒙思想家"不承认任何外界的权威,不管这种权威是什么样的。宗教、自然观、社会、国家制度,一切都受到了最无情的批判;一切都必须在理性的法庭面前为自己的存在作辩护或者放弃存在的权利。……以往的一切社会形式和国家形式、一切传统观念,都被当作不合理的东西扔到垃圾堆里去了"。[①] 怀疑主义的积极意义在这里得到充分说明。

在启蒙思想家看来,宗教迷信和专制统治是两个相辅相成的社会毒瘤,是封建制度罪恶的集中体现,是"拴在人类脖子上的两大绳索"(狄德罗语),因而把批判的矛头对准这两个方面。他们把宗教迷信看成是思想混浊和社会的腐败根源,是科学与进步的死敌,所以要改造社会必须先破除宗教迷信和教会在社会上的影响力,用理性的思想和科学知识"照亮"人们的头脑。为了达到这一目的,就要宣扬理性和近代自然科学。他们还以"自然法则"和"天赋人权"的理论来反对封建专制统治和贵族特权。他们宣扬"一切人生来平等"(孟德斯鸠语),"自由是天赐的东西"(狄德罗语),以此证明封建统治的不合理。其任务主要在于:使全人类的理性从封建教会和专制制度的束缚下解放出来。

启蒙运动作为一场伟大的理性主义运动,坚持以理性审视一切,判断一切,任何不符合理性的东西都被抛弃在了一旁。毫无疑问,启蒙运动所具有的理性主义

---

① 《马克思恩格斯全集》第3卷,人民出版社,1972年,第404、405页。

与文艺复兴时期提出的理性主义有一脉相承之处,但又有实质上的差异,它的核心内容已经超越了文艺复兴提出的理性主义。文艺复兴的理性主义始终不离希腊罗马传统的脉络,并依赖经典思想家的引导,而启蒙运动所崇尚的理性主义则是由一种欲构筑富有创造性的理论的信念所驱使,创造出一种完全不同于古典的、全新的思想,崇尚科学知识是其核心,坚信人的理性能够借助于"科学方法"去探究把握自然法则(包括人的本质的法则)。在这里,理性和科学是紧密结合在一起的。

"启蒙运动"的提法首先在法国出现。"启蒙"(Enlightenment)一词在法语中的用语是 Lumieres。这是一个内涵极为丰富的多义词,基本意义是"照亮""启迪"等。启蒙运动是指当时的思想家提倡用近代科学文化的成就"照亮"愚昧、落后、黑暗的封建社会,用科学和理性的思想"启迪"人们的理智和智慧,以消除长期以来宗教和封建贵族统治造成的迷信与偏见,实际上就是一种思想解放运动。亲身经历启蒙运动的德国哲学家康德对启蒙运动有一种独到的解释。他说:"启蒙就是人类脱离自己所加于自己的不成熟状态。不成熟状态就是不经别人引导,就对运用自己的理智无能为力。当其原因不在于缺乏理智,而在于不经别人的引导就缺乏勇气与决心去加以运用时,那么这种不成熟状态就是自己所加于自己的了。Sapere aude(敢于思考)!要有勇气运用你自己的理智!这就是启蒙运动的口号。"[1]康德在这里实际上揭示:启蒙就是引导人们告别人的不成熟状态。在他看来,不成熟状态,无论是因为幼稚或怯懦,还是因为习惯或被迫造成的,其实质都是不能运用自己的理智,听命于他人的一种蒙昧状态。因此,启蒙就是要拨开蒙蔽着理性光芒的乌云,冲破禁锢人们思想的种种束缚,使人自觉地走出不成熟状态,成为成熟的理性人。

法语使用 philosophe 一词来指称从事启蒙运动的人。尽管大多数工具书将其译为"哲学家",但他们绝不是传统意义上那种身居书斋,只研究因果关系或进行纯学术研究的学者,而是介入社会、介入生活的思想家。他们用自己的思想和笔把理性主义和民主的思想传播开去,为社会的变革作出了巨大的贡献。

从时间上说,启蒙运动始于 17 世纪末[2],到 18 世纪末达到高潮,其范围波及整个西方社会(包括美国)。不仅如此,随着时间的推移,启蒙运动所确立的自由、平等、民主的概念还超越了时空的局限,成为全人类的宝贵精神财富。

启蒙运动涉及领域广泛,在批判宗教迷信和专制统治过程中形成了两种重要理论:"自然神论"和"主权在民说"。

---

[1] 康德:《历史理性批判文集》,何兆武译,商务印书馆,1990 年,第 2 页。
[2] 对于启蒙运动的开始年代人们有不同的看法,部分学者把牛顿的万有引力理论的发表(1687 年)作为启蒙运动的开端,部分学者则认为应该将英国的光荣革命(1688 年)作为启蒙运动出现的标志。

自 然 神 论

启蒙运动对神学的最大挑战是提出了"自然神论"(Deism)。自然神论的提出是针对信仰无所不在而且积极干预人间事务的上帝的有神论而言。鉴于当时的历史条件,人们,包括大多数启蒙思想家在内,尚不可能完全抛弃宗教信仰,自然神论的提出显然是一种思想进步。自然神论者并不直接否认上帝的存在,也仍然承认世界为上帝所创(或牛顿所说的"第一推动力"),但认为上帝是超越于自然界之外的存在,在创造了一个完美的宇宙和一整套自然法则后就再也不插手世事,不再干预自然的进程和人类的行为,而是让自然和人类按自然法则行事。他们把上帝形象地比喻成一个"神秘的钟表师",在制造出了一个完美、各个部分可以精巧和谐运转的钟表后,让其按照可预测的规律自行运转。更为重要的是,自然神论认为,人可以通过自然的理性而不借助于神的启示即可认识上帝,通过研究上帝所创造的有形世界而得知上帝的存在和上帝的性质。这样,自然神论把上帝的作用限制在单纯依据可为人类了解的理性法则创造世界的范围之内。自然神论这种单纯从理性入手证明上帝的存在,往往是把以宇宙的结构即秩序作为依据的说法略加改变,实际上是一种在理性和信仰之间解释上帝存在的折衷观点,尽管如此,自然神论由于是以理性为前提和基础的,认为凡不能通过理性得到证实的宗教思想,如传统教义中的启示和神迹,都是违反理性的,应予以摒弃。因此,自然神论的提出实际上是对超自然世界观的抛弃,是对宗教迷信的批判,为启蒙运动挑战传统神学思想奠定了基础,成为18世纪人们抨击宗教和批判教会的有力思想武器。

主 权 在 民 说

"主权在民说"是启蒙运动对专制主义进行批判的武器,也是近代民主理论的核心内容。狭义的主权在民说指的是国家的主权属于人民,而广义的主权在民说的内容包括自然法、自然权力学说、契约论,以及权力制衡在内的一系列思想。它认为:人享有自然权利,包括自由、平等、财产等权利。人的这些天赋权利,加上正义、理性等构成自然法。对于国家和政府而言,人则是其一切权力的来源,国家和政府所具有的权力是人以契约的形式授予的,是有条件的。尽管主权在民的思想在古希腊就曾经提出过,但启蒙运动时期提出的主权在民说的概念比古希腊要广泛和深刻得多,特别是洛克、卢梭等人把主权在民的思想推向高峰。天赋人权、自由不可转让、立法权属于人民、政府只是主权者的执行人、权力制约、分权说等思想均被提出,并成为西方民主思想的核心内容。而人民有权反抗暴政的思想为日后大革命的爆发埋下了火种。

启蒙运动的蓬勃开展表明,18世纪的欧洲已经是资产阶级自觉的时代。启蒙运动尽管一开始是由知识分子掀起的一场启迪人的理智的思想运动,但是与已经开始壮大的资本主义和资产阶级是密切关联的,运动所宣扬的思想代表着资产阶级所希望实现的理想,运动所运用的武器、提出的口号和希望实现的目标,都是资产阶级的自我觉醒和理性思想的产物。因此,在这一意义上说,启蒙运动亦可以视为是资产阶级的一场思想革命运动。

虽然法国在18世纪成为启蒙运动的中心舞台,但是启蒙思想的最早出现却是在荷兰和英国,因为这两个国家是西欧最早成功进行了资产阶级革命和确立资本主义生活方式的地方。

第二节　启蒙运动在各国

启蒙运动在荷兰

荷兰早在17世纪初就是一个资本主义生活方式和资产阶级思想占据主导地位的国家,经济繁荣、思想解放、学术自由是荷兰社会的特征。许多为当时其他欧洲国家所不容的思想家常常在那里找到安身立命之地和表达自己思想观点的场所。许多在欧洲其他国家无法出版的书籍在荷兰亦可以自由出版。因此,各种具有启蒙色彩的自由思想在荷兰一直多有流传。此外,荷兰自身也孕育出一批有影响的启蒙思想家。具有启蒙意识的政治思想家格劳秀斯(Hugo Grotius,1583—1645)就是其中之一。他是第一个运用近代自然法理论提出天赋人权学说的人。他还是较早提出社会契约学说的思想家。他认为,在自然,特别是在人的自然本性中,存在着一个理性的秩序,这个秩序提供一个独立于人〔国家立法者〕意志之外的客观价值立场,并以此立场去对法律及政治的结构作批判性的评价。为此,产生自然法的权利,这实际上是在承认存在着人的本性、社会的本性,以及物的本性的基础上,演绎出某些在本质上属于人固有的权利。从中可以看出这样的权利观念更多带有"天赋"权利的色彩,人生于自然,自然具有自己的权利。格劳秀斯还用人的眼光(而非"君权神授"的传统思想)审视国家的产生。他认为,在国家出现前,人和社会处于一种自然状态:即无等级的存在。人们彼此平等自由,过着孤立分散的生活。由于自然法则(指"弱肉强食")的存在,人们为了防止遭受外来的侵袭和内部纷争的困扰,意识到组织起来的必要性。这种组织起来的形态最终就是所谓的国家。因此,国家是"社会契约"的产物,目的是为了确保人的"共同福祉"。他的这一用"自然状态"和"社会契约"观点来阐明国家产生的思想对思想家霍布斯和洛克有关国家的论说均产生过影响。

不过,荷兰启蒙运动的代表人物是斯宾诺莎。我们在前一章中对他已经做了一定介绍。出于本章内容的需要,这里有必要从一个不同的角度对他的思想进行简短表述。斯宾诺莎作为一个出生在传统犹太人家庭的人,从小受到过的良好犹太教教育对他坚信统一宇宙观起到了重要作用。斯宾诺莎在青年时代就接触到犹太神学以外的思想,特别是笛卡尔哲学、布鲁诺思想,以及自然科学,这对他后来的无神论思想的形成有着重要影响。斯宾诺莎在克服笛卡尔的二元论过程中建立了唯物主义哲学。他认为宇宙是统一的,宇宙只有一个实体。他的世界观理论体系有三个主要环节,即实体、属性和样式。他所说的实体就是统一的、无所不包的整个自然界或物质世界。在他看来,自然界是唯一的、无限的,以自身为存在原因。他坚持按自然的本来面目去了解自然。他指出,无限的实体有无限多的属性,但其中有两种最重要的属性,这就是广延和思维。它们以不同的方式表现着同一实体。在唯一自然界中所包含的无数个体事物是由实体派生的,是实体的变形,也就是样式。根据这一观点,一切个体事物都在自然界之中,依赖自然界而存在,并且只有通过自然界才能认识。实体与样式之间的关系是整体与部分、原因与结果、本质与现象、无限与有限的关系。在认识论上,他强调认识自然,以获得与自然相一致的知识。他认为只有理性认识才可靠,感性认识是不可靠的。他把知识和求知的方法分为三种:感性经验得来的知识,推理得来的知识和直观得来的知识。而直观的知识是最高级的知识。他看到感性认识的局限,认为理性认识才能把握事物的本质。

斯宾诺莎还是一位高扬自由思想的人士。他不仅把自由看成是人的一项最基本权利,而且特别主张思想和言论自由。他甚至认为思想和言论自由是社会发展和科学进步的必要前提和保证。人应该竭尽全力捍卫自由和自由的权利,即使牺牲生命也应在所不惜。

斯宾诺莎对欧洲启蒙运动的最大贡献是通过学术研究从理论上否定超自然的上帝的存在,认为"神即自然",从而指出自然界是万物存在的实质原因。这一观点对于宗教神学而言不啻是当头一击,正因为如此,当时的正统神学家无一不把斯宾诺莎作为"无神论"者而加以诋毁。但对于启蒙运动而言,斯宾诺莎的"上帝不存在,只有自然存在"的思想则是抨击宗教的最有力的思想武器。在这个意义上说,斯宾诺莎不仅自己成为一名启蒙思想家,而且为日后启蒙运动的广泛展开奠定了坚实基础。

启蒙运动在英国

英国由于资本主义的发展和资产阶级在社会上的实际影响，具有启蒙运动特征的思想不断出现。政治哲学家霍布斯（Thomas Hobbes，1588—1679）是先驱之一。他在《利维坦》一书中对人、国家提出了新的看法，他所论及的利己主义思想就已经包含对人的新的认识。他还是一位较早阐述社会契约思想的思想家，尽管他的社会契约思想的立论并不正确，但却是运用理性来解释国家形成和发展的一种尝试，从而开创了最早的国家学说。此外，他把国家的权力奠定在人民对自己权利的出让之上，后来的启蒙思想家正是由此出发，引申出"主权在民"的人民国家的观念。英国启蒙运动的代表人物是洛克（John Locke，1632—1704）。洛克启蒙思想中最重要的是对"主权在民"思想的明确界定和阐述。尽管主权在民的思想古已有之，但对它的内涵和内容实质的

洛克像

明确界定和阐述却是自洛克始。洛克在其两篇《论政府》的文章中指出：国家是由公民组成的，政府只是一种公民的信托，其目的是保护公民人身和财产的安全，因此，国家的主权属于人民，人民在订立社会契约，把国家治理权交给政府时，只是出让自己的一部分权利，并没有将自己所有的权利交给政府，相反，一些极为重要的权利，如财产权、对政府的监督权、反对权等，仍然保留在自己的手中。由于政府只是得到人民委托的一部分权力，它并没绝对的权威，只有人民才是国家主权的真正拥有者。对于公民出让的权利，他认为主要是这样两类：保护自己和他人做认为合适的事情的权利，以及对违反自然法的处罚的权利。公民把这两类权利交给他们所指定的人们（即统治者和其政府）来实施，并要求这些人必须按照人民的意志对国家进行治理。洛克指出，这就是国家立法权和行政权的原始权力和这两者所产生的缘由。若统治者（不管是它的立法部门，还是行政机构）失于职守或违背人民的意志，人民有权撤销对他的信任，没有必要再服从这样的政府，而是应该起来

推翻这样的政府,并订立新的契约,建立新的政府,以便更好地保护人民的权利和促进社会福利的发展。这里引申出"人民赞同"的概念,并成为衡量一个政府合法性的基本准则。尽管洛克强调政府和政权对于社会而言是必要的,但公民的自由同样是必要的。这两者不可偏废,而保护公民的自由正是政府和政权的一项最基本义务。

洛克还发展了天赋人权的思想,他把生命权、自由权、财产权和惩罚权视为天赋人权的主要内容。他指出,自然法教导着有意遵从理性的人类:人既然是平等和独立的,任何人都不得侵害他人的生命、健康、自由或财产。他把财产权视为人的一项最重要自然权利,因此指出这种权利不但不能被剥夺,反而应当得到有效的保护。对于当时的西方社会而言,洛克思想的最大贡献不仅仅是"主权在民"和"契约"思想的阐述,更在于他所提出的,为了保证政府与人民间所订契约的公正和保护个人财产,社会可以拿起武装反对自己的统治者。无论在日后的美国独立革命还是法国大革命中都可以看到洛克这一思想的影响。

洛克还提出了宗教宽容的思想。他在《论宽容的信札》一书中指出:没有人能具有完全的智慧和全部的知识,因而没有人具有可以支配他人宗教信仰的能力。他认为每一个人都是一个道德的存在,自己对上帝负责。由于个人的信仰以自由为先决条件,他主张实行宗教宽容,与个人意志对立的强制只能取得表面的顺从,不可能解决思想问题。

洛克还是经验主义认识论的创造者。西方思想界自柏拉图以降,占据主导地位的一直是天赋观念,几乎无一例外地认为人类的知识有许多不是从经验而来,而是先天就有的。洛克从经验主义出发,提出了"白板论"。他认为,人在出生时,头脑犹如一块"白板",上面什么也没有,所有的知识都是在能够感知事物后逐步形成的,也就是说起源于感觉。他《在人类理解论》中制定了现代科学的认识论基本原则。他认为,人的知识有两大来源:通过感觉获得的外部世界的经验,以及通过反省(即理智的推理)达到的内部世界的经验。这样,洛克便事实上提出了后天获得的知识才是认识源泉的思想。洛克的这一思想在当时是具有革命意义的,实际上把哲学从经院派的玄学中彻底解放了出来,使之成为一种认识世界和解释世界的理性科学。他的这一思想对启蒙运动具有重要影响,启蒙思想家得出的环境决定论与洛克的思想有直接的联系。经伏尔泰介绍,他的思想在法国产生了巨大的感召力,为法国启蒙思想家提供了认识论方面的重要武器。

到了18世纪,英国还涌现出了另外一些重要的、有影响的启蒙思想家,除了上面已经提及的休谟外,苏格兰经济学家亚当·斯密(Adam Smith,1723—1790)最为著名。在启蒙运动时期对自然和人类本性所作理性化描述的影响下,他在经济学论著《国富论》中提出了著名的"自由放任"(即"自由竞争")经济学理论。他强烈反对政府对经济事务的任何干预,认为允许个人在没有国有企业与之竞争或受到任何法律限制的情况下追求自己的利益,是发展经济和促进繁荣的最佳方式。他指出,正如行星沿自己的轨道和谐运转,在看不见的重力作用下不相互碰撞那样,追求自我利益的人在竞争和自由市场这只"看不见的手"的作用下也可以和谐地行事,促进全社会的利益。他一再强调,由于竞争的存在,人们要改善自身状况的天生愿望就会变成有利于社会的力量。基于对人性的深入了解,他指出人是受情感驱使的动物,同时又有思维能力和同情心进行自我调节。这种双重性既让人们相互斗争,又使人们能够创造出一种社会制度来缓和两败俱伤的斗争,甚至把斗争变成共同利益。这显然是一种对人性的新的认识。资本主义所崇尚的自由竞争思想在亚当·斯密那里得到了最有力的阐述。他所提出的自由市场经济学为日后资本主义经济的快速发展奠定了理论基础,他本人也成为启蒙运动时期最伟大、最具影响力的一位经济学思想家。

启蒙运动在法国

整个欧洲的启蒙运动,至少在政治实践方面,是以法国为代表的。进入18世纪的法国之所以成为启蒙运动的中心舞台,与法国当时的政治体制和宗教在社会上的地位有着密切的关联。

第一,作为一个长期实行绝对专制主义统治的国家,法国一成不变的封建政治体制到了18世纪已经严重阻碍了社会的发展。相对于实行君主立宪制和由资产阶级掌握国家权力的英国,昔日欧洲霸主法国已经大大落后,无论是在海上还是在陆上都成为战败国,经济发展亦受到很大限制。国内的"第三等级",特别是不断壮大的资产阶级对现存的制度极为不满,他们感到他们的社会威望和作用与他们的实际地位和贡献极不相符,对改革社会政治的要求日益强烈。希望变革的法国资产阶级文人和思想家都把目光投向英吉利海峡的另一边,即已经确立资本主义制度的英国。英国的社会政治制度、欣欣向荣的经济,以及日新月异的科学和具有自由色彩的哲学思想成为法国人羡慕的对象和追求的目标。他们以"自然法则"和"天赋人权"的思想来反对封建专制统治和贵族特权。对专制制度的抨击和民主政体形态的讨论成为法国启蒙运动的一个重要方面。

第二,以天主教为国教的法国早在17世纪就受到宗教问题的困扰,由于实行的是专制主义加天主教统治,执行不妥协、不宽容的宗教政策,不仅导致对国内新教运动的镇压,而且致使宗教思想弥漫,教会对社会和人民的控制有增无减。保守、腐败的教会已经成了社会进步的障碍,人们开始切实感受到宗教对社会造成的危害。法国启蒙思想家的批判锋芒首先指向宗教也就十分自然。教会和僧侣是他们集中攻击的对象,破除宗教迷信,反对宗教教条,揭露宗教对社会的负面影响和传统神学的欺骗性成为他们的首要任务。他们把宗教迷信看作科学与进步的死敌,以自然神论或无神论来否定基督教的神权和宗教偶像,以唯物论批判宗教的理论基础——唯心主义。

第三,理性主义在法国的流行。科学革命的影响和经验哲学的确立使得人们对理性的作用有了新的认识。人们开始坚持知识第一的观点,注重归纳与综合,强调实验在归纳中的作用,相信人类理性的卓越性和有效性。所谓"百科全书派"的出现,实际上是理性主义在法国广为流行的一个标志。在整个18世纪的法国,理性几乎成了科学的代名词。人们以理性的名义去反对一切传统的观念和神圣的权威,用理性重新审视现存的一切,包括宗教、社会、政治制度等。理性成为18世纪法国所追求并为之奋斗以及所取得的一切。

第四,东方文化的影响。由于西方传教士在东方的传教生活和对东方文化的记述,以中国和印度文化为代表的东方文化在法国得到传播,对法国启蒙运动产生一定的影响。伏尔泰、孟德斯鸠等人都曾经为东方文化所吸引,对东方文化大加赞赏和推崇。东方文化的悠久历史和辉煌成就使得人们对文化的普遍性和相对性有了新的认识,欧洲人不得不重新审视人类的历史和文明。独特的东方文化往往成为他们从新的角度评论、抨击或阐述西方文化的出发点或参照。东方文化在扩大人们的历史视野的同时,对基督教中心论无疑是一种打击,从一个方面推动了启蒙运动的开展。

此外,法国成为启蒙运动的中心还与当时法国上流社会的存在和为思想文化的交流与传播提供了各种各样场所这一事实是分不开的。18世纪的法国上流社会(包括贵族和文人雅士)对直接从事生产和商业活动不感兴趣,而是热衷于出入社交场所,注意谈吐风度,关心和谈论文学、艺术、哲学是一种时尚。而法国社会涌现出的各种私人和公共文化社交场所,如沙龙、咖啡馆、俱乐部等,为人们交流和讨论新思想和新观念提供了理想的场地。在那里,人们不仅可以无所顾忌地谈论文学、艺术,还可以交换对政治、宗教、社会问题的看法。许许多多的具有启蒙特征的新思想或是在那里提出,或是在那里得到进一步发展。如著名的朗贝尔夫人主持的沙龙被称为"产生出最杰出思想作品的制作室",成为文化人云集之处。而建于巴黎六区的"普劳高珀咖啡馆"受到法国文人的青睐,法国几乎所有著名作家都光顾过那里。人们一边品咖啡,一边交流新思想和新观念。许多学院和学术团体也成为思想自由交流和传播的场所,连法兰西学院也成为新思想的宣传阵地。

所有这一切都为启蒙思想的产生和传播提供了条件。

回顾17、18世纪欧洲的历史,法国作为欧洲的一个统一大国在欧洲文明史上具有着重要地位。不过,在这两个世纪中,法国对欧洲的影响是很不相同的。在17世纪,对欧洲发生作用的是法国的政府,强大的政府以军事和外交手段称霸欧洲,成为欧洲政治的主宰。在18世纪,法国的绝对专制主义到了路易十五手中已经走向衰落,国力大减,在欧洲失去了昔日的雄风。然而,在政治上失去影响力的法国,文化上的优势依然存在,富于人性、优雅、轻松的法国艺术和生活情趣对欧洲其他国家的影响依然巨大,而由于启蒙运动在法国的蓬勃开展所产生的顺应时代潮流的新思想、新理论,更是向欧洲提供了从自然神论、泛神论到自由主义、民主等思想,极大地影响了欧洲文明的进程。在这一意义上说,18世纪的法国依然是欧洲文明的灯塔和旗手。

随着启蒙运动在法国的开展,自由与平等逐渐成为启蒙运动中最鲜明的两面大旗,后来的法国大革命在自己的旗帜上写下"自由、平等、博爱"的口号也就十分正常。

法国启蒙思想家

启蒙运动在法国的轰轰烈烈展开与法国涌现出的一批著名启蒙思想家是分不开的。他们以笔为武器,所发表的启蒙檄文具有强烈的政治意义和鲜明的战斗性,不仅影响了法国,而且对欧洲所有国家都造成了影响,成为18世纪最引人注目的启蒙思想家。其中,伏尔泰、卢梭、狄德罗、孟德斯鸠等对启蒙运动在法国蓬勃展开的贡献特别巨大。

伏尔泰(Voltaire,原名Jean Francois Arouset,1694—1778)是法国启蒙运动的首倡者和领袖、著名文学家,被视为欧洲民主的象征。他的长寿使他基本上经历了法国启蒙运动的全过程。他发表的著作多达70余卷,他那支如椽的笔成为宣传启蒙思想的锐利武器。他的思想影响之大,以致法国的18世纪又被称为"伏尔泰世纪"。

伏尔泰出生在富有的资产阶级家庭,年轻时便涉足法国社会上层的社交场所,这些社交场所具有的浓厚自由思想氛围对他无畏精神的形成有一定影响。他曾因不怕触犯封建权贵的性格入过狱并受到迫害,不得不避居国外数年。在其避居英国期

伏尔泰坐像

间,他被英国的政治制度和经济生活所吸引,特别是牛顿的科学思想和洛克的经验哲学思想给他以深刻的印象,对他的启蒙世界观的形成产生了巨大的影响。回到法国后,他于1734年匿名发表的《哲学书简》对英国光荣革命后在各个领域取得的成就大力赞扬,对法国的专制主义进行了严厉的抨击,并宣扬信仰自由、平等和唯物主义经验哲学思想,成为英国启蒙思想在法国的传播者。

在牛顿和洛克思想影响下,伏尔泰成为最早摒弃唯心主义哲学并接受唯物主义思想的法国启蒙思想家之一。他承认物质世界的客观存在,用牛顿力学解释世界,认为宗教组织和宗教迷信是人类理性的大敌,反对教权主义是他启蒙思想最鲜明的特征。他撰写了大量文章和小册子,抨击教廷和教会的腐败,揭露僧侣、教士的卑鄙和宗教迷信对社会的危害,在法国社会有着广泛影响。

在政治上,伏尔泰的出发点是"自然法权论"。他认为以平等、自由和财产为基础的社会秩序是最公正的秩序。他赞同并主张英国式的君主立宪制,认为"开明君主制度"是最理想的政体,以此抨击当时法国实行的专制主义统治。他是自由与平等的坚定提倡者和维护者。在他看来自由是一种自然权利,不应受到任何侵犯。他曾经在给他的一个反对者的信中写道:"我不同意你说的每一个字,但是我愿意誓死保卫你说话的权利。"他的这句话成为提倡言论自由的名言。他认为人民的自由是国家强盛的保证,人民失去了自由,国家也就失去了抵抗敌人的能力。

卢梭(Jean Jacques Rousseau,1712—1778)是另一位伟大的启蒙思想家。他出身贫寒,没有受过系统的教育,但通过自学积累了广博的知识。他的启蒙思想代表了人类对人权的追求,他提出的关于人权的思想和要求激励了法国大革命的领袖,成为法国大革命的中心政治纲领之一。他的启蒙思想主要反映在其《论科学与艺术》《论人类不平等的起源》和《社会契约论》等著作中。他的这些论述成为启蒙时代具有深刻影响和广为流传的作品。在《论科学与艺术》论文中,他首次提出了文明进步造成人类不平等和社会苦难的观点,在社会上引起强烈反响。他的这一思想在《论人类不平等的起源》中得到进一步的阐述。卢梭在把私有制的产生看成是人类社会从自然状态过渡到"文明社会"的基础的同时,认为私有制是造成人类社会的不平等根源。尽管如此,他并不主张人类应该退回到自然状态的原始平等,而是希望通过实现政治权利和义务的平等、良好的公共教

卢梭像

育,以及合理的财经制度,将由于社会不平等引起的不公平缩小到最低程度。

在《社会契约论》中,他以社会契约的观点解释国家的起源和本质。他强调人生而自由平等,天赋人权不容剥夺。他指出国家是自由人民订立的社会契约的产物,代表了人民主权的愿望。人民在选出一个王的同时,也为这个王规定了统治原则。因此,卢梭主张国家应以社会契约为支柱,实行民主共和国形式的直接的人民政权。在卢梭的理论中,君权遭到了彻底否定。他的社会契约论超越了英国的经济自由主义和孟德斯鸠的实证论。其中的"人民主权"的观点对于18世纪西方政治生活的发展起了巨大影响,成为资产阶级推翻封建专制的强大思想武器。实际上,他的社会契约论的观点是法国大革命的理论号角,推翻了18世纪法国专制主义存在的基础,并提出了全新的国家组织原则。

卢梭的启蒙思想是人类思想史上的里程碑,他的社会政治学说包含了对封建制度的批判、对自由和平等的追求、对民主共和国制度的向往,是启蒙运动中激进民主思想的集中反映。如果说伏尔泰是旧世界的终结,卢梭则是新世界的开端。

在法国启蒙思想家中,狄德罗(Denis Diderot,1713—1784)是一位举足轻重的人士。相对于其他启蒙思想家,狄德罗是一个"晚辈",但他的出现把法国的启蒙运动推向了高潮。这不仅与他的唯物主义和无神论思想有关,还与他不屈不挠的精神有直接的联系。

对于启蒙运动而言,狄德罗所作的最大贡献是成功完成了代表18世纪最高学术水平的《百科全书》的编撰工作。《百科全书》汇集了当时的先进科学思想和唯物主义观点,并以通俗的语言向人民宣传这些思想,在极大地唤醒民众革命意识的同时,把启蒙运动推向了高潮。这部由狄德罗主持编撰完成的《百科全书》全称是《百科全书,或科学、艺术、技艺详解辞典》。出版商原来只是想把英国的一部科技大辞典翻译成法语,聘请狄德罗和数学家达郎贝担任主编。但是,狄德罗却把《百科全书》的编撰工作变成了一项吸引全体法国人注意和影响整个欧洲的伟大事业,编撰活动本身也成为一项启蒙活动。《百科全书》的编撰从1751年开始,历经30年,到1780年全部完成,总共出了32卷,内容差不多囊括了当时已知的全部知识,除科技外,还包括哲学、宗教、政治、经济、文学、艺术、习俗等。法国的启蒙思想家几乎人人参加了撰写工作,先后为它撰稿的人多达160余位。尽管《百科全书》的内容是以词条形式出现的,但各位撰写人都是在理性的指导下,用人类在自然科学和社会科学方面的成就对当时社会制度、政治生活、宗教思想、文化、艺术发动了一场全面的进攻,使该书的编撰工作成为一场用科学批判落后、用知识代替盲从、以理性抨击愚昧的伟大的文化运动。

由于《百科全书》具有的启蒙思想,在第一卷出版后便遭到欧洲最反动的天主教派别——耶稣会的攻击。等到第二卷出版,当局也出面干预,下令禁止发行。慑于统治者和社会保守势力的压力,达朗贝中途辞去了主编的工作,然而,意志坚强的狄德罗却没有退缩,而是在艰苦的斗争中坚持编撰工作,以超人的意志和大无畏的精神完成了这一历史性的工作。可以说,狄德罗以百科全书为自己建立了一座真正的丰碑,展示了这位启蒙哲学家博大的智慧和顽强的战斗力。

狄德罗完成的《百科全书》影响巨大,成为18世纪后期法国启蒙运动的集中表现。在这部书中,人们可以看到,科学和唯物主义思想得到了宣传,上帝造人的谬论遭到了否定,教会的虚伪和反动受到了揭露,理性思想得到了弘扬。《百科全书》的成功编撰被人们视为18世纪中期法国启蒙运动成就的集中体现。法国人自己并不常用"启蒙运动"这一名词指代启蒙运动,而是更多的使用"百科全书"一词,这充分说明了《百科全书》所代表的思想。法国的启蒙思想家因此也被称为"百科全书派"。

用狄德罗的话来说,编撰百科全书的目的是:"汇集世界上分散的各种知识,向现实同我们一起生活的人们阐述它们的普遍体系,并将此书传之于我们的后人,从而使得过去时代的业绩对未来的时代不是无用的东西,让我们的子孙因为更有知识,从而更有道德、也更幸福,使我们与世长辞时无愧于人的称号。"①狄德罗因此被认为是为现代人盗火的"普罗米修斯",是把科学革命的知识传给人民大众的一位伟人。

狄德罗对于启蒙运动的贡献远不止《百科全书》的编撰,他在哲学、美学、文艺批评、戏剧理论以及文学创作等方面均有建树。

孟德斯鸠(Montesquieu,1689—1755)主要是一位政治思想家,青年时代就对政治制度表现出浓厚的兴趣。早年他学习法律,当过律师和法院顾问。1716年从叔父那里继承子爵爵位和法院院长职务。在与法国法律和司法制度直接接触的过程中,他深深感受到法国的封建法律是完全为王权服务的,根本没有公正可言。1728年,他辞去了法院院长一职,到欧洲各国旅行,考察和了解各国政治制度,特别认真研究了英国的宪法和议会制度,为他的《论法的精神》一书收集资料。这一重要著作用去了他20年时间方才完成,是18世纪最完善的一部政治学论著。在《论法的精神》中,孟德斯鸠首先阐明法律作为社会制度的产物并不是一成不变的,而是随着社会的变化而改变。他认为人类在进入社会状态之前处于自然状态,遵从自然法生活,但在过渡到社会状态后,为了保障人的自由平等权利,自我制定了"人为法",规定了处理统治者和被统治者之间关系的法律。人为法由于是人类自

---

① 安德烈·比利:《狄德罗传》,张本译,商务印书馆,1984年,第62页。

定的,可以,也应该随着社会的变化而改变。他对人类社会自古以来实行的政体进行了分类,以其施政的方式给予界定。他认为共和政体基于道德,君主政体基于荣誉,专制政体基于恐怖。他指出专制政体是最反动的政体,其本质就是腐化和独裁,不仅因为它用暴力进行统治,剥夺人民的自由,还因为它本身是愚蠢的政体。他继承和发展了洛克提出的分权学说,提出了具有划时代意义的三权分立的理论。他把国家的权力科学地划分为立法、司法和行政三种权力,同时还明确划分了这三种权力的范围,以求权力之间的相互制约。他特别指出三权必须分授予不同的人或团体,独立行使,才能最有效地保证权力的制衡作用,保障和促进自由。孟德斯鸠被认为是西方分权制衡学说的完善者。孟德斯鸠的政治学思想应该说代表了处于不断上升的资产阶级的利益,满足了他们分享权力的要求,其基本原则具有一定的普遍性。正因如此,他的思想影响巨大,为美国独立战争时期和法国大革命时期的革命家所接受,并直接反映在美国的《独立宣言》和法国 1789 年的《人权宣言》中。不仅如此,他提出的三权分立理论至今仍是西方社会国家政治制度的基石。

启蒙运动在欧洲其他国家

英国和法国的启蒙运动因其具有的巨大思想影响力很快跨越国界,直接影响和推动了启蒙运动在欧洲其他国家如意大利、俄国、德国等国,以及美国[①]的开展。尽管这些国家的政治和社会条件常常决定了启蒙运动在那里的最终发展方向和涉及领域,但启蒙运动所具有的基本思想还是得到了传播。

在意大利

自从新大陆被发现,以及世界商业中心由地中海转移到大西洋以来,意大利在经济方面日益衰败,加之其各城邦相互倾轧,意大利成为邻国蹂躏的对象。启蒙运动时期,它的不少公国在西班牙和奥地利的统治之下,罗马教廷与外来势力勾结对人民实行严格的思想控制,只要稍有违规,就要受到迫害。在法国启蒙思想的影响下,意大利人展开了反对外国封建势力统治、争取民族统一和反对教廷的伟大斗争。在这场斗争中,一批具有启蒙思想的思想家出现,其代表人物是维柯。

维柯(Giambattista Vico,1668—1744)是一个虔诚的天主教徒,同时又是一个卓越的自由思想者。他的启蒙思想是在笛卡尔的理性主义和培根经验主义哲学共

---

① 启蒙运动在美国的开展,我们将在论及美国独立战争时叙述。

同影响下发展起来的。维柯的思想主要反映在其代表作《新科学》中。该著作的全名是《关于各民族的共同性的新科学的一些原则》,是一部社会学研究论著,探求的是人类如何从野蛮的动物状态逐渐发展成为过着社会生活的文明人的问题。维柯思想的基本出发点是共同人性论,他认为不同民族尽管起源和发展道路不同,在社会发展上却具有某些基本一致的规律可循。他在对人类文明进程研究中提出了平民与贵族的斗争是社会步入人的时代和文明社会的动力,成为第一个提出阶级斗争学说的人。

维柯提出了"真理即事实"的观点,并以此阐述他的思想。他认为总结真理的是哲学,提供事实根据的是语言学,所以要发现历史发展的规律就必须有理性(笛卡尔的理性主义)与经验(培根经验主义)的结合、哲学与语言学的结合。《新科学》所用的方法就是根据语言学(即文字资料)所提供的史料,通过哲学批判,来探究人类社会发展的过程。维柯把他的研究对象称之为"新科学"。他不但开创了社会科学,也开创了和社会科学密切相关的近代社会学、人类学、语言学,乃至文艺心理学。《新科学》是那个时代的里程碑式著作,维柯本人被视为意大利理性先驱,影响欧洲思想界的重要人物。

在俄国

启蒙运动对俄国的影响主要表现在近代俄国的"欧化"努力方面。彼得大帝(Peter I the Great,1672—1725)是促使启蒙运动在俄国开展的重要人物。在彼得大帝登基(1689年)之前,俄国由于长期遭受鞑靼人和其他外族的侵略,以及其地理位置的偏隅,与西欧文明很少有接触,社会闭塞,经济文化落后。年轻时代的彼得大帝为西欧文明所吸引,曾微服化名在西欧进行广泛考察和游历,所见所闻使其感到学习欧洲先进文化对于俄罗斯的发展是至关重要的。因此,他在俄国建立了专制统治的同时,决心把西欧文化和风尚(主要是法国的文化)引进俄国。他按照西欧强国的方式建设军队,统一了国家的版图,在向西扩张的过程中从瑞典人手中

彼得大帝像

夺取俄国在波罗的海的出海口，打开了一扇通往西欧的大门。他的这一举动在向欧洲表明强大而独立的俄罗斯存在的同时，为汲取西欧文明开辟了交流通道。在位期间，他还不断研究西欧经验，提倡科学，强制推行改革，移风易俗，简化文字，创办各种世俗学校，出版报纸，积极鼓励翻译介绍西欧书籍，引进人才，建立和发展俄国工业，设立俄罗斯科学院，迁都至圣彼得堡，并按照西方模式建造俄国的新都和著名夏宫——彼得戈夫宫，将西欧艺术引进俄国，使得欧洲文化在俄国社会生活中产生影响。彼得大帝所开创的事业在后来的叶卡捷琳娜二世（Catherine II the Great, 1729—1796）手中得到继续。这位被称为"叶卡捷琳娜女皇"的俄国国君尽管统治手段暴戾，却对有启蒙色彩的新思想很感兴趣，曾经把著名启蒙运动思想家伏尔泰等人请到俄国进行咨询。为此，她在俄国推行世俗教育的新体制，想方设法提高俄国的工业化水平，提倡发展科学，保护文学创作活动，为一种独特的俄罗斯民族文化的开创奠定了基础。俄国的启蒙运动对俄国在19世纪的发展起到了重大推动作用。

在德国

德国的启蒙运动是在法国和英国启蒙运动的影响下开展的。由于德国当时还是个政治分散、经济不景气的国家，科学欠发达，资本主义发展缓慢，封建贵族势力强大，教会特权依旧，这一切显然对启蒙运动的开展领域和发展方向产生了影响，因此，当启蒙运动在德国开展后，启蒙思想家的政治观点不像法国和英国启蒙思想家的观点那样具有直截了当的世俗化倾向，或具有科学的色彩，事实上，运动的主要目标既不在政治方面，也不在民主方面，而是在哲学和美学方面，特别是在艺术哲学的抽象思维方面。这使得德国的启蒙运动集中在保持对古典形而上学中宗教含义的兴趣上，并以关注艺术哲学作为运动发展的主要标志。启蒙运动在德国经历的时期大体为18世纪初至70年代末。

德国的哲学传统形成于17世纪后半叶，在这方面最早作出贡献的有前启蒙哲学家莱布尼茨、托马修斯和沃尔夫等。莱布尼茨（Gottfried Wilhelm Leibnitz, 1646—1716）是德国早期启蒙思想家的杰出代表和博学多才的学者，在德国18世纪初知识界占有主导地位。他的"单子论"成为其唯理论的形而上学体系的基础。他继承笛卡尔的理性主义学说，创造了调和哲学。莱布尼茨继承了欧洲的人文主义和巴洛克思想，并将这些思想的精神引入启蒙时代。他的出现引起了德国人研究哲学的热情与兴趣。莱布尼茨还是一位对中国文化表现出极大兴趣的德国学者，他根据中国《易经》思想创立的"二进位制"奠定了控制论和计算机原理的基础。

托马修斯(Christian Thomasius,1655—1728)是一位倡导理性,反对偏执思维的哲学家。他认为哲学应摆脱经院哲学的束缚,并从亚里士多德的重压下解放出来。在大学课堂上,他用德语代替当时流行的拉丁语,充分显示了他的民族意识。在政治上,他反对君权神授的观念,拥护天赋人权的思想。沃尔夫(Christian von Wolff,1679—1754)在认识论上继承了莱布尼茨的调和哲学思想。他的《神、世界和人的灵魂的理性思想》一书以理性思想解释形而上学观。他提出用数学和几何方式实证哲学原理的主张是为了以清晰的逻辑演绎概念代替经院哲学的不清晰概念。他对莱布尼茨哲学的阐述实际上是通向康德理性批判的桥梁。

高特舍特(Johann Christoph Gottsched,1700—1766)是德国启蒙运动早期的代表人物。作为莱比锡大学教授,他在戏剧理论和美学理论方面的贡献推动了启蒙运动在德国的开展。在法国文艺评论家波瓦洛的《诗的艺术》影响下,他完成了《批判的诗学》。这是一部论述戏剧理论的著作。他主张戏剧创作应严格遵循法国古典主义确定的三一律的原则,要求文学合乎理性,语言规范,用字典雅。他还提倡重视艺术的教育功能,要求文学创作应以教育人和提高人的道德水准为目的。尽管高特舍特的美学思想提倡的是程式化创作方法,有片面强调理性作用和轻视艺术所必须具有的想象力之嫌,在德国思想界引起了广泛的争论,却造成了德国美学和哲学思想的活跃。此外,他的戏剧理论是针对当时德国流行的从内容到形式都极其混乱、情节离奇、低级庸俗的"历史大戏"现象而发,使德国人认识到进行戏剧改革、建设戏剧理论,以及纯洁德国语言的必要性。他作为这一时期德国启蒙运动的一位代表人物是当之无愧的。

德国的启蒙运动在莱辛(Gotthold Ephraim Lessing,1729—1781)出现后达到了高潮。莱辛毕生从事戏剧评论和创作活动。他的论文集《汉堡剧评》是针对德国当时的社会现实和戏剧界的状况而发表的一系列评论。他强烈反对传播建立在封建专制思想意识上的法国古典主义戏剧,主张师法莎士比亚,因为莎士比亚的戏剧反映了丰富多彩的生活,具有人文主义浪漫思想。他要求戏剧忠实地反映现实生活,认为市民的命运比帝王贵族的命运更加激动人心,更容易触动人们的灵魂,引起人们的同情,因此,他提出了建立"民族戏剧"(即市民悲剧)的主张,提倡写市民的生活,反映市民的情感和愿望。他的这一思想体现了启蒙运动的人道主义思想,为建立市民剧奠定了理论基础。莱辛的戏剧创作是他戏剧理论的实践,他的《萨拉·萨姆逊小姐》是德国的第一部市民悲剧。《爱米丽雅·迦洛蒂》是莱辛的代表作,具有强烈的反封建色彩。诗剧《智者纳单》大力提倡宗教宽容精神,具有反封建、反宗教偏见的启蒙思想。

此外,莱辛还在美学理论方面作出了重要贡献。他的美学专著《拉奥孔》是西方美学史上的一部极其重要的论著,作者在书中通过雕刻和诗的比较论证了诗与造型艺术的区别,提出了诗和造型艺术的基本原则。

康德(Immanuel Kant,1724—1804)是德国启蒙运动中涌现出的最伟大的思想家,德国古典哲学的开创人。康德所处的年代正好是德国启蒙运动的高潮时期,但他的一生主要是在书斋中伴随玄想度过的。康德早期主要研究自然哲学,提出了著名的宇宙形成的原始星云假说,突破了牛顿关于太阳系永恒不变的机械论自然观。1770年后,他主要研究认识哲学。他的研究对象是主观意识而不是客观存在,是对人对现实世界的认识功能和实践功能的研究。他涉及的研究领域主要是哲学、伦理学和美学三方面,建立起了自己的批判哲学体系。他的《纯粹理性批判》是一部论述形而上哲学的书,专门研究知识的功能,推论人类知识在什么条件下才是可能的。他宣称在认识中不是心灵去符合事物,而是事物要符合心灵。《实践理性批判》是论述伦理学的著作,专门研究意志的功能,研究人凭什么最高原则去指导道德行为。《判断力批判》是一本研究美学的书,专门探讨情感的功能,寻求人在什么条件下才感觉事物美和完善。

康德认为人在日常活动中可以通过知觉和理性的协同作用获得足够的真理,因此,他坚称人应该用自己的求知能力来了解自然,进而改造自然。在这一意义上,我们可以说康德的哲学保留了文艺复兴和启蒙运动以来西方哲学所提倡的以人为中心的特点。

犹太人的启蒙运动

启蒙运动还对生活在欧洲社会的犹太人产生了重要影响。众所周知,自第二圣殿被毁以来,就有越来越多的犹太人生活在欧洲,大批犹太人在欧洲生活标志着犹太人由亚洲人向欧洲人的转变,然而中世纪末以来,由于欧洲非犹太人社会对犹太人的歧视和迫害,使得犹太人不得不生活在与世隔绝的"隔都"中。因此,文艺复兴的人文主义思想基本没有对犹太人的宗教和生活造成冲击和产生影响,以《塔木德》为准则的犹太人传统生活方式是犹太"隔都"生活的主旋律。相对于经过文艺复兴和宗教改革运动洗礼的欧洲社会,犹太人仿佛生活在停滞的中世纪。最为不幸的是,在"隔都"中,犹太人不仅与非犹太人社会截然分开,失去了与外部世界接触的机会,而且更重要的是无法获得思想上的激励,生活退到一种蒙昧状态,致使欧洲社会在文艺复兴运动以来的200年至300年中所取得的成就和进步都与犹太人的生活擦肩而过。

在启蒙思想,特别是德国启蒙运动的影响下,生活在德国的犹太人首先作出反应,开始了犹太人自己的启蒙运动——哈斯卡拉。在这场运动中,一个名叫门德尔松(Moses Mendelssohn,1729—1786)的犹太人起到了先驱者的作用。门德尔松出生于德国一个贫困的犹太人家庭,受到传统的犹太教育,14岁随其老师来到柏林。在柏林启蒙运动文化氛围影响下,门德尔松很快成为一个追求理性的人。他以启蒙思想为武器,大胆否定传统犹太教中的蒙昧主义成分,以理性主义及自然神论重新解释犹太教。他认为除了超自然的鼓舞外,理性能够揭示上帝和灵魂不朽的实在性。他号召犹太人走出与世隔绝的"隔都",勇敢地进入欧洲主流社会,使其生活方式现代化,汲取流行于传统犹太教之外的新知识。门德尔松品行高尚、学识渊博。他关于美学和哲学的论著使其享有"犹太的苏格拉底"之美誉。他与德国著名启蒙思想家、戏剧家莱辛建立起的真诚友谊成为犹太人和非犹太人交往的楷模。莱辛为门德尔松的品行和思想所打动,以门德尔松为原型创作出了著名的剧本《智者纳单》,宣传宗教宽容与共处的启蒙思想。在门德尔松的大力推动下,犹太启蒙运动首先迅速在西欧犹太人中开展,赞扬科学的价值,提倡对传统犹太教育进行改革,犹太人开始逐步掌握现代科学知识,融入文明生活之中。犹太启蒙运动在有力地促进了西欧犹太人的解放和步入现代化进程的同时,还逐渐(19世纪后)在东欧犹太人中造成影响,使那里的犹太人摆脱了与世隔绝的状态,为他们进入现代欧洲社会、吸纳现代文化提供了一种可能,把那里的犹太人从中世纪的生活状态一下子推入了现代文明世界。如果考虑到犹太人在20世纪西方社会所发挥的重要作用,启蒙运动对于犹太民族的重要性也就不言而喻了。

第三节　启蒙文学

　　启蒙运动的开展对于欧洲文学的发展影响特别巨大。在启蒙思想的影响下,17世纪以来在欧洲占据优势的、以"忠君爱国"为内容的古典主义文学开始失去影响力,一种以表现普通人生活和理想为内容的文学生成,成为新时期的文学主流。应该说,启蒙运动和启蒙文学之间的关系是相辅相成、相互促进的。启蒙文学作为启蒙运动最重要的一个组成部分,在继承和发展西方社会自文艺复兴以来人文主义文学传统的同时,具有鲜明的政治性和民主性,对传播启蒙思想,促进启蒙运动的深入开展起到了积极作用。

第十章 启蒙运动：欧洲理性时代的到来

在 英 国

英国是文学意义上"小说"这一文学形式最早出现的国家，这种小说题材的文学作品突破了以往以神话人物或脱离现实的传奇人物为主人公的做法，而是以社会生活为题材，以普通人，特别是中下层人物为故事的主人公。小说以人物形象的塑造为中心，通过完整的故事情节和具体环境的描写生动地表现社会生活的各个方面。这一文学样式的特点是故事的情节和背景完全可信，叙事的方式抛弃了个人色彩。

笛福（Daniel Defoe，1661—1731）是英国启蒙文学的第一人，也是英国文学史上第一个重要的小说家。他出生在一个清教徒家庭，有着广泛的游历经历，在"光荣革命"中积极支持新兴政权，成为革命后资产阶级的代言人。他的名著《鲁滨逊漂流记》通过对一个只身飘流到荒岛，然而却以百折不挠的精神创造出美好生活的独特经历的描写反映了资本主义原始积累时期新兴资产阶级的精神面貌。可以说，笛福以文学的形式弘扬了当时资产阶级所提倡的个人奋斗精神。小说主人公鲁滨孙实际上是作者心目中一个以自己双手创业的资产阶级理想人物。从笛福的作品中，我们可以看到主人公是一个平凡的、非贵族化的人物，他在危机四伏的世界上具有的勇于冒险、富于开拓、积极进取精神，通过自己的不懈努力克服所有艰难险阻成为一个真正的成功"资产者"。他的行动丝毫不受神的干预，完全是发挥个人才智的结果。这显然是启蒙运动所要传达的思想。

斯威夫特（Jonathan Swift，1667—1745）是继笛福之后的另一位启蒙文学家，也是英国启蒙运动中激进民主派的代表。他早期的文章和诗歌充满了对时政进行的辛辣讽刺和抨击，表现了他所具有的激进思想。他撰写的唯一的一部长篇小说《格列佛游记》更是一部讽刺杰作，通过对主人公格列佛在几个不同幻想国——小人国、大人国、飞岛国等——的奇妙经历对当时英国社会和政治制度的所有方面进行抨击和批判。小说由于想象丰富、构思奇特、比喻多样、情节故事引人入胜，在英国乃至欧洲广为流传。

理查生（Samuel Richardson，1689—1761）是英国小说发展史上一位具有重要地位的作家。他的书信体小说《帕米拉》和《克莱丽莎》以女子的爱情和婚姻为主题，反映普通民众生活的一个方面。作品内容贴近生活，结构完整，语言通俗。理查生创作小说的手法在英国和欧洲小说发展史上具有重要地位。他摆脱了以主人公多种见闻为主线的写法，而是以日常生活为内容，集中对一件事进行叙述，并注重描写和分析人物的情感和心理。

菲尔丁（Henry Fielding，1707—1754）是 18 世纪英国一位最杰出的小说家。

《汤姆·琼斯》是他的代表作。小说通过弃儿汤姆·琼斯与乡绅女儿争取婚姻自由的故事,描绘了18世纪英国社会生活的全景。在这部作品中,作者使用了一种"全能全知"的叙述方式,让"无所不在的叙述者"置身于故事之外,因而对故事的前因后果有全面的了解。作品结构精巧,内容丰富,人物刻画生动,反映的生活面广且完整,被认为是英国18世纪启蒙文学时期的一部杰作,在小说发展史上具有划时代意义。

在 法 国

法国的主要启蒙思想家均同时是文学家。孟德斯鸠、伏尔泰、卢梭、狄德罗等是法国启蒙文学的主将。

孟德斯鸠作为启蒙运动的先驱,在文学创作方面的成就集中反映在他的书信体小说《波斯人信札》上。小说以路易十四和奥尔良公爵摄政时期两个旅法的波斯青年与家人通信的形式评述当时的法国社会。这是一部揭露性和讽刺性极强的作品。孟德斯鸠在作品中通过异国人的眼光和与波斯文化的比较全面揭露了法国封建王朝的黑暗丑恶和上流社会的荒淫无耻,大胆否定了上帝和教皇的权威。尽管《波斯人信札》没有完整的情节和对人物性格的刻画,但是作为法国启蒙文学的第一部重要作品,其包含的哲理思想影响深远并具有开拓意义。

伏尔泰可以说是法国启蒙文学泰斗。他一生著述宏富,各种题材的作品均有所涉及,尤以诗歌和悲剧数量居多。他文笔犀利、幽默并充满批判精神,体现了法兰西民族性格的特点。以笔名伏尔泰发表的悲剧《俄狄浦斯王》使其一举成名,从此,伏尔泰便成为他的使用名。他先后创作了50余部剧本。他的剧作在形式上是古典主义的,内容却贯穿着启蒙思想。在剧本中,他不是抨击专制主义,就是揭露宗教的偏见和危害,把戏剧作为宣传武器。《布鲁图斯》《扎伊尔》《穆罕默德》是其中的优秀代表。《中国孤儿》是他根据元杂剧《赵氏孤儿》改写的,他把故事的背景挪到成吉思汗时代,反映中华民族智慧和德行的伟大感召力。

在伏尔泰的文学创作中,最有价值的是哲理小说。这是他开创的一种新题材,用戏谑的笔调讲述荒诞不经的故事,但荒诞中隐藏着严肃的思想和深刻的哲理,具有抨击旧秩序和旧制度的力量。《老实人》是其中最杰出的一部。主人公"老实人"是个心地善良、头脑简单的青年,在"哲学家"邦葛罗斯"一切皆善"思想影响下,盲目认为这个世界上一切皆十全十美,然而他和意中人及邦葛罗斯的种种倒霉经历和无妄之灾恰恰证明这个世界不仅并非完善,而且充满了灾祸。老实人在吃过种种苦头之后终于认识到邦葛罗斯所宣扬的"一切皆善"思想和对到处是"莺歌燕舞"

的描述实际上"是吃苦的时候一口咬定百事顺利"的自欺欺人的思想,是一种骗人骗己的蒙骗术。小说以此抨击法国社会存在的维护当时已经摇摇欲坠的封建专制制度的思想。

卢梭作为一名著名的激进启蒙思想家,他的思想不仅表达在政治和哲学论文中,也表达在优美的文学作品中。他的文学作品可以说是其启蒙思想的补充和具体阐述。《新爱洛绮丝》《爱弥儿》《忏悔录》等作品代表了他在文学上的主要成就。在《爱弥儿》中,卢梭通过讲述对贵族出身的爱弥儿的教育故事提出教育要顺乎天性,让人的本性免受社会偏见和恶习的影响而得到自然发展的思想。他让爱弥儿远离城市生活在乡村,以培养爱弥儿的朴实作风;他教育爱弥儿崇尚理性,学会独立思考;他要求爱弥儿爱劳动和学习劳动技能,成为一个能够自食其力的人。卢梭在书中提出的教育思想对于当时的封建教育和宗教偏见是强有力的批判,因此受到教会的憎恨,不仅作品被定为禁书,遭到焚毁,作者本人亦受到迫害,不得不流亡国外。

《忏悔录》是自传体作品,是作者在流亡中写就的,描写了作者 50 余年的生活经历,反映了卢梭,这个平民知识分子的人生观。作品以坦率的情感进行了自我解剖,"按本来的面目把自己表现出来",但他的"忏悔"具有强烈的对社会的"控诉"色彩。他这个"本性善良"和受到"历史人物崇高思想"影响的人,由于社会环境的污浊,人与人之间不平等的关系,以及"强权即公理"强盗逻辑的存在,使他受到浸染和损害。在这里,封建专制社会对人的迫害和腐蚀受到最有力的控诉。他的这部作品亦被视为一部维护"人权"的宣言书。

狄德罗作为文学家的地位主要表现在他的小说创作上,《修女》《拉摩的侄儿》以及《定命论者雅克和他的主人》代表他的文学成就。其中《拉摩的侄儿》最享有盛名,被认为是一部无与伦比和具有辩证思想的作品。小说通过作者与拉摩的侄儿的对话塑造了一个性格复杂而矛盾的人物。小说的主人公知识丰富,才华出众,然而不道德的社会却使其变成了玩世不恭、寡廉鲜耻的人。主人公的复杂性在于,他并非没有认识到自己生活方式的卑鄙,也不认为自己的生活是合理、正当的,他之所以玩世不恭、寡廉鲜耻是因为这个社会本身是不道德的,要生存下去,他只能与社会同流合污。作品以真实地刻画和辛辣地评论揭示了封建制度下人与人、人与社会关系的残酷和"互相吞噬"的现象,具有催人醒悟的力量。狄德罗的创作与法国其他启蒙文学作品类似,都具有宣传启蒙思想的作用,尽管如此,狄德罗的小说在真实反映社会现实、刻画人物形象、细节描写方面具有自己的特色。他的作品更加接近现实生活,描写更为细腻,这与他所具有的美学思想有很大的关系。

博马舍(Pierre, Augustin Caron de Beaumarchais, 1732—1799)是法国启蒙文学的另一著名剧作家。他受到启蒙思想的影响,自称是伏尔泰和狄德罗的学生,以喜剧创作著称。他曾无视政府的禁令,出版了法国的第一部伏尔泰全集。《塞维尔的理发师》和《费加罗的婚礼》是姐妹篇,也是博马舍的代表作。在《塞维尔的理发师》中,作者塑造了一个机智、干练的小人物——理发师费加罗。费加罗机智地帮助少女摆脱监护人的束缚,成全了她与伯爵的爱情婚姻。《费加罗的婚礼》继续费加罗的故事。《塞维尔的理发师》中的伯爵企图秘密恢复他宣布放弃的对农奴新娘的初夜权,破坏费加罗的婚姻。尽管费加罗是个位卑的仆人,但以无畏的勇气和智慧战胜了伯爵,获得与自己心上人的"狂欢夜"。博马舍的戏剧在揭示法国封建专制的罪恶的同时,展现人民的反抗精神,为即将来临的法国大革命呐喊。在这一意义上,拿破仑把博马舍的戏剧看成是正在行动中的革命。

在 德 国

启蒙运动在德国不仅结出哲学硕果,而且催放出文学之花。启蒙思想家莱辛同时也是德国启蒙文学的主要代表人物和德国民族文学的奠基人。不过,启蒙文学在德国更多地表现在"狂飙突进运动"方面,以赫尔德、克林格尔等一批青年理论家和诗人从民族历史中寻找创作题材,发扬民族风格,歌颂民族精神。狂飙突进运动反映了德国知识分子和资产阶级在启蒙运动思想影响下要求摆脱封建束缚,实现个性解放的强烈愿望。它歌颂自然、反对专制、追求自由、崇尚感情、反对复古,具有狂热的个人主义反抗情绪,使德国文学进入繁荣时期。狂飙突进运动成就主要在诗歌理论、戏剧和小说方面,其代表人物是赫尔德、歌德[①]和席勒等。

赫尔德(Johann Gottfried Herder, 1744—1803)是狂飙突进运动的理论家,在莱辛倡导的民族文学精神影响下步入文坛。他对德意志民族语言、文学的研究使他成为推动德意志民族文学发展的重要人物。他论述语言、文学、民歌方面的理论成为狂飙突进文学运动反对封建专制的有力武器。

席勒(Johann Christoph Friedrich von Schiller, 1759—1805)是享誉世界的德国伟大诗人和剧作家,尽管他在狂飙突进运动后期出现在德国文坛,但其成就和影响巨大。《强盗》和《阴谋与爱情》是享有盛名的两部剧作。《强盗》描写的是一个侠义青年因不甘封建社会对他的羞辱,痛恨贵族家庭对他的猜疑,加入了盗寇团伙,杀富济贫,替天行道的故事。反抗暴君是剧作向人们传达的信息,如果联系作者在

---

① 歌德的贡献和成就将留待论述 19 世纪德国时重点介绍,这里从略。

剧本的扉页上写下的"药不治者,铁治之;铁不治者,火治之"的词句,显然作者已经把斗争的矛头指向统治者。该剧本一经上演便造成巨大轰动,席勒亦一举成名。《阴谋与爱情》对腐朽黑暗的封建主义的抨击更为深刻。该剧讲述的是一贵族青年与一平民女子相爱,却遭到担任首相的父亲的反对,最后这一对男女终因门不当户不对,死于父亲及其帮凶秘书设下的阴谋之中的故事。青年男子尽管在新思想的影响下蔑视封建等级观念并具有叛逆精神,却无法摆脱阶级偏见,成为阴谋的牺牲品。全剧情节紧凑、感人,人物刻画典型,是一部反封建专制的作品,包含了启蒙运动所要宣扬的思想,为狂飙突进运动所颂扬的叛逆精神增添了光彩。

在 俄 国

俄国文学在这期间走出了古代的阴影,向着新内容和新形式过渡。在法国古典主义的影响下,俄国文坛出现了第一批真正意义上的作家。他们在遵循古典主义创作原则的同时,力图开创自己的文学风格。这些作家大都从民族历史和生活中汲取创作题材,注重文学语言的提炼和文学的社会功能,强调爱国思想和科学文化的启迪作用。涌现出的有影响作家包括康捷米尔、罗蒙诺索夫、苏马罗科夫等人。而罗蒙诺索夫(Mikhail Vasilyevich Lomonosov,1711—1765)是这一时期俄国的最重要文学家。罗蒙诺索夫出生在农民家庭,青年时代努力求学,进入圣彼得堡学院学习,后被派送德国学习自然科学,成为俄国科学界的著名科学家。回国后,在进行科学活动的同时,从事语言研究和文学创作活动,并成为莫斯科大学的创办人。他的文学创作成就主要在诗歌方面,颂扬英雄、表达爱国情怀是其诗歌的主色调。《伊丽莎白女皇登基颂》表达了他希望国家富强的愿望。他的文学创作为俄国诗歌开创了新的表现形式和韵律。

18世纪后期,冯维辛、拉吉舍夫等人为俄国文学的发展作出了积极贡献。冯维辛(Denis Ivanovich Fonvizin,1745—1792)是著名的剧作家。在启蒙思想影响下,他以文学方式抨击社会的黑暗和弊端,成为俄国讽刺文学的代表。其代表作《纨绔少年》是一部讽刺喜剧,通过对一个贵族家庭的无知和愚昧的描写抨击了俄国实行的农奴制的黑暗以及希望俄国走上理性和德行的启蒙之路的愿望。拉吉舍夫(Aleksandra Nikolayevich Radishchev,1749—1802)是18世纪俄国具有民主主义的思想家和文学家。尽管他出生在贵族家庭,但青年时代受到卢梭等启蒙思想家影响,对沙皇的专制主义持批评态度,坚决站在人民一边。他发表了一系列政论文章和哲学著作,其《从彼得堡到莫斯科旅行记》代表和反映了他的启蒙思想。作品以假想的旅行为线索,描写了俄国社会的黑暗、贵族的残忍、人民的不幸,揭露了专制主义和封建农奴制的罪恶,把批判的矛头直指沙皇统治者。作者因此在作品出版后即遭到迫害。

启蒙文学在俄国的出现在思想和艺术上为19世纪俄国文学的繁荣奠定了基础。

第四节 启蒙运动的遗产

启蒙运动表现出的独特性也许是近代西方文明史上仅有的。它是一场纯粹思辨性的运动。运动所包含的一切主张、观念、思想、理念、价值观都是通过文字的阐述表达的,所有的批判都是用文字、以说理和思辨的方式进行的,不存在强迫和压服,与暴力和强权没有任何牵连。

启蒙运动在心灵的自由探索方面所具有的广度和深度亦是前所未有的。在这以前,自由探索只在有限的领域内展开,涉及的问题有时是宗教,有时是政体,有时是文艺,从未涉及一切事物。在启蒙运动时期,情况不再相同,自由探索涉及各个方面:宗教、政治、哲学、文学、人与社会,精神世界与物质世界,统统成为心灵探索的领域。经过启蒙运动的洗礼,没有任何一个领域是心灵自由探索的禁区,西方知识分子拥有的学术自由不再有任何限制,西方文明在随后的大发展应该说与此是密切相关的。

"思想自由"是启蒙思想家高举的一面旗帜,也是启蒙运动留下的最宝贵遗产之一。启蒙思想家所坚持的思想自由的精神主要表现在:信仰自由和宽容,言论自由与出版自由,以及对思想自由权利的捍卫。

启蒙思想家坚持认为,人有信仰的自由,可以自由选择信仰。伏尔泰对此幽默地说:作为自由人,可以沿着他所喜欢的道路进入天堂。在坚持信仰自由的同时,必须要具有宽容的精神,容忍不同的观点和思想,特别是容忍他人有不同于自己的信仰和思想。宽容不仅是对他人信仰自由的维护,实际上也是自我保护的手段。只有坚持思想宽容,才能保证自己的自由思想不遭受可能的压制。

在启蒙思想家看来,言论自由之意义不在于所说的言论是否正确,而在于是否能够自由地表达自己所想说的话和思想。能够自由表达本身不仅是人类自由的重要表现,也是人的最基本权利之一。出版自由实际上是言论自由的延伸,是言谈自由到文字自由的转换,赞同言论自由就应该赞同出版自由,在此前提下才可能有文化的繁荣和社会的发展。狄德罗对此这样论述道:"人们在问,言论、出版自由对国家有利还是不利,其回答并不难。在所有以自由为基础的国家中,维护这种自由都具有最重要的意义。……它应成为世界性的普通权利,而且显然应当建议所有的政府都实施这一自由。"①

启蒙思想家不仅阐述思想自由的意义,而且坚持对思想自由权利的捍卫。他们认为人人都应有自由思想的权利,一个生而自由的人是没有权利强迫另一个同样的人像他一样思维的。伏尔泰所说的"我不同意你说的每一个字,但是我愿意誓死保卫你说话的权利"不仅是言论自由主张的最好表述,还是对思想自由权利的最好捍卫。

启蒙运动的开展导致了一系列有创造性、有价值的新思想和新观点在政治学、哲学、文学、艺术、宗教学、经济学、社会学、教育学等领域的产生。这些新思想和新观点既标志着西方文明达到的新高度,同时又为整个人类文明增添了新内容,为促进人类文明的发展作出了巨大贡献。

当然,18世纪的伟大启蒙思想家没有超出时代的限制,他们的唯物论是不彻底的,他们的社会史观是唯心的。他们过分强调思想理性的作用,把启蒙教化看作改造社会的基本途径。他们认为只要用文化思想运动启发理性、"照亮"头脑,就可以扫除社会一切病根,然后按照理性去安排新的制度就可以带来人类的普遍的幸福生活。而事实表明,这只是一种理想化的思想,理性主义并非是医治百病的良方。

尽管如此,启蒙运动是西方思想和文化的又一次解放运动。对理性思想的高扬使它实现了西方思想和文化向现代的转换,在西方思想和文化发展史上产生重要影响。西方学者历来对它给予高度的评价:"除了人文主义可能是例外,任何运动都没有像启蒙运动那样强有力地驱散了笼罩着西方世界的迷信和不合常理的束缚人们的浓雾。启蒙运动的唯理论对粉碎政治暴政的枷锁和削弱那些丧尽天良的教士的特权起了促进作用。它的宗教自由思想在最终使教会和国家分离方面起着主要作用。反抗压迫所体现的人道思想被用来鼓吹刑法改革和废除奴隶制。对社会自然秩序的要求加强了人们推翻封建主义残余的要求。"②

启蒙运动的成功标志着现代主义精神的形成及现代思想的确立,经历了启蒙运动洗礼的欧洲实际上已经步入了现代社会。经历了启蒙运动的西方文明再也不同于从前。首先,占主宰地位的专制主义政治制度陷入了守势,遭到来自四面八方的谴责,要求废除王权,建立民主政体,还政于民成为西方社会政体的主流。其次,启蒙运动造就了西方社会的中产阶级,一种能够推动社会变革的强有力的社会力

---

① 狄德罗主编:《丹尼·狄德罗的〈百科全书〉》,梁从诫译,辽宁人民出版社,1992年,第298、299页。
② 拉尔夫等:《世界文明史》(下卷),赵丰等译,商务印书馆,1999年,第300、301页。

量。从某种意义上说,启蒙运动反映的是他们的要求。中产阶级的出现还为流行文化的形成铺平了道路。一个现代的、今天人们认识的西方开始出现了。

当然,对于西方文明而言,启蒙运动最直接、最伟大的功绩应该是为1789年的法国大革命的到来创造了条件。

第十一章

将西方送入现代的革命

启蒙运动提出和宣扬的自由和平等思想对西方社会的影响虽然在一开始是以温和渐进的方式集中在思想领域，但应该看到这些思想对社会影响的程度是巨大且深刻的，特别是其中关于政治体制的论述，使人们开始对政治和政治权力的看法发生了根本性的变化。要求在政治上和经济上自由和平等将成为随后西方人民斗争的动力和目标。

从英法《巴黎条约》(1763年)的签订到"滑铁卢战役"(1815年)的50年左右时间内，西方社会进入了一个可以被称为革命的年代，政治领域的美国革命和法国大革命，以及生产领域的工业革命先后发生。这三场被后人称为"革命"的革命把西方直接送入了现代社会。这三场革命对西方社会造成的震撼是前所未有的：西方的政治体制发生了重大变化，欧洲的君主和极权统治纷纷倒台，失去了对国家权力的把持，共和体制(或君主立宪)开始得到确立，旧的社会形态被扫除，人们的社会生活发生了根本性的变化。经过这三场革命，政治上的自由和经济上的自由在某种程度上可以说在西方社会(起码对于资产阶级而言)已经得到了实现。到了1830年前后，在这三场革命的影响下，一个具有极大进取精神和不断发展的西方社会(此时已经包括欧洲在新大陆的前殖民地——美国)出现在了人类舞台上。西方开始以一种前所未有的方式和速度发展和变化着，终于成就了人们所熟悉的今日之西方。

第一节　美国革命

发生在18世纪后期的美国革命是这三场革命中最早在政治领域造成巨大影响的革命。由于它主要是一场政治革命，因此，对西方的政治产生较大影响。其直接结果是使英国在北美建立的13个殖民地一举摆脱了殖民统治而获得了独立，并且以民选的方式建立起了自公元前5世纪雅典民主政体以来西方社会出现的第一个民主共和体制的国家。

背　景

美国革命的发生既有偶然性也有必然性。偶然性指的是一系列导致革命发生的那些具体事件；必然性指的是北美社会发展之使然。美国所在的北美新大陆首先是作为欧洲人的海外殖民地发展起来的。尽管土著印第安人在欧洲人抵达以前已经在那里生活了数千年，但城市文明一直没有建立起来，部落群体各自生活，没有统一的社会和政体。欧洲移民的到来改变了那里的一切。他们把现成的文明样式带到新大陆，建立起了在文化上认同欧洲的殖民社会。不过，由于新大陆的发展是一个无计划又无预见性的过程，长期以来欧洲的宗主国一直把新大陆当作远征的机构和国库的财源，而不重视对社会的管理，北美成了一个自由发展的社会。作为一个新出现的社会，它本身没有多少传统需要人们遵循，广袤的地域，分散的生活使在新世界生活的人养成了独立和按自己的方式行事的习惯。此外，由于不存在类似欧洲大一统和强有力的教会，个人在宗教问题上的自由被认为是天经地义。人们除了享有较多的自由和平等外，民主的意识也较为强烈，例如，殖民地的议会具有更多的民主色彩，人们享有的选举权比英国人享有的要广泛得多，而且实际参选的人数也多。总而言之，殖民地的经历逐渐培养出了一个自认为有别于宗主国人民的群体——北美人。这样的人群获得独立并建立属于自己的国家应该说是迟早要发生的事。

尽管欧洲一些列强如西班牙、法国等在北美洲先后均建有殖民地，但英国由于其实力和来自英国的"清教徒"的人数居多成为北美洲最主要的宗主国。到1700年，英国在北美建立的殖民地已达12个，总人口40万左右。1733年，英国在北美的最后一个殖民地——佐治亚建立。经过一系列的战争和争夺，特别是对法"七年战争"的胜利，到18世纪70年代初，北美的三分之二土地落入英国人之手。英国成为北美洲的实际统治者。因此,后来发生的革命主要是在英国和北美殖民地之间进行。

英国对北美的治理是典型的宗主国对殖民地的统治,暴虐且无视殖民地人民的政治权利和经济利益。从17世纪末以来英国议会就曾先后通过一系列海运法案,对殖民地的海运贸易进行控制和限制,规定殖民地与他国的贸易运输必须经宗主国中转,许多重要产品如烟草、棉花、糖、毛皮等只能出口至英国或英国的其他殖民地,而进口必须通过英国进行。此外,这些法案还规定所有涉及贸易海运的争端都由英王指定的海事法官单独审理,不组织陪审团参与,并剥夺了殖民地在这类争端中的发言权。这使得殖民地在经济上处于不利和受宗主国剥削的地位。在政治上,英国政府委派的总督常常与地方选举出的殖民地议会发生冲突,干涉地方事务。到18世纪中期,殖民地对宗主国的不满情绪开始不断增长。

起　因

殖民地对宗主国英国不满情绪的加剧是在1763年后。当时,英国虽然在与法国进行的"七年战争"中获得胜利,但战争开支浩大,国库空虚,为了减轻战争给英国经济造成的负担,英国政府试图通过一系列税法向殖民地征税。1764年和1765年旨在向殖民地征税的"食糖法""印花税法"在英国议会通过。其中"印花税法"规定对所有印刷品,如报纸、法律证件、书籍等征收印花税。这在殖民地是闻所未闻的一种税收法,自然遭到殖民地人士的强烈反对。显然,在税收问题上,殖民地与宗主国之间的矛盾开始尖锐化。为此,9个殖民地的代表聚集在纽约开会,向英国国王发出请愿书,要求取消不合理的税收。这是一次不同寻常的集会,是不同殖民地人们为了共同的利益,第一次组织起来采取共同行动的政治举动。殖民地的抗议使得"印花税"在1766年被迫取消,但殖民地人民的愤怒情绪却并没有因此而消失,不仅如此,殖民地对英国政府在殖民地统治的合法性一事上提出了质疑。人们开始提出宗主国政府在什么程度上可以扩大其在殖民地的权力,宗主国是否有权限制殖民地议会的权威和议会代表权利等方面的问题。不少人认为有权征税的只能是由他们自己选出的代表组成的殖民地诸议会,而绝不是没有他们代表参加的英国议会。换言之,这些问题实际上提出了政治方面的问题:谁应该代表殖民地?谁有权为在距离英国万里之遥的北美洲生活的人制定法律?纳税(经济义务)与政治权利在这里被联系到了一起。这显然是受到启蒙运动思想影响的一种表现。尽管当时受此类问题困扰的多数美国人希望的主要是获得更多的自由,而不是独立,因此主张寻找一种妥协,但一些激进人士还是喊出了反对英国统治的"收税而不给予代表权就是暴政"政治口号。当时美国政治人士约翰·亚当斯曾用这样的波士顿茶党为了反对英国在茶叶贸易上的垄断，派人强行登上东印度公司的商船，将成吨茶叶抛入海中。这一行动导致了美国独立战争的爆发

话——"大不列颠议会对殖民地征税的权力并不比法国议会的多"——否定英国议会对殖民地进行征税的权力。毫无疑问，殖民地希望在政治上摆脱宗主国的情绪开始逐渐扩大。

废除印花税的英国议会随后又通过了"汤森法案"，对从殖民地进口的玻璃、纸张、茶叶等征税，此举遭到殖民地的更大反对，殖民地出现了一系列抵制英国商品的运动。殖民地与宗主国之间的政治关系开始紧张起来。"汤森法案"虽然在1770年因殖民地的反对被废除，但茶叶税并没有被废除。此外，英国政府为了帮助英国"负税大户"东印度公司倾销茶叶，允许其将茶叶从中国直接运往殖民地，由其在殖民地的代理人销售，而不是像以往那样交由在伦敦的中间人，再分销给在殖民地的独立商人。这实际上是使东印度公司占据在茶叶贸易上的垄断地位，把殖民地的商人从这一有利可图的行业排挤在外。殖民地的商人迅速对此作出了反应，终于在1773年酿成波士顿茶党案①。事件发生后，英国政府颁布了一系列被殖民地人士称为"不可容忍的"限制性法令，并开始试图用武力镇压殖民地人民的反抗。英国政府这一极不明智的举动无疑导致在征税问题上与宗主国发生冲突的殖民地人民希望取得更多自由的愿望发展成摆脱宗主国的统治和建立独立国家决心。至此，以革命的方式摆脱英国统治的斗争几乎已难以避免。

召之即来民兵纪念碑，位于麻省康科德国家历史公园内，纪念美国独立战争前和战争期间闻命即可应召进行战斗的殖民地民兵。1775年召之即来的民兵与英军在列克星敦和康科德发生交火，拉开了独立战争的序幕

---

① 1773年，英国议会通过"茶叶法案"，对进入新英格兰港口的茶叶征税，引起波士顿市民的愤慨，同年12月，激进派人士亚当斯率领民众化装成印第安人，登上进入波士顿港的英国商船，将船上的342箱茶叶倾入海中。该事件直接导致英国武力镇压殖民地的反抗。

过 程

1774年9月成立并召开的北美第一届大陆会议是北美殖民地在争取政治独立的道路上的一个重要步骤。12个殖民地(佐治亚没有参加)的56名代表在费城聚会,通过了权利(包括生存、自由、财产、集会和陪审团审判)宣言,反对英国强行征税和向殖民地派驻军队等。

1775年4月英军与殖民地民兵在列克星敦和康科德发生的武装冲突事实上宣告战争已经开始。随着冲突的不断扩大,殖民地人民的反抗也逐步走向公开化。同年5月,由所有13个殖民地的代表参加的北美第二届大陆会议在费城召开,讨论革命问题。参加会议的代表大都是政治活动家、实业家、商人、律师、农场主、投资人、投机商等社会名流,会议任命种植园主出身的乔治·华盛顿为大陆殖民军总司令,以反抗英国对殖民地的武装镇压。

在美国革命过程中,特别是走向建立独立国家的过程中,激进思想家潘恩所具有的启蒙思想影响巨大。潘恩(Thomas Pain,1737—1809)出生在英国,家境贫寒,年轻时从事过种种职业,受

悬挂在费城美国独立大厅中的华盛顿画像

到启蒙思想的影响,政治上持激进观点,1772年因言论不当而失去生计。在富兰克林的建议下,他1774年前往北美。潘恩到达北美后,成为费城出版的《宾夕法尼亚杂志》撰稿人。当时,适逢英国与殖民地的冲突进入高潮,他以笔为武器,积极投入这一斗争。在启蒙运动所宣扬的自由平等思想指导下,他认为殖民地人民反对宗主国的斗争不应仅仅局限在反对征税上,而应争取独立。他把这一思想写进了起名为《常识》①的小册子中。小册子于1776年1月出版,当即在殖民地人民中引起巨大的共鸣,数月内竟售出了数十万册,几乎所有识字的人都读过它或了解其内容。潘恩在这本政论小册子中首先把矛头对准"政府"(当然指的是英国的君主政府)这一概念。他指出:"社会产生于需要,而政府则源自罪恶。……在任何情况下,社会对人们总是有利,而政府,哪怕是最好的政府,也不过是不得已而为之的罪

---

① 有关《常识》的汉语译文请参见《潘恩选集》,马清槐等译,商务印书馆,1981年。

恶,而最坏的政府则是不可容忍的罪恶。"

潘恩画像及其1776年版《常识》小册子封面

在潘恩看来,"政府"是一个与"社会"截然不同的概念,是"由于人善良的道德力量不足以管理世界而不得不存在的一种形式"。因此,政府的职能应当首先是"保证人民的自由和安全"。然而统治殖民地的英国君主政府则是一个罪恶的政府,潘恩对之进行了有力的抨击。而他对英国国王的直接攻击更是极大地影响了殖民地对宗主国的情绪。在继续接受英国人的统治还是走向独立的问题上,他在分析了利害得失后说:"我反对与英国人进行和解,它只有一点好处,即殖民地大陆和大英帝国也许能连为一体。但我重申我的反对意见:独立带给我们的收益绝不仅仅是一点,我们的谷物能从欧洲的市场换回大把大把的钞票,进口的商品要在我们指定的地点交纳关税……"

在对北美的时局发表意见时,他明确提出:"只有公开地和断然地宣布独立,才能很快地解决我们的问题。"

潘恩在《常识》中表达的观点无疑是推动美国独立革命的重要思想武器,不仅在思想和理论上为摆脱宗主国的统治和建立独立的国家奠定了基础,而且为7月爱国党人一致通过的《独立宣言》铺平了道路。战争爆发后,潘恩还发表16份总标题为《美国危机》的传单,发表自己对时局的看法,鼓励民众坚持斗争。其中《美国危机,第一号》在华盛顿及其军队遭受挫折时发表,华盛顿下令向军队官兵宣读此文,极大地鼓舞了为独立而战的士气和斗志。

在潘恩思想的影响下,殖民地要求独立的呼声日益高涨,大陆会议不失时机发表了以下的宣布:"……这些联合起来的殖民地从此成为,而且应该成为自由独立的合众国;它们解除对于大不列颠国王的一切隶属关系,它们与大不列颠国王的一切政治联系亦应完全废止。"

这一宣布表明殖民地的独立斗争迈出了决定性的一步。随着局势的发展,1776年7月2日大陆会议投票赞成独立,7月4日,由杰斐逊起草的《独立宣言》获得会议通过,宣布成立自由和独立的国家——美利坚合众国。《独立宣言》庄严指出:"我们认为下述真理是不言而喻的:人人生而平等。他们都被'造物主'赋予某些不可让渡的权利,其中包括生存权、自由权和追求幸福的权利。为确保此类权利,人民建立了政府,而政府之正当权力乃是经由被治理者之同意而产生的。当任何形式的政府妨碍此种目的之时,人民有权改变或予以废除,有权建立新的政府。"

美国画家特朗布尔绘制的纪念《独立宣言》签署事件。
画中表现签署《独立宣言》时的场景,众多革命领袖在画中得到表现

《独立宣言》的通过和颁布对美国革命的进程产生重要影响,极大地鼓舞了争取独立人民的士气。再也没有任何一份其他美国政治文件能够像《独立宣言》一样能够给美国人民以如此重要的鼓舞。此后,《独立宣言》通过之日——7月4日便成为美国的国庆纪念日。

美国人争取独立的战争持续了漫长而痛苦的7个年头(1775—1781),战争的双方都经历了一系列的胜利和挫折。在这期间,除了生活在北美殖民地成千上万热爱自由的爱国者具有的献身精神和进行一系列艰苦卓绝战斗的坚强意志外,美国人得到了欧洲不少国家的支持,特别是英国宿敌法国、西班牙等国的有力支持。1781年遭受重创的英军将领终于不得不向华盛顿投降,北美战争宣告结束。1783年,英国和北美的代表在巴黎签订了和约,英国最终承认了美国的独立,美国革命取得完全的胜利。

1783年11月25日英国撤离日,
华盛顿率部胜利进入纽约(当时定为美国首都)图

国家的建立

赢得独立的美国并没有马上建立起一个统一强有力的中央政府,在随后的几年曾出现分离倾向,各州(过去的各殖民地)常常按照自己的愿望和法律自行其是,经济和社会都出现了波折和动荡。为了巩固革命成果和维持一个统一的国家,建立一个有原则和权威的国家政权显然成了当务之急。建立一个什么样性质的国家成为美国开国元勋在建国过程中思考的重点。革命党人认为国家必须建立在法律之上,于是制定联邦宪法成为优先考虑的事宜。为此专门成立了宪法委员会。经过启蒙运动思想洗礼,人们已经开始意识到:"一切权力,不论来自智识,还是来自世俗,不论属于政府还是属于人民、哲学家、大臣,不论是为了这种或那种事业,都包含着一个天生的缺陷、弱点和弊病，因而应该加以限制。"①"任何政府的世俗权力机构，都必须监护、控制、平衡君主的权力，否则，这权力立刻就会犯罪，……就会成为欺诈、暴力、越权的体制。"②此外，当时为美国制订根本大法的人士显然是一些了解加尔文的人性恶思想和受到霍布斯的"人性生来自私并难以抗拒诱惑"思想影响的人。作为实业家、商人、律师、农场主、投资人，或投机商，他们透过自己在生意场上、法庭内外、事务所，以及所有涉及金钱和权力场所的经历，深谙登上权力宝座人可能具有的弱点。他们不相信"伟大领袖""清官""青天大老爷"之类的说法。不过，尽管他们对人不信任，但却相信一部好的政治宪法所具有的可以制约人的力量。③ 为此，他们以启蒙思想为武器，确立了为建立一个有限、受制衡政府所必须的一系列基本原则，洛克所阐述的"主权在民"思想和孟德斯鸠完善的"三权分立"的权力制衡原则在他们那里得到了完全地确认和切实地贯彻执行。

出于建立一个统一、有权威国家政权的考虑，将要成立的联邦政府被赋予了一系列治理国家的重要权力，其中包括：制定对内和对外贸易的法律，征税的权力，执行和维护法律的手段。但是根据分权制衡的原则，联邦政府被确定由三个独立的部门共同组成：作为立法机构的国会，作为执法机构的行政部门，以及以最高法院为首的司法部门。这三个相互独立的部门形成了对政府权力的分有和相互制衡作用。此外，联邦中央政府的权力还将受到各个州的权力的牵制和制约，从而确保联邦政府权力不会被滥用。宪法确认：代表国家的总统由选举产生；作为立法机构的国会由参、众两院共同组成，参议院和众议院的议员由不同方式选举产生，其中众议院的议员按人口比例选举产生；行使司法权的法院法官一经任命不受罢免等。此外，当时为国家制订根本大法的人似乎还意识到：在赋予政府权力的同时还必须采取措施切实保障个人权利不受侵犯，特别是不受被赋予了权力的政府侵犯，因为"唯有允许一切权利、利益、意见普遍享有自由，允许这一切力量的自由表现和合法存在，才能把各种力量和权力限制在合理的范围内，防止它侵犯别的权益。"④著名的《人权法案》被草拟了出来，并最终作为宪法的第一修正案。

制订联邦宪法的工作于1787年完成，联邦宪法在1789年生效。根据宪法，美

---

① 基佐：《欧洲文明史》，程洪逵译，商务印书馆，2005年，第232页。
② 亚当斯1765年8月在《波士顿日报》发表的文章中的观点。
③ 关于这一观点可以参阅Richard Hofstadter，*The American Political Tradition*，Vintage Books，1973，Chapter I.
④ 基佐：《欧洲文明史》，程洪逵译，商务印书馆，2005年，第232页。

利坚合众国第一届政府于1789年成立,华盛顿因其在独立战争中的突出贡献和人格魅力当选为第一任美国总统。美国革命终于结出了丰硕的成果,一个建立在民主制基础上的全新国家政权出现在西方世界。

美国革命的遗产

美国革命的意义和影响是巨大的和多方面的。

第一,它是西方近代历史结束时爆发的一场革命,完全可以被视为是17世纪西方社会开始的社会制度方面实验的伟大继续,是英国"光荣革命"确立的议会制原则的进一步发展。"光荣革命"所确立的君主立宪的政治体制在这里已经由共和制所取代,"主权在民"思想所应该包含的自由和民主的内容在这里得到了进一步的扩大和深化。后来在美国人民心中深深扎根的国家为"民有、民享、民治"的思想在此时已经生根。人民在政治上的自由和平等权不再停留在抽象的哲学概念上,而是有了实实在在的内容:选举权和被选举权。更为重要的是,它在胜利后建立起的具有高度稳定性新型国家政体的事实表明:国家是能够建立在人民主权原则之上的,一个由选举产生的总统完全可以代替传统的世袭国王。

第二,美国革命的胜利大大加强了启蒙思想家所宣扬的"革命权利"的思想,即人民有权推翻一个压迫他们的政府,订立新的社会契约,建立新的国家政府。革命后实际建立起来的社会为西方世界树立了一个前所未有的社会平等范例。在这个社会,没有世袭贵族,没有农奴,也没有国家教会,完全是一个新型的社会形态。

第三,美国革命开创了以一部成文宪法作为政府合法性的基础和对政府权力的制衡先例。宪法明确表达美国是一个法治国家,法律高于一切,所有人都要受法律的制约。宪法的制定过程还表明:宪法首先是为"治"政府而订立的,给政府的行为划定范围,为政府的权限划定范围,并保证人民作为国家主体所享有的自然权利。建设一个法治国家应该说是美国革命留给人们的一份极为重要的遗产。在这以后,制订宪法以确定国家政治体制成为欧洲不少民主制国家的基本做法。

第四,革命过程中颁布的《独立宣言》作为美国革命的一份基本文件反映了美国革命的思想理论。其独特性在于它用明晰的语言,简明扼要地阐述了导致美国独立的基本思想,特别是人的自然权利,人民与政府之间的关系,以及政府的职能。《独立宣言》把保护人民拥有的包括"生命、自由和追求幸福"在内的不可剥夺的权利规定为政府基本职能的做法是人类思想史上的一个极其重要思想。因此,《独立宣言》所具有的思想影响是深远的。

此外，美国革命对法国大革命的到来起到了意想不到的催产作用。法国在北美战争中巨大的军费开支使王室的国库急剧空虚，并迅速导致了法国君主政体的覆灭。不少在北美参战的法国军人回到法国后把北美的革命精神带给了法国人民，美国人反抗英国国王的斗争从一个方面鼓舞了法国人民起来反抗自己国王的斗争。法国大革命在美国革命成功后不久（美国第一届政府成立后的6个月内）便继之而来显然证明了这一点。

美国革命是殖民地人民起来反对殖民统治的第一场伟大斗争，从而拉开了世界范围内殖民地独立运动的序幕。它的胜利为受压迫的殖民地人民提供了希望和榜样，无论是19世纪拉丁美洲出现的反对殖民主义的独立斗争，还是20世纪世界范围内更大规模的民族独立斗争都受到美国革命的影响并从美国革命中获得勇气和鼓舞。

当然，对于西方而言，美国的独立和随后的独特发展历程使西方世界多了一个强大的成员，其对西方的重要性和贡献在20世纪得到完全的显现。今日之西方若没有这样一个成员，如果不说将不可避免早已衰落，起码肯定是一个不同的西方。美国革命的意义可见一斑。

《人权法案》

美国革命的另一项极其重要遗产是它所制定的《人权法案》。《人权法案》包含的内容表明该法案是启蒙思想中关于自由和人权思想的具体体现。

《人权法案》是以美国宪法的第一次10条修正案的形式出现。《人权法案》的制定过程本身具有伟大的意义，是民主理想在美国人民中进一步发展的体现。为了防止联邦政府掌握过多的权力和保障个人的自由，美国民主派人士在批准宪法过程中进行了维护个人权利的顽强斗争（主要是通过反联邦人士），开展了一场要求在联邦宪法之外另外加一个人权法案的运动，结果导致了《人权法案》的制订。因此，在这一意义上，《人权法案》应该说是美国人民维护自身和个人权利斗争的伟大成果。

《人权法案》的特点是以明确的语言界定美国人民的基本人权，从各个方面具体保障个人应该享有的自由权利。它于1789年提出，1791年12月15日正式成为美国宪法的一个有机组成部分。

它的内容主要包括：言论和出版自由，宗教信仰自由，抗议政府的和平集会权利，享受正当的法律程序及公正的陪审团的审判权利，不受残忍和不寻常的刑罚的权利,人身和财产不受无理搜查和扣押的权利,以及政府的权力来自人民的基本原则。尽管,其中大部分内容源自英国的习惯法和1689年的《权利法案》,如和平集会权利、享受正当的法律程序及公正的陪审团的审判权利、不受残忍和不寻常的刑罚的权利、人身和财产不受无理搜查和扣押的权利等,其余内容反映了自然法的理论和美国的经历,如言论自由、出版自由、宗教信仰自由等,但是,它是一部以法律的形式确定和保障人的不可剥夺基本权利的法案,具有无可比拟的庄严性。它的制订和颁布不仅是美国革命的重要成果,而且是历史上人民为争取自由权利而进行的斗争中一个里程碑式的成就。它的出现直接影响了日后法国大革命颁布的《人权宣言》的内容。

第二节 法国大革命

如前所说,美国革命胜利后不久,欧洲大国——法国便爆发了一场最终彻底推翻君主政体、建立共和体制的大革命。法国大革命从根本上说是一次法国人民反抗专制政体和贵族政治的起义,同时也是欧洲历史上一场轰轰烈烈、影响深远的革命,是西方社会从近代向现代过渡的转折事件。由于它是一场涉及政治、社会、宗教、经济和文化各个方面的大革命,不仅使法国发生了巨大的变化,而且直接影响着欧洲现代社会的发展进程。大革命之所以在法国发生应该说并非偶然,有着深刻的历史原因。

首先,持续了近一个半世纪的法国封建专制制度在1789年大革命到来之前已经是千疮百孔。实际上,早在路易十四王朝末期,法国因"太阳王"执行的绝对专制统治和不妥协宗教政策而国力下降,绝对专制主义的弊端已表露无遗。若是将18世纪的法国与荷兰、英国、德国等新教国家相比,其重重经济困难更是显而易见。荷兰、英国由于实行的议会制和较为宽松的宗教政策,资本主义经济发展迅速,很快成为欧洲,乃至世界上的强国,这些国家人民的生活和享有的自由更是法国人所无法比拟的。虽然法国在路易十六时期试图进行改革,先后启用了一批改革家,但法国专制主义积重难返,骄横惯了的贵族特权阶层是不会轻而易举让出自己的特权,新兴的资产阶级和城市中产阶级也不愿长期处于无权任人宰割的状态,改革最终导致更加混乱的局面,一场激烈的社会变革显然在所难免。当然,近100年来的科学进步,特别是启蒙运动的巨大影响使得法国社会在思想上为埋葬专制主义作好了准备。此外,美国革命的爆发和成功极大地影响了法国人民,他们目睹了人民革命的力量。在这一情况下,法国大革命的到来和成功也就不可避免。

大革命过程

导致大革命的直接原因是18世纪末法国政府财政状况陷入极大的困境,截至1787年,法国政府尚未还清路易十四时期的战争巨额债务,而新的战争费用,特别是法国打击宿敌英国、援助美国独立战争的费用,使政府财政枯竭。而1787年和1788年的农业歉收更是直接影响民众的生活,城市贫民几乎买不起面包,经济危机成为实实在在的现实。当然法国所面临的经济危机,正如论者所云:"并非是法国的国力已尽,而是因为它无效率而不公正的制度所致。"[①]僧侣和贵族免税的税收制度不仅使全国的重负都压在中、下阶层身上,而且使国家的收入减少。沉湎于舒适放纵生活的路易十六又不愿意进行政府改革或减少开支。面对日益严重的财政危机,路易十六试图让贵族和教会牺牲一部分税收上的特权以帮助政府渡过难关,但这一想法遭到贵族(通过代表其利益的最高法院)的坚决反对,教会也极力维护其固有的财产免税权。在财政上走投无路的路易十六不得不使用1640年英国国王查理一世使用过的方法呼吁召开三级会议,企图以"全民公决"的方法,帮助他应付财政危机,筹集他所需要的款项。

所谓三级会议是法国在16世纪建立起来的形式议会机构,自法国实行专制统治以来从未召开或行使过职权,已经被闲置了175年。它的体制和构成是根据法国旧的封建秩序的社会结构制定的。天主教的僧侣组成第一等级,贵族组成第二等级,社会上的其余人统统属于第三等级。三级与会代表分别由自己所属的等级选出,参加会议,并分别就议案进行表决。

僧侣组成的第一等级代表教会,尽管教会拥有占全国十分之一的土地和巨大财富,但享有财产免税权,传统上不承担赋税义务。贵族组成第二等级是一个特权阶层,不仅被免除大部分税赋,而且还可以获得来自宫廷的礼物、年俸,同时还可以向农民征收庄园税。到了18世纪,在法国2600万人口中,第一等级和第二等级的人数只占4%,是社会的极少数。此外,在这两个等级中真正能够享受各种特权和过上奢侈糜烂生活的是其中的中、上层,不少下层僧侣和普通贵族享受不到什么特权。而这时的第三等级除了商人、手工业者、城市平民和农民等传统成员外,新兴的资产阶级也归入其中[②]。他们是当时法国负有纳税义务的等级,没有任何特权。按照法国以往的传统,三级代表分别开会讨论,每个等级都作为一个单位投票,任

---

① 马文·佩里主编:《西方文明史》,胡万里等译,商务印书馆,1993年,第10页。
② 正因为如此,后来由法国第三等级发动的大革命被视为资产阶级革命。

描绘法国第三等级
（被骑者）受第一、第二等级压迫的漫画

何议案的通过都必须是三分之二的票数。一般总是第一等级和第二等级联合起来，以多数票来压倒第三等级。贵族阶层基于这一传统，积极支持召开三级会议，认为他们完全可以把会议控制在自己手中，不仅如此，他们还打算在会上削弱国王的权力，恢复他们失于路易十四之手的势力。当然，贵族是错误地估计了形势，事实上，会议召开后形势的发展完全超出他们的预料，三级会议的召开实际上是为第三等级的革命开辟了道路。

会议定于1789年5月举行。在这之前，法国的每个城市和村庄都开始推举参加三级会议的代表，并起草陈情书表达各自的愿望。僧侣和贵族直接选举自己的代表，由于启蒙运动的影响，在当选的僧侣和贵族代表中不乏对改革同情的人士。第三等级的代表则是通过间接选举方式选出，大多是担任公职的人士、资产阶级、自由职业者和许多能言善辩的律师。他们是启蒙思想的支持者，渴望通过在政治制度上的改革，废除旧制度，建立新秩序，以实现法国的振兴。

更为重要的是，在准备期间，一大批具有改革思想的政治家、思想家纷纷发表自己的看法和理论，印发小册子宣传改革旧制度思想，动员民众为之奋斗。如自由派贵族米拉波发表了《对普罗旺斯人的呼吁》，后来成为革命运动领袖的罗伯斯比尔印发了《对阿图瓦人的呼吁》。其结果是在会议召开前夕，出现了一个为所有希望进行真正改革人士认同的思想：一个立宪政府连同一个定期开会审议法案的立法会议要比绝对君主制好。这一建立"立宪政体"的思想显然是受到一百年前英国"光荣革命"的影响，最终成为大革命第一阶段的目标。不过，当时最具变革思想、对时局发展产生巨大影响的是思想家西耶斯（Emmanuel-Joseph Sieyes，1748—1836）。他出生在一个政府职员家庭，早年在巴黎大学接受神学教育，成为神甫和修道院院长。尽管从职业上看，他是一位神职人员，但他对哲学、政治经济学有浓厚兴趣，具有激进的改革思想。出于改革的热情，他发表了一系列文章和小册子，宣扬革命观点，因此当选为第三等级的代表。

在关于三级会议的组织结构和作用的讨论中，西耶斯发表了著名的政论小册子《论特权》和《第三等级是什么？》。在《论特权》中，他以理性为武器，从法律的角度抨击特权。他认为法律的目的在于防止人的自由或财产受到损害,而特权的目的在于免受法律管束。他揭露特权等级的危害性和寄生性。他所作的"公民权利包括一切;特权损害一切"①的论断反映了他对特权的憎恨。在《第三等级是什么?》中,他把没有特权的第三等级同法国国民等同起来,认为国民议会应当由他们单独组成,并断言只有他们才有权为国家起草一部新宪法。他还用犀利准确的语言宣布:第三等级是一切!他的这一思想直接影响了第三等级对自身的认识和日后召开的三级会议的走向。

和启蒙思想家一样,西耶斯十分关注人的自由、公民权利,主张在法律面前人人平等,对此他论述道:"我将法律比作一个庞大球体之中心,所有公民无一例外,在圆周上均与中心保持同等距离,所占位置相等,所有的人都同等地依存于法律,所有的人都将其自由与财产交由法律保护;这就是我所称的公民的普通权利,在这点上他们彼此全部类同。……法律保护所有公民的共同利益,也就保护了一切他能做的事的权利,除非公民想要做的事已开始危害公共利益,否则这种保护绝不会停止。"②

西耶斯的这些思想后来在法国大革命制定的《人权宣言》中得到充分体现。

正是在他的提议下,第三等级代表在三级会议召开后,勇敢地宣布他们就是授权为法国人民立法的国民议会,并通过废除封建主义和限制国王特权的法令。

对于西耶斯对大革命所作的卓越贡献,有论者云:"西耶斯的政治理论在社会上产生了巨大的政治动员作用,为行将到来的大革命奠定了基石,给第三等级提供了最锐利的武器。从这个意义上可以说,西耶斯开始了法国大革命。"③

对于历史学家而言,法国大革命不是一次行动,而是一个历史时期,时间跨度为1789年至1799年④。这革命的10年又可依据革命的方式划分为:温和阶段(1789—1791年),激进阶段(1792—1794年)和热月反动阶段(1794—1799年)。

温和阶段

三级会议按计划于1789年5月5日在凡尔赛宫召开,但却因会议程序问题相持不下。参加三级会议的第三等级的代表从一开始就意识到自己的地位和所代表群体在法国社会上的作用,决心不让特权阶层的贵族和僧侣左右会议,因此,他们在会议上要求三级会议应该组成一个单一体在一起开会,每个代表都具有同等的

---

① 西耶斯:《论特权·第三等级是什么?》,张芝联、冯棠译,商务印书馆,1990年,第9页。
② 同上书,第80页。
③ 罗芃、冯棠、孟华:《法国文化史》,北京大学出版社,1997年,第154页。
④ 亦有学者认为法国大革命在1815年拿破仑被彻底打败才算结束。

投票权,任何一项动议只要获得多数票即为通过。该正义要求由于不利于贵族利益,遭到第二等级中的大多数人的反对,国王路易十六由于不愿触动贵族的利益,也反对这一要求。会议出现了僵持不下的局面。6月17日,在僵局中,第三等级做出了一项革命性的举动,撇开第一等级和第二等级,宣布自己为国民议会。6月20日,与会的第三等级代表突然发现他们被拒在凡尔赛会场之外。于是,他们前往并聚集在凡尔赛宫的一座室内网球场举行会议,所有代表举手宣誓:作为"国民议会"的议员,在完成国家宪法的起草工作以前决不散开离去。(图)第三等级在网球场的这番誓言显然是对国王的挑战,也是对专制主义的宣战,被视为法国大革命的真正开端。

法国画家大卫所绘《网球场誓言》。作品表达了法国大革命期间第三等级代表对专制主义的挑战。画中许多人物都是以参加三级会议的革命代表为原形

路易十六面对强大的第三等级发出的坚强誓言,被迫同意三个等级在一起开会,并于6月27日下令贵族和僧侣共同举行国民会议。这标志第三等级取得了向贵族和专制主义挑战的初步胜利。当然,国王和贵族并不甘心,开始私下密谋进行反扑,调动军队包围巴黎,试图以武力制服由第三等级主持的国民议会。巴黎民众得知该阴谋后举行了起义,7月14日参加起义的民众为获得武器弹药攻占了象征专制主义权力的巴士底狱。巴士底狱的陷落具有超出行动本身的意义:象征旧制度的标志被摧毁了,一些仇视革命的贵族因害怕而逃到国外,国王不得不下令撤出包围巴黎的军队,国民会议的地位因此得到前所未有的加强。这显然是法国人民

的伟大胜利。现在,具有纪念意义的7月14日一直作为法国的国庆日来庆祝。

巴黎民众攻打巴士底狱图

巴士底狱的陷落使发生在首都巴黎的革命风暴很快传遍全国。在法国的东西各省,许多贵族的宅第被农民烧毁,地契也被收缴和销毁,贵族地主不是被杀就是被驱逐,许多王室成员和党羽纷纷逃亡国外。仅一个月,法国的贵族制度就分崩离析,遭到灭顶之灾。巴黎成立了临时政府,国民议会开始放手进行工作,8月4日制宪议会通过了废除贵族称号与特权的《八月法令》,宣布旧制度的封建社会从此终结。3周以后,颁布了具有历史意义的《人权宣言》。国家的主权被明确宣布为属于人民,政府官员如滥用权力人民有权将其罢免。

这一年的10月,国王路易十六还经历了一次由法国贫苦妇女发动的抗议,其结果是国王被迫放弃凡尔赛宫的豪华生活与抗议人群从凡尔赛宫回到巴黎。国民议会也从凡尔赛宫迁到巴黎,象征王权的凡尔赛宫成为一个空壳。

随后,国民议会再接再厉通过了反天主教的立法,削弱教皇权力,没收教会的地产和使教会世俗化,凡是与教育和慈善事业无关的一切宗教机构都被解散,主教和教士由地方民众选举产生和由国家付给工资。1791年9月国民议会制定出了法国的第一部成文宪法,基于人民主权的原则,宪法正式宣布建立代替专制政体的君主立宪制,规定国王只是立宪君主,权力归于民众,公民整体才是至高无上的。国家不再构成一个自在的目的,它的目的旨在保证公民享受其权利。法国宪法为

法国贫苦妇女前往凡尔赛宫抗议图

此宣布:"一切权力只能来自国民,国民只得通过代表行使其权力。法国的宪政是代议制。"法国人民主要以建立议会制的温和方式取得了自 1789 年 6 月以来一直追求的目标。至此,大革命的第一阶段(温和阶段)结束。

激进阶段

法国第三等级取得的初步胜利并不意味着大革命的完全胜利。1792 年夏,国内外的形势发生了变化,革命进入了新的阶段,革命的方式也变得愈加激进。

当然,革命采取激进的方式与当时国内外形势有关。首先是贵族和教会不甘心失去原有的特权和在社会上的地位,他们与社会的保守势力,特别是乡村天主教反革命势力集合在一起威胁大革命的成果,迫使革命的领导人采取极端措施。其次,是平民的不满。1791 年的宪法只将选举权给予纳税的公民。贫苦的民众尽管在攻打巴士底狱和 10 月风暴中发挥了主导作用,却因为贫穷无法纳税而被排斥在外,没有享受到革命的成果。所谓"无套裤汉"人民的不满情绪和平等要求增加了进行更为激进变革的压力。当然,最主要的原因是外国王权政府的武力干预。欧洲专制君主对法国大革命极端恐惧和仇视,他们似乎看到法国大革命对自身权力可能带来威胁,于是与亡命的法国贵族勾结在一起,企图用武力干涉法国革命。奥地利和普鲁士就公开对法国政局发表宣言,宣称在法国恢复秩序和法国国王的权力是一项关系到"欧洲所有君主的共同利益"的大事。面对国外反动势力的威胁,法国国民议会(此时已改名为立法议会)于 1792 年 4 月 20 日宣布对奥地利和普鲁士宣战。战争爆发后,法国军队一度处于守势。8月随着奥地利和普鲁士联军的入侵和向巴黎的逼近,巴黎的民众和其他激进人士夺取了国家的控制权,开创了所谓"雅各宾派"掌权的时代。雅各宾派为了进一步改革和巩固政权,举行全民普选,选出了国民公会,负责起草新的共和宪法。与此同时,采取暴力激进手段对付国内反革命势力,对被认为是革命敌人的人进行了毫不留情的镇压,有成千上万人在一周内被杀。国王路易十六由于较早曾企图化装潜逃出境已经彻底失去民心,这时其住宅遭到袭击,国王本人遭到废黜和囚禁。1791年的立宪宪法实际上已经无效。9月22日,法兰西被宣布为共和国。这是西方历史上继美国之后在革命中诞生的又一个共和国。后来的人们以此认为法国的革命比英国革命更为"彻底",因为它彻底废除了王权。

处决路易十六情景图

1793年1月21日,早先已被审判有罪的路易十六在其前任路易十五已被推倒的塑像旁被送上断头台斩首。在辩论是否应对路易十六处以极刑时,雅各宾派的核心人物罗伯斯比尔留下了一句名言:"路易应当死,因为祖国必须生。"①

在这以后,法国大革命经历了一个激进时期,无论对国内或国外的反对派都不再采取妥协态度。上台执政的、具有极端思想的罗伯斯比尔面对国内外的反动势力,毫不手软地推行一种激进恐怖统治。在国内,一切保皇党和反对共和国的人都被处死,被杀人数超过数万人。对国外,法国成为一切革命的保护者和支持者。法国青年不断加入共和军,法国军队打进了布鲁塞尔,把奥地利人永远赶出了比利时,并使荷兰

---

① 王养冲、陈崇武选编:《罗伯斯比尔选集》,华东师范大学出版社,1989年,第120页。

成为一个共和国。罗伯斯比尔对政府推行的激进恐怖政策曾进行以下辩护:"难道自由这个不可估价的祝福没有权利……让生命、财产、甚至在必要时让个人的自由做出牺牲吗?难道法国大革命不是那些争取自由和那些甘愿做奴隶人们之间的一场殊死搏斗吗?没有中间道路,法国必须完全自由,或者在奋斗中死去,为这样美好的事业而采取的任何手段都是正当的,是无可指责的。"①

　　法国大革命造成的非基督教化运动在这期间进入了高潮阶段,在政策上、组织上、精神上、经济上受到巨大冲击的天主教遭到革命的最彻底抛弃。启蒙运动所崇尚的理性精神成为崇拜的替代物,对理性神的崇拜于1793年秋季在法国各教堂取代了天主教崇拜。雅各宾派的领袖罗伯斯比尔不失时机地创造出了一种被称为"最高主宰"教,作为法国人民集体崇拜的对象。根据罗伯斯比尔所作的解释,最高主宰崇拜是为了提倡一种新的伦理道德,藉以达到巩固共和国、推进革命、统一思想的目的。1794年6月8日,在巴黎举行了最高主宰节庆典。这显然是一种在信仰领域进行的激进改革。

　　罗伯斯比尔及其雅各宾派实行的一系列激进改革和激进恐怖统治确实挽救了共和国,入侵者被赶出,反动势力遭到镇压,无政府状态得以避免。然而,当权者在国内局势稳定后仍希望"继续革命",继续推行恐怖政策,特别是对不支持自己政策的人士大开杀戒,其结果是很快失去民心,并直接导致反对派采取果断措施,逮捕了罗伯斯比尔及其支持者。1794年7月28日(法兰西共和国新历上的热月),罗伯斯比尔本人及其支持者被送上了由他们自己发明出来的断头台,法国大革命的激进阶段就此结束。

热月反动阶段

　　雅各宾派的反对派在热月采取的制止激进做法的行动应该说是有一定积极意义,是大革命的继续,但它同时又具有倒退色彩和反动性质,故这以后的阶段有"热月反动阶段"之称。反对派组成的新政府清洗了军队中被怀疑为雅各宾派的军官,废除了对资产阶级不利的《最高限价法》,有关"嫌疑犯"的法律被取消,并宣布1793年宪法无效,着手起草新宪法。1795年,法国第三部宪法颁布。新宪法重新确认了对选举权的财产要求。议会由两院代替。行政权归由两院任命的督政府。督政府在执政期间步履艰难,既要对付和打击因贫困和仇视富人的"无套裤汉"的暴动,又要防止和粉碎企图恢复君主制的保皇党的叛乱和外国势力的干涉。在当

---

① 转引自马文·佩里主编:《西方文明史》,胡万里等译,商务印书馆,1993年,第27页。

时,这些行动都需要军队的参与,再加上长期以来军队在抵抗外来武装入侵上的作用,军队在法国政治生活中的地位日渐明显。当法国政局再次动荡时,政权落入军队之手也就不足为奇。而在 1793 年就开始在军事上崭露头角的军事强人拿破仑·波拿巴(Napoleon Bonaparte,1769—1821)被人们普遍看好。1799 年,当法国政治发生动荡,拿破仑被召秘密回国,并于 11 月 9 日(即法国新历上的雾月 18 日)被宣布为"临时执政",控制了政府。至此,法国历史进入了一个新阶段。法国大革命结束。

拿破仑执政的 15 年可以被看成是法国大革命的余波①。在这期间,拿破仑尽管在政治上实行个人集权并恢复帝制,亲自当上了法国皇帝,但他试图完成革命。例如,他实现了大革命时期提出的"自然边界"设想,对国家的行政制度和区划进行了大规模改革。这一体制一直沿用至今。早在法国大革命之初,革命的领袖曾宣布他们理想是要推翻全欧洲的专制政体,扫除额外特权,普及共和体制,然而这一理想只是在拿破仑手中,严格地说,是在他的武力征服中,开始输出到欧洲其他国家。从 1805 年到 1810 年间,法国军队在拿破仑的带领下,东征西讨,与欧洲大多数国家开战,所到之处铲除封建主义,宣传人人平等思想,极大地动摇了这些国家的王权专制统治。

对于生活在西欧的犹太人而言,拿破仑时代还是其获得解放的年代。在西欧许多国家,常常是拿破仑军队到来之日,就是当地犹太隔都的围墙被推倒之时,也是那里的犹太人被解放出来之

铸有拿破仑头像并刻有"拿破仑皇帝"字样的金币

时。长期遭受迫害、与欧洲主流社会隔离的犹太人第一次被赋予了与其他人民平等的公民权。走出犹太隔都的犹太人的智慧和才干终于开始得到发挥。19 世纪犹太人在欧洲社会取得的成就与拿破仑主张并实行的民族平等思想有直接的关联。拿破仑因此被视为欧洲犹太人的"救星"。

正如论者云:"[拿破仑所发动的]战争,在他的人民和士兵的头脑中,意味着给欧洲以自由、平等和博爱。"②

---

① 有的史学家把拿破仑第二次被流放看成是大革命的真正终结。
② 海斯等:《世界史》(中册),中央民族学院研究室译,生活·读书·新知三联书店,1975 年,第 821 页。

拿破仑还主持编撰并签署法令公布了《法国民法典》(亦称《拿破仑法典》)。应该说,这也是大革命的产物。法国1791年宪法曾明文规定要编撰一部国家的"民法典",但该工作一直迟迟没有开展。可以说是拿破仑完成了大革命的这一重要的"未尽事宜"。对此,拿破仑本人曾不无自豪地说道:"我真正的光荣并非打了40次胜仗;滑铁卢之战抹去了关于这一切的记忆。但是有一样东西是不会被人忘却的,它将永垂不朽——那就是我的民法典。"[①]

大革命期间的文化活动

法国大革命对法国文化的影响具有革命性质,在这期间,无论是音乐、歌曲、戏剧,还是绘画无一不受到它的影响。

音乐和歌曲在大革命期间得到了空前的繁荣。与其他艺术形式相比,音乐和歌曲更能激发民众的爱国主义精神和进行革命的情绪。革命政府成立了国民自卫队的军乐队,以鼓舞士气。具有战斗性的歌曲不断创作出来并在民众中流传。著名的《马赛曲》可以说是其中的一个杰出篇章,是反映和代表大革命精神的最伟大歌曲。它由工兵军官利尔(Rouget de Lisle)在1792年法国正式对企图武装干涉法国革命的奥地利宣战后第4天的夜晚创作而成,最初叫《莱因军战歌》。《马赛曲》的歌词开头这样写道:"前进,前进,祖国的儿郎/那光荣的时刻已来临/专制暴政在压迫着我们/我们的祖国鲜血遍地/你可知那凶狠的兵士/到处在残杀人民/他们从你的怀抱里/杀死你的妻子和儿女/公民们,武装起来,公民们,投入战斗,前进,前进,万众一心,把敌人消灭干净!"

《马赛曲》歌曲气势磅礴,旋律激昂,充满了爱国主义精神,一经传唱便立即成为大革命期间最受欢迎的歌曲。此后,在法国,哪里有战斗,哪里有革命,哪里就一定会有《马赛曲》。歌曲简直成了最能鼓舞民众,激发斗志的伟大武器。难怪拿破仑曾把它喻为"共和国最伟大的将军"。1792年,当法兰西共和国宣告成立时,《马赛曲》成为法国国歌。

大革命时的戏剧也呈现一派生机。为革命服务是这一时期戏剧的特点。更名为国立大歌剧院专演歌颂大革命的歌剧。国家出资兴建和开放剧院,各种为民众和革命创作的戏剧在剧院上演,戏剧成了教育人民的一种手段。

在绘画艺术领域,画家大卫(Jacques Louis David,1748—1825)是法国大革命涌现出的杰出艺术家。他在大革命到来之前就已经成名,早年曾在意大利学习过,

---

① 李元明:《拿破仑评传》,中国社会科学出版社,1984年,第313页。

古典主义对他的艺术风格有重大影响。作为一个关心社会的艺术家,他的艺术与时代有较为紧密的联系,属于一位典型的潮流艺术家。社会生活的价值和革命激情常常与他的艺术结合在一起。正因为如此,他成为大革命时期为数不多的一位积极投入社会活动的艺术家。作为雅各宾派在国民议会中的代表,他担任艺术委员会和国民教育委员会的委员。他曾代表国民议会下令关闭了皇家美术学院,并着手筹建卢浮宫博物馆。此时的大卫在艺术上不再借用古典题材作画,而是以自己手中的画笔直接描绘革命,创作出了反映大革命时期重大事件和人物的不朽作品。1790年他受制宪议会委托,创作了《网球场宣誓》一画,以纪念法国大革命中具有转折点意义的历史事件。领导法国大革命的重要人物在画中均有出现。

他受到最多关注的作品是《马拉之死》。该画是根据震惊巴黎的、雅各宾派的主要领袖马拉遭谋杀事件创作的。马拉亦是画家的挚友。大革命爆发前就主张推翻路易王朝,为躲避迫害,他经常在没有阳光的地窖工作,因而患上了严重的皮肤病,以致只有终日坐在浴盆中才能集中思想工作。他的激进思想使保皇党对之恨之入骨,终于在1793年7月13日被一贵族刺客杀害。当时担任议会主席的大卫闻之后不胜悲伤,决心为这一革命"殉道者"作画,以垂永久。在画面上,马拉躺在浴盆中,只有上半身露出,刚遭杀害的他头倾垂,地板上有一把丢弃的刺杀用匕首,身上流出的血染红了浴巾。他左手拿着人民来信,右手无力地垂下,但手

大卫的《马拉之死》

中仍握住那管写过无数为革命和人民呐喊檄文的鹅毛笔。当书桌使用的立方体木箱在画面上占有一定显著位置,箱子正面下方写着"献给马拉·维特",具有纪念碑的寓意。马拉的面部刻画得到特别的加强,镇定而又坚毅的遗容表现了烈士抱病为革命工作的坚强意志。

《马拉之死》构图简洁、庄严,略带伤感的静穆。画面背景低沉,表达画家的哀思,光线集中在马拉的头部和手部,突出人物形象,并使其宛如纪念碑上的人物雕刻具有立体感和永恒性。在这幅画上,人们很少感到精心设计的均衡、对称,以及

古典主义的"典雅风格",而是从一个真实的形象上体会到那个特定的时代气氛。整个作品给人一股感人至深的力量。

大革命的遗产

法国大革命使旧制度下的专制主义法国转变成了一个"具有民族性、自由性、世俗性和理性的国家"①。这无疑是大革命最重要的遗产。大革命使得国家的概念具有了新的含义：国家不再仅仅是一块领土,也不是自称"君权神授"国王的私有财产,而是属于全体人民。个人也由原来的臣民转为既享有权利又负有义务的公民。正因如此,西方论者认为："法国大革命是现代西方形成过程中一个极为关键的历史阶段,它实现了启蒙思想家的理想,摧毁了旧秩序的等级制和整个社会,强化了资产阶级的利益,促进了现代国家的成长。"②

法国作为当时欧洲最重要的国家,在相当长一个时期一直是欧洲各国羡慕和效仿的对象,在那里发生的革命对欧洲的影响巨大。在欧洲,特别是在西欧,等级制度的崩溃和共和国体制的最初确立都与法国大革命有关。更为重要的是它是一种"催化剂",促使一切在欧洲社会深处翻腾着的、受到压抑的不满情绪明朗化、表面化、清晰化,加深了思想家对人民艰难处境的人道主义同情,使青年艺术家和作家直接尖锐地表达内心的迷惑和茫然成为可能。不过,法国大革命的遗产远远超出政治和体制方面,其影响深远的遗产还包括：

《人权宣言》

法国大革命的最重要的思想成果是《人权宣言》的制定和发表。它既是法国大革命的一个纲领性文件,同时也是一部涉及人类自由的伟大文献。

《人权宣言》于1789年8月26日由法国制宪议会通过和颁布。其正式名称为《人权与公民权宣言》(简称《人权宣言》)。《人权宣言》包含17条内容,基本思想是：人人生而自由,权利平等;人享有自由、私有财产、人身不可侵犯和反抗压迫的权利;在法律面前人人平等,人人有权直接或间接参加立法;没有司法机关的命令,任何人不受逮捕;宗教自由;言论自由;国家只有在给予赔偿后才可以取得财产权等。

---

① Marvin Perry(ed.)：*Western Civilization*, Cengage Learning, 2006，p. 437.
② 同上书,第436页。

毫无疑问,《人权宣言》具有18世纪法国思想的特征,是在启蒙运动中提出的人生来自由平等思想的指导下,对人权的内容进行了具体的列举。自由、财产、安全和反抗压迫成为人权的核心内容。宣言认为自由首先应该是人身自由,即个人自由。人是其自身的主人,应享有言论、著述和出版的自由。自由传达思想和意见被认为是人类的最宝贵权利之一。

《人权宣言》颁布后两年,法国制宪议会通过了法国历史上第一部宪法,《人权宣言》作为该宪法的序言成为宪法的一个有机组成部分,表明人权的至高无上特征。尽管法国宪法在大革命期间两度重修,但《人权宣言》始终是法国数种版本宪法的序言核心部分,表明它所具有的不朽意义。

法国大革命提出的《人权宣言》与1689年英国国会颁布的《权利法案》和1776年美国独立战争时期北美13州代表发表的《独立宣言》一道构成了"人权之鼎"的三足,但它在庄严性和世界性方面应该说大大超过了《权利法案》和《独立宣言》。《人权宣言》所强调的"人权"原则是人类自我认识发展的一个新高度,并成为"新时代的信条"。

经过二百年的历史考验,《人权宣言》所提出和确立的"人权"原则是不朽的,对人类社会进步所起的推动作用是巨大的,现已成为全人类的共同精神财富。

民族主义思想

法国大革命还擎起了民族主义思想的大旗。这一思想尽管不是法国人首创,却在大革命期间得到强调,并在拿破仑时代传播到整个欧洲。大革命主张这样的原则:至高无上的权威来自民族,来自作为一个整体的人民。国家不是统治者私人占有物,而是人民意志的体现。因此,在大革命期间,人们不再效忠于某个地区,某个贵族或国王本人,而是效忠整个国家。国家成为具有感情色彩的"祖国"(通常又与母亲的概念联系在一起)。民族主义作为一种意识的纽带,常常使一个群体的人们强烈地感到他们都依附在一块特殊的土地上,都拥有一种共同的文化和历史。特别是在宗教思想受到巨大冲击,影响日益渐微的19世纪,民族主义成为欧洲生活中起主导作用的精神力量,为人们提供了新的信仰、为个人提供了一种集体感,一种值得为之做出牺牲的事业。事实证明,民族主义意识的增强是同一语言的民族走向政治统一的前提。

在法国大革命之后的19世纪,民族主义作为一种运动在欧洲风起云涌,无论是意大利还是德意志国家的出现都与此联系在一起。现代意义上的、主要以民族划分的国家在欧洲终于出现。由法国大革命掀起的民族主义思想还在日后传播到西方以外的地区和国家,并在 20 世纪成为亚洲、非洲和拉丁美洲革命的主流和奋斗的目标。不过,民族主义由于过分强调特定民族的历史及特征,其负面作用也在发展中暴露无遗。由于民族主义表现出一种集团性和部落性的排他主义,常常忽视或践踏个人和少数民族的权利,有时在打着为了民族利益的旗号下,驱使本民族的人民走向政治极端主义。此外,对民族主义不恰当的强调还有可能加深各民族之间的新仇旧恨,把人民拖进狂热和神话的境界,并给政治输入极端主义毒素,在 19 世纪和 20 世纪造成无数国与国之间的战争和冲突。

《法国民法典》(即《拿破仑法典》)

法国大革命留下的另一伟大遗产是制定了著名的《法国民法典》。尽管它是拿破仑在法律专家的协助下编撰完成的,但是,如前所说,它应该被视为大革命的产物。《法国民法典》的成功制定和颁布使它成为自中世纪《罗马法》以来西方社会拥有的最重要一部民法典,同时是资产阶级国家最早的一部民法典。该法典在历史上第一次创立了一部纯粹是理性的统一法律,摆脱一切过去的偏见,从升华的常识推导出它的内容。它在道德上的合理性不是从古老的习俗或君主的家长式统治中去发现,而是在它与理性要求一致性去发现,并把法律整理出清楚简明的体系,便于操作和应用。

《法国民法典》内容庞杂,包括总则,三编,36 章,共 2281 条法律条文,涉及人法、物法和取得权利的各种方法。法典的制定基于自由和平等的原则、所有权原则、和契约自治原则。人身自由、私有财产神圣不可侵犯和契约自由成为社会上人与人关系的基本准则。

自由和平等的原则实际上表达了所有的公民一律平等的思想,传统的长子继承权、世袭贵族和阶级特权都被取消。人格受到保护和尊重。

所有权被定义为"对于物有绝对无限地使用、收益及处分的权利"。据此,私人财产不受侵犯。就连国家征收私人财产也只能根据公益的理由,并以给予所有人以公正和事先的补偿为条件。因此,该原则实际上给予动产和不动产所有人以充分广泛的权利和保障。

契约自治原则实际上规定"依法成立的契约在缔结契约的当事人之间有相当于法律的效力"。据此,人们得以以自己的行为产生相互间的权利义务,从而改变其原有的法律地位。

可以看出《法国民法典》最好体现了法国大革命的精神,公民平等、宗教宽容和个人自由等思想得到了充分体现,显然为资本主义社会的生产关系和人与人关系提供了坚实的法律保障。其贡献是巨大的,影响是深远的。

论者云:"《法国民法典》在破坏欧洲封建制度和促进欧洲资本主义的发展上起过有影响的舆论和示范作用,对于世界上各资本主义国家的民法典都有巨大的影响。拿破仑通过他的军队和这部法典,改造了旧欧洲,使欧洲走上了建立现代国家的道路。"[1]

公制的使用

法国大革命的遗产还包括对公制的推广和使用。公制的推广是国民公会推行的若干激进改革措施之一。许多改革,由于过于激进,如规定不允许称"先生",而要称"公民"的做法,未获成功。然而,在大革命期间,法国确立的公制却十分成功。为了抛弃旧制,国家重新制定了长度单位,采用当时认为最稳定不变的自然物——地球子午线的长度——作为标准,以通过巴黎子午线长度的四千万分之一作为长度单位,定名为"米"。同时还采用十进位的新的度量衡制。以十进制来代替种类繁多的单位不仅是对旧制的一大改进,而且可以说是西方度量衡史上的一次革命。除了长度单位外,还确定了新的容量和质量单位。容量单位为升,等于1立方米的千分之一。质量单位为千克(即公斤),等于4 ℃时1升纯净水的质量。时间单位为秒,以平均太阳日的1/86400为1秒。尽管这在当时是激进做法,但由于计算方便,很快为人民所接受。法国的这一做法随后逐步为世界上其他国家所接受。1875年,17个国家签订公制公约,确认以厘米(1/100米)、克(1/1000公斤)和秒为国际通用的计量基本单位,并成立国际计量局。公制的制定、推广和使用对与人们生活密切相关的度量衡的标准化和国际化起到了积极的推动作用。今天,除了部分说英语的国家外,法国大革命所确定的公制几乎为所有的国家采用。

第三节 工业革命

就在美国革命和法国大革命展开的同时,另一场革命已经在西方世界悄然兴起。这是一场完全不同的革命,在它的初期主要发生在经济生产领域。与历史上任何一场革命不同的是:它的最初发动者既不是伟大的思想家、神学家、或政治家,也不是由于民众的抗议或起义,它本身甚至连特定、具体的目标也没有。可以

---

[1] 罗芃、冯棠、孟华:《法国文化史》,北京大学出版社,1997年,第184页。

说,完全是一场不期而至的革命,一场渐进的革命,一场在发生时人们很少察觉的革命。尽管如此,它却不比任何一场革命来得逊色,而且一旦开始就一发不可收拾,其影响是最为深刻、持久的,在改变产业模式、城乡面貌、社会生活、思想观念等方面没有任何革命可以与之相提并论。此外,它既是工艺方面的,又是社会—经济—文化方面的;既是建设性的,又是破坏性的;既是平静的,又是喧闹的;既为人类带来了福祉,又为民众造成了苦难……正如西方论者所云:"全部近代历史上没有别的事件曾更惊人地影响了普通人的生活,或对人类的进步开拓了更广阔的前景,或造成了更剧烈的苦难和不满。"[①]

最初发生的工业革命是以一系列机器的发明、新的原材料的使用、和以蒸汽动力的运用为主要标志,是一个由农业、手工业为主的经济步入由工业、工厂制造业为主导经济的过程。

背　景

工业革命作为人类和西方历史上出现的新生事物,在起初阶段,既没有先例可寻,也无法预计其进程和走向。实际上,它还是一场无法确定其真正开端的革命。现在人们唯一可以说的是当美国革命和法国革命在进行时,它已经蓬勃展开了。其时间跨度可以说持续了百年。它最早从英国开始,逐步席卷西方所有国家,并在20世纪席卷全球。

工业革命最早在英国出现有其深刻的历史背景,其主要方面拟可归纳为:

1. 经济充裕。经历了"光荣革命"的英国到了18世纪社会发展平稳,经济相对充裕,譬如,在那里为活命而挣扎的人比欧洲其他国家要少,普通民众获得的收入不仅足以购买维持生计的食品,而且还能够购买其他用品。这实际造成了对商品的社会需求,从而促进了商品的生产。英国经济上的充裕还表现在资本充裕上。由于实行的圈地运动,资本家地主的经济地位得到加强,他们手头拥有的、能够供应社会发展的剩余资本日益增多,为投资发展新型经济产业提供了必要的资本来源和资金供应保障。此外,资本的增加促使金融机构的改进。1694年成立的英格兰银行在提供贷款和信用方面已经具有现代性,能够满足贸易、生产等方面的需求。英国的伦敦当时已是世界贸易的主要中心,是世界原材料、资本周转的大本营。这一切的一切表明,英国资本家手头拥有了足够的资金去进行一场工业革命。

2. 新的思想观念和良好的舆论环境。在新教思想的影响下,英国社会早在17

[①] 海斯等:《世界史》(中册),中央民族学院研究室译,生活・读书・新知三联书店,1975年,第854页。

世纪就已经把追逐财富(包括投资心态)视为有价值的人生目的,对进取的资本主义表示赞同。在思想观念和舆论方面,英国人,包括贵族在内,从不羞于亲身从事赚钱的行当。相反,英国社会敬重那些有智慧和才干、在经济上取得成功的人。笛福的《鲁滨逊漂流记》一书的流行充分说明了这一点。人通过经济活动的成功进入社会上层和赢得社会地位逐渐成为风气,与"学而优则仕"的精神贯通一气。事实上,英国议会的不少议员就是这些人出身。这与当时欧洲大陆流行的"贵族绅士"观念和看不起走上富裕之路平民的"势利"观有着天壤之别。

3. 不断扩大的统一市场和海外的扩张。英国是最早建立起全国统一市场的国家,国内从没有过路税和关税制度,这意味着货物可以自由流通,运抵任何可以出售和获利的地方,有力促进了商品的生产和销售。人们购买力的强劲和中产阶级人数的不断扩大使市场规模不断扩大。当然,对于一个面积狭小的岛国而言,海外市场的建立尤为重要。英国的外交政策自18世纪以来一直从商业需要出发,大力开发海外市场。英国人的商业触角几乎深入世界上所有那些迄今尚未被开发的地区。到18世纪末,英国的出口量已占国内生产总值的50%。英国拥有的庞大商船队能够保证将货物运至世界各地。国内外市场的扩大极大地刺激了生产的发展和对商品的需求。①

4. 稳定的政府和自由竞争的经济。经历了"光荣革命"的英国政体的性质确保了一个稳定且可预测政府的存在,政府在制定政策方面的随意性被压缩到最小的限度。而自由竞争思想和自由放任观点的深入使得政府对国内经济活动几乎没有任何限制。个人的发明、技术的改造历来受到鼓励,发明者的经济利益受到保护(英国已经建立的专利制度应该说是这一政策的最好注脚)。这对于以机器发明为先导的工业革命是极为重要的,人们的智慧和才干与经济利益挂起了勾并得到保障。此外,英国社会长期以来一直存在一个规模不小的工资劳工阶层。他们的人数随着18世纪圈地运动的扩大而增加。这些靠挣工资为生的农业劳工具有相对的自由流动性,适应并满足自由竞争的需要。他们与乡村手工业工人一道组成了日后工业革命需要的劳动力资源。

这一切为工业革命在英国的兴起创造了必不可少的条件。

英国工业革命的过程

工业革命的基本标志是以机器生产代替手工生产,以新的动力代替畜力、人力

---

① 参见拉尔夫等:《世界文明史》(下卷),赵丰等译,商务印书馆,1999年,第234—237页。

和自然力,和新的原材料的使用。工业革命作为以机器代替人力,以工厂生产代替手工作坊的革命,是伴随着机器革命[1]的到来而开始的。

从历史看,英国的工业革命最早发生的行业是棉纺业,然后逐步扩大到其他行业。棉纺业之所以成为英国工业革命的先行行业与英国当时推行的经济政策有关。

英国的传统纺织业主要是毛纺和麻纺。生产棉布的纺织业在英国是一个相对年轻的行业,是在英国议会为了维护国内毛纺业的利益于18世纪初通过禁止从印度进口棉产品法令后开始逐步发展起来的。棉纺织品因其具有的舒适和洁净易洗的特点受到消费者的欢迎。限制进口造成了棉纺织品市场供应短缺。当时的经济活动表明,为需求旺盛的市场生产更多产品的压力很有可能成为导致工业革命一个决定性突破口出现的关键。棉纺行业所承受的压力正好使其成为这样一个突破口。此外,棉纺业由于是一个新兴行业,在技术改进方面较少受传统规则和做法的束缚。这也使行业的变革更为容易进行。

事实上,棉纺行业为提高纺纱和织布的效率和产品产量,早在1730年就已经开始寻找发明能够节省工时的生产方法。1733年,英国机械师约翰·凯伊已发明了纺织用的飞梭,改变了以往用手穿梭的织布操作。但纺纱的方法却一直没有得到改进。不过,到了1765年,由于一个偶然的机会,纺纱的方法出现了"技术突破"。当时英国一位名叫詹姆斯·哈格里沃斯(James Hargreaves)的木匠第一次制造出第一台能够纺纱的机器[2]。这种起名为珍妮的复合手摇纺纱机并不复杂,

珍妮纺纱机

也不需要机械动力,但能同时纺纱16根,一个人可以干几个人的活,把工作效力一下子提高了8倍。珍妮机迅速成为棉纺行业的"宠儿"。接下来需要解决的是转动纺纱机的动力。就在珍妮机问世后的第3个年头,一个名叫阿克赖特的理发师发明了水力纺纱机,利用水作为转动纺纱机的动力。这一发明对于纺纱产业化具有十分积极的意义,并最终导致了一种全新的生产方式的出现。按照阿克赖特的

---

① 指机器的发明和广泛的使用。

② 史称"珍妮纺纱机",或"珍妮机"。据说是发明者在意外看到其妻的纺车倒地后纺轮仍在继续转动时产生的灵感发明的。他随后以自己妻子珍妮的名字命名自己发明的第一台纺纱机。

设计,要使用水力机,必须沿河盖上一栋房子,在里面安上多台纺纱机,由水车产生的动力转动。由于水力纺纱机较为庞大和昂贵,家庭生产使用已不可能,于是导致了纺纱生产的工厂化。此后,建厂生产成为纺织业发展的方向,其结果是很快出现有上千人在一起工作的工厂。作为工业革命标志的产业化生产由此开始。至此,我们可以说英国工业革命的产业化进程拉开了序幕。产业化使得英国的棉纺业发展速度明显加快。与此同时,纺纱机还得到不断改进,1785年,随着新的动力机械(瓦特蒸汽机)出现,已有自动纺纱机投入生产,织布的效率一下子提高到了40倍,质量也有了很大的改进和提高。棉织品更是成为市场上大受欢迎的商品。不过,原棉的供应和价格成为制约棉纺业进一步发展的瓶颈,因为当时尚无扎棉机,将棉籽从棉花中分离出去一直是手工进行,不仅成本高而且费工费时。这一问题直到1793年才得到圆满解决。美国人伊莱·惠特尼在这一年发明了扎棉机,使得用机械将绵籽从棉花中分离出去成为可能,从而使原棉的供应量增加和价格进一步降低。到了18世纪末,英国的纺织基本上已由机器代替手工,工厂生产代替家庭生产,完成了全行业的机械化和产业化过程。工业革命在一个行业成功实现。

  棉纺业产业化的最初成果大大超出人们的想象。棉纺织品不仅产量迅速增长,而且价格一下子变得十分低廉,成为社会所有阶层欢迎的商品。过去只有富人才消费得起的商品现在进入了百万普通民众的日常生活。许多人第一次穿上内衣内裤。[①] 棉纺业工业产业化还使得英国普通家庭摆脱了需要纺纱纺线之劳累,人们完全可以在市场上买到需要的纱线和布料。此外,大量农业劳动力进入工厂做工。城市人口迅速增加。由于机械化和产业化,英国棉纺业得到迅猛发展,在不太长的时间内增长了50倍,价廉物美的棉纺织品成为英国最具有竞争力的出口商品,为英国带来了巨大的财源。工业革命带来的第一批成果着实让世人惊叹,极大地增强了人们对开展工业革命的动力和信心。

  在英国工业革命中第二个走向机械化和产业化的行业是炼铁业。这一变化首先是与新能源的使用密切相关。炼铁业与棉纺业不同,是一个古老的行业。长期以来,炼铁业一直使用木炭作为熔化铁矿石的燃料,出于成本的考虑,炼铁一直是在乡村靠近木炭原材料产地的森林地区进行,规模十分有限。17世纪以来,随着对铁的需求增加和因森林资源减少木炭价格上扬因素的影响,英国人开始寻找能够替代木炭、价格便宜的新燃料。18世纪上半叶,人们终于发明了用煤生产焦炭的方法,这使得英国丰富的煤矿资源得到了运用。焦炭由于具有价格低廉和升温

[①] John P. McKay, Bennett D. Hill, John Buckler: *A History of Western Society*, Houghton Mittlin Company, 1987, p. 766.

快的特点从此成为炼铁业的主要燃料,炼铁厂开始兴建在矿井旁。新能源的发现加上蒸汽机的应用,使得英国的炼铁业迅速走向机械化和产业化,众多规模巨大的炼铁厂被建立起来。炼铁业的机械化和产业化使得英国在短短的十来年中便发展成为世界上最主要的铁生产和出口国。从此,铁本身还成为工业的最基本原材料。

蒸汽机的诞生

不过,工业革命得以蓬勃发展的一个最为重要因素是新动力机器的出现。英国工业革命期间最重要的动力机器发明无疑是蒸汽机的诞生和普及。对于以机器革命为依托的工业革命,动力机器出现的重要性是不言而喻的。英国工程师纽科门(Thomas Newcomen)在1705年就发明了最初的蒸汽机。该机器实际上是一种蒸汽泵,利用蒸汽和大气的共同压力工作,用来代替畜力排除矿井中的水。然而,在相当长的一个时期,一直没有人对纽科门蒸汽机进行大的改进,致使最早制造出来的蒸汽机处于原始状态。加上机器的效力不高,大量蒸汽能源被浪费,使用范围一直很小,主要用于矿井排水,间或也用来提水以推动水车。这一局面直到英国伟大发明家瓦特(James Watt,1736—1819)的出现才有了实质性的变化。

纽科门蒸汽机工作原理图

瓦特青年时是一名技工,曾一度受聘于格拉斯哥大学,主要为实验室制造教学用的科学仪器。1763年,他被找去修理一台在物理课上使用的纽科门蒸汽机,从此,与蒸汽机结下了不解之缘。通过一系列的观察,瓦特首先找出了纽科门蒸汽机浪费能源的原因,开始对之进行了改造。他仅在机外加了一个凝汽器,结果大大降低了蒸汽消耗量,提高了机器的效力。1769年,他在纽科门蒸汽机的基础上制造出了单动式蒸汽机。这是一台真正意义上的蒸汽发动机,几乎可以为所有的机器提供动力。他的这一成功使得蒸汽机的应用开始了普及。瓦特不仅获得了此项发明的专利,更为重要的是他的发明得到投资人的青睐。这使得蒸汽机的制造形成规模,迅速投放市场。在这里,发明与运用,技术与市场完全结合在了一起,使得蒸汽机的制造成为一个有利可图的新兴行业。1782年,他又制造出复动式蒸汽机,使活塞沿两个方向的运动都产生动力。

1784年,他发明了平行运动连杆机械,解决了复动式蒸汽机的结构问题。1788年,他又发明自动控制蒸汽机速度的离心调速器,并在1790年发明压力表。至此,他基本上完成了改造和完善蒸汽机的全过程。由瓦特制造的蒸汽机终于成为配套齐全、切合实用的动力机器,不仅具有实用价值,而且具有商业价值。他本人因此步入了富有阶层。

瓦特发明的蒸汽机可以说是一种万能发动机,能够产生出完全受人控制的动力。蒸汽机在人类历史上的出现应该说具有极其伟大的意义。人类第一次拥有了似乎是无限的动力。人们不仅可以用它来工作,提高功效,减轻劳动强度,而且,更为重要的是,它使正在发展的工业摆脱了对畜力、风力和水力等自然力的依赖,使工厂的建立不再受自然地理条件的限制,工厂可以在工厂主认为合适的任何地方兴建并迅速发展。工厂集中在城市的过程由此开始。对于工业革命而言,这一变化无疑是十分重要的。

蒸汽机由于自身的功效和作用,在出现后的短短数年内,就被广泛应用在工业的各个产生领域,采矿、造纸、磨面、制陶、酿酒等行业无一不在使用。当然,受益最大的两个产业是纺织和炼铁。蒸汽机使得纺织业完全机械化成为可能。而炼铁业在使用了蒸汽机后飞速发展,不仅产量迅速提高,质量也大大改进。

蒸汽机的出现还带动了其他机械,如鼓风机、抽水机、磨面机的发明和使用,创造出以前难以想象的技术奇迹。正是在蒸汽机出现后,纺织业、冶金业、采矿业和机械制造业很快繁荣起来。工业革命终于走上了发展的快车道。

蒸汽机的出现还带动了运输业的革命。早在1800年,美国街头就曾出现过带轮子的蒸汽机"载人车"。英国在19世纪20年代生产出可以载14人并以每小时16千米速度行驶的蒸汽机汽车。只是由于噪音问题和对道路的损害一时无法解决,蒸汽机汽车没有得到进一步发展。不过,蒸汽机在轨道运输上得到长足发展。1804年特里维西克(Trevithick)在轨道运输上应用瓦特的蒸汽机,制造出了第一台火车头。该成果显示了潜在的价值,迅速被社会认可。1825年英国开始铺设铁路,斯蒂芬森制造的"火箭号"机车能拖载13吨重的火车以每小时近70千米的速度奔跑。这一实验使人们看到了蒸汽火车在运输上的巨大潜力。1830年以后,铁路运输得到迅猛发展,不到20年,铁路网已经覆盖欧洲。火车的出现使陆上交通发生了巨变。欧洲的路程由于火车的出现等于缩短到了十分之一。蒸汽机的神奇再一次得到展示。

到了19世纪上半叶,英国基本完成了工业革命。工业革命给英国带来了生产力的巨大发展。例如,英国的煤产量在18世纪用了50年才翻了一番,但再翻一番只用了30年,随后,仅用了15年又翻了一番。生铁的产量在1740年至1788年增

19 世纪工业化的英国一瞥

加了 4 倍,随后的 20 年又增加了 4 倍,到了 19 世纪猛增加了 30 多倍。1850 年,英国蒸汽机产生的能量等于 120 万马力,占欧洲产量的一半以上。英国的制成品占领 1/2 世界市场,工业产品占领 1/3 世界市场。英国简直就是"世界的制造车间"。工业产量和产值的增加,使英国迅速成为世界的第一大经济强国。

西方其他国家的工业革命在英国的影响和榜样的鼓舞下迅速展开,比利时是欧洲大陆最早开展工业革命的国家。和英国一样,比利时的工业革命也集中在纺织业、炼铁和煤炭行业。比利时拥有丰富的煤炭矿石资源。1823 年,在列日矿区建成了第一座高炉,使用焦炭和当地铁矿石进行冶炼。该地区随后成为欧洲的一个工业区。在 1830—1850 年间,比利时的煤炭产量增长了 3 倍,工业中使用的蒸汽机数量增长了近 10 倍。法国是紧跟其后开展工业革命的欧洲大陆国家,到 1848 年,法国已经成为工业强国。随后实行的兴建铁路、自由贸易、对外开放、减少税收等政策使得法国工业化有了长足发展。在第二帝国时期,法国经济加速发展,进出口额增长了 400 倍。德国虽然开展工业革命的时间较晚,是在 1871 年国家统一后才真正开始的,但由于有前人的经验可以借鉴,发展过程迅速,经历了不太长的时间便接近完成。美国则以自己的方式实现了工业革命,成为西方的强国之一。不过,工业革命对于美国来说意义尤其重大,正是蒸汽轮船、铁路、电报的出现"把联邦从分裂中拯救了,把分散的人民结合了起来,美国成为第一个现代化的大国"。①

第一次集中展示工业革命伟大成就的活动是 1851 年在英国举办的第一届世界博览会。上万件来自世界各地的展品在这里展出,有不少是工业革命的成果,其中"新技术与新工业"馆更是集中、直接展示工业革命的成就。英国为举办这一博览会

---

① 威尔斯:《文明的溪流》,袁杜译,江苏人民出版社,1998 年,第 323 页。

而建造的展览大厅"水晶宫"成为最引人注目的"展品",因为它本身就是工业革命的一大成就。所谓水晶宫实际上是一座由玻璃和钢铁构件组成的巨型展览厅。在一条矩形阶梯状钢铁结构中间,有一带穹隆顶的交叉甬道,以细长铁杆组成的网状结构支撑玻璃墙壁。它长 600 余米,宽 150 余米,高 30 余米,室内面积超过 8 万平方米,是当时世界上最大的单一人造室内建筑物。没有工业革命取得的成就,人类是无法建造如此规模展览大厅的。有超过 600 万人来自世界各地的人参观了该展览。展览本身极大地宣扬了工业革命的成就,鼓舞西方社会朝着工业化时代迈进。

工业革命创造出的巨大生产力是空前绝后、无与伦比的,马克思和恩格斯曾这样总结说:"资产阶级在它的不到一百年的阶级统治中所创造的生产力,比过去一切世代创造的全部生产力还要多,还要大。自然力的征服,机器的采用,化学在工业和农业中的应用,轮船的行驶,铁路的通行,电报的使用,整个整个大陆的开垦,河川的通航,仿佛用法术从地下呼唤出来的大量人口,——过去哪一个世纪能够料想到有这样的生产力潜伏在社会劳动里呢?"[1]

工业革命的遗产

工业革命尽管在一开始是发生在生产经济领域的一场革命,但正如论者所言这场革命一旦启动造成的影响是巨大的,社会的各个方面都在其影响下发生剧烈的变化和变革。

首先,工业革命实现了资本主义经济对封建经济的彻底胜利。传统的手工、分散的生产经营方式为机械、集约型的产业方式所取代,机器生产最终代替了手工劳动。机械、集约型的产业方式有利于节省运输费用和生产成本,合理组织生产劳动和进一步实行劳动分工,有效地利用生产设备和推广使用更好的设备,确立新的劳动管理模式和工期概念等。一个全新的现代产业制度得到了建立,资本经营方式大行其道。

工业革命开创了人类社会创造财富的新方法。产业革命的直接效应是能迅速增加生产,而机器带来了生产效率的极大提高,为投资者带来巨额回报。社会的财富不再以缓慢的速度增长,而是以前所未有的速度增长,在为个人带来巨大财富的同时,为政府带来丰厚的财政收入,国家的实力得到了加强。

工业革命促进了现代科学技术进步的步伐。19 世纪的科学革命是以一系列科学技术发明为标志的。在自然科学研究方面,新的天文星云说,原子—分子学说

---

[1] 《马克思恩格斯选集》第 1 卷,人民出版社,1972 年,第 256 页。

得到确立,元素周期表发现,物理化学形成,生物学得到了长足发展,达尔文进化论提出。对光波、电磁、能量守恒定律、气体运动说、热力学、光谱分析、电波的研究均取得成就。伏特、安培、欧姆、戴维、亨利和法拉第等科学家对电进行了不同方面的研究,自 30 年代起,他们的发现就已经得到应用。在技术方面,1864 年西门子发明了平炉冶炼法,使得一切钢铁都可以熔化、精炼和铸造。1866 年西门子发明了电机。内燃机的技术得到了发展,由内燃机驱动的汽车在 1873 年就在博览会上出现。1876 年贝尔电话机的出现、爱迪生创办的实验室的一系列发明更是把技术的发明和应用推到一个新的高度。1895 年当伦琴发现 X 射线时,现代物理学的时代实际已经到来。

工业革命还促进了现代金融革命。工业化大生产对资金的需求和资金运用范围的扩大无一不在促进支付手段的革新和资金的流动。19 世纪出现的金融革命是以现代银行体系的出现为标志的,各种信贷银行的资金大大促进了生产的发展,跨国金融机构使得资金的流动不受国家和地域的限制,为投资和生产提供了资金来源和保障。现代支付方式和手段,如信用证和旅行支票都已出现。当然,科学革命和金融革命的出现对工业革命向纵深发展也起到了积极推动作用。

工业革命使得城市化进程加快。不断发展的工业使成千上万的农村劳动力进入工厂,涌入城市。城市人口急剧扩大。这里仅以英国为例。工业革命开始前的 1760 年,除伦敦以外,英国只有一个城市的人口在 5 万以上。可是到了 1841 年,大伦敦人口为 223.9 万,是 80 年前的 3 倍。全国 10 万人口以上的城市有 9 个,5 万以上的有 24 个。以工厂为中心的城镇发展得最为迅速,如新兴工业城市布雷德福的人口从 1801 年的 1.3 万增加到 1851 年的 10.4 万,几乎增长了 8 倍。城市人口的增长使得城市化的时代到来。工业化与城市化紧密地结合在一起。英国由于率先发生了工业革命,理所当然地成为世界上的第一个城市化国家。①西方社会的整体城市化也随着工业革命的深入而加快步伐。作为当今西方社会标志的城市文化也随之出现。

工业革命在重塑生活方式上贡献巨大,通过对显然永不满足的市场需求作出回应,生产出种类和样式层出不穷的产品,极大改变了人们的生活方式。人们不再仅仅是为了活着,而是在创造生活,创造新的生活。生产也不仅仅是为了满足生活的基本需要,或确保家庭的延续,而是以生产越来越多的商品,或以生产新的产品、开创新的生活方式为目的,人类历史上出现了所谓生产引导生活潮流的现象。这一点到了 20 世纪表现得更为明显。

---

① 1851—1951 的人口普查《报告书》,载《英国史统计摘要》,第 19、24、26 页。

工业革命的另一大贡献是造就了一个后来被称为资产阶级对立面的"工人阶级"。成千上万进入工厂劳动的普通民众成为现代意义上的"工人"阶级。而工人阶级正是工业革命弊端的主要受害者。关于工业革命的弊端和工人阶级的情况我们将在本书的第三节中有集中的叙述,这里暂时不赘。

工业革命还扩大了西方社会亦已存在的"中产阶级"阶层的队伍。虽然人们对中产阶级的划分方法不尽相同,不过,对其主体成分是没有多少分歧的。他们主要包括在政府中工作的职员,工厂技术人员,各种专业人员,如医生、律师、会计、经理,中小商人或店主等,当然,还应包括这些人的家属和子女。尽管在19世纪,中产阶级的人数还远远没有达到今日的水平,但他们的存在和不断扩大的范围和不断增长的数量影响深远。从某种意义上说,今天西方社会和生活方式主要与他们联系紧密,是他们的价值观、生活方式、个人奋斗历程决定了今日西方社会的基本价值取向和发展方向。

工业革命的另一个重要遗产是平民教育在整个西方的迅速发展。在此之前,尽管教育的范围已经扩大,但除了教会办的为普及宗教知识和思想的教育外,很少有达及平民的教育,社会上的绝大多数人仍然是文盲。由于工业革命的开展,人们渐渐认识到接受过教育的人远比纯粹的苦力更有用,即便是从生产效率着想,也必须让平民受教育。欧洲人开始确立国家教育体系,有意识地培养一批受过良好教育、能够帮助提高工业技术的人才。教育因此得到普及化,特别是针对平民的教育发展迅速。事实上,到19世纪后期,所有的英国人实际上都可以接受初级教育。人类历史上绝大多数人是文盲的现象由于工业革命的深入首先在西方结束。西方终于拉开了全民义务教育历史的序幕。工业革命的催化作用功不可没。

工业革命还极大地影响了国际关系。国家的力量不再由人口、地域和军队规模来衡量。生产能力、机械化的程度以及人口的技术素质成为国家力量的重要因素。经济上的强大往往意味着国家力量的强大。19和20世纪英国和日本在世界政治上有过的影响与他们当时的经济实力直接有关。

工业革命不仅极大地促进了西方国家的经济发展,而且对西方思想文化产生了重大的影响。首先,经济自由主义思想得到社会的承认和遵守。亚当·斯密在18世纪提出的自由经济思想为社会所认可和接受。经济学家李嘉图(David Ricardo,1772—1823)在亚当·斯密思想的基础上进一步论述了自由经济对社会发展的重要性。在他的《政治经济学及赋税原理》中,他提出一系列经济主张,其中包括:1.经济个人主义思想。强调财产的私人所有权和自由使用权,认为这方面的权利不应受到干预或侵犯;2.自由放任思想。为了给经济提供一个自由发展的环境,国家的作用应减少到最低程度,主要是维持公共安全,决不可干预经济运行过程;3. 服从自然法则思想。要求人们遵守供求、收益(包括工资和地租等)方面的经济规律,以避免灾难性后果出现;4. 契约自由思想。认为个人拥有订立契约的自由权,包括确定工资和工作时间;5. 自由竞争和自由贸易思想。坚持自由竞争的原则,反对任何形式的贸易保护或者垄断经营。这样的思想对于界定和捍卫工业革命造成的新型社会秩序方面起到了积极的作用,为工业革命向纵深发展起到了推动作用。

其次,工业革命后,西方国家政治和经济自由主义盛行,使得个人主义倾向在社会生活和思想领域占据主导地位。个人在政治和经济上是自由的,一个人的成功被视为是自己努力的结果,一个人的失败也主要责任在自己,与他人和社会没有直接的关系。社会对个人不承担什么责任,也没有什么义务,一切都要靠个人自己。这一思想与达尔文的生物进化论相结合后产生了所谓社会达尔文主义。个人主义倾向对19世纪末西方社会出现的非理性产生影响。

自18世纪下半叶开始发生的工业革命,到了19世纪70年代后进入了第二阶段[①],西方经济发展变得异常迅猛。到了19世纪末,经历了工业革命的西方经济已真正成为全球范围的活动,新市场、新技术,以及海外贸易和投资都在朝着世界性的市场经济发展。西方似乎成了一种无情的世界力量,霸权式的掠夺和统治开始触及全球,世界范围内的争夺预示着即将到来的新世纪将是一个不平静的世纪。

---

① 亦可以称为第二次工业革命。

第十二章

民族主义的胜利

当西方进入19世纪时,由法国大革命掀起的民族主义显然成了社会生活中起主导作用的一种精神力量。我们在论述法国大革命时,曾把民族主义说成是大革命的一大遗产。这样说并不是指民族主义思想是法国人的首创,因为在近代到来之时"民族主义"已经在欧洲出现和生根,而是指它所包含的新内容在大革命期间得到了强调,并在拿破仑时代传播到整个欧洲。大革命主张这样的原则:至高无上的权威来自民族,来自作为一个整体的人民。国家不是统治者私人占有物,而是人民意志的体现。因此,在大革命期间,人们不再效忠于某个地区,某个贵族或国王本人,而是效忠整个国家。国家成为具有感情色彩的"祖国"。民族主义作为一种意识的纽带,常常使一个群体的人们强烈地感到他们都依附在一块特殊的土地上,都拥有一种共同的文化和历史。国家与民族同一,国家等同于民族,民族也等同于国家。这样,民族主义在把"民族"和"国家"结合在一起的同时,为社会提供了一种新的凝聚力,为个人提供了一种归宿感,成为一项值得为之作出贡献乃至做出牺牲的事业。人们不难看出在法国大革命期间,因为"革命的就是民族的,民族的也就是革命的"思想的流行,对民族的崇拜可以说几乎代替了对上帝的崇拜。正如置身于法国大革命的人所表达的:"在1794年,我们不相信任何超自然的宗教;我们严肃的内心情感全部凝聚为一个思想:如何有益于自己的祖国。在我们眼中,其他一切都微不足道。……这是我们的唯一宗教。"19世纪的欧洲见证了民族主义作为一种运动所具有的力量,无论是意大利还是德意志作为一个统一国家的出现都与此联系在一起。国家的经济、实力和影响也由于民族主义思想的作用得到了发展。一个现代意义上的、人们今天所认识的、主要以民族国家为权力实体的欧洲终于出现。民族主义还在随后的 20 世纪传播到世界其他地区,一时间,民族主义解放运动风起云涌,成为 20 世纪世界范围内最显著的运动。当然,在本书中,这已经属于题外话了。

然而,由于"民族主义从本质上说是民族利己主义的"[①],对民族历史和特征的过分强调,民族主义的负面作用也在发展中暴露无遗。由于民族主义表现出一种集团性和部落性的排他主义,常常忽视或践踏个人和少数民族的权利,有时在民族利益的旗号下,驱使本民族的人民走向政治极端主义。此外,对民族主义不恰当的强调还有可能加深各民族之间的新仇旧恨,把人民推进狂热和神话的境界,并给政治输入极端主义毒素,在 19 世纪和 20 世纪造成无数国与国之间的战争和冲突。

不过,无论是是非非,民族主义一经成为气候,注定要影响世界的进程和发展,国家和民族将不可避免地死死联系在一起,西方在 19 世纪的发展实实在在地印证了这一点。

第一节 不平静的法国

法国大革命激起了法国大众的政治觉悟,作为"民族国家主体"的民众第一次有了积极参与政治生活的激情。因此,19 世纪的法国成了一个革命不断、政权反复更迭的世纪。19 世纪最初 15 年是拿破仑时代的法国,拿破仑凭借自己的战争艺术多次打败反法联盟,战果辉煌,一度几乎统治了欧洲大陆。1815 年拿破仑失败后,法国进入波旁王朝复辟时期(1815—1830),政治上不断出现白色恐怖。1830 年 7 月,巴黎发生"七月革命",推翻了波旁王朝,建立了七月王朝(1830—1848)。不过,在这期间法国的社会发展十分迅速。已经在法国出现的工业革命开始起飞,生活的改善与经济增长的需求,不断提出科技新问题,人们加深了对宇宙的认识,科学日益普及。由于大工业的发展、交通运输的迅变以及城市居民快速增长,城市建设工程得以全面展开。但是,法国工业革命尚未完成,民主政体未能牢固建立,法国资本主义尚未彻底取代封建主义,复辟王朝和七月王朝都没有能够解决这个根本的社会问题。19 世纪 40 年代后期,法国遇到了严重的经济问题,由于马铃薯歉收,农业爆发了空前的危机,紧接着,工业也陷入了严重的危机。1848 年,二月革命应运而生,金融资产者的王朝被推翻,成立了"法兰西第二共和国"。初期,人

---

① 钱乘旦主编:《欧洲文明:民族的融合与冲突》,贵州人民出版社,1999 年,第 12 页。

们曾经充满幻想把它看作"人民的春天",但是,资产阶级内部展开了共和派与秩序党的较量,以及秩序党与以总统为首的波拿巴派之间的争斗。发展资本主义经济和完成工业革命,克服混乱的政治局面以及进一步巩固和发展资产阶级政权,所有这些重大的历史使命,迫使法国资产阶级寻求一种更为有效的统治形式,寻找一种强有力的政权。在这种情况下,路易·拿破仑·波拿巴终于进入了新一代政治人物的行列,他的果敢行动引起了法国甚至全世界的关注。1851年12月2日发动政变,路易·拿破仑·波拿巴掌握了政权,成立了"法兰西第二帝国"(1852—1870)。这是他实现帝制的一个极其重要的步骤。经济和阶级的需求成了法国军队与炮舰进行远征的巨大动力。第二帝国时期,法国殖民地面积一下子增加了两倍,几乎遍布世界各地。19世纪50—60年代,由于海外有了更多的原料来源和产品销售市场,法国资本主义得到了迅猛发展。1860年后,法国开始实行自由贸易和对外开放政策,一举改变以往的保护关税政策,推行自由贸易政策。1867年举行的巴黎世界博览会更是极大地促进了商品交易、技术交流、经济发展。然而,1870年爆发的普法战争,使得法国内部矛盾再次激化,拿破仑三世的被俘导致第二帝国垮台和第三共和国的建立(1870—1940)。1871年,巴黎人民举行武装起义,成立了"巴黎公社",但公社由于内部分歧,未能进行有效的社会改革,失去民众的有力支持,后在反革命的军事打击中失败,公社战士有两万余人战死,大批被流放。19世纪80年代,法国进一步在海外扩张殖民势力,侵占了非洲许多国家和亚洲的越南。19世纪晚期,垄断组织首先在冶金业出现,工业结构发生了明显的变化,出现了集中化的垄断趋向。农业也不断面临市场化,并逐渐向商品化过度。

第二节　统一德国的出现

民族主义思潮对德国作为一个统一国家的出现应该说贡献良多。尽管德意志民族早在10世纪就建立起了神圣罗马帝国,在16世纪发起过宗教改革运动,但在1870年前,德国在政治上仍然处于支离破碎的状态,诸侯小国林立,一般有三四十个之多。由于四分五裂,德国长期以来经济落后,国力不支,饱受欧洲列强的欺凌。首先是哈布斯堡王朝控制着德意志的大片土地,德国的皇帝由奥地利的皇帝兼任,法兰克福议会也由奥地利操纵,德意志只能看别人的脸色行事。其次是法国于1806年占领了德意志的莱茵河左岸地区和巴伐利亚等大片土地,大大改变了诸侯割据的德意志历史版图,并终结了历时 800 多年的神圣罗马帝国(962—1806)①。此外,汉诺威则在英国人的掌控之下。1814 年 10 月—1815 年 6 月,欧洲战胜国的君主聚首维也纳。维也纳会议是庆祝打败拿破仑胜利的一次分赃会议。虽然德国也参加了反对拿破仑的战争,但是欧洲列强为了遏制德国,不允许德意志诸侯统一,而由普奥共同统治。

面对长期分裂和落后的状况,德意志一些有民族主义意识之士早已认识到这是旧制度所为,开始产生了改革要求。例如,身为普鲁士首相、著名的改革家施泰因男爵(1757—1831)于 1807 年宣布废除农奴制。这一改革使农民有了人身自由和迁徙自由,可以到城市从事工商业,对普鲁士的经济发展起到了巨大推动作用。与此同时,一种民族复兴的理念在许多知识分子的心里孕育形成。他们呼吁国家统一,结束分裂。他们在思想上进行启蒙,在哲学、史学、诗学、美学等方面探索寻找打击封建世界观的锐利武器。可以说这时的德国要求民族统一的呼声盖过一切。1832 年 5 月,在巴伐利亚的汉巴赫举行了反对内外暴力和要求民族统一的大规模示威活动,参加的人数达两万五千之多。这种大规模的群众运动反映了人们的普遍共识。

在经济上,19 世纪的德意志受到英国工业革命的影响,通过修筑公路、疏通河道、开凿运河、建造铁路改善了交通条件,促进了国际贸易,启动了工业革命在德意志开展的步伐。随着社会、经济的发展,德国的容克(即地主)资产阶级希望能有一个统一的德意志国家、统一的国内市场、统一的法律和统一的关税。然而,由于梅特涅的反动复辟政策,资产阶级不仅在国内没有实现上述要求,在国外交往中也没有统一的国家作后盾,他们甚至不能自称为德意志人,而是称为巴伐利亚人、普鲁士人,或汉堡人等。

1848 年巴黎爆发的二月革命尽管没有能够在法国取得胜利,但在欧洲造成的影响却十分巨大,革命风暴很快席卷欧洲大陆,特别是那些被排除在政治生活之外的自由主义者受到极大的鼓舞,纷纷行动起来,希望通过自己的行动使自己的国家实现统一和独立。当它波及德意志时,首先是西、南部的巴登、符腾堡、巴伐利亚、黑森等邦爆发了大规模起义。3 月 18 日,柏林也举行起义,普鲁士国王腓特烈·威廉四世和王后被俘。这标志着 1848 年革命在德国的出现。自由派人士在全国范围内呼吁制定宪法,建立代议制政府,允许言论和思想自由,反对当局迫害。在民众的压力下,国王答应召开国民议会,放松书刊检查制度,承担促进德国统一的事业。1848 年 5 月 18 日,全德国民议会在法兰克福召开,讨论德意志统一问题。

---

① 参见潘润函、林承节:《世界近代史》,北京大学出版社,2000 年,第 169 页。

但是，会议没有能够使德国统一起来。当威廉四世决意用军队镇压后，革命归于失败。这一事件对德国人影响深远，由于自由主义未能使德国统一，许多德国人把自由主义与失败联系在一起，在随后的近一百年时间内，德国人几乎彻底放弃了自由主义的价值观，而是转向专制主义和强人政治。

因此，当政治强人俾斯麦（Otto von Bismarck，1815—1898）在德国政坛出现后，德国的统一也就水到渠成。俾斯麦出身于贵族家庭，受过大学教育，出任过驻外使节，政治上维护容克资产阶级的利益。当他在普鲁士推行改革时，既不支持"自由主义者"，也不支持"民族主义者"。他首先把自己定位于一个普鲁士人。1862年他出任普鲁士宰相，坚信专制政体是政府的最好形式，能够造就一个统一、强大的普鲁士。俾斯麦对普鲁士的蓝图进行了规划，并对国际形势有一个较准确的估计（这得益于他多年的外交官生涯）。俾斯麦推行的政策并非没有遭到对手的反对，当他的政策与宪法抵触时，他竟声称：宪法不论宗旨何在，绝不是用来颠覆国家的。

俾斯麦可谓是一位杰出的崇尚实力的政治家，主张以实力，特别是军事实力，为国家统治后盾。他认定解决重大问题的最佳办法是军事实力，即所谓的"铁血政策"。在他执政年代，这一政策被运用到了极致。在普鲁士军队强大起来后，他策划了三次战争，以军事实力完成了统一德国大业。1864年，他利用外交手段联合奥地利挑起对丹麦的战争。1866年在对丹麦的战争结束后，为摆脱奥地利的统治，在瓜分战利品问题上故意与奥地利发生争执，以致顺理成章地发动了一场被称为"七周战争"的普奥战争，不仅轻而易举地攫取了胜利果实，还孤立了奥地利，巩固了莱茵河以北地区。4年后的1870年，俾斯麦再次运用外交手腕，挑起普法战争，并巧妙地使南德意志地区站在自己一边。这时的普鲁士军队更加强大，法国军队根本无力还击，也没有任何国家向法国提供援助，这样，以法军失败、拿破仑三世被俘结束了战争。1871年1月18日，德意志帝国在巴黎郊外凡尔赛宫的镜厅宣布成立。法国不仅要赔款50亿法郎，还要割地阿尔萨斯地区给刚刚宣布成立的德国。

俾斯麦在德国统一后，对外仍提防宿敌法国，并努力防止欧洲其他大国联合对德国造成威胁；对梵蒂冈则采取的是既斗争又联合的策略。对内，俾斯麦从维护帝国利益出发，不论是来自右的方面还是来自左的方面，只要有可能对帝国利益造成伤害的言行，他一概反对。如，当社会主义思潮力量日益强大时，他想到了巴黎公社，于是，他不惜一切去扼杀社会主义力量。但他同时深知光靠镇压的政府一定是个无能的政府，于是，他领导的政府对社会主义思想中的合理部分进行吸收，在德国实施一些福利制度，对失业、病残事故等实行保险制度，这就大大缓和了国内的劳资冲突,有利于国家的稳定和发展。

由俾斯麦一手创建的德意志帝国,史称第二帝国。这是一个真正降服诸侯,具有统一政体的国家。统一后的德国,工业发展迅速,国力明显增强,到19世纪末,德国的国民生产总产值占世界总额的15.7%,仅次于当时的美国。走向强大的德国与欧洲列强一样开始扩大自己的殖民势力,不仅扩大了在非洲的存在,兼并了太平洋中的一些岛屿,而且占领了中国的胶州半岛,并将整个奥斯曼帝国置于它的势力之下。

不过,由于德国主要是依靠军事手段取得统一和走向强大,崇尚军国主义和对武力的崇拜成为19世纪德国的政治遗产。爱国的人们相信凭借军事力量,帝国不仅可以建立,而且可以扩展。正因如此,尽管德国制订了帝国宪法,成立了帝国议会,但民主政治在统一的德国从来没有真正扎根。正如1888年即位的威廉二世皇帝所说:"是军人和军队,而不是国会的多数,建成了德意志帝国——我的信任是放在军队上面。"[①]到了20世纪,德国的这一政治遗产在把德国推向强大的同时也把德国和世界引向灾难。

民族主义在德国的胜利应该说对欧洲的发展和未来影响巨大,改变了欧洲大国的格局,在把德意志第一次建成一个统一的现代化国家的同时,为20世纪欧洲的大规模冲突埋下了祸根。

第三节 俄国的崛起

尽管俄罗斯在19世纪的崛起有着特殊的背景,但是,俄罗斯民族主义仍然在这一过程中发挥着巨大的作用。经过彼得一世力图接近西方的改革及其后继者叶卡捷琳娜二世的开明专政,俄罗斯在进入19世纪后已经成为欧洲政治舞台上一个举足轻重的大国。伴随着反拿破仑卫国战争的胜利,俄罗斯民族的自信心得到了加强,同时俄罗斯作为一个民族和国家越来越多地把目光瞄准西欧,更加不由自主地向西方靠近,西方的文化越来越多地为俄罗斯,特别是它的上层所崇尚和接受。叶卡捷琳娜在1767年诏书中所宣告的"俄罗斯是一个欧洲国家"的诉求得到了真正的实现。正是在这一意义上,人们把19世纪的俄罗斯开始视为西方社会的一员。与此同时,在欧洲启蒙思想的影响下,俄罗斯贵族军官的秘密组织中开始有人酝酿着改造俄国的纲领,其基本要求是废除专制制度,实现政

[①] 海斯等:《世界史》(中册),中央民族学院研究室译,生活·读书·新知三联书店,1975年,第1001页。

治自由。这导致 19 世纪俄国历史上两次重大政治事件的发生。一是 1825 年由贵族自由派发动的十二月党人起义。这是俄国历史上第一次有组织、有纲领的反对沙皇专制和农奴制度的武装起义,被认为是俄国反封建革命运动的新起点,从而开始了俄国社会转型的"发酵"过程。十二月党人的政治思想基本上来源于法国大革命时期所弘扬的资产阶级政治自由学说,而其经济思想则明显带有亚当·斯密等自由主义学者的理论痕迹。从这一点出发,人们不难看出西方思想对俄国人的影响,因此,十二月党人的运动成为 19 世纪俄国出现的一场解放运动,他们的思想影响着后来的先进分子。如果说革命民主主义者发扬了他们的斗争精神,那么自由主义者更多的继承了他们的理论观点。从俄国社会思想的发展历程来看,十二月党人是俄国资产阶级自由主义的先驱。十二月党人运动加速了民族自我意识的增长,对农奴制度和专制制度的态度是思想斗争的核心问题。19 世纪 30 年代,那些关心国家命运和前途的俄国人形成两大相互对立的流派——斯拉夫派和西方派。斯拉夫派把俄国政治历史和俄罗斯民族性格加以极端理想化,对俄国传统文化的独特特征给予极高评价,认为俄国文化优越于西方文化,农村公社是民族精神的集中体现。在斯拉夫派的观点中,保守主义(信仰俄罗斯发展的独立道路)和进步思想(不接受农奴制度)同时并存。西方派则认为俄罗斯应当向西方学习,掌握欧洲科学和启蒙运动的成果,走西方文明发展之路。他们是资产阶级变革的拥护者,认为资产阶级变革可以通过改革来实现。分歧产生的根本原因在于对民族独特性与人类共同文化因素之间的矛盾的不同认识。当时别林斯基和赫尔岑也被视为西方派,他们参与了西方派对斯拉夫派的思想斗争并在辩论中提出自己的革命思想。

  19 世纪俄国发生的另一次重大政治事件是由 1855 年登基的沙皇亚历山大二世于 1861 年颁布解放农奴的法令而开始的资本主义性质的改革。这一改革使两千多万农民程度不同地"摆脱"了法律意义上的农奴依附地位,促进了商品经济的发展,客观上为资本主义经济的发展提供劳动力、市场和资金,是俄国历史发展的一个转折点。与此同时,改革还涉及俄国的军事、司法制度和自治。但这种由俄国封建统治阶级被迫实施的改革并不彻底,地主土地所有制仍居绝对主导地位。1881 年这位大力实行改革的沙皇遇刺身亡,继位的沙皇亚历山大三世转而实行严厉的专制统治。他推行的俄罗斯化意味着对非俄罗斯民族的镇压。譬如,沙皇亚历山大三世的政府以刺杀事件为由对因俄国版图扩大而生活在俄国的犹太人进行集体迫害,导致数百万犹太人逃离俄国,其中绝大多数前往美国和以色列故土,造成了现代历史上犹太民族的最大迁徙运动。受到迫害的还有波兰等民族。尽管如此,此时的俄国仍然比以往任何时候都更加紧密地靠拢西方,竭力利用西方资本实行工业化。

从文化史的角度出发,19世纪显然是俄罗斯文化大发展、大变化、大结果,并产生重大影响的一百年,是俄罗斯文化创造力爆发的辉煌时代。在这一百年间,俄罗斯涌现出一大批天才人物和文化巨匠,在实现俄罗斯文化自我表述的同时,为世界文明奉献出了思想巨著和文艺精品。但与此同时,俄罗斯的发展又不同于其他西方国家,作为一个位于欧亚结合部和介于东西方之间的国家,它始终游离在东西方之间,东方专制主义的传统始终根深蒂固,二律背反的特征始终影响着它的发展。这在20世纪终于使其在大部分时间脱离西方,但最终又极力向西方靠拢,成为一个世界难以把握的国家。

第四节 欧洲列国

民族主义在19世纪还见证了现代意义上西方阵营其他各国的出现。应该说,西班牙是欧洲一个"老牌"统一国家,早在1492年就完成了国家的统一。16世纪曾经是世界最早的殖民大帝国,拥有的殖民地遍布欧、亚、非、美。不过,到了19世纪西班牙的风光已大不如前,逐步沦为一个普通国家,不过,在南欧地区仍然具有举足轻重的地位。

欧洲低地地区在19世纪以和平的方式完成了目前人们熟悉的三个国家:荷兰、比利时、卢森堡的建设过程。北欧也在19世纪基本完成了民族国家的建设过程,丹麦、瑞典、挪威均以独立国家的面貌出现。

然而,意大利的统一似乎步履艰难。从地理位置出发,意大利是古罗马的发源地,也是古罗马文化的继承者。然而,自从罗马帝国灭亡以来,意大利一直处于分崩离析的状态,城邦国、封建诸侯自立山头,各城市主要自治形式存在,虽不时有联合,但是各自为政始终是社会主流。加上教皇对社会的影响,无论是君主和世俗体制都难以长久。因此,在长达一千多年的时间内,意大利只是一个地理的名称,从未出现过一个统一的国家。16世纪至18世纪的意大利更是先后成为已经形成民族国家的西班牙、法国和奥地利鱼肉的对象,没有人认为意大利有可能成为一个统一的国家。

法国大革命最先打破了意大利的僵滞状态。1796年为了打击奥地利,拿破仑的军队进入意大利,在意大利推行资本主义改革,废除了一系列封建制度,建立起了若干新型共和国。后将意大利北部的"阿尔卑斯山南共和国"改名为"意大利王国",由拿破仑自任国王。由于拿破仑的失败,欧洲列强在重新安排欧洲的维也纳会议上拒绝了意大利的独立要求,旧的封建势力卷土重来,政治制度倒退,意大利重新陷入小国割据的分裂状态。奥地利乘机卷土重来,重新成为该地区主宰,在意大利地区实行残酷的镇压。1848年在整个欧洲掀起革命高潮之际,意大利开始出现联合反对奥地利的民族起义。然而,起义以失败告终,奥地利继续统治着该地区。1859年,意大利与奥地利进行了一场可以被视为民族统一的战争。战争的结局是意大利实现了初步的统一,只有威尼斯仍然在奥地利手中,罗马地区为教皇国所有,不受新近成立的意大利王国掌管。

1866年,普奥战争爆发,意大利与普鲁士结盟对奥地利宣战。奥地利战败后,意大利获得了对威尼斯的主权。但教皇国仗着法国军队保护,坚持保持独立,不允许意大利将罗马作为首都。1870年,普法战争爆发,为了应付战争,法国从罗马撤军,意大利政府乘机对教皇下了最后通牒,随后进军罗马,占领了教皇国。后经公民投票,教皇国与意大利合并,教皇只获得面积不足一平方公里的梵蒂冈作为自己的栖身之所,管理天主教自身的事物,彻底丧失统治社会的世俗权力。意大利因此成为一个世俗国家。1871年,意大利的首都从佛罗伦萨迁至罗马,至此,意大利终于完成了整个半岛的民族统一进程,千余年来第一次作为一个统一的国家出现在欧洲大陆。

在19世纪结束之际审视西方,应该说,18世纪末提出的"欧洲列国"概念得到了实现。人们看到的已经是一个我们今天所熟悉的、以国家(民族)利益为核心的、实行民主政体的、工业化了的现代社会。然而,这样一个社会的未来和前途是什么呢?不可否认,民族主义是现代化进程的一个组成部分,是许多国家步入现代化的一种手段,国家的现代化往往是在民族国家出现之后,然而,当民族主义大行其道,每个国家都力求树立自己的独特形象,并在此基础上追求自身的利益,走向极端化也就很难避免。正如有学者云:"民族主义不仅是协调国家内部关系的意识形态工具,还成为这些国家政治扩张的支柱。"[1]20世纪的历史不幸验证了这一看法。

---

[1] 彼得·李伯庚:《欧洲文化史》,赵复三译,上海社会科学院出版社,2004年,第455页。

第十三章

从浪漫到现实

19世纪的西方文艺呈现出一种全新的样式,经历了从浪漫主义到现实主义的不同阶段。浪漫主义和现实主义的分别出现和流行极大地丰富了西方文艺的内涵和表现形式。正是在这一世纪,普通人的日常生活开始为艺术家所真正重视,并在艺术中得到形象生动的反映。也正是在这一世纪,现代都市生活逐渐成为西方社会生活的主体,文艺从为少数人拥有和品味的圈子走入了社会民众的生活。文学由于对生活贴近的描写和人们受教育水平的提高有了越来越多的读者,艺术画廊和美术馆吸引了大批观众,普通民众开始与文学艺术结缘,文学艺术开始真正成为人民大众所喜闻乐见的艺术样式,文学艺术大众化的历程开始,艺术家也有了真正自我表达和表达自我的自由。19世纪的西方文艺从浪漫开始,在现实中实现了自己的高潮。尽管到了世纪之末,文艺的前景发生了无法预测的变化,但是,人们在回忆和总结时仍然无法忘怀这一从浪漫到现实的发展线索。

第一节 浪漫主义

18世纪席卷欧洲启蒙运动的直接结果,除了在政治上导致一系列民主思潮和法国大革命的出现外,还在文化领域造成了一种新的文化倾向——浪漫主义在欧洲的兴起。

需要指出的是,浪漫主义一词的含义极其广泛,在论述之前,需要对之作一基本界定。本章所指的浪漫主义并不是广义上的浪漫主义,也不仅仅指浪漫主义风格,而是作为启蒙运动以后在欧洲出现的一种文化思潮,对文化的各个方面都产生影响的思潮。尽管这一思潮主要表现在文学、绘画、音乐等文艺领域,但它对哲学和政治思想的渗透也是不容忽视的。

浪漫主义作为一种主要文艺思潮,于18世纪末开始出现,并在19世纪前半叶形成风气盛行于欧洲各国,成为当时欧洲文化生活的主流。文艺上的浪漫主义以强调人的个性和情感为主要特征。它的出现尽管可以被视为是资产阶级上升时期对个性解放的要求,但更多的是对启蒙主义理性思想的一种反思和修正,是在理性的基础上更多地关注人的激情和个性,以求实现人性的真正解放和自由。

浪漫主义对启蒙主义理性思想的反思和修正主要表现在以下几方面:

浪漫主义者声称启蒙思想家把有血有肉的人变成了没有灵魂的机器,把生机勃勃、千变万化的自然视为毫无生气的、在自然法则下按照一定规律运转的轮子、齿轮等。理性的统治使人与其情感的分离,妨碍人性的正常表达,特别是人的激情的流露,在理性的压制下人变得"冷漠"和麻木不仁。为了恢复人类的真实本性,为了使人成为一个完整的人,有必要将人类从理性的"统治下"解放出来,使人类的情感得到流露和表达。浪漫主义在宣告人的个性先于一切的同时,实际上是以强烈的激情和想象回敬了冷酷的理性王国。

启蒙思想家把人的大脑视为一块"白板",认为人的知识是大脑通过感知外部世界刻在这块板子上的印象而获得的;而浪漫主义者,尽管也承认感性经验的重要性,但坚持认为固有的感受具有遗传性,是先天存在于大脑之中的,正是这构成了一个人的自身独特的个性。这样,在浪漫主义者看来,知识便成了固有感受与外在感知的双重产物。浪漫主义通过对遗传性的强调,称颂了民族的过去,与19世纪流行的民族主义联系在了一起。

与启蒙思想家一样,浪漫主义者也以人和人性为关注焦点。但不同的是,启蒙思想家关注的是整体意义上的人和为所有人共同分享的人性特征,而浪漫主义者所强调的是人的独特性,即将这个人与那个人区分开来的独特性。浪漫主义者认为每一个人都渴望发现和表现真实的自我。每一个人演奏的都是自己的曲子,每一个人写的都是自己的诗歌,每一个人画的都是自然在自己头脑中的印象,每一个人都是以自己的方式经历爱情和痛苦。对于人的个性化,卢梭在其《忏悔录》的开场白中说得再明白不过了:"只有我是这样的人。我深知自己的内心,也了解别人。我生来便和我所见到的任何人都不同;甚至我敢自信全世界也找不到像我这样的人。假如我不比别人更好的话,至少我和别人不一样。"①

---

① 卢梭:《忏悔录》,黎星、范希衡译,人民文学出版社,1982年,第一章。

启蒙运动的思想家认为人类可望以大致相同的方式对环境做出反应,浪漫主义者则坚决不同意这种观点,声称不同的人的反应是存在差异的。

启蒙思想家把人的情感看成是清晰思考的障碍,最好能加以克服,但对浪漫主义者来说,情感是人的本质。浪漫主义者声称人不能单凭理性生活,生活不能缺少激情。他们认为过分强调理性就无法理解或表达人性的复杂性,也无法揭示和反映人生经历的丰富性。

浪漫主义者宣称,理解自然的最佳途径不是理性,而是感觉,甚至认为,揭示大自然中最重要奥秘的手段不是数学家的逻辑思维,也不是科学家的理性思维,而是诗人的想象,是艺术家的想象。人们有权根据个人对自然的反应自由地阐释自然。浪漫主义诗人对自然的描写是这一观点的最好阐释。

鉴此,文艺上的浪漫主义所要传达的中心思想是个人的自由想象应该决定一件艺术创作的形式和内容。这一观点与启蒙运动所宣扬的理性主义正好相反。启蒙思想家对信仰的抨击是因为信仰扼杀理性,歪曲理性;而浪漫主义诗人、文学家、艺术家之所以抨击启蒙思想家的理性主义是因为在他们看来理性主义扼杀激情、自由、个性,阻碍人的创造力的发挥。

毋庸置疑,资产阶级革命的胜利,资本主义秩序的建立直接为资产阶级个性的产生提供了良好的温床。资产阶级个性自我意识的发展构成了浪漫主义文学作品不断产生和深受欢迎的社会基础。

如前所说,浪漫主义作为一种文艺思潮涉及面很广,不过,本章以下涉及的主要是浪漫主义在文学、艺术、音乐领域的种种表现。

浪漫主义文学

浪漫主义文学在其发展过程中形成了自己的一些特征。其中最突出、最本质的特征是它的主观性,即偏重表现主观精神,抒发强烈的个人感情。浪漫主义文学一般不喜欢如实地描写现实生活,而偏爱表现作者个人的主观世界、个人对事物的内心反应和感受。由于浪漫主义文学家注重抒发个人的感受和体验,他们的作品带有鲜明的感情色彩。

浪漫主义文学的另一个重要特征是对大自然的歌颂和对城市文明的诅咒。浪漫主义作家对大自然有着强烈的爱,奇异的大自然或远方的异域世界往往是他们寄托自由理想之所。不论是作为单单一朵花还是一座山脉,当自然直接对感觉造成印象时,都是浪漫主义者歌颂的对象。他们在"回归自然"号召的感召下,着力描绘自然界的景物,抒发对大自然的感受,人类赖以生存的自然成为他们精神上的主要寄托。

浪漫主义作家基于对民族过去的重视和强调,对中世纪带有神秘色彩的历史和丰富多彩的民间传说、民歌、民谣极感兴趣。对于生活在18、19世纪的人们来说,中世纪的民间文学不仅具有浪漫性,而且具有传奇色彩,因此,很多浪漫主义作家成为民间传说的收集者,更多的人则对民间文学进行加工,利用民间文学的题材进行创作。这种对民间文学的重视造成了欧洲各国人民民族情结的加强和流行于19世纪欧洲社会的民族主义思想的大发展。

浪漫主义作家还极力反对古典主义的教条和陈规,要求个性解放和绝对的创作自由,与古典主义文学追求静穆、朴素、和谐、完整的审美理想相反,浪漫主义文学强调从生活的瞬息万变、精神的千变万化以及富于特征性和神秘意蕴的各种奇特现象中反映生活和揭示美。这样,大胆的幻想,奇特的情节,夸张的形象,鲜明的色彩,异域的情调成为浪漫主义文学通常具有的特征。在诗歌格律方面表现出舒展、自由和富于音乐性。在创作中,采用多种多样的体裁形式:抒情诗、抒情叙事诗、以神话传说为题材的戏剧和历史剧。在表现手法上,浪漫主义作家喜欢用夸张和对比的手法,以达到形象鲜明和给人以强烈印象的效果。浪漫主义作品多具有华丽的辞藻和丰富的比喻的特征也就不足为奇。

法国著名作家雨果在其剧本《爱尔那尼》序言中提出了"浪漫主义,归根结底是文学中的自由主义"的观点,引起了浪漫主义者和古典主义者的激烈争论。争论的结果标志浪漫主义在欧洲文坛上的胜利。

由于欧洲各国政治、经济发展的不平衡和文化传统的差异,浪漫主义文学在各国的出现时间,表现形式,以及发展方向都不尽相同。

浪漫主义艺术

浪漫主义艺术的出现与浪漫主义文学出现的原因不尽相同,它是在与学院派古典主义艺术的斗争中发展起来的。浪漫主义艺术与古典主义艺术之间的对立与斗争主要表现在:古典主义绘画理论的基础是古希腊罗马雕塑,因而尊重纯理性的抽象描写,重类型化的表现,推崇古典法则与庄重的形式,强调以雕塑般的造型和准确严格的素描作为主要表现手段。为了强调构图的均衡稳定,几乎只采用水平和垂直线条。而浪漫主义则主张具体的、有特征性的和情感的传达,特别强调画家个人情感在画中的表露和作品的个性化,试图通过热情奔放的自由描绘,丰富变化的构图,光和色的强烈对比,流畅、独特的笔触创造出一种激动人心、给人以心灵震撼的画面。因此,在构图上,浪漫主义有意破坏画面的稳定感,有意破坏工整原则,以运动代替稳定,以粗放代替工整。浪漫主义艺术家往往是色彩大师,而不像古典主义画家那样把素描作为造型艺术的根本,因此色彩被当作表达情感的最重要手段。浪漫主义绘画作品大多鲜艳明亮,色彩对比强烈。

西方19世纪出现的浪漫主义艺术首先在绘画领域表现出来。法国画家席里柯(Theodore Gericault,1791—1824)是浪漫主义绘画的先驱人物。他从小就对绘画感兴趣,由父母送至艺术之都巴黎学艺,先后师从维尔诺和葛兰。然而,席里柯最为崇拜的画家是鲁本斯,鲁本斯绘画中的惊心动魄的场景和缤纷的色彩强烈地吸引了他。随后,他开始了在绘画风格方面的探索,大胆地对形和色进行新的实验,从而揭开了法国浪漫主义艺术的帷幕。他创作的《骑兵军官在冲锋》《古罗马的野马赛》开始表现出强烈的色彩和富有动感的场景,具有浪漫主义气息,而他于1818年完成的经典之作《梅杜萨之筏》可以说是浪漫主义艺术的真正先声。

《梅杜萨之筏》展示的是一幕悲壮追求生存的画面。尽管它是一幅浪漫主义作品,却直接取材于法国社会发生的真实事件。1816年7月2日法国战舰"梅杜萨号"在海上触礁遇难,贪生怕死的贵族船长和一些长官竟首先登上救生艇逃生,置140多名船员的生命而不顾。这些船员靠一个临时拼组起来的木筏在海上漂流,设法保存生命,在漂流了13个昼夜后最终获救,但由于漂流时间太长,和缺少食物和淡水,只有15余人生还。事后法国政府有关部门为了保全船长名声,严禁声张。不过,事故的真相最终被披露,在法国社会引起极大反响,激发了画家席里柯的创作冲动。

席里柯的《梅杜萨之筏》

席里柯是个一向对古典主义不满的年轻画家，由他打破古典主义束缚也就十分自然。他在构思这一作品时前后用了18个月的时间，反复构思创作，几易其稿，才完成这幅被他起名为《梅杜萨之筏》的大型油画。在这幅画中，画家以艺术家的激情，大胆跳出图解事实的局限，以独特的想象和浪漫激情构思出经过13天的搏斗，木筏上精疲力竭的幸存者正处在绝望的时刻，突然发现了远方的海平面出现一条航船的影子，一线生机的降临所引起的木筏上生命的跃动，幸存者组成人架，使出全部气力向远方发出求救信号的瞬间场面，从而在表达人奋力求生的坚强意志的同时，赋予了作品永恒的生命力。

最终呈现在观赏者面前的《梅杜萨之筏》画面彻底打破了古典主义偏爱水平和垂直线的传统，随波涌起的木筏是倾斜的，呈V形，木筏上突起两个对着不同方向的三角形，人架是向前倾的三角，桅帆是向后倒的三角，相反的方向造成一种紧张感。在色彩使用上，画家抛弃了古典主义强调的光线要柔和和均匀的规则，而是采用强烈的明暗对比，使得人物显得形体突出和起伏动荡。沉重的云层和沉重的海浪增加了紧张和窒息之感，而远方海天交界处的明亮又给人以希望。

《梅杜萨之筏》人物的刻画显然摆脱了古罗马雕刻式的标准造型，而赋予每个人以个性和不同的姿态。木筏的左边一组以父亲哀悼死去的儿子为中心，连同仰躺着的尸体构成一个局部整体。在歪斜的桅杆右边有另一组人，他们处于阴影之中，人物面目表情不清，只有一人在用左手指向远方的海平面，侧脸在向同伴说话。在画面的右上方是众人组成的人架，一个被人拥立在木桶上的人挥臂呼救。这是一个上升的金字塔形，有层次地把人们从死亡、绝望、挣扎升华到希望得救的激情上。整个画面扣人心弦，给人起伏跌宕之感。值得指出的是，画家让一个在当时被看作"低贱"的黑人作为第一号人物和画面的视觉中心，显示了画家的民主精神。人们在观看他那举起红色的衬衣发出求救信号的手臂时，心一定和画中人的心一样飞向远方。

在《梅杜萨之筏》中，构图、光线、色彩、人物的形态表情表现了画家丰富且浪漫的想象力。毫无疑问，这种浪漫的想象是建立在对现实深入认识的基础上，是与积极的人生理想结合在一起的。凡是观看了《梅杜萨之筏》的人无不察觉到它所表现的已经不是古典主义所推崇的那种平静、稳定、均衡、柔和，取而代之的是浪漫主义所追求的奔放、激荡、个性、冲突。正是在这意义上，《梅杜萨之筏》被视为是向古典主义宣战的宣战书，是浪漫主义绘画的里程碑，为浪漫主义登上西方画坛开辟道路的前卫之作。在这之后，浪漫主义绘画在欧洲风起云涌。

德拉克洛瓦（Engene Delacroix，1798—1863）是继席里柯之后又一位法国著名浪漫主义画家。他的绘画艺术集中了前辈大师的长处，在法国艺术史上具有承上启下的作用,表现了巴黎的整个生活方式。他与安格尔的激烈争论,充分地反映了那个时代的文艺发展方向。后来,德拉克洛瓦从席里柯的《梅杜萨之筏》及其他画家的作品中,从文学的演变中,敏锐地感觉到了文化气候的变化,于是他积极投入了浪漫主义的革新运动,在美术领域举起了浪漫主义的大旗。他在绘画方面彻底摆脱了古典主义束缚,成为浪漫主义艺术运动的最伟大的大师级人物。他一生创作甚丰,留下尽万件作品,由于他的作品充分表现浪漫主义激情而被人们称为"浪漫主义狮子"。

德拉克洛瓦的第一幅重要作品是《但丁的渡舟》,这幅画取材于《神曲》第一部《地狱篇》,描绘了一幅气氛紧张压抑、阴森恐怖的场景,从而曲折地反映了当时人的处境和情感。在他的一系列绘画中,《自由引导人民》是最具浪漫主义色彩,同时也最具声名的一幅作品。该作品原名为《1830年7月28日》,系根据发生在这一天的历史事件而命名。画家大胆运用了浪漫主义的幻想手法,将画面中的中心人物描绘成一个神话式的人物——一位象征法兰西的半裸"自由女神",她头戴弗吉利亚帽,左手拿枪,右手擎起三色国旗,引导着人民在战火中前进。女神的神态端庄而果敢,表现出正义和必胜的信念。紧随其左右前后的是工人、市民、知识分子和

德拉克洛瓦的《自由引导人民》,用女性象征祖国是
18世纪以来西方文化的传统

孩童。他们手持武器，毫无顾忌地在炮火中前进。在硝烟弥漫的背景中隐约出现巴黎圣母院。尽管该画被视为是一幅反映历史事件的作品，是法国反对王权复辟的"七月革命"的真实记录，但充分表现出了浪漫主义的特征。画面上的主要人物并不多，由于相互掩映，有实有虚，再加上弥漫硝烟，给人以一种宏大场面之感。人和物界线的虚写还在画面上产生了一种"气氛"，不仅增强了战场的实感，还有助于运动感和情绪的表达。这是浪漫主义派在西方绘画上首创的一种艺术手法。战斗的激烈气氛由艺术家巧妙地运用加重的红、蓝色而得到加强。强烈的光与影所造成的戏剧效果和炽烈的色彩则给观赏者留下深刻的印象，使之成为法国大革命的象征。

德拉克洛瓦还是第一位对色彩做专门研究的画家。他努力寻求色彩的法则，发现在阴影中白色会变成淡紫色，如果将两者混合起来就会变得混沌，而把两者并列，则会变得鲜亮。而这种光与色的关系正是日后印象派绘画所热衷的课题。德拉克洛瓦其他的著名作品还有《希奥岛的虐杀》《萨达纳巴尔之死》《阿尔及尔的女人》等。

法国另一位浪漫主义艺术家是吕德（Francois Rude，1784—1855）。他被人们认为是这一时期雕塑方面的代表人物。在艺术创作中，他

吕德的《马赛曲》浮雕

摈弃法国雕刻界流行的形式主义，提倡富于动势和激情的浪漫主义风格。《系飞鞋的墨丘利》《那不勒斯渔童玩龟》等是其早期作品，已经表现出浪漫主义特征。他的代表作是镶嵌在巴黎凯旋门上题为《马赛曲》（原名是《1792年义勇军出征》）的浮雕。

这是一幅以1792年法国人民保卫共和国的斗争为题材的作品。由于作品是作为镶嵌在凯旋门上的装饰，需要稳定和完整，与建筑物求得统一是必需的，但作为法国大革命的一座纪念雕塑作品，又必须具有雄壮的气概和表现起义军队前进的动感。艺术家以革命军出征为画面的构图内容成功地解决了稳定与动感之间的矛盾。作品上所表现的队伍不是从右方走过来，而是从墙的深处走出来。正面走出的是右方戴盔持盾的老年士兵，他手中盾牌的弧线外形起到了把群像包起来的作用。中间的有须的壮士带着自己的儿子阔步前进，他们已转了一个90度角，改

为从右向左。走在他们前面的是两个青年战士。一个在弯身压弓,另一个转身吹号。他们的姿态把前进的动作自然收了起来,表面给人走出墙外的感觉。在出征军队的上方是一个急速飞驰着的女子雕塑,具有《自由引导人民》中女神的形态和作用,只见她右手拿剑指向敌人,左手号召着人民前进,她那有力的动作和奔放的热情正是当时革命热潮的体现。虽然作品上出现的人物并不太多,不过,由于艺术家的独特表现手法,整个作品给人以一种强烈的运动感和千军万马的气势。作品在细节上符合古典传统,但在感情上却是浪漫豪放的。整个群像如一个完整的徽章和谐地镶嵌在凯旋门中间,实现了作品与环境的高度统一。

卡尔波(Jean Baptiste Carpeaux,1827—1875)是法国另一位浪漫主义艺术家,在创作初期曾受到吕德的影响,他的作品体现了与学院派雕刻相反的协调感和多样性,成为罗丹雕刻艺术的前奏。《乌戈利诺和他的儿子们》使他一举成名,这件作品洋溢着朝气蓬勃的浪漫主义情趣。19世纪60年代末,他为巴黎歌剧院正面设计制作了群雕《舞蹈》,一群裸体的男女随着有节奏的鼓点欢歌狂舞,表现了青春的活力,成为轰动一时的艺术精品。

在欧洲浪漫主义艺术史上,西班牙画家戈雅(Francisco de Goya,1746—1828)具有重要地位,是一位在思想和技法两个方面打破18世纪传统的先驱艺术家。他是继委拉斯凯兹之后,西班牙艺术界涌现出的又一位艺术巨匠。他出生在西班牙一个艺人家庭,但入道较晚,步入画坛的经历与乔托类似颇有几分传奇色彩,早年放荡不羁,后成为宫廷画师。他是在研究委拉斯凯兹作品之后开始形成自己的风格。《阿尔巴公爵夫人像》《查理四世一家》《着衣的玛哈》等是他具有影响的作品。《1808年5月3日:枪杀马德里保卫者》是他作品中最独特并享有盛名的一幅作品。该画反映的是拿破仑军队入侵西班牙、对西班牙人民的反抗斗争进行无情镇压的历史,画面表现的是西班牙起义者被法国侵入者俘获后遭枪杀的一个壮烈场面。作品选择了一队冷酷的行刑士兵举枪对准起义者正准备扣动扳机的瞬间。构图是按照对角线配置的,为的是用饱满的空间来加强画中事件的现实感。面对枪口的起义者没有丝毫贪生怕死的表现,一副宁死不屈的气概,有的只是对敌人的愤怒和仇恨。那位身着白衫的英雄正带着这一气概、伸开双臂(这一动作对于西方人来说具有受难耶稣的寓意)迎接罪恶的子弹,表现了大无畏的英雄主义精神。背景是昏暗天空,马德里皇宫附近的太子山隐约可见,光和影交错,长地面方形灯射出的光在不安地闪烁,整个画面充满悲壮的激情。画家把事件发生的时间处理在夜晚,是有其特殊意义的。遭枪杀的起义者由一束强光照亮突显,而在他们的对面是一排立在暗处、不见人脸的杀人刽子手,显然,他是用明暗对比象征着正义与邪恶的较量。更为突出的是该作品所具有的令人震撼的真实性。这样的真实性在当时是一种新的东西,它使得对个别事件的描写具有了世界性的艺术价值。就这样,戈雅作为平民崇高风格的创造者展示自己的独一无二。

西班牙画家戈雅的《1808年5月3日:枪杀马德里保卫者》

浪漫主义绘画艺术深受艺术家罗梭(Theodore Rousseau,1812—1867)"回归自然"思想的影响,其结果是使得欧洲画坛出现自然风景画派并发展成为时尚。罗梭本人不仅在思想上倡导"回归自然"而且身体力行,直接参与自然风景画的创作,他的《林中》被视为抒情风格风景画的代表作。

在自然风景画画家中,英国的康斯太布尔(John Constable,1776—1837)和透纳(Joseph Mallord William Turner,1775—1851)既是先驱,也是有影响的人物。他们对大自然有着炽热的情感,在捕捉大气、空间和色光方面创造了一种动人的表现技巧,给欧洲的风景画开辟了一个新天地。

康斯太布尔可以说是一个乡土画家,一生主要在乡村度过。对自然景色的接近和对乡村和自然的热爱使得他在绘画时总是以自然为对象来抒发自己的情怀。大自然本身固有的色彩,如碧绿的草地,明亮的蓝天,银白的云彩,最先在他的画中出现。他的代表作《运草车》是其风格的最佳体现,英国乡村的景色得到了抒情般的表现。一条小河从村舍穿过,河水在村舍前形成了宽阔的浅滩。一辆运草车正涉水而行,车上坐着两个农夫。水流的右边是绿草悠悠的开阔牧场,而左边是一座古朴的农舍。红砖农舍的背后是高大的乔木,林木的色彩层次丰富,原野辽阔而深远。天空涌动的云彩使得整幅画洋溢着蓬勃的生气。在康斯太布尔之后人与大自然的关系得到了彻底的改变。以风景为点缀的古典主义被取代,随之而来的是带有激情的风景,画中有人物出现在这里已不再是必不可少的了。

透纳的《暴风雪中的汽船》

以画海洋著称的透纳年轻时便已成名,从艺术气质上看,他更富于热情和想象,追求视觉感受可以说是他绘画艺术的特色。在西方风景画家中,透纳可以说是有意识地把诗意与绘画结合起来的画家之一。在他的画中大自然与人,特别是与人造物体,融合无间。其纵横驰骋的笔触在画布上勾勒出的仿佛不仅仅是反映大自然的画面,而且是歌颂大自然生命力的交响曲。他的名作《暴风雪中的汽船》突出表现了画家对光、运动和气氛的追求。在这幅画中,透纳用黑、白、青、黄等色挥扫出海上暴风雪的景象,汽船则颠簸在山峰般的巨浪之间。人们根本看不清楚那只在风雪浪花中翻滚的汽船是什么样子,唯一感觉到的是水天交混,光影错杂,大自然愤怒时的威力令人心惊目眩。在这种逼人的感性力量中传达出画家强烈的情感,而这正是浪漫主义艺术所要追求的一个方面。

在法国,自然风景画的代表群体无疑是巴比松派。他们人数众多,在画坛上形成气候,具有较大的影响。巴比松派画家出于对十里红尘的巴黎生活和学院派垄断的沙龙聚会的厌恶,来到巴黎近郊的自然风光优美的巴比松村进行写生作画。他们把自然奉为艺术取之不尽的源泉和自己的信仰。他们就是怀着对自然的这种热爱去表现自然。同时,他们在描绘自然时追求抒情,追求诗意,努力表现自身的感情和理想,试图达到心灵和自然的和谐,因此,他们的画呈现出浓郁的浪漫主义风格。法国最为著名的浪漫主义风景画家当推柯罗(Jean-Baptiste Camille Corot,

柯罗的《孟特芳丹的回忆》

1796—1876）。他偏重于幽静温柔的境界，所创作的一系列风景画以朴实而丰富的色调、反差分明的对比、大面的色块、自然而生动的构图体现浪漫主义情调，令人难以释然忘怀。他还独创了一种在未干的油彩底色上描绘物象的新技巧，使物形的边线和远景融合，使树木的枝叶像烟雾一样逐渐消散，从而产生出一种恍惚朦胧的美。其代表作《孟特芳丹的回忆》充分显示了这些特色。该画简直就是一首大自然的赞美诗，一切显得那么纯洁和清新。在晨雾缭绕的湖边，树木在湖中掩映，近处的大树，枝干好像在舞动，透过叶丛的阳光，闪烁迷离。明净的湖水和远方的景物像隔在一层纱幕后边，使人只觉其清幽可喜而不能确其形状。左方穿红裙的妇女和两个孩子正在采集菌类。她们鲜艳的服装和幔妙的姿态与仙境般的林野十分和谐，仿佛在表现人与自然的最美妙的沟通，浪漫气息洋溢画面。对于柯罗和他的画友来说，画的主题再不用牧歌式的故事和周围的景致去分割，风景已经成为画的全部主题，成了作品抒发情感的重要手段。时间，季节，地域光的变化，明暗的色块，强烈的对比，使人感受到现实生活中的风景。

音 乐

19世纪西方音乐出现了空前繁荣的景象,涌现出了一大批世界级音乐大师,西方音乐史上的"黄金时代"终于出现。

在德国

在这一大批世界级音乐大师中,贝多芬(Ludwig Van Beethoven,1770—1827)是一位极为重要的人物,是一位跨世纪的人物和承上启下的音乐大师。他在秉承由海顿、莫扎特等开创的古典派(亦称维也纳古典乐派)之大成,把古典交响乐推向巅峰的同时,开创了浪漫主义音乐的先河。他出生于莱茵河畔的波恩,祖父和父亲都是宫廷歌手,从小受到音乐熏陶和培养,学拉小提琴和弹钢琴,青少年时代便显露音乐方面的才华。17岁去维也纳进修,遇见当时已经享有盛誉的音乐家莫扎特,莫扎特在听其演奏后预言其将成为伟大的音乐家。22岁后贝多芬在维也纳定居,从事音乐教学、演出和创作。1798年听觉出现问题,到1820年完全失聪。

贝多芬像

贝多芬一生创作的音乐作品近200部,主要有交响乐9部,钢琴奏鸣曲32部,弦乐四重奏16部等。交响乐是贝多芬音乐创作中最辉煌的部分,其中第三部《英雄交响曲》、第五部《命运交响曲》和第九部《合唱交响曲》最脍炙人口。他的创作可分为三个时期:1800年以前为第一时期,1800—1815年为第二时期,1815年以后为第三时期。

第一时期,贝多芬主要创作了两首交响曲。第二时期是贝多芬创作的旺盛期,重要的作品有第三至第八交响曲、第三、四、五钢琴协奏曲、歌剧《爱格蒙特》和《费黛里奥》的配曲、清唱剧《基督在橄榄山》、舞剧《普罗米修斯》等。第三时期的作品有《第九交响曲》《庄严弥撒》、最后六首弦乐四重奏、最后五首钢琴奏鸣曲。

与他的前辈相比,贝多芬的作品的数量不是最多,但他的创作涵盖了全部音乐领域。值得一提的是,贝多芬既是古典乐派的代表,又是浪漫主义的先驱。在他众多的作品中,交响乐《英雄》《命运》《田园》等,还有钢琴奏鸣曲《悲怆》《月光》《热情》等都是经典之作。他的《第九交响乐》在和声、配器及曲式方面都进行了创新,不仅为浪漫派音乐开了风气之先,也是各种现代音乐技法的先驱。瓦格纳认为,在《第九交响乐》面前"就像站在全人类艺术史上一个崭新时期的里程碑面前一样"。

德国古典主义作曲家中的最后一位大师是勃拉姆斯(Johannes Brahms,1833—1897)。他上接贝多芬,下承舒伯特和舒曼,把古典主义和浪漫主义有机地结合起来。他的作品气势宏大,情绪变化多端。他一生共创作200余首歌曲,一批钢琴曲,还改编90多首歌曲。他的重要作品基本都是他后期所作,因此他被称为"大器晚成"的作曲家。代表作有《a小调小提琴、大提琴双协奏曲》、四部交响曲和四部协奏曲等。

韦伯(Karl Maria Ernst von Weber,1786—1826)是德国浪漫主义歌剧的创始人,共创作了10部歌剧,大多采用浪漫主义的手法。1821年上演的《自由射手》是德国第一部浪漫主义歌剧。此外,他还创作了序曲、交响曲、协奏曲、奏鸣曲等作品。他的歌剧创作对瓦格纳起了很大影响。

舒伯特(Franz Schubert,1797—1828)是奥地利作曲家,他的作品主要是歌曲,大多采用歌德、席勒、海涅等人的诗作为歌词,共创作了100多首合唱曲和567首歌曲,有"歌曲之王"之称。代表作有《魔王》《野玫瑰》《菩提树》《春之信念》《流浪者》等,还创作了10部交响乐,14部歌剧。

门德尔松(Felix Mendelssohn,1809—1847)是德国犹太作曲家,具有非凡的音乐天赋,17岁时就为莎士比亚的《仲夏夜之梦》谱写序曲,一举成名。这是首次在音乐作品中出现对神仙境界的描写。他的创作题材主要来自三个方面:文学、自然和宗教。他的钢琴协奏曲、小提琴协奏曲和室内乐作品富于创意,清新典雅。他创作的无词歌把歌唱性旋律和钢琴有机地结合起来,成为浪漫乐派的一个重要体裁。此外,他还创作了5部交响曲,最著名的是《苏格兰交响曲》《意大利交响曲》。1843年,门德尔松在莱比锡创立了德国第一所音乐学院,为近代音乐教育做出了历史性贡献。

舒曼(Robert Schumann,1810—1856)不仅是著名的音乐家,同时也是杰出的音乐评论家,自幼就倾向浪漫主义艺术。他的作品包括各种声乐和器乐体裁,但主要还是交响曲、钢琴曲、协奏曲、室内乐等。著有钢琴名曲《蝴蝶》《狂欢节》《幻想曲集》等。1834年4月3日,由舒曼担任主编的《新音乐报》创刊,为弘扬音乐艺术,捍卫艺术尊严,反对浮华庸俗建立了一块阵地。

瓦格纳(Richard Wagner，1813—1883)，德国作曲家、剧作家、诗人，出生于莱比锡，1831年进莱比锡大学学习音乐、哲学和美学。1833年到维尔茨堡任合唱队指挥。1834年起先后在马格德堡、柯尼斯堡、里加等剧院任乐队指挥，并开始创作歌剧《仙女们》《爱情的禁令》，1839—1842年旅居巴黎，1842年回德国，在德累斯顿被任命为萨克森宫廷乐队队长。1849年参加了德累斯顿五月起义。失败后遭通缉，逃往苏黎世，从此开始信奉叔本华的悲观主义哲学。1872年定居在拜罗伊特(Bayreuth)。在巴伐利亚国王路德维希二世的资助下，建起了豪华的歌剧院。代表作有《尼伯龙根的指环》《特里斯坦与伊索尔德》。他还创作了《罗恩格林》《名歌手》等11部歌剧，9首序曲、1部交响乐、4部钢琴奏鸣曲等。他的作品多取自于民间传说，要求国家统一，表现了德意志的民族精神，反映了1848年革命前后德国的社会状况，成为德国宝贵的文化遗产。由于他的作品中表现出的强烈民族优越感，曾经被纳粹所利用。

瓦格纳的理论著作有：《艺术与人民》《艺术与革命》《未来的艺术作品》《歌剧与戏剧》等。其中《歌剧与戏剧》奠定了"音乐剧"的理论基础，他认为神话题材更适宜于歌剧创作，提出歌剧应将音乐、戏剧、舞台场景三种因素融为一体，从而创立了"音乐剧"的理论，引起欧洲乐坛的注意，对同时代及后代的音乐、戏剧创作有着重要的影响。在拜罗伊特现在每年都举行"瓦格纳艺术节"。今天，他的作品仍是歌剧院里经久不衰的节目之一。

在法国

19世纪的法国，浪漫主义音乐占据支配性地位，涌现出了一位现代管弦乐之父，他就是与雨果、德拉克洛瓦一道并称为"法国浪漫主义三杰"的音乐天才——柏辽兹(Louis-Hector Berlioz，1803—1869)。柏辽兹一生在事业上坎坷艰难，在爱情和家庭生活上也屡遭挫折，这造成了他内心感情的大起大落。但他是一位激情饱满的艺术家，他的音乐作品以炽热的浪漫主义贯穿始终。其著名的交响乐曲《幻想交响曲》《马赛曲》《哈罗德在意大利》《罗密欧与朱丽叶》《浮士德的惩罚》等都涌动着感情的狂澜。在他的全部作品中，最为重要的是被誉为非凡的"音乐小说"的《幻想交响曲》。乐曲以浪漫的手法讲述一个爱情悲剧。作曲家从一切服从于抒发感情需要的理念出发，在和声、配器和旋律上不为传统规则束缚，把内心的波澜、幻想、希望和绝望之情表现得淋漓尽致。他不仅为这部交响乐加上了标题内容，而且表达了他渴望、痛苦、恐惧、茫然的复杂心态。除了这种标题性的特征外，柏辽兹的音乐作品还特别强调"灵感性",他常常是在个人情感无法抑制和亟待发泄时才动手进行构思。后期的作品《浮士德的惩罚》与《幻想交响曲》一样,也是他灵感的结晶,这部想象奇特的歌剧真实记录了他在梦幻中突然闪现的主导动机。

柏辽兹的乐曲旋律宏伟、优雅、明晰、精致,充分显示了作曲家卓越的音乐才华。他的激情,他的气魄,还有他大胆的创造使得他远远走在同时期人的前面。另外,这位声名显赫的音乐大师还是一位音乐理论家,其权威著作《配乐法》不仅是一部指导乐法技术的教科书,而且是帮助后人掌握音乐表现力的美学指南。凭着柏辽兹的天才和不懈努力,19世纪中期法国音乐开出了灿烂的花朵,一代新人换旧人。

法国音乐史上另一位大家是比才(Gorges Bizet,1838—1875)。他在1863年开始崭露头角,他的第一部喜歌剧《采珠人》上演后,引起了巴黎音乐界的注意。比才最享有盛名的作品是戏剧音乐《阿尔城的姑娘》和歌剧《卡门》,后者为作曲家赢得了法国19世纪最大的歌剧音乐家的荣誉。它取材于梅里美的同名小说,讲述的是一场爱情悲剧。故事发生在1800年左右,出身于农家的下级军官唐·霍赛,在吉卜赛烟草女工卡门的诱惑下,坠入情网,成了走私贩。不久,卡门对唐·霍赛冷淡起来,她爱上了斗牛士埃斯卡米罗。霍赛的妒忌,使卡门极为烦恼,她被这种干涉所激怒,并与他彻底绝交。后来,在一次群众对埃斯卡米罗斗牛获胜的欢呼声中,霍赛刺杀了卡门。剧中刻画了卡门热情泼辣、酷爱自由的性格。音乐多用舞蹈歌曲及分节歌,具有强烈的戏剧性和西班牙风格。歌剧《卡门》具有一种饱满、热烈的生命力量,令人震撼,是在艺术创作上登峰造极,是世界上上演率最高的剧目之一。

在俄国

19世纪上半叶是俄罗斯音乐发展的时期,作品主要有歌曲、歌剧和芭蕾舞。尽管难以用浪漫主义对其进行统而冠之,但作品具有的浪漫色彩是显而易见的。

格林卡(Mikhail I. Glinka,1804—1857)是俄国音乐艺术划时代的代表,俄罗斯民族乐派的奠基人。格林卡借鉴了19世纪以来音乐艺术的技巧,学习民歌、民族音乐而汲取其精华,更以艺术的人民性为最高准则,从而达到了很高的艺术境界。格林卡的代表作歌剧《伊凡·苏萨宁》真实地再现了人民的愿望和爱国主义精神。1845年他的两部代表性歌剧《伊凡·苏萨宁》与《鲁斯兰与柳得米拉》的选段在巴黎上演,这是俄罗斯音乐走向世界的开端,也是格林卡成为第一位闻名欧洲的俄罗斯音乐家的标志。1848年格林卡写了综合俄罗斯民歌精华和当代音乐艺术技巧的著名交响乐《喀马林》,奠定了俄罗斯交响乐派的基础。

俄罗斯音乐的艺术成就和芭蕾舞剧的发展是分不开的。早在18世纪80—90

年代,瓦尔别尔赫已是优秀的芭蕾舞剧演员。他把创新和传统形式结合起来,出色地表现现代人的特征,取得了具体生动的效果。萨尔利·狄德罗是19世纪上半期最著名的演员。主演了《匈牙利小农舍》等一批非常优雅的芭蕾舞剧,他深刻地理解角色,成功地把自己的感受传达给观众。

达尔戈梅斯基(Aleksandr S. Dargomyzhsky,1813—1869)是格林卡逝世后俄国音乐界的核心人物,他为俄罗斯古典音乐的确立做出新的贡献。他创作了许多富有鲜明民族特色和生活气息的歌曲、歌剧。达尔戈梅斯基把音乐创作同社会的要求密切结合,具有批判现实主义的精神,表现社会不平等的主题,如新题材的民间生活音乐剧《水仙女》,讽刺诙谐歌剧《小蛆虫》《九品文官》等。达尔戈梅斯基是音乐领域的革新者,他将许多新的音乐表现手法带进了音乐,对以后的苏维埃歌剧的进一步发展产生了重大的影响。

19世纪下半叶,俄国音乐在民族化道路上又向前迈进了一大步,出现了以巴拉基列夫为代表的五人作曲家创作联合体,即"强力集团"。"强力集团"主张从俄罗斯人民中发掘创作的源泉,发展和创新俄罗斯民族音乐,并使其独立于西方。五人"强力集团"的创作活动是俄罗斯音乐史上的重要篇章。

柴可夫斯基像

这一时期最伟大的作曲家则是柴可夫斯基(Peter Ilich Tchaikovsky,1840—1893)。他早年即表现出音乐天才,但父母担心音乐对其个性产生不良影响,故送其学习法律。出于对音乐的爱好,他在司法部任职时进入彼得堡音乐学院,音乐才能得到发挥,曾任教于莫斯科音乐学院。作为一位杰出的交响乐家、音乐剧作家和抒情作曲家,著述颇丰。管弦乐作品有交响乐曲6部,其中《第六交响乐》是他的代表作,反映了俄国知识分子的悲剧命运及他们对现实的不满,震撼人心。作品显示了他所具有的丰富旋律灵感与想象力。在10部歌剧中,以根据普希金同名文学作品为题材的《叶甫盖尼·奥涅金》和《黑桃皇后》登上歌剧艺术的顶峰。柴可夫斯基还是一位古典芭蕾舞曲的大师。他创作的《天鹅湖》以其清新典雅的风格至今还在世界表演中占重要地位,成为俄罗斯芭蕾舞的象征。柴可夫斯基是一个在俄罗斯土地上成长起来的世界音乐巨匠。他的作品具有浓郁的俄罗斯传统色彩,体现了俄罗斯民间音乐的特点和美感,同时也充满着鲜明的时代精神。他达到了19世纪俄国音乐的高峰,他那丰富多样的作品也是世界文化宝库中的一个重要组成部分。

19世纪下半叶由于当时社会上对表现性格、思想和感情的优美艺术手段的追求,芭蕾舞剧的地位逐渐提高,许多著名音乐家塑造了舞蹈音乐的优美形象,更加推动了芭蕾舞剧的发展。莫斯科的普·普·列别杰娃在芭蕾舞和戏剧结合方面取得巨大成功,是当时世界知名的芭蕾舞演员。久负盛名的俄罗斯芭蕾舞表演得到世界人民的赞赏。

浪漫主义作为在19世纪前半叶占主导地位的文艺思潮,具有极大的创新意识。事实上,它是19世纪文化创新意识最为突出的一种表现,是一种试图冲破社会习惯势力,打破具有保守倾向的稳定和平衡,在文艺领域建立新形式、新结构、新风格的尝试。浪漫主义在创作中强调"独立于以先决条件为基础的思想",即认为艺术应从所有思想的领域中解脱出来,以一种以游于艺的愿望进行创作,从而提出"为艺术而艺术"的观念。

用历史的眼光看,浪漫主义取得的成就是巨大的,影响是深远的。如果说20世纪西方文艺是流派纷呈、标新立异的文艺,那么应该看到这是继承了19世纪浪漫主义的传统。尽管19世纪中期以后,欧洲的浪漫主义在文艺的主导地位上逐步为现实主义所取代,但是浪漫主义的影响仍然存在,20世纪前后出现的"新浪漫主义"就是一个最好的证明。对于浪漫主义对欧洲历史产生的影响,有论者做出了以下的归纳:"通过对人的情感所固有的创造力的关注,浪漫主义给人性以应有的地位。人的情感所固有的创作作用包括直觉、自发性、本能、激情、意志和移情,而长期以来这些常常为启蒙思想家所忽视或低估。通过鼓励个人的自由以及主张艺术、音乐和文学上的多样性,浪漫主义者极大地丰富了欧洲的文化生活。此后的艺术家、作家和音乐家可以沿着浪漫主义者所开辟的道路前进。……通过对各个不同的历史阶段、各个民族和各种文化特点的认识,浪漫主义促进了近代历史观的形成。通过对民族历史的重视,浪漫主义对近代民族主义和保守主义的产生作出了贡献。"[①]

第二节 现实主义

当西方社会进入近现代后,任何一种思潮和观念只能在某一个时期流行或产

[①] Marvin Perry and others: *Western Civilization*, *A Concise History*, Complete Edition, Houghton Mifflin, 1981, p. 479.

生影响,浪漫主义也不例外,在流行了近半个世纪后,于19世纪中期让位于现实主义。现实主义思潮的出现与当时的社会发展有直接的联系。生活在19世纪的人们显然更加关注现实生活,更加关注自己身边的人和事。对于艺术而言,他们希望艺术家能够为社会服务,对社会发生影响,把社会引上进步的道路,要求艺术家努力去表现社会真实,以贴近人们的生活。

在这一思潮的影响下,现实主义艺术家开始以一种不同于浪漫主义的方式进行创作。反对古典主义和浪漫主义这两方面的学院主义风气,认为必须在文艺作品中表现当代生活,使作品更加生动有力。在题材上,他们主张以过去认为在艺术中不应有立足之地的某些阶层和题材作为创作素材,主张应对下层社会和劳动人民抱满腔热忱的态度。在创作方法上,艺术家强调科学地对生活进行观察,并在这一基础上力图做出他们自己所理解的直截了当、不偏不倚、符合客观现实的描述。

现实主义文学

文学上的现实主义主要反映在小说的创作上。经过近一个世纪的发展,自17世纪末出现的小说形式无疑已经趋向成熟,无论在人物刻画上,还是对社会生活的描述都达到了炉火纯青的地步。在对社会生活的描写过程中,现实主义文学家通过自己的作品比当时的政治家、历史学家和经济学家提供的社会资料要丰富得多。涌现出的一大批现实主义文学家他们通过各自的作品真实刻画了他们所生活的时代,成为后人了解那个时代的最好读本。

现实主义文学在欧洲的出现不仅与新的文学潮流有关,更与当时西方社会的政治、经济和哲学思潮有着密切的联系。随着资产阶级和资本主义制度的进一步确立,城市化进程的加快,各种各样的人们生活在同一个城市,人与人、人与社会之间的关系达到了前所未有的紧密程度,各式各样的生活方式也同时出现。资本主义生产和社会关系使得人的地位、名声变化莫测,生浮沉降随时都可能发生。阶级的分化、金钱的作用、人情的淡泊、世态的炎凉,社会的纷繁、生活的多变使得19世纪的现实生活成为文学家关注和描写的重点。在这一过程中,文学的"批判性"①得到了前所未有的加强。

---

① 鉴此,文学批评家亦将现实主义文学称之为"批判现实主义文学"。

在英国

英国是现实主义文学出现较早和成为气候的国家之一。由于英国是第一个最早建成资本主义和实现城市化的国家,现代资本主义社会所固有的社会冲突得到充分表现。例如,19世纪30年代起英国劳资矛盾就日显突出,30年代末至40年代爆发的"宪章运动"是社会冲突和劳资矛盾激化的重要表现和反映。随之出现的宪章派文学首先举起了对不公社会的批判大旗,其中琼斯(Ernest Jones,1819—1869)和林顿(William J. Lindon,1812—1897)是著名和有影响的作家。他们的创作与宪章运动结合较为密切,具有较强的现实主义性和对社会的批判性。

不过,英国的现实主义文学的真正到来是在狄更斯、萨克雷、哈代、勃朗特三姐妹、盖斯凯尔夫人、艾略特等人登上文坛之时。

狄更斯(Charles Dickens,1812—1870)是英国现实主义文学的杰出代表,著名小说家。他出身贫寒,没有机会接受良好的教育,少年时代就因为生活所迫劳动谋生,先后当过学徒、职员、记者,对社会生活多有体察和了解。他的写作才能主要是通过自己勤奋学习和对社会不知疲倦的观察和思考形成的。他于1835年开始从事文学创作,主要写以英国社会为背景的小说,实地采访和现场观察成为他最早创作的素材。一生写有长篇小说14部和若干中短篇小说和杂文等。

他的第一部小说《匹克威克外传》为作者赢得了名声。该作品以现实主义的非现实化手法把众多人物的生活方式和思想包容在一部作品中,刻画出生活的某种"外在的深刻性"[①],预示着"狄更斯式"创作风格的出现。

《大卫·科波菲尔》《艰难时世》《双城记》《远大前程》等是作者在创作盛期写出的著名作品。在这些作品中人们可以看出一种对当代社会的普遍不安取代了对个别社会罪恶的间或关心。他所生活的时代和社会成为他描写的重点,作品的批判性明显加强,小说的社会性得到了凸显。

狄更斯创作的特点反映在他对社会生活描写的完备性和多样性上。他以自己的作品创造了一个巨大的缤纷世界,19世纪的英国社会和各阶层的人士无不包括其中。他刻画的每一个人物都栩栩如生,从匹克威克的马夫到韦格先生的仆人无不如此。他从不采用说教方式,而是用生动的形象刻画打动读者,并以此引起读者的愤慨、同情、憎恨和热爱。作为一名伟大的现实主义作家,在30余年的创作生涯

[①] 乔治·桑普森:《简明剑桥英国文学史(十九世纪部分)》,刘玉麟译,上海外语教育出版社,1987年,第204页。

中,他在以真诚、写实、生动、幽默的笔触真实刻画他所生活时代的同时,对社会生活,特别是城市工业社会生活,进行了本质的概括和集中的描写,向人们提供了了解19世纪英国维多利亚时代丰富而实实在在的内容。他以自己的不朽作品成为英国有史以来最伟大的现实主义小说家和享誉世界的作家。

萨克雷自己绘制的《名利场》中的插图

萨克雷(William Makepeace Thackery,1811—1863)是著名的讽刺小说家和社会评论家。他出生在印度,因父亲去世,母亲改嫁,在6岁时被送回英国生活,曾在剑桥大学学习。成年后主要靠撰文生活,撰写了大量讽刺资产阶级世态和习俗的文章和作品,出版的小说则以描写上流社会骗子和冒险家的生活和讽刺当时流行的渲染犯罪行为的文学作品为主。早年的文章作品多以笔名发表。

1846年首先以连载形式发表的长篇小说《名利场》成为他的代表作。作品刻意不以出类拔萃的英雄为主角,连正面人物也很少。作品的副标题清楚地写明——"没有英雄的小说"。作品的女主人公是一个出身低贱贫困的女骗子,不甘一生平淡,生活在社会底层,凭借自己的姿色和智慧,不择手段猎取金钱,千方百计混入上流名利社会。作品通过对其"不体面"生活的描写对资产阶级上流社会的世态炎凉和追求浮名浮利心态进行了深刻的揭露,从而从私生活的角度反映了19世纪英国上流社会的生活场景。《名利场》的创作方法力求真实,在许多方面突破了当时小说创作的常规。他笔下的人物不是简单化的好或坏,而是有着深刻的内心活动,他们的言行举止与社会和社会环境有机地联系在一起,从而形象展现了被称为"名利场"的上流社会。

除了《名利场》外,萨克雷的重要作品还包括小说《亨利·艾斯蒙德》等。萨克雷以忠于生活、描写细腻、生动风趣、笔触犀利、评论深刻的特点成为英国19世纪现实主义文学的杰出代表。

19世纪的英国文坛还产生了一批现实主义女作家,众多出色的女作家的同时出现在西方文坛还是第一次。勃朗特三姐妹(the Bronte sisters)是其中三位。作为同胞姐妹,三人各具所长,创作出了一批优秀作品,但三人均因命运不济,过早谢世,颇为悲惨。作为女性作家,她们的作品细腻、动人、委婉,尤其擅长对人物心理的刻画。其中夏洛蒂·勃朗特（Charlotte Bronte，1816—1855）的《简·爱》和艾米丽·勃朗特（Emily Bronte，1818—1848）的《呼啸山庄》最享有盛名，受到读者的欢迎和喜爱。《简·爱》坦率而热情地塑造了一位同自己的天生欲望和社会地位发生冲突的女性，通过对一位相貌平凡的普通妇女爱情故事的叙述道出了具有自由叛逆精神、感情奔放也敢于倾吐感情女性的心声，是西方最早反映女性思想生活的作品之一。《呼啸山庄》描写一个弃儿被人收养后的辛酸生活，和他决意进行报复的故事。作品因不寻常的结构和奇异的想象力在英国文学史上占有突出的地位。安妮·勃朗特（Anne Bronte，1820—1849）的小说《艾格尼丝·格雷》具有平静的力量和现实性而受到称赞。

英国女作家勃朗特三姐妹画像，由其兄绘制

盖斯凯尔夫人（Mrs. Gaskell，1810—1865）是一位社会政治小说家。她的童年在英国的乡村度过，成年后则主要生活在工业城市曼彻斯特，亲身经历宪章运动。她的丈夫是曼彻斯特厂区的牧师，这使得她有与工人接触的机会。她的创作动力显然来自她对曼彻斯特工人生活的了解。她的第一部小说《玛丽·巴顿》就是以工业社会造成的贫困化问题为题材的作品。小说描写一个老工人在经济萧条时期充满阶级仇恨，在职业工会的指使下进行报复性暗杀的故事。《玛丽·巴顿》作为一部社会小说，栩栩如生地刻画了代表一个时代的工人形象。该小说的成功使盖斯凯尔夫人成为英国小说史上第一个真正把工人形象再现在艺术创作之中的作家。

英国女作家艾略特像

而她应狄更斯之约在《家常话》上发表的连载小说《克兰福德》是她最有独创性和最优美的散文叙事作品。小说亲切叙述了英国乡村几个普通人的生活，把幽默和感伤结合了起来，刻画出的人物形象令人难忘，显示了作者的成熟写作技巧。

艾略特（George Eliot，1819—1880）是19世纪英国文坛上又一位杰出女作家，原名玛丽·安·埃文斯。乔治·艾略特是其发表作品的笔名。她出生在一个农庄管家的家庭,在乡村长大,对英国乡村生活多有了解。早年从事过翻译并当过编辑,后来在与之同居的记者乔治·刘易斯鼓励下开始自己的文学创作。她的作品多以农村为背景,塑造出一批农民形象。《亚当·比德》《弗洛斯河上的磨坊》和《织工马南》是艾略特最享有盛名的作品。她的小说开创了在英国小说中把对人深切的同情与严肃的道德评判相结合的创作手法。

哈代(Thomas Hardy,1840—1928)可以说是英国19世纪涌现出的最后一位现实主义作家,由于同时是一位跨世纪作家,在英国文学史上具有重要地位。他出生英国南部的威塞克斯,对那里的风土人情有深刻的了解,后来创作的最动人作品多以此为背景,故有"乡土小说家"之称。青年时曾学习建筑,并当过几年的建筑工程师,但由于对文学的兴趣,开始尝试写作,不久成为职业作家,一生完成14部长篇小说,4部短篇小说,8部抒情诗和1部史诗剧的创作。

《远离尘嚣》是第一部为他赢得名声的长篇小说。《德伯家的苔丝》则是他的最优秀的长篇,充分体现了他的现实主义创作手法。在该作品中,哈代以充满情感的笔触塑造了一个纯朴美丽但成为维多利亚时代虚伪道德和宗教观念牺牲品的农村女子形象。《无名的裘德》是哈代的最后一部长篇,小说通过裘德一生的悲剧描写社会道德和陈规陋习对人的自由意志和合理愿望的扼杀。哈代在自己的小说中艺术性地再现了故乡威塞克斯的各种人物,对所谓的维多利亚盛世时期的资产阶级道德和宗教观念的伪善本质进行了无情的揭露,具有不可否认的社会意义。但作者因此屡遭受社会的攻击。为了表示自己的愤慨,作者在《无名的裘德》出版后决意不再写小说,而转向诗歌创作,史诗剧《列王》是作者理想的最后表达。20世纪以来,哈代作品的意义逐渐受到人们的重视,其在文学史上的地位亦得到确认。

在法国

现实主义文学在法国同样获得了长足的发展并取得了巨大的成功。涌现出的一大批现实主义作家通过自己的作品对社会和人的生活进行了深入、细致的描绘,特别是司汤达和巴尔扎克等人生动描绘了当时的社会动荡与灾难,表达了他们对资本主义制度的无比憎恨。他们旺盛的精力和斗争的激情把现实主义小说推向法国文学的高峰,甚至是世界文学的高峰。

司汤达(Frédéric Stendal,1783—1842),原名叫亨利·贝尔(Henry Beyle),从小深受法国大革命雅各宾党人和共和主义思想的影响,对18世纪伟大的启蒙主义者的自由思想具有浓厚的兴趣。他曾多次随拿破仑军队远征意大利和俄罗斯,视拿破仑为革命之子,为共和国推选出来的最高军事统帅。司汤达的文学生涯是从复辟时期开始的,他继承了启蒙者关于具有强烈激情的人的概念,认为人生来是向往幸福自由的,但其命运是由所处的社会环境所决定的。在司汤达的笔下,许多天资聪颖、精力旺盛的年轻英雄,为追求个人幸福,不是身遭毁灭,就是被驱逐流放,陷入孤独的境地。作者试图告诉人们,在复辟王朝和七月王朝时期,各种优秀分子是无用武之地的,在这个反动的时代,一切有生气的力量都会遭到残酷的压制。司汤达一生创作颇多,主要的作品有:《拉辛与莎士比亚》《阿尔芒斯》《红与黑》《意大利逸事》《巴马修道院》等。总的说来,司汤达描写了法国大革命时代风暴的生活图景。《红与黑》是司汤达的一部优秀的长篇小说。小说的主人公是于连,他出生在帝国时代,才华出众,视拿破仑为偶像。可悲的是,在他踏上生活道路的时候,法国正碰上反动的复辟时期,他那颗渴望通过个人奋斗、实现人生奇迹的心灵受到了摧残。但是,他为实现个人目标与敌视他的社会势力进行了英勇的斗争。于连的性格复杂而矛盾,一方面,他对庄严、崇高与幸福的生活十分向往;另一方面,又不得不通过伪善等卑劣的行径实现自己的理想。一方面,凶狠冷漠,工于心计;另一方面又多情轻信。他在市长家当家庭教师的时候,为报复主人,以及证明自己尽管地位卑微但仍然是一个有力量的人,成功地勾引了市长夫人。当他与市长夫人的暧昧关系败露后,不得不离开了市长的家。为了给自己开辟另一条光明的道路,他决定去贝尚松神学院学习,为今后谋得一个不愁吃喝的神甫职位,可是,他的才华与孤傲的个性,给他招来了不共戴天的仇敌。在詹森派院长的帮助下,他终于到巴黎一位侯爵的门下求得了一个秘书之职。最后,他竟然征服了侯爵家的千金小姐。当他正准备与侯爵小姐结为伉俪的时候,他以前的情人市长夫人因嫉妒写了一封告密信,破坏了他飞黄腾达的大好前程。盛怒之下,于连寻机向市长夫人开枪报复,最后被法院判处了绞刑。

罗丹塑造的《巴尔扎克》像

司汤达小说中的主人公性格总是受到历史和社会的制约,与黑暗的社会格格不入。尽管法布里斯(《巴马修道院》中的主人公)、于连和吕西安·娄凡(《吕西安·娄凡》中的主人公)经历各不相同,但同属于同一种类型,他们热爱生活,向往未来,而且为此投入到了实际的行动中,可是崇高的追求和理想又使他们无法与庸碌的社会相妥协,最终走向了毁灭。司汤达创作的最大特点,就是运用现实主义的手法热情地刻画激情,描写真实,通过各种主人公的不幸遭遇,对资本主义社会的虚伪、贪婪、自私行为进行了严厉的谴责。小说语言简练严谨,清晰准确,充满着无限的活力。

巴尔扎克(Honoré de Balzac,1799—1850)被视为19世纪法国最伟大的作家,出生在中产阶级家庭,曾在巴黎学习法律,做过法律事务方面的实习生,但由于自己对文学的爱好,一生从事文学创作,他的创作卷帙浩繁。1841年,巴尔扎克将自己卷帙浩繁的作品命名为《人间喜剧》。巴尔扎克知识渊博,目光敏锐,通过这篇气魄宏大的巨著,深刻地揭示了复辟时期,尤其是七月王朝时期资本主义社会罪恶的金钱原则,并痛斥了掌握了政权的资产阶级的卑劣伎俩。这部伟大的史诗反映了法国巴黎、外省乡村的各种阶层和各种人物,展现了一幅包罗万象的资产阶级世界的图景。这部作品可分为三大部分:风俗研究、哲理研究和分析研究。而风俗研究又可分为六个生活场景:即私人生活场景、政治生活场景和乡村生活场景。巴尔扎克似乎在每一部作品里都表明,自私的物欲是如何淡化人与人之间的关系和玷污人的灵魂的,在金钱的驱使下,人又是如何出卖爱情、友谊和家庭的。他笔下的银行家、高利贷者、交易所的投机商和与他们步调一致的实业家,掌握和控制着生活的各个领域和全部社会关系。金钱的原则不仅反映在他们唯利是图的各种交易之中,而且渗透到了他们的家庭生活。而广大的贫苦大众生活在社会的最底层,但他们正直、勤劳,他们的劳动为社会创造了巨大的物质财富,他们的身上常常表现出无比高尚的道德情操。

《欧也妮·葛朗台》和《高老头》是巴尔扎克的主要代表作。《欧也妮·葛朗台》的故事情节是这样的,箍桶匠葛朗台在革命时期大捞一把,通过廉价买下了共和国政府拍卖的贵族和教会的产业和各种投机生意,成了外省索漠城首屈一指的大富豪。他对金钱有一种不可遏制的强烈欲望,尽管是全城公认的富人,仍然过着吝啬鬼般的生活。他想方设法积攒每一个法郎,临死前还痉挛地去抓神甫的镀金十字架。金钱欲使葛朗台着了狂,扑灭了他身上的一切美好的情感,断送了他妻子的生命,毁掉了独生女儿的幸福。

《高老头》有两条交叉的线索,一条是一位年轻人不择手段地想出人头地,最终走向堕落的下场;二是两个无情无义的女儿把父亲的财产席卷一空,尔后又将之残忍地遗弃。青年学生拉斯蒂涅和昔日的面包商高老头,同住在巴黎郊区的一个破旧的公寓里。拉斯蒂涅从外省来,他想通过个人奋斗改变自己的贫困状况,然而,现实生活很快证明他的想法是不切实际的。伏脱冷是这部小说中最生动的人物之一,他是一个监狱的逃犯,他教导拉斯蒂涅说,要想发财,就得伤天害理。无独有偶,子爵夫人也这么劝导他。住在同一公寓里的高老头的悲惨命运使他领悟到了在资本主义社会的处世哲学。他成了纽沁根男爵夫人的情夫,参与了她丈夫的投机勾当,成了一位青云直上的人物。高老头的两个女儿靠父亲的钱财踏进了巴黎的上流社会。一个是纽沁根男爵夫人,一个成了雷多斯伯爵夫人。她们过上了花天酒地的生活之后,却把搜刮得一贫如洗的父亲赶到了肮脏的巴黎市郊的公寓里。

巴尔扎克善于从生活素材中汲取真正的艺术,透过艺术高度完美的形象反映生活,通过现实主义的手法表现本质和典型的内容。他认为,典型就是那些最鲜明、最本质的特点的概括和夸张。在他的笔下,葛朗台、伏脱冷和拉斯蒂涅的形象十分鲜明,既有独特的个性气质,又体现着复辟时期资产阶级的社会倾向。这些反面人物往往是意志坚强、才华出众、聪明过人的人,而那些真正的好品质在他们身上则用来作恶。为了烘托主人公的社会面貌,巴尔扎克通常是花大量的笔墨详细描写故事发生的环境,通过一系列戏剧场面,勾画出互为敌对的社会力量之间的斗争。巴尔扎克不仅善于描写现状,而且也善于描写社会发展的方向,塑造出他死后才发展成熟的典型。他不仅是一个深刻的社会艺术家,而且是一位伟大的心理学家,对爱情和私欲的理解极为深刻,他所创造的形象有着无与伦比的生命力。巴尔扎克善于用语言刻画人物的心理与行为,他那众多的修辞语以及晦涩难懂的复合句,深刻地表现了重大的生活内容,向人们展示了一个丰富多彩的广阔世界。《人间喜剧》应当视为对当时整个"社会现实"的艺术研究成果。它不仅具有百科全书的广度,而且还有卓越的深度。在他的笔下,各种人物之间的联系和冲突生动地反映了复辟王朝时期的社会风俗,尤其是充分暴露了利欲熏心的资产阶级赤裸裸的金钱利害关系。

福楼拜(Gustave Flaubert,1821—1880)是法国19世纪50—60年代现实主义最杰出的代表。在艺术创作方面,他摆脱了19世纪上半叶现实主义惯用的夸张手法,深刻地描绘了中产阶级的心理。他笔下平庸琐碎的日常生活,大胆地揭露了资产者政治上的空虚和卑劣的行径。第二帝国时期,资产阶级失去了一切的进步性,开始走向反动,福楼拜极为失望。其作品有力地鞭笞了资产阶级腐朽、没落的文明及其庸俗的生活观和道德观。在他看来,第二帝国时期的资本主义制度是人类愚蠢和庸俗的体现,但他不相信人民会有巨大的改天换地的力量来主张取消社会斗争。在他的眼里,

福楼拜像

资产阶级社会是不可动摇的,任何斗争都是多余的、无意义的。也正因为如此,悲观伤感的情绪始终笼罩着他的作品。福楼拜的作品结构严谨,刻画深刻。他的主要的作品有:《包法利夫人》《萨朗波》《情感教育》等。

《包法利夫人》的主人公叫爱玛·包法利,生活在法国外省某个小城镇上。她长得很美,有风度,有激情,充满幻想。而她的丈夫查理·包法利却是个碌碌无为的平庸之辈。为了追求幸福和爱情,爱玛先后投入赖昂和罗道尔夫的怀抱,然而这两个男人并不真的爱她,爱玛的崇高感情一次次遭到毁灭,最后债台高筑,在一位患梅毒的乞丐的下流小调声中结束了自己的生命。这部小说中没有尖锐的戏剧性冲突,也没有紧张激烈的斗争。整部作品好像是由爱玛与不同的男人(丈夫查理、情人赖昂和罗道尔夫)之间的几个单独故事组成的,但这几个故事组成了不可分割的整体。

《情感教育》的主人公叫弗烈德里克·莫洛。这是一个十分平庸的青年,在文学,绘画和政治上的一切尝试均告失败,他只得消极地生活,后来,一笔可观的遗产使他坐享其成,从此过上了游手好闲的寄生生活。对统治阶级在革命时期的讽刺性描写,是《情感教育》的最有力部分,尤其是对见风使舵的银行家索布罗斯的刻画惟妙惟肖。

福楼拜的作品气势雄伟,文字准确、简明、清晰、生动,句法严密完美。形象具体,人、风景均由具体的实物来表现,描写鲜明生动,具有立体感。福楼拜的美学观是矛盾的,一方面,他竭力维护纯粹的艺术,认为艺术与社会生活无关,否定艺术的社会作用,想用真正的"客观"艺术,与带倾向性的艺术和掩盖生活矛盾的浪漫主义艺术相抗衡。在他看来,艺术家不应当表现自己个人的观点,应该用研究科学的方法来研究艺术,使艺术真正带有无个性的特征。然而,在他强调客观美学观的同时,他也夸大了艺术家的主观作用,强调一部伟大的作品只有通过艺术处理或艺术加工才能实现,艺术家可以借助于风格将丑陋的东西变成艺术的美。

莫泊桑(Maupassant,1850—1893)和福楼拜同属19世纪后期批判现实主义的代表。他被法朗士誉为"短篇小说之王"。1880年,他的短篇小说《羊脂球》在著名的《梅塘夜话》小说集中发表,引起了强烈的反响。从《羊脂球》开始,莫泊桑的作品如喷泉般涌射而出,短短的十年之中,他发表了三百多篇中短篇小说,六部长篇小说,三部抒情游记,一部诗集,还有若干戏剧和相当数量的评论文章。莫泊桑固然以短篇小说在文学史上大放异彩,但并不意味他的长篇小说价值不如短篇小说。他创作的长篇小说共六部:《一生》(1883)、《漂亮朋友》(1885)、《温泉》(1887)、《彼埃尔和若望》(1888)、《如死般强》(1889)、《人心》(1890)。其中影响最大的是前两部。特别是《漂亮朋友》,可以说是莫泊桑的批判现实主义艺术的顶峰。

《一生》是莫泊桑对长篇形式的第一次尝试。这部小说试图通过一个善良女子的不幸遭遇,来剖析和探索人生。小说的女主人公约娜,是诺曼底一个没落贵族家庭出身的少女,在修道院寄宿学校受教育后,便怀着对幸福生活的甜蜜憧憬,回到了父母身边,准备走向生活。整个故事沿着约娜的经历平铺直叙,朴实自然地叙述了一个女人辛酸的一生。作者似乎想借约娜的一生,说明人们永远不可能得到他所期待的幸福,然而又不能完全无所期待。

《漂亮朋友》代表了莫泊桑思想、艺术的最高水平。这是一部有直接针对性的、政治性很强的作品。小说通过一个无耻之徒的飞黄腾达,揭露了第三共和国时期法国政界人物的丑恶嘴脸,并把批判的矛头直接指向了当时法国的金融寡头政治和殖民主义战争政策。这部小说的不朽价值,在于它成功地塑造了一个野心勃勃的"当代英雄",即杜洛华先生。

以凡人小事为题材,以短篇小说为主要创作形式,是莫泊桑在文学题材和体裁上的突破,也是他个人独创性的主要体现。莫泊桑曾将法语比作"一泓清水",他的语言也确实像"一泓清水"一样,清新流畅,优美而不流于柔弱,精确洗练而不乏幽默机智,在语言艺术上可以说达到了很高的境界。在创作方法上,莫泊桑直接师承福楼拜,从艺术理论到艺术实践,与法国批判现实主义传统一脉相承,而又有所变化发展。他竭力对生活抱旁观态度,以客观冷静的描摹来掩盖作家对现实的分析。莫泊桑认为"心理分析应该在书中隐藏起来,就如同它在生活中实际上是隐藏在事件里一样"。作家只能将心理分析作为"作品的支架",就如同看不见的骨骼是人身体的支架一样。

在俄国

俄罗斯文学应该说是在 19 世纪达到了世界文学的高度,成为人们关注的一个焦点,文坛上可谓群星荟萃。由于这时的俄罗斯文学是以爆发的形式出现,一时间,古典主义、感伤主义、浪漫主义、现实主义等各种流派争奇斗艳,相互渗透。例如,以普希金为代表的浪漫主义作家具有强烈的爱国激情和变革意义,表现了十二月党人的思想,与俄国的人民解放运动之间有着密不可分的联系。然而,这一流派和 19 世纪俄国文学的主流——现实主义文学思潮息息相通,相互交融,使得现实主义成为这一时期俄罗斯文学的最主要方面。特别是在 19 世纪 40 年代,俄国现实主义形成后就进入迅猛发展的时期,一大批杰出的作家和文学评论家活跃在文坛上,文学理论和创作实践都取得了辉煌的成就。

普希金(Aleksandr Pushkin,1799—1837)被尊为"俄罗斯诗歌的太阳",俄罗斯

普希金像

民族文学语言的奠基人。他出生在一个衰落的贵族家庭,12岁考入彼得堡近郊的皇村学校,上学期间恰值1812年卫国战争前后,爱国主义热潮的洗礼,进步教师的启迪使他形成了爱国主义和无神论的进步世界观,并初步显露出诗人的才华。普希金以浪漫主义诗人的姿态登上文坛。他的800多首抒情诗的特色首先在于张扬时代精神,紧密联系现实。他的那些与社会革命相关联的政治诗和政治讽刺诗,如《自由颂》《致恰达耶夫》《乡村》等,惹怒了沙皇当局,因而被放逐(1820—1824),蒙受耻辱和打击的普希金开始冷静地观察生活,抛弃幻想,逐渐成熟起来。遭放逐期间,他的创作实现了从浪漫主义向现实主义转变,开始写作现实主义的诗体小说《叶甫盖尼·奥涅金》。

《叶甫盖尼·奥涅金》是俄国文学史上最早的经典性现实主义的长篇小说。小说描写了19世纪20年代前期俄罗斯城乡的生活画面,叙述了当时优秀贵族青年男女的爱情生活、他们和人民的关系以及他们的悲剧命运。男主人公奥涅金接受了典型的贵族教育,由外国人教授外国文化。这种教育只能满足他应付上流社会交际的需要,而无助于他了解自己的祖国和人民,无助于他养成劳动的习惯和坚毅的性格。在西方资产阶级进步思想的影响下,他厌倦了上流社会无聊的寄生生活,想寻求一种有意义的人生,但结果都失败了,对爱情的追求也以失败而告终。奥涅金是俄国文学史上第一个"多余人"的形象。这类贵族青年既不能像十二月党人那样立志改革,奋起战斗,也不像一般庸俗的贵族子弟那样自甘堕落。他们有良好的教养,聪明的头脑,有时也想有所作为,然而他们脱离人民,找不到出路,而且缺乏必要的毅力和能力,结果一事无成。

被誉为19世纪前期俄罗斯生活百科全书的《叶甫盖尼·奥涅金》在俄国美学史上具有开创意义。普希金借鉴拜伦的经验,把真实生动的生活描写与自由的抒情结合在一起,创造了一种新的文体——诗体长篇小说,被誉为"奥涅金诗节"。普希金的创作是对由彼得一世时代至十二月党人时代俄罗斯一直面临的生活问题所作的艺术思考的一个合理总结。

果戈理(Nikolay Gogol,1809—1852)的创作体现了俄国现实主义文学的批判讽刺特征。他出生于乌克兰一个不大富裕的地主之家,受家庭影响,自幼喜爱文学。当时俄国贫富悬殊、极度不公平的社会现实,促使他的爱国主义和人道主义思想的发展。短篇小说《狂人日记》《外套》暴露俄国官僚的丑恶,"大人物"对"小人物"的欺凌,无情地嘲笑沙皇官僚,深刻地揭露了俄国专制制度。果戈理的两部代表性作品《钦差大臣》和《死魂灵》充分体现了作家创作的思想和艺术特征——渗透全书的幽默讽刺。《死魂灵》反映了俄国社会从封建社会向资本主义社会过渡的早期特征,深刻的思想性、完美的艺术形式和谐一致,它是俄国现实主义文学的奠基之作。

屠格涅夫(Ivan Turgenev,1818—1883)是第一位获得国际声望的俄国作家,出生于俄国中部奥略尔城的地主家庭。屠格涅夫的创作善于表达作家对生活中美好事物极其珍贵的敏感,具有经久不衰的魅力。长篇小说《猎人笔记》《贵族之家》《罗亭》都具有这一特征。他在1862年发表的著名长篇小说《父与子》是其代表作,塑造出时代的新主人公——平民知识分子和民主主义者的形象,描写了农奴制度废除前夕社会混乱的情景及新旧两种社会力量之间的斗争。

陀思妥耶夫斯基(Fyodor Dostoyevsky,1821—1881)是俄国小说家,出生于莫斯科一个医生家庭。曾在工程学院就读,但由于对文学的偏爱,毕业后即开始创作。1849年,由于参加反对沙皇的活动被判4年苦役和6年军役。他一生著有20多部长篇小说,《地下室手记》《被欺凌与被侮辱的》《卡拉马佐夫兄弟》等都是受到好评的作品,此外还有不少中篇小说。代表作长篇小说《罪与罚》的中心人物是贫苦的大学生拉斯柯尔尼科夫,小说细致地描写他杀人犯罪前后复杂的心理活动。书中人物多在生死线上挣扎,由这种挣扎构成的故事情节特别紧张,甚至令人窒息,反映了贫苦的"小人物"的悲剧命运,"小人物"的软弱无助。陀思妥耶夫斯基的许多作品在哲学层面上描写和反映了人们所关心的道德问题、宗教问题和社会问题,因而具有社会意义,成为人们了解19世纪俄国人民思想的优秀读本。

列夫·托尔斯泰(Leo Tolstoy,1828—1910)的创作代表了19世纪俄罗斯文学的顶峰。他出生在一个贵族(伯爵)家庭。在喀山大学读法律期间,接触到启蒙思想家卢梭和孟德斯鸠的著作。曾入武从军,并多次去西欧游历。他是在19世纪中期俄国社会矛盾激化,各种社会问题表面化的情况下步入文坛,发表自传体三部曲《幼年》《少年》和《青年》。在中长篇小说、戏剧、政论中他提出许多与社会有关的重大现实问题。

史诗《战争与和平》是他的著名代表作,也是西方文学中为数不多的伟大长篇小说之一。作品以俄国人民反拿破仑侵略的历史事件为背景,以高度现实主义的描写把丰富的生活素材和众多的人物编织在一起,勾画出一幅19世纪初俄国社会的历史画面。通过描写反抗侵略而进行的正义战争,显示了俄罗斯人民坚忍不拔的民族性格和俄国人民高度爱国的英雄气概。长篇小说《安娜·卡列尼娜》是当时一部尖锐的社会性文学作品。作者在小说中反映了19世纪70年代俄罗斯的社会生活。安娜是一位具有个性解放色彩的优秀贵族妇女,但她的追求为上流社会的法律、宗教、道德和舆论所不容,她的结局只能是悲剧。作家无情地批判了那个社会的道德伦理及道德基础。托尔斯泰晚期代表作《复活》以主要人物聂赫留朵夫和玛丝洛娃的"复活"为情节主线。主人公之一聂赫留朵夫是一个"受良心谴责的贵族",通过他思想感情变化,作者揭去了俄罗斯贵族和资产阶级的一切假面具。在这部作品中,作家站在农民的立场上,观察和描绘俄国社会生活,其批判力量空前强大,达到了否定俄国整个统治制度的地步。

契诃夫(Anton Chekhov,1860—1904)是俄国19世纪现实主义文学最后一个杰出的作家。出生于一个小商人之家,早年生活困苦。契诃夫以写短篇小说而著称。他的作品以语言简练、准确见长,善于挖掘人物隐蔽的动机并进行淋漓尽致的揭露,具有深刻的社会意义。如《小公务员之死》《变色龙》等作品表面上写俄国社会日常生活中的笑话,实际上却无情的揭露警察制度和小市民的奴性心理。代表作《套中人》更是一篇脍炙人口的讽刺小说,小说鲜明地塑造了一个旧制度的卫道者、新事物的反对者的典型形象。《第六病室》把整个沙皇俄国描写成一座暗无天日的监狱。契诃夫还有一部分作品,如《哀伤》《苦恼》反映了劳动人民贫困和痛苦的生活。

在北欧

19世纪北欧的现实主义文学有了长足的发展,涌现出了一批优秀文学家。安徒生和易卜生是其中的杰出代表人物。

安徒生(Hans Christian Andersen,1805—1875)是丹麦著名的童话作家,出生在一个贫困家庭。年幼时因贫穷无法上学,做过各种杂活。后在哥本哈根皇家剧院导演的资助下接受正规教育并进入哥本哈根大学。早年写过诗歌、戏剧、小说等。但成就最高的是他的童话创作。他一生创作了160余篇童话故事,在世界范围内广泛流传。其中《丑小鸭》《卖火柴的小女孩》《豌豆上的公主》《皇帝的新衣》等脍炙人口。

安徒生的创作想象丰富、思想深刻,尽管是以童话面目出现,但在一定程度上反映了当时的社会现实。作者以自己的神来之笔再现现实生活,赋予作品严肃的社会意义并表达了对普通人的爱和同情。

挪威作家易卜生(Henrik Ibsen,1828—1906)是北欧最出类拔萃的现实主义作家、诗人、一位极负盛名的戏剧大师。他出生在一个富裕家庭,但后因父亲生意破产,不得不在 15 岁时独立谋生,对生活艰辛的一面多有了解。出于对艺术的爱好,他在工作之余写诗作画。1848 年欧洲革命浪潮波及挪威,易卜生开始尝试戏剧创作,以表达自己热心于民族文化的运动。1851 年后专门从事文化戏剧活动,成为挪威的剧作家,并被聘为挪威民族剧院的编剧和艺术指导。他一生创作了 26 部剧本,经其编导的剧本多达 100 余部。他在戏剧方面的实践不亚于莎士比亚和莫里哀。1864 年后由于不满挪威政府面对侵略执行中立政策,他离开祖国,侨居意大利和德国达 26 年之久。在此期间,他创作出了一生中最重要的戏剧作品,赢得了全欧洲的声誉。1891 年载誉回国。

易卜生的戏剧作品具有鲜明的时代烙印,特别是他在侨居期间的创作对社会生活进行了高度的艺术概括和有力的刻画,对社会丑恶现象进行辛辣、无情的讽刺,被称为"社会问题剧"。其中《社会支柱》《人民公敌》《玩偶之家》等最享有盛名。《社会支柱》描写一个被社会视为模范公民、社会支柱的造船厂老板实际上是一个无耻的骗子和道德败坏的人,以此揭露了资产阶级的虚伪面目。《人民公敌》则描写了一个为了对社会和人民健康负责的医生却被维护有产者利益的当局用所谓"民主表决"的方式宣布为"人民公敌"的故事,借以撕破自由民主派造福民众的伪装。《玩偶之家》表现了一个虚伪的律师丈夫使妻子成为精神上和经济上的奴隶和生活中的玩偶的过程。妇女的地位、尊严和自我价值受到作者的关注。

易卜生以其高超的写作技巧、敏锐的心理洞察力,以及对现实生活中的人与事的关注,有力推动了欧洲现代戏剧的发展。

现实主义艺术

19 世纪出现的现实主义艺术最本质的一点是强调艺术表达的客观性,即表达客观事物的"本来"面目。现实主义画家主张艺术应以现实生活为基础,以自然为范本,画家应走出画室去表现普通人的生活,通常侧重描绘自己的生活,特别是身边的社会现实。

现实主义绘画还有一个更为根本性的变化,即主题的选择。在古典的画种等级中,高贵的历史画总是占据首位。现实主义画家与此针锋相对,现实生活场景,特别是民众的日常生活场景,成为绘画的主体。为此,艺术家不再从历史或古籍中搜寻题材,也不借用间接的隐喻或神奇的幻想去构思,而是直接到现实生活中去作画。大自然和普通人的劳动和生活成为创作的素材。他们以写实的方式忠实描绘观察到的人或物体,表达自己的感受。在艺术处理上,现实主义反对古典主义或浪漫主义的理想化倾向,主张对作品反映的物体不加任何美化,以写实主义精神对待艺术创作。

著名现实主义画家库尔贝曾把自己的现实主义主张归纳为:
1. 不要抄袭古人,艺术要独创,成为活的艺术;
2. 要面对生活,忠实于客观对象,保持艺术所反映物体原来的面貌和特征;
3. 艺术家首先要重在表现当代生活。

他的这一系列主张被后人视为美术史上的现实主义宣言。通过现实主义,绘画第一次成为将艺术归还人民的一种手段,绘画的社会性内容得到了确认。

在法国

法国这个自17世纪以来就代表西方艺术时尚的国家,自然也是现实主义艺术的领头羊。

米勒的《播种者》

被誉为乡村风俗画家的米勒(Jean Francois Millet,1814—1875)是这一时期现实主义画家的伟大代表。他出生在法国一个农民家庭。他反对当时流行的"客厅艺术",确定艺术的社会性,认为艺术应当是表现自己所能够看见的和感受到的东西。他在从巴黎返回故乡后的27年中没有再回到城市,对农村生活的热爱使他最终成为一名主要反映"泥土英雄"——农民生活的艺术家。他的表现手法具有独特性,常用一种雕塑般单纯而洗练的形象,概括表达耐人寻味的内容。笔下的人物往往浑厚而朴实,静中有动,感情内在。尽管不少人物都是用逆光表现,不细画五官,却具有强烈的感染力。《播种者》是他在巴比松创作的第一幅作品,描绘了农民在田间撒播谷种的情景。一个身着红蓝短衫、体格健壮的农夫正迈着大步在田间播种,夕阳的余晖洒落在原野上,深色的帽子与晴朗的天空形成了鲜明的对照,而逆光中的下半身仿佛同大地融在一起。人物动作十分协调,充满了一种淳朴的美。

《拾穗者》是米勒最享有盛名的一幅作品,画面主要表现农妇在已经收割后的田地弯腰拾拣遗落麦穗的情景。在法国乡村,有一个古老的习俗,每当农场主收割完毕,贫苦人便可以自由在田间将遗落的麦穗捡拾回去。因此,每当到了收割季节，人们便可以看到在田间拾麦穗的人。画的前景是三个年纪不等的农妇，显然是来自贫苦人家。她们拖着沉重的身体，像母鸡在觅食一样寻捡遗落在庄稼地里的麦穗。而背景是，收割成捆的麦子已经装上了四轮车，正运往附近的打麦场，而在打麦场上，金黄色的麦堆堆成了小山。远处立着一个骑马人，很可能就是这块土地的主人。整个作品手法简洁朴实，三个农妇的安排，疏密有致。她们的动作富有变化和节奏韵律感，使有限的画面变得无限丰富。画面色调柔和，苍灰色的天空和黄色的土地色彩非常和谐，让人感受到一种乡村特有的纯厚、质朴、宁静之美。人们从中可以看到法国19世纪乡村社会生活的缩影。尽管作品描绘的是普通的生活场面，却隐含着严肃的社会内容。人们仿佛可以察觉到画家在这里用活生生的艺术形象揭露法国社会存在的贫富悬殊现象和向世界发出不公平的呐喊。

米勒的《拾穗者》

以发表现实主义宣言著称的库尔贝（Gustave Courbet，1819—1877）是一位现实主义绘画大师和现实主义艺术的倡导者，主张艺术应以现实为依据，反对粉饰生活，把真实性当作自己艺术的唯一追求。在他的画中，一切人物都处于自然真实状态之下。他是欧洲画坛上第一位把自己称为"现实主义者"的画家，故有现代"现实主义绘画之父"的称谓。

《石工》是库尔贝创作的一幅代表作，形象地反映了他的艺术思想。作品真实地描绘了两个正在劳作的普通工人。据库尔贝自己说，他是在路上看到两个在路旁打石头的工人后有感于人类的贫困创作此画的。为了创作的真实性,他特别邀请了两位贫民到自己的画室充当模特儿。该画长达三米,画上的人物与真人一般大。这是西方艺术史上第一次把劳动人民画得同真人一般大,在这以前,只有历史上的英雄人物才有如此"待遇"。石工的形体微微地突出在高耸的绿色的山坡面前,山坡几乎填满了整个画面,上面驶过一大块云影,丝毫没有虚构的东西。两个劳作的石工有浮雕般的立体感和厚重感,给人留下活生生的印象。老工人的形象是非常庄严感人的,超出了风俗画的范畴。

库尔贝的《石工》

《石工》在当时引起了强烈的反响,因为迄今为止尚未有任何一个画家敢于把满头尘土、衣着褴褛的下层劳动者当作艺术作品中的主人公来描绘。正是在这一意义上,画家开创了正视现实生活的现实主义艺术风格。库尔贝其他有影响的作品还包括:《奥尔南的葬礼》《画家的工作室》等。

杜米埃(Honore Daumier,1808—1879)是法国现实主义绘画艺术中最伟大的画家之一,主要以讽刺画闻名于世。他留下的4千余幅反映他那个时代社会生活各个方面的讽刺画表明他的艺术与现实生活的贴近。他的平民出身应该说对他绘画的平民风格具有重要影响。在他的画中,人们似乎可以看出画家对浪漫主义幻想的放弃和艺术对日常现实的渗透,把城乡不幸的场景与资产阶级惟妙惟肖的漫画形象对照起来表明了画家的批判意识。

《三等车厢》可以说是他这一艺术倾向的优秀代表。当时铁路运输和人们乘火车出行刚刚开始,艺术家以搭乘火车为创作题材显然是把握住了"时代的脉搏"。

杜米埃的《三等车厢》

作品的前景是三位普通乘客：一个是经不住疲累已经歪向一边睡着了的男孩，一个是紧抱着草篮的老农妇，还有一个是怀抱婴儿、在震动的火车中昏昏欲睡的青年农妇。背景是一排排拥挤在一起、相互漠视或询问的乘客。这本是一个极为普通的生活场景，但画家以灵活有力的线条和明暗交错的光线使之富有了画意和诗意。画家选择三等车厢作为表现场所使作品更加具有生活的代表性和人民性。

在俄国

文学领域的现实主义在俄国的绘画中亦有反映。费多托夫（P. A. Fedotov, 1815—1852）是现实主义画派奠基人。出生于莫斯科一文官家庭，入彼得堡美术学院学习。他的画从讽刺速写转向对农奴社会的黑暗、残酷的揭露。1848年所作的油画《少校求婚》受到广泛好评。费多托夫因此被授予美术学院院士的称号。这幅画描述的是出身贵族的少校为改善自己的经济状况而向商人的女儿求婚的场面，反映了俄国生活和道德观念的变化。他晚年作品《再来一次》描绘的是在夜色朦胧的农舍中忽明忽暗的烛光下，一个孤独、空虚的军官无聊的戏弄卷毛狗的情景。这幅充满悲剧情调的作品是费多托夫心境的写照，同时也充分表现了尼古拉一世反动统治使人毁灭的深刻主题。费多托夫完成了19世纪上半期俄罗斯绘画的进化，并为其进一步发展指明了道路。

19世纪下半期俄罗斯民族艺术中的一个主导流派被称为巡回展览画派。巡回展览派的画家主张忠于生活作品力求真实、朴素、自然,实际上反映的是现实主义的艺术思想。巡回展览派画家创作不同题材的绘画,给每一题材的绘画均带来了新的,十分重要的因素。每一题材都有出色的代表性作家,巡回派多视角、多层次、多色彩地描述了1861年改革后的俄罗斯生活。列宾(I. E. Repin,1844—1930)是巡回画派的重要代表,19世纪现实主义美术的杰出代表。列宾在构思《伏尔加河上的纤夫》长达三年的创作过程中,曾两度到伏尔加河对纤夫的生活作了细致的观察并画了许多习作。列宾将学院派的技巧同现实主义精神相结合,将纤夫的不幸和他们的坚忍不拔的顽强精神结合起来,使这幅画成为其成就的象征。纤夫黝黑的脸膛,破旧的衣衫和一望无际的伏尔加河,炎夏午后强烈的光线,沙滩上行走的困难,都在画面上得到真实的表现。画家在暴露人们所受到的野蛮压迫的同时,也表现了人民中蕴藏的力量和愤怒的抗议。《宣传者被捕》《不期而遇》中表达了对革命者的深切同情。重视对人的心理活动的描绘使列宾的肖像画生动传神。列宾作品中的思想性、人民性和卓越技巧使俄罗斯绘画艺术发展了一大步。

列维坦的《弗拉基米尔大道》

19世纪末最杰出的俄罗斯风景画大师是被称为"俄罗斯大自然的诗人"的列维坦(I. I. Levitan,1860—1900)综合了俄国和西方绘画的成就。他认为画家的任务就是揭示大自然的气氛,赋予大自然以生命意义。代表作《伏尔加河上的黄昏》《雨后·河塘》《黄昏·金色的河塘》等作品表现了俄罗斯大自然的蓬勃生机和壮丽风貌。对生活和未来的思考在列维坦后期的作品中得到了表现。《弗拉基米尔大道》是一幅具有深刻内涵的作品。所谓"弗拉基米尔大道"是人们对沙皇流放犯人至西伯利亚道路的称谓。画家出色的描绘了这条浸透血汗,满目荒凉,使人们情不自禁地产生对那些受难的革命者的同情和敬仰的大道。在画中,一条布满尘土、坑坑洼洼的道路通向远方,路边空旷的原野、破旧的十字架和孤独的被流放者加强了寂寞和压抑的气氛。压倒一切的阴沉的天空成了画面色彩的主体,画面充满着阴郁惆怅的情绪,反映了作者对黑暗反动的俄国生活的感受。油画《长眠》中暗淡、忧郁的大自然景象表现了反动年代俄国进步知识分子内心的痛苦和不安。列维坦的风景画具有细腻的、能够让人具体体会到的人文主义情感。

在美国

随着19世纪30年代"杰克逊民主"的出现,美国生活的各个方面都受到这一新的精神洗礼。在强烈的民族主义精神鼓舞下,那些专门画风景画的艺术家逐渐意识到平民百姓是他们最好的艺术题材。他们纷纷转移视角,将艺术的目光投向现实生活,创作了一幅幅描绘日常百姓生活的世态画(Genre Art),构成了美国现实主义艺术。这些以平等的态度观察人性的画作受到广大美国人民的喜爱。当彩色平版印刷问世后,这种世态画就被大量复制。当时,在中产阶级家庭的客厅里随处可以见到这种画的印刷品。

世态艺术家的题材十分广泛,有描绘农民劳动和游乐的情景,也有猎人、船工和政治家的生动写照。这些画作无论在构思、色彩还是景象都为广大群众所熟悉,基本上属于一种民主性的艺术。即使没有特殊的经历或艺术修炼也可欣赏它们。这些画一般没有感伤、浪漫、宗教或历史的内容,但从中可以领略民间艺术家们对美国生活细节的敏锐观察力。除了世态画外,以描绘物体的静物画在19世纪也颇流行。

"西进运动"又使很多艺术家对边疆以外的土地产生了兴趣。他们是一群跟随疆界横贯大陆前进的艺术家,把人们感到陌生的、奇妙的和未知的东西画出来,形成了美国艺术史上的"新边疆派"。响应荒野召唤的第一位艺术家是约翰·奥杜邦。他亲临森林和沼泽地花费很多年搜猎鸟类,画出了一幅幅栩栩如生的鸟画。另外一些画家专门画印第安人,他们是乔治·卡特林、塞思·伊斯曼和艾尔弗雷德·米勒等。不过,从美国边疆获得灵感的艺术家中最奇特的是拉尔夫·布莱克洛克,他经常画一些记忆中事物,那些关于月下景色的画作成为艺术博物馆的重点收藏。

在19世纪没有来得及结束之时,西方的文艺样式却再次发生巨大变化,自莫奈的印象画公开展出以来,被称为现代风格的艺术样式开始走进人们的社会生活。以叛逆和创新为新特征的西方文艺正在以前所未有的速度变化,西方文艺终于进入了真正意义上的流派纷呈、百花齐放的新时期。无论人们对新的文艺样式是褒还是贬,是喜欢还是憎恨,文艺还是以变化为自己的发展动力,总是以"异"取代"同",文艺的现代性将在那里获得最强烈的表现。

第十四章

美国因素——西方的新伙伴

进入 19 世纪,西方文化中开始增加了一个新的且越来越重要的因素——美国。原先主要在大西洋东岸古老欧洲大陆形成的文化开始在新近独立的美国找到了它的新舞台。美国对西方文化的全盘接受使得西方社会最终增加了一个新伙伴。对于我们目前认识的西方文化而言,这个位于大西洋西岸、最初由欧洲移民组成、经过一场革命才获得独立国家的加盟应该说意义十分重大。如果考虑到日后美国对西方社会发展方向的影响和地位,美国因素的出现无疑是西方文化史的一个极为重要发展。

当然,美国对于西方文化的重要性并不是一下子就显现出来的。确切地说,19 世纪的美国还是一个成长中的国家和民族,没有多少人给它以应有的重视。对于美国人自身而言,尽管刚刚获得独立的美国经历了第二次反英战争,彻底摆脱了对英国的依赖,开始以一个独立国家的身份行事并登上世界的政治舞台,但是它关注的中心始终是自己所在的北美大陆。在美国独立之前,广袤的北美大陆虽然生活着土著的印第安人,但文化发展一直处于较低的水准,没有多少有影响的传统存在。而浩瀚的大西洋和太平洋把它与所有古老文明世界分离。这种隔离对美国的发展来说也许并非是一种不幸。由于分离,传统在这里失去了根基,历史失去了影响力,没有历史包袱的人们在生活的道路上无须左顾右盼,可以自由自在、以自己喜爱的方式生活,可以按照自己的意愿去开创一个全新的社会。正因如此,美国的成长是独特的,这不仅仅体现在国家成立的时间上,更体现在国土的面积和民族的构成上,美国独立时的面积仅为94万平方千米,可是到了19世纪末国土面积已经超过900万平方千米;人口也由最初的240万达到了8000多万,其中多半是来自世界各地的移民以及他们的后代。美国就是在这一基础上成长的,美国的社会就是在这一基础上形成的,一种有特色的美国文化亦是在这一基础上壮大的。尽管如此,由于美国社会的核心成员主要来自欧洲,政治和文化中坚为西方裔的事实,使得西方文化的传统在美国占据主导地位,美国社会和文化的根基仍然是西方的,美国成为西方社会的一员也就十分自然。因此,无论人们如何评判和看待美国社会和文化,美国的出现对于西方社会而言,对西方的发展和在世界上的影响而言都是无论怎样评价都不会过高。

第一节 西进运动

19世纪的美国是一个不断增长的社会,无论就国土面积、人口数量而言,还是就经济、文化来说。1776年宣告独立的美利坚合众国最初只有13个州,区域只占据在北美大陆的东部沿海一带。当时根据《巴黎条约》(1783),美国在获得自由独立的同时,还取得了对密西西比河以东的一大片大西洋海岸地带的主权。但随着美国制造业和种植园经济的发展,美国已有的经济市场显得过于狭小。自然人口的增长和外来移民的大量涌入又使美国面临人均土地日益减少的问题。为了进一步谋求发展空间,美国把它的目光转向辽阔的西部疆域。许多定居者为了能够过上自由和不受束缚的生活也把目光转向西部。"西进运动"(Westward Expansion)成为19世纪美国社会发展的一个极其重要方面。从某种意义上说,美国社会的成长是与西进运动紧密联系在一起的。当时发出的"到西部去,和国家共同发展成长"[①]的号召阐明了西进与国家发展的关系。

美国早期的"西进运动"主要源于南部地区和北部新英格兰地区。对于南部地区来说,向西发展意味着在拥有更多土地的同时可以寻找社会自由。来自那里的人们大都对盛行于南部的社会等级制度表示不满,希望在尚无开发的荒无人烟的西部发展。对于北部移民来说,他们的西进就是为了获得土地,以便成为拥有土地的自耕农。他们所关心的是提高自己的生活水平。

早在1787年,美国国会就制定并通过了《西北土地法令》(Northwest Ordinance),具体规定了西部领土组建新州的程序和方法。根据这一法令,西北土地上

---

① 《美国历史简介》,美国大使馆文化处编译,1982年,第62页。

只要有足够的人居住,那里的人就可以组建自己的政府,并申请加入联邦共和国。由于这种政策比较开明,很富有召唤力,吸引了大量的东海岸人口向西迁徙,也把大量新近移民引向西部。

　　1800年杰弗逊当选美国总统,就职后进行了一系列的政治改革,提出在发展农业之外,必须发展商业,以农业为根本,以商业为辅助的主张。执政期间,他通过了一系列法案,尤其是禁运法案的实施,一方面可以确保美国船只的安全,有效地对抗英国的封锁政策;另一方面又刺激了美国工业的发展。随着工业产品的日益增多,拓宽贸易市场显得尤其重要。1803年,美国以1500万美元的代价从法国人手里购买了路易斯安那,从而使疆土增加了260万平方千米和新奥尔良港口。"路易斯安那的购买"(Louisiana Purchase)是美国向西扩张领土的重大事件,为美国向西部开发提供了幅员辽阔的地区和一片广阔肥沃的平原。其丰富的物质资源为美国日后的发展提供了物质基础。

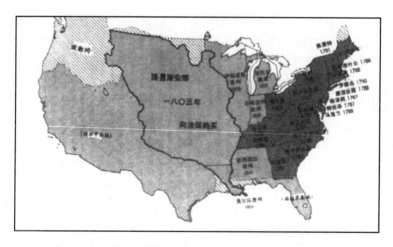

路易斯安那购买地在今日美国版图上所占位置

　　1812—1814年间爆发的第二次美英战争最终使双方宣布停止一切敌对行动。虽然对于美利坚合众国来说,这场战争大部分是不光彩的失败记录。国家首都一半化为灰烬,总统不得不溃逃到弗吉尼亚山中。但是,决心不放弃自己独立的美国人民最终还是赢得了战争的胜利。此后,英国基本上放弃了重新霸占美国的野心,遵守《巴黎条约》的规定,真正承认美国独立。美国也彻底摆脱英国政治上的控制和经济上的渗透,进入了一个扩张与经济发展的新时期。第二次反英战争的胜利

第十四章 美国因素——西方的新伙伴

还使得美国进一步发展了自己的民族文化。美国人所使用的民族语言（即一般所说的美语，及美式英语）是美国人民在北美大陆上长期进行生产、交流思想而发展起来的。民族工商业的发展也在很大程度上刺激了美国语言的发展，迫切需要有新的语汇来描绘正在兴起的美利坚民族及其文化。新英格兰人诺亚·韦伯斯特顺应时代的需要，深入民间，广泛收集语言、词汇的资料，有选择地吸收了印第安人、黑人的言词，并在此基础上编写了语文课本和辞典，为普及教育，特别是创建美利坚民族文学作出了巨大的贡献。

以扩大疆土和活动空间的西进运动没有过多地受到战争的影响，相反，美国在1819年从西班牙人手中获得南部的佛罗里达。东部的居民不断继续向密西西比河流域和更加遥远的西部拓殖。当然，美国的西进是以土著印第安人遭迫害和杀戮为代价的。如1838年，成千上万印第安人被赶出自己祖祖辈辈生活的家园，进入西部山区。直到今天，当年印第安人所行走的道路仍然被称为"泪之路"。

在西进拓展过程中，美国还使用战争的方式扩大自己的疆土，于40年代吞并了新独立的得克萨斯。随后又迫使英国把俄勒冈领地改属美国，并利用边境事件为借口，对墨西哥进行战争，夺取了新墨西哥和上加利福尼亚。在短短30多年里，美国领土增加了近一倍。疆土从大西洋沿岸伸到了太平洋海岸。1848年加州金矿的发现掀起了去西部的淘金热，使得前往西部和最终在那里定居的人数大大增加。领土的扩张和居住地的成长使许多州建立起来。1867年，美国又从俄国购得了阿拉斯加，1898年位于太平洋腹部的夏威夷群岛也宣布并入美国，并最终成为美国的第50个州。

美国在19世纪不断西进的历史使美国最终发展成为一个世界大国。这片新增的西部疆域，为美国提供了一大片肥沃富饶的土地，为经济发展提供必需的资源，大大促进了美国工业和交通运输业的发展。西进的意义，除了极大地扩大了美国的疆土和获得丰富的经济资源，更重要的是对美国精神的锻造起到了积极的作用，美国人的独立自主精神、长期影响美国人民的"美国梦"思想、美国是一块可以不断做大蛋糕的观念无不与之有关。

第二节 南北战争

1850年至1860年是美国北方特别是东北各州的工业生产迅速发展的10年。工厂数目由123,025家扩展到140,433家；工业总产值也由10亿美元增加到约20亿美元。1860年，美国工业异常发达，已跃居世界第4位。但是，美国经济的发展是不平衡的,南北之间存在着明显的差异。北方的制造业、商业、金融业和运输业都已经发达起来,而南方仍处于种植园经济,显得极为单调,主要限于棉花生产。这样,崇尚自由竞争的北方工业资本主义社会与强迫劳动和等级森严的南方奴隶制社会之间形成了尖锐的矛盾。与北方工业资本主义巨大发展相对垒的南方蓄奴制成了美国资本主义制度发展过程中的绊脚石。最后,由南北不同经济制度引发的矛盾,加剧了双方政治力量之间的冲突,并最终导致战争,美国历史上出现的唯一一次内战,史称南北战争。

战争初期,南方军队曾一度占优势,但随着战争事态的发展,北方一方面调整战略,另一方面采取了一系列富有革命性的措施。1862年5月和9月,林肯政府分别颁布了《宅地法》(Homestead Act)和《解放黑人奴隶宣言》(Emancipation Proclamation)两项法令。前者规定,凡在西部尚未有归属的土地上连续耕作5年,使用者只需交纳象征性的证件费就可获得160英亩的土地;后者宣布南方叛乱各州的黑奴均为自由人,可以参加联邦军队。这两项法令的颁布有力地推动了战争朝北方有利发展的转变。

南北战争后,南方奴隶制大种植园经济多数已被摧毁,为资本主义在南部的发展扫除了障碍。工业方面的机器生产也在南部逐渐发展起来。美国在扩大对外国民族的统治范围之后,变成了世界强国,而且同英国和其他帝国主义国家一起扮演起一个自封的"白种人重任"监护人的角色。19世纪的后30年,美国北方经济突飞猛进。北方利用战争时期获得的利润为工业的扩展和多元化提供了投资资本。农村剩余劳动力和潮水般的移民为大工业提供了大量廉价劳动力。

第三节 移民社会

从一开始就是一个主要由移民组成社会的美国,在19世纪保持着移民社会的特征和基本形态。随着疆土扩展和城市的兴起,美国人口出现了剧增的局面。由1800年第一次人口普查时的550万增加到1820年950万。此后几乎每隔20年增长一倍。美国人口以如此迅速的比例增长主要得益于来自欧洲和世界其他地区的移民。大批移民是由于不同原因、在不同时间、自不同国家和地区来到美国的。有的是出于政治,有的是由于宗教迫害,有的是因为经济所迫,有的是由于机会吸引,还有的是受到拐骗。不管是什么原因,1851年至1900年间,涌入美国的移民超过160余万(其中华人有40多万)。

大批移民涌入对于美国的人口形成和资本主义经济发展过程起着重要作用,特别是西部广大地区的开发以及工业劳动力的源源不断补充,促进了美国各地区经济的发展与繁荣。此外,大批移民,特别是在南北战争之后涌入的移民,对美国的地方主义是一个沉重的打击。来自世界各地的移民在美国这个大熔炉中很快扎根融合,成为伟大的爱国者而不是地方主义者。同时,大批移民的涌入还使得城市人口迅速增长,加快美国城市化的进程。1890年纽约的人口已经达到150万,芝加哥和费城的人口也超过了100万。这在西方世界的其他国家是极为罕见的。

移民运动在20世纪并没有减弱,尽管形式已有所变化。

第四节 走向世界

19世纪行将结束的1898年对于美国的政治和外交而言是一个极为重要的年代。这一年美国在与西班牙的战争中夺得对古巴、波多黎各和菲律宾的治理权后,美国的政治终于超越了美国本土,治理权延伸至加勒比海和亚洲,美国不再是个地区性国家,对世界的关注开始成为美国政治和外交的重要考虑。在这之后的第二年,美国出于对自身利益的考虑,针对世界列强对中国的瓜分企图提出了"门户开放"政策。这标志着美国对远东乃至世界政策的一种变化,是美国希望在世界事务方面发挥作用的开端。就这样,在放眼世界的过程中,美国进入了帝国时代。

在国内方面,自美国独立以来形成的政治基础和政治制度,经过国内国外战争的考验和经济起伏的冲击,表明其具有的生命力,体现在民主政体稳定,人们的言论、新闻自由得到保障,信仰自由和政教分离的理想得以延续等方面。美国社会经过19世纪后期的发展,已经基本上从一个农业化的共和国变成了城市化的国家,工农业都有了巨大的发展,工业化、机械化进程进一步加快,全美各地都有了定居者,再也没有未开发的地区了。在新世纪到来之时,主政白宫的数届总统锐意改革,决心铲除社会经济生活中存在的腐败和不正当竞争,给人民以"公平待遇"。政府先后实行"反托拉斯"行动和推动一系列维护公众利益、保护劳工权益法案的实施,国家的实力得到进一步的发展。

1914年欧洲列强相互争夺势力范围的第一次世界大战在欧洲爆发,美国作为一个非欧洲国家本不希望卷入战争,在威尔逊总统领导下曾宣布中立,但出于对德国军国主义的担心,一直积极向协约国提供资金和物资。1917年由于德国对美国的商船发动的不受限制的潜艇战,美国被迫向德国宣战。随后,数以百万计的美国军队开赴欧洲战场,不可一世的德国军队终于投降。1918年战争结束后,美国作为战胜国,参加了《凡尔赛和约》的制定,并倡议成立国际联盟,但由于国内孤立主义势力抬头,美国参议院最终拒绝批准《凡尔赛和约》,反对美国加入国联。

不过,由于战争发生在欧洲,经历了战争的美国不仅没有受到破坏,经济还因为战争摆脱了当时日益临近的危机。加之战后美国采取扶植企业发展政策,国民经济在20年代得到快速发展,整个国家沉浸在一派繁荣景象之中,物质和经济的繁荣使战后的美国充斥着一股享乐主义和物欲主义,但快速发展的经济不可避免包含泡沫和危机的成分。终于,以1929年证券市场崩溃为导火线的经济危机全面爆发,美国历史上最大的萧条时期开始。证券市场崩溃、银行倒闭、千百万投资者和储户的一生积蓄顷刻化为乌有。公司破产、工厂关闭,千百万失业者独蹲街头,经济进入严重的倒退。大萧条对美国的影响巨大,在全美范围内和各个阶层中造成广泛的痛苦和巨大的不满。美国人在19世纪形成的"美国梦"和对生活充满憧憬的自信心第一次遭受沉重打击。1933年罗斯福总统入主白宫,实行一系列有利于经济恢复和发展的"新政",危机的势头终于得到遏止,经济开始止跌回升,并逐步建立起了一整套涉及普通民众的社会保障体系。大萧条造成的负面影响开始逐渐消退。

1939年希特勒的霸权野心导致第二次世界大战爆发,对美国的外交政策又是一个严峻的考验。美国尽管在开始阶段试图保持中立,但是一直在军事援助上施以援手,积极支持英国抵抗德国的侵略。1941年与德国结盟的日本发动了对珍珠港美国海军基地的突然袭击,使美国太平洋舰队遭到毁灭性损失,美国不得不对日宣战。数日后日本的盟国德国对美宣战,美国终于无法置身于大战之外,开始全面卷入第二次世界大战。被迫参战最终使美国彻底摆脱了立国以来不断在国内抬头的孤立主义。参战的美国调动一切力量为战争服务,

原子弹爆炸形成的蘑菇云

促使战争朝着有利于世界反法西斯阵营的方向发展。事实证明,美国的参战以及美国所拥有的巨大人力和物力对战争的最后结局影响巨大,也是同盟国最终战胜轴心国的重要保证。第二次世界大战的欧洲战场于1945年5月德国宣布无条件投降结束。1945年8月,为了尽快取得对日的全面胜利和减少自身的伤亡,美国在日本的广岛和长崎先后投下了两枚原子弹。9月2日,日本正式无条件投降,二战宣告全面结束。历史进入了一个崭新的时期。

第五节　霸主地位

二战结束后,西方在欧洲的所有大国都因为战争的创伤地位一落千丈,美国一举成为西方世界无可争辩的领头羊,并继而成为世界的一个超级大国和霸权力量。应该说战后美国地位的提升与美国自身的发展,特别是它的经济和社会的发展,有很大的关联。

战后的美国是唯一一个以迅速且平稳的方式实现了从战时经济向平时经济过渡的大国。战时建立起来的庞大工业体系,战后形成的巨大社会需求,以及急剧提高的劳动生产率,再加上科学技术的飞速发展,使得美国经济实力达到了前所未有的高度。美国社会随之发生了巨大变化。首先是人口的流动和生活的变迁步伐加快,20世纪40年代末和50年代初每年约有20%的人口变更地址,汽车和独家住宅的普及使得人口朝市郊移动,中产阶级人数迅速扩大,美国人步入富裕社会。对于许多美国人来说,富裕不仅表现在拥有郊区的住房,而且意味着有更多的空闲时间和进行各种形式的消费。消费经济在美国得到了前所未有的增长。"我消费,所以我存在"的口号说明了消费在人们生活中的重要性。尽管以后的美国在不同时期仍有经济危机出现,但应该承认高消费一直是支撑美国经济不断发展的一个强有力的内需动力。

从总体上说,美国在20世纪,特别是20世纪后半叶,在科学研究和技术发明方面贡献卓著,成为科学研究大国。美国科学家摘取科学领域诺贝尔奖的人数清楚表明美国在科学研究领域取得的成果。例如,二战期间,美国的原子能研究取得了重要进展并成功研制出原子弹。随后,又进行了氢弹等实验。原子能技术在此基础上得到很好的开发和利用。由于与苏联进行的宇宙空间竞争,美国高新技术发展迅速,1962年发射了第一艘载人的宇宙飞船进入了围绕地球的轨道。1969年美国宇航员登月成功,第一次实现了人类登上月球的梦想。80年代以来,美国航天飞机的成功发射和空间站计划的实施表明美国科学技术,特别是空间技术的巨大进步。

1969年7月20日美国阿波罗号上的宇航员成功登上月球

经历了两次世界大战的美国显然决心在国际事务中发挥更大、更积极作用。美国在推动联合国的成立和将总部设在美国一事上的所作所为表明了美国对世界事务的强烈关注。而欧洲由于战争造成的巨大创伤，客观上把美国推上了西方世界的霸主地位。为了不再重蹈一战后欧洲发展的覆辙，美国在1947年提出了"马歇尔计划"，旨在帮助欧洲恢复。该计划对战后西欧的重建和振兴以及巩固美国在西欧的地位发挥了重大和积极的作用。

然而，战后不久出现的"冷战"使得遏制共产主义扩张成为美国外交政策的核心。美苏争霸是20世纪后半叶国际斗争的主要特征。为此，美国在欧洲成立了对抗以苏联为首的社会主义阵营势力扩张的"北大西洋公约组织"，多次面对诸如"柏林危机""古巴导弹危机"之类的军事危机。在亚洲，美国出于同样的思考于50年代初卷入朝鲜战争，60年代又卷入越南战争。

50年代，美国国内政治受到冷战的毒化，出现了一场政治大迫害，被称为"麦卡锡主义"的迫害使得成千上万的知识分子接受"忠诚"审查。从此，美国的社会空气一度沉闷，而麦卡锡主义的猖獗行动又进一步加剧人们的紧张心理。人们一方面处世谨慎，追求舒适而安逸的生活，另一方面又时常被战争的阴影所笼罩。他们在惊叹技术革命和科学成就的同时又对原子弹的使用、氢弹的试验成功感到不安，怀疑技术进步不能造福人类。

1963年美国民权运动在华顿组织的争取民权游行

60年代，肯尼迪总统入主白宫一度加强了美国人的自信心和民主气氛。黑人民权运动和反战运动先后出现。黑人民权运动导致美国长期实行的种族隔离制度被取消。反战运动在70年代达到高潮，并促使美国最终从越南战场撤出。

1969年入主白宫的尼克松总统对缓和冷战气氛作出了贡献。1972年亲自访问中国，拉开了中美关系正常化的序幕。同年，美国与苏联就限制反弹道导弹基地和进攻性战略导弹数量达成协议。1973年实现了从越南的全部撤军。

随着80年代末和90年代初东欧社会主义阵营的分崩离析和苏联的解体，持续了40年的冷战和美苏对抗终于结束。在政治上，美国无疑是以"冷战"胜利者的形象胜出。而在经济上，由于新经济、信息化时代的到来，注重科学技术的美国在90年代再次得到快速发展。

第十四章 美国因素——西方的新伙伴

20世纪显然是美国飞速发展的世纪,也是美国走向帝国主义、霸权主义、成为西方世界之首的世纪。美国,这个在世纪初还是个刚刚走出地区主义、对孤立主义深深留念的北美国家,到了世纪末却成为西方世界的领头羊,触角伸及世界各地,无论是在国际政治上、军事上、经济上还是文化上都占据着主导的地位,是当今世界上一个地地道道的超级大国。

今天,美国政治和美国文化几乎成为西方政治和西方文化的代名词。无论是西方因美国的加入而继续强盛,还是美国因与西方一体才有了今天的地位,美国因素对于西方文化的重要性是不言而喻的。

然而,美国的这一霸主地位和在世界上的所作所为在20世纪末和21世纪初却由于伊斯兰极端主义的崛起受到了前所未有的挑战。此外,20世纪90年代以来形成的世界多极化趋势也对美国的霸主地位提出了新的挑战。美国如何应对和怎样应对成为世人关注的焦点,同时也是西方前途的关键所在。

第十五章

哲学的新繁荣

　　哲学作为社会科学的重要组成部分,历来是西方文化的核心内容之一。从19世纪起,在法国大革命和工业革命的影响下,人们对世界、社会和生活进行了不同形式的探索和思考,各种哲学思潮和主义此长彼伏,直接影响着人们对世界、社会和自身的看法。

　　19世纪的哲学是近代西方哲学的最高发展,其中德国哲学的发展尤为引人注目,是近现代西方哲学中影响最大的哲学流派。它在继承18世纪欧洲哲学传统的同时,在诸多方面对之予以弘扬,使这个时期的哲学成为近代哲学和现代哲学的纽带。19世纪在欧洲形成并具有巨大影响的哲学体系主要有:古典主义、唯意志主义、实证主义、马克思主义等。在19世纪和20世纪之交,西方的哲学又有了新的发展,现代性成为其主要特征,各种哲学思想和流派层出不穷,为人们了解世界,反思社会和生活提供了新的视角和立场,同时,为文学艺术的新发展奠定了理论哲学基础。

第一节　19世纪的哲学

古 典 主 义

　　由康德在18世纪开创的古典主义哲学到了19世纪得到了费希特、黑格尔等人的继承和发展,特别在黑格尔的哲学学说中,唯心主义的方法论被发挥到了极致。

费希特(Johann Gottlieb Fichte,1762—1814),古典唯心主义哲学家,继承和发展了康德的主观唯心论,批判康德学说中的唯物主义因素,取消了康德的"自在之物"(物自体),否定"自在之物"的存在,继而提出了"自我"和"非我"的概念。他认为唯一的实在是"自我"。费希特的基本哲学思想可概括为:"自我"产生"非我",非我因自我而存在。依照这一认识,主体产生客体,思想产生存在,精神产生物质。如果说康德把客观世界的存在溶解在人类意识的活动中而把客观世界粉碎了的话,那么,费希特又把客观世界从意识中取出并把它重新建立起来。他的学说具有一定的辩证思想。主要著作有《知识学基础》《人的天职》《对德意志人的演讲集》等。

黑格尔(Georg Wilhelm Friedrich Hegel,1770—1831),古典哲学的集大成者,建立了客观唯心主义体系,其中包括逻辑学、自然哲学、精神哲学三个部分。黑格尔哲学思想的核心是对"绝对精神"存在的肯定。他认为,宇宙间最本质的存在是绝对精神,即古代希腊哲学家所说的绝对理念。由于这一绝对精神具有创造世界的能力,一切其他存在都是这种绝对精神的反映。绝对精神决定一切。显然这是典型的唯心主义。但黑格尔的这种唯心主义哲学又包含着辩证法的思想。他认为,思维和存在是不能割裂的,因为它们是一个矛盾的统一体。知识则是一个发展的过程,结果就是真理的发现和获得,而发展是通过由事物内在矛盾引起的否定实现的。从这一辩证法思想出发,黑格尔有意识地徘徊于理论与实践之间,有意识地将其侧重点依照不同的时间和内容移转更换于这个对立概念的两极之间,从而使古典哲学中的辩证法思想达到顶峰,成为马克思主义哲学的理论来源之一。

费尔巴哈(Ludwig Andreas Feurbach,1804—1872)是德国古典哲学中与康德、黑格尔等人的唯心主义哲学相对立的唯物主义哲学家。他认为自然的存在并不依赖于意识而独立存在。人的意识内容并不像黑格尔所说是绝对精神的产物,而是来自客观的物质世界,是人的大脑对客观存在的反映。时间、空间和机械运动是物质的存在形式。费尔巴哈的这一认识使他成为一位与唯心主义相对立的唯物主义哲学家。他的哲学思想和黑格尔的哲学思想一样是马克思主义哲学的来源之一。

唯意志主义

唯意志主义是19世纪一种把情感意志的性质加以扭曲,再无限夸大其作用以至使其成为万物之源的一种哲学思想。唯意志主义哲学的基本特征是:

1. 不把对世界的解释局限于现象领域，不回避世界的本质、本原等问题。但认为，世界的本质、本原既不是物质，也不是感性经验或理性概念（绝对观念），而是情感意志；

2. 在认识论问题上，否定人的一切认识，否定科学；

3. 反对唯物辩证法。

德国是唯意志主义哲学的发源地和影响最大的地方，代表人物是叔本华（Arthur Schopenhauer，1788—1860）。叔本华接受康德先验唯心主义的观点，主张现象即观念，但又主张"自在之物"即"意志"。他认为，意志是单一整体性的东西，是玄奥的、不能改变的、超越于时间空间之外的，因此是本质的。自然界只是现象，"意志"才是宇宙的本质。人是宇宙的一部分，因此，人的本质也就是意志。这样意志在他那里成为决定性的东西。意志决定一切。继而，他又提出生活意志是世界的基础，意志不受理性的制约，又认为生活意志通过不同层次的理念表现为世界万物。它既是宇宙意志，又是人的意志。他强调所有的人都是利己主义者，但人的利己"生活意志"在现实世界中是无法满足的，故人生充满了痛苦。他认为只有否定"生活意志"，人才能得到解脱。

实 证 主 义

实证主义哲学是19世纪哲学领域出现的一个与浪漫主义背道而驰的思潮。它强调事实，强调对事实的客观分析，强调寻找事物的变化规律，强调发展同类事物的共性。

该哲学思想由法国哲学家孔德（Auguste Comte，1798—1857）创始。孔德的重要著作是《实证哲学教程》，其立足点是实证，即科学的精神和方法。他把人类的精神活动划分为三种状态，即神学状态或虚幻状态、形而上学状态或抽象状态、科学状态或实证状态。孔德认为，在他所在的那个时代，人类的精神活动已进入第三种状态，即实证状态。这个状态的出现，意味着"承认人类不可能获得绝对的概念，必须放弃对世界的本原和未来的研究，必须放弃对现象内部原因的认识，而且要通过这种推理和观察的共同作用，努力发现现象的实际规律，即发现现象之间不变的继承关系和类似关系"。就是说，实证哲学不研究世界的本质和原因，只研究事物的规律。

1854年，孔德发表了另一部重要著作《实证政治体系》。在这部著作中，孔德提议建立一门新的学科——社会学。他主张社会研究应该打上"科学实证的印记"，以创造一种新的科学的社会研究方法。孔德的社会学理论较之以往的社会研究和历史研究,在更自觉地吸收自然科学的先进成果方面,在更自觉地总结人类历史发展规律方面都有着一定的积极意义。但它把人类社会看作生物进化的自然延续,把人的生物性看作认识的基点,从而把人类的社会生产实践抛在了另一边,这就决定了它是一种唯心主义的社会学。从广义上来说,孔德实证哲学也是一种科学主义。在《实证哲学教程》中,孔德把自己的哲学理论和社会学理论完全纳入了科学史的范畴。这样一种哲学思想的传播,必然对科学社会主义思潮的蔓延起到推波助澜的作用。

孔德的其他著作还包括《论实证哲学的精神》和《实证主义概论》等。他把哲学、科学、社会、政治、宗教和道德等方面的思想理论,综合为一个统一的整体,试图建立一个无所不包的实证主义体系。他的理论无疑对法国这一时期的文学和艺术产生了积极的不可估量的影响。

马克思主义

19世纪还是马克思主义哲学形成和产生影响的年代。马克思主义哲学由马克思和恩格斯在19世纪40年代创立。马克思主义哲学的出现首先得益于19世纪自然科学的三大发现和其他科技进步,使人们认识世界的能力大幅度提高,人们能够用自然界本身的现象来解释自然界的发展。这就迫使唯心主义和形而上学走向没落,而为马克思主义哲学的产生奠定了科学基础。马克思和恩格斯总结了自然科学的新成就,继承和发展了唯物主义和辩证法,特别是黑格尔的辩证法的"合理内核"、费尔巴哈的唯物主义"基本内核",从而把唯物主义和辩证法有机地结合起来,建立了辩证唯物主义和历史唯物主义哲学体系。

马克思主义哲学最显著的特点是阶级性和实践性。它公然申明是为无产阶级服务的,并强调理论对于实践的依赖关系,理论的基础是实践,但又反过来为实践服务。

马克思主义哲学包含异化的理论。他在《1844年经济学哲学手稿》中对此进行了论述。"异化"是马克思从黑格尔哲学中借来的一个概念。但在黑格尔看来,异化是一个本体论问题,它植根于人在世界上存在这一事实。而马克思则把异化转变成了一种唯物的、世俗的观念。马克思认为,在劳动中认识自我是人的本性,但是资本主义私有制,尤其是生产资料私有制,却使人们不可能做到这一点。在资本主义制度下,劳动不是自发的、创造性的,而是被迫的。劳动者不能控制劳动过程,劳动产品被他人剥夺,劳动者自己成了劳动市场的商品。"工人创造的商品越多,他就越变成廉价的商品。物的世界的增值同人的世界的贬值成正比。"这种异化不仅使人的劳动变得廉价,而且造成了人能力的退化。现代工业生产中,机器越精巧,人就越愚笨;产品越方便,人就越怠惰。人失去了好奇心,失去了创造性,失去了自我完善的精神动力。

不过,在马克思主义体系中影响最大的还是它提出的社会主义思想。马克思提出的社会主义思想对人类生活,特别是20世纪社会生活产生了巨大影响。由于篇幅原因,本章不展开论述。

19 世纪美学

作为哲学一个组成部分的美学①在19世纪也得到了跨越式的发展,特别是德国的美学达到了一个新的高度,涌现出了一批代表人物。他们是康德、费希特、谢林、歌德、席勒、黑格尔等。

德国古典美学的基础是由康德奠定的。19世纪,以歌德、黑格尔为代表的德国古典美学家,批判和改造了18世纪的唯物主义美学,形成一个声势最大、影响最深、承前启后的流派。德国古典美学家具有精神的自由、道德的自由、人格的完善,向往古希腊的民主制度与平静的生活。这一倾向成了德国古典美学的基调。

康德作为德国古典美学的奠基人,为德国古典美学的发展指明了方向。他从主观条件出发探讨审美意识活动的特殊性。在分析崇高与美时,他认为二者都属于审美判断的范畴,因此有许多共性:第一,它们都以快与不快的感觉作为判断的对象,两者都能带来快感;第二,它们都不是感官上判断,也不是逻辑上的判断,而是反省判断②;第三,对于美的分析方法同样适用于崇高。康德的美学理论成为德国古典美学的基础,席勒、谢林、费希特、歌德、黑格尔等人的美学思想都是建立在康德的美学基础之上的。

席勒(Friedrich Schiller,1759—1805)对美的分析是从人性分析开始的。他同意康德把人性分为感性和理性两个部分。席勒认为人具有两个对立的因素:一、人本身,二、情境。人本身这种形式不变,但"情境"是不断变化的,这里的情境就是指世界。他用花开花落做比喻,花开花落是变,而花则不变。这种变与不变就形成了和谐的统一,达到美的境界。席勒写了许多重要的美学论著,主要有:《舞台是道德教育的机构》《论悲剧艺术》《论悲剧题材产生快感的原因》《论秀美与尊严》《论美书简》《论崇高》。而最重要、最知名的则是《审美教育书简》和《论素朴的

---

① 黑格尔在他的《美学》一书中曾开宗明义地把美学称为"艺术哲学"。
② 反省判断是指先有了个别,再找寻一般的判断。

诗和感伤的诗》这两本著作。《审美教育书简》最初是写给丹麦王子奥克斯丁堡公爵的信,共 27 封,后来陆续在《葛蕾丝》杂志上发表出来。后人又将其合订成册,成为美学的重要著作,形成了一个严密的美学思想体系。

黑格尔对美学的贡献是举世公认的,他建立了自己的美学体系。黑格尔认为,美是理念的感性显现。真,是呈现在思考者面前的理念,作为理念的"显现"或"形象",美是和真有分别的,美与真的本质是一致的,但形式不同。黑格尔的美学巨著《美学》[①]共三卷,分别对美的概念、自然美、艺术美进行了具体阐述。他认为,艺术美才是真正的美,但他也不否定自然美,正因为自然美存在着不足之处,才需要艺术美。自然美是有限的,而艺术美则是无限的。他的《美学》的主要篇幅就是研究艺术美的,其内容包括:一、对能够影响艺术美的几个要素作了详细论述,主要要素有:一般世界的情况、情景和冲突、动作和人物性格、艺术家。二、对艺术发展的历史类型作了深刻研究,分为:象征主义艺术、古典主义艺术、浪漫主义艺术等。三、对各门艺术体系的分述,具体为:建筑、雕刻、绘画、音乐、诗等。这样,黑格尔完整的美学体系就完善地建立起来。

歌德在美学方面虽无专著,但如果把他的灿烂而丰富的美学思想局限于几个美学公式范围之内的话,那就大错特错了。歌德的美学论述都散见于他的剧本、诗歌、谈话录等作品中。歌德的美学思想经历 60 年的发展,在后 30 年中显得更加辉煌,这在晚年时与艾克曼的谈话(即《歌德谈话录》)和 1832 年的《善意的答复》等文中表现得尤为突出。

歌德对美的论述涉及面很广,包括文学、艺术、自然、科学等各个方面。总的说来,歌德的美学观是注重自然的真实和艺术的真实,在古典与浪漫之间,他更偏爱前者,这在《浮士德》中,歌德让浮士德与海伦结合,暗示了近代德国精神与古希腊精神的结合。这一结合就把浮士德的人格提高到德国古典美学所希冀的古希腊美的高度,就是对于具有永久价值和理想的完美人格的追求。此外,歌德早在青年时期就对建筑艺术进行了美学评述:1773 年他发表了《德国的建筑艺术》一文,被认为"是 18 世纪最深刻的美学论文"[②]。

德国古典美学,从康德的《判断力批判》,谢林的《艺术哲学》,席勒的《审美教育书简》,到黑格尔的《美学》在 1838 年全部出齐,形成了一个完整的美学体系。这一体系是有史以来西方最为完备而又最有影响的美学思想体系,是德国美学家对西方美学做出的最重要贡献。

---

① 该书是根据黑格尔的讲稿和学生的听课笔记在他死后整理出版的。
② 鲍桑葵:《美学史》,张今译,商务印书馆,1997 年,第 395 页。

美学在19世纪的俄国获得了意想不到的发展。俄国地处东西方之间,东方共同体精神与西方个体自由精神的矛盾在近现代的俄国表现得尤为尖锐。因此,美学具有了俄罗斯精神面对西方近现代思潮的冲击,力图寻求与俄罗斯哲学结合点的特征,是俄国思想家精神探索和思想交锋的产物。别林斯基、车尔尼雪夫斯基、杜勃罗留波夫等人是俄国美学的代表人物。

别林斯基(Vissarion Grigoryevich Belinsky,1811—1848)是一位平民出身的革命知识分子,俄国民主主义哲学的开创者之一,卓越的文艺批评家,俄罗斯文学批评的奠基者。别林斯基提倡文学创作的思想性、人民性和现实主义,认为文学来源于生活,不能离开民族的土壤;文学和艺术创作的本质在于"再现全部真实的现实",批判纯艺术的观点,指出同生活不发生关系的艺术实际是不存在的。别林斯基的美学思想具有强烈的现实色彩,认为艺术作品在反映普通人真实、艰难生活的同时,还应当呼吁为改变这种生活而斗争。

车尔尼雪夫斯基(Nikolay G. Chernyshevsky,1828—1889)是一位坚定的激进民主主义者,曾被沙皇流放长达25年之久,但他始终保持革命的乐观主义精神,为根除农奴制实现社会进步战斗了一生。车尔尼雪夫斯基继承发展了费尔巴哈的唯物主义,又对黑格尔的辩证法进行分析批判。他高度评价辩证法,认为由于存在着对立的力量和性质,故而世界上万物都在变化之中。在伦理学领域中,则是"合理利己主义"理论的拥护者。

美学是车尔尼雪夫斯基哲学思想的重要组成部分,他以人本学和唯物主义为基础建立革命民主主义的美学观念。在他那篇开俄国唯物主义美学研究之先河的学位论文《艺术对现实的审美关系》中首次提出了美学思想与改造自然的关系这一课题。车尔尼雪夫斯基认为艺术是现实的人类生活的表现,因此提出了"美即生活"美学命题。他指出艺术的社会功能不仅在于再现并解释生活,而且还在于"评判生活现象"。车尔尼雪夫斯基哲学思想达到了马克思主义流派形成之前俄国思想发展的最高阶段,是俄国进步文化的骄傲。

杜勃罗留波夫(Nikolay A. Dobrolyubov,1836—1861)是车尔尼雪夫斯基的战友和学生,杰出的文艺批评家。他在实践中进一步充实了车尔尼雪夫斯基所奠定的美学基本原理,认为生活是理解一切艺术作品的钥匙,现实生活随时代不断改变,美的概念和标准也在不断地改变。不过,他对生活批评的关切胜过对文学的批评。他写了许多意义深刻、内容丰富的论述18—19世纪众多俄国作家的创作文章,其中《什么是奥勃洛莫夫性格?》最为著名。

第二节　现代哲学思想

19世纪末和20世纪初,哲学的发展进入了一个新的时期,具有"先锋"意义的现代哲学思想在西方出现并很快成为哲学领域的主流思潮。而最先造成巨大冲击的是德国哲学家尼采。

尼采(Friedrich Nietzsche,1844—1900)的一生富于奇特的预言色彩,似乎属于那种天生负有使命的人。他从小父亲去世,在母亲、妹妹、姨妈等女性亲属的包围中长大。后进波恩大学学习神学和古典语文学,并因此获得教职。生前,他的著作影响极小。第一部论著《悲剧的诞生》(1872)曾激起过一些反应,但大多是反对意见。其后更是与世暌隔,他的《查拉图斯特拉如是说》一书甚至找不到出版商。直至1888年,尼采精神失常前,丹麦文学批评史家勃兰兑斯第一次做专题演讲,才向人们介绍尼采的思想,引起一定的注意。尽管遭到冷落和排挤,尼采却对自己将"把人类历史劈成两半"的力量坚信不疑。在给勃兰兑斯的信中,他宣称:"我敢断言在两年之内,整个世界将陷入动乱,我就是命运。"

与通常人们所熟悉的哲学家,如康德、黑格尔等不同,尼采的著作不是成体系的思想论证,而大多是格言警句式的片断。缺乏知识和论辩上严密的逻辑性,再加上文学式的玄奥夸张的语气,使尼采的思想很不容易被人接受和理解。但是,20世纪历史其后所发生的种种事情,让人们不得不重新考虑尼采说过的话。

"上帝死了""重估一切价值""超人""权力意志",尼采笔下这些惊世骇俗的命题,不管是不是出于误解,今天可以说是已经被很多人熟知。不过,尼采对20世纪思想史最重要的贡献并不在于此,而在于他提出了"系谱学"的思想方法,改变了自柏拉图以来西方哲学研究的方向和提问题的方式。尼采认为,构成西方文明基础的,包括宗教、哲学在内的一些基本的价值观念,诸如"道德""禁欲""正义""惩罚""真理""善"等,并不是与生俱来的必然存在,也不是历史发展之必然和目的,而是特定社会历史条件下的产物。追溯这些观念的起源,就可以看到它们是如何获得人们所知道的意义和价值的,而这些意义和价值又是如何顺应历史,在"权力意志"的作用下发生变更的。比如传统的宗教和哲学鼓吹"禁欲",这就是一种对生活理性认识的产物。古希腊,以悲剧为代表,反映了当时两种相互对立融合的精神:阿波罗的日神精神和狄奥尼索斯的酒神精神,前者代表韵律、克制、和谐;后者代表放纵的激情。但是,苏格拉底理性主义的出现,却导致了悲剧的灭亡。苏格拉底是第一个赋予"禁欲"以意义的哲学家,他让思想对抗生命,用思想剖析生命,并将生命设想成应由思想来评判、正名和拯救的东西。他让人们感到生命在否定巨大的动力下,不值得渴望,不值得体验。这种假定在基督教"上帝"的观念中得到了延续和发展。上帝代表着生活中尚不存在的"真理"和"正义",于是忍受痛苦或制造痛苦就具有了莫大的意义,因为它将通往道德的彼岸,在宗教衰落后,则将通往由理性、科学宣布的真理。尼采说,今天人们虽然舍弃了禁欲主义许多传统的绝对价值观,但是他们既不能承受"上帝死了"之后所处的无意义状态,也不能理解生活既不具有也不缺乏内在价值,因此他们还会去寻找其他替代物,赋予其超乎寻常的价值和目的,以此满足他们对意义的要求。尼采时代德国所宣扬的"民族""国家"观念就是一个例子。

对西方文明持续而深入地挖掘,使尼采成为20世纪影响最大的思想家之一。不了解尼采,就很难理解20世纪哲学、神学、心理学以及文学等各种思潮的发展逻辑。

弗洛伊德主义

如果说尼采以其思想的深刻性吸引了西方现代知识分子,那么弗洛伊德(Sigmund Freud,1856—1939)精神分析学说的影响可以说是最广泛的。1900年弗洛伊德的《梦的解析》一书出版,产生了自达尔文进化论以来最大的轰动,社会学家马尔库塞将其称为"是对西方文明最无可辩驳的控告,同时又是最坚定不移的捍卫"。

弗洛伊德出生于奥地利一个犹太商人家庭,17岁时进入维也纳大学医学院学习,1881年获得博士学位,次年弗洛伊德进入奥地利最大的医院——维也纳总医院(AKH)工作,进行了3年的精神病理和脑解剖的研究。作为一名神经科医生,弗洛伊德原主治失语、歇斯底里等精神疾病。由于认识上的局限,传统精神病学一直认为人的思想感情之所以出问题,是由生理功能障碍引起的,换句话说,毛病是出在神经通道不畅通,因此发明使用了电击疗法。但是,在实际研究中弗洛伊德却发现,不管症状如何,"造成歇斯底里的原因是记忆",是过去某一重大事故给患者所造成的精神创伤。于是弗洛伊德从研究精神病的神经病学转向了心理病学。而在寻找新的治疗方法的过程中,弗洛伊德又发现,那些患者,尤其是女性患者非但不接受他的催眠暗示,相反却总是对他说:"听我说"。这令弗洛伊德非常惊讶,于是他就听,不管病人说什么,他都仔细听。病人向他述说混乱不堪的头脑中离奇古怪的幻觉,而且还向他无尽止地叙述梦境。言谈,后来被理论化为"自由联想"的言谈成了弗洛伊德治疗的主要媒介和手段。

1885年10月,他到巴黎的精神病研究中心从事精神病心理原因的研究。4个月后,他回到维也纳开了自己的诊所,从此开始了精神病学的研究。起初,"精神分析"只是弗洛伊德治疗精神病人的一种方法而已,在运用他自己创立的联想法和通过对许多精神病人的研究后,逐渐摸清了病人致病的一些规律,从而确立了精神分析。由此,弗洛伊德认为,人的潜意识虽然不是物质的,但也是一种真实存在。

弗洛伊德早期有两大"发现",一是发现有意识的思维活动底部还有一个广阔得多的"无意识"存在。弗洛伊德认为,在人的整个心理结构中,显露在外、为人所知的意识只占很小一部分,大部分是那些被压抑在内心深处,平常连人们自己都意识不到的精神活动。这些精神活动,弗洛伊德称之为"无意识"。相比于意识,无意识是一个黑暗的混沌世界,它由人的各种本能冲动组成,尤其是性本能。由于受宗教、伦理、社会禁忌的影响,这些强烈而盲目的生物本能通常被排斥在思想意识之外,遭到压抑。只有在诸如做梦、日常行为过失中,才会通过伪装变形进入意识领域表现出来。而如果这些本能得不到正常地发泄,就会打破心理平衡,造成精神失常。根据这一无意识理论,弗洛伊德把梦解释为"欲望的实现"。人之所以会做梦,是因为入睡后,意识的控制力减弱,无意识活动相应开始活跃。梦中出现的场景大多荒诞离奇,不合逻辑,但如果把这些场景中的形象,及形象所代表的文字进行拆解分析,就可以找出其中潜在的内涵,那些真正的思想、记忆和情绪。

二是发现"性本能"是人的精神活动的核心。① 性冲动并不像人们想的那样始于青春期,而是从婴幼儿时期就开始了,其中很典型的就是"俄狄浦斯情结"。俄狄浦斯是古希腊神话中一位英雄。出生时,他的父亲,底比斯国王得到神谕,说他将来会弑父娶母,于是他被抛弃荒野。但一位牧羊人救了他,并把他送给邻国国王收养。长大后,俄狄浦斯得知这个神谕,为了避祸,他远走他乡,结果在路上与一老者争执并杀死了后者,其实这位老者就是他的父亲。尔后俄狄浦斯又因破解了斯芬克斯之谜,被拥戴为底比斯国王,娶先王的寡后、他的母亲为妻。十年后天降瘟疫,追查之下,俄狄浦斯才知道自己已经在无意中犯下了乱伦之罪,绝望之余,他挖出双眼,自我放逐到死。弗洛伊德认为,俄狄浦斯这一弑父娶母行为,在神话中虽是命运的拨弄,但它却是人类共有的,是人类童年时代的普遍经验。他认为人在3—5岁进入幼儿期,此时男孩会产生"恋母情结",也就是"俄狄浦斯情结",女孩会产生"恋父情结",又称"厄勒克特拉情结"。幼儿期的心理发展对人的一生有决定性意义。一个人成年后,心理是否健康,人格是否完整,都取决于这一阶段是否能顺利通过。不仅如此,这种童年经验还会长久留在人们心里,成为一种无意识。弗洛伊德因此认为,古往今来许多文学作品都表现了这种弑父恋母的主题,如莎士比亚的《哈姆雷特》、陀思妥耶夫斯基的《卡拉马佐夫兄弟》。《蒙娜·丽莎》则可以说是达·芬奇本人"俄狄浦斯情结"的反映。

---

① 刘放桐等编著:《新编现代西方哲学》,人民出版社,2000年,第442页。

弗洛伊德的精神分析学还认为,存在于潜意识中的性本能是人的心理的基本动力,是决定个人命运、社会发展的永恒力量。他把这种心理能叫作"力比多"(die Libido),"力比多"是弗洛伊德精神分析学说的核心。

弗洛伊德一生著作颇丰,先后出版了《歇斯底里研究》(与 J. 布罗伊尔合著)、《梦的解析》《性欲理论三讲》《精神分析引论》《图腾和禁忌》《论精神分析运动史》《超越快乐原则》《文明及其不满》《自我和本我》《摩西与一神教》等。弗洛伊德创立的"精神分析学"影响了 20 世纪的哲学、宗教、历史、艺术、文学等诸多领域。其精神分析学说在人格、意识和性格一般领域里的影响是任何其他思想所无可比拟的,成为 20 世纪影响最为深远的思想之一。

现 象 学

现象学是 20 世纪西方世界最主要的哲学思潮之一,是一种主观唯心主义的学说,是反理性主义的一个派别。该学说由德国著名犹太哲学家胡塞尔(Edmund Husserl, 1859—1938)创立,影响整个欧美,涉及逻辑学、科学哲学、语言学、心理学、社会学、历史学、美学、文学、宗教和伦理学,并且渗透到生理学、病理学,甚至精神治疗学等各门学科的研究中。现象学的特点之一是没有制定通常意义上的统一的哲学体系,也没有一套固定的学说,而现象学家们的共同点只是强调所谓凭借"直接的认识"去描述现象的这种研究方法。胡塞尔是数学博士,曾先后在哥廷根大学和弗赖堡大学任教授。他认为现象学是"关于意识及其活动的本质的描述性科学";宣称现象学是"科学的科学"。1910 年,他发表了《作为严格科学的哲学》一文,人们通常将该文视为现象学的宣言,现象学从此流行起来。1913—1930 年期间,胡塞尔主编出版了《哲学和现象学研究年鉴》,主要撰稿人有舍勒(Max Scheler)、盖格尔(Moritz Geiger)、海德格尔(Martin Heidegger, 1899—1976)等著名哲学家。胡塞尔的主要著作有:《逻辑研究》(两卷)、《纯粹现象学和现象学哲学的观念》《形式的与先验的逻辑》《欧洲科学的危机与先验现象学》等。

现象学在纳粹当权时期处于低谷,第二次世界大战以后不仅得到复苏,而且逐渐成为西方国家的主流哲学之一,20 世纪 60 年代后,它无疑已成为一种主要的国际哲学思潮,并且对存在主义产生了深远的影响。

存 在 主 义

存在主义哲学的思想渊源,可追溯到 19 世纪中叶丹麦哲学家克尔恺郭尔和世纪之交的德国思想家尼采。但作为一种哲学思潮,存在主义最初出现在德国,由海德格尔创立。存在主义作为一种哲学思想是一种把存在放在本质之上的哲学理论,是一种把人的存在当作全部哲学的基础和出发点的哲学。存在主义哲学中最重要的命题是"存在先于本质",即先有一个没有本质的纯粹主观性的存在,然后由它自由地选择或创造自己的本质。另外,存在主义哲学家还提出"存在就是虚无"的论点,认为一切存在都是无缘无故地产生、生活和死亡,伴随人生的总是烦、惧、死。这种观点充满了悲观主义的色彩。存在哲学的开创人海德格尔毕业于弗赖堡大学,是现象学创始人胡塞尔的学生,深受他的影响,先后任马堡大学和弗赖堡大学教授,最主要的著作是《存在与时间》。重要的著作还有:《康德和形而上学问题》《什么是形而上学》《论根据的本质》《真理的本质》《林中路》等。

海德格尔的理论认为,当一个人处于畏惧、焦虑和死亡的境地时,人才意识到虚无本身,才能真正体会到自己的存在,即所谓的"恐惧启示无"[①],而虚无正揭示着个人的真正存在。因为它使个人的存在同集体、社会的存在区分开来,使个人离开那个不真实的世界,回到本真的自我世界。关于烦恼,他说:"在'烦心'中,人要么是与他人合作,要么是赞成他人,要么是反对他人。"关于死亡,他认为对于个人的存在具有更为重要的意义。只有在面临死亡时,人才能最深刻地体会到自己的存在。海德格尔对畏惧、烦恼、死亡的阐述后来成为存在主义哲学家的共同观点。

第二次世界大战之后,存在主义这一思潮在法国盛极一时,存在主义的名称系由法国存在主义哲学宗师萨特(Jean-Paul Sartre,1905—1980)冠之。1943年,萨特经过两年多的艰苦写作,终于出版了构思酝酿达10年之久的巨著《存在与虚无》。他对海德格尔在《存在与时间》一书中阐述的存在哲学,作了更为深刻全面的论述,从而奠定了存在主义哲学的理论基础。萨特认为人在世界上的命运是荒诞无稽的,意志的自由决定着人的行动。在他看来,人没有一种基本的或客观的本性,人就是他要成为的那种存在,即所谓的"存在先于本质"。人们并不以抽象的方式存在,而是处于各种各样的状态之中。在所有的人类状态中存在表现为一种二元体,即"自在的存在"和"自为的存在",前者没有方向,没有因果性,是杂乱无章的存在;后者则指人的自我意识的活动,它本身有一种主动性和活动性,不断超越自身又否定自身。存在主义分为有神论的、无神论的和人道主义的,但它们都主张存在不能还原为本性。存在主义宣称人是被"抛入世界的",痛苦、挫折、疾病、死亡是人类现实的本质特征。存在主义作家宣扬进入生活,他们认为作品应对各种政治、经济和社会问题表态。受其影响的文化人很多,但随着战后精神与物质危机感逐

---

① 引自海德格尔的《什么是形而上学》。

渐消失，人们更加注意眼前的现实生活，其影响也就逐渐减弱。

结构主义

20世纪60年代初，一股新的哲学思潮异军突起，并逐渐取代存在主义思潮而成为法国思想界的主流，这就是结构主义思潮。它发源于20世纪初瑞士著名语言学家索绪尔的语言学理论。结构主义试图用自然科学的精密研究手段，探索社会、经济、政治与文化生活模式。

结构主义的兴起与战后科学技术革命的飞速发展密切相关，自然科学研究中的系统——结构方法被引进社会科学与人文科学的领域中，结构主义者以研究没有历史性、没有时间性的一切政治、经济、社会和美学的"结构"和"原始模式"为目标，大量采用了数学上的概念以及运用符号。在整个60年代期间，结构主义方法迅速向各种具体学科推进，从人类学扩展到历史学、心理学、宗教学、文学和经济学等领域，取得了一大批令人瞩目的研究成果。形成了一批结构主义巨匠。其中最为著名的是罗兰·巴特、米歇尔·福柯等人。

巴特（Roland Barthes，1915—1980）从索绪尔普通语言学入手，创立了一个普遍的符号社会学，他的美学思想的发展贯穿了结构主义和后结构主义。罗兰·巴特在《写作零度》里为我们阐述了与德里达的分延理论相视莫逆的观点。他把语言分为二度，"我写"为第一度；"我所写"为第二度。他说我们大量操作的是第二度语言，而且第二度语言被赋予了所有的意义，即所有开放式的意义。罗兰·巴特从现代诗歌的"能指"功能和意义的不确定性出发，彻底地否定了传统的文学史和文艺批评把作家、作品、现实和读者之间的关系作为切入点，来阐释文学作品的基本方法。他认为结构的含义在文学上可以理解为作家所写的作品，其意义取决于语言符号系统"能指"功能的生成作用；"思想"在现代诗歌中是"要准备的"。罗兰·巴特从不同的角度玩弄了"交际"这个词，为了让各种可能进一步曝光，让他的语言文学理论普遍为人们所接受，罗兰·巴特进行了带有冒险性的"语言外科手术"，他对语言大胆地进行肢解、分解，把句子的复杂结构拆开。《写作零度》中的零度概念就是处在二元对立中的第三项。对立的零度并不意味着虚无，而是一种"能指"作用的缺失。现代诗歌中的零度写作，实际上就是一种中性的、"白色"写作方式。

福柯（Michel Foucault，1926—1984）对理性、知识、主体性和社会规范提出了疑问和怀疑，对后现代思潮的形成和发展起到了推波助澜的积极作用，他的理论对当代人文科学和社会科学的各个领域产生了极其深远的影响，不同的人都能够从中汲取到十分有益的东西。在一生的创作和研究中，福柯给文学也留出了一个特别的位置。《词与物：一种人文科学的考古学》不仅在题目上直接提到了文学问题，而且在作品中也对文学进行了极为深刻论述，尤其是从"词"与"物"的离合，知识范式的转型等从令人耳目一新的视角深入地探讨了"人学"。福柯不仅对文学进行了思考，而且用文学进行了研究，因为令他最为关注的问题，是如何使文学成为一种理论的用途，而不是研究其理论。1963年，也就是在出版《癫狂史》两年之后，福柯又出版了两部重要的学术著作：《临床医学的诞生：一种医学眼光的考古学》和《雷蒙·鲁塞尔》。后一部作品不仅充分地体现了福柯对文学的深刻思考，而且意味着他的研究进入了一个重要的阶段。

后结构主义和解构主义

后结构主义由结构主义转变而来，其中最重要的人物是德里达（Jacques Derrida，1930—2004）。他认为，一个决定结构的可能性的诸条件，绝不可能从那个结构内部进行了解。他创造了一种独特的文本分析方法，即所谓的"解构"，在实际运用中以此达到这样的目的和任务：揭示文本的组织体系；取消"本体—神学"；指出作者对其使用的语言能运用自如和不能运用自如的"型式"之间关系。如果说结构主义仍然过于注重理性和客观性，并追求某种逻辑性。后结构主义则试图达到非理性、非逻辑结果，尤其重视"异质"的存在。后结构主义的解构主义理论尤其对文学研究领域产生了巨大影响，在文学批评中产生了重大影响。

德里达通过对文字与言语的关系、文本间性和文学与哲学的传统地位的解构，实际上为我们解构了西方亘古如斯的理性哲学。虽然这些现代派文学理论家在具体理论和观点上大相径庭，但都从不同的方面突出了语言的中心地位，主张文学批评应研究文学自身的内部规律，即研究作品的语言、风格、结构等形式上的特点和功能。他们的理论突破了对单部作品语言技巧分析的局限，把具体作品文本仅仅看成表面的文学"言语"，即透过文本分析来揭示隐藏于深层的文本总体结构即"语言"或"普遍的语法"。对于德里达来说，"解构"实际上主要是对文本的解构，是对文本所进行的外在性阅读，"阅读"是"首要任务，最基本的任务"，阅读是解构的策略得以实现的一个重要途径。在"逻各斯中心主义"的时代，文本的能指（文字、铭文、标记等）表达的是当时的社会、政治、文化的所指，但它实际上只是一种从属性的载体。德里达把解构性阅读看作是一种穿越文本的行动，这种阅读既不是评述性的阅读，也不是阐释性的阅读，它能够突破"逻各斯中心主义"的空间，以离心运动的方式向外拓展并最终超出其整体概念的轨道。这种阅读实际上可以理解为一种越轨性行动，这种行动的根本目的就是想偏离整体，到达某个"外在性"的位置，因为只有站在相异性的立场上,从一种外在于"逻各斯中心主义"的位置出发,而且行进于其规范之外,才能够使"逻各斯中心主义"的整体性轨道出现位移、变动和解构。

在德里达的眼里,世界上不存在一种十分确切的阐释方法,因为阐释总是会把我们限定在作品的内部。书就像一个迷宫,读者可以在这个迷宫里根据不同的方向行进。从这个意义上来看,现代派作家可以被视为人类意识新阶段的伟大诗人,随着不同的观察者在不同时期的观察,他们的世界不断地发生变化。他们的世界可以被视为一个由无数大大小小的、相互交叉的和相互渗透的事件所组成的机体,这样的机体是不能够用传统的方法来进行解释的,用善与恶、精神与物质、灵与肉等二元论,或义务与激情、理智与兴趣的冲突等传统心理要素来界定也是行不通的。现代派作家摈弃了传统的"信息"观并为我们恢复了"意识",实际上为我们解决了富有哲学意味的人类学未能解决的一系列问题。表面上看,以文本"意义"替代文本"信息"的文学作品像是精神分裂者的独白,但细细推敲,在这种"语无伦次"的风格的背后,寓意却极为深刻。这种精神分裂具有一种相似的参照价值,可以被视为是"立体派"的一种处理手段或创作技巧。与现代艺术倾向一样,法国现代派作家消解了存在于无限复杂范畴里的现实意象。在这个无限复杂的范畴中,其主旋律是抽象的、主观的精神犹豫。但值得注意的是,法国现代派作家要摧毁的并不是他本人的个性,而是恰恰相反的东西,因为在摧毁他身外的"某个东西"的时候,他们重新发现并建立了自己的同一性。这里的"某个东西",其实就是世界的传统意象。现代派作家认为,在现实生活中,他们所面对的灾难不是来自某个点的攻击,而是整个现代人精神的全面动荡。因此,他们希望他们的作品必须具有普遍的警世的"意义"。因此,在他们那些富有诗性的作品里,无人称并不是"枯燥无味"的同义词,而是"能力和才干"的代名词,因为我们所处的世界既不美也不好,而且更为严重的是,这个世界被剥夺了希望,通过日复一日的重复,实际上它把人的意识残酷地带进了年、月、日的狂舞之中。

第十六章

现代主义大潮

19世纪末和20世纪初对于西方而言是一个在政治生活、道德观念以及社会风气上发生巨大变化的时期,同时在文学艺术方面又是一个众说纷纭、莫衷一是、标新立异、创新发展的新旧更替的时期。正是在这样一个时期,一个被后人称为"现代主义"(modernism)的文艺浪潮出现。其来势之凶猛,对人的思想和社会冲击之巨大,应该说是任何先前文艺现象所无法比拟的。是什么原因导致令人眼花缭乱的现代主义文艺的出现,并对社会造成巨大的冲击?它是遵循某种因果关系的起承转合的兴替过程?还是受制于一系列突发事件,充满了混乱与断裂的随机运动?至今没有人能够道个明白。但是,不管历史运作的模式是什么,有一点是确定无疑的,那就是19世纪末20世纪初,"现代主义"思潮的发生给西方社会带来了划时代的重大变化。

第一节 现代主义出现的背景

本书前面的有关章节已经论及:19世纪西方的经济文明显示出了前所未有的征服自然和改善自身生活的能力,在工业革命、技术革命、金融革命带来的财富和权力中,人们的欲望得到了前所未有的释放和扩张。就在西方步入现代社会,人们在为工业文明、城市文明、科学进步的辉煌成果而骄傲的同时,社会生活和人们的传统信念却受到了前所未有的冲击,西方社会千年的传统受到了现代生活和科学的挑战。在社会和宗教方面,1859年达尔文《物种起源》的出版曾是件轰动西方舆论的大事。虽然达尔文对生物演化规律和动因的解释，即所谓"适者生存、优胜劣汰"的自然选择，是一种与资本主义自由经济学说相适应的理论，但是他所提出的假设——人类起源于低等动物，对宗教感很强的西方人来说，却是个重大打击。一直以来，人们自认为是"万物的灵长、宇宙的精华"，有着"仅次于天使"的崇高地位。但现在，不仅人不再是"上帝的宠儿"，就连创造万物和人的上帝也是不存在的，这突如其来的变化使人们惊慌失措。不过，达尔文的进化论还只是打击了西方人的自信和尊严，并未动摇建立在理性基础上的传统价值观，更大的冲击来自哲学思想家：尼采和弗洛伊德。

德国哲学家尼采以一系列惊世骇俗的命题：如"上帝死了""重估一切价值""超人""权力意志"，对哲学和思想领域造成巨大冲击。尼采对道德、真理、求真意志这些观念的质疑，与传统的哲学思辨有很大不同。从柏拉图开始，人们一直习惯于问"什么是"："什么是美？""什么是善？""什么是正义？"并以此作为发现现象背后事物本质的重要途径。而尼采却打破了这种对定义的迷信，他问的是"哪一个"："哪一个在要求美、善或正义？""哪一个在为这些命名？""哪一个在对其进行诠释和评价？"总之，"哪一个声音在说话？"尼采把他这种对"哪一个"的提问称作是知识的"透视主义"，即知识不存在一种无所不包的观点，任何知识都是对现实的一种透视，都是从某一特殊视角产生的结论。人们必须警惕那种同时从各个有利观点观察事物的方法以及它所宣布的"真理"。

如果说尼采以其思想的深刻性吸引了西方现代知识分子，那么弗洛伊德精神分析学说的影响可以说是最广泛的。1900年他的《梦的解析》一书出版，产生了自达尔文进化论以来最巨大的轰动。

弗洛伊德研究的是世界上最隐晦复杂的东西——人的心理。弗洛伊德的精神分析与事实究竟有多大距离，目前很难说清楚。在他之后，心理学界正统的弗洛伊德主义相信的人已不多。然而，对社会上其他人，尤其是文学家和艺术家来说，弗洛伊德的精神分析却是个振聋发聩的冲击。首先它打破了西方文明体系中具有象征意义的性禁忌。长期以来在西方社会对性的态度有着两面性。一方面，只要在必要时能够保持体面，人们可以毫不困难地接受性自由；另一方面，性却是个被禁止的话题，除了父母，除了生育和繁衍，就像福柯所说，对性"大家要拒绝、否认、默不作声"。而弗洛伊德却冲破了这种虚伪，他的勇敢激发了其他人的勇气，最明显的就是严肃文学中出现了大量性描写。这些几乎和风俗作品同样露骨的描写，并不像后者那样是招揽读者的伎俩，相反却成为作者反抗的一种手段，反抗平庸的社会、道德的虚伪，反抗工业文明对生命的吞食，对人性的压制。

同样是在19世纪末，科学也出现了危机，科学的发展和新的发现使得西方自然科学体系的支柱——欧几里得几何学、牛顿力学一下子变得力不从心,无法对新事物作出令人信服的解释,从而失去了权威,直到爱因斯坦的"相对论"提出,科学才算暂时摆脱了困境。但是,爱因斯坦提出的"相对论"却对人的思想和社会造成了冲击,既然连自然科学体系的支柱都是相对的,那还有什么是绝对的呢?尼采、弗洛伊德对理性主义形而上学的批判更是使西方文明的基础陷于崩溃。信仰上帝固然已经没有什么意义,在文艺复兴中学会的对人自身的赞美也失去了凭据。人不再是充满理性的英雄创造者,在文明的征途上它所建立的种种光荣,无不以同样、甚至更大的破坏为代价;它所标榜的诸般美德:爱、责任、献身,背后则隐匿着自恋、仇恨和对金钱、权力永远无法满足的贪婪。人们生活在幻觉与谎言中,异化已不仅渗透到人与社会的关系中,它还使人失去了和自我的接触。

面对这一系列的冲击,人们感到了恍惚和不知所措。西方文学艺术天真烂漫的时代结束了。通常思想前卫的艺术家和文学家更是在思索和寻找出路。托尔斯泰1886年写的《那么我们应该怎么办?》书名可以被视为是对这一时期艺术家和文学家心态的最佳概括。现代主义文艺的出现则是这一思考和寻找的结果。

现代主义艺术家不把任何东西看成理所当然。他们懂得艺术风格就如同生活风格一样,有时候允许他们做以前从没有做过的事情。他们也从不采用现成的公式和章法,而是自由地表现自己,做任何自己认为"对"和"应该"的一切。他们谁都不愿意成为西班牙国王宫廷画家委拉斯凯兹式的艺术家,用画笔记录一场战争的胜利(像《布列塔的投降》那样),也不想像雅克·大卫那样用画笔记录历史事件(就像《马拉之死》那样),而是希望自由表达自己,表达人们察觉到而尚不知如何表达的思想,或者尚未察觉到的新情感,以预示未来。最能体现现代主义这种情绪的就是挪威表现

蒙克的《尖叫》

主义画家蒙克(Edvard Munch,1863—1944)在 1893 年创作的名作《尖叫》。在一片像尚未燃尽的灰烬一样橙红而郁闷的暮色下,一个脸色蜡黄、身材消瘦,如同骷髅一般的男人站在桥上,双手蒙在耳边,发出声嘶力竭的尖叫。这战栗的叫声,不仅使他自己身体变得扭曲,而且使整个世界,深蓝的河水、漫延到天际的道路,都因之变形。该作品呈现给人们的是一个前所未有的人物形象,画中人那一仿佛具有"刺破整个自然"力量的尖叫实际上是在表达一种突然的、巨大的和不可抗拒的惊恐不安的情感。而欧洲大陆在那一时间正需要那一幅画,以前的一切都不能替代它的作用。此外,现代主义艺术家摆脱了西方古典艺术观的束缚,开始从非西方的艺术中寻找艺术的力量和新的表达形式,开创了西方艺术的新时代。

尽管现代主义文学艺术在尼采、弗洛伊德等思想家的影响下,强调人非理性的一面,着意表现人在社会异己力量压迫下的"虫化"和"兽化",但这并不表明现代主义文学艺术本身就是颓废的、非理性的。一个明显的例子是,19 世纪初当贵族阶级走向没落时,西方以法国为代表兴起了感伤主义文学。夏多布里昂、缪塞等诗人均在作品中吟咏死亡和荒凉残破的景象,以表达对往昔宁静生活的惋惜和怀念。但同样是对现世的不满和失望,现代主义文学艺术却很少流露这种伤感情绪。他们的作品的确像梦魇一样,扭曲、阴暗,乃至恐怖,但它给人的是一种令人窒息的压抑感,而非忧郁的悲叹。事实上,现代主义不仅对现实抱有积极的批判态度,而且很激烈,有的甚至表现出一种激进的左翼姿态。如德国表现主义文学刊物《暴风雨》,第一期的"前言"里就直言不讳地宣称:工业资本主义制度由于发展为物质生产服务的智力和意志,忽视精神、感情和想象,正在残害、歪曲人的本性。"在 19 世纪初达到自由顶峰的'精神',随着时间的流逝,被迫陷于为一种功能服务的地位;它本身不再是目的,只有当它能应用于实际生活,应用于科学技术领域和资产阶级国家组织时,它才具有意义。"因此该刊物的宗旨就是要毁坏现存社会的根基,"破坏他们所惬意的那个严肃而崇高的世界形象。因为我们认为他们的严肃是安于现状的惰性,贵族大佬的麻木不仁……"①而超现实主义代表布勒东,更是以其惯常的挑衅口吻宣称:"我们跟文学无关……超现实主义不是新的或更轻松的表达方式,不是诗歌的玄学。它是使精神全面解放的一种手段……我们铁了心要完成一场革命……我们是'造反'专家。"

现代主义文学艺术非但不像人们想象的那样远离社会,那样颓废,而且他们所谓的无理性、非理性的表现形式,也是基于一种更深刻的理性思考。尼采、弗

---

① M.布雷德伯里 J.麦克法兰编:《现代主义》,胡家峦等译,上海外语教育出版社,1992 年,第 251—268 页。

洛伊德最大的影响之一就在于引起了人们对"真实"的重新认识、重新思考。当代奥地利作家茨威格在称赞弗洛伊德冲破世俗偏见的勇气时说:"弗洛伊德提供人类对自己更清晰的概念。更清晰并不意味着更幸福。他替这代人寻求一个更深入的世界观。更深入并不意味着更美化……科学没有义务替人类制造新的梦想,科学的使命是教导人类如何在这个艰难的星球上脚踏实地、勇往直前……"[①]这些话同样也适用于现代主义文学艺术家。在新理念的引导下,看破了以往那些人为的欺骗和不自知的虚妄之后,现代主义艺术家力图揭示人类生存的真实状态。法国印象派画家马奈有句名言:"今天的艺术家不说'来看完美的作品',而是说'来看真挚的作品'。"绘画作为一种视觉艺术,本身就追求摹仿的逼真,人们对一幅画的称赞,除了美之外就是"啊,真像!"但是,现代主义艺术家却提出"准确描绘并不等于真实",眼睛所见到的只是浮面的虚假真实,艺术家应该表现自我在生活中发现的真实。这种对"真实"的新观念决定了艺术创作从内容到形式都与以往有很大不同。现代主义艺术最突出的一个特点就是对艺术语言自觉地创新:卸尽艺术上一切常规和早已被接受的形式,创造前人所不知道的感觉,表达新感受的"内在真实美"。

  本章对现代主义思潮的介绍主要从绘画入手,因为在19世纪末20世纪初那些层出不穷、瞬息万变的主义、流派里,几乎每一个新名词、新主张都是从绘画开始的。如"表现主义"这个词,最初就是出现在"柏林分离者"画展的说明书前言里,用来称包括毕加索在内一群反印象主义青年画家的作品,后来才形成以卡夫卡为代表的文学流派。

  在艺术领域,也许没有哪一个时代像19世纪末20世纪初这样,涌现了如此众多的流派、主义:印象派、野兽派、立体主义、表现主义、未来主义、达达主义、超现实主义等。这些流派,每一个独立存在的时间都不长,长的5—6年,短的只有1—2年,而且,从组织、刊物上来说,这些流派虽然都有一定的地域性,如表现主义的中心在柏林和苏黎世,未来主义的中心在意大利,超现实主义的中心在法国,但它们的影响和作用却是全西方的、整体的、连续性的。这既体现在艺术家创作的个人风格上,也体现在这些被统称为"现代主义"的艺术流派理论观点的内在联系和统一性上。比如现代派最重要的艺术家之一毕加索,他的艺术风格就经历了万花筒似的变化,从最初的立体派到新古典主义、矫饰主义、超现实主义、表现主义,直至最后又回到综合立体派。毕加索风格的这种多变,固然源于他个人天赋的创造力,但也反映了现代主义运动的一个重要特征。出于对传统

---

① 参见格奥尔格·马库斯:《弗洛伊德传》,顾牧译,人民文学出版社,2011年。

艺术理念及其所代表的文化价值观的颠覆,现代主义运动在艺术表现形式上进行了各种革新。而在探索与实验的同时,每个流派都不遗余力地发表宣言,制定纲领,为所在团体命名,不同流派之间还经常相互攻讦。尽管这些标新立异的新名词、新理论令人目不暇接,但艺术思想的相互渗透,艺术手法的相互借鉴,使现代主义运动具有潜在的一致性。叛逆与创新可以说是对现代主义特征一种最简单概括。

承上启下

在讨论现代主义各种艺术流派之前,首先有必要谈一谈法国艺术家罗丹,因为对于现代主义艺术而言,罗丹显然是一个承上启下式的人物。

罗丹(Auguste Rodin,1840—1917)可以说是19世纪法国最伟大的雕塑家,被称为继米开朗基罗之后西方雕塑史上又一座高峰。他出身贫寒,早年靠制作装饰用的石雕维持生计。35岁后才逐步形成自己的风格。他的艺术生涯是在与学院派的艺术斗争中度过的。这一时期他的作品寓意深刻,常常给人强烈的震撼,如《青铜时代》《思》《地狱之门》等等。从严格意义上说,罗丹并不是现代主义艺术的先驱,他的风格糅古典主义、浪漫主义、现实主义于一体,仍然保持了传统的审美理念和美学标准。但对创新与艺术真知的追求,使罗丹的雕塑不论在内容还是形式上都已昭示出现代主义的特点和倾向。

罗丹的《行走的人》雕像

就创作的基本原则来说,罗丹的雕塑仍然表达了一种对自然的摹仿。与真人同等大小的《青铜时代》现实主义风格之浓曾被学院派人士指责是根据活人翻制的,因而遭订货人的拒绝接收。著名的雕塑作品《思想者》是罗丹致力创作的雕塑群作《地狱之门》中的一件,是以但丁的形象作为蓝本创作的。雕塑中的人物弯身、屈膝坐着,拳头支撑着下颌,以一副深沉的眼光和痛苦的心情注视着人世间所发生的悲剧。作为对世上不幸者和罪人的判决者,他在那里苦苦思索着。作品充满内心思绪涌动的动感,具有强烈的表现力,给人以无穷的遐想。尽管罗丹的雕塑仍旧忠实于对象的形体,但形体在他手中已经开始扭曲、破裂。他的代表作之一《行走的人》就是一具没有头,没有面部表情,连手臂也没有的壮实有力的断躯。罗丹可以说是米开朗基罗之后第一个力图赋予雕塑以思想性的人。从古希腊起,雕塑就是一种纪念碑性质,装饰任务、社会任务往往高于艺术家的个性表现。但罗丹却强调,雕刻家应该从个人的认识和深切感受出发进行创作。比如《加莱市民》,这组群像是纪念14世纪英法战争中加莱市6位舍身救城的义士。罗丹没有像以往雕刻家那样,郑重、严谨地把塑像安置在高高的基座上,而是取消基座,把雕像直接放在地上。后来虽然由于加莱市的干预,罗丹修改了设计,但他仍把雕像排列在一块像地面一样低的台座上。人们观赏时,就好像走在悲剧人物身边,可以清楚地感受到他们赴死就义时手的颤抖,心的悸动。而罗丹为雨果、巴尔扎克所做的雕像,更是与其说表现了对后者的崇敬,不如说是对他们的理解分析。定稿中,雨果令人吃惊地全身赤裸,而巴尔扎克披着及地的睡袍,一颗头颅硕大无比,身体则粗短臃肿,上阔下窄,显得比例失调。

罗丹的《加莱市民》雕像

这里,我们可以看出,罗丹至少在两个方面指示了现代主义的发展方向。首先,他使艺术的创作和欣赏从单纯的感性体验变成了一种理性思考。罗丹的雕塑除了技艺精湛、准确传神让人叹服之外,给人最大的冲击就是思想的深刻性。比如同样是表现夏娃,《圣经》中上帝创造的第一个女性,人类的母亲,过去艺术家常常把她描绘成美丽的少女或少妇,以丰腴的体态表现富于活力的青春的生命。而罗丹却把夏娃雕成中年妇女的形象,身体已不再丰圆,肌肉开始松弛,皮下沉积了肥厚的脂肪,背部大块的肌肉像蟒蛇树根一样蜿蜒。罗丹就用这样一个生育了众多子女,即将衰老的成年女性的身体,表现了对生命以及人生更真实的感悟。与之相应的是,罗丹打破了艺术表现"美"的外在约束。罗丹认为,对于艺术家来说一切都是美的,那些一般认为丑的形象,其实更具有个性,更真。因此罗丹不仅塑造了夏娃、雨果、巴尔扎克这样"丑"的形象,而且还有意使雕刻的形体变得残缺、模糊。他的《上帝之手》,一面是一只打磨得光滑如缎,精美绝伦的手,另一面却似乎还处在毛胚状态,粗糙的石头中,两个模糊、扭曲的人体交叠在一起。在罗丹身上,人们似乎看到了艺术从某些为社会服务的义务中解脱出来,开始自由地探讨自身的性质。罗丹之后,艺术变得越来越脱离物象,越来越追求以抽象的造型表达一种概念。艺术不再是"真"的表达,对客观事物的真实描摹已成为多余,在西方已经流行的照相术在真实性方面是绘画艺术所无法比拟的;艺术欣赏也不再是"美"的体验,因为艺术是艺术家思想的自由表达,是艺术家新情感的自由流露,艺术的现代主义终于到来。

第二节 现代主义流派

印 象 派

最先站在现代主义艺术前沿的是19世纪80年代出现的印象派绘画。印象派以艺术家的个人感受来否定传统思想,以瞬间的印象表现事物,在背离绘画传统,"破坏"传统艺术视觉形象的同时,引导一个新的艺术时代的到来。

法国画家马奈(Edouard Manet,1832—1883)被认为是印象派的先驱,尽管他从未承认自己是一个印象派画家。他的《草地上的午餐》引起了巨大的争议。画面上出现的是一个裸女和两个衣冠楚楚的绅士席地野餐的情景,远处是一位正在沐浴的裸女。显然,他在把古典大师的主题移植到现代生活。然而,画面的处理却不同往常。背景给人一种很奇怪的感觉,纵深处的树木、小径像是全都被压扁了,而那个在池中洗浴的女子就像是悬在空中,与前景两个在林中休憩的衣冠楚楚的绅士和他们身边的裸女相比,仿佛处在一个完全不同的、虚幻的空间。马奈以这一手法动摇了西方绘画艺术中最根本的法则——焦点透视。而他对色彩的大胆运用强烈地吸引了后来成为印象派的青年画家,马奈因此被视为印象派艺术的先驱。

马奈的《草地上的午餐》

当然,印象画派中最为杰出的代表是法国画家莫奈(Claude Monet,1840—1929)。他在印象画派中享有绝对的至尊地位。莫奈受物理学光谱分析的启发,认为一切物象都是光照射的结果,没有光和色就没有这个世界,因此绘画应着重表现光和大气的神奇效果,表现各种不同颜色光的组合。他的代表作《日出·印象》是他在1872年的一幅油画写生,画家用饱含激情的笔墨和奇特的技法描绘了体验到的转瞬即逝的海上日出的壮观形象。画面上没有任何清晰之物,一切都是模糊的,现实中的事物在画面上只是若隐若现的侧影,唯一清晰的只有一轮朝阳。透过这幅作品,人们所能感受到的,只是光与色的交织和震荡。莫奈强调光和色的摹仿,打破了传统绘画对物象形体线条的表现形式。这使得他的作品与传统的风格大相径庭,公众看后感叹眼中只有"印象"。"印象主义"由此得名。

莫奈于1877年在巴黎创作的《圣·拉扎尔车站》是一幅极富时代意义的作品。画面展现的是火车站的场景。西方绘画的传统透视效果在这里不复存在,人们看不到天空和地平线的消失点,人物和物体之间的过渡和造型亦被取消,以表现被缩成两度的空间,只有棚顶和到处弥漫的蒸汽在提醒人们车站的存在。蒸汽机是19世纪的象征,蒸汽火车和蒸汽轮船一样给当时的人们提供了一个自由安排的新的生活方式,是文学艺术全新的主题。莫奈的这一作品使人联想到福楼拜《情感教育》一书的开头场面:蒸汽轮船即将起航,所有的船员都在忙碌,以此象征人们之间关系的不断形成和再形成的方式。喷出巨大蒸汽的火车机车本身就是现代社会的象征,而火车站则是当时人们踏上新的旅途的最佳场所。在这一意义上,莫奈与时代紧密地联系在了一起。

莫奈晚年的作品《睡莲》组画是在长年琢磨光和色关系的过程中完成的,几乎完美地把握着光和色瞬间的关系,把大自然的色彩表现得淋漓尽致。人们由此称赞它为"一曲春天的赞歌"。借助莫奈的作品人们看到了一个以前不曾意识到的世界。当然,莫奈在描绘一个新的世界的同时,也开创了一种新的艺术手法。

莫奈的《睡莲》

如果说印象派绘画对传统技法的改造还只是有些离经叛道,那么被称为后印象派的画家则强调艺术家的主观感受、情感和表现。他们不再像印象派画家那样对事物进行纯客观的表现,主张艺术形象应有别于生活形象,用主观感情去改造客观形象。后印象派的出现被西方评论家认为是现代艺术的真正开端。其代表人物是塞尚、高更和凡·高。他们为艺术打开了新的自由选择之门。

塞尚(Paul Cézanne,1839—1906)是19世纪末最伟大的绘画艺术大师,也是后印象主义的创始者。他的绘画涉及景物、风景和肖像等。那些平实的作品无不显示出画家强烈的个性,而且展示了他强烈坚定的理想追求。他的肖像画《两个玩牌者》是一幅非常独特的作品。整个画面构图十分均衡,人物的形体结构十分突出。两位玩牌者专注的神情让人们感受到人物之间紧张激烈的对抗。画面色彩和谐沉重,具有特殊的体积感,给人一种理性的魅力,让人回味无穷。塞尚是一位驾驭色彩与形象的艺术大

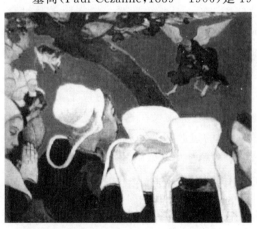

高更的《布道后的幻象》

师,他的景物画和风景画为世人瞩目。他在著名的《圣维克多山风景》中通过分解物体的方式,用一系列几何色块来表现自然风景,从而重新构造了一种全新的物象。他曾说过:色彩体现在它的富足上,形式体现在它的充盈上。他借助色彩赋予形式以最大的体积,使这种形式像几何体一样在画面空间中转动。

高更(Paul Gauguin,1848—1903)与19世纪其他画家相比,应该是象征叛逆社会的浪漫风格的艺术家的典型。他是在年近30才开始学画。他抛弃西方传统的习惯势力,从最基本、最简单的原始生活方式中发现艺术的真谛。作品《布道后的幻象》作于1888年,通过高度压缩空间的方式,画家处理出了一种跳跃感和超越感。画面上搏斗的主角雅格和天使只占很小的一块位置,而观看的一些妇女却占据画面的大部分,似乎成了真正的主角。这预示着这一场景只是信奉原始宗教的妇女们的宗教幻想。这是一种全新的创作手法,具有伟大的象征意义。高更的绘画是一种原始的、本能的、暗示的艺术。他把绘画视为某种独立于自然之外的东西。这种对于绘画本质的信念,是高更对现代艺术作出的超凡卓越的贡献。

凡·高(Van Gogh,1853—1890)出生在荷兰,但主要在法国从事艺术活动。他是一个极端个性化的艺术家,叛逆与创新在他身上表现得十分强烈。他的作品几乎完全是自身感受的表达。他曾这样说过:"画画不是画物体的原状……而是根据画家对事物的感受来画。"凡·高对色彩极为敏感,堪称一位惊世骇俗的色彩大师。色彩在1888年创作的《夜咖啡馆》中得到淋漓尽致的发挥。《自画像》是画家自杀前作于精神病院的肖像画。作品如实地展现了疯人凝视的可怕和紧张的眼神,在不同层次的蓝色中,一些节奏颤动的线条映衬出雕塑般的头颅和造型感坚定的身躯。然而透过木然的面部表情,我们却不难猜度画中人对人类充满着强烈的爱。静物画《向日葵》是凡·高的另一幅不可多得之作,其色彩和线条的表现力格外引人注目,它

凡·高的《向日葵》

的平面感和装饰性也是独一无二的。色彩在他的手中获得了完全的解放。

塞尚、高更、凡·高的创作更具有现代风格的自觉意识。高更被尊为象征主义鼻祖。他的画就好像是出自"外行"之手,浓郁厚重的色彩,不分层次、不分明暗,大块大块平涂在画面上。人物形象简朴粗略,几乎没有明显的互相界断的线条。凡·高也和高更一样,把油画颜料不加调和地涂抹在画布上。在他的画中,亘古不变的世界似乎正在抖动、燃烧、扭曲。那些随风波动的草木庄稼,一步一步从天空中划过的七个太阳,色彩艳丽明亮,笔触粗犷有力,表现了一种奔放热情的动感。塞尚则被称为"现代绘画之父"。塞尚认为,传统透视学不能正确地表现视觉世界的真实,生活中人们的视域没有明确的界限,相反却是混乱、分散的,因此他试图发现事物真正的"结构",从而"面对自然实现他的感受"。塞尚的静物画看起来就好像是"活"的:桌子正在倾斜,一部分水果和杯子正在滑出桌面,而另一些却静静地、稳稳地摆在人们面前。

塞尚、高更、凡·高等后印象派画家背弃了传统绘画用透视方法表现稳定、静止、平衡的三维空间,取而代之以图案式的、寓意式的绘画构思。从此现代主义艺术走上了"无主题""无题材"的抽象化道路。画什么已不再重要,重要的是怎么画。很显然,现代主义艺术在向世人宣告:伟大的艺术能够产生于最普通的生活经验,而并不需要参考早期艺术,不需要巧妙地借用《圣经》、历史故事或伟大诗人的作品,也不需要探寻主题的意义。就像毕加索所说,绘画"主要是描绘形式的一种艺术,当形式实现后,艺术便在形式中生存下去"。

野 兽 派

1904—1906年间一个新的现代主义画派——野兽派出现。1905年,巴黎秋季沙龙展出了以马蒂斯(Henri Matisse,1869—1954)为代表,同时还有大批的同道者组织的一个画展,展出一批有前卫意识的画作。批评家沃克塞尔(Louis Vauxcelles)撰文称他们为 Fauve 画派,以揭示作品包含一种凶猛的力量。而 Fauve 一词在法语中有"野兽"之意,从此,人们便以野兽派称之。

野兽派的画色彩对比强烈,线条粗犷有力。画家在使用原色时,既不根据气氛变换色调,也不用补色进行层次过渡,而是陡然变换,使色彩与色彩极不谐调地组合在一起,从而表现一种富于冲击力的绘画"结构"。

野兽派画家中,马蒂斯最讲究色彩,讲究色彩对比,作品《两个少女》《石榴》等,色彩艳丽,线条流畅,既有装饰美,又生机勃勃,给人激励。他的《舞》由红、蓝、绿三色组成,装饰感更强烈。马蒂斯就曾经用纯蓝色画了巨幅的男子裸体画,令观者张皇失措。

立 体 派

与野兽派并驾齐驱的是立体派,其代表是毕加索(Pablo Picasso,1881—1973)。他是西班牙人,但大部分艺术生涯是在法国巴黎度过的。他的艺术宝库异常丰富,这得益于他漫长的创作生涯和他广阔的艺术爱好(他也是一位伟大的雕塑家),更得益于他丰富的、惊人的想象力和创造力。这是一位风格多样,产量极高的画家。其古典主义风格的作品有素描《浴女们》、铅笔画《涅索斯与德亚尼拉》、水粉画《沉睡的农夫》等。油画《白衣丑角》与《戴蓝色面纱的女人》则运用了现实主义的白描手法。毕加索是一位极富创造力的画家,他在绘画领域不断地进行探索。《曼陀林和吉他》《画室》等静物画便是其不断追求的艺术结晶。

毕加索的《亚威农的少女们》

1907 年,毕加索创作的油画《亚威农的少女们》,被称作是第一幅真正的 20 世纪绘画。在这幅画里,毕加索彻底抛弃了传统绘画关于美、和谐、完整的观念,透视法和明暗对比完全被平面所代替,人物形象严重变形。五个裸体的女人分成两组,头和身躯、四肢由一系列几何图形——菱形和三角形组成,并同时展现人物的正面、侧面和斜切面,其中一个少女,鼻子在脸上折成扁平形。毕加索这幅画反映了立体派绘画的精髓,即打破物体原有的自然形态,使其变成不成形体的若干碎片,然后再根据主观意图重新将这些碎片整理、凑合起来;与此同时,它还建立了现代主义艺术的新观念,即艺术就是发现,就是造物,发现前人未发现的世界,缔造前人不能、不敢创造的物像。

30年代初期是毕加索绘画史上重彩浓墨的时期。代表作为《镜前少女》,这幅作品由两个形象结合而成,左侧是真实的少女,右侧是镜中的少女,真实少女的双手伸向镜面,使其与镜中少女合为一体。《镜前少女》是毕加索的曲线立体主义与古典唯心主义总体经验的集大成者。

30年代中后期政治动荡,战争摧残,使得毕加索的绘画带上了深深的动乱特征。1937年,画家受西班牙内战启发而作的《格尼卡》是20世纪最主要的绘画作品之一。画面色彩黯淡而不协调,充满悲观主义色彩。与其形成鲜明对比的是1944年创作的《畅饮狂欢》和1946年的《生之快乐》,后两幅作品色调欢快,洋溢着乐观主义气息。透过这些作品,毕加索多样化的创作风格跃然纸上,也显示了其旺盛的创作力。

毕加索的《格尼卡》

毕加索是作为立体主义的奠基人载入史册的。当代人认为毕加索的艺术成就主要体现在他的立体主义作品上。立体主义观念在毕加索的头脑中的形成,主要受塞尚的启发和原始艺术的影响。他与布拉克一同创立了立体派,在处理绘画和形体表现的关系上,立体派比野兽派走得更远。如果说野兽派只是"扭曲"对象形体的话,那么立体派则在很大程度上放弃了形体的再现。但实际上,真正彻底抛弃形体表现的是抽象派,它把形体刻画彻底逐出了艺术王国,而把线条、色彩这些本来被当作表现手段的成分突现了出来。

达 达 主 义

随着野兽主义和立体主义等流派失去往日的辉煌,新的思潮登场,其中最为活跃的是达达主义。达达主义于 1915 年在苏黎世兴起。"达达"(dada)原是法国幼儿用语中一个拟音词,相当于"小马"的意思。它之所以成为一个流派的名称相当偶然。当时达达主义的发起人,想要为他们团体的活动:黑人音乐会、诗歌朗诵、艺术品展览取一个名字,于是就用裁纸刀挑开一本小拉罗斯法德字典,刀尖所指就是"达达"。应该说,"达达"一词本身并没有什么实际的意义,但这种信手拈来的无所谓态度,却确切地体现了这一流派的思想倾向。达达主义认为,资本主义社会由于竞争和极端的功利,已经异化到了极点,因此他们采用巴枯宁的口号:摧毁一切偶像,"什么都不要""破坏就是创造"。他们写了一系列毫无意义的诗,画了一些毫无意义的画来嘲笑理性,并举办挑衅性展出和幼稚的表演来震动世界,让世界认识到自身的疯狂。1917 年,达达主义的领袖人物、法国画家杜尚(Marcel Duchamps,1887—1968)向纽约独立美术家协会送交了一个男用陶瓷小便器,取名为《泉》,上署"R. Mutt"(美国某卫生用品标记)字样,用以公开展出。杜尚声称:"一件普通生活用具,予以它新的标题,使人们从新的角度去看它,这样,它原有的实用意义就丧失了,相反却获得一个新内容。"杜尚这一大胆举措就是后来所谓"现成品艺术"的发端。而他的另一件"现成品"代表作,就是在《蒙娜丽莎》画像上,加了两撇小胡子,以表示对传统绘画,乃至艺术本身的蔑视。在

杜尚起名的《喷泉》现代艺术品

其代表作油画《裸女拦截国王与王后的去路》的画面上,图腾式、机器般的国王和王后具有雕塑的要素和漫画的性质,人物形象完全机械化,且成了运动的机器。所有这一切,无不表现出这位大胆的艺术家的破坏意识和创造精神。杜尚还创造了"活动雕塑"和"现成物体"这两种 20 世纪雕塑的重要形式,而且还将雕塑手段运用于绘画,在使雕塑和绘画完全融合为一体方面作出了突出贡献。

表 现 主 义

德国表现主义前后有两个阶段,第一阶段以1905年德国德雷斯顿成立名叫"桥社"的艺术团体为标志,代表人物就是前面提到过的《尖叫》的作者挪威画家蒙克。1911年,在俄裔画家康定斯基(Vassily Kandinsky)的领导下,慕尼黑成立"青骑士"艺术家协会,是表现主义的第二阶段。表现主义首先反对的是印象主义绘画,他们认为后者只注重对纯粹物理世界的感官印象,这样得来的真实只是浮面的、虚假的真实。真正的真实应该诉诸内部视野、内心观察,就像康定斯基所说:"画家是创造者,他已经不把摹仿自然现象当作自己的目的,他思考并且应该追求自己内心世界的表现。"

作为表现主义的领袖和理论家,康定斯基在舍弃表面的主题、趋向非客观的内心表现这一观念上并非是始终如一的,而是有一个突破的过程。他的第一批非具象形体的绘画是版画习作,而不是色彩构图中的发现。在这些版画习作中,有的线条像蜘蛛丝一样清晰,有的则柔和含蓄,但不管是单独穿过画面,还是纠缠扭结在一起,这些似乎出于偶然、不拘形式的笔触和斑点,其实都是画家辛苦经营、一再修改、精益求精进行实验的结果。此后,在抽象绘画上,康定斯基达到了一个极端。他的绘画不再具有任何自然,乃至几何的外在形态,而纯粹用色彩表现绘画的空间。甚至连他作品的标题也是抽象的,他的画作常常是以"构图第×号"来命名。

超 现 实 主 义

超现实主义在达达主义走向穷途末路之后应运而生。1921年,以布勒东、阿拉贡为首的一批青年诗人,认为达达主义破坏有余,建设不足,缺乏严肃和真正可操作性的目标,因此脱离达达主义,打出了"超现实主义"的旗号。超现实主义声称艺术的目标是"改造世界、改变生活,彻底恢复人类的理解力",而要做到这一点,首先就必须解放人的精神。布勒东早年习医,对弗洛伊德的精神分析理论非常熟悉,因此他作出结论:艺术应该充分运用自由联想和梦境中的象征形象,以摧毁理性主义的机械控制;癫狂是一种纯粹的"精神锻炼",有助于人们把想象和现实结合起来,成为"超现实"。把梦境作为创作的一种主要题材,在20世纪初一些空想派或称超自然派的绘画中其实已经司空见惯。但与之不同的是,后者绘画的内容常常是体现了弗洛伊德所谓的"欲望的实现",而超现实主义却倾向于突显梦境中不协调的因素,把绘画渲染得像梦魇一样,以表达一种"癫狂的批判"。最具代表性的就是西班牙画家达利(Salvador Dali,1904—1982),在他那些光怪陆离的超现实作品里,各种细节极端逼真,总体却荒诞不经的视觉形象糅合在一起:怀表像面饼一样柔软,海水像床单一样可以揭开,海贝是一只眼睛,山是狗的头,而狗脖子上的项圈又是跨海的高架铁桥。法国超现实主义的重要画家是伊夫·当吉(Yve Tanguy,1900—1955),他的前半生描绘的东西,不是海底世界就是地下世界,后半生他的视线转向了辽阔的空间,《时代的家具》中奇形怪状的物体,无规律地散置在无限空间,仿佛是来自一个毁灭了的宇宙的某种残留生命。当吉作品的寓意较之同类画家的作品更加隐秘,也更为深邃。现实与非现实、逻辑与幻想、平庸和崇高,超现实主义这种表现手法后来对大众艺术,如迪斯尼动画、希区柯克的电影,产生了重大影响。

今天,"现代主义"已成为过去。这个曾经席卷整个西方的文化运动制造了各种事件、思想、口号。它所进行的改革有的很激烈,甚至具有破坏性,但是不管怎样,运动提出了一些问题,一些下一代,甚至几代人都将不得不面对他们自己提出的问题。在充满变化和革新的今天,我们不仅可以从现代主义思潮中找到我们今天思想的根源,也可以从其发展中,找到可资对比的参照。

一位哲学家曾经对艺术家作出这样的评论:"艺术家必须预言,这不是说,他要预告未来的事,而是说,他宁可使观众不愉快,但要道出观众自己心灵的秘密。作为一个艺术家,他的工作是要一语道破,直言不讳……公众之所以需要艺术家,因为不是整个公众都知道自己的心事;而且由于缺乏这种知识,公众便会在必须知道而竟无知的问题上欺骗自己。……那就是他的诗篇本身。艺术是社会的药剂,医治最严重的精神疾病——意识的堕落。"[1]

在现代主义大潮兴起的时候,人们看到传统上任何一种艺术概念都受到了极富创造力的现代主义艺术家的挑战。这些艺术家似乎无时无刻不在企图打破旧有的形式,创造属于自己的形式。"一件艺术作品不只是一件娱乐品,它还是一所思想库。一件艺术作品不只是美好生活的一种象征,它还是一个力量的体系。"[2]一个世纪过去后,当人们重新审视19世纪末和20世纪初那些现代主义艺术大师的作品,还有谁能够怀疑这番话包含的真知灼见。

---

[1] 赫伯特·里德:《现代绘画简史》,刘萍君译,上海人民美术出版社,1979年,第154页。
[2] 约翰·拉塞尔:《现代艺术的意义》,陈世怀、常宁生译,江苏美术出版社,1990年,第12页。

第十七章

实验的时代 多彩的文学

19世纪末和20世纪初现代主义大潮还体现在文学创作上。现代主义具有的叛逆和创新精神迅速感染了19世纪末20世纪初的文学家。西方文学的创作进入了一个实验的时代。随着绘画、雕塑越来越抽象,文学也越来越强调隐喻和象征。以往作家在写完一部小说后,往往喜欢用地名或人名作题目,如奥斯丁的《爱玛》、乔治·爱略特的《米德尔马契》、狄更斯的《荒凉山庄》。现代主义作家却常常采用寓意和半寓意性的标题,如卡夫卡的《审判》、伍尔夫的《到灯塔去》、福斯特的《看得见风景的房间》。隐喻已不再只是一种修辞的手段,而成了文学最重要的表现方式。其中很突出的一点就是对神话的引用和模仿。20世纪现代主义文学可以说进入了一个神话时代。人们不仅大量使用神话的主题和意象,而且还借助于对神话的重新诠释来表现新的思想寓意,如乔伊斯的《尤利西斯》改写了荷马史诗中奥德修斯的冒险故事,艾略特在《荒原》中借用了圣杯传奇和渔王的传说,福克纳的《喧哗与骚动》则在篇章结构上模仿了《圣经·新约》的四福音书。

与文学创作主题的这种隐喻性相应的是,文学的表现形式变得越来越艰深、晦涩。和绘画一样,现代主义文学也进行了一系列形式上的试验和革新。比如不规范地使用标点符号,就是现代主义小说最明显和最普遍的特征之一。英国小说家康拉德的代表作《吉姆爷》,常常任意给间接引语加上引号,造成一种人物在传述主人公话语的感觉;而伍尔夫正相反,她的《到灯塔去》,加了引号的引语并不一定大声说出来,而那些肯定是大声说出来的话却常常不带引号。美国作家亨利·詹姆斯则喜欢省略并连形容词之间的逗号,如他在《使节》中描写德·维奥内特夫人"聪明文雅羞怯快乐好极了"。最极端的例子来自《尤利西斯》,在这部意识流小说的最后一章,女主人公莫莉做了长达 40 多页两万多字的独白,而乔伊斯除掉了其中所有的标点。19 世纪浪漫主义诗人华兹华斯曾说"诗歌是强烈情感的自然流露",而现代主义文学家们却使诗歌,甚至小说变成了一场同词语和意义的搏斗,一场紧张而绞尽脑汁的理解活动。

  第一个使现代主义文学走向艰深、晦涩的是法国象征主义。1840 年,著名的《恶之花》作者波德莱尔发表了一首十四行诗《应和》。从时间上来说,波德莱尔并不应该被叫作象征主义者,他最重要的批评大多出现在 1857—1861 年间,而象征主义运动要到多年以后才开始。但是波德莱尔新颖独到的感受力,他"从恶中抽取美"的创作手法,却使他成为现代诗歌真正的鼻祖。特别是《应和》这首诗,被视为象征主义文学理论的经典文本。波德莱尔认为,在自然世界的背后隐匿着一个超验的理念世界,大自然是向人们传递信息的"象征的森林",人的各种感官,色香味各种官能之间,尤其是人的心灵与自然万物之间可以互为应和,形成交感。因此文学,尤其是诗歌创作应展示运用象征、隐喻、联想等手法,通过丰富、扑朔迷离的意象描写来暗示、透露隐藏于日常经验深处的心灵隐秘。

  应该说,在文学中运用象征,这种手法早已有之。比如在中世纪的宗教文学里,十字架象征着基督教,白鸽象征圣灵,羊群象征民众……所不同的是,传统象征手法中,喻体和本体之间的对应关系是固定的、大众认可的,而现代派文学的象征却往往是作家个人的隐秘系统,如艾略特以"小老头"象征精神虚脱的现代人,以荒原象征没落的现代世界。这种象征体系,不经研究和解释,是很难把握的。波德莱尔的象征主义"应和论"对整个 20 世纪现代主义文学的发展产生了重要影响。它打破了浪漫主义直接倾泻感情、白描景物的抒情方法,强调知性因素的分析性和具体意象的精确性,为现代主义文学反陈述、重联想的表现手法奠定了基调。

  象征主义的一个直接影响是促成了英美现代派诗歌中"意象主义"的兴起。1913 年,美国诗人庞德在伦敦策划了一场运动,他让他的朋友,赫·杜利特尔夫妇在其写的 6 首诗作上署名"意象派 H. D.",然后寄给芝加哥《诗刊》,"意象派"由此诞生。庞德本人非常推崇中国的律诗和象形字。如汉字的"日""月"是太阳和月亮的外部轮廓,水是流动的线条,人是站立的骨架,这使庞德感悟到意象,他称之为"一瞬间感情和理智的复合物",其含蓄、浓缩的本质。1915 年,庞德根据一位美籍日本文学专家的笔记,翻译了 15 首李白和王维的诗,题名《汉诗译卷》,在英美文坛产生重大影响。应该说,由于不懂中文,庞德的翻译错误很多。比如李白的《古风》"惊沙乱海日",他就译成"惊奇。沙漠的混乱。大海的太阳。"完全肢解了原诗的意境,割断了不同物象之间的逻辑联系。但是,通过这种翻译及其诗集的出版,庞德却建立起了他的意象派诗歌理论,即诗人应该把情绪和感触全都融入鲜明的意象,并通过所谓"意象的叠加",把一个一个意象串联起来,从而制造出新颖奇特、精练凝缩的诗歌效果。

第二个遍及整个西方现代主义文学的是"意识流"(stream of consciousness)。意识流原是心理学词汇,最初见于美国心理学家威廉·詹姆斯的论文《论内省心理学所忽略的几个问题》。詹姆斯认为,人类的意识活动是一个连续不断的流程,"意识并不是片断的连接,而是流动的,用一条'河'或一股'流水'来比喻它是最自然的了",因此他把它称作思想流、意识流或主观生活流。美国小说家亨利·詹姆斯是意识流小说理论的先驱。在《小说的艺术》(1886)这本论著里,亨利·詹姆斯提出反对作家的全知全能的视角,反对"情节就是一切"。由此打破了传统小说作家安排故事情节,设置环境细节,在矛盾冲突中塑造典型人物的方法,转向现代小说运用内心独白、自由联想、时序颠倒、幻觉梦魇,以及象征暗示等意识蔓延的手法,揭示人物心灵世界的隐秘,表达对生活的主观印象。

对意识流理论做出全面而深刻阐述的是英国作家伍尔夫。她曾在《达罗卫夫人》《到灯塔去》等小说中大量运用"意识流"手法,因此具有丰富的实践经验。伍尔夫认为,所谓艺术真实,并非是指日常生活中见到的那种表面的"真实",而是人物各种感官印象与各种生活体验相融合,沉淀于记忆中后所形成的一种内在真实。因此文学作品应该展示人物的主观感觉、印象及其各种意识流动的过程,尤其是显示人物的潜意识、梦幻意识和语言的前意识。应该说,从18世纪理查生创作《帕米拉》以来,西方小说一向重视人物的心理描写,但现代意识流小说与传统小说不同的是,传统小说家一方面认为主观感受只是生活的局部而不是全部,另一方面以古典心理学为依据,认为一个人物的感性活动是整个性格的组成部分,是稳定的、明晰的、连贯的整体,可以理解,因此也可以直接加以描述。而意识流小说家在现代心理学的影响下,把主观感受看作生活的中心,强调意识的流动性、不确定性;而在描述上,以人物的心理时空为重点,表现出一种不受时空和逻辑关系制约的随意性、跳跃性。

意识流理论对现代小说叙事学产生了重大影响,使现代小说打破了过去那种按年代顺序排列素材的方法,而倾向于一种复杂的、流动的时间处理;并避免使用一种全知全能的叙述者,而是要么运用单一而有限的叙述观点,要么运用众多的、有限的和易犯错误的叙述观点。

由于西方各国的情况不同、文学发展不一。为了方便起见,本章采取按国别分述的方式进行,其涵盖面将超出现代主义的范畴。

第一节　英国文学

　　世纪之交的英国文学处于一个承前启后的过渡阶段。19 世纪是英国小说的黄金时代,小说发展出现了高潮。简·奥斯丁、勃朗特姐妹、狄更斯、萨克雷、乔治·爱略特等人塑造了一系列栩栩如生的人物形象,开辟了广阔的小说世界。他们的作品包含丰富的思想和社会内容,现实主义小说写作技巧达到炉火纯青的程度。19 世纪末 20 世纪初,活跃在英国文坛的英国小说家基本上沿袭了现实主义传统,用写实的方法记载社会转型时期英国社会的变化。萨义德在讨论世纪之交的欧洲文学时指出:英国不少小说家创作出"幻灭、醒悟小说"。[1] 最为典型的是哈代。他的《德伯家的苔丝》和《无名的裘德》讲述了英格兰南部农村青年男女走投无路、陷于绝望的悲剧故事。与此相对照,以海外为题材的小说作为英国当时海外扩张的折射,基调并不那样灰暗,如吉卜林(Rudyard Kipling,1865—1936)的《吉姆》宣扬了英雄主义的可能性,带有帝国主义色彩。题材范围进一步扩大,是这个时期小说创作的特点。本涅特(Arnold Bennett,1867—1931)的《老妇谭》等小说描绘了英格兰北部生产陶瓷的工业城镇生活。威尔斯(H. G. Wells,1866—1946)创作的《时间机器》等一批科幻小说,将科学幻想与社会批评结合起来。高尔斯华绥(John Galsworthy,1867—1933)在《福尔赛世家》中以细腻的笔法详实记载了英国从维多利亚时期向现代时期的转变过程,展示了资产阶级社会与家庭的变化。福斯特(E. M. Forster,1879—1970)的《霍华兹别墅》针对英国社会经济与文化、富人与穷人、男性与女性之间愈益尖锐的矛盾冲突,探索建立"联结"关系的途径。柯南·道尔(Conan Doyle,1859—1930)塑造了智力超凡、逻辑严密、个性鲜明的福尔摩斯这一著名侦探形象。在柯南·道尔的侦探小说中,犯罪威胁了社会秩序的稳定,侦探的作用是通过破案来恢复平衡和稳定。

　　康拉德(Joseph Conrad,1857—1924)是 19 世纪末 20 世纪初极为重要的英国作家,他出生在波兰,父亲是一位具有爱国主义思想的贵族,因参加波兰 1862 年的民族独立运动而被沙俄政府流放。康拉德自幼酷爱法国文学作品,向往自由冒险。1874 年前往法国学习航海,后在英国商船队生活达 20 年。他 20 岁时开始学习英语,1884 年加入英国国籍,1894 年后定居伦敦。康拉德的小说创作在题材上开拓富有异国情调的人物故事,并将其与自己早年的航海经历紧密结合在一起,创造了

---

[1]　参见萨义德:《文化与帝国主义》,李琨译,生活·读书·新知三联书店,2003 年。

一幅幅色彩斑斓、气象万千的画卷。中篇小说《黑暗的心》通过马洛船长关于探寻殖民者柯兹的经历的叙述,对欧洲在非洲的殖民活动进行反思,探讨了西方现代文明和自然的原始之间的冲突。《吉姆爷》的故事背景放在东南亚,主人公吉姆曾是一个憧憬英雄业绩的年轻水手,在一次风暴中置乘客的生命不顾,随船长弃船逃命,为此他背上了沉重的道德的十字架。吉姆后来不断变换工作,躲避熟人,唯恐自己不光彩的过去被人发现。他来到丛林深处的土著人居住地,努力工作,赢得了他们的敬重和信任,被尊称为"吉姆爷"。可是,这份信任最终被"绅士"布朗及其一伙土匪的背信弃义所破坏。于是吉姆主动接受原始的法律制裁,以自己的生命,赎还他的罪孽。《吉姆爷》打破了现实主义小说惯用的时空构架和单一固定的叙述角度,叙述中有叙述,在多层面上展开。这部小说的艺术世界是一个多维的空间,向读者提供了多方位的视角。

康拉德与吉卜林不同,对投身帝国殖民事业所表现出来的英雄主义持批判态度。他对遭受帝国主义剥削和压迫的民族怀有同情之心,但这种同情毕竟是有限度的。总体说来,他的作品在不同程度上有意识或无意识地反映出欧洲中心主义情结。康拉德将自己奇特的身世背景和生活经历交融在笔下的字里行间,在英国文学史留下了独具特色的一章。康拉德作为一个作家在英国的崛起,在一定程度上标志着包括文学在内的英国文化,开始注意吸纳新的表现素材和手段,逐步走出狭隘的英国模式,向着多元化的方向发展。

现代主义文学

英国的现代主义文学始于何时,尚无定论。伍尔夫将1910年圈定为英国小说从传统现实主义到现代主义变化的重要年份。第一次世界大战无疑加速了这一变化。战争中,大批无辜青年充当炮灰,白白丧生。一战之后,人们对文艺复兴以来人文主义有关人性、人类前途的基本观念乃至基督教文化传统的信念发生了动摇。在这社会和思想观念都经历深刻变革的时期,一批作家对生活进行深入思考,在艺术上进行大胆探索。英国现代主义文学在20年代进入全盛期,英国文坛一时群星璀璨,劳伦斯、伍尔夫、乔伊斯、艾略特等人创作了一批现代主义经典作品,20世纪英国文学史掀开最辉煌的一页。

劳伦斯(D. H. Lawrence,1885—1930)出生于一个煤矿工人家庭,母亲是小学教师。自传性小说《儿子与情人》讲述煤矿工人儿子保罗的成长过程,特别描写了使他自然感情遭到扭曲的"恋母情结"。《虹》和《恋爱中的女人》常被誉为劳伦斯的两部代表作。《虹》是一部家族史,讲述布兰温家族三代人的故事,但重点在于描写代表第三代的厄秀拉的成长经历。《恋爱中的女人》是《虹》的续篇，生动地描述了厄秀拉与伯钦、她妹妹古德伦与杰拉尔德的恋爱关系。小说通过一系列错综复杂的故事与人格个性的冲突来展示这四个人的生活经历。《查特莱夫人的情人》体现了劳伦斯对追求个性自由的本能的张扬和对合乎人性的性爱的极度推崇，他用自然主义与象征主义相结合的手法详尽地描绘了性爱，小说一问世便引起了轩然大波，立即被冠以"有伤风化"的罪名，遭到英国当局的查禁。

劳伦斯在作品中写出了小说人物肉体和精神的复苏过程，抨击了传统道德和工业文明对人性的摧残和扼杀。他认为只有建立和谐的两性关系，使性爱回到自然活泼的正常状态，现代社会才有恢复生机的希望。在创作手法上，他把象征主义和复杂的陈述有机地结合起来，打破了传统小说的叙事框架，采用一种全新的语体来探索人物微妙的心理世界，表现了独创一格的现代主义倾向。

伍尔夫（Virginia Woolf，1882—1941）出生于一个书香世家，自幼体弱多病，未受正规学校教育。她常在家阅读父亲的藏书，蕴就深厚的文学修养。1904年父亲去世后，她与家人迁往伦敦布卢姆斯伯里。伍尔夫和她的兄弟广交文友，使她家后来成为"布卢姆斯伯里文学团体"的场所。经常来往的有经济学家凯恩斯、画家弗莱、传记作家斯特雷奇、小说家福斯特等。1912年，伍尔夫与"剑桥出身的知识分子"作家伦纳德结婚，两人于1917年创办霍加斯出版社，出版了20年代许多富有独特性的作品。在伍尔夫看来，传统现实主义过于注重外部细节，未能捕捉到生活和人物的"精神世界"。她突破传统的时空观，将意识流手法运用得出神入化。《达罗卫夫人》被认为是伍尔夫最成功的作品之一。女主人公达罗卫夫人是一位50岁左右的国会议员的妻子，她久病初愈，在六月的一天里，为准备晚上在家里举行的聚会出门买花。小说的外在行为局限在伦敦城的一天之内，伦敦的大本钟不时报出物理时间的准确时刻，而人物的意识流程却游思方外，一泻千里。《到灯塔去》以海浪起伏和岁月流逝为背景，故事情节围绕在海滨夏日别墅的拉姆齐一家及其朋友，包括画家莉莉而展开，优美流畅的诗意行文中蕴含着对衰亡过程以及往昔对现在的恒久影响的深思。伍尔夫展现人物内部心理活动的特点在于她既能忠实而自然地记录人物的意识之流，又能在不同人的意识之间，或意识与场景之间自由转换，不受时空之拘束。这种转换的广度与灵活度恰如电影艺术中的切换、淡出、蒙太奇。伍尔夫关注妇女问题，思考女性的生存状态，《一间自己的屋子》被称为是一份女权主义宣言。伍尔夫的现代主义思想与女权主义思想体现了她对于现实主义文学传统与父权制社会传统的独特反思与深刻背离。两者互为补充，不可分割地构成其思想主流而贯穿整个创作生涯。

乔伊斯（James Joyce，1882—1941）被认为是继莎士比亚后英语文学史上最伟大的作家,他在小说领域取得的成就,代表着现代主义文学的一座高峰。确切地说,乔伊斯是一位爱尔兰作家,他出生于爱尔兰首府都柏林,但年轻时就离开了爱尔兰,侨居欧洲大陆。乔伊斯的早期作品包括短篇小说集《都柏林人》和《一个青年艺术家的画像》。《尤利西斯》给英国小说的观念带来一场革命,被尊为20世纪最伟大的文学著作。《尤利西斯》情节简单,主要记载迪达勒斯、布卢姆和布卢姆的妻子莫莉三个人物的日常琐事。小说实际上只写了爱尔兰首府都柏林一天里的事情。这一天是1904年6月16日,乔伊斯与他未来的妻子娜拉在这一天首次幽会,除此以外,它是都柏林历史上最普通不过的一个日子。乔伊斯在小说中力图展现的是生活的本质和对人的精神世界的探索,《尤利西斯》因此被有的评论家誉为表现了西方"现代社会的全部生活和全部历史"。伍尔夫视乔伊斯为"精神主义者",认为他的小说"毫无疑问确实接近于内心活动的本质。无论如何,只要你初次阅读它,就难以不把它誉为杰作。如果我们要求的是生活的本来面目,那么我们在这儿的确找到了它。"[①]继《尤利西斯》后,乔伊斯前后花了整整16年时间,又创作了《芬尼根的苏醒》,将意识流推向极致。乔伊斯对小说形式和内容进行的探索标志着英国小说史上的重大突破:他塑造的布卢姆是20世纪"反英雄"的典型,反映了现代小说的关于人的观念的变化;他对英语语言的创造性运用极大地丰富了英语的表意功能。乔伊斯的意识流描写表面上纷纷扬扬,漫无边际,实际上结构齐整,周密严谨。

在诗歌领域,20世纪初,英国诗风骤变。在第一次世界大战中,英国的一代年轻诗人付出了生命,也留下了流传后世的佳作,这批诗人被称作"一战诗人"(war poets)或是"战壕诗人"(trench poets)。第一次世界大战之后,现代主义开始流行。叶芝(William Butler Yeats,1865—1939)的诗歌创作进入后期,更臻成熟。他努力建立自己的神秘主义象征体系,深入探讨人生哲学问题。叶芝的创作道路由传统走向现代,折射出英语诗坛的过渡与变迁,代表了现代诗人摆脱旧时代的影响,创立现代诗风的历程。

这一时期最重要的现代主义诗人是艾略特(T. S. Eliot,1888—1965)。他出生于美国圣路易斯,后在英国牛津大学完成哲学博士论文,并留在伦敦。艾略特的首部诗集《普鲁弗洛克及其他》于1917年出版,建立了他在欧美诗坛新生代的地位。《普鲁弗洛克的情歌》中的主人公普鲁弗洛克作为现代都市里的青年,具有双重性格。他一方面看出自己所处的精神荒原,一方面又与这一社会的价值观相妥协。该诗揭示的普鲁弗洛克的反英雄心态和品格具有时代意义。1922年发表的

---

① 弗吉尼亚·伍尔夫:《论小说与小说家》,瞿世镜译,上海译文出版社,2000年,第9页。

《荒原》使艾略特一跃成为现代主义诗歌运动的先锋。艾略特采用极端简练的文字、表面上互无联系的片断排列、具有高度概括力的神话、隐喻或象征来描绘战后西方世界精神失落的景象,表达人类救赎的希望。《荒原》为现代主义诗歌打开了局面,让读者、诗人看到一种全新的诗风:通过各种杂取的碎片之间相互的说明,揭示出一种更为深刻、复杂、多样化的内涵;象征手法运用使得词义的隐喻和外延更为复杂隐晦,而神话和用典使诗歌的每一层面都具有理性深度;将他文的内涵融入自己的作品,使作品的内涵更为丰富深广,体现出一种深邃和张力;在遣词造句方面,艾略特将传统的规范诗体与当时的俚俗语体相结合,从而营造出一种强烈的节奏感。批评家认为:《荒原》风格奇异独特,不仅是对现实生活的再现,表现出现代城市人的生活困境,也进一步探讨了人类的处境,具有普遍性的意义。《荒原》之后,艾略特还陆续创作了《四个四重奏》等诗作,继续他的精神探索。艾略特在诗剧、文论等方面也很有成就,是 20 世纪上半叶英美最有影响的批评家之一。1948 年,艾略特荣获诺贝尔文学奖。

英国现代主义文学无论是在思想内容还是在艺术形式上都力图摆脱传统的束缚,现代主义作家的探索具有先锋色彩。先锋的特征是"首先使用非正统或革命性的观念或技巧"。与传统现实主义作家不同,现代主义作家不把重点放在外部世界,而是直接进入人物内心,直接观察人物的心理活动,直接体验人物的内心感受,在内心世界这面创造性镜子上折射出丰富多彩的外部现实。他们孜孜不倦地创新和实验各种手法,诸如意识流、内心独白、象征隐喻、意象堆砌、时空交错等,使作品表现出一种支离破碎性或不连贯性。作品的支离破碎性也象征表示出战后西方世界由于失去了精神信仰和价值中心而陷于混乱。但是,作品的无序只是一种表面现象,在"碎片"的后面有秩序。现代主义作家强调艺术想象力能重构世界,相信文学艺术能给予这个混乱的世界以秩序。优秀的意识流小说放弃了传统的单一叙述视角和紧凑的情节安排,然而在凌乱之中寓有艺术的提炼和组织。当然,现代主义作品的破碎性给阅读带来困难。从本质上讲,现代主义文学是精英文学,《尤利西斯》出版后,一般读者很少问津。但是现代主义运动对 20 世纪英国文学的发展贡献巨大,影响深远。

现代主义文学在 20 年代独领风骚,并对现实主义传统提出有力挑战,但是现实主义没有消亡,也在不断发展,并取得令人瞩目的成绩。高尔斯华绥以写实的手法记载福尔赛家族史,展示出英国社会历史变迁的画卷。毛姆(William Somerset Maugham,1874—1965)受法国自然主义影响,以冷静的眼光审视人生。他的《人性的枷锁》等作品表现了"人与人关系中的个人戏剧"。福斯特继《霍华兹别墅》后,发表了《印度之行》,在更大范围以内探讨"联结"的可能性。伦敦舞台上其他剧作家如毛姆的风俗戏剧也很流行。都柏林剧坛新秀奥凯西(Sean O'Casey,1884—1964)在《枪手的影子》等剧作中将悲喜剧融为一体,在描写惨烈的生活、斗争的画面的同时,创造出一幕幕机智、幽默的场景,开创了爱尔兰戏剧的新局面。

战后英国小说

　　战后英国和欧美其他一些发达国家一样,面临着社会的转型,从现代的工业社会渐渐转向以信息科技为特点的后工业、后现代社会。人们的价值观也因社会的开放而有所改变。继之而来的便是具体而深刻的社会变革。劳伦斯的《查特莱夫人的情人》被禁达30年之久后,于1960年被法庭裁定并非淫秽作品。这一事件为重新审视一些既定的陈规定律开辟了道路。1967年,同性恋和人工流产在英国合法化;1968年,取消了设立于1737年的戏剧表演审查制度;1969年,取消死刑。这一系列的重要变革,进一步深化了在英国业已存在的自由、多元、开放的文化体验,为推动文学创作的多样化起到了积极的作用。

　　战后的英国文坛,小说依然是主要的文学样式。对现实的忧虑浮现在战后初期的英国小说中。奥威尔(George Orwell,1903—1950)的政治寓言小说《动物农场》和《一九八四年》表现出强烈的社会责任心和对极权主义威胁的忧虑,独树一帜。戈尔丁(William Golding,1911—1993)于1954年发表《蝇王》,深入探讨人性的善恶,使他一举成名。故事发生在某次战争期间,一群孩子流落到太平洋一座荒岛上。由于离开了文明社会的约束,人性的邪恶展露无遗。孩子们野性爆发,互相欺凌,直至杀死同伴。在历经两次世界大战之后,戈尔丁对人性恶的描写无疑具有强烈的时代感和深刻性。《蝇王》之后,戈尔丁又创作了《继承者》《塔尖》等小说。戈尔丁在作品中所着力描绘和揭示的不是社会、阶级、个人生活经验等具体问题,而是人的本质、人性、人类经验等人生根本问题。因此,他视自己的小说为"神话"。1983年,戈尔丁因"以现实主义的直观手法,叙述了一个当代普遍存在的荒诞神话,以阐明人类生活的本质"而获得诺贝尔文学奖。

　　战后英国小说大致呈现从写实到实验和多元的走势。布拉德伯里认为:"从30年代开始到60年代,现实主义复活了,它是对现代主义倾向的修正,在一些方面确切地说也是对现代主义倾向的反拨。"[①]这一论断是符合实际情况的。现代主义文学在20年代达到高潮。进入30年代后,经济大萧条席卷全世界,德国和意大利法西斯势力日益猖獗,战争阴云密布,国际国内的严峻形势迫使作家面对现实,

---

[①] 马尔科姆·布拉德伯里、大卫·帕尔默编:《斯特拉特福研究丛书第18辑:当代英国小说》,霍姆斯-迈耶出版社,1979年,第200页。

关注社会。30年代英国小说形成了两个主要特征：在主题上从内倾变为外向，表现社会对个人命运的主导影响；在形式上从先锋转向保守，采用传统叙述手法。现实主义小说在经历了20世纪初期的低潮后，再次获得人们的青睐。30年代出现的回归现实主义的这一趋势，在战后得到进一步加强：伊夫林·沃、普里斯特利等在20—30年代就登上文坛并已成名的老作家继续发表现实主义作品，50年代又涌现出一批具有现实主义倾向的新作家。金斯利·艾米斯（Kingsley Amis, 1922—1995）等人被称为"愤怒的青年"，因为他们在小说中抒发了对英国社会等级森严、贫富不均现状的愤怒和不满。战后上台的工党政府曾大刀阔斧进行改革，可并没有能从根本上改变国内的阶级关系与社会结构，不少中下层出身的青年获得受高等教育的机会，但当他们走上社会之时，却发现很难真正实现自己的梦想，那些出生上层阶级的同代人比他们有更多的优势和机会。"愤怒的青年"作家反映了这种直面人生时的愤懑，展示了他们的生存状态，给50年代的英国文坛带来一股新鲜空气。金斯利·艾米斯在《幸运儿吉姆》中编织的"不幸者意想不到地得到幸运"的情节深受读者的喜爱，是"愤怒的青年"一派的代表作。

  "愤怒的青年"的特点在于表现新的内容，而不是创造新的文学形式，他们采用写实主义手法，在艺术上并没有突破。英国文坛直到60年代实验主义小说的出现，才让人们看到艺术创新的方向。与欧洲大陆和美国相比，英国实验主义小说姗姗来迟，并且和现实主义传统交相融合。福尔斯（John Fowles, 1926—2005）是实验主义作家的杰出代表，他曾在牛津大学学习法语和法国文学，深受当时风行校园的法国存在主义的影响。《法国中尉的女人》是福尔斯最出名的小说，也是他在技巧革新和观念表达方面最成功的小说。故事发生在19世纪维多利亚时代，表现的主题是自由。被称为"法国中尉的女人"的萨拉是一个旧时代的叛逆者，一个在思想观念和道德情操已步入20世纪的新型女性，她对男主人公查尔斯自始至终的"操纵"集中体现了女性反抗男权统治的个人意志和自由。小说的艺术形式与思想内容相对应：福尔斯采用开放性结局，放弃了对人物和情节的绝对控制，邀请读者参与作品的创作。因此，《法国中尉的女人》同时把自由赋予小说中的人物和读者。福尔斯的小说叙事方式往往是现实主义的，但他运用了许多实验性手法，包括戏仿、小说叙述角度的变换等。他不仅"再现"那些小说人物活动的历史空间，而且常常自己跳将出来，向读者展示他虚构小说的过程，这是福尔斯的小说常被一些评论家称为后现代主义"元小说"的原因，也正因为福尔斯小说具有这一特征，他对小说的虚构本质、小说中的"现实"以及它们之间相互关系的揭示显得不同寻常得深刻。福尔斯善于编织故事，对于悬念、浪漫冲突、爱情游戏运用自如，这使得他的作品具有实验性和可读性，备受学者、评论家的关注和普通读者的欢迎。

战后英国文坛一个令人瞩目的现象是女作家的崛起,她们的创作不仅有从女性视角去表现当代妇女在男权社会所受的压抑以及女性自我意识的觉醒一面,还有回避女性自我意识,以非性别化的作家身份去观察世界、表现生活一面。莱辛(Doris Lessing,1919—2013)是战后英国最杰出的妇女作家,她出生在伊朗,后随父母迁居南非,1949年定居伦敦。莱辛50—60年代的作品多以非洲殖民地和英国伦敦为背景,描写女性和政治,内容涉及种族歧视、阶级冲突以及男女情感纠葛。《野草在歌唱》《暴力的孩子》《金色笔记》等小说带有强烈的现实主义倾向和鲜明的时代特色,立足于人和社会,反思当代政治和文化思潮,并从不同的角度反映人和社会的真实状况,使莱辛成为时代的代言人。70年代以来,她转向写推测未来的小说,把传奇故事、科学幻想、太空小说的成分融进自己的作品之中。另一位女作家默多克(Iris Murdock,1919—1999)曾在牛津大学讲授哲学,是一位在哲学上有很深造诣的小说家。她的小说以各种方式探讨自由、责任、爱的意义,带有很强的哲理性。《在网下》《沙堡》《钟》等小说将深邃的哲学理念、冷静的道德探索和独特的叙述方法结合起来,故事节奏明快紧凑,具有较强的可读性。默多克对人类生存状况的思索,给人以启迪。新一代妇女作家的杰出代表是拜厄特(A. S. Byatt,1936—)和德拉布尔(Margaret Drabble,1939—)姐妹俩。她们是英国文学研究专家,属于知识型女作家。拜厄特曾在大学任教,德拉布尔是《牛津英国文学指南》的主编。拜厄特的《占有》把维多利亚时代诗人的精神境界与现代学者的精神状态作比较,故事情节在历史与现代的两段感情经历中平行展开。德拉布尔的《夏日鸟笼》《磨盘》等小说反映知识女性命运,关注战后一代"新女性"在一个仍然以男性为中心的社会里的两难境地。她运用白描或对话式的文体,通过细致入微的细节描写,将女性心理及其处境刻画得入木三分。拜厄特和德拉布尔构成当代英国文学一道亮丽的风景线。

80、90年代,英国小说发展出现了一些新的特点。一批新秀崭露头角,马丁·艾米斯(Martin Amis,1949—)是同代人当中的佼佼者。他是"愤怒的青年"代表作家金斯利·艾米斯的儿子。老艾米斯被视为典型的现实主义作家,而儿子以其技巧的新颖性被美国著名小说家贝娄称为"新生的福楼拜""再世的乔伊斯",也就是说,马丁·艾米斯是一位具有实验主义精神的作家。小说《钞票:绝命书》批判了英美资本主义社会对金钱的疯狂崇拜。"钞票是绝命书",金钱在书中作为一种破坏性力量,作为一种颓废因素,受到猛烈的抨击。在《时光之箭》中,马丁·艾米斯把"时光之箭"的走向颠倒了过来,使得时光倒流。小说叙述者是奥茨维辛集中营的一名纳粹医生,故事开始时,他已改名换姓,住在美国。《时光之箭》情节发展的顺序是逆向推进:作者像倒放录像带一样,将因果律打破,让结果僭取了原因的位置,有罪的人变得无罪。小说迫使读者思考:人类的邪恶是从哪里来的? 马丁·艾米斯的创作受到卡夫卡、罗布-格里耶、博尔赫斯等人影响,作品中现实主义的叙述伴随着意识流、黑色幽默、魔幻现实主义等现代手法。这段时期中对英国文学影响最大的乃是历史的记忆,是挥之不去的殖民意识,是流溢在英语中如丝如缕的帝国余绪。经济不景气,人们便沉湎于英国过去的辉煌历史聊以自慰。历史题材小说一度十分繁荣,如斯威夫特(Graham Swift,1949—)描写东英吉利地方史的《洼地》,艾克罗伊德(Peter Ackroyd,1949—)的《伦敦大火》和《王尔德的最后证词》,巴恩斯(Julian Barnes,1946—)的《福楼拜的鹦鹉》等。这些历史小说的特点是:历史与现实、过去与现在相互交融,重点是落在现在,落在过去对现在的影响。

英国在二战后为了满足社会发展的需要,鼓励其前殖民地的人民在英国工作和定居,以填补劳动力市场的不足。政府以奖学金的方式接纳了不少梦想到英国求学的前殖民地的优秀青年。这些人中的相当一部分学成后留在英国从事文化学术工作,经过多年在英国社会中的融合,成为英国整体文化经验中一个重要组成部分。到了70—80年代,他们在文坛上开始发出自己的声音。20世纪的最后30年里,少数族裔作家群体的崛起和英国帝国主义及殖民主义的实践有着内在的、错综复杂的历史因缘关系。而作为一种集体的文学想象活动,少数族裔作家的创作在这一时期取得了辉煌的成果,成为英国文学中最为独特、绚烂的篇章之一。出生于印度孟买穆斯林富商之家的拉什迪(Salman Rushdie,1947—)是传奇式人物,他14岁去英国读书,中学毕业后,入剑桥大学国王学院攻读历史,后加入英国国籍。拉什迪的长篇小说《子夜诞生的孩子》于1981年获布克奖,1993年又获为纪念布克奖设立25周年而颁发的"25年来最佳小说布克奖"。这部小说将印度次大陆半个多世纪的风风雨雨、光怪陆离的社会现象、不同的宗教、文化和信仰掺和在一起,神话、寓言、传说、双关妙语和市井俚语混杂在一起,栩栩如生地传达了民间传统、宗教冲突和都市生活的图景。石黑一雄(Kazuo Ishiguro,1954—)是日本裔作家,5岁时跟随父亲来到英国,《盛事遗踪》荣获1989年布克奖时他才35岁。作为一部历史小说,《盛事遗踪》有其独特之处:它不直接写历史重大事件,而是通过家事来写国事、天下事。小说叙述者是一位英国贵族庄园管家,他在六天的回忆中,重新构建消失的过去。《盛事遗踪》从一个特殊的角度,即管家的角度来看欧洲二三十年代这一重要历史时期,小说的主题是负罪感、道德责任和自我认识。石黑一雄90年代中期发表的《未能安慰的人》一改自己的创作风格,是一部卡夫卡式作品,展现了一个梦幻般超现实世界。奈保尔(V. S. Naipaul,1932—2018)出生于特立尼达一个印度裔家庭,1950年获政府奖学金进入英国牛津大学,攻读英国文学,1954 年获学士学位后,在英国定居。他在《比斯瓦斯先生的房子》《河湾》等作品中将虚构的故事、真实的叙述、自传性文字相融合,出色地表现了现代人缺乏归属感的生存状态。奈保尔是当代英国最有成就的移民作家之一,2001 年获诺贝尔文学奖。

20 世纪末的英国文坛异彩纷呈,现实主义、实验主义、后现代主义此起彼伏,交错重叠。20 世纪的英国小说从现实主义走向现代主义、后现代主义,以非英裔的康拉德肇始,又以拉什迪、石黑一雄、奈保尔等少数族裔的作家收束,表现出全球化语境下英国文学复杂、多元的特点。

戏　剧

19 世纪末迎来英国戏剧的复兴。作为一种文学和社会力量,戏剧完全摆脱了一个世纪以来那种衰退、委顿的状况,呈现欣欣向荣的景象。英国戏剧在 19 世纪 90 年代受到外来剧作的影响,像斯特林堡、霍普特曼、梅特林克、易卜生等人的戏都曾在伦敦上演。挪威剧作家易卜生作品的引进成为英国戏剧复兴的一个极为重要的促进因素。易卜生敢于面对人所畏言的社会、婚姻中各种"问题",突出显示了以普通环境中的普通人物的实际生活为题材创作戏剧的可能性。这位挪威作家的戏剧在英国产生了极大反响。随着时间的推移,易卜生模式成了英国新戏剧的新标准、新时尚。"新戏运动"将社会问题引入剧坛,使戏剧走向现实。剧作家在题材上进行拓展,展现社会真相,讨论严肃问题。萧伯纳(George Bernard Shaw,1856—1950)以挪威剧作家易卜生为榜样,倡导一种有思想的戏剧,萧伯纳依靠其剧作思想冲突的生动性和对话的质量,对 19 世纪的戏剧完成了一次历史性的突破。他攻击了英国旧戏剧文化上的造作、艺术的苍白和生命状态的委顿,笔锋所至,毫不容情。萧伯纳取得的成就使他成为英国戏剧复兴中现实主义的一座高峰。进入 20 世纪后,他的创作依然势头猛进,写出不少优秀作品,《圣女贞德》为他赢得 1925 年度诺贝尔文学奖。喜剧天才王尔德(Oscar Wilde,1854—1900)的风俗喜剧对上层社会进行揶揄讽刺,语言机智诙谐,长演不衰。萧伯纳和王尔德是戏剧复兴的里程碑,他们的戏剧创作活动使英国剧坛发生根本的变化,一改英国戏剧百年不振的局面。与此同时,叶芝、格雷戈里夫人等人在爱尔兰组织戏剧运动,位于都柏林的阿贝剧院上演辛格(John Synge,1871—1909)等人创作的反映"爱尔兰精神"的剧作,引起强烈反响。"爱尔兰戏剧运动"成为戏剧复兴中的另一大潮流。

战后英国戏剧进入一个新的发展时期。50 年代中叶,出现了一批颇具特色的优秀剧作家,形成一场新戏运动,给英国戏剧发展带来活力。1955 年 8 月 3 日,贝克特

(Samuel Beckett,1906—1989)的《等待戈多》首次用英语在伦敦公演。1956年5月8日奥斯本(John Osborne,1929—1994)的《愤怒的回顾》在皇家宫廷剧院首场演出。贝克特和奥斯本两位剧作家的创作分别代表50、60年代英国戏剧发展的两个主要方向,即荒诞派戏剧和写实主义戏剧。荒诞派戏剧和写实主义戏剧的表现内容、创作风格各不相同,但它们都打破了传统的戏剧体裁的束缚。品特(Harold Pinter,1930—2008)是二战以来英国最重要的剧作家之一,他在50年代创作的《生日晚会》等"威胁喜剧"明显带有荒诞色彩。在20世纪的后30年里,品特宝刀未老,笔耕不辍,创作的剧本不仅在上演严肃剧的剧院推出,在伦敦的主流商业剧院也备受欢迎。韦斯克(Arnold Wesker,1932—)的剧作以写实的手法表现伦敦东区下层人民的生活,他与奥斯本等人的作品被冠以"厨房洗碗池戏"的称号。斯托帕德(Tom Stoppard,1937—)是一位多产作家,迄今已创作四十多部剧作。他的成名作《罗森格兰兹和吉尔登斯敦死了》以滑稽的手法表现严肃的哲学问题,剧中的主要人物罗森格兰兹和吉尔登斯敦是莎士比亚名剧《哈姆雷特》中的配角,他们的遭遇反映了命运的无常、现象的不可捉摸以及人们面对现实的无奈。斯托帕德和马克·诺曼合作的《莎翁情史》获1999年度多项奥斯卡大奖。2000年英国女王伊丽莎白授予他"功绩勋章"。谢弗(Peter Shaffer,1926—2016)也是一位优秀的剧作家,他创作的《莫扎特之死》通过维也纳宫廷乐师萨利埃里的自述,表现其复杂的矛盾心态,塑造了莫扎特这一音乐天才形象,是一部脍炙人口的剧作。该剧改编成电影后,获得巨大成功。

诗　歌

20世纪上半叶,艾略特雄踞诗坛,他的诗歌创作和文学批评思想对同时代和随后的诗人产生深远影响。30年代,托马斯(Dylan Thomas,1914—1953)以他独特的方式继续推进现代主义诗歌的实验和创新。

战后的英国诗坛,流派纷呈,新人迭出。1956年,由康奎斯特任主编的《新诗行》问世,该诗集收录了康奎斯特、金斯利·艾米斯、拉金等九人的诗作。《新诗行》的诞生标志着"运动派"的确立。以拉金(Philip Larkin,1922—1985)为代表的"运动派"诗人力图恢复18世纪以前英国诗歌传统,他们的诗作具有浓郁的英国本土风情和机智、冷峻的特色。"运动派"诗歌为战后英国诗坛吹来一股新风,注入新的生机。休斯(Ted Hughes,1930—1998)的诗风激昂奔放,韵律生动,形象生动,尤其擅长描写动物和自然。1970年出版的诗集《乌鸦》包括一系列以乌鸦为主要象征的诗作。休斯以乌鸦这一阴郁的形象写出自然和人性中残暴的一面,将创世记的神话刻画得血腥可怕。1984 年休斯赢得"桂冠诗人"的称号。进入 70 年代,英诗逐渐呈现出新的发展趋向,多元化、非本土化、非精英化的诗歌进入了主流诗坛,主要体现在三大诗人群体的崛起,即以希尼为代表的爱尔兰诗人群体、女性诗人群体,以及非洲裔诗人群体。希尼(Seamus Heaney,1939—2013)出生于北爱尔兰,1972 年移居爱尔兰共和国。他的早期诗歌取材于他童年时代的乡村生活,景物描写简洁凝练。在后期诗作中,希尼依然保持洗练的特色,但风格要比前期诗作浑厚浓烈,对文化、社会和历史层面的表现更为深刻。希尼的诗歌具有鲜明的民族色彩和纯美的语言风格,他于 1995 年获诺贝尔文学奖,被认为是"叶芝以来最伟大的诗人"。

第二节　美国文学

美国文学经过 19 世纪中后期的"文艺复兴"之后迅速走上了民族文学的发展道路,并且一直保持了良好的发展态势,不断推陈出新。从此,美国人可以自豪地面对欧洲人,构建自己的民族文学。时至 20 世纪初,美国文学已发展成为世界文学不可忽视的一支生力军,开始逐渐影响世界文坛。

现 实 主 义

19 世纪后半叶曾一度占据主导地位的浪漫主义和理想主义在整个美国文学发展进程中已经衰弱并逐步让位于以反映社会现实为宗旨的现实主义文学。90 年代出现的自然主义文学现象又把美国文学推向了一个新的发展阶段。在自然主义文学思潮鼓动下,一些作家开始直接描写过去一直被掩盖、被压抑的生活,给整个文学创作带来了崭新的图景。他们描写遗传的、生物的和社会的生活条件和因素,描绘潜隐在意识和潜意识背后的结构本能。在他们的创作中,出现了新的主题、新的群体和新的生活区域。这时,以入世情怀为特征的美国现实主义文学与注重人的遗传和环境等因素的自然主义文学交相辉映,并在世纪之交绽放异彩。1900 年德莱塞(Theodore Dreiser,1871—1945)推出了《嘉莉妹妹》,把一个典型的自然世界展现在读者面前。该书对美国城市中两极分化和普遍的非道德现象作了翔实而生动的描写。这部作品与诺里斯(Frank Norris,1870—1902)的《章鱼》等向传统势力叫板,显露了新的时代精神的光芒。这类作品突破了维多利亚时代式、豪威尔式的优雅传统,开启了一种开诚坦白、直言无畏和充满生活激情的创作风格。与此同时,老一代作家如马克·吐温、詹姆斯等在世纪之交仍旧新作迭出。后者创作的《鸽翼》《专使》和《金碗》等作品对叙述角度的变革和心理分析使其在20世纪再度蜚声世界文坛。

现 代 主 义

自20世纪开始,美国文学进入了一个新的发展时代。在国际性的"现代主义"文艺运动影响下,各种文学样式纷纷登场,出现了意象派、立体派、达达主义等多种流派并立的局面。早在1914年第一次世界大战爆发前,美国文学的现代主义运动就已起步。首先进行现代主义文学试验的是在诗歌领域。芝加哥一时成为诗歌运动的中心。以桑德堡(Carl Sandburg,1878—1967)为代表的"芝加哥诗派"打破了传统格律诗的规则,采用散文体写作。他的《芝加哥诗集》是这一诗派的主要代表作之一。这部夹杂着西部俚语、移民和城市居民的土语,习惯于直陈,并运用象征主义笔触的著作对美国现代派诗人产生了一定的影响。其他中西部诗人还有林赛(Vachel Lindsay,1879—1931)和克兰(Hart Crane,1899—1932)等。他们的作品同样富有活力充沛的口语和俚语,对美国民族文学口语风格的发展作出了卓越的贡献。1912年,著名芝加哥女诗人门罗(Harriet Monroe,1880—1936)为推广和发展美国现代派诗歌创办了《诗刊》(Poetry)。门罗的这一举动得到了以庞德(Ezra Pound,1885—1972)为首的一批年轻诗人的大力支持。他经常在上面发表诗作。1913年,庞德在《诗刊》上发表了他的意象派宣言,明确提出了诗歌创作的主张。以庞德为首的意象派诗人强调诗歌语言的凝练与意象的鲜明。他们抛弃传统的节奏、韵律,改用自由诗体进行创作,为美国诗歌的发展开辟了道路。庞德在诗歌创作中强调用确切的意象写诗,避免使用无助于表达的词语。他还对中国文化颇有研究,从中吸取精神滋养和创作灵感。《华夏集》和《诗章》等就是明显的例证。弗罗斯特(Robert Frost,1874—1963)又是一位美国现代主义诗歌运动的杰出人物。他以新英格兰为背景,用普通人的语言创作了一首首描写乡间普通人民和日常生活的诗篇。这些诗歌朴素中寓有深意,大都从自然景色、凡人俗事开始,以深刻的哲理思想结束。在其诗歌中常常流露出诗人对美国现代社会的淡淡哀愁、不安和对普通人的同情。弗罗斯特的主要诗集有《少年的心愿》《波士顿之北》《山间洼地》《新罕布什尔》和《西流溪》等。无论意象派诗人还是新英格兰诗人都在不同程度上厌恶19世纪浪漫主义的诗风,注重都市或城乡现代人的感受,使诗歌从内容到形式都发生巨大的变化。正是在这样一种诗歌多元化进程中又出现了创作上的重视觉倾向。肯明斯(E. E. cummings,1894—1962)首先在诗歌创作中大量使用小写字母,并对某些词汇作奇特的排列以谋取一种独特的审美效果。另一位诗人威廉斯(William Carlos Williams,1883—1963)在强调诗歌视觉效果的同时更注重从日常生活中选取创作题材。他既摈弃诗歌传统,又反对艾略特(T. S. Eliot, 1888—1965)过分夸饰的文风,开创了"客体派"(Objectivism)诗风。他的诗歌根植于美国本土,将美国生活侧面和美国人民的日常琐事、喜怒哀乐和悲欢离合结合起来。至此,美国现代主义诗歌出现了两条不同的诗歌路线,即以艾略特为首并以新批评作为后盾,排斥现代派中其他流派的诗歌路线和沿着庞德、威廉斯和 H. D. 等发展而来的坚持反对精英意识,努力追求具有美国特色诗歌创作的道路。

现代主义文学作品由于其不同的品位而不能为广大读者所接受。这就对读者提出了明确要求。为了鼓励更多的读者积极参与,现代主义作家不惜自助出版刊物,传播他们的文学思想和培养文坛新秀。先后出现了《诗刊》《小评论》(*The Little Review*)、《七种艺术》(*The Seven Arts*)、《边疆》(*The Frontier*)和《逃逸者》(*The Fugitive*)等刊物,为现代派作家摇旗呐喊,并提供了发表园地。不过,美国文学在向现代主义文学转变时也是经历了一个错综复杂的过程:各文学流派之间既有斗争又有融合。可以说,美国现代主义文学是在引进和吸收欧洲现代派艺术和继承与发扬美国本土文学精神的基础上发展起来的,是外来文化与本土文化、新潮派与传统派交互作用、碰撞而成的宁馨儿。

就在欧洲现代派文学、艺术思潮纷纷流入美国的第一次世界大战前后,美国文坛上还出现了现实主义、自然主义和乡土文学等各种流派蓬勃发展的趋势。这时还涌现出一批出色的女作家。其中比较著名的有沃顿(Edith Wharton,1862—1937)、格拉斯哥(Ellen Glasgow,1874—1945)①和凯瑟(Willa Cather,1873—1947)等。她们基本上都坚持现实主义创作传统,都关注社会转型时期传统道德、价值观念受到冲击的阵痛,并以细腻的笔触和细致的观察描写了当时的社会境况。她们的优秀创作为世纪初美国文坛筑起了一道别致的风景线。沃顿的《欢乐之家》和《天真时代》既讽刺暴发户的庸俗和私利,又批判上流社会狭隘的文化和传统的道德观念。她后来创作的《暗礁》和《国家的习俗》等小说都是通过悲剧故事和主人公的失意来揭示一个被剥夺了个性的社会里人们普遍经受的异化和孤独感。她文笔细腻,其创作注重表现人与人之间的关系和描写人物的心理活动等。格拉斯哥反映南方贵族文化的没落和庄园主的败落。她的小说《荒芜的土地》和《浪漫主义喜剧演员》等都是针对人们如何在物质利益高于一切的世界里继续坚持精神人格

---

① 格拉斯哥是世纪之交走红美国文坛的南方小说家。她的创作具有明显的自然主义倾向。主要代表作还有《弗吉尼亚》(*Virginia*,1913)和《我们这一辈子》(*In This Our Life*,1941)等。

的守望。格拉斯哥以反映南方生活现实为己任,并坚持现实主义的创作手法,写出了一代南方新女性和正在经受变革的美国南方社会秩序。对此,斯皮勒曾经给予高度评价:"格拉斯哥凭一种灵活的文体能够深入分析悲剧的产生或进行喜剧性地冷嘲热讽。她能通过自我剖析去解释那些改变了她所处社会价值观念的变迁。"①凯瑟则更胜一筹。她把创作视线从外部的客观世界(转型时期美国中西部社会)转向内部的精神世界(遭受商业文化冲击的失落感或精神失常)。因而,她的作品更加贴近生活、更加富有时代气息,主要作品有《哦,拓荒者们》《我的安东尼亚》《教授的住宅》和《死神迎接大主教》等。凯瑟崇尚自然,从道德的角度鞭策现成社会,并在小说中表达了现代文明的冷漠和无情。她是在充满失望、毁灭、嘲讽和愤怒的20年代文学交响曲中升起的一种独特的旋律,并在众星争辉的现代派文坛上书写了一曲动人的篇章。

第一次世界大战期间,美国文坛不仅涌现了一批新潮作家而且出现了流派林立的格局。他们在与欧洲现代艺术的直接交锋中受到不同程度的艺术感染。美国总统威尔逊在权衡国家利益之后于1917年正式对德国宣战。为了响应"为和平而战"和"结束一切战争的战争"的号召,不少美国青年远离祖国,奔赴欧洲战场。参加战争的这批美国青年在战场上看到的是血腥的杀戮与死亡。他们感到上当受骗。然而战争在给人带来灾难的同时却刺激了美国的军事工业。美国的钢铁工业和汽车工业在战时和战后均得到迅速发展。物质和经济的繁荣使战后的美国充斥着一股享乐主义和物欲主义。20年代作家所表现的迷惘和失望情绪是对传统思想的否定与抨击。在尼采宣布"上帝已经死了"这样一种发聋振聩的语声中,传统的信念动摇了,人与人之间的关系也发生了根本的变化。这使一代新人摆脱传统的羁绊,纷纷另辟蹊径形成了一个喧闹的、富有刺激的"爵士时代"(the Jazz Age)。战后美国政府实施的孤立主义政策使得相当一部分美国人重新关注国家利益和个人利益。因此,一战期间宣传的、蛊惑人心的"爱国主义""国际和平"和"献身精神"都被视作虚假的字眼。许多从战场上归来的青年作家感到了理想的破灭。他们渐渐变得玩世不恭、愤世嫉俗。在他们的创作中流露出一种迷惘、失望和精神的挫折感。这些作家对战后的美国社会、政治和道德感到失望。他们中许多人自我放逐到当时的世界文化艺术中心——法国巴黎,聚集在旅居那里的美国女作家斯泰因的文学沙龙里。他们中大多数人都以严谨、冷峻的态度来探究人生,追求艺术的完美。他们并没有消沉,而是竭力抨击时弊,揭露战争的虚伪,弘扬人的价值。正是

---

① Robert E. Spiller, *The Cycle of American Literature: An Essay in Historical Criticism*, The Free Press, 1967, p.165.

由于他们的不懈努力,美国文学在20年代呈现出一派辉煌的景象。20年代崛起的各种新潮文学与传统文学分庭抗礼,并在创作实践中逐步形成各自的理论体系和艺术风格。

与诗歌、小说相比,美国的戏剧起步较晚,发展也比较缓慢。但在20世纪初它已开始跃跃欲试。在欧洲戏剧的影响下,美国的戏剧运动也蓬勃兴起,涌现了一批剧社。最著名的有1915年在纽约成立的"华盛顿广场剧社"(1919年改名为剧院协会),1915年成立的"普罗文斯敦剧社"和1931年由剧院协会成员组建的"同仁剧社"等。小剧场运动的兴起和奥尼尔剧作的问世是美国现代戏剧崛起的标志。以他为首的戏剧革新派大胆试验,用不同的手法进行创作。他们所运用的表现主义手法直接推动了第二次世界大战以后兴起的荒诞派戏剧。

在诗歌与戏剧走向现代化的进程中,美国小说一直保持了持续、稳定的发展之势。时至第一次世界大战前,美国小说早已在和欧洲各种现代派艺术思潮的激烈碰撞中发展了自己的现代主义小说。以安德森为代表的小说家们大都致力于寻求能够反映社会分崩离析和道德沦丧的手法技巧,因而在形式上常常出现不完整的片断和不连贯性。故事往往在突兀中开始,发展进程也没有一定的逻辑性可言。故事的结局也不会向读者提供或暗示任何解决问题的方式。此外,作品的叙述角度、声音和语气也都是在不断变换中呈现的。在具体描述时,作家们又强调通过对话和行动来表现人物的个性和内心世界。他们采用文献记录形式,利用大量的细节,力求情景、场面和对话富有科学的准确性和完美性,并且通过细节烘托气氛,表现作者意图。

20世纪20年代对美国作家影响最大的是身居海外的斯泰因(Gertrude Stein,1874—1946)。她是最早将意识的流动性与柏格森的时间概念运用到创作中去的作家之一。她借鉴与吸收电影以画面表现景象的手法,对传统的小说技巧进行大胆的改革。她创作的《三个女人的一生》以重复基本相同而略有不同的句子和文字来表现中心思想。作品通过三个女人的日常生活展现了她们纯朴的心灵和充满了幻灭感的精神面貌。她的创作思想和实践对安德森以及第一次世界大战后崛起的年轻作家产生很大的影响。

世界大战使敏感的文学青年感到迷惘、困惑甚至悲观。他们曾经亲临欧洲战场,也接触过欧洲古老的文明和20世纪初出现的各种先锋派艺术。由于不能接受战后美国社会日益物质化、文化日趋浅薄的现实,他们来到了欧洲并长期定居巴黎从事文学创作,因而被称作"迷惘一代"的作家。其中代表人物有菲茨杰拉德(F. Scott Fitzgerald,1896—1940)和海明威(Ernest Hemingway,1899—1961)等。前者虽然没有参加过战争,却是典型的"迷惘一代"作家。他的代表作《了不起的盖茨比》生动描写了"美国梦"的迷惑性与空虚,真实地再现了爵士时代人们醉生梦死的精神生活和"一切战争都打完了和一切对人的信念都动摇了"的绝望心理。后者创作的《太阳照样升起》也是"迷惘一代"的代表作,反映大战后在欧洲彷徨游荡的美国青年绝望和幻灭的情绪。作品通过主人公杰克·巴恩斯参战、受伤、精神空虚、行迹放荡和爱情失败为主线书写了自己"模糊的、非直接的"反战倾向。他的另一部小说《永别了,武器》也是表现战争如何粉碎人们的理想和生活目的这一主题。20年代是美国继"文艺复兴"以来出现的又一次文学繁荣。

这种悲观的幻灭感在另外一些作家身上表现为对小城镇中产阶级狭隘、自私、闭塞心理的抨击。刘易斯(Sinclair Lewis,1885—1951)是其中的佼佼者。他以写作描写外省乡绅生活的《大街》而蜚声文坛。他在1922年创作的《巴比特》再次刻画了美国中产阶级狭隘的心态。1930年他成为第一个获得诺贝尔文学奖的美国作家。之后,奥尼尔(Eugene O'Neill,1888—1953)和赛珍珠(Pearl S. Buck,1892—1973)分别于1936年和1938年摘取了这一世界文学桂冠。安德森(Sherwood Anderson,1876—1941)也是"迷惘一代"的一位颇有成就的小说家。他深受斯泰因的影响,抛弃以情节为主的传统格局,强调刻画人物的内心世界。他以描写小城镇生活,表现普通人的彷徨和苦闷而著称。代表作《俄亥俄州瓦恩斯堡镇》生动再现了一群美国畸人形象。

1929年,纽约股票市场崩溃和随即出现的经济大萧条给普通百姓带来了苦难。破产、失业、饥饿和自杀随处可见。尽管罗斯福总统计划通过政府与大企业财团之间的合作来恢复经济和缓解劳资矛盾,但这种自上而下的政策进展缓慢。因此,一些旨在平均社会财富的政策口号只能是一种乌托邦式的幻想。许多具有社会良知和正义感的作家开始以批判的态度来审视美国的社会和政治制度。这个时期的作家一改20年代哀伤绮丽的文风,将笔触从个人的哀愁转向人人关心的社会问题。他们一扫弥漫整个20年代的失望和迷茫的情绪,致力于揭露社会的不公平与黑暗,出现了以"左翼"文学为主流的文学现象,其中最典型的作家有多斯·帕索斯(John Dos Passos,1996—1970)和斯坦贝克(John Steinbeck,1902—1968)。前者创作的三部曲《美国》《42纬度》《一九一九年》和《赚大钱》展示的就是一幅"现代美国"的图景,被誉为"一部伟大的民族史诗"。作品打破了传统叙述方式,穿插了许多"新闻短片""照相机镜头"和"人物传略"等,用极不寻常的句法和语言习惯表现意识流,以强调体验的片断性和支离破碎性。后者对美国资本主义经济制度进行了不同程度的抨击。他的《愤怒的葡萄》描写经济大萧条时期以乔为代表的大批农民破产后向加利福尼亚逃亡的经历。小说使他成为一名敏感的社会小说家。因之,他于1962年摘取了诺贝尔文学奖的桂冠,被称为一位用现实主义和富有想象的创作表现出富于同情的、幽默的、具有敏锐观察力的小说家。

这个时期美国南方作家开始联合起来并发起创办了《评论员》(The Reviewer)、《两面派》(The Double Dealer)和《逃逸者》等刊物。他们对文艺思想和评论各抒己见。30年代创办的《南方评论》(The Southern Review)和《肯庸评论》(Kenyon Review)等杂志对"新批评派"文艺理论的形成起过很大的作用。不过创作成就最大的还是福克纳。他创作的《喧哗与骚动》等作品以独特的视角关注现代人的命运,表现出他对南方大家族的兴衰、黑奴制的后果、种族矛盾以及敏感现代人与社会的冲突的深切感受。

在白人文学发展的同时,移民少数族裔文学异军突起,并取得了较大的进展。随着移民文学的兴起,美国文学舞台上不仅涌现了一批犹太作家,而且还出现了黑人文学蓬勃发展的态势。犹太作家大都从犹太移民自身的经历出发描写他们在"美国化"(Americanization)进程中的切身感受和他们对命运的追忆与反思。他们是戈尔德(Michael Gold,1894—1967)、刘易索恩(Ludwig Lewisohn,1882—1955)、罗思(Henry Roth,1905—1995)、奥德茨(Clifford Odets,1906—1963)和威斯特(Nathanael West,1903—1940)等作家。与之交相辉映的是一群黑人作家。20年代后期到30年代初,居住在纽约哈莱姆贫民区的黑人作家以大量的作品表现黑人的悲惨生活,形成"哈莱姆文艺复兴"。这场黑人文学、文化运动几乎涉及自第一次世界大战至经济大萧条时期非裔美国黑人政治、文化和日常生活的各个方面。① 休斯(Lang-ston Hughes,1902—1967)是最著名、最有成就的作家之一。他的诗歌采用爵士音乐的节奏和韵律、热情奔放。除了写诗以外,休斯还创作小说和戏剧,用幽默、揶揄的手法描写黑人眼中的白人,对他们的虚伪行径进行讽刺和挖苦。同时代黑人女作家赫斯顿(Zora Neale Hurston,1891—1960)成为"哈莱姆文艺复兴"时期杰出的女作家之一。"哈莱姆文艺复兴"是新一代黑人文学正式登上美国文坛的标志。这批黑人作家企图为黑人创造一种新的价值观念,在创作上,摈弃了美国南方语言改用黑人语言进行创作,刻意塑造工业社会进程中的新黑人形象。30年代的经济危机妨碍了"哈莱姆文艺复兴"运动的发展。但以赖特(Richard Wright,1908—1960)为首的一群黑人作家仍然发表了很多战斗性很强的抗议文学。他的《土生子》等作品对黑人民族心理作了深入的揭示,大大拓宽了黑人文学的人物心理描写。

两次世界大战之间,文艺批评开始在美国文坛起着主导作用。一些知名杂志

---

① Cary D. Wintz,"Series Introduction" to *Remembering the Harlem Renaissance*,Vol. 5 of *The Harlem Renaissance 1920—1940*,edited by Cary D. Wintz,Garland Publishing,Inc.,1996,vii.

如《国家》(*The Nation*)、《新共和》(*The New Republic*)、《日晷》(*The Dial*)和《七种艺术》等都致力于文艺批评。所有这些出版物虽然都有各自的办刊宗旨和喜好，但汇成了一股强大的学术潮流，足以影响几代人的思想。这种影响效果远非任何一家刊物所能办到的。它们是传达思想、开展学术争鸣的摇篮，向人们提供一系列有关社会、政治的不同论述，留下极其宝贵的精神财富。第一次世界大战前后兴起的自由主义批评一改19世纪豪威尔斯倡导的温雅的批评传统，为现代文学批评开辟了一条新路。其代表人物有布鲁克斯和门肯等。与之相对的"新人文主义"批评在当时也保持了一定的渗透力。经济大萧条时期逐步形成的"左翼文学批评"对美国"左翼文学"的发展起到了推动作用。不过，影响最大的是"新批评"派(New Criticism)。该派认为文学是艺术，主张对作品本身进行细读，并提出了一系列理论原则和批评术语，大大推动了美国的文学批评和文学研究。第二次世界大战后，"新批评"在美国进入了一个鼎盛期，并在相当长的一个时期里几乎垄断了整个批评界。

战后美国文学

第二次世界大战结束后，美国的实力急剧增强，成为世界经济头号强国。50年代美国的国民经济得到了稳步的发展，国民生产总值从1950年的3181亿美元上升到1960年的4392亿美元，这在很大程度上改善了美国人民的生活水平。因之这个时期的美国被看作是一个"丰裕的社会"。

同时，美国为了阻止以苏联为首的社会主义阵营进一步扩大，在1947年提出了复兴欧洲经济的马歇尔计划。1949年，北大西洋公约组织成立，美国西欧国家结成联合防御体系，与苏联在欧洲的军事力量相抗衡，形成了世界格局上的冷战局面。50年代，美国的政治空气受到冷战的毒化，社会空气一度显得沉闷，而麦卡锡主义的猖獗行动又进一步加剧人们的紧张心理。一批自称"垮掉的一代"(The Beat Generation)的美国青年公开向美国正统文化提出挑战。他们蔑视美国现成的价值观念，故意嘲弄和破坏传统的道德规范，掀起一场文化反叛运动。在一些作家的眼里，历来向往的"美国梦"变成了梦魇。传统的道德观念、价值体系失去了作用；现代人和历史失去联系，没有前途和未来，又无法与他人沟通思想感情，只能永远处在孤独异化的困境之中。"垮掉的一代"作家中最典型的作品是凯鲁亚克(Jack Kerouac，1922—1969)的《在路上》。作品比较真实地展现了40年代末美国一部分青年的生活和心理以及对青年个性压抑和摧残的不良社会制度。随后又出现了"黑色幽默"和荒诞派戏剧等流派。这些作家用怪诞、幻想、夸张的手法力图再现混乱的、难以捉摸的现实。他们通过极端的讽刺反映现实,把幽默变成歇斯底里式的狂欢,含着眼泪的欢笑。主要代表作有海勒(Joseph Heller,1923—1999)的《第二十二条军规》等。

战后美国南方文学在小说方面发展很快。除福克纳以外还有波特(Katherine Anne Porter,1890—1980)和韦尔蒂(Eudora Welty,1909—2001)等。波特是美国极有成就的短篇小说家之一。她的作品主要描写人的孤独失意和罪行感、现代人空虚贫乏的精神世界。代表作有短篇小说集《斜塔和其他故事集》和长篇小说《愚人船》等。韦尔蒂又是一位十分出色的南方女作家。她的作品和福克纳一样充满浓郁的乡土气息,但她不像福克纳那样对世风日下持忧虑态度,而是以冷静的眼光客观地表现人的愚蠢和生活中的可笑现象。她的《乐观者的女儿》是一部充满感情纠葛、具有自传性成分的小说,获 1973 年普利策小说奖。作品通过描写一个南方家庭的风波,探讨了过去与现在及未来的关系。

第二次世界大战以后还涌现出一批黑人新作家。在小说方面以埃利森(Ralph Ellison,1914—1994)和鲍德温(James Baldwin,1924—1987)为代表。前者以《无形人》一书一举成名。作品以少年成长寻求自我为中心,并不局限于对种族歧视和压迫的抗议。后者是另一位黑人小说家。他积极参加争取黑人种族平等的民权运动,其政治影响比埃利森要大得多。他最优秀的作品是描写青少年生活的《向苍天呼吁》。在戏剧方面成就较大的要数黑人女作家汉斯贝里(Lorraine Hansberry,1930—1965)。她的剧作《阳光下的葡萄干》是一部歌颂一个黑人家庭敢于反抗命运的勇气和力量的作品。诗歌方面比较出色的有勒鲁伊·琼斯(Leroy Jones,1934—)。他用独特的黑人文体和语言进行创作。

80 年代以来,两位黑人女作家沃克(Alice Walker,1944—)和莫里森(Toni Morrison,1931—2019)在美国文坛上声望最高。一向关心妇女运动的沃克创作了《紫颜色》(*The Color Purple*,1982),从正面描写黑人男女之间的矛盾和冲突以及黑人男人大男子主义对黑人女人的摧残。她的小说以现实生活为基础,深入人物的内心世界,充分展示了黑人妇女的爱与恨、欢乐与悲伤、幻想与失望,讴歌了她们的顽强生活能力和逆境求生的坚强意志。与之相比,莫里森的小说则显得内蕴深广。她致力于保存和弘扬黑人文化,在创作中主要表现黑人的历史、命运和精神世界。她创作的《最蓝的眼睛》(*The Bluest Eye*,1970)、《所罗门之歌》(*Song of Solomon*,1977)、《爱娃》(*Beloved*,1987)、《爵士乐》(*Jazz*,1992)和《乐园》(*Paradise*,1998)等作品关注黑人女性的心灵世界,表现黑人和白人两种文化的冲突对黑人的影响。这些作品大都通过对白人主流文化主宰下黑人的悲惨境遇和斗争的叙写,生动描绘了身受种族主义歧视与虐待的黑人对自己的文明历史所作的重新认识和对自我价值判断。因之,莫里森获得了 1993 年的诺贝尔文学奖,成为第一位获此殊荣的黑人女作家。

第二次世界大战后,不少犹太裔作家纷纷发表作品,逐步形成了影响较大的犹太裔文学流派。贝娄(Saul Bellow,1915—2005)是这一流派的佼佼者。他的《赛姆勒先生的行星》等小说主要表现大屠杀给犹太人造成难以消除的恐惧和伤害及法西斯的迫害使他们失去信念。他的作品具有深刻的社会意义,1976 年获得了诺贝尔文学奖。马拉默德(Bernard Malamud,1914—1986)是一位专门描写大城市里下层犹太裔居民,如小店主、杂役、鞋匠、裁缝等。他的《店员》等都是以现实主义手法刻画这些小人物的善良品质和所受的磨难,尤其是社会和排犹主义者对犹太人的歧视与迫害。罗斯(Philip Roth,1933—2018)是年轻一代犹太裔作家的代表人物,自 1959 年发表《再见吧,哥伦布》以来已创作了近 20 多部小说。其中大都描写年轻一代的犹太人对传统、家庭的反抗。2000 年他又推出了新作《人性的污点》。另一位著名的犹太裔作家是塞林格(J. D. Salinger,1919—2010)。他并不一定写犹太人。但他的《麦田里的守望者》反映富家子弟霍尔顿的空虚和苦闷,常常被与马克·吐温的《哈克贝里·费恩历险记》相提并论。

第二次世界大战以后,美国诗歌派别众多,风格各异。诗人们在摆脱艾略特的"非个性化"诗歌的影响和过去超脱客观,含蓄诙谐的诗风后致力于内容和形式的革新。他们直抒个人胸怀,以个人的经历和感受表现机械化和现代物质文明对人的精神世界的摧残,并强调诗歌的美国特色。杰出代表是"垮掉的一代"文学的代言人之一金斯堡(Allen Ginsberg,1926—1997)。他的诗集《嚎叫》反映美国青年对资本主义社会感到幻灭后追求刺激以麻醉自己的情绪和反对一切权威的无政府主义思想。他的诗歌改变了战后诗歌的面貌,使诗歌开始带有较浓厚的个人自传性质。洛威尔(Robert Lowell,1917—1977)的《人生写照》是一组自传性诗篇,书写诗人的生活经历和心理变化,开创了"自白诗歌"(Confessional Poetry)的先例。他以惊人的坦白的方式表现了自己的内心活动、个人的痛苦、迷惘与欲望,大大缩短了诗人与读者之间的距离。反映女性自杀心理的普拉斯(Sylvia Plath,1932—1963)也是自白派诗人的佼佼者。她的诗歌强调以"自我"来描写某一瞬间的主观意识,提倡使用大量的象征和比喻来烘托诗歌主题,因而显得艰涩难懂。

在戏剧方面,第二次世界大战以后,美国出现了米勒(Arthur Miller,1915—2005)和阿尔比(Edward Albee,1928—2016)等优秀剧作家。前者是战后最著名的美国戏剧家,著有《推销员之死》等优秀剧本,对美国梦的幻灭作了生动的描写。后者是一位杰出的荒诞派剧作家。他创作的《美国梦》等剧作运用象征、暗喻、夸张等近乎超现实主义的手法描写美国社会,揭示美国梦的破灭以及人的孤独和追求自我本质的困难等。

在主流文学发展的同时,华裔美国文学在70年代开始兴起。这些作家讲述华裔美国人的体验,受到评论界的关注。汤亭亭(Maxine Hong Kingston,1940—)在民权运动和妇女运动的影响下创作了小说《女勇士》,讲述了一个华裔女孩子的"成长"过程。叙述者"我"用家族故事及个人在美国学校和社会中的遭遇表示不但要打破沉默更要改变主流文化对华裔的印象和固定的形象。《中国佬》又是一部别开生面的作品,被称为一部华裔美国人的史诗。作品讲述了五代人移民美国的经历。书中有许多传说故事,如女儿国、秀才与鬼女成亲、屈原投江、鲁滨逊和道士求仙等。正是这样一种话本的模拟和掺杂的叙述拓宽了小说的叙事机制,大大丰富了主题内涵。她的第三部作品《猴王——孙行者》塑造了一个第五代的华裔,讲述他如何应付既已脱离中华传统又不被主流接纳的困境。另一位华裔女作家是谭恩美(Amy Tan,1952—)。她的《喜福会》以旧金山四个华人家庭为背景比较移民母辈与生于美国的女儿辈的命运和价值观。书中有许多关于中国文化的生动描写,可读性较强。

总之,世纪末美国文坛出现了争奇斗艳的多元化格局,犹太裔文学、妇女文学、黑人文学和华裔美国文学等弱势文学蓬勃发展,构成了当代美国文学异彩纷呈的态势。

第三节 法国文学

20世纪的法国文学是一种实验性文学占据主导地位的文学,各种哲学思想、理论都对文学创作产生了各自的影响,代表和反映不同哲学思想和理论的作品也此起彼伏。人们可以看到,在文学创作领域,理性与非理性经历了一次又一次碰撞,在剧烈的碰撞过程中,正—反—合的辩证规律规定和制约着法国文学的发展。但相比较而言,现代派文学一直是其主流,在有关物化、异化等人性主题之外,它在写作风格上的巨变是任何时代无法比拟的。20世纪的法国文学自始至终领导着世界文学的潮流。在文学创作上,与传统文学进行彻底决裂、对语言和形式进行全面革新的现代派文学,以其新颖的艺术形式和深刻的思想内容,一直独领风骚,可以毫不夸张地说,它实现了自亚里士多德以来的一次文学革命。这种具有自杀式结构的、对传统文学进行彻底破坏的文学的出现,并不是法国作家想要标新立异,而是这个时代的要求,是传统文学发展到20世纪的必然趋势。从文艺发展的进程来看,它与"反绘画"是对应的,文学与绘画相互影响,相互渗透。当绘画艺术的净化发展到白热化的时候,文学本身也必须进行彻底的自我更新。莫奈凭借艺术否定了艺术,马拉美借助于文学扼杀了文学。现代派文学的创作形式不仅反映了作家们的文学和文化意识,而且反映了一个民族或一个时代的文化心理意识。它全面揭开了一层笼罩在文学上的面纱,深刻揭示了小说的"文字游戏"特点,而且彻底打破了作者的权威性。现代派文学发展到顶峰的时候,与纯文学是没有根本区别的,或者说就是纯文学本身。

如果说,19世纪的法国文学,在实证主义、意志主义等思潮的影响下,形成了以浪漫主义、现实主义为基本特征的创作风格,那么,20世纪的法国文学则在现当代西方哲学两大思潮(人本主义和科学主义)的冲击下,形成了一个对传统观念、思维方式、价值取向、审美趣味和写作风格进行彻底否定的新型文学——现代派文学。现代派文学的出现实际上是对传统小说和诗歌的一种反拨,在一定程度上,它就是现代派的代名词,在艺术手法上,它与传统的写作风格彻底决裂,通过暗示、象征、对比、烘托、意象、意识流等手法,揭示了人物内心的奥秘,表现了人物的意识活动;在结构上,它通过变化突兀式多层次的结构,让时空变得错乱不堪。法国文学评论家克洛德·莫里亚克曾经说过:现代派文学就是从平板拘谨的传统中解放出来的文学,它被这种传统赋予了一种贬义,它是永远也无人可以达到的极端,是自人类有了写作活动以来,所有诚实的人奔赴的一种方向。

在法国现代派文学作品里,一个普遍的共性特征就是对写作风格的"诗意性"强调,简言之,就是主张以含糊、抽象、流动的文本"意义"来取代明晰、具体和稳定的文本"信息"。这种写作风格的变化,意味着叙述的主体不应该再是传统意义上的作者,逻辑的、理性的对典型人物和典型事迹的叙述,必须被一种无人称的、与传统叙事风格格格不入的戏剧性描述所替代。但是,这种叙述主体的变化和写作风格的更新,其实并不意味着法国现代派作家会简单地让他笔下的人物取代他,他们的真正目的是希望这种全新的表达方式能够具有一种过去未曾有过的惊人的"力度"。因此,在文学创作过程中,为了达成对事物的全新看法并实现从"信息"向"意义"的转换,法国现代派作家的审美机制以及被审视对象出现了某些本质的变化,文学和哲学的界限也比过去任何时候变得更加模糊了。

意识流小说

普鲁斯特(Marcel Proust,1871—1922)是作为"意识流"小说的创作者而登上法国文坛的。出身于一个富裕的爱好文学艺术的家庭,这对他的文学禀赋的成熟可能起了促进作用。出身于资产阶级,在"高等住宅区"和海滨舒舒服服地长大。体质孱弱、生性敏感而且富于幻想。他醉心于哲学、心理学研究,受到柏格森的深刻影响。1913年，普鲁斯特发表了一部长篇小说《在斯万家那边》而崭露头角。由于从小就有的哮喘病的折磨，他闭门不出，过了7年，就在家里那种神秘寂静的气氛中，他写下了如今家喻户晓的庞大著作《追忆逝水年华》，此书共7卷，约300万字，从其规模与文学质量上讲，这部书堪与巴尔扎克的《人间喜剧》媲美。普鲁斯特根据自己的观察，尤其是根据对人的意识的极其细致的心理分析，刻画出人物的内心世界。作者善于运用一些很长的纷繁复杂的句子来表达那些难以捉摸的东西。他的句子结构和旋律非常完美，无与伦比。普鲁斯特被认为是意识流小说的先驱，是法国20世纪最伟大的作家之一。评论家认为之所以有这么高的评价，主要原因还在于他在创作手法上标新立异，而不在于《追忆逝水年华》这部小说的内容与规模。

小说中，普鲁斯特描写了主人公一系列漫长的回忆、追忆和联想，非理性的"意识流"成了作者用以表现主人公抗拒现实的一种奇特的方法。普鲁斯特把笔触从外部的客观世界移向了人物的内心世界，追求描写梦境或神秘抽象的瞬息世界。普鲁斯特为我们表现了一种全新的、难以读懂的创作材料，一幅幅多切面共存、多场景共时的立体空间画。整个作品由叙述者"我"的中心意识将无数不连贯的、琐碎的、奇异的、转瞬即逝的回忆片段联系在一起，时间和空间随着主体意识的变化而变化，时而无限伸展，时而无限收缩。普鲁斯特以"心理时间"为依据，把现在、过去和将来随意颠倒，穿插交融，以此来渲染内心无意识活动的变化莫测。在他的笔下，所有的思考都是瞬间偶然出现的，确切地说，小说家的话不时地被随笔家打断，普鲁斯特面对的是极平常的、非连续性的、没有一体化的情节和因果关系的素材。他所追求的强化，既不是通过想象使对象的特征诗化，也不是通过虚构把对象的特征进行一体化的情节调整，使之更加典型、更加带有普遍性，而是一切出于自然，东拉西扯，洋洋洒洒、海阔天空，行于所当行，止于所当止。"心理时间"在普鲁斯特的笔下起到了决定性的作用，它把各种场景交织、穿插、汇集到"现在"来加以表现，产生了一种传统小说所不具有的艺术效果。普鲁斯特充分利用了"自由联想"和"内心独白"的写作手法，跳跃式的"自由联想"把无数内心独白串联到了一起。通过这种现代派文学的写作手法，作者让时空交错，为读者成功地打开了千百年来未曾见过的新世界，即人的内心世界、潜意识。在普鲁斯特的笔下，"寻求自我""寻求本我"最终取代了巴尔扎克小说里对资产阶级丑恶本质的揭露。

很长时间以来，普鲁斯特的专著及评论汗牛充栋，代表作《追忆逝水年华》被译成多种文字且不断再版。1984年3月，他的作品中的一部分《斯万的爱情》搬上银幕。毋庸置疑，普鲁斯特对法国和外国的小说，乃至整个文学界、美学界都有相当大的影响。

超现实主义

超现实主义,是法国20世纪20年代初期《文学》杂志周围一些思想激进的"左派"文学青年所倡导的一个重要的文学流派。它的前身是第一次世界大战期间产生的达达主义。在文学创作上,达达主义者常常把一些莫名其妙的单词组合在一起,不作任何说明地描述那些混杂零乱、无所用心的感觉。达达派诗人布勒东与特里斯丹·查拉在这一流派中起到了主导的作用。他们主张否定一切,打倒一切,割裂一切与旧的文学传统的联系。超现实主义坚持艺术中的主观唯心主义原则,摈弃了达达主义原始幼稚的原则和无政府思想,通过出人意料的联想使得文学作品里的艺术形象变得更为复杂。从艺术表现手法上来看,超现实主义者深受普鲁斯特的"意识流"影响,他们在诗歌里排除标点符号,强调意识流的不停顿性和不间断性。这种创作方法打破了传统诗歌的创作方法,用音响的搭配弥补了缺乏准确的旋律和韵脚的不足。"无意识的创作"和"对梦幻的记叙"产生了神奇的艺术效果,通过对外部世界的抗拒和对传统形式的摒弃,超现实主义者在一定程度上表现了他们精神的空虚。这种"左"的革新带有明显的形式主义色彩,极大地扼杀了诗歌的逻辑和思想。深受中国文化影响的亨利·米肖,在诗歌里描写了一些奇特的幻景,使他的诗具有了异常丰富的想象力,通俗、粗野和猥琐的语言产生了一种惊人的驱魔力量。

存在主义

存在主义文学早在第二次世界大战之前就出现了,其反叛的艺术思想给现代派文学的进一步发展起到了推波助澜的作用,尤其是把贯穿现代主义历史的"荒诞"主题推到了一个新的台阶。它的根本宗旨是专门强调生活的肮脏与虚无,"荒诞感"已从一般的历史社会范畴,从一种批判意识发展成为一种彻悟的意识。萨特的《存在与虚无》和西蒙娜·德·波伏瓦的《文学与形而上学》深刻地阐述了存在主义的基本原理,仿佛每个人,无论他的年龄多大以及他的社会地位多高,都是残酷和无耻的,每个人都在想方设法地伤害他人。存在主义彻底否定了生活的意义,在杂乱无章的物质世界中,看不见其他任何东西,仿佛自相矛盾、互不协调、支离破碎就是形成人类本性的基础。在他们的眼里,世界就是荒诞的本身。在《局外人》和《西西弗斯神话》等重要的作品里,加缪生动地表现了有关荒诞世界和荒诞人生等重大主题。

新 小 说

自20世纪50年代起,"新小说"开始占领法国文坛。它产生的基本原因是:作家们希望通过小说的写作技巧来适应迅速变化的世界。"新小说"不是一个具有自己的原则、自己的信条和自己美学观点的流派,而是一群作家在写作技巧和世界观等方面,有着共同的、深入的和新颖的见解。阿兰·罗布-格里耶热衷于纯描写性的文学,他的作品情节十分模糊,一般只能给人一个总的印象。《橡皮》表面上看是一部侦探小说,但实际上它与传统小说又不是一回事,整个故事扑朔迷离。这部作品写的是一场政治斗争或政治阴谋,但是阿兰·罗布-格里耶却有意地绕开了这个事件的内容,而把主要的精力花在对琐碎的生活现象和混乱的不可理解的过程的描绘上,他着重描绘了现实生活中那些与事件的实质丝毫没有关系的"物"的体积、形状、色彩等等,因此,警察重大的侦破使命在对无数堆砌的手势和举止的描绘里消失了。米歇尔·比托尔用一种接近音乐的创作方法,通过把人物的思想、感觉、言语和内心的独白巧妙地糅合在一起,生动地表现了它们共有的现实性。娜塔丽·萨罗特用精神分析家的研究方法来挖掘人物的意识状态,尤其是挖掘人物内心独白的前奏——潜对白。克罗德·西蒙通过一些没完没了的句子,使作品中人物的意识混乱不堪,他的小说成了名副其实的拼贴画。马格丽特·杜拉斯的早期作品摈弃了确定的主题和真实的情节。克洛德·莫里亚克在写小说的时候,总是把故事素材混杂在一起,通过打乱时间的顺序,给了读者一种全新的价值观。总而言之,"新小说之流"采用这些新的创作技巧的目的是,希望人们能够更好地理解时间、事物以及与之相关的人。

荒诞派戏剧

在新小说出现的同时,荒诞派戏剧也诞生了。它的思想基础是存在主义、尼采的超人哲学和柏格森的直觉主义。它是一种反传统戏剧,但不像存在主义那样采用了传统的文学形式,而是用反传统艺术方法和戏剧形式来表现荒诞的内容,用破碎的舞台形象来表达不可表达的真实,用延伸的戏剧语言来替代正常的语言。在荒诞派戏剧里,荒诞的主题和荒诞的形式得到了高度的统一,夸张成了这一流派惯用的表现手法。这种写作风格充分地体现了作家们所意识到的人类处境的荒诞性。尤奈斯库和贝克特是荒诞戏剧的先驱和主将。

尤奈斯库(Eugene Ionesco,1912—1994),出生于罗马尼亚,自幼在法国生活,

1945年后在巴黎定居。1950年,他接连创作了3个剧本——《秃头歌女》《上课》和《雅克或百依百顺》,其中《秃头歌女》被认为是"荒诞派"戏剧的开山之作。剧本描写两个陌生人在交谈,谈天气,谈住房,谈孩子。后来却发现他们原来是一对夫妻。该剧自始至终没有歌女出场,人物对话毫无逻辑可言,且都是陈词滥调,但其中充满着滑稽的成分和讽刺的力量。

1951年发表的《椅子》是他的一部名作,随着这部剧的上演,尤奈斯库声名大噪。在这一阶段,作者所追求的目的只是将戏剧推进到一个既非戏剧又非文学的中间地带,或如作者自己所言:"只是为了创作一种激烈的戏剧:激烈的滑稽,激烈的悲惨。"1958年创作的《犀牛》表现了尤奈斯库作品主题的深化。书中描述的是人的异化,即人的精神的堕落。在《犀牛》中,人不是被迫变形,而是向往变形,追求变形,以变成犀牛为荣。整个世界几乎为犀牛淹没。他作品中的人物对话颠三倒四,啰嗦重复,荒诞不经。尤奈斯库认为只有通过语无伦次的语言、杂乱无章的情节,才能把丑恶和肮脏的现实搬上戏剧舞台,让人们有机会正视现实,直面人生。他试图通过这种形式来揭示荒诞的内容,达到一种特殊的深化主题的效果。

贝克特(Samuel Beckett,1906—1989)是爱尔兰籍小说家、戏剧家,30年代后定居巴黎。他能用英语和法语写作。50年代中期以前,他主要进行小说创作,并且是第一代新小说派中卓有成就的一员。其法语小说主要有《莫洛伊》《马洛纳之死》《无名的人》《如此情况》等。贝克特在戏剧方面的成就远远大于小说。他把自己在小说中所描写的世界搬上了舞台。《等待戈多》和《剧终》两剧曾引起了不小的争议,但被视为荒诞派戏剧的代表作。以《等待戈多》为例,此剧共两幕,主要写两个流浪汉在荒野路边的一棵树下等待戈多的情况,用各种无聊的动作和对白来消磨时光,黄昏时分一个男孩子前来报信说,戈多今晚不来了,明晚准来。第二天仍然如故,唯一的变化仅仅是枯树上长出了几片叶子。至于戈多是谁?为什么要

贝克特像

等他?剧中并没有做交待,唯一的主题只是毫无目的的漫长等待。有人认为该剧的寓意是揭示人类在一个荒诞的世界中的尴尬处境。实际上,该剧恰恰反映了荒诞派戏剧的典型主题:寻求自我。然而,自我是捉摸不定的,随时间地点变化,因而也是永远无法找到的。《等待戈多》中支离破碎的情节、怪诞的人物形象、长篇累

牍的对白加之无聊的动作,这一切构成了荒诞派戏剧的特征。

在贝克特的《等待戈多》里,语言已完全失去了传统戏剧语言的作用,变得像"石块和死尸"一般,人与人之间根本无法进行思想和情感的交流。他试图通过"物"把人物局促不安的心理加以强化,让舞台道具说话,把行动变成视觉形象。他就是这样试图延伸戏剧语言的,他那具有新奇形式的作品给了读者一种前所未有的精神振奋,因为只有最平淡、最平常的日常生活和最乏味的言语被应用到超限度时,异常的事物才能够从中涌现。他的戏剧言论,深得阿尔弗雷德·雅里和超现实主义作家们的喜爱。这种戏剧语言不断深化,就其重要性和效果而言,堪与卡夫卡、米肖以及许多存在主义作家们媲美。

以尤奈斯库、贝克特等人的作品为代表的荒诞派戏剧剧情荒诞不经,但是寓意深刻。有人评价他们的剧作时说:"看了这些戏,我们都感到好笑,忍俊不禁,但在笑声中却隐藏着深深的悲哀与寂寞。尽管剧情虚妄,台词荒唐,我们不难发现剧中人有些方面跟我们十分相似,而剧中的荒谬现象正是我们不合情理的生活现实的极度夸张。剧中人说出了我们心中想说而说不出或不敢说的话,他们也道出了我们自己阴暗的心理和私下的打算。他们就是我们自己的化身。"从艺术的价值来看,虽然是一种变态的文化心理表现,但它却让作家对理性主义的怀疑进入了一个自觉的时期,它在破坏旧的传统写作风格的过程中扮演了一个惊世骇俗的先锋角色,把非理性主义的现代哲学和美学思潮大张旗鼓地引进了法国文学。它不仅反映了作家对人类处境的焦虑,同时也反映了他们在现实与传统相互冲突的驱使下进行精神探索的雄心和抱负。

原 样 派

自20世纪60年代起,"原样派"在法国文坛几乎起到了左右风云的作用,索莱尔斯(Philippe Sollers,1936—)是这个流派里最具影响、最有发展前途的作家之一。索莱尔斯的早期作品较为接近传统小说和新小说的风格,最初作品是一个简短的故事《挑衅》和一部小说《奇怪的孤独》,1965年发表的《正剧》是一部小说式的日记,但却不是小说。人们冠之名以"新新小说"。在这部作品里,交替使用"我"和"他"作为主语,突破了传统文学的叙述方法。索莱尔斯的文本不但与司汤达、普鲁斯特的小说展开对话,而且与达·芬奇、凡·高、高更的绘画进行交流,从而不断地产生辐射效应,使原有文本在回环往复的运动中归于消失,并使新的文本随之源源溢出。如此这样,作者与作者、文本与文本、作者与读者的界限也就彻底消失了。索莱尔斯在力求诗和小说紧密结合的原样派中是个最引人注目的人物。1960

年，他与其他一些年轻人创办的《原样》杂志，是 20 岁至 40 岁之间的所谓"先锋派"进行战斗的一个重要的理论阵地，虽然这本杂志于 1983 年更名为《无限》，但只是办刊的单位由原来的瑟伊出版社变成了现在的伽利玛出版社，其根本宗旨并没有改变，观点也没有太大的变化。它虽然是一部文学杂志，但里面也刊登了大量的科学、艺术、政治、哲学等方面的作品，而且许多文章都是跨学科理论的结合体。

作为法国"原样派"的杰出领袖，索莱尔斯为当代西方文学观念和人文思想的革命做出了巨大的贡献。在他的眼里，一个文本是由另一些文本写出来的，而不是出自一些句子和词汇，任何文本都处在好几个文本的结合部分，它既是复读，也是强调、浓缩、位移和深化，从这个意义上来说，一个文本的价值就在于它对其他文本进行积分式的、破坏性的行动。也就是说，世上从来就没有一成不变的"神作"，作者和作品的传统概念被彻底地否定了，文学世界变得越来越大，而且走向了一种无名的状态。"文本写作"的概念，即通过研究文学性文本产生的方式，为我们彻底地破除了传统文学概念的神秘性，而且为我们阐释了一种全新的阅读方式。这种方式成了文学走向主观主义和印象主义的第一个重要尝试。无论是《原样》还是《无限》，都十分注重创新，都注重具有现代意义的思想，在 20 世纪下半叶培养了像福柯、罗兰·巴特、德里达、克里斯特瓦等一批享有国际声誉的文艺理论家，把结构主义和解构主义理论发展到了顶点。

索莱尔斯的《数字》和《戏剧》是"互文性"的最好明证。《数字》里的某些段落是用汉字结尾的，索莱尔斯把非拼音文字的汉语写进了法语文本，这种别出心裁的写作方法令许多不懂中文的读者十分费解。《戏剧》采取了《易经》的结构，共分六十四章，相当于六十四卦，单数与偶数以及第三人称和第一人称分别对应于阳爻和阴爻；而《数目》则使用了大量的汉字和《道德经》的引言。索莱尔斯之所以留下中国元素的痕迹，其目的并不是希望产生一种引人入胜的效果，而是为了表明"抑制本能的回归"，一种从内外触及西方的语言系统，并开始对它进行深刻的反思或超越，在这里，索莱尔斯强调的是一种无声和沉默，这种无声和沉默能够让读者理解更多的东西。

当然，在法国 20 世纪的文学里，在现代性文学的对立面，传统的写作风格也还具有相应的地位，并得到相应的发展，文学界理性和反理性之间的斗争始终没有中断。20 世纪初，法国涌现了一批反映人民群众情绪的作家，他们继承并发扬了 19 世纪现实主义的传统。他们所反映的民众对反动势力和帝国主义野蛮暴行的愤怒情绪是自发的，有时也是自觉的。法朗士（Anatole France，1844—1924）是个非常富有人情味的作家，他所创造的人物形象至今仍旧脍炙人口。他的小说不以情节的曲折离奇取胜,而是对平凡的事物娓娓动听的描述见长,其文笔清晰、自然、优美。他是个幽默大师,善于发现事物的风趣的一面,善于运用灵活多变的讽刺笔调,而他的那种讽刺笔调又含有对人类极大的怜悯心。1907年,他发表的《企鹅岛》指出了无政府主义的危害性,堪称是一部伏尔泰式的讽刺小说。法朗士至今仍享有"现代伏尔泰"的美誉,他既保留了古典的传统,同时又怀有乌托邦的理想。

罗曼·罗兰、弗朗索瓦·莫里亚克和马丹·杜伽尔也是法国20世纪上半叶重要的批判现实主义作家,他们的作品与19世纪的现实主义传统十分接近。在艺术和思想形成的过程中,罗曼·罗兰(Romain Rolland,1966—1944)深受列夫·托尔斯泰的影响,崇尚现实主义的真实和高尚的道德,懂得艺术应当面向人民的深刻道理。罗兰的现实主义才华在长篇小说《约翰·克利斯朵夫》里得到了充分的体现。作为一个现实主义作家,罗兰的巨大功绩不仅在于他来自人民,接近人民,而且还表现了这些普通人身上所体现的真正的民族精神。约翰·克利斯朵夫是一位半德国人半佛来米人族系的作曲家,性格刚强,才华出众。他与19世纪许多现实主义小说主人公不同,在生活中,不是力求树立自我,而是希望树立有意义的真实的、革新的艺术。弗朗索瓦·莫里亚克与普鲁斯特不同,传统的基督教观点深深地影响了他,即人世间罪恶深重,灾难和痛苦是无法逃避的。他没有把家庭美化为平静安逸的避风港,而是为我们深刻地揭露了深宅大院里的卑鄙勾当。在《母情》里,作者生动地刻画了一位滥施威压的母亲形象。他的小说具有强有力的一面,他所揭示出来的道德上的丑恶现象,与其说是由于生理退化引起的,倒不如说是由于社会造成的,读者能够从他的作品里看到贪婪成性的资产阶级所进行的疯狂斗争。在法国20世纪20—30年代的文学中,莫洛亚、季洛杜和纪德是这个时期典型的唯美主义的拥护者。如纪德(André Gide,1869—1951)的《伪币制造者》对现代资产阶级的文化、家庭和生活习俗都作了批评性的描写,跟普鲁斯特一样,他试图要表明,客观世界的种种印象只有在感受它们的艺术家的主观意识的折射才具有意义。

另外,值得一提的是,在法国文学界,两种对立的意识形态的斗争始终没有停止,这种斗争在民族生死存亡的危急关头更加激烈。在第一次世界大战结束后,法国帝国主义资产阶级的经济实力得到了明显的加强,法国成为国际上的反苏的中心,而且在欧洲逐步取得了霸主的地位。与此相联系的是,在法国20年代的中产阶级文学中,侵略性的倾向得到了加强。如,蒙德朗公然赞美战争是对人类性格的锻炼和"以剑来保卫天堂"。莫朗《我焚毁莫斯科》充满了恶意和反苏评论。第二次世界大战的爆发使得战前就已形成的两种对立思想之间的斗争更为激烈,形成了在意识形态上两个对立的极端——抗战作家和附敌作家。爱国主义抗战作家们以各种合法的形式,通过抒情诗和历史题材,通过传说中的英雄形象,极大地激发了读者的爱国热情。抵抗运动年代是法国进步文学发展中的一个重要阶段,尤其是对于以路易·阿拉贡和艾吕雅为卓越代表的抗战诗歌来说更是如此。无论在文学创作方面,还是在社会活动方面,他们广泛地参加了反法西斯的斗争,是名副其实的为争取和平和民主的积极的战士。而蒙德朗、莫朗、塞利纳等人,把法西斯德国的侵略说成是完成统一"伟大欧洲"事业迈出的最先一步,成了臭名昭著的法西斯报刊的同盟军。

第四节　德语文学

20世纪的德语文学[①]呈现出的是多样化文学,不仅传统的文学形式得以发展,其他文学形式也得到了发展壮大,如电影文学、电视文学、网络文学等新形式从一开始就受到人们的普遍欢迎。文学的多样化不仅丰富了文学本身,而且也丰富了人们的文化生活。20世纪的德国文学可分为以下几个阶段：一、世纪初沿袭了19世纪的文学方向；二、纳粹上台后的"流亡文学"——反法西斯文学(同时并存的是法西斯文学)；三、分裂后的两德文学；四、统一后的转折文学等。这几个时期的文学没有特别明显的分界线,它们相互渗透,相互联系,在同一阶段,可以有多种文学现象并存。

现 代 主 义

20世纪初,德国文学沿袭了19世纪的一些流派,同时也产生新的流派。如自然主义、批判现实主义、新古典主义、印象主义、象征主义、表现主义等。德国文学在这个时期基本是借鉴外国的风格,特别是受到法国的影响最大。但表现主义文学却是在德国产生的。这一源于绘画艺术的文学流派的特点是：重表现自我,轻表现现实；否认现实世界的客观性,认为主观才是真实的,追求创作的自由,提出"艺术是表现,不是再现"。所以,表现主义作品中的人物往往仅是某一精神或某一思想观念的象征。德国表现主义文学代表人物有：诗人海姆(Georg Heym,1887—1912)和贝恩(Gottfried Benn,1886—1956)、小说家德布林(Alfred Döblin,1878—1957)；奥地利有：诗人特拉克尔(Georg Trakl,1887—1914)和韦尔弗

---

① 这里讲的德语文学包括奥地利和瑞士的德语文学。

卡夫卡像

(Franz Werfel，1890—1945)。

卡夫卡(Franz Kafka，1883—1924)，这位生前并不引人注目的奥地利作家，却在20世纪的德语文学中占有重要的地位。许多评论家把他归到了表现主义作家行列。20世纪50年代，卡夫卡的全集由他的挚友、作家、大学同学布罗德整理出齐，从此，卡夫卡的名字为全世界人们熟知，他和乔伊斯、普鲁斯特一起，被誉为欧美现代派文学的奠基人。许多评论家称赞他是20世纪最优秀的作家之一，还有些评论家称他为文学预言家等，连卢卡契这位早年完全否定表现主义文学的著名评论家也对卡夫卡大加赞赏。

卡夫卡出生于奥匈帝国统治下的布拉格的一个犹太人家庭。父亲极其严厉，母亲忧郁善思的家庭背景对他的一生都有影响。起初他在大学学习日耳曼语言文学，后从父命改学法学，于1906年获得法学博士学位，1908—1917年在布拉格一家保险公司任职，一生坚持业余创作。卡夫卡的作品均采用暗示、象征、隐喻、夸张等手法，故事情节往往是荒诞的，故事发生的时间、地点往往也不写明，因此人们对其作品的解释也就仁者见仁、智者见智了。卡夫卡说过，"文学创作永远不外乎是走向真理的一次进军"。是的，他作品中的主人公都有自己的目标，都在向真理前进，但却又因各种原因而均遭失败。卡夫卡著作颇丰，《卡夫卡全集》有9卷本和6卷本两种，他的代表作有：三部未完成长篇小说：《美国》《城堡》和《审判》，中篇小说：《变形记》《判决》《乡村医生》《饥饿艺术家》《在流放地》等。

20世纪初，与其他文学流派同时并存的还有批判现实主义。随着批判现实主义作家的大量涌现和许多经典作品的问世，使得批判现实主义文学逐渐成为德语文学的主流。这些作家中的代表人物有：亨利希·曼(Heinrich Mann，1871—1950)、托马斯·曼(Thomas Mann，1875—1955)、赫尔曼·黑塞(Hermann Hesse，1877—1962)、利翁·福伊希特万格(Lion Feuchtwanger，1884—1958)、凯勒曼(Bernhard Kellermann，1879—1951)、奥地利的斯特凡·茨威格(Stephan Zweig，1881—1942)等。

亨利希·曼和弟弟托马斯·曼是德国批判现实主义文学的主要代表。尽管亨利希·曼曾经受到表现主义的影响，但他还是坚定地走上了批判现实主义的道路。

他的主要作品有：长篇小说《在懒人乐园里》《垃圾教授》《小城》《臣仆》《穷人》《首脑》《亨利四世》等。

托马斯·曼是20世纪德国乃至世界的卓越文学家，他出生于德国北方城市吕贝克的一个犹太富商家庭，1929年获得诺贝尔文学奖。他一生遭遇两次世界大战，尽管二战期间被迫流亡国外，但他仍然写出不朽名著。他的作品内容丰富、思想深刻、语言生动。长篇小说《布登勃洛克一家》《魔山》是他的代表作，此外，他还著有《特里斯坦》《王爷殿下》《死于威尼斯》《约瑟夫和他的弟兄们》（长篇小说四部曲）、《马里奥和魔术师》《洛蒂在魏玛》《浮士德博士》等。

托马斯·曼像

黑塞出生于德国施瓦本地区的一个传教士家庭，1923年加入瑞士国籍，1946年获得诺贝尔文学奖。黑塞的创作是从诗歌开始的，因此，他的早期作品带有浪漫主义色彩。他的主要作品有：长篇小说：《彼特·卡门青》（Peter Camenzind，亦译《乡愁》）、《格特鲁德》（Gertrud，亦译《生命之歌》）、《德米安》（Demian，亦译《彷徨少年时》）、《草原狼》《纳尔齐斯和戈尔德蒙德》《玻璃球游戏》等；中篇小说《在轮下》最为著名。他的著作中，1943年出版的《玻璃球游戏》（3卷本）是他成就最高的作品。

流亡文学

"流亡文学"主要指从纳粹上台到二战结束这一时期的文学创作。"流亡文学"除了反法西斯题材外，还有其他广泛的内容。但反法西斯文学则延续了更长的时间。希特勒上台后，对许多进步作家进行迫害，导致他们纷纷逃往国外、流亡他乡，"流亡文学"就是在这种形势下产生发展的。

在这个时期，先后逃亡国外的作家有：托马斯·曼和儿子克劳斯·曼、哥哥亨利希·曼、布莱希特、安娜·西格斯、布莱德尔、贝歇尔、雷马克等。这些作家都用反法西斯题材写出了著名的作品，如：托马斯·曼的《约瑟夫和他的兄弟们》、亨利希·曼的《亨利四世》、克劳斯·曼的《火山》，副标题为《流亡者的小说》、安娜·西格斯的《第七个十字架》、布莱德尔的《考验》和姊妹篇《你不相识的兄弟》《孙子们》、雷马克的《三个战友》以及后来的《里斯本之夜》、布莱希特的剧本《卡拉尔大娘的枪》和《第三帝国的恐怖和贫困》等。

"流亡文学"的主题是反法西斯的专制统治、揭露其野心和战争给人类带来的深重灾难,其宗旨是要人们认识法西斯政权所犯下的滔天罪行,这对人们牢记历史教训是十分有益的。当然,作家们是在极其困难和危险的情况下完成了创作,其精神也是令人钦佩的。

两德文学

两德文学指德国分裂为东西两个国家时期的文学,时间跨度从1949年算起到1990年德国重新统一为止。

战后初期,西德文坛出现了短暂的萧条,这是因为西德被西方占领后,战败国的地位使它同样失去了文化生活的自主权,文化活动受美国的影响,这种现象被评论家称为美国"波普"文化的影响。为了繁荣德国文学,一些作家、评论家、出版商等人于1947年成立了文学团体"四七社",1950年起设立了文学奖。这是一个影响颇大、还曾一度左右了西德文坛的文学团体,存在了20年,于1967年宣布解散。此外,西德在战后先后共成立了近20个文学团体,以推动西德的文学发展。

除了像托马斯·曼这类战前已闻名于世的作家外,西德在这一时期的主要作家有:伯尔(Heinrich Böll,1917—1985)、伦茨(Siegfried Lenz,1926—2014)、格拉斯(Günther Grass,1927—2015)等。

伯尔是战后西德文学的杰出代表。他出生于科隆的一个雕刻匠家庭,1939年被征入伍,直至二战结束。1947年开始发表以战争为题材的短篇小说,1951年起成为专业作家。1970—1974年先后任国际笔会西德中心主席和国际笔会主席。伯尔的作品多采用现实主义的手法,运用回忆、内心独白、象征、讽刺、隐喻等方法来加深作品的感染力。他的作品结构严谨、寓意深刻,真实地反映了西德战后的社会现实,从而获得1972年的诺贝尔文学奖。

伯尔的主要作品有:《列车正点到达》(中篇)、《流浪者,你若来斯巴……》(短篇小说集)、《亚当,你在哪里?》(长篇)等。这些早期作品都是以第二次世界大战为背景的战争题材,小说对战争给人类带来的灾难予以揭露,对人们在战争中的不幸遭遇予以同情。其他的重要作品还有长篇小说:《一声不吭》《无主之家》《九点半钟的台球》《一次出差的终结》(1966)、《保护网下》《河流风光前的女人》等。

君特·格拉斯是另一位重要的西德作家,1944年17岁时应征入伍。战后他当过农民、矿工和乐师。1949—1953年先后学过雕刻和绘画艺术。1956年起成为专业作家。1958—1968年先后获得德国著名的文学奖毕希纳奖、冯塔纳奖等;1999年获得诺贝尔文学奖。格拉斯著有诗集、剧本和小说,是位多产作家,也是当今德国最有影响的作家之一。他最重要的成就是他的小说创作。主要作品有:长篇小说:《铁皮鼓》《猫与鼠》《非人的岁月》(亦译为《狗年月》)(但泽三部曲)、《比目鱼》《母老鼠》《说来话长》等。

战后,绝大部分著名的流亡作家在返回祖国时选择了东德,如:布莱希特(Bertolt Brecht,1898—1956)、西格斯(Anna Seghers,1900—1983)、布莱德尔(Willi Bredel,1901—1979)、贝歇尔(Johannes Robert Becher,1891—1958)、亨利希·曼等。这些流亡作家为东德文学的繁荣起了重大作用。在这些作家中,安娜·西格斯是最有影响的作家之一。在发表《第七个十字架》后,她一直耕耘不止,主要作品有:《死者青春长在》《抉择》《信任》等。

东西德社会制度的不同,造成了意识形态的差异,这在文学方面突显出来:东德文学的特点之一是讴歌社会主义建设和革命的题材比较广泛,主人翁往往是工人或农民这些普通的劳动者,其意图是要展示社会主义社会人们的精神风貌和追求,塑造社会主义一代新人,其宗旨是为社会主义制度服务的。

除了流亡作家外,东德自己培养了一批后起之秀,如:克丽斯塔·沃尔夫、布·赖曼(代表作为《生活的归宿》)、诺伊奇(代表作为《石头的痕迹》)、康特(代表作为《大礼堂》)、布鲁因(代表作为《布里丹的驴子》和《授奖》)、普伦茨道夫(代表作《少年维特的新烦恼》)等。

女作家沃尔夫(Christa Wolf,1929—2011)是东德最有成就的作家之一,她出生于一个商人家庭,先后在耶拿大学和莱比锡大学学习日耳曼语言文学。1967年成为国际笔会东德中心成员和德国艺术科学院院士。多次获得文学奖。主要作品有:《分裂的天空》《追思克丽斯塔·T》《童年典范》《卡桑德拉》等。

转折文学

1990年德国统一后,文学并未统一,德国东西部的作家们对这历史的转折都在进行深刻地思考。大多数人认为,东西两部分德国人由于长期生活在不同的社会,形成不同的价值观,这一问题不可能在短时间内解决。德国至今仍无统一的文学,实际上,今天的德国文学仍是东西德文学的延续。换句话说就是:统一的国家,分裂的文学。

德国统一后,以两德合并前后的故事为题材的内容猛增。如施莱辛格(Klaus Schlesinger)于2000年发表的小说《幻觉》,书中描写了两个长相相似的男子生活在分裂的德国的故事。而舒尔策(Ingo Schulze)的《朴实的故事》(副标题为"一部来自德国东部省份的小说")则用冷漠的笔调描写了德国东部小城阿尔腾堡的人们在柏林墙倒塌后的复杂心情。在所有这些作品中,影响最大的是格拉斯的《说来话长》。他在这部长篇小说中对德国这一历史变革进行了总结,提出了一些自己的观点,因而导致了一场广泛的讨论。西德的某些评论家对格拉斯进行了猛烈地批评,甚至于意识形态化,把"反对德国统一"的帽子简单地戴到他的头上。而事实表明,德国绝大多数人是同意《说来话长》中的想法的。

在这个"转折"过程中,作家们的创作立场也各不相同,特别是年轻一代作家,显得格外分明。东部的多以道德和前东德"秘密警察"为题材;西部的则描写形形色色的表面生活。还有的作家专写东德阴暗面的,如黑尔比希(Wolfgang Helbig)是第一个以此为题材的作家。德国仍处于融合之中。

第五节 俄罗斯文学

西方文明与东方文明之间的碰撞塑造了俄国人的性格和文学。俄罗斯文学是俄罗斯文化中瑰丽的奇葩,是世界文学宝库中不可缺少的宝藏。俄罗斯文学凝聚着俄罗斯民族的精神追求,体现了俄国人的智慧、信心和力量,从中我们可以领略到俄罗斯精神与民族风情。

20世纪俄国政治出现了多次急剧的变化,仅国家的名称就数次改变,从俄罗斯到苏联再回到俄罗斯。这使得俄罗斯文学呈现出变化多端,多层面,多角度,各种审美体系不断涌现、交错使用的局面。

世纪之交被誉为俄罗斯文化的"白银时代"。"白银时代"是一个融合各种不同学说和信仰的综合性的文化,"这时期的特点是,自豪地重新发现俄国的历史并迅速与西方相融合"。在历史转折、文化转型的世纪之交,俄罗斯文学艺术探索普遍地表现出相当高的哲理品位,相当浓的宗教意味,相当深的心理开掘。现代主义文学是这一时期文学中最具特色,也是最活跃的文学。现代主义文学主张文学着力表现人的内心世界活动,甚至潜意识的活动,在艺术表现上以象征、怪诞、意识流的方式展现。继普希金为代表的19世纪初"黄金时代"之后,19世纪末20世纪初又一次涌现出一大群才华横溢的杰出诗人,如象征派的勃洛克,阿克梅派的古米廖夫、阿赫玛托娃,未来派的谢维里亚宁,意象派的叶赛宁,以及不属任何流派的伊凡·蒲宁①。

勃洛克(Aleksandr Aleksandrovich Blok,1880—1921)出生并受教于文化修养很高的贵族知识分子家庭,自幼受到艺术气氛的熏陶。勃洛克的诗作涉及多样的主题,采取多样的艺术方法,但他全部的抒情诗却是一个统一的整体,是在时间中展开的一部完整的作品,是诗人所经历的道路的反映。他的第一部诗作——《美妇人诗草》充满了神秘主义和浪漫主义色彩,是一部卓越的印象主义诗歌作品。1905年的俄国革命给了勃洛克以很大的震动,《祖国》《俄罗斯》《库利科沃原野》等作品表达了对祖国,对俄罗斯的深厚感情。他在革命动乱中写成了谜一般的歌谣《十二个》,诗歌描写了一支由12个衣衫褴褛的红军战士组成的队伍,在1917—1918年革命风暴席卷的夜晚穿越暴风雨行进的情景,而他们的头顶上则是基督的形象。虽然评论家认为《十二个》的意思含糊不清,但它和作家的其他作品一样是不朽的。《十二个》反映了新旧两个世界的尖锐对立,艺术上表现出精湛的技巧和独特的象征风格。

20世纪20年代实行了社会主义的苏联文学以全新面目呈现在全世界读者面前。其中三部苏联经典小说影响最大:富尔曼诺夫的著作《恰巴耶夫》(又译《夏伯阳》)记录了主人公恰巴耶夫从一位沙皇军队的下级军官成长为英勇善战的红军师长的历程。绥拉菲莫维奇的《铁流》以雄浑磅礴的气势刻画了一支由农民、手工业者组成的游击队的整体形象,描述了一群自发的"乌合之众"在共产党领导下经过战火考验成长为自觉的有组织的钢铁般队伍的过程。法捷耶夫的《毁灭》则描述了一支远东游击队同日本干涉军、白匪军浴血奋战的壮丽情景故事。20年代的诗坛灿若星群,其中最杰出的是马雅可夫斯基,他是苏维埃时代最优秀的现代派诗人,代表作长诗《列宁》描写了俄国革命的发展,颂扬了党的伟大与列宁光辉的一生,长诗《好》歌颂了十月革命和社会主义祖国。

高尔基(Maksim Gorky,1868—1936)是俄国伟大的作家,被视为苏联文学的创始人。"高尔基"是他的笔名,意为"悲惨的,不幸的",也是其一生的写照。他父母早亡,11岁时独立谋生,饱尝人间的苦难,自传体三部曲《童年》《在人间》《我的大学》描述了自己困苦而乐于求知的生活。高尔基的创作年代跨越苏联革命前后,1929年回国后,由于坚定支持斯大林的文艺政策,被苏联政府称为苏联作家的领袖。他因《母亲》《海燕》等作品所塑造的无产阶级革命形象和具有的充沛革命浪漫主义激情成为苏联无产阶级文学艺术的"第一个代言人"。

---

① 1920年流亡国外,1933年由于"严谨的艺术才能使俄国古典传统在散文中得到继承"获得诺贝尔文学奖。

阿·托尔斯泰(Aleksey Nikolayevich Tolstoy,1882—1945)是另一位著名的苏联作家,在30年代完成三部曲《苦难的历程》(《两姊妹》《一九一八年》《阴暗的早晨》)。三部曲以十月革命前夕到国内革命时期的历史事件为背景,表现了革命时代俄罗斯知识分子与人民相结合的主题,提出了知识分子只有把自己同人民群众、同祖国的未来联系在一起,才能得到个人幸福的思想。三部曲以艺术的手法展现了知识分子这一脱胎换骨、净化灵魂的"苦难历程"。

肖洛霍夫(Milhail Aleksandrovich Sholokhov,1905—1984)出生于一个哥萨克家庭,被尊为苏联文坛巨匠。他作品技法新异,许多方面都在苏联文学中独树一帜。1965年由于他"在对顿河流域史诗般的描写中,以艺术力量和真正的创造性反映了俄罗斯人民的一个历史阶段"而获得诺贝尔文学奖,作品也被译为世界各国文字。代表作有长篇小说《静静的顿河》《被开垦的处女地》,晚期的短篇小说《一个人的遭遇》。《静静的顿河》是作者20年心血的结晶,描写顿河哥萨克人为争取独立而进行的英勇斗争。作品宏伟雄浑的战争场面和日常生活场景互相转换,细腻的景物描写和出色的人物心理刻画彼此衬托,体现了肖洛霍夫特有的现实主义的艺术风格,也充分显示了他创作悲剧史诗的卓越才华。小说以葛利高里与已婚妇人阿克西妮亚的恋爱为经纬,叙述哥萨克人的生活以及俄国东南部顿河上这个屯田区的种种传统与风俗,同时叙述1914—1917年的俄德战争,以惊人手笔描写革命情况,并且详述1918—1921年间红军与白军的斗争,其中包括新闻报道、官方文件及其他真实资料,因此也可以把《静静的顿河》视为记载顿河哥萨克人在1910—1920年间种种变迁的历史小说。

40年代卫国战争打响后,苏联作家们创作构思逐渐转移到保卫祖国的主题上。法捷耶夫的长篇小说《青年近卫军》成就极为突出。这是一部描写范围广阔,具有史诗性的作品。小说以斯大林格勒战役为背景,描写了一批中学生在共产党的领导下与德寇展开机智较量和勇敢斗争的故事。小说格调高昂,把现实主义与浪漫主义结合起来,是苏联文学中驰名世界的一部力作。

肖洛霍夫的短篇小说《一个人的遭遇》的发表为50年代战争题材小说打开了一个新天地。一大批亲历过卫国战争的青年作家以自己在前线的见闻和感受如实地表现士兵和下级军官在战壕中的心理状态,不仅反映英勇顽强的战斗精神,而且描述怯懦惊慌的心理,被视为"战壕真实派"。

"战壕真实"在六七十年代发展到与"司令部真实"相结合的多层次、多线索、人物众多的"全景小说"。作家站在历史的角度对战争进行整体的把握,将描写前线激战的"战壕真实"与后方司令部的运筹帷幄结合起来。"全景小说"的代表作品为西蒙诺夫在70年代最终完成的战争题材三部曲《生者与死者》《军人不是天生的》

《最后一个夏天》。三部曲以卫国战争的历史进程为纲,以其间的几次重大战役和几个重要历史事件为目展现了战时苏联的方方面面,堪称苏联战时百科全书。

50 年代苏联文坛上人道主义倾向进一步得到发展,文学更加重视人的价值。以爱伦堡(Ilya G. Ehrenburg,1891—1967)创作的《解冻》为标志,引发了"解冻文学"思潮,出版了一批比较真实地反映现实的作品,开始对苏联社会现实进行批判。"解冻文学"思潮流行了十多年,因几部有争议的作品出现而导致否定,逐步终止。主要争议之一是围绕帕斯捷尔那克的小说《日瓦戈医生》展开的。

帕斯捷尔纳克(Boris L. Pasternak,1890—1960)出生在莫斯科的一个艺术之家,受过良好教育。一生出版过多部诗集,如《生活——我的姐妹》《主题与变奏》《第二次诞生》《在早班列车上》等,每本诗集出版都标志着他创作道路的一个新阶段。长篇小说《日瓦戈医生》为他赢得世界声誉。作品成为作家在艺术散文方面创作探索的总结。小说描写了一个正直善良的知识分子在十月革命前后那个动荡年代的命运。作家以此反映俄国人在革命时期的徘徊、苦闷和爱情,以及革命带来的后果,贯穿于小说中的是浓厚的人道主义精神。但由于作者对暴力革命的手段持反对态度,作品遭到苏联当局的批判。《日瓦戈医生》充满诗情画意,被称为"诗话小说"。作家因该作品获 1958 年度诺贝尔文学奖(但由于国内政治压力,作家拒绝接受)。

索尔仁尼琴(Aleksandr Solzhenitsyn,1918—2008),出生在知识分子家庭,曾是一位中学教师,卫国战争爆发后毅然投笔从戎,1945 年因批评斯大林遭监禁和流放。60 年代走上文学创作的道路。代表作品有短篇小说《伊凡·杰尼所维奇的一天》,长篇小说《第一圈》《古拉格群岛》及讲述生与死的《癌病房》。由于持不同政见于 1974 年被驱逐到国外。《伊凡·杰尼索维奇的一天》以白描笔法叙述了一位普通农民在劳改营中度过的漫长而乏味的一天,通过回忆、联想等心理活动描写展现了主人公一生的坎坷遭遇,再现了 20 世纪俄罗斯人英勇又悲惨的命运。主人公在前线英勇战斗,被俘后机智地逃出来,却被关进自己的劳改营,颠沛流离了八年仍然保留内心的尊严,从来"不丢自己的脸"。在主人公的"一天"中浓缩了一个人的命运,"一天"展现了人的一生的"焦点"。作家在谴责不人道的现实的同时,塑造出真正的人民英雄的现实主义性格——经受了所有的考验仍能保持俄国人民的优秀品质。索尔仁尼琴的创作代表了苏联 60 年代到 70 年代的文学高峰。1970 年因他的作品"具有全球性的艺术魅力,这种魅力来自他的贯穿于许多伟大前驱作品无可比拟的俄罗斯传统的继承"而获得诺贝尔文学奖。

80 年代苏联小说在史诗规模、哲理深度、心理与美学探索方面都有所加强。艾特玛托夫的代表作《一日长于百年》透过三个家庭几十年的悲欢离合折射出肃反扩大化、个人崇拜等重大历史史实,使小说成为苏联历史的一面镜子。另一篇代表作《断头台》涉及人类共同面临的生态危机、环境保护、战争与和平、科技革命与精神价值以及人类永恒的善与恶、罪与罚等问题,是一部对人类生存与命运的忧虑进行认真反思和深刻哲理思考的典型作品。80年代中期随着苏联的改革,文坛上卷起了一股波涛滚滚的"回归文学"浪潮,一大批曾经被封禁的作品在短期内纷纷面世,许多早已在境外出版却未能与本国读者见面的作品也络绎不绝的"回归"到了苏联,如帕斯捷尔纳克的《日瓦戈医生》、索尔仁尼琴的《古拉格群岛》等。这一时期的苏联文坛异常活跃。

90年代苏联的解体使得文学的外部环境发生了根本的转变。历史急转弯给文学造成一定的混乱、纷争、困惑,但经过短短十多年的调整期,当今的文坛已是相当活跃,成绩也很可观,且以多视角、求独创、重探索为主要标志。俄罗斯文学史翻开了新的一页。

第十八章

从大冲突到大融合

20世纪对于西方而言是一个社会结构多元化发展的世纪,一个科学技术突飞猛进的世纪,一个信息爆炸的世纪,一个快节奏、多变化的世纪,一个思维结构发生深刻变化的世纪,也是一个危机四伏的世纪。这是一个既闪烁睿智的智慧之光又显示绝顶野蛮之力的世纪,残酷的两次世界大战、如火如荼的革命以及风起云涌的殖民地独立运动,构成了这一世纪独特的时代背景。一方面西方的传统价值体系受到了以"现代主义"为代表思潮的前所未有的冲击,传统的意识形态和社会心态出现了严重的危机,一个充满迷惘的"怀疑的时代"出现;另一方面,西方显然处在一个政治风云激荡、社会思潮迭起的剧烈变革时期,崇尚真理与迷信自我并行不悖,竞争意识与悲观情绪相伴而生。而科学技术的突飞猛进和世界大市场的形成又使得西方的经济得到巨大发展,到了20世纪后半叶,在经济实力的支撑和对生活的反思下,社会生活保障体系和福利机制在西方社会普遍建立起来,西方社会出现了前所未有的稳定。对于西方而言,两次世界大战的大冲突导致前所未有的大融合,在努力实行欧洲一体化的同时大力推动全球化成为20世纪末西方社会发展的大趋势。

第一节 暴力冲突

进入20世纪后,以欧洲为主体的西方充满了自豪和优越感。

他们的经济是世界上最强大的,科学技术是世界上最先进的,生活水准是世界上最高的。社会和社会生活的一切都取决于伦敦、巴黎、柏林、维也纳和圣彼得堡。欧洲俨然以世界中心自居。不过,平心而论,当时的欧洲也确实是世界的中心:科学的中心、技术的中心、工业的中心、学术的中心,包括时尚的中心。

然而,已经走上现代化道路的欧洲局势却变得日益紧张,西方列强之间的政治、经济和日益增长的殖民对抗越来越加剧。这一结果应该归结于西方民族主义的恶性膨胀。西方列强之间的危机加剧了民族主义的激化,新生国家在强大过程中有了自己的诉求。例如,德国由于科学技术突飞猛进,工业革命步伐加快,到了20世纪发展速度遥遥领先于先行强大起来的英国和法国,综合国力已达到西方世界的第二位(当时居第一位的是美国)。强大起来的德国希望在世界列强中扩展自己的政治影响和势力范围,要求得到更多的利益。然而,德国在西方列强中是一个迟到者,至20世纪初,世界早已被欧洲列强瓜分,特别是英、法两国的殖民地遍布全球,英国更有"日不落帝国"之称,想从已经获得特权和利益的国家中分得利益自然是很困难的。于是,渴望追逐强权的德国继承了自俾斯麦以来德国实行过的"铁血"手段,不惜发动大规模战争以实现自己的目标。为了各自的利益,欧洲大国建立了有利于自身利益的军事同盟:1894年,法国为了遏制正在崛起的德国,与俄国订立了协约,1904年又与英国订立协约。1914年6月德国与奥地利一道(后来土耳其、保加利亚加入),以萨拉热窝事件为导火索,发起西方大国之间的全面冲突,即第一次世界大战的爆发。以德国为首的同盟国对法、俄、英等国组成的协约国进行了长达4年的战争,1917年美国加入协约国参战,德国在损失了600万人后于次年9月宣布投降,这一以西方大国间厮杀为特征的大战方才结束。人们在总结一战爆发原因时曾指出:"第一次世界大战爆发的主要原因在于德国追逐强权这一内部动因,在于它以欧洲其他国家的利益为代价而强行进行扩张,这种扩张的目的不仅是为了获得德皇所说的'显著的地位',还是要使其他任何人仅仅充当配角。"[①]

协约国虽然最终取得了胜利,但同时也付出了极其沉重的代价,如法国有130万军人阵亡,另有伤残者100余万。一战的战火虽然没有烧到英伦三岛本土,但英国在战争中遭受到严重的损耗,死伤200多万人,花费400亿美元。战争严重消耗了西方大国的财力和物力,已经开始的社会进步一下子被中断了。可以说,第一次世界大战是以西方人的集体灾难而告终的。

第一次世界大战结束后西方曾一度出现过短暂的繁荣,特别是在20年代中期繁荣达到了高潮,然而,1929年出现的金融危机把西方社会一下子推入了地狱,经

---

① 拉尔夫等:《世界文明史》(下卷),赵丰等译,商务印书馆,1999,第533页。

济出现严重倒退,人民的生活水平一落千丈。经过了若干年的经济调整,危机才出现转机。就在西方国家似乎逐渐走向复苏的时候,第二次世界大战的爆发又一次把西方拖入了更大的浩劫之中。

挑起新的世界大战的仍然是德国。一战结束后,战胜国为了惩罚挑起战争的德国,于1919年把惩罚性的《凡尔赛和约》强加给了德国。德国暂时被解除了武装,但《凡尔赛和约》却没有能根除未来战争的隐患,反而为更可怕的冲突埋下了种子。无法承受战争失败事实的德国人借助指责社会主义和犹太人用"背后捅来的一刀"的方式慰藉受创的自尊心。为了重新获得世界的尊重,极权主义思想在德国逐渐赢得人心,最终导致了1933年纳粹政党头目希特勒的上台。

独裁者希特勒执政后,实行的是法西斯专政。他排除异己,成为大权独揽的"最高元首"。由于当时正值世界经济危机,德国1932年的失业人数达600万,而希特勒运用各种手段创造就业机会,增加扩军计划,这对恢复经济和减少失业十分见效。接着,希特勒又采取外交措施,于1935年将萨尔地区收回,同年,恢复了国防主权;1936年,德军进入17年来一直为非军事区的莱茵地区;1938年,将奥地利并入、吞并了苏台德地区。与此同时,希特勒对内也采取了行动:在意识形态方面,清除异己,迫害持不同政见者,使成千上万的知识分子不得不离开自己的祖国,流亡国外。他们中有许多杰出的科学家、文学家、艺术家;另一方面,以希特勒为首的纳粹德国在种族论的影响下,试图建立一个被认为"血统高贵"的雅利安人社会,为此开始执行反犹太人计划,对生活在德国的犹太人进行大肆迫害、驱逐、抓捕、关押、杀害。

纳粹对犹太人无法消解的仇恨可以通过他们持有的将历史看成是一种种族斗争的扭曲的世界观进行解释。他们把犹太人看成是一个旨在统治世界的种族,因此是雅利安人统治世界的一个障碍。他们把整个人类历史看成是一部种族斗争史,而这场斗争的高潮应该是优等的雅利安种族的胜利。因此,他们认为清除犹太人是他们的责任,在他们看来犹太人是一种威胁。此外,在他们的眼中,犹太人的民族性决定了他们是天生的罪人,是无法加以改造的,属于不可救药的劣等民族。毫无疑问,一些其他因素对纳粹仇视犹太人的思想,以及纳粹对犹太民族的偏见观的形成也有所影响。这些因素包括千百年来基督教的反犹主义传统(在这一传统中犹太人被描绘成是杀基督者、魔鬼的代理人、行巫术者)和19世纪后半叶以及20世纪初出现的政治反犹主义和种族主义运动。这些传统、主义和运动将犹太人单独挑出,在把他们看成是劣等民族一员的同时,又把他们视为一种威胁。所有这些因素加在一起致使犹太人成为纳粹迫害和试图彻底消灭的对象。最终被杀害的犹太人达 600 万之众①，造成人类历史上一个民族对另一个民族进行灭绝性屠杀的最暴烈事件。

到 1939 年，发动大战的一切条件均已成熟，战争狂人希特勒终于铤而走险，于 9 月 1 日进攻波兰，开始实施他的罪恶征服计划，第二次世界大战爆发。希特勒发动第二次世界大战的最主要目标是为了建立一个从德国到乌拉尔河的雅利安帝国。他认为这一地区是德国人民的自然领土，一个他们天生有权拥有的地方，是德国梦寐以求的、保证其农民拥有足够土地的生存空间。希特勒认为那是雅利安民族确保自己的留存以及其在世界主宰地位之需的地区。持续五年半的二战给西方带来的灾难是巨大的，它不仅使欧洲许多美丽的城乡变为焦土，文明成就毁于一旦，除了有 600 万无辜犹太人惨遭杀害，更有 5000 万以上的人被夺走了生命②。

在几千万无辜生灵涂炭之后，欧洲历史上各大国的实力均被大战严重削弱，德国被美、英、法、苏分区占领，最终分为两个国家。英法两国不仅自身政治、经济等实力遭到了严重削弱，而且由于战后兴起的第三世界民族解放运动，它们在世界各地的殖民地纷纷独立，影响力一落千丈。西方阵营中唯一实力没有受到削弱的大国是美国，不仅如此，二战后美国的影响力开始不断上升，成为 20 世纪后半叶西方社会的领头羊。

第二节　东西对立

与此同时，20 世纪还见证了东西方(从东西欧洲开始)的严重对立。这主要是因为俄国社会制度的巨大变化所致。俄国社会制度的这一变化始于 1917 年爆发的十月革命。这场暴风雨式的革命使得俄国在 19 世纪力图靠拢西方的努力中断，统治俄国长达数百年的沙皇帝制被推翻，取而代之的是苏维埃社会主义共和国联盟(简称苏联)③。作为世界上第一个实行社会主义政治体制的国家，苏联不再谋求与西欧的接近，相反开始有意识地与西方分道扬镳。游离在西方之外的苏联使得西方第一次有了一个意识形态上的对手。在第二次世界大战爆发前，苏联为了自身的利益曾与纳粹德国签订《苏德互不侵犯条约》，试图游离在欧洲的冲突之外。然而，1941 年法西斯德国撕毁条约，苏联被迫参战，加入西方反法西斯联盟，并共

---

　　①② 参见《德国概况》，莎西尔德出版社(Societäts—Verlag)，法兰克福，1999，第 107 页。

　　③ 当时有四个加盟共和国：俄罗斯苏维埃联邦社会主义共和国、南高加索苏维埃联邦社会主义共和国、乌克兰苏维埃社会主义共和国和白俄罗斯苏维埃共和国。

同赢得了二战的胜利。然而,战后的苏联并没有继续在二战中与西方结成的联盟,而是自立门户,营造了一个由其主导的东方社会主义阵营。此外,在战后恢复和建设时期苏联经济曾一度迅速发展,尤其是重工业和军事力量突飞猛进,从而成为唯一的一个能在军事上与美国相抗衡的超级大国。而东欧国家在战后纷纷确立社会主义体制,倒向以苏联为首的社会主义阵营,使得欧洲政治格局又一次重新洗牌。以意识形态划线的欧洲正式分裂成了东西两方:以美国为首的西方与以苏联为首的东方。东西方的对立和争夺使得世界出现了两大阵营对立的冷战局面。

美苏两大阵营的冷战对峙和第三世界民族解放运动的兴起为20世纪后半叶西方文化的变化和发展提供了一个大的国际背景。

随着冷战气氛愈演愈烈和对可能爆发核战争的担心,东西方在加剧军备竞赛的同时建立起了各自的军事同盟:北大西洋公约组织(1955年)和华沙条约组织(1955年),导致东西方对立越来越严重。1959年赫鲁晓夫访问美国曾使美苏关系一度出现缓和,艾森豪威尔亦在对苏关系上表现出改善的意向。然而柏林墙的出现(1961年8月13日)加剧了东西方的紧张。1962年的古巴导弹危机更是使美苏关系高度紧张。新的世界大战仿佛一触即发。1963年6月,肯尼迪访问西柏林时,一句"Ich bin Berliner"(我是柏林人)表达了西方一体的思想,让多少担心苏联威胁的德国人流下了眼泪。

然而,以苏联为首的社会主义阵营,特别是苏联自身,由于经济发展不平衡,加上20世纪30年代由斯大林建立起来的高度集权政治模式和个人专制制度,不仅使得数以百万计的人民遭受无辜迫害和杀害,而且使苏联体制渐趋僵化。50年代,赫鲁晓夫在斯大林死后推行的改革仍然是在僵化的教条主义理论指导下进行的,没有从根本上冲击斯大林建立起来的政治体制,改革是不彻底、不成功的。60年代保守的勃列日涅夫上台后苏联社会又经历一段停滞时期,使得苏联式的社会主义弊端日渐明显。80年代中期,在戈尔巴乔夫的"人道的民主的社会主义""新思维"思想的指导下,苏联进行经济体制、政治体制改革,然而改革犹如打开了泄洪的闸门,政府没有能力控制洪水泛滥。这时的东欧发生了戏剧性的剧变,1989年11月9日,分隔东西德国长达近30年的柏林墙被打开,东柏林人潮水般涌入西柏林。东西德国终于走向统一。柏林墙的倒塌和东西德国的统一标志着战后东西冷战对峙的一个转折点。此时的苏联作为一个国家显然已无法维系,组成苏联的各加盟共和国纷纷宣布独立。1991年12月1日,独联体国家领导人签署《阿拉木图宣言》宣布独立国家联合体成立,苏维埃社会主义共和国联盟停止存在,社会主义政体被最终放弃。苏联的解体标志着战后东西冷战对峙局面的结束。新成立的俄罗斯在20世纪90年代主动放弃了与西方对立的立场,转而谋求与西方的和解和合作,东欧国家更是谋求加入西方,这使得东西方的对立彻底消解。

第三节　走向融合

事实表明,近现代欧洲民族国家出现的历史实际上是民族冲突的历史。在近500年的时间里,为了所谓的民族最高利益和成为地区的主宰,各国冲突不断,民族间常常以战争相加。严重的冲突与对峙使得人民和社会饱受蹂躏和创伤,特别是二战可怕结局使得西方开始反思民族主义具有的负面影响和造成的恶果。战则俱损,和则俱荣。民族和谐和合作的思想开始在西方社会占上风,使得西方社会逐步走上了摈弃冲突、促进合作的道路。融合成为了西方战后发展的方向和目标。

美国在1947年提出的"马歇尔计划"从一开始就是为了西欧的集体恢复,帮助经历了大战创伤的西欧走出困境。1948年西欧国家成立了欧洲经济合作组织,该组织的任务是在接受马歇尔援助计划的欧洲16国之间分配美国的援助,西欧人从此走上了合作之路。因此,在这一意义上,"马歇尔计划"的提出和实施应该看成是促进西方社会联合思想的一种表现。欧洲联合的思想最早于1950年由法国提出。1957年6个欧洲国家在罗马签订了建立欧洲经济共同体条约和欧洲原子能共同体条约,统称《罗马条约》。《罗马条约》开宗明义:缔约国"决心建立欧洲各国之间日益紧密的联合"。[①] 1958年1月《罗马条约》正式生效后成立的欧洲共同体(简称欧共体)标志着西方走向联合的第一步。1985年12月17日通过的《欧洲单一文件》不仅确定了促进欧洲各国经济和社会一体化,而且最终实现了政治一体化的条件。这表明欧洲联合迈出了决定性的一步。东西方冷战的结束加快了欧洲一体化的进程,1991年12月11日,欧共体马斯特里赫特首脑会议通过了以建立欧洲经济货币联盟和欧洲政治联盟为目标的《欧洲联盟条约》,亦称《马斯特里赫特条约》(简称"马约")。1993年11月1日"马约"正式生效,欧共体更名为欧盟。《马斯特里赫特条约》对联盟的宗旨作了这样的阐述:"通过建立无内部边界的空间,加强经济、社会的协调发展和建立最终实行统一货币的经济与货币联盟,促进经济和社会的均衡、持久进步;通过实行最终包括共同防务政策的共同外交和安全政策,在国际舞台上弘扬联盟的个性。"[②]这标志着欧共体从经济实体向经济政治实体过渡。20世纪90年代全球化趋势的出现和国际大市场的形成为西方的大融合思想增添了

---

① 《罗马条约》首节内容。
② 《马斯特里赫特条约》乙条内容。

动力,欧元的启用和西方跨国公司在世界各地的出现则是一体化和融合思想的具体体现。截至 2005 年 1 月 1 日,欧盟的成员国已经扩大到 25 个国家,人口总数达到 4.595 亿,拥有了统一的货币,成为一个集政治实体和经济实体于一身、在世界上具有重要影响的区域一体化组织。

欧盟的建立从某种意义上说实现了法国著名作家雨果所作的预言:"总有一天……,所有的欧洲国家,无须丢掉你们各自的特点和闪光的个性,都将紧紧地融合在一个高一级的整体里;到那时,你们将构筑欧洲的友爱关系……"应该说,欧盟的建立表明西方在融合和一体化的道路上迈出了坚实的一步。

对于欧盟的出现,有论者作出这样的评论:它"是在自愿的基础上建设起来的,各国人民尽管彼此存在差别,但是他们决定集合起来造就共同的命运"。[①] 欧洲显然正在从民族国家朝着"超国家性"的方向过渡。

应该说,战后的一系列发展对欧洲社会出现大融合起到了推动作用,例如,1969 年人类成功登上月球使得人们开始用一种不同的角度审视人类,今天所说的全球性意识开始真正提高和加强。科幻小说和电影,加上人类对太空的探索和开发活动,都极大地增强了人类把自己的居住地当作一个整体来审视。全球性意识促进了全球化运动,而全球化又反过来增强了全球性意识。这使得人们有可能,也希望,跳出本民族本国文化的限制,拥有了放眼世界,洞观全球的宏阔视野和胸怀。西方社会自 70 年代以来对所谓全球化的大讨论本身就说明了融合思想在西方的普及。

与此同时,欧洲在经济发展的基础上实行了一系列社会改革,先后走上了福利国家的道路,建立了社会保障制度体系,对全体国民实行无差别的平等生活保障。这在很大程度上促进了社会的和谐发展和稳定,为经济进一步发展和繁荣创造了良好的社会环境。

战后,西方社会民族构成的多元化现象也在加剧。由于殖民体系的瓦解,大量原来生活在欧洲殖民地的非洲裔和信仰伊斯兰教的穆斯林来到西欧生活,并逐步成为西方社会的一个组成部分。这一现象在人口和劳动力方面为西方增添贡献的同时,也开始造成一定的社会问题,埋下了可能导致文明(宗教)冲突的祸根。2005年,因丹麦《于尔兰邮报》刊登描绘有伊斯兰教先知穆罕默德的漫画而引发西方社会中(乃至全球范围内)穆斯林抗议浪潮(抗议活动造成至少 50 人死亡)事件,也许是这一可能祸根实际存在的一种预示。

和平的环境和社会的和谐还使得和平论和人权思想在西方进一步发展,人们

[①] 阿尔德伯特等:《欧洲史》,蔡鸿滨、桂裕芳译,海南出版社,2000 年,第 611 页。

开始用一种全新的思维看待世界和世界上所发生的一切,和平主义和人权思想成为西方评判事物的一把重要尺度。然而,对和平主义和人权思想的过度强调有可能在目前恐怖主义和极端势力日渐抬头的国际环境下对西方自身的发展造成无法预测的伤害。

第四节 科学与技术

西方社会在 20 世纪的发展以及对当今世界的影响在很大程度上是由于它所掌握的科学和技术。人们今天所熟悉的现代科学技术主要诞生在西方社会这一事实表明西方对于现代科学技术发展的重要性。

西方社会科学技术的重大变革和飞速发展开始于 19 世纪末,第一个重大变革发生在物理学领域。1895 年德国物理学家伦琴发现了 X 射线,贝克雷尔发现了铀的放射性,居里夫妇发现了镭。1898 年,剑桥大学卡文迪什实验室在原来一直认为是实心体的原子结构中发现了第一个可分的成分——电子。接着,1911 年英国物理学家卢瑟福提出了一个重要概念:原子内部大部分是空的,它含有一个体积很小、质量很大、带正电的原子核,而带负电的电子就像行星围绕太阳旋转一样,沿着轨道绕这个原子核运行。卢瑟福建构的这一原子模型被人们称作是"自德谟克利特以来在物质观念方面最伟大的变化"。1912 年,索迪又在研究铀和钍的放射性衰变时,发现了使古代炼金术士梦想得以实现的现实依据,即一种元素可能存在化学性质相同,原子量略有不同的同位素。因此,在自然衰变或人为作用下,一种物质会变成另一种物质。这一发现成为后来核裂变理论的基础。在众多杰出的科学家中,量子论创立者马克斯·普朗克(Max Planck,1858—1947)和相对论创立者爱因斯坦(Albert Einstein,1879—1955)影响最为巨大。

普朗克出生于德国北部港口城市基尔,27 岁时就担任基尔大学物理学教授,1889 年到柏林大学担任教授,1894 年起研究热辐射,1899 年,他根据对量子所作的假设,通过对热辐射研究,得出热辐射公式,从而提出了量子能原理。1900 年 12 月,他公布了自己的研究成果。他之所以能够成功地给出一个完整的理论推导,是由于他摒弃了经典物理学的基本原理而引进能量量子这一概念。普朗克对所谓黑体辐射的能量划分所作的量子假设这一惊人发现,在现代物理学中具有革命性意义。他的假设成为现代量子物理的起源,它使 20 世纪的物理学发生了革命性变化。1912—1918 年,他是普鲁士科学院院务负责人之一,1930 年和 1945 年两度出任威廉皇家促进科学协会主席。他以对量子学的重大贡献和他在理论物理方面的巨大成就，1918年被授予了诺贝尔物理学奖。

爱因斯坦出生于德国西南部乌尔姆市的一个犹太人家庭。1895年在瑞士苏黎世联邦工业大学学习。1905年，发表了《运动物体中的电动力学》一文，首次系统阐述了狭义相对论的原理。狭义相对论有两个基本原理，即光速不变原理和狭义相对性原理。爱因斯坦证明了时间、空间都是相对的、相互联系的，并随着物质的运动而发生变化，而独立于物质运动之外的、永恒不变的"绝对时间"和"绝对空间"是根本不存在的。1916年发表的《广义相对论基础》进一步发展了他的这一理论。1909—1912年爱因斯坦先后受聘于布拉格大学和苏黎世大学任物理学教授。1914年，普朗克推

科学巨匠爱因斯坦

荐他到柏林威廉皇家物理研究所工作，他不仅担任该所所长，还兼任柏林大学教授，同年被选为普鲁士科学院院士。1921年获诺贝尔物理学奖。

普朗克提出的量子能原理和爱因斯坦创立的狭义相对论和广义相对论，彻底改变了人们对能量和时空的认识。能量和质量不再像19世纪守恒定律中所假设的那样是两种截然不同的概念，相反，它只是同一概念的两个方面；而宇宙中也不存在绝对的时间和空间，任何运动都是相对的，时间流逝的快慢取决于运动中物体的速度。这两位科学巨匠建立起来的理论不仅开辟了物理学的新时代，也使整个自然科学进入了新时代。

20世纪后半叶夸克理论和英国物理学家霍金(Stephen W. Hawking, 1942—2018)提出的爆炸黑洞理论为物理学的发展提供了新的动力，标志着人们对宇宙和物质世界的最新了解。

与物理学这些革命性的发现相并行的是19世纪末20世纪初西方工业技术的高速发展。1901年横跨大西洋的无线电通讯获得成功。1903年莱特兄弟经过改良，驾驶飞机做了历时59秒距离260公尺的飞行，16年后伦敦与巴黎之间开辟民航航线。1908年合成树脂，即塑料投入生产，取代石头、木材、金属，成为人们日常生活中最主要的工业原料。同年10月，亨利·福特的"T"型汽车进入市场。

20世纪后半叶西方在电子计算机技术、信息技术、生命工程技术、纳米技术、环境技术等方面均取得骄人的成就。特别是电子计算机的使用和普及使得西方社会的发展不同寻常。到20世纪末西方基本上实现了自动化、社会信息化、知识化

莱特兄弟1903年乘飞机上蓝天图

和技能化,科学研究和应用得到了很好的结合。

新能源、新材料的使用,新机械、新技术的发明,这些最终直接影响了社会生产方式的改变。以往那种以小规模、个人经营为主,劳动产品就地分配的生产形式消失了,取而代之以现代方式的大量生产大量分配。人们借助便利的通讯设施、快捷的交通运输,建立起了统一的市场。最显著的标志之一就是大型零售业的出现——百货公司、超级市场、连锁商店……而为了让更多的消费者,包括那些收入不多的人也有购买商品的能力,分期付款的销售方法开始出现。自此,纵容物质欲望,鼓励今天"买吧"、明天"扔吧"的大众消费经济诞生了。今天,社会消费成为西方经济发展的最主要动力。

20世纪的西方社会建起四通八达的立体交通网络,将整个地区联系在一起。除了19世纪已有的铁路运输系统之外,西方1960年代以来开始建造一个以高速公路为骨干、沟通所有城市和乡村的公路网,汽车几乎可以到达任何有人居住的地方。航空运输系统发展迅速,几乎所有大中城市都有航空服务,在使人们的出行便捷的同时,还使西方国家更加紧密、方便地联系在一起。

西方的科学和技术取得如此成绩,首先得益于教育的普及和提高。到20世纪初,几乎所有的西方国家都实现了义务教育,以大学为龙头的高等教育在为民众提供更高的教育之外,开始承担越来越多的科学研究工作,在培养高等科学人才的同时,大力地促进了科学技术的发展。

其次得益于它合理、高效的科研体制、科研机构以及一批高素质的科研队伍。自17世纪以来,西方社会就形成了重视科学研究的传统。在20世纪,不管是战前还是战后,尽管目的不同,重视科学研究的传统始终没有改变。西方的政治体制和各项基本法规均能保证学术自由,保证科研与教学的自由。根据研究机构的具体情况和有关部门对科研的需要,给予相应的财政支持(大量科研资金通过基金会获得)。科学界享有独立分配科研任务的权力和评价科研成果的权力,国家不对研究课题和项目作硬性规定。西方的科研基地分布于高等学校、科研机构和经济界。在自然科学基础理论研究以及人文学科领域,高校是西方国家的主要研究基地,特别是对新学科的研究,它们往往起着决定性的作用。

第十九章

当代西方文化思潮:在批判中探索

西方社会文化思潮在第二次世界大战以后继续出现了批判与探索的理论发展,文化实践上也日益由精英文化向大众文化方向上转移,具有当代特色。几十年的冷战的结果是苏联的解体和东欧国家的衰落。与此同时,美国国力的相对强盛和欧洲经济迈向统一形成呼应,世界政治经济的版图于是再一次重组。在这一个大背景下,西方文化思潮的发展也开始了一个深刻的变化,西方思想家的眼光开始从自我转向了全球,西方文化的实践也日益具有全球性的意义。

从当代西方文化思潮发展总的轨迹来看,人们大约可以将其分为四个既有联系又有区别的阶段。从二战结束到60年代初,西方文化在对自我反思中得到了理论上的进一步拓展,同时由于新的传媒出现,尤其是电视的普及,精英文化与大众文化开始双向渗透;从60年代中期反越战开始到80年代末苏联和东欧集团的解体,西方文化在新左派的批判中受到了质疑,而消费文化的急速发展也为西方文化理论的探索提出了新的课题;进入20世纪90年代以后,西方文化又一次进入了一个转折期,在一些人欢呼西方价值观念的胜利之时,也有更多的人在思考西方文化的内在矛盾。另一方面,亚洲国家经济的崛起使西方国家有了一个新的"他者",文化思潮中对东方文化的兴趣也在增加。在文化实践上,西方大众文化在信息高速公路的推动下,更深地渗透到社会各个方面,娱乐与教化的互动也日益频繁;从新世纪开始,尤其是在2001年"9·11"事件以后,西方文化思想界面临着一个更为深刻和痛苦的

第十九章 当代西方文化思潮：在批判中探索

反省,即如何看待在全球化背景下西方文明与其他文明的冲突与合作的问题。同时,世界市场的建立和完善也使西方文化的实践面临着更多的挑战和发展机遇。

第一节 自我反思

当第二次世界大战的硝烟仍在弥漫之际,存在主义的思想就得到许多人的呼应,因为战争带给人们的不仅是物质的破坏,更是心灵的创伤。存在主义思想的一个重要观点就是对"存在着"这个词的怀疑,对人在这个世界上生存意义的怀疑。萨特提出的"人的存在先于本质"(人的自我意识具有积极的能动性,可以为人在这个荒谬的世界上选择自己的道路,从而实现人的本性和尊严)的观点在第二次世界大战后的欧洲特别流行。其基本原因在于,欧洲人在经过了战争的浩劫之后一方面对残酷的现实感到极度的失望,另一方面又对人的积极介入现实抱有希望。就在这种矛盾之中,存在主义适合了西方人的需要,而萨特本人积极加入左翼知识分子运动,如反对美国入侵古巴和越南等,尤其是他在1968年5月亲自加入法国巴黎学生的造反运动,更使存在主义的思想在西方文化思想界产生了相当大的影响。存在主义思想和创作的另一个代表人物是法国的加缪。加缪在小说《鼠疫》(1947)中,通过主人公里厄医生在奥兰城里救治鼠疫的经历,表现了人世灾难此起彼伏而人类本身却不知反省的、"西西弗斯"式的荒谬处境。1952年,爱尔兰籍的英法语剧作家贝克特的荒诞剧《等待戈多》首次上演,更加深了西方人对自我文化中异化现象的忧虑,也体现了一种批判性的反思意识。也正是在这种批判性反思中,西方文化界开始了对新思想的探索。

就在西方文化思想界受到存在主义的广泛影响时,西方文化艺术界却面临了一个新的转折。在现代科学技术的发展中,电影和电视的视觉形象传播不仅得到了高真实性的表现,而且通过庞大的网络渗入千家万户。彩色电影的迅速发展和电视机的普及等于是在西方文化领域里产生了一次"全新的形式上的革命"。[①] 与存在主义的悲观论调有违的是,西方大众与社会的联系由于电视的普及(美国在50年代,法国在60年代以后)变得更加紧密而不是疏远。正如D.克兰所指出的,

---

① M. Mcluhan, *Understanding Media*, New American Library, 1964, p.3.

"电视扩大了社会整合的规模,每个人都潜在地与社会活动场所联系在了一起。"①由媒体革命推动的大众文化发展也给西方文化艺术的各种不同类型的创新奠定了基础。首先,电影的复苏在西方文化界产生了重要的影响。法国、意大利和美国的电影成了战后写实主义的重镇,而美国好莱坞电影工业更是迅速地从美国走向世界,影响了西方文化的当代潮流。战后的世界政治经济格局导致了西方世界变成以美国为中心的一个阵营,因此,在意大利的新现实主义运动(1945—1950)和法国的新浪潮电影(1959—1961)一晃即过的背景下,美国好莱坞电影在经过了麦卡锡主义的磨难之后,日益占据了西方电影文化的主流。

二战以后,西方电影在技术上将彩色影片技术迅速普及,同时在艺术表现上日益创新,从而在社会上产生越来越大的影响。更值得一提的是,电影研究越来越受到大学教育和学术研究的重视,这使电影在电视的巨大冲击下,仍然能一直保持着良好的发展势头和学界的关注,至今不衰。意大利电影《罗马,不设防的城市》(1945)在罗西里尼的导演下,首次体现了新现实主义的基本特征,即强调电影的照相功能和形象的真实,而对影片的情节发展和性格塑造却相对地淡化。米·安东尼奥尼的影片《迷情》(1960)则把情节几乎完全抛弃,让影片随着人物的情绪的变化而发展。在这之后,法国新浪潮电影,如戈达尔的《喘息》(1959)、雷乃的《广岛之恋》(1959)和《去年在马里安巴》(1961)等,将电影的新理念带入影视界。这派理论仍在一定程度上受到存在主义的影响,认为当今世界上人已经失去了自己的带有普遍性的本质,所以电影应当突出导演的个人创造性,一个成功的导演应当在一系列的影片中表达出一贯的、有鲜明个人风格的特色来。就电影与文学的相互影响来说,欧洲电影的艺术创新与现代主义文学的内在影响是分不开的,可以说,当代电影的创新不仅发展了现代派艺术的一些观念,而且把电影事业与商业运作和学术研究都联系了起来。从50年代开始,"电影不再只是一种娱乐商品,而被认真地当作一门崭新的艺术来严肃对待。电影文化终于也成为衡量一个知识分子文化修养程度的项目之一"。②

在美国,好莱坞电影仍然比其他的电影公司影响都大,仅在1946年,其推向世界市场的大片就为自己赢得17.5亿美元的票房收入。1947年,"冷战"一词出现在西方媒体上,好莱坞的一些著名导演和演员因被"非美活动委员会"进行调查而

---

① Diana Crane, *The Production of Culture: Media and the Urban Arts*, Sage Publications, 1992, p. 42.

② 邵牧君:《西方电影史概论》,中国电影出版社,1984年,第9页。

失去工作,于是好莱坞电影受到了相当大的冲击。除此之外,美国电影还受到电视节目的巨大冲击,电影观众越来越少。这一切促使美国电影界更加注重技术手段的创新,如采用宽银幕和立体声等手段来吸引观众,从而发展了技术主义的理论流派。1953年,马龙·白兰度主演的《野小子》(或译《美国飞车党》,*The Wild One*)表现了一个具有叛逆性格的主人公,在青年观众中引起了很大的反响。同时,好莱坞拍了不少史诗片,如《圣袍千秋》(1953)和《斯巴达克斯》(1960),重演了西方文化史上的一幕幕重大事件,对反思西方历史起了相当大的作用。另一方面,美国电影也保持了喜剧片的传统,在玛丽莲·梦露主演的《热情如火》(1959)和朱莉·安德鲁斯主演的《音乐之声》(1965)中获得了极大的成功。

就在西方文化日益趋向大众化之时,文化思想界又出现了新的批判潮流。起源于二战前德国法兰克福大学的社会文化批评理论在二战后的西方得到了又一次的发展,对整个西方文化思想界产生了深远的影响。法兰克福学派的两位创始人霍克海姆与阿多诺在1941年写了《启蒙的辩证法》,该书于1947年首先在荷兰出版,集中表述了其社会批判理论的思想基础,即积极关心社会理论问题和从事社会活动改造。他们认为,欧洲法西斯独裁政权的得以存在正好说明了"启蒙思想的自我毁灭",因为启蒙并没有使人们的自由受到更多的保护,反而由于被统治者成了一个"被强制的集体"而对个人形成控制。霍氏强调了社会理论的批判性,鲜明地指出,"理论的要素是自由,它的课题是压迫。"①由于西方资本主义的危机在60年代开始加深,于是法兰克福学派的批判意识也越来越被人们所认同,并在对西方社会的批判中进行了深入的文化理论的探讨。

在60年代及以后的时期内,阿多诺的观点对当代西方文化批评的影响更大。他在美国哥伦比亚大学期间对文艺问题做了许多研究和发表了不少论文,并于1968年在西德社会学第三次代表大会上,就"晚期资本主义还是工业社会?"这个论题提出了"辩证"学派的观点。在《文化批判和社会批判》(1963)和《否定的辩证法》(1966)等书中,阿多诺认为,现代资本主义社会中的文化工业是反启蒙的,因为所谓的"启蒙即先进技术的统治"变相地剥夺了批判意识的发展,并使人在异化中失去了个性。这种倾向在西方文化工业中尤为明显,因为价值规律和商品交换原则使文化,尤其是通俗文化,也成了商品,"完全掉在了商品世界之中",于是文化作品的美学和人文价值就被牺牲了。而一旦文化工业压抑了个性和自由,民主社会的前提即自由的成熟的个人也就失去了存在。他受康德的影响,把否定的过程看作是对对立面的一种肯定,"自由只有在某种否定中,按照某种具体的不自由,才能

---

① 参见霍克海姆、阿多诺:《启蒙的辩证法》,洪佩郁等译,重庆出版社,1990年。

被理解"。①在对文化工业的批判中,阿多诺进一步指出,文化工业机械"复制"艺术品的做法是由获取利润的动机决定的,并由此控制了大众的头脑,就如通俗音乐的标准化和虚假个性化那样把人们的创造性和真诚消弭殆尽。

法兰克福学派的另一个重要成员是马尔库塞,他对资本主义社会的批判十分尖锐,他的学说被称为"造反哲学",因此他在60年代美国"新左翼"知识分子中影响极大。马氏的主要著作有《爱欲与文明》(1955)、《单面的人》(1964)和《自由和历史使命》(1969)等。马尔库塞认为,纳粹的出现不是偶然的,是垄断资产阶级为了克服自由市场的经济危机而将国家生活全盘军国主义化。马尔库塞提出,西方文化的两个近代特点分别是物质世界与精神世界的尖锐矛盾和人的潜能与自由的密切关系。②马氏在关于工业化与人的关系上与阿多诺有一致的地方,他认为,高度工业化的社会一方面满足了大众的物质需要,另一方面也满足了维护现存资本主义制度的需要,于是,有着精神和物质双重需要的人被仅有物质"单面"需要的人所替代。他在《论解放》(1968)中重复了尼采的"超人"主张,认为只有少数优秀分子才能引导大众走向真正的解放。马尔库塞的精英主义的观点对西方文化思想界的影响虽然一度很大,但是,西方文化的实践却表明,文化的通俗化与大众化仍然保持着扩展的势头,法兰克福学派的理论只是为我们提供了一个批判地审视当代西方文化的不同角度,而关于文化工业的正面效应也有待进一步探讨。

在经历了20世纪初的现代主义艺术洗礼之后,当代西方艺术家对世界大战的残酷记忆犹新,对人类社会的失望部分地引导了他们趋向于抽象主义的表现方法。英国画家F.培根于1945年在伦敦首次展出了自己的画作《耶稣受难的三种研究》,表现了战争、饥饿和集中营的大屠杀,引起了轰动。乔治·马修的《卡佩家族》等画作以鲜明的色彩体现了一种生活的激情,最好的代表了抽象主义画派的风格。这以后,抒情抽象的表现手法在欧洲产生了深刻的影响。到了60年代初,美国艺术家在纽约展示了他们的前卫艺术,即以拼贴手法为主要特征的新达达主义流派。这一从早期超现实主义中吸取的艺术灵感使得许多年轻艺术家为之服膺,并对当代西方文学创作也产生了相当的影响。罗伯特·罗森伯格的《无题》(1955)和约翰逊的《批评家在微笑》(1959)等作品即最早地表现了当代拼贴艺术的代表作品。与新达达主义有着密切联系的波普艺术(Pop Arts)在60年代的西方艺术界代表了典型的时代风格。波普艺术在英国得到的承认是在50年代中期,由伦敦当代艺术学院成功举办《拼贴和实物》(1954)和《人类、机器和运动》(1956)为标志。然而,美

---

① 杜任之主编:《现代西方著名哲学家评述》,生活·读书·新知三联书店,1982年,第313页。
② 同上。

国波普艺术后来居上,画家和雕塑家都加入了进来。克·奥登堡的作品《商店》(1962)使用了一些废弃材料或实物,如商店里的食品,来组成一个艺术形象,表现出艺术家眼中的特殊的现实世界。

在大众文化的日益扩张中,流行音乐成了当代西方文化的一个重要方面,而摇滚乐在战后的兴起则是其第一个重要的标志。1954 年,美国的艾尔维斯为"太阳唱片公司"录制了第一张摇滚乐唱片。从此,摇滚乐和"猫王"的名字就成了当代西方流行音乐的一个里程碑。猫王以其特有的歌喉与舞台动作把黑人音乐的强劲与南方白人乡村音乐的粗犷结合了起来,并以其反传统的歌词给美国大众文化带来了一股新的空气。以吉他作为象征的流行摇滚取代了以钢琴为标志的高雅音乐而成为西方大众,尤其是年轻一代的时尚喜爱。而鲍勃·迪伦对摇滚乐的独特解读更使 60 年代的流行音乐与当时的反叛思潮比肩而起。在大西洋的彼岸,英国的"披头士乐队"在 60 年代初以自弹自唱自鼓的方式赢得了广大的听众,甚至连英国王室也对之施以褒奖,其代表性人物列侬更是成了与"猫王"同享盛名的大众偶像,他们的歌曲成了当代大众音乐经典的一部分。

与流行音乐形成呼应的是当代西方文学的社会批判意识。50 年代初,英国的"愤怒的青年"文学流派对战后现实进行了猛烈的抨击。保尔的《愤怒的青年》(1951)、艾密斯的《幸运的吉姆》(1954)及约翰·奥斯本的剧作《愤怒的回顾》(1956)等作品强烈地表达了当代作家对社会压抑的不满。在美国,"垮掉的一代"文学也成了年轻作家反叛社会的宣言。金斯伯格的长诗《嚎叫》(1955)和凯鲁亚克的小说《在路上》(1957)成为这一流派的代表作品。丹尼尔·贝尔认为:"60 年代反文化是一场年轻人在解放的旗帜下发泄的生命冲动。"[①]但是,后来的实践证明,这种冲动逐渐地变成了对西方文化自我的深刻反思。事实上,60 年代美国的"黑色幽默"文学作品在嬉笑怒骂中就体现了对西方社会的深刻反思。海勒的黑色幽默小说《第 22 条军规》(1961)对西方社会的荒诞一面进行了嘲讽,其书名"Catch 22"也因此而成了当代英语的一个常用词。

在法国,新小说派的代表人物罗布-格里耶 1953 年发表了小说《橡皮》,以当代流动不定的真实来取代巴尔扎克式的固定的真实。他的另一部小说《嫉妒》(1957)体现了典型的"新小说"的艺术风格,即除了忠实于作家视觉的真实外,小说不再描写中心人物和故事情节,小说的叙述角度也采用了多重视角。1960 年,法国作家克洛德·西蒙发表了后来为他赢得诺贝尔奖的小说《弗兰德公路》,在讲述二战历史故事的同时,也在进行着小说文体的实验,把并列和复现两种手法运用到叙事中

---

① 丹尼尔·贝尔:《资本主义文化矛盾》,赵一凡等译,生活·读书·新知三联书店,1989 年,第 169 页。

去。"新小说"派不仅以艺术创新体现了一种探索精神,而且以反思历史与现实的主题对社会进行了一定的批判,从而对西方文学在当代的发展作出了很大的贡献。

第二节 新左派与后现代

　　西方文化思潮的发展在60年代中期以后进入了一个新的时期,这不仅指文化实践上的大众趣味进一步加强,更重要的是文化理论上的批判锋芒在年轻一代身上得到了发扬。这个特点是与60年代以来"新左派"的活跃及后期反越战的学生运动分不开的。"新左派"知识分子首先出现在50年代中期的英国,而以《新左派评论》杂志为其主要阵地。到了60年代,欧美各国都出现了"新左派"运动和思潮,其中尤以美国为烈。1964年12月在加利福尼亚大学伯克利分校兴起的"言论自由运动"为标志,美国的新左派批评家们对西方社会的种种弊端进行的批判,而这一场运动更为深远的影响是为美国学界和教育界培养了一批具有批判意识的年轻学人,他们中的相当部分现在正是美国文化思想界的中坚力量。美国马克思主义文化批评家 F. R. Jameson 认为,60年代的反叛思潮与第三世界的影响是分不开的,因为不管是黑人民权运动还是反越战运动都与亚、非、拉的民族解放运动紧密联系着。① 在法国,新左派积极参与的1968年的学生造反运动"五月风暴"给法国社会以极大的冲击,现已名声卓著的几位法国学者如福柯和德里达等人当时都亲睹其事,而萨特更是直接卷入其中。在当时的联邦德国、日本以及墨西哥等国也都出现了程度不同的学生运动,反对现政府的政策。可以说,"新左派"运动是一场影响深远的、发生在当代西方国家的"文化革命"。②

　　从西方文化的思想传统上看,西方知识分子的社会批判意识从启蒙运动开始就一直保持着特有的社会参与性和历史反思性。到了60年代中期,社会精英阶层由于大学教育的普及而日益扩大到一般市民阶层。于是,知识界的批判意识和大众文化的反传统倾向结合了起来,重新思考西方文化的深层结构和反主流文化的标新立异就成了一对相互作用的文化思潮。首先,法国人类家列维-斯特劳斯的结构主义的思想对法国文化界产生了极大的影响,并迅速地传到欧美各国。斯氏以符号学的方法来研究人类社会的"意指结构",把索绪尔的语言学理论用在文化人

---

① 参见詹明信:《晚期资本主义的文化逻辑》,张旭东编,陈清侨等译,生活·读书·新知三联书店,1997年。

② 参见马尔库塞:《工业社会和新左派》,任立编译,商务印书馆,1982年。

类学的研究上,其理论所源,在当代法国著名学者如拉康、福柯、巴特和阿尔杜塞等人的著作中都有相似之处。不过,法国结构主义的影响风行十年之后就逐渐地被解构主义所取代,而德里达对结构主义试图重建西方文化的深层结构的理论首先提出了质疑。同样借助于索绪尔的理论,德里达对文本的"差异"给予了特别的重视,强调了文本阐释的不确定性。很快地,德氏的理论在美国得到了呼应,解构主义理论不仅成了一种文学批评的方法,而且从文化思想上再次体现了20世纪怀疑哲学的持久影响。换句话说,尼采当年对西方文化和人的本质的怀疑迄今仍没找到完美的答案。美国批评家乔纳森·卡勒指出,"结构[主义]可以最简单地定义为对西方思想中固有的二元对立观,如内在与外在、精神与肉体、自然与文化等等对应观念的批判。"[①]他的简单定义虽然不易涵盖解构思想的所有方面,但他却道出了一个事实,即当代批评的本质在于对西方固有思想文化传统的进一步反思和对当前问题的深入探索,这与20世纪西方思想发展轨迹仍是相符的。

在对西方文化的全面批判上,70年代末兴起而影响至今的后现代主义思潮则走得更远。与解构主义同样对现存的西方文化秩序抱有怀疑,后现代主义思潮却超出了文本的桎梏而对整个西方社会与文化提出了质疑。就这一层意义上来说,法国的利奥塔1977年对宏大叙事的质疑和直到1984年才用英文发表的《后现代状况:关于知识的报告》为后现代主义的文化批评作出了标志性的贡献。利奥塔认为,现代工业社会及信息技术的快速发展使得人们对自我的主体地位产生了怀疑,启蒙运动以来的关于人类解放的"宏大叙事"在后现代状况下已不再风光,而科学的叙述却日益占据了我们的日常生活。知识及知识主体在后现代社会中的地位需要重新加以确定。在对西方文化的批判中,杰姆逊的后现代批评可说是西方学者中较尖锐的一个。作为一个左倾的批评家,杰姆逊认为西方资本主义已到了一个跨国资本主义的阶段,商业性消费文化的无所不在是这个阶段的文化特征。然而,消费文化的泛滥同时也消灭了人的创造性和艺术的美学价值。而资本主义的文化霸权又对第三世界文化形成了巨大的威胁。杰姆逊的观点和阿多诺及本杰明虽有关联,当他的马克思主义的基本立场使他对西方文化的批判更为深刻,而他对后现代主义文化的研究,尤其是对艺术和建筑的研究,又使他在当代西方文化思潮中占有一个重要的地位。

杰姆逊提出,文学与社会和人生的关系密切,研究文学和文化也是对社会人生的研究。《政治与无意识》(1981)一书,把意识形态与文本分析联系起来,对西方意识形态作了具体的分析和批判。在他后来的著作中,他对跨国资本主义对第三世

---

① Jonathan Culler, *Literary Theory*, Oxford University Press, 1997, p. 125.

界民族文化的影响也作了较深刻的批判。就文化批判的思想来说,杰姆逊与法兰克福学派以及英国文化物质(功利)主义代表如威廉斯等都有一定的理论渊源,因为他们都把文化批评的视角对准社会现实而不仅仅是文本自身,显示了马克思主义的一些基本立场。在他们看来,文化对社会有相当大的影响力,它既代表又建构着特定社会群体的身份,而且对民族意识的认同有重要的意义。另一方面,法国的布瓦迪和鲍德里亚等人也对当代西方文化批评提出了许多独特的见解。布瓦迪的"文化场"和"文化资本"的观点与鲍德里亚"商品/符号"的理论等为西方文化思潮提供了有价值的理论视角,对深入认识资本主义社会与文化的本质十分有益。

在文化实践方面,西方社会在70、80年代的经济发展相对缓慢的情形下,各个传媒公司进行了重新组合,几十家大的电影、电视和唱片公司基本垄断了各国大众文化的生产,流行文化风格的不断变化和短时间的一致确实表现出信息时代文化多元和趣味多变的特征。在60年代的反叛思潮中出现了"嬉皮士"文化,即以奇装异服、吸毒、群居和崇拜摇滚乐等非暴力方式来对抗上流社会的文化趣味。其极端表现则是一些"朋克"青年以违反常理的生活方式向主流文化挑战。在艺术实践上,从70年代起,艺术上的极简主义与西方建筑学的后现代"粘贴"装潢方式从美国迅速传入欧洲,通过把现代造型和鲜丽色彩嵌入大型建筑中去而取得新奇愉悦的感觉。法国巴黎的蓬皮杜国家艺术中心和澳大利亚的悉尼歌剧院可说是代表性的例子,它们不仅把建筑的功能而且还把艺术的感受结合在同一个建筑物中,从而表现了强烈的时代风格。最能体现后现代"文化/商品"观念的建筑应属在大型商场里开辟的休闲文化场地,在这些场所,商品消费和文化娱乐同处一地互相调剂,这种风格实际上对经济和文化两方面都有所裨益。

在其他文化实践方面,严肃文学创作仍然有佳作出现,如美国品钦的《万有引力之虹》(1973)、托尼·莫里森的《宠儿》(1987)及索尔·贝娄的《愁思伤情》(1987)等作品对西方社会的历史和现实中许多问题进行了探讨,对战争、人性、种族及性别等等具有普遍意义的价值观念进行了艺术阐释。在法国,诺贝尔文学奖于1985年首次授予一位"新小说"派代表人物克罗德·西蒙,标志了具有先锋意识的法国新小说已被严肃文学接受为当代文学经典的一部分。在大众文化方面,电子乐器加入乐队以及电视音乐MTV的普及使流行音乐与古典音乐一起更进一步深入社会的各个阶层,精英和大众的欣赏趣味有所接近。起源于法国的"迪斯科"音乐迅速地传遍了全世界。同时,电视肥皂剧的喜剧风格把大众的日常生活与道德教诲联系起来,如警匪系列片《迈阿密罪恶》(1985—1990)等,对大众的文化生活起了不可或缺的作用。1989年,美国大众娱乐片《蝙蝠侠》的票房收入创下了近25亿美元的纪录,显示了高科技对文化娱乐的介入所取得的积极效果。从某种意义上来说,后现代文化的消费性和大众性不仅仅是文化艺术的更新换代,而且还是新一代知识分子得以产生的土壤,因为"科学叙事"和商业伦理已成为广泛接受的事实。当利奥塔宣称宏大叙事已不再为继时,他也意指人文知识分子身份的有待重新确定。而当代文化理论和实践的发展已表明,对西方社会的批评与探索将仍然是知识分子的重要使命,西方文化思潮的变化过程就包含了对知识分子身份的重建过程。

第三节 西方价值观的再思考

西方社会在进入20世纪90年代以来,文化思想方面也出现了新的变化。一方面,1989年以来东欧国家的转型和1991年苏联的正式解体标志了世界政治版图的重大改写,原有的三个世界大格局变成了一超诸强的局面,这就使有些西方人产生了过度乐观的情绪。美国的福山有关"历史终结"的说法和亨廷顿"文明冲突"的理论对西方文化和他者的关系作出了新的定位;而德国的哈贝马斯有关人权高于主权的说法也使他对西方文化的批判有了改变,后殖民主义理论的解说因此遇到了新的课题。另一方面,西方国家内部的社会问题使很多批评家日益把文化批评作为一种参与现实的实践,文学批评也把文本的解说变成了对社会人生的品评分析。由于西方社会性别歧视的实际存在,女权主义批评理论就理所当然地和社会性别的不平等联系了起来;民族和族裔矛盾的各种冲突也是民族文化身份理论得以复兴的主要原因;而人类社会可持续发展的问题又促使人们思考生态平衡与文化进步的辩证关系。凡此种种都显示了20世纪90年代的西方文化思潮仍在批判与探索中前进,历史并没有终结于斯。

亨廷顿指出,"每一个文明都把自己视为世界的中心,并把自己的历史当作人类历史的主要戏剧性场面来撰写。与其他文明相比较,西方可能更是如此。"[1]虽然许多人对亨氏的观点提出了质疑,但是,他对西方文明中心论的再提起却使人们对西方文化霸权的看法有了新认识。由于世界市场的日益扩张,西方文化随着现代商品的流动而流向世界各地,各民族国家的文化也就不可避免地卷入到一定程度的文化互动与冲突之中。然而问题在于,西方文化本身并不是铁板一块,而是多层次和多元性的,西方文化的民族身份也需要再定义,西方社会文化的内在矛盾并不比其他国家少,所以,笼统地称西方文化将要成为全球性的文化霸权是另一种乌

---

[1] 亨廷顿:《文明的冲突与世界秩序的重建》,周琪等译,新华出版社,2002年,第41页。

托邦的表现。萨义德对"东方主义"的质疑也意味着重新定义西方文化的一种建构,正如依索普指出的,当代文化研究的主要任务"就是对民族身份和民族文化的审视"。①在当代西方文化思潮中,文化身份与民族身份的问题正日益成为众所瞩目的方面,就连加拿大也有学者主张以文化民族主义来抵制美国的文化入侵。

当代西方文化理论的发展中,除了有关文化身份的问题外,对人文与自然之间的关系也给予了关注,生态文化批评就是最新的动态。通过从社会文化与自然环境冲突的角度来研究文学与文化,生态批评把理论基础建立在从文化系统而不是生态系统去寻找全球生态危机的根本原因。1995年,布耶尔在其专著《环境的想象:梭罗、自然文学和美国文化的构成》中,通过对具体文本的分析,系统地讨论了人类社会文化和生态平衡的关系,此书因而被誉为一部"里程碑"的著作。如果说利奥塔对启蒙话语的失落深感不安的话,那么,生态批评则是对西方文艺复兴以来人文主义传统的又一次颠覆,人这个"万物的灵长,宇宙的精华"现在也面临着万物和宇宙的质询。因为根据现存的地球资源储备来计算,人类将在近几百年内耗尽全球的资源,这于是才1997年12月联合国《京都议定书》的确立。可以说,当代生态文化批评是西方文化思想界对面临的社会紧迫问题所作出的反应,是与西方知识分子的文化批判意识分不开的。

在文化实践方面,西方文学的创作仍有佳作出现,德国的格拉斯被授予诺贝尔文学奖再次证明了文学创作对人文精神的关注和对社会邪恶的批判是一个不衰的主题。由于跨国文化交往的日益频繁,西方文学也对东方文化给予了重视,出现了不少好的作品,如当代美国亚裔文学的发展。而在大众文化方面,严肃的电影也一再赢得了票房和社会效益的双丰收,电影《莎翁情史》(1998)则在严肃文学和大众文化的结合上作出了一个新的尝试。1993年,好莱坞拍摄了历史片《辛德勒名单》,影片对希特勒在二战中对犹太人的大屠杀作了深刻的反省。通过讲述一个德国商人辛德勒帮助近千名犹太人死里逃生的故事,影片再次质疑了民族传统中集体迫害弱者的历史积淀。1997年,好莱坞又一次推出了一部大片《泰坦尼克号》,这部片子不但获得了几个奥斯卡奖,而且票房收入超过十亿美元,只用了几个星期就收回了两亿美元的制作成本。《泰坦尼克号》的成功不仅在于美国电影的技术主义的传统,更在于它的主题基于一种人道主义的理想,它的内容揭露了上流社会的虚伪和歌颂了无私的爱的品质。在由头等舱和末等舱分别象征的两个社会之间的冲突中,导演似乎再现了批判现实主义的尖锐锋芒。在电视节目方面,1997年是美国商业电视诞生50周年,流行电视节目中也多了不少有趣的故事。《接触天使》

---

① Anthony Easthope, *Literary into Cultural Studies*, London, 1994, p.169.

讲述了美国宇航局碟状飞行器坠毁事件,但对军方刻意回避真相的做法进行了嘲讽,于是,飞碟坠毁地罗斯维尔(Roswell)几乎成了"政府掩盖"的同义词。许多有关家庭问题的喜剧肥皂剧也长映不衰。

20世纪90年代的一个重要文化现象是网络文化的兴起。由于高性能计算机日益快速地进入千家万户,人们上网浏览已成习惯。信息高速公路的扩张更使男女老少都有机会在网络上驰骋一番,从不计其数的网页文字中选取自己的喜好来阅读。由此而来的网络文化对传统印刷文化的冲击是不可估量的。作为一种新型的媒介,网络以极短的时间把千山万水之外的人们沟通起来,传统的文化地理界限因此被打破,文化的交流变得超越了民族和政治的界限。于是,文化的自由意识和创造精神不再是少数精英的特权,也不是专制力量可以封锁的,而是成了无数个人触手可及的东西,成了个人与社会的共享财富。对于西方社会的影响,网络文化也是日益深入,"网吧"成了消费文化和网络文化的汇集地,商品交换与信息交换更紧密地联系在一起。从某种意义上说,由于有了网络,信息的商品价值更显突出,谁掌握了信息谁就获得了竞争的优势地位。还要一提的是,计算机技术也进入了绘画领域,计算机的空间表达能力使绘画的表现力得到极大的提高。

在流行音乐方面,90年代后期"斯卡"(Ska)和"摇摆"(Swing)两种音乐形式开始被越来越多的人所接受。斯卡主要是在俱乐部里演奏,节奏较慢,洛杉矶"无忧"乐队的CD专辑《悲剧国王》最具特色,售出达几百万张。他们的成功让很多的唱片公司纷纷投入大笔资金制作斯卡音乐。英国的戈兰齐乐队也是这种音乐风格的追随者。电子音乐的影响力也在上升,众多广播电台的专用频道以电声乐器持续地播放古典的和流行的音乐,而网络上的MP3音乐又让人看到了将来流行音乐的发展方向。与此同时,摇滚乐却在逐渐衰落,不少乐队由于卖不出门票而只好解散。可是,由一些摇滚乐队举行的大规模救灾义演却获得巨大的成功,这显示了社会道德力量的继续存在。1997年,美国流行歌曲的女星麦当娜因被传媒称为"堕落天使"而受到天主教会的强烈谴责,也表明了一种社会道德回归的迹象。

从文化的深层次上来说,西方社会的稳定与有序是和宗教意识的根深蒂固分不开的,遍布西方各国的教会组织和教堂实际上成了维系社会的、在国家机构之外的最重要的机制。克里斯托弗·道森指出:"如果我们把一种文化作为一个整体来研究,我们会看到,在它的宗教信仰与它的社会成就之间有着一种内在的联系。阿克顿说过,'宗教是历史的钥匙',在今天,当我们意识到无意识对人类行为所产生的巨大影响,以及宗教力量的时候,阿克顿的格言获得了更广泛的意义。"[①]这也正

---

① 克里斯托弗·道森:《宗教与西方文化的兴起》,长川某译,四川人民出版社,1989年,第5页。

是保罗·蒂利希所说,"宗教是文化的灵魂。"在今日西方,有大约60%的人定期参加各种类型的宗教活动,还有更多的人宣称信仰上帝。就基督教来说,天主教和新教是两大主要派系。欧洲国家的西班牙、意大利及其他东欧各国都有很强的天主教势力;而美、英等主要大国中,新教的势力最强。韦伯关于新教伦理和资本主义精神的论述迄今仍是极有影响力的。在美国,除了基督教,还有犹太教、摩门教、东正教、伊斯兰教及佛教等宗教存在。美国的许多儿童是在主日学校里受到启蒙教育的,而西方各大大学校园里,各种学生的宗教活动也十分频繁。因此,西方文化即使在当代,其宗教的影响仍然是不可忽视的。进入90年代以后,西方社会出现了一股道德回归的思潮,如美国最高法院在1991年下令,准许各州查禁裸体舞并严格规定人体下身必有遮羞物。在对社会的许多问题如吸毒、虐童、同性恋及艾滋病等进行的批判上,各种宗教组织最为积极地参与了进去。20世纪末,美国的不少高级神职人员因为性侵犯儿童和妇女而受到社会和教会的公开指责与相应的惩罚就表明了这一倾向。

第四节 新世纪的挑战

进入21世纪以来,西方社会与文化面临着一系列新的挑战,而最主要的挑战显然是来自西方以外。正如亨廷顿所预设的那样,他者文化正在与西方文化发生着互动与冲突,2001年9月11日的自杀性攻击纽约和华盛顿等地的恐怖事件就表明了这一点。如果说这次事件是伊斯兰激进势力进行的一种前所未有的文明宣战的话,那么,东亚经济的崛起则表明了另一种文化的挑战。全球化的大趋势不仅是世界经济进一步的全球大竞争,而且也是各国文化的进一步大交流,这种交流必将对西方文化产生深远的影响。美国的杰姆森指出,"帝国主义已经离去,替代它的是新殖民主义和全球化",但问题在于,处于全球化竞争中的美国是否也会像"被一群白蚁在里面吃空了的大厦"。[1] 从经济发展与文化交流的紧密关系上来看,西方文化与非西方文化的交流与冲突将会给未来的西方文化构成产生影响,这主要是由以下几方面因素决定的。

首先,从历史上来看,西方文化的全球性地位只是近几百年的事,随着世界地理大发现后的西方社会的殖民扩张,随着西方国家的工业革命和启蒙运动的兴起,西方文化才逐渐将非西方文化边缘化了。然而,当代世界上的非西方文化,如东亚

---

[1] 杰姆逊:《文化转向》,胡亚敏等译,中国社会科学出版社,2000年,第134页。

文化、伊斯兰文化等,并没有被彻底西化,反而因其自身社会和经济在 20 世纪后期的变化和崛起而对西方文化形成了挑战。实际上,欧洲早期的启蒙主义者还从亚洲文化中寻找过灵感和启迪。有人曾断言全球化将是西方文化,或美国文化的一统天下,这未免有点轻率。西方的科学技术,尤其是 20 世纪内的重大成就如原子能、电脑和生物工程等,对世界文化的影响是史无前例。但是,文化的演变是一个很长的历史时期,西方文化的发展在历史上就受到至少两次他者的影响:一是古代西亚文明的影响,二是东亚文化的影响。另外,非洲文化的影响也是有迹可寻的。所以说,在西方文化演变过程中,20 世纪只是一个不长的时期,将来还会有进一步的变化。

其次,从经济发展上看,西方经济依赖科技进步和理性精神而取得了极大的增长,这是事实。但是,在经济全球化的趋势下,各国经济都在发展。而且,金融资本的流动是经济全球化的核心,跨国资本的流动是以利润第一为目的的,它并不特别垂青哪一个地区或国家。当代西方跨国公司在亚洲国家大量投资和设厂就是例子。同时,由于世界贸易组织的建立,各国商品的流通更便利,贸易保护主义也越困难。近年来,美国钢铁工业的衰落就与大量钢铁进口有直接的关系。法国的鲍德利亚认为,商品流动也会使出口国的文化观念夹杂其间。如果说,西方工业国家的商品夹杂着自我文化向外扩张的话,那么,非西方国家的商品流入西方也会传入本土的文化意识。所以说,西方文化在全球化时期的发展过程会与非西方文化发生冲突与融合并存的局面。

再次,从国际政治的角度来看,虽然 21 世纪初的世界政治地图划分仍不很明确,但是美国超强的局面似乎难以压制诸雄纷争的出现。地球上有限的自然资源和趋于饱和的市场使得各民族国家不得不竭尽全力进行竞争,国家主权和领土完整就是一个极敏感的问题。迄今为止,还没有哪一个国家自愿放弃主权来迎合他国。欧洲联盟的出现对西方文化的统一是一个很好的推动,不过,这个统一的模式将来如何还有待观察。更为重要的是,美国的超强地位能否与欧盟相协调仍是一个问题。何况,法国在坚持本国文化的独特性方面历来态度强硬。民族文化和民族国家的主权独立有着紧密的联系,西方文化在全球化趋势中不太可能将各国政治主权这一问题回避开。正如胡格韦尔所说,"不论是西方还是非西方,民族国家将理所当然地是全球政治格局中的基本单位"。[1]

最后,从跨文化交流的角度来看,文化是一个复杂的和多层次的范畴,仅从其表现形态来说,就有物质器用形态的、生活习俗形态的、社会结构形态的、宗教传统

---

[1] A Hoogvelt, *Globalization and the Postcolonial World*, Baltimore, 2001, p. 168.

的和思想意识形态的。西方文化也不例外,其各文化领域里既有对人类社会有普遍意义的东西,也有其历史传承上特有的东西。种族和环境的影响是难以消除的。在当代全球化的背景下,西方文化也在不断地与他者文化互动。例如,麦当劳在世界各国虽然象征了一种西方大众文化,但是各国的本土文化也在不断地改变着麦当劳的西方含义。另一方面,西方社会也在对其他文化开放着窗口,也在吸收着异质文化的营养,所以西方文化也在一个身份待定的再建构过程中。如果说,后现代主义仍把世界文化分为三大部分的话,如杰姆逊等人一度坚持的那样,全球化大趋势却把世界各国文化都带入了一个大市场中。在这一个文化大市场中,东方和西方,南方和北方,各种不同类型的文化模式和价值观都会一起碰撞、交融。所以,在21世纪的开始谈论西方文化,人们必须建立起一个视野广阔的"全球意识",才能对西方文化的发展过程有一个较好的把握。

总而言之,当代西方文化的发展虽然轨迹复杂,但从文化思潮的起伏和文化实践的变化上看,西方文化传统中的批判意识和理性精神并没有丧失。尽管有些批评家强调了西方文化的非理性精神,但是,当代西方文化思潮中对各种社会问题和哲学问题的探索仍在深入地进行;西方大众在文化实践中也日益重视了人文理想和宗教道德的回归。批判与探索仍然是当代西方文化思潮中不可轻视的主潮。以历史的观点来看,这一特征正是古希腊思辨传统和启蒙思想的继续和发扬,而对西方文化发展的前途,似乎也应循着这个方向去思考。

主要参考书目

西文部分

David Bjelajac, *American Art*: *A Cultural History*, Laurence King Publishing, 2000.

Howard Cincotta, et al., eds, *An Outline of American History*, United States Information Agency, 1994.

Jack A. Hobbs & Robert L. Duncan, *Arts, Ideas and Civilization*, (Second Edition), Prentice Hall, Inc., 1992.

Robert C. Lamm, *The Humanities in Western Culture*, (10th edition), Brown & Benchmark, 1996.

Lopez, Barnes, Blum, Cameron, *Civilizations*: *Western and World*, Little, Brown and Company, 1975.

Luther S. Luedtke, ed., *Making America*: *the Society and Culture of the United States*, United States Information Agency, 1987.

Roy T. Matthews & F. DeWitt Platt, *The Western Humanities*, Mayfield Publishing Company, 1992.

Marvin Perry, Myrna Chase, James R. Jacob, Margaret C. Jacob & Theodore H. Von Laue, *Western Civilization, A Concise History*, Houghton Mifflin Company, 1981.

Kevin Reilly, *The West and the World*: *A Topical History of Civilization*, Harper & Row, Publishers, 1980.

F. Roy Willis, *Western Civilization*: *An Urban Perspective*, D. C. Heath and Company, 1981.

中文部分

卡罗卡·卡尔金斯:《美国文学艺术史话》,张金言等译,人民出版社1984年版。

迟轲:《西方美术史话》,中国青年出版社1983年版。

W. C. 丹皮尔:《科学史》,李珩译,商务印书馆1997年版。

《德国概况》,联邦政府新闻与信息局2000年版。

杜美:《德国文化史》,北京大学出版社1990年版。

冯文干、蒋永甫:《科学社会主义的理论与实践》,科学出版社2002年版。

海斯、穆恩、韦兰:《世界史》(上、中、下册),中央民族学院研究室译,生活·读书·新知三联书店 1975年版。

塞缪尔·亨廷顿:《文明的冲突与世界秩序的重建》,周琪等译,新华出版社2002年版。

蒋孔阳:《德国古典美学》,商务印书馆1984年版。

靳辉明:《社会主义历史、理论与现实》,安徽人民出版社2000年版。

约翰·拉塞尔:《现代艺术的意义》,陈世怀、常宁生译,江苏美术出版社1990年版。

刘放桐等编:《新编现代西方哲学》,人民出版社2001年版。

刘文龙、袁传伟主编:《世界文化史》(近代卷),浙江人民出版社1999年版。

刘文鹏主编:《古代西亚北非文明》,中国社会科学出版社1999年版。

赫伯特·里德:《现代绘画简史》,刘萍君译,上海人民美术出版社1979年版。

李明滨:《苏联概况》,外语教学与研究出版社1986年版。

李平晔:《人的发现——马丁·路德与宗教改革》,四川人民出版社1984年版。

陆南泉、姜长斌:《苏联兴亡论》,人民出版社2002年版。

罗芃、冯棠、孟华:《法国文化史》,北京大学出版社1997年版。

孟节省、林雪原编著:《西方文化漫谈》,红旗出版社2002年版。

米辰峰主编:《世界古代史》,中国人民大学出版社2001年版。

让-皮埃尔·韦尔南:《希腊思想的起源》,秦海鹰译,生活·读书·新知三联书店1996年版。

钱乘旦主编:《欧洲文明:民族的融合与冲突》,贵州人民出版社1999年版。

钱仁康编著:《欧洲音乐简史》,高等教育出版社2000年版。

陶洁主编:《美国文学选读》,高等教育出版社2000年版。

王恩铭编著:《当代美国社会与文化》,上海外语教育出版社1997年版。

杨周翰、吴达元、赵萝蕤主编:《欧洲文学史》(上、下卷),人民文学出版社1979年版。

姚宏翔:《艺术的故事》,上海人民出版社1999年版。

姚海:《俄罗斯文化之路》,浙江人民出版社1992年版。

托尼·赖特:《新旧社会主义》,褚松燕等译,新华出版社2000年版。

袁可嘉:《欧美现代派文学概论》,上海文艺出版社1993年版。

裔昭印主编:《世界文化史》,华东师范大学出版社2000年版。

于殿利、郑殿华:《巴比伦古文化探研》,江西人民出版社1998年版。

张椿年:《从信仰到理性——意大利人文主义研究》,浙江人民出版社1993年版。

张广智主编:《世界文化史》(古代卷),浙江人民出版社1999年版。

M.P.泽齐娜:《俄罗斯文化史》,刘亚飞等译,上海译文出版社1999年版。

赵秋长:《俄罗斯文化史》,河北教育出版社2002年版。

朱维之、赵澧主编:《外国文学史》(欧美卷),南开大学出版社1994年版。

朱光潜:《西方美学史》(上、下卷),人民文学出版社1984年版。

西方文化史（第三版）

尊敬的老师：

您好！

为了方便您更好地使用本教材，我们特向使用该书作为教材的老师赠送本书配套电子课件。如有需要请完整填写"教师联系表"并加盖所在单位系（院）或培训中心公章，免费向出版社索取。谢谢！

北京大学出版社

教 师 联 系 表

教材名称	《西方文化史》（第三版）				
姓名：	性别：		职务：		职称：
E-mail：		联系电话：		邮政编码：	
供职学校：		所在院系：			（章）
学校地址：					
教学科目与年级：			班级人数：		
通信地址：					

填写完毕后，请将此表邮寄给我们，我们将为您免费寄送本教材配套课件，谢谢！

北京市海淀区成府路205号
北京大学出版社外语编辑部　　　　　　　邮　购　部　电　话：010-62752015
邮政编码：100871　　　　　　　　　　　市场营销部电话：010-62750672
电子邮箱：zln0120@163.com　　　　　　 外语编辑部电话：010-62759634